中华国学文库

通鉴纪事本末 五

〔宋〕袁 枢撰

中 华 书 局

通鉴纪事本末卷第三十五

南诏归附

唐玄宗开元二十六年秋九月戊午，册南诏蒙归义为云南王。归义之先本哀牢夷，地居姚州之西，东南接交趾，西北接吐蕃。蛮语谓王曰诏。先有六诏，曰蒙舍，曰蒙越，曰越(折)〔析〕，曰浪穹，曰样备，曰越澹，兵力相埒，莫能相壹，历代因之，以分其势。蒙舍最在南，故谓之南诏。高宗时，蒙舍细奴逻初入朝。细奴逻生逻盛，逻盛生盛逻皮，盛逻皮生皮逻阁。皮逻阁浸强大，而五诏微弱。会有破洱河蛮之功，乃赂王昱，求合六诏为一。昱为之奏请，朝廷许之，仍赐名归义。于是以兵威胁服群蛮，不从者灭之，遂击破吐蕃，徙居大和城。其后卒为边患。

天宝七载。云南王归义卒，子閤罗凤嗣，以其子凤迦异为阳瓜州刺史。

九载。杨国忠德鲜于仲通，荐为剑南节度使。仲通性褊急，失蛮夷心。故事，南诏常与妻子俱谒都督，过云南，云南太守张虔陀皆私之。又多所征求，南诏王閤罗凤不应，虔陀遣人詈辱之，仍密奏其罪。閤罗凤忿怨，是岁，发兵反，攻陷云南，杀虔陀，取夷州三十二。

十载夏四月壬午，剑南节度使鲜于仲通讨南诏蛮，大败于泸南。时仲通将兵八万，分二道出戎、嶲州，至曲州、靖州。南诏王阁罗凤遣使谢罪，请还所俘掠，城云南而去。且曰："今吐蕃大兵压境，若不许我，我将归命吐蕃，云南非唐有也。"仲通不许，囚其使。进军至西洱河，与阁罗凤战，军大败，士卒死者六万人，仲通仅以身免。杨国忠掩其败状，仍叙其战功。阁罗凤敛战尸筑为京观，遂北臣于吐蕃。蛮语谓弟为(锺)〔锺〕，吐蕃命阁罗凤为赞普钟，号曰东帝，给以金印。阁罗凤刻碑于国门，言己不得已而叛唐，且曰："我世世事唐，受其封赏，后世容复归唐，当指碑以示唐使者，知吾之叛非本心也。"

制大募两京及河南、北兵以击南诏。人闻云南多瘴疠，未战士卒死者什八九，莫肯应募。杨国忠遣御史分道捕人，连枷送诣军所。旧制，百姓有勋者免征役。时调兵既多，国忠奏先取高勋。于是行者愁怨，父母妻子送之，所在哭声振野。

十一载夏六月甲子，杨国忠奏吐蕃兵六十万救南诏，剑南兵击破之于云南，克故隰州等三城，捕虏六千三百，以道远，简壮者千余人及酋长降者献之。

十三载夏六月，侍御史、剑南留后李宓将兵七万击南诏。阁罗凤诱之深入，至(太)〔大〕和城，闭壁不战。宓粮尽，士卒罹瘴疫及饥死什七八，乃引还，蛮追击之，宓被擒，全军皆没。杨国忠隐其败，更以捷闻。益发中国兵讨之，前后死者几二十万人，无敢言者。上尝谓高力士曰："朕今老矣，朝事付之宰相，边事付之诸将，夫复何忧。"力士对曰："臣闻云南数丧师，又边将拥兵太盛，陛下将何以制之？臣恐一旦祸发，不可复救，何谓无忧也？"

上曰："卿勿言，朕徐思之。"

肃宗至德元载。南诏乘乱陷越巂会同军，据清溪关，寻传、骠国皆降之。

代宗大历十四年。（秋九月）南诏王阁罗凤卒，子凤迦异前死，孙异牟寻立。冬十月丁酉朔，吐蕃与南诏合兵十万，三道入寇，一出茂州，一出扶、文，一出黎、雅。曰："吾欲取蜀以为东府。"西川节度使崔宁在京师，所留诸将不能御，虏连陷州县，刺史弃城走，士民窜匿山谷。上忧之，趣宁归镇。宁已辞，杨炎言于上曰："蜀地富饶，宁据有之，朝廷失其外府十四年矣。宁虽入朝，全师尚守其后，贡赋不入，与无蜀同。且宁本与诸将等夷，因乱得位，威令不行。今虽遣之，必恐无功。若其有功，则义不可夺，是蜀地败固失之，胜亦不得也。愿陛下熟察。"上曰："然则奈何？"对曰："请留宁，发朱泚所领范阳戍兵数千人杂禁兵往击之，何忧不克？因而得内亲兵于其腹中，蜀将必不敢动，然后更授他帅，使千里沃壤复为国有，是因小害而收大利也。"上曰："善。"遂留宁。

初，马璘忌泾原都知兵马使李晟功名，遣入宿卫，为右神策都将。上发禁兵四千人，使晟将之，发邠、陇、范阳兵五千，使金吾大将军安邑曲环将之，以救蜀。东川出军，自江油趣白坝，与山南兵合击吐蕃、南诏，破之。范阳兵追及于七盘，又破之，遂克维、茂二州。李晟追击于大渡河外，又破之。吐蕃、南诏饥寒，陨于崖谷死者八九万人。吐蕃悔怒，杀诱导使之来者。异牟寻惧，筑苴咩城，延袤十五里，徙居之。吐蕃封之为日东王。

德宗贞元三年。初，云南王阁罗凤陷巂州，获西泸令郑回。回，相州人，通经术，阁罗凤爱重之。其子凤迦异及孙异牟寻、曾孙寻梦凑皆师事之，每授学，回得挞之。及异牟寻为王，以回为清平官。清平官者，蛮相也，凡有六人，而国事专决于回。五人者事回甚卑谨，有过则回挞之。

云南有众数十万，吐蕃每入寇，常以云南为前锋，赋敛重数，又夺其险要地立城堡，岁征兵助防，云南苦之。回因说异牟寻复自归于唐，曰："中国尚礼义，有惠泽，无赋役。"异牟寻以为然，而无路自致，凡十余年。及西川节度使韦皋至镇，招抚境上群蛮，异牟寻潜遣人因诸蛮求内附。皋奏："今吐蕃弃好，暴乱盐、夏，宜因云南及八国生羌有归化之心招纳之，以离吐蕃之党，分其势。"上命皋先作边将书以谕之，微观其趣。闰五月己未，韦皋复与东蛮和义王苴那时书，使诇伺导达云南。六月，韦皋以云南颇知书，壬辰，自以书招谕之，令趣遣使入见。

四年夏四月，云南王异牟寻欲内附，未敢自遣使，先遣其东蛮鬼主骠旁、苴梦冲、苴乌星入见。五月乙卯，宴之于麟德殿，赐赉甚厚，封王给印而遣之。

冬十月，吐蕃发兵十万将寇西川，亦发云南兵。云南内虽附唐，外未敢叛吐蕃，亦发兵数万屯于泸北。韦皋知云南计方犹豫，乃为书遗云南王，叙其叛吐蕃归化之诚，贮以银函，使东蛮转致吐蕃。吐蕃始疑云南，遣兵二万屯会川，以塞云南趣蜀之路。云南怒，引兵归国。由是云南与吐蕃大相猜阻，归唐之志益坚。吐蕃失云南之助，兵势始弱矣。然吐蕃业已入寇，遂分兵四万攻两林、骠旁，三万攻东蛮，七千寇清溪关，五千寇铜山。皋遣黎州刺史韦晋等与东蛮连兵御之，破吐蕃于清溪关外。

十一月，吐蕃屡遣人诱胁云南。

五年春二月丁亥，韦皋遗异牟寻书，称："回鹘屡请佐天子共灭吐蕃，王不早定计，一旦为回鹘所先，则王累代功名虚弃矣。且云南久为吐蕃屈辱，今不乘此时依大国之势以复怨雪耻，后悔无及矣。”云南虽贰于吐蕃，亦未敢显与之绝。冬十二月壬辰，韦皋复以书招谕之。

七年。韦皋比年致书招云南王异牟寻，终未获报。然吐蕃屡发云南兵，云南与之益少。皋知异牟寻心附于唐。讨击副使段忠义，本阁罗凤使者也，六月丙申，皋遣忠义还云南，并致书敦谕之。冬十二月，吐蕃知韦皋使者在云南，遣使让之。云南王异牟寻给之曰：“唐使，本蛮也，皋听其归耳，无他谋也。”因执以送吐蕃。吐蕃多取其大臣之子为质，云南愈怨。

勿邓酋长苴梦冲潜通吐蕃，扇诱群蛮，隔绝云南使者。韦皋遣三部落总管苏(危)〔嵬〕将兵至琵琶川。

八年春二月壬寅，执梦冲，数其罪而斩之，云南之路始通。

冬十一月，吐蕃、云南日益相猜，每云南兵至境上，吐蕃辄亦发兵，声言相应，实为之备。辛酉，韦皋复遗云南王书，欲与共袭吐蕃，驱之云岭之外，悉平吐蕃城堡，独与云南筑大城于境上，置戍相保，永同一家。

九年夏五月，云南王异牟寻遣使者三辈，一出戎州，一出黔州，一出安南，各赍生金、丹砂诣韦皋，金以示坚，丹砂以示赤心，三分皋所与书为信，皆达成都。异牟寻上表请弃吐蕃归唐，并遗皋帛书，自称“唐故云南王孙吐蕃赞普义弟日东王”。皋遣其使者诣长安，并上表贺。上赐异牟寻诏书，令皋遣使慰抚之。冬十月甲子，韦皋遣其节度巡官崔佐时赍诏书诣云南，并自为帛书答之。

十年春正月，崔佐时至云南所都羊苴咩城，吐蕃使者数百人先在其国。云南王异牟寻尚不欲吐蕃知之,令佐时衣牂柯服而入。佐时不可,曰:"我大唐使者,岂得衣小夷之服!"异牟寻不得已,夜迎之。佐时大宣诏书,异牟寻恐惧,顾左右失色,业已归唐,乃歔欷流涕,俯伏受诏。郑回密见佐时教之,故佐时尽得其情,因劝异牟寻悉斩吐蕃使者,去吐蕃所立之号,献其金印,复南诏旧名。异牟寻皆从之,仍刻金契以献。异牟寻帅其子寻梦凑等与佐时盟于点苍山神祠。

先是,吐蕃与回鹘争北庭,大战,死伤颇众,征兵万人于云南。异牟寻辞以国小,请发三千人,吐蕃少之,益至五千,乃许之。异牟寻遣五千人前行,自将数万人踵其后,昼夜兼行,袭击吐蕃,战于神川,大破之,取铁桥等十六城,虏其五王,降其众十余万。戊戌,遣使来献捷。

夏六月,云南王异牟寻遣其弟凑罗楝献地图、土贡及吐蕃所给金印,请复号南诏。癸丑,以祠部郎中袁滋为册南诏使,赐银窠金印,文曰"贞元册南诏印"。滋至其国,异牟寻北面跪受册印,稽首再拜,因与使者宴,出玄宗所赐银平脱马头盘二以示滋。又指老笛工歌女曰:"皇帝所赐龟兹乐,惟二人在耳。"滋曰:"南诏当深思祖考,子子孙孙尽忠于唐。"异牟寻拜曰:"敢不谨承使者之命。"

十一年秋九月丁巳,加韦皋云南安抚使。南诏攻吐蕃昆明城,取之,又虏施、顺二蛮王。

十五年夏四月,南绍异牟寻遣使与韦皋约,共击吐蕃。皋以兵粮未集,请俟他年。冬十二月,吐蕃众五万分击南诏及巂州,异牟寻与韦皋各发兵御之,吐蕃无功而还。

宪宗元和三年冬十二月,南诏异牟寻卒,子寻阁劝立。

四年。云南王寻阁劝卒，子劝龙晟立。

十一年春二月，南诏劝龙晟淫虐不道，上下怨疾，弄栋节度王嵯巅弑之，立其弟劝利。劝利德嵯巅，赐姓蒙氏，谓之大容。容，蛮言兄也。

穆宗长庆三年秋七月，南诏劝利卒，国人请立其弟丰祐。丰祐勇敢，善用其众，始慕中国，不与父连名。

文宗太和三年冬十一月丙申，西川节度使杜元颖奏南诏入寇。元颖以旧相，文雅自高，不晓军事，专务蓄积，减削士卒衣粮。西南戍边之卒，衣食不足，皆入蛮境钞盗以自给，蛮人反以衣食资之。由是蜀中虚实动静，蛮皆知之。南诏自嵯巅谋大举入寇，边州屡以告，元颖不之信。嵯巅兵至边城，一无备御。蛮以蜀卒为乡导，袭陷巂、戎二州。甲辰，元颖遣兵与战于邛州南，蜀兵大败，蛮遂陷邛州。诏发东川、兴元、荆南兵以救西川。十二月丁未朔，又发鄂岳、襄邓、陈许等兵继之。己酉，以东川节度使郭钊为西川节度使，兼权东川节度事。

嵯巅自邛州引兵径抵成都，庚戌，陷其外郭。杜元颖帅众保牙城以拒之，欲遁去者数四。壬子，贬元颖为邵州刺史。己未，以右领军大将军董重质为神策诸道西川行营节度使，又发太原、凤翔兵赴西川。南诏寇东川，入梓州西郭，钊兵寡弱，不能战，以书责嵯巅。嵯巅复书曰："杜元颖侵扰我，故兴兵报之耳。"与钊修好而退。

蛮留成都西郭十日，其始慰抚蜀人，市肆安堵。将行，乃大掠子女、百工数万人及珍货而去。蜀人恐惧，往往赴江，流尸塞江而下。嵯巅自为军殿，及大渡水，嵯巅谓蜀人曰："此南吾境也，听汝哭别乡国。"众皆恸哭，赴水死者以千计。自是南诏工巧埒于蜀中。嵯巅遣使上表，称："蛮比修职贡，岂敢犯边，正以杜元颖不恤军士，怨苦元颖，竞为乡导，祈我此行，以诛虐帅。诛之不遂，无以慰蜀士之心，愿陛下诛之。"丁卯，再贬元颖循州司马。诏董重质及诸道兵皆引还。郭钊至成都，与南诏立约，不相侵扰。诏遣中使以国信赐嵯巅。

四年。(秋九月)西川节度使郭钊以疾求代，冬十月戊申，以义成节度使李德裕为西川节度使。蜀自南诏入寇，一方残弊，郭钊多病，未暇完补。德裕至镇，作筹边楼，图蜀地形，南入南诏，西达吐蕃。日召老于军旅、习边事者，虽走卒、蛮夷无所间，(诏)〔访〕以山川、城邑，道路险易，广狭远近，未逾月，皆若身尝涉历。

上命德裕修塞清溪关以断南诏入寇之路，或无土，则以石垒之。德裕上言："通蛮细路至多，不可塞，惟重兵镇守，可保无虞。但黎、雅以来得万人，成都得二万人，精加训练，则蛮不敢动矣。边兵又不宜多，须力可临制。崔旰之杀郭英乂，张朏之逐张延赏，皆镇兵也。"时北兵皆归本道，惟河中、陈许三千人在成都，有诏来年三月亦归，蜀人恟惧。德裕奏乞郑滑五百人，陈许千人以镇蜀。且言："蜀兵脆弱，新为蛮寇所困，皆破胆，不堪征戍。若北兵尽归，则与杜元颖时无异，蜀不可保。恐议者云蜀经蛮寇以来，已自增兵。向者蛮寇已逼，元颖始捕市人为兵，得三千余人，徒有其数，实不可用。郭钊募北兵仅得百余人，臣复召募得二百余人，此外皆元颖旧兵也。恐议者又闻一夫当关之说，以为清溪可塞。臣访之蜀中老将，清溪之旁大路有三，自余小径无数，皆东蛮临时为之开通，若言可塞，则是欺罔朝廷。要须大渡水北更筑一城，迤逦接黎州，以大兵守之方可。况闻南诏以所掠蜀人二千及金帛赂遗吐蕃，若使二虏知蜀虚实，连兵入寇，诚可深忧。

其朝臣建言者，盖由祸不在身，望人责一状，留入堂案，他日败事，不可令臣独当国宪。"朝廷皆从其请。德裕乃练士卒，葺堡鄣，积粮储以备边，蜀人粗安。

五年夏五月丙辰，西川节度使李德裕奏遣使诣南诏索所掠百姓，得四千人而还。

宦官弑逆 甘露之变附

唐宪宗元和十三年。淮西既平，上浸骄侈。户部侍郎、判度支皇甫镈、卫尉卿盐铁转运使程异晓其意，数进羡余，以供其费，由是有宠。镈又以厚赂结吐突承璀。〔秋九月〕甲辰，镈以本官异以工部侍郎并同平章事，判使如故。制下，朝野骇愕，至于市道负贩者亦嗤之。

裴度、崔群极陈其不可，上不听。度耻与小人同列，表求自退，不许。度复上疏，以为："镈、异皆钱谷吏，佞巧小人，陛下一旦置之相位，中外无不骇笑。况镈在度支，专以丰取刻与为务，凡中外仰给度支之人无不思食其肉。比者裁损淮西粮料，军士怨怒。会臣至行营晓谕慰勉，仅无溃乱。今旧将旧兵悉向淄青，闻镈入相，必尽惊忧，知无可诉之地矣。程异虽人品庸下，然心事和平，可处烦剧，不宜为相。至如镈，资性狡诈，天下共知，唯能上惑圣聪，足见奸邪之极。臣若不退，天下谓臣不知廉耻。臣若不言，天下谓臣有负恩宠。今退既不许，言又不听，臣如烈火烧心，众镝丛体。所可惜者，淮西荡定，河北底宁，承宗敛手削地，韩弘舆疾讨贼，岂朝廷之力能制其命哉！直以处置得宜，能服其心耳。陛下建升平之业，十已八九，何忍还自堕坏，使四方解体乎!”上以度为朋党,不之省。

镈自知不为众所与,益为巧谄以自固,奏减内外官俸以助国用。给事中崔植封还敕书,极论之,乃止。植,祐甫之弟子也。

上晚节好神仙,诏天下求方士。宗正卿李道古先为鄂岳观察使,以贪暴闻,恐终获罪,思所以自媚于上,乃因皇甫镈荐山人柳泌,云能合长生药。〔冬十月〕甲戌,诏泌居兴唐观炼药。十一月,柳泌言于上曰:“天台山神仙所聚,多灵草,臣虽知之,力不能致,诚得为彼长吏,庶几可求。”上信之。丁亥,以泌权知台州刺史,仍赐服金紫。谏官争论奏,以为“人主喜方士,未有使之临民赋政者”。上曰:“烦一州之力,而能为人主致长生,臣子亦何爱焉?”由是群臣莫敢言。

十四年。(冬十月)柳泌至台州,驱吏民采药,岁余,无所得而惧,举家逃入山中。浙东观察使捕送京师,皇甫镈、李道古保护之,上复使待诏翰林。服其药,日加躁渴。起居舍人裴潾上言,以为:“除天下之害者受天下之利,同天下之乐者飨天下之福,自黄帝至于文、武,享国寿考,皆用此道也。自去岁以来,所在多荐方士,转相汲引,其数浸繁。借令天下真有神仙,彼必深潜岩壑,惟畏人知。凡候伺权贵之门,以大言自炫奇伎惊众者,皆不轨徇利之人,岂可信其说而饵其药邪?夫药以愈疾,非朝夕常饵之物,况金石酷烈有毒,又益以火气,殆非人五藏所能胜也。古者君饮药,臣先尝之,乞令献药者先自饵一年,则真伪自可辩矣。”上怒,十一月己亥,贬潾江陵令。

十五年。初,左军中尉吐突承璀谋立澧王恽为太子,上不许。及上寝疾,承璀谋尚未息。太子闻而忧之,密遣人问计于司农卿郭钊。钊曰:“殿下但尽孝谨以俟之,勿恤其他。”钊,太子之舅也。上服金丹，多躁怒，左右宦官往往获罪，有死者，人人自危。〔春正月〕庚子，暴崩于中和殿。时人皆言内常侍陈弘志弑逆，其党类讳之，不敢讨贼，但云药发，外人莫能明也。

中尉梁守谦与诸宦官马进潭、刘承偕、韦元素、王守澄等共立太子，杀吐突承璀及澧王恽，赐左右神策军士钱人五十缗，六军、威远人三十缗，左右金吾人十五缗。闰月丙午，穆宗即位于太极殿东序。丁未，辍西宫朝临，集群臣于月华门外。贬皇甫镈为崖州司户，市井皆相贺。壬子，杖杀柳泌及僧大通，自余方士皆流岭表，贬左金吾将军李道古循州司马。

二月丁丑，上御丹凤门楼，赦天下。事毕，盛陈倡优、杂戏于门内而观之。丁亥，上幸左神策军观手搏、杂戏。庚寅，监察御史杨虞卿上疏，以为："陛下宜延对群臣，周遍顾问，惠以气色，使进忠若趋利，论政若诉冤，如此而不致升平者未之有也。"衡山人赵知微亦上疏谏上游畋无节。上虽不能用，亦不罪也。

秋八月，上甫过公除，即事游畋声色，赐与无节。九月，欲以重阳大宴，拾遗李珏帅其同僚上疏曰："伏以元朔未改，园陵尚新，虽陛下就易月之期，俯从人欲；而礼经著三年之制，犹服心丧。遵同轨之会始离京，告远夷之使未复命。遏密弛禁，盖为齐人，合宴内庭，事将未可。"上不听。

冬十月壬午，群臣入閤，(退)谏议大夫郑覃、崔郾等五人进言："陛下宴乐过多，畋游无度。今胡寇压境，忽有急奏，不知乘舆所在。又晨夕与近习倡优狎昵，赐与过厚。夫金帛皆百姓膏血，非有功不可与。虽内藏有余，愿陛下爱之，万一四方有事，不复使有司重敛百姓。"时久无閤中论事者，上始甚讶之，谓宰相曰："此辈何人？"对曰："谏官。"上乃使人慰劳之曰："当依卿言。”宰相皆贺,然实不能用也。覃,珣瑜之子也。

上尝谓给事中丁公著曰:“闻外间人多宴乐,此乃时和人安,足用为慰。”公著对曰:“此非佳事,恐渐劳圣虑。”上曰:“何故?”对曰:“自天宝以来,公卿大夫竞为游宴,沉酣昼夜,优杂子女,不愧左右。如此不已,则百职皆废,陛下能无独忧劳乎?愿少加禁止,乃天下之福也。”

十一月,上将幸华清宫,戊午,宰相帅两省供奉官诣延英门,三上表切谏,且言“如此,臣辈当扈从”。求面对,皆不听。谏官伏门下,至暮乃退。己未,未明,上自复道出城,幸华清宫,独公主、驸马、中尉、神策六军使帅禁兵千余人扈从,晡时还宫。

穆宗长庆二年冬十一月庚辰,上与宦官击毬于禁中,有宦者坠马,上惊,因得风疾,不能履地,自是人不闻上起居。宰相屡乞入见,不报。裴度三上疏请立太子,且请入见。十二月辛卯,上见群臣于紫宸殿,御大绳床,悉去左右卫官,独宦者十余人侍侧,人情稍安。李逢吉进言:“景王已长,请立为太子。”裴度请速下诏,副天下望。上无言。既而两省官亦继有请立太子者。癸巳,诏立景王湛为皇太子。上疾浸瘳。

三年春正月癸未,赐两军中尉以下钱。二月辛卯,赐统军军使等锦彩、银器各有差。

初,翼城人郑注,眇小,目下视,而巧谲倾谄,善揣人意,以医游四方,羁贫甚。尝以药术干徐州牙将,牙将悦之,荐于节度使李愬。愬饵其药颇验,遂有宠,署为牙推,浸预军政,妄作威福,军府患之。监军王守澄以众情白愬,请去之。愬曰:“注虽如是,然奇才也。将军试与之语,苟无可取,去之未晚。”乃使注往谒守澄,守澄初有难色,不得已见之。坐语未久,守澄大喜,延之中堂，促膝笑语，恨相见之晚。明日，谓愬曰："郑生诚如公言。"自是又有宠于守澄，权势益张。愬署为巡官，列于宾席。注既用事，恐牙将荐己者泄其本末，密以他罪谮之于愬，愬杀之。及守澄入知枢密，挈注以西，为立居宅，赡给之。遂荐于上，上亦厚遇之。

自上有疾，守澄专制国事，势倾中外。注日夜出入其家，与之谋议，语必通夕，关通赂遗，人莫能窥其迹。始则有微贱巧宦之士，或因以求进，数年之后，达官车马满其门矣。

四年。初，柳泌等既诛，方士稍复因左右以进，上饵其金石之药。有处士张皋者上疏，以为："神虑澹则血气和，嗜欲胜则疾疹作。药以攻疾，无疾不可饵也。昔孙思邈有言：'药势有所偏助，令人藏气不平，借使有疾，用药犹须重慎。'庶人尚尔，况于天子！先帝信方士妄言，饵药致疾，此陛下所详知也，岂得复循其覆辙乎？今朝野之人纷纭窃议，但畏忤旨，莫敢进书。臣生长蓬艾，麋鹿与游，无所邀求，但粗知忠义，欲裨万一耳。"上甚善其言，使求之，不获。

〔春正月〕庚午，上疾复作。壬申，大渐，命太子监国。宦官欲请郭太后临朝称制，太后曰："昔武后称制，几倾社稷。我家世守忠义，非武氏之比也。太子虽少，但得贤宰相辅之，卿辈勿预朝政，何患国家不安！自古岂有女子为天下主，而能致唐、虞之理乎！"取制书手裂之。太后兄太常卿钊闻有是议，密上笺曰："若果徇其请，臣请先帅诸子纳官爵，归田里。"太后泣曰："祖考之庆，钟于吾兄。"是夕，上崩于寝殿。癸酉，以李逢吉摄冢宰。丙子，敬宗即位于太极东序。

自戊寅至庚辰，上赐宦官服色及锦彩、金银甚众，或今日赐绿，明日赐绯。

二月丁未，上幸中和殿击毬。自是数游宴、击毬、奏乐，赏赐宦官、乐人，不可悉纪。

三月，上视朝每晏，戊辰，日绝高尚未坐，百官班于紫宸门外，老病者几至僵踣。谏议大夫李渤白宰相曰："昨日疏论坐晚，今晨愈甚，请出閤待罪于金吾仗。"既坐班退，左拾遗刘栖楚独留，进言曰："宪宗及先帝皆长君，四方犹多叛乱。陛下富于春秋，嗣位之初，当宵衣求理。而嗜寝乐色，日晏方起。梓宫在殡，鼓吹日喧，令闻未彰，恶声遐布。臣恐福祚之不长，请碎首玉阶，以谢谏职之旷。"遂以额叩龙墀，见血不已，响闻閤外。李逢吉宣曰："刘栖楚休叩头，俟进止。"栖楚捧首而起，更论宦官事，上连挥令出。栖楚曰："不用臣言，请继以死。"牛僧孺宣曰："所奏知，门外俟进止。"栖楚乃出，待罪金吾仗。于是宰相赞成其言。上命中使就仗，并李渤宣慰令归。寻擢栖楚为起居舍人，仍赐绯。栖楚辞疾不拜，归东都。

夏四月。卜者苏玄明与染坊供人张韶善，玄明谓韶曰："我为子卜，当外殿坐，与我共食。今主上昼夜毬猎，多不在宫中，大事可图也。"韶以为然，乃与玄明谋结染工无赖者百余人，丙申，匿兵于紫草车，载以入银台门，伺夜作乱。未达所诣，有疑其重载而诘之者，韶急，即杀诘者，与其徒易服挥兵，大呼趣禁庭。

上时在清思殿击毬，诸宦者见之，惊骇，急入闭门，走白上，盗寻斩关而入。先是，右神策中尉梁守谦有宠于上，每两军角伎艺，上常佑右军。至是，上狼狈欲幸右军，左右曰："右军远，恐遇盗，不若幸左军近。"上从之。左神策中尉河中马存亮闻上至，走出迎，捧上足涕泣，自负上入军中，遣大将康艺金将骑卒入宫讨贼。上忧二太后隔绝，存亮复以五百骑迎二太后至军。

张韶升清思殿，坐御榻，与苏玄明同食。曰："果如子言。"玄明惊曰："事止此邪！"韶惧而走。会康艺金与右军兵马使尚国忠引兵至，合击之，杀韶、玄明及其党，死者狼藉，逮夜始定。余党犹散匿禁苑中，明日，悉擒获之。

时宫门皆闭，上宿于左军，中外不知上所在，人情恇骇。丁酉，上还宫，宰相帅百官诣延英门贺，来者不过数十人。盗所历诸门，监门宦者三十五人法当死，己亥，诏并杖之，仍不改职任。壬寅，厚赏两军立功将士。

冬十月戊戌，翰林学士韦处厚谏上宴游，曰："先帝以酒色致疾损寿，臣是时不死谏者，以陛下年已十五故也。今皇子才一岁，臣安敢畏死而不谏乎！"上感其言，赐锦彩百匹，银器四。

敬宗宝历元年。上游幸无常，昵比群小，视朝月不再三，大臣罕得进见。二月壬午，浙西观察使李德裕献丹扆六箴。一曰宵衣，以讽视朝稀晚。二曰正服，以讽服御乖异。三曰罢献，以讽征求玩好。四曰纳诲，以讽侮弃谠言。五曰辨邪，以讽信任群小。六曰防微，以讽轻出游幸。其纳诲箴略曰："汉骜流湎，举白浮钟。魏叡侈汰，陵霄作宫。忠虽不忤，善亦不从。以规为瑱，是谓塞聪。"防微箴略曰："乱臣猖獗，非可遽数。玄服莫辨，触瑟始仆。柏谷微行，豺豕塞路。睹貌献餐，斯可戒惧。"上优诏答之。

冬十月，上欲幸骊山温汤，左仆射李绛、谏议大夫张仲方等屡谏，不听。拾遗张权舆伏紫宸殿下叩头谏曰："昔周幽王幸骊山，为犬戎所杀；秦始皇葬骊山，国亡；玄宗宫骊山而禄山乱；先帝幸骊山而享年不长。"上曰："骊山若此之凶邪？我宜一往以验彼言。”十一月庚寅，幸温汤，即日还宫，谓左右曰：“彼叩头者之言，安足信哉！”

二年夏六月甲子，上御三殿，令左右军、教坊、内园为击毬、手搏、杂戏。戏酣，有断臂碎首者，夜漏数刻乃罢。壬辰，宣索左藏见在银十万两，金七千两，悉贮内藏，以便赐与。

道士赵归真说上以神仙，僧惟贞、齐贤、正简说上以祷祠求福，皆出入宫禁，上信用其言。山人杜景先请遍历江、岭，求访异人。有润州人周息元，自言寿数百岁，上遣中使迎之。八月乙巳，息元至京师，上馆之禁中山亭。

上游戏无度，狎昵群小，善击毬，好手搏，禁军及诸道争献力士，又以钱万缗付内园令召募力士，昼夜不离侧。又好深夜自捕狐狸。性复褊急，力士或恃恩不逊，辄配流、籍没。宦官小过，动遭捶挞，皆怨且惧。十二月辛丑，上夜猎还宫，与宦官刘克明、田务澄、许文端及击毬军将苏佐明、王嘉宪、石从宽、阎惟直等二十八人饮酒。上酒酣，入室更衣，殿上烛忽灭，苏佐明等弑上于室内。刘克明等矫称上旨，命翰林学士路隋草遗制，以绛王悟权句当军国事。壬寅，宣遗制，绛王见宰相百官于紫宸外庑。

克明等欲易置内侍之执权者，于是枢密使王守澄、杨承和、中尉魏从简、梁守谦定议，以卫兵迎江王涵入宫，发左右神策、飞龙兵进讨贼党，尽斩之。克明赴井，出而斩之。绛王为乱兵所害。

时事起苍猝，守澄等以翰林学士韦处厚博通古今，一夕处置，皆与之共议。守澄等欲号令中外，而疑所以为辞。处厚曰：“正名讨罪，于义何嫌？安可依违，有所讳避！”又问：“江王当如何践阼？”处厚曰：“诘朝当以王教布告中外，以已平内难，然后群臣三表劝进，以太皇太后令册命即皇帝位。”当时皆从其言，时不暇复问有司，凡百仪法，皆出于处厚，无不叶宜。

癸卯，以裴度摄冢宰。百官谒见江王于紫宸外庑，王素服涕泣。甲辰，见诸军使于少阳院。赵归真等诸术士及敬宗时佞幸者皆流岭南或边地。

乙巳，文宗即位。上自为诸王，深知两朝之弊，及即位，励精求治，去奢从俭。诏宫女非有职掌者皆出之，出三千余人。五坊鹰犬，准元和故事，量留校猎外，悉放之。有司供宫禁年支物，并准贞元故事。省教坊、翰林、总监冗食千二百余员，停诸司新加衣粮。御马坊场及近岁别贮钱谷，所占陂田，悉归之有司。先宣索组绣、雕镂之物，悉罢之。敬宗之世，每月视朝不过一二，上始复旧制，每奇日未尝不视朝，对宰相群臣延访政事，久之方罢。待制官旧虽设之，未尝召对，至是屡蒙延问。其辍朝、放朝皆用偶日，中外翕然相贺，以为太平可冀。

文宗太和二年。自元和之末，宦官益横，建置天子在其掌握，威权出人主之右，人莫敢言。〔春三月〕辛巳，上亲策制举人，贤良方正昌平刘蕡对策，极言其祸。其略曰：“陛下宜先忧者，宫闱将变，社稷将危，天下将倾，海内将乱。”又曰：“陛下将杜篡弑之渐，则居正位而近正人，远刀锯之贱，亲骨鲠之直，辅相得以专其任，庶职得以守其官，奈何以亵近五六人总天下大政？祸稔萧墙，奸生帷幄，臣恐曹节、侯览复生于今日。”又曰：“忠贤无腹心之寄，阍寺恃废立之权，陷先君不得正其终，致陛下不得正其始。”又曰：“威柄陵夷，藩臣跋扈。或有不达人臣之节，首乱者以安君为名，不究春秋之微，称兵者以逐恶为义；则政刑不由乎天子，征伐必自于诸侯。”又曰：“陛下何不塞阴邪之路，屏亵狎之臣，制侵陵迫胁之心，复门户扫除之役，戒其所宜戒，忧其所宜忧。既不能治于前，当治于后，既不能正其始，当正其终；则可以虔奉典谟，克承丕构矣。昔秦之亡也失于强暴，汉之亡也失于微弱。强暴则贼臣畏死而害上，微弱则奸臣窃权而震主。伏见敬宗皇帝不虞亡秦之祸，不翦其萌。伏惟陛下深轸亡汉之忧，以杜其渐，则祖宗之鸿业可绍，三五之遐轨可追矣。"又曰："臣闻昔汉元帝即位之初，更制七十余事，其心甚诚，其称甚美。然而纪纲日紊，国祚日衰，奸宄日强，黎元日困者，以其不能择贤明而任之，失其操柄也。"又曰："陛下诚能揭国权以归相，持兵柄以归将，则心无不达，行无不孚矣。"又曰："法宜画一，官宜正名。今分外官中官之员，立南司北司之局，或犯禁于南则亡命于北，或正刑于外则破律于中，法出多门，人无所措，实由兵农势异，而中外法殊也。"又曰："今夏官不知兵籍，止于奉朝请；六军不主兵事，止于养勋阶。军容合中官之政，戎律附内臣之职。首一戴武弁，疾文吏如仇雠。足一蹈军门，视农夫如草芥。谋不足以翦除凶逆，而诈足以抑扬威福，勇不足以镇卫社稷，而暴足以侵轶里闾。羁绁藩臣，干陵宰辅，隳裂王度，汩乱朝经。张武夫之威，上以制君父，假天子之命，下以御英豪。有藏奸观衅之心，无伏节死难之义，岂先王经文纬武之旨邪？"又曰："臣非不知言发而祸应，计行而身戮，盖痛社稷之危，哀生人之困，岂忍姑息时忌，窃陛下一命之宠哉！"

〔闰月〕甲午，贤良方正裴休、李郃、李甘、杜牧、马植、崔玙、王式、崔慎由等二十二人中第，皆除官。考官左散骑常侍冯宿等见刘蕡策，皆叹服，而畏宦官，不敢取。诏下，物论嚣然称屈。谏官御史欲论奏，执政抑之。李郃曰："刘蕡下第，我辈登科，能无厚颜！"乃上疏，以为："蕡所对策，汉、魏以来无与为比。今有司以蕡指切左右，不敢以闻，恐忠良道穷，纲纪遂绝。况臣所对不及蕡远甚，乞回臣所授以旌蕡直。"不报。蕡由是不得仕于朝，终于使府御史。牧，佑之孙；植，勋之子；式，起之子；慎由，融之玄孙也。

四年。上患宦官强盛，宪宗、敬宗弑逆之党犹有在左右者。中尉王守澄尤专横，招权纳贿，上不能制。尝密与翰林学士宋申锡言之，申锡请渐除其逼。上以申锡沉厚忠谨，可倚以事，擢为尚书右丞。秋七月癸未，以申锡同平章事。

五年春二月，上与宋申锡谋诛宦官，申锡引吏部侍郎王璠为京兆尹，以密旨谕之。璠泄其谋，郑注、王守澄知之，阴为之备。

上弟漳王凑贤，有人望，注令神策都虞候豆卢著诬告申锡谋立漳王。戊戌，守澄奏之，上以为信然，甚怒。守澄欲即遣二百骑屠申锡家，飞龙使马存亮固争曰："如此，则京城自乱矣，宜召他相与议其事。"守澄乃止。

是日旬休，遣中使悉召宰相至中书东门，中使曰："所召无宋公名。"申锡知获罪，望延英，以笏叩额而退。宰相至延英，上示以守澄所奏，相顾愕眙。上命守澄捕豆卢著所告十六宅宫市品官晏敬则及申锡亲事王师文等于禁中鞫之，师文亡命。三月庚子，申锡罢为右庶子。自宰相大臣无敢显言其冤者，独京兆尹崔琯、大理卿王正雅连上疏，请出内狱付外庭核实，由是狱稍缓。正雅，翃之子也。晏敬则等自诬服，称申锡遣王师文达意于王，豫结异日之知。

狱成，壬寅，上悉召师保以下及台省府寺大臣面询之。午际，左常侍崔玄亮、给事中李固言、谏议大夫王质、补阙卢钧、舒元褒、蒋係、裴休、韦温等复请对于延英，乞以狱事付外覆按。上曰："吾已与大臣议之矣。"屡遣之出，不退。玄亮叩头流涕曰："杀一匹夫犹不可不重慎，况宰相乎?"上意稍解，曰："当更与宰相议之。"乃复召宰相入。牛僧孺曰："人臣不过宰相，今申锡已为宰相，假使如所谋，复欲何求？申锡殆不至此。"郑注恐覆按诈觉，乃劝守澄请止行贬黜。癸卯，贬漳王凑为巢县公，宋申锡为开州司马。存亮即日请致仕。玄亮，磁州人；质，通五世孙；係，乂之子；元褒，江州人也。晏敬则等坐死及流窜者数十百人，申锡竟卒于贬所。

七年。前邠宁行军司马郑注依倚王守澄，权势熏灼，上深恶之。九月丙寅，侍御史李款阁内奏弹注："内通敕使，外连朝士，两地往来，卜射财贿，昼伏夜动，干窃化权，人不敢言，道路以目。请付法司。"旬日之间，章数十上。守澄匿注于右军，左军中尉韦元素、枢密使杨承和、王践言皆恶注。左军将李弘楚说元素曰："郑注奸猾无双，卵彀不除，使成羽翼，必为国患。今因御史所劾，匿军中，弘楚请以中尉意诈为有疾，召使治之，来则中尉延与坐，弘楚侍侧，伺中尉举目，擒出杖杀之。中尉因见上叩头请罪，具言其奸，杨、王必助中尉进言。况中尉有翼戴之功，岂以除奸而获罪乎?"元素以为然，召之。注至，蠖屈鼠伏，佞辞泉涌。元素不觉执手款曲，谛听忘倦。弘楚诇伺，往复再三，元素不顾，以金帛厚遗注而遣之。弘楚怒曰："中尉失今日之断，必不免他日之祸矣。"因解军职去。顷之，疽发背卒。王涯之为相，注有力焉，且畏王守澄，遂寝李款之奏。守澄言注于上而释之；寻奏为侍御史，充右神策判官，朝野骇叹。

冬十二月庚子，上始得风疾，不能言。于是王守澄荐昭义行军司马郑注善医。上征注至京师，饮其药，颇有验，遂有宠。

八年夏六月，上以久旱，诏求致雨之方。司门员外郎李中敏上表，以为："仍岁大旱，非圣德不至，直以宋申锡之冤滥，郑注之奸邪。今致雨之方，莫若斩注而雪申锡。"表留中，中敏谢病归东都。

李仲言遇赦还东都，郑注引仲言见王守澄，守澄荐于上，以仲言为四门助教。(给事中)事见朋党之祸。

秋九月辛亥，征昭义节度副使郑注至京师。

冬十月庚寅，以李仲言为翰林侍(读)〔讲〕学士。十一月丙子，李仲言请改名训。

十二月己卯，以昭义节度副使郑注为太仆卿，郭承嘏累上疏言其不可，上不听。于是注诈上表固辞，上遣中使再以告身赐之，不受。

初，宋申锡与御史中丞宇文鼎受密诏诛郑注，使京兆尹王璠掩捕之。璠密以堂帖示王守澄，注由是得免，深德璠。璠又与李训善，于是训、注共荐之，自浙西观察使征为尚书左丞。

九年夏四月癸巳，以郑注守太仆卿，兼御史大夫，注始受之，仍举仓部员外郎李款自代，曰："加臣之罪，虽于理而无辜；在款之诚，乃事君而尽节。"时人皆哂之。

初，宋申锡获罪，宦官益横，上外虽包容，内不能堪。李训、郑注既得幸，揣知上意，训因进讲，数以微言动上。上见其才辩，意训可与谋大事，且以训、注皆因王守澄以进，冀宦官不之疑，遂密以诚告之。训、注遂以诛宦官为己任，二人相挟，朝夕计议，所言于上无不从，声势烜赫。注多在禁中，或时休沐，宾客填门，赂遗山积。外人但知训、注倚宦官擅作威福，不知其与上有密谋也。上之立也，右领军将军兴宁仇士良有功，王守澄抑之，由是有隙。训、注为上谋，进擢士良以分守澄之权。五月乙丑，以士良为左神策中尉，守澄不悦。

〔秋七月〕，李训、郑注为上画太平之策，以为当先除宦官，次复河、湟，次清河北，开陈方略，如指诸掌。上以为信然，宠任日隆。

时人皆言郑注朝夕且为相，侍御史李甘扬言于朝曰："白麻出，我必坏之于庭。"癸亥，贬甘封州司马。然李训亦忌注，不欲使为相，事竟寝。

甲子，以国子博士李训为兵部郎中、知制诰，依前侍（读）〔讲〕学士。

八月丁丑，以太仆卿郑注为工部尚书，充翰林侍讲学士。注好服鹿裘，以隐沦自处，上以师友待之。注之初得幸，上尝问翰林学士户部侍郎李珏曰："卿知有郑注乎？亦尝与之言乎？"对曰："臣岂特知其姓名，兼深知其为人。其人奸邪，陛下宠之，恐无益圣德。臣忝在近密，安敢与此人交通！"戊寅，贬珏江州刺史。

宪宗之崩也，人皆言宦官陈弘志所为。时弘志为山南东道监军，李训为上谋召之，至青泥驿，〔九月〕癸亥，封杖杀之。

郑注求为凤翔节度使，门下侍郎、同平章事李固言不可。丁卯，以固言为山南西道节度使，注为凤翔节度使。李训虽因注得进，及势位俱盛，心颇忌注，谋欲中外协势以诛宦官，故出注于凤翔。其实俟既诛宦官并图注也。

注欲取名家才望之士为参佐，请礼部员外郎韦温为副使，温不可。或曰："拒之必为患。"温曰："择祸莫若轻。拒之止于远贬，从之有不测之祸。"卒辞之。

戊辰，以右神策中尉、行右卫上将军、知内侍省事王守澄为左右神策观军容使，兼十二卫统军。李训、郑注为上谋，以虚名尊守澄，实夺之权也。

己巳，以御史中丞兼刑部侍郎舒元舆为刑部侍郎，兵部郎中、知制诰、充翰林侍讲学士李训为礼部侍郎，并同平章事。仍命训三二日一入翰林讲易。元舆为中丞，凡训、注所恶者，则为之弹击，由是得为相。又上惩李宗闵、李德裕多朋党，以贾餗及元舆皆孤寒新进，故擢为相，庶其无党耳。

训起流人，期年致位宰相，天子倾意任之。训或在中书，或在翰林，天下事皆决于训。王涯辈承顺其风指，惟恐不逮。自中尉、枢密、禁卫诸将，见训皆震慑，迎拜叩首。

壬申，以刑部郎中兼御史知杂李孝本权知御史中丞。孝本，宗室之子，依训、注得进。

冬十月，李训、郑注密言于上，请除王守澄。辛巳，遣中使李好古就第赐酖，杀之，赠扬州大都督。训、注本因守澄进，卒谋而杀之，人皆快守澄之受佞，而疾训、注之阴狡，于是元和之逆党略尽矣。乙酉，郑注赴镇。

庚子，以东都留守、司徒兼侍中裴度兼中书令，余如故。李训所奖拔，率皆狂险之士，然亦时取天下重望以顺人心，如裴度、令狐楚、郑覃皆累朝耆俊，久为当路所轧，置之散地，训皆引居崇秩。由是士大夫亦有望其真能致太平者，不惟天子惑之也。然识者见其横甚，知将败矣。

十一月丙午，以大理卿郭行余为邠宁节度使。癸丑，以河东节度使、同平章事李载义兼侍中。丁巳，以户部尚书、判度支王璠为河东节度使。戊午，以京兆尹李石为户部侍郎、判度支，以京兆少尹罗立言权知府事。石,神符之五世孙也。己未,以太府卿韩约为左金吾卫大将军。

始,郑注与李训谋,至镇,选壮士数百,皆持白棓,怀其斧,以为亲兵。是月戊辰,王守澄葬于浐水,注奏请入护葬事,因以亲兵自随。仍奏令内臣中尉以下尽集浐水送葬,注因阖门,令亲兵斧之,使无遗类。约既定,训与其党谋:"如此事成,则注专有其功,不若使行余、璠以赴镇为名,多募壮士为部曲,并用金吾、台府吏卒,先期诛宦者,已而并注去之。"行余、璠、立言、约及中丞李孝本,皆训素所厚也,故列置要地,独与是数人及舒元舆谋之,他人皆莫之知也。

壬戌,上御紫宸殿。百官班定,韩约不报平安,奏称"左金吾听事后石榴夜有甘露,臣递门奏讫"。因蹈舞再拜,宰相亦帅百官称贺。训、元舆劝上亲往观之,以承天贶,上许之。百官退,班于含元殿。日加辰,上乘软舆出紫宸门,升含元殿。先命宰相及两省官诣左仗视之,良久而还。训奏:"臣与众人验之,殆非真甘露,未可遽宣布,恐天下称贺。"上曰:"岂有是邪?"顾左右中尉仇士良、鱼志弘帅诸宦者往视之。宦者既去,训遽召郭行余、王璠曰:"来受敕旨。"璠股栗不敢前,独行余拜殿下。时二人部曲数百,皆执兵立丹凤门外,训已先使人召之,令人受敕,独东兵入,邠宁兵竟不至。

仇士良等至左仗视甘露,韩约变色流汗,士良怪之,曰:"将军何为如是?"俄风吹幕起,见执兵者甚众,又闻兵仗声。士良等惊骇走出,门者欲闭之,士良叱之,关不得上。士良等奔诣上告变。训见之,遽呼金吾卫士曰:"来上殿卫乘舆者,人赏钱百缗。"宦者曰:"事急矣,请陛下还宫。"即举软舆,迎上扶升舆,决殿后罘罳，疾趋北出。训攀舆呼曰："臣奏事未竟，陛下不可入宫。"金吾兵已登殿，罗立言帅京兆逻卒三百余自东来，李孝本帅御史台从人二百余自西来，皆登殿纵击，宦官流血呼冤，死伤者十余人。乘舆迤逦入宣政门，训攀舆呼益急，上叱之，宦官郗志荣奋拳殴其胸，偃于地。乘舆既入，门随阖，宦者皆呼万岁，百官骇愕散出。训知事不济，脱从吏绿衫衣之，走马而出，扬言于道曰："我何罪而窜谪！"人不之疑。王涯、贾餗、舒元舆还中书，相谓曰："上且开延英，召吾属议之。"两省官(诸)〔诣〕宰相请其故，皆曰："不知何事，诸公各自便。"士良等知上豫其谋，怨愤，出不逊语，上惭惧，不复言。

士良等命左右神策副使刘泰伦、魏仲卿等各帅禁兵五百人，露刃出閤门讨贼。王涯等将会食，吏白"有兵自内出，逢人辄杀"。涯等狼狈步走，两省及金吾吏卒千余人填门争出，门寻阖。其不得出者六百余人皆死。士良等分兵闭宫门，索诸司，讨贼党。诸司吏卒及民酤贩在中者皆死，死者又千余人，横尸流血，狼籍涂地，诸司印及图籍、帷幕、器皿俱尽。又遣骑各千余出城追亡者，又遣兵大索城中。舒元舆易服单骑出安化门，禁兵追擒之。王涯徒步至永昌里茶肆，禁兵擒入左军。涯时年七十余，被以桎梏，掠治不胜苦，自诬服，称与李训谋行大逆，尊立郑注。王璠归长兴坊私第，闭门，以其兵自防。神策将至门呼曰："王涯等谋反，欲起尚书为相，鱼护军令致意。"璠喜，出见之。将趋贺再三，璠知见绐，涕泣而行。至左军，见王涯曰："二十兄自反，胡为见引？"涯曰："五弟昔为京兆尹，不漏言于王守澄，岂有今日邪？"璠俯首不言。又收罗立言于太平里，及涯等亲属、奴婢，皆入两军系之。户部员外郎李元皋，训之再从弟也，训实与之无恩，亦执而杀之。故岭南节度使胡证，家钜富，禁兵利其财，托以搜贾餗，入其家，执其子溵，杀之。又入左常侍罗让、詹事浑鐬、翰林学士黎埴等家，掠其货财，扫地无遗。鐬，瑊之子也。坊市恶少年因之报私仇，杀人，剽掠百货，互相攻劫，尘埃蔽天。

癸亥，百官入朝。日出，始开建福门，惟听以从者一人自随，禁兵露刃夹道。至宣政门，尚未开。时无宰相御史知班，百官无复班列。上御紫宸殿，问："宰相何为不来？"仇士良曰："王涯等谋反系狱。"因以涯手状呈上，召左仆射令狐楚、右仆射郑覃等升殿示之。上悲愤不自胜，谓楚等曰："是涯手书乎？"对曰："是也。""诚如此，罪不容诛。"因命楚、覃留宿中书，参决机务。使楚草制宣告中外，楚叙王涯、贾餗反事浮泛，仇士良等不悦，由是不得为相。

时坊市剽掠者犹未止，命左右神策将杨镇、靳遂良等各将五百人分屯通衢，击鼓以警之，斩十余人，然后定。

贾餗变服潜民间经宿，自知无所逃，素服乘驴诣兴安门，自言："我宰相贾餗也，为奸人所污，可送我诣两军。"门者执送西军。李孝本改衣绿，犹服金带，以帽障面，单骑奔凤翔，至咸阳西，追擒之。

甲子，以右仆射郑覃同平章事。

李训素与终南僧宗密善，往投之。宗密欲剃其发而匿之，其徒不可。训出山，将奔凤翔，为盩厔镇遏使宋楚所擒，械送京师。至昆明池，训恐至军中更受酷辱，谓送者曰："得我者则富贵矣。闻禁兵所在搜捕，汝必为所夺，不若取我首送之。"送者从之，斩其首以来。乙丑，以户部侍郎、判度支李石同平章事，仍判度支。前河东节度使李载义复旧任。左神策出兵三百人，以李训首引王涯、王璠、罗立言、郭行余，右神策出兵三百人，拥贾餗、舒元舆、李孝本献于庙社，徇于两市。命百官临视，腰斩于独柳之下，枭其首于兴安门外。亲属无问亲疏皆死，孩稚无遗，妻女不死者没为官婢。百姓观者，怨王涯榷茶，或诟詈，或投瓦砾击之。

臣光曰：论者皆谓涯、餗有文学名声，初不知训、注之谋，横罹覆族之祸，愤叹其冤。臣独以为不然。夫颠危不扶，焉用彼相？涯、餗安高位，饱重禄。训、注小人，穷奸究险，力取将相。涯、餗与之比肩，不以为耻。国家危殆，不以为忧。偷合苟容，日复一日，自谓得保身之良策，莫我如也。若使人人如此而无祸，则奸臣孰不愿之哉？一旦祸生不虞，足折刑剧，盖天诛之也，士良安能族之哉！

王涯有再从弟沐，家于江南，老且贫。闻涯为相，跨驴诣之，欲求一簿尉。留长安二岁余，始得一见，涯待之殊落莫。久之，沐因嬖奴以道所欲，涯许以微官，自是旦夕造涯之门以俟命。及涯家被收，沐适在其第，与涯俱腰斩。

舒元舆有族子守谦，愿而敏，元舆爱之，从元舆者十年。一旦忽以非罪怒之，日加谴责，奴婢辈亦薄之。守谦不自安，求归江南，元舆亦不留，守谦悲叹而去，夕至昭应，闻元舆收族，守谦独免。

是日，以令狐楚为盐铁转运使，左散骑常侍张仲方权知京兆尹。时数日之间，杀生除拜，皆决于两中尉，上不豫知。

初，王守澄恶宦者田全操、刘行深、周元稹、薛士幹、似先义逸、刘英誗等，李训、郑注因之遣分诣盐州、灵武、泾原、夏州、振武、凤翔巡边，命翰林学士顾师邕为诏书赐六道，使杀之。会训败，六道得诏，皆废不行。丙寅，以师邕为矫诏，下御史狱。

先是，郑注将亲兵五百，已发凤翔，至扶风。扶风令韩辽知其谋，不供具，携印及吏卒奔武功。注知训已败，复还凤翔。仇士良等使人赍密敕授凤翔监军张仲清，令取注。仲清惶惑，不知所为。押牙李叔和说仲清曰："叔和为公以好召注，屏其从兵，于坐取之，事立定矣。"仲清从之，伏甲以待注。注恃其兵卫，遂诣仲清。叔和稍引其从兵，享之于外，注独与数人入。既啜茶，叔和抽刀斩注，因闭外门，悉诛其亲兵。乃出密敕，宣示将士，遂灭注家，并杀副使钱可复、节度判官卢简能、观察判官萧杰、掌书记卢弘茂等及其支党，死者千余人。可复，徽之子；简能，纶之子；杰，俛之弟也。朝廷未知注死，丁卯，诏削夺注官爵，令邻道按兵观变。以左神策大将军陈君奕为凤翔节度使。戊辰夜，张仲清遣李叔和等以注首入献，枭于兴安门，人情稍安，京师诸军始各还营。

诏将士讨贼有功及婫队者，官爵、赐赉各有差。右神策军获韩约于崇义坊，己巳，斩之。仇士良等各进阶迁官有差。自是天下事皆决于北司，宰相行文书而已。宦官气益盛，迫胁天子，下视宰相，陵暴朝士如草芥。每延英议事，士良等动引训、注折宰相。郑覃、李石曰："训、注诚为乱首，但不知训、注始因何人得进？"宦者稍屈，搢绅赖之。时中书惟有空垣破屋，百物皆阙。江西、湖南献衣粮百二十分，充宰相召募从人。辛未，李石上言："宰相若忠正无邪，神灵所祐，纵遇盗贼，亦不能伤。若内怀奸罔，虽兵卫甚设，鬼得而诛之。臣愿竭赤心以报国，止循故事，以金吾卒导从足矣，其两道所献衣粮，并乞停寝。"从之。

十二月壬申朔，顾师邕流儋州，至商山，赐死。

度支奏籍郑注家赀，得绢百余万匹，他物称是。

庚辰，上问宰相："坊市安未？"李石对曰："渐安。然比日寒冽特甚，盖刑杀太过所致。"郑覃曰："罪人周亲前已皆死，其余殆不足问。"时宦者深怨李训等，凡与之有瓜葛亲，或暂蒙奖引者，诛贬不已，故二相言之。

李训、郑注既诛，召六道巡边使。田全操等怨训、注之谋，在道扬言："我入城，凡儒服者，无贵贱当尽杀之。"癸未，全操等乘驿疾驱入金光门，京城讹言有寇至，士民惊噪纵横走，尘埃四起。两省诸司官闻之，皆奔散，有不及束带袜而乘马者。郑覃、李石在中书，顾吏卒稍稍逃去，覃谓石曰："耳目颇异，宜且出避之。"石曰："宰相位尊望重，人心所属，不可轻也。今事虚实未可知，坚坐镇之，庶几可定。若宰相亦走，则中外乱矣。且果有祸乱，避亦不免。"覃然之。石坐视文案，沛然自若。敕使相继传呼："闭皇城诸司门。"左金吾大将军陈君赏帅其众立望仙门下，谓敕使曰："贼至闭门未晚，请徐观其变，不宜示弱。"至晡后，乃定。是日，坊市恶少年皆衣绯皂，执弓刀北望，见皇城闭，即欲剽掠，非石与君赏镇之，京城几再乱矣。时两省官应入直者，皆与其家人辞诀。

丁亥，诏："逆人亲党，自非前已就戮及指名收捕者，余一切不问。诸司官吏虽为所胁从，涉于诖误，皆赦之。他人毋得妄相告言及相恐愒。见亡匿者，勿复追捕，三日内各听自归本司。"

时禁军暴横，京兆尹张仲方不敢诘，宰相以其不胜任，出为华州刺史，以司农卿薛元赏代之。元赏尝诣李石第，闻石方坐听事与一人争辩甚喧，元赏使觇之，云有神策军将诉事。元赏趋入，责石曰："相公辅佐天子，纪纲四海。今近不能制一军将，使无礼如此，何以镇服四夷！"即趋出上马，命左右擒军将，俟于下马桥，元赏至，则已解衣跽之矣。其党诉于仇士良，士良遣宦者召之，曰："中尉屈大尹。"元赏曰："属有公事，行当继至。"遂杖杀之。乃白服见士良，士良曰："痴书生，何敢杖杀禁军大将！"元赏曰："中尉大臣也，宰相亦大臣也，宰相之人若无礼于中尉，如之何？中尉之人无礼于宰相，庸可恕乎？中尉与国同体，当为国惜法。元赏已(凶)〔囚〕服而来，惟中尉死生之。"士良知军将已死，无可如何，乃呼酒，与元赏欢饮而罢。

开成元年春正月辛丑朔，上御宣政殿，赦天下，改元。仇士良请以神策仗卫殿门，谏议大夫冯定言其不可，乃止。定，宿之弟也。

二月，昭义节度使刘从谏上表请王涯等罪名，且言："涯等儒生，荷国荣宠，咸欲保身全族，安肯构逆。训等实欲讨除内臣两中尉，自为救死之谋，遂致相杀。诬以反逆，诚恐非辜。设若宰相实有异图，当委之有司，正其刑典，岂有内臣擅领甲兵，恣行剽劫，延及士庶，横被杀伤！流血千门，僵尸万计，搜罗枝蔓，中外恫疑。臣欲身诣阙廷，面陈臧否，恐并陷孥戮，事亦无成。谨当修饰封疆，训练士卒，内为陛下心腹，外为陛下藩垣。如奸臣难制，誓以死清君侧！"丙申，加从谏检校司徒。

三月，左仆射令狐楚从容奏："王涯等既伏辜，其家夷灭，遗骸弃捐。请官为收瘗，以顺阳和之气。"上惨然久之，命京兆收葬涯等十一人于城西，各赐衣一袭。仇士良潜使人发之，弃骨于渭水。

丁未，皇城留守郭皎奏："诸司仪仗有锋刃者，请皆输军器使，遇立仗别给仪刀。"从之。

刘从谏复遣牙将焦楚长上表让官，称："臣之所陈，系国大体。可听则涯等宜蒙湔洗,不可听则赏典不宜妄加,安有死冤不申而生者荷禄!”因暴扬仇士良等罪恶。辛酉,上召见楚长,慰谕遣之。时士良等恣横,朝臣日忧破家。及从谏表至,士良等惮之。由是郑覃、李石粗能秉政,天子倚之亦差以自强。

夏四月己酉,上御紫宸殿,宰相因奏事拜谢,外间因讹言:“天子欲令宰相掌禁兵,已拜恩矣。”由是中外复有猜阻,人情恟恟,士民不敢解衣寝者数日。乙丑,李石奏请召仇士良等面释其疑。上为召士良等出,上及石等共谕释之,使毋疑惧,然后事解。

秋九月丁丑,李石为上言“宋申锡忠直,为谗人所诬,窜死遐荒,未蒙昭雪”。上俯首久之,既而流涕泫然曰:“兹事朕久知其误,奸人逼我,以社稷大计,兄弟几不能保,况申锡,仅全腰领耳。非独内臣,外廷亦有助之者。皆由朕之不明,向使遇汉昭帝,必无此冤矣!”郑覃、李固言亦共言其冤,上深痛恨,有惭色。庚辰,诏悉复申锡官爵,以其子慎微为成固尉。

上自甘露之变,意忽忽不乐,两军毬鞠之会什减六七,虽宴享音伎杂遝盈庭,未尝解颜。闲居,或徘徊眺望,或独语叹息。壬午,上于延英谓宰相曰:“朕每与卿等论天下事,则不免愁。”对曰:“为理者不可以速成。”上曰:“朕每读书,耻为凡主。”李石曰:“方今内外之臣,其间小人尚多疑阻,愿陛下更以宽御之,彼有公清奉法如刘弘逸、薛季稜者,陛下亦宜褒赏以劝为善。”甲申,上复谓宰相曰:“我与卿等论天下事,有势未得行者,退饮醇酒求醉耳!”对曰:“此皆臣等之罪也。”

三年春正月甲子,李石入朝,中途有盗射之,微伤,左右奔散,石马惊,驰归第。又有盗邀击于坊门,断其马尾,仅而得免。上闻之大惊,命神策六军遣兵防卫,敕中外捕盗甚急,竟无所获。

乙丑，百官入朝者九人而已。京城数日方安。

中书侍郎、同平章事李石，承甘露之乱，人情危惧，宦官恣横，忘身徇国，故纪纲粗立。仇士良深恶之，潜遣盗杀之，不果。石惧，累表称疾辞位；上深知其故而无如之何。丙子，以石同平章事，充荆南节度使。

太子永之母王德妃无宠，为杨贤妃所谮而死。太子颇好游宴，昵近小人，贤妃日夜毁之。九月壬戌，上开延英，召宰相及两省、御史、郎官，疏太子过恶，议废之，曰："是宜为天子乎？"群臣皆言："太子年少，容有改过。国本至重，岂可轻动！"御史中丞狄兼謩论之尤切，至于涕泣。给事中韦温曰："陛下惟一子，不教，陷之至是，岂独太子之过乎！"癸亥，翰林学士六人、神策六军军使十六人复上表论之，上意稍解。是夕，太子始得归少阳院。如京使王少华等及宦官宫人坐流死者数十人。

冬十月，太子永犹不悛，庚子，暴薨，谥曰庄恪。

四年冬十月，杨妃请立皇弟安王溶为嗣，上谋于宰相，李珏非之。丙寅，立敬宗少子陈王成美为皇太子。丁卯，上幸会宁殿作乐，有童子缘橦，一夫来往走其下如狂。上怪之，左右曰："其父也。"上泫然流涕曰："朕贵为天子，不能全一子！"召教坊刘楚材等四人，宫人张十十等责之曰："构害太子，皆尔曹也，今更立太子，复欲尔邪？"执以付吏，己巳，皆杀之。上因是感伤，旧疾遂增。

十一月乙亥，上疾少间，坐思政殿，召当直学士周墀，赐之酒，因问曰："朕可方前代何主？"对曰："陛下尧、舜之主也。"上曰："朕岂敢比尧、舜，所以问卿者，何如周赧、汉献耳。"墀惊曰："彼亡国之主，岂可比圣德！"上曰："赧、献受制于强诸侯，今朕受制于家奴，以此言之，朕殆不如。"因泣下沾襟，墀伏地流涕，自是不复视朝。

五年春正月己卯，诏立颍王瀍为皇太弟，应军国事权令句当。且言太子成美年尚冲幼，未渐师资，可复封陈王。时上疾甚，命知枢密刘弘逸、薛季稜引杨嗣复、李珏至禁中，欲奉太子监国。中尉仇士良、鱼弘志以太子之立，功不在己，乃言“太子幼，且有疾，更议所立”。李珏曰：“太子位已定，岂得中变。”士良、弘志遂矫诏立瀍为太弟。是日，士良、弘志将兵诣十六宅，迎颍王至少阳院，百官谒见于思贤殿。瀍沉毅有断，喜愠不形于色，与安王溶皆素为上所厚，异于诸王。

辛巳，上崩于太和殿。以杨嗣复摄冢宰。

癸未，仇士良说太弟赐杨贤妃、安王溶、陈王成美死。敕大行以十四日殡，成服。谏议大夫裴夷直上言期日太远，不听。时仇士良等追怨文宗，凡乐工及内侍得幸于文宗者，诛贬相继。夷直复上言：“陛下自藩维继统，是宜俨然在疚，以哀慕为心，远行丧礼，早议大政，以慰天下。而未及数日，屡诛戮先帝近臣，惊率土之视听，伤先帝之神灵，人情何瞻？国体至重，若使此辈无罪，固不可刑；若其有罪，彼已在天网之内，无所逃伏，旬日之外，行之何晚。”不听。辛卯，文宗始大敛，武宗即位。

冬十一月，开府仪同三司、左卫上将军兼内谒者监仇士良请以开府荫其子为千牛，给事中李中敏判云：“开府阶诚宜荫子，谒者监何由有儿？”士良惭恚。

武宗会昌元年。初，知枢密刘弘逸、薛季稜有宠于文宗，仇士良恶之。上之立，非二人及宰相意，故杨嗣复出为湖南观察使，李珏出为桂管观察使。士良屡谮弘逸等于上，劝上除之。乙未，赐弘逸、季稜死，遣中使就潭、桂州诛嗣复及珏。户部尚书杜悰奔马见李德裕曰："天子年少，新即位，兹事不宜手滑。"丙申，德裕与崔珙、崔郸、陈夷行三上奏，又邀枢密使至中书，使入奏。以为："德宗疑刘晏动摇东宫而杀之，中外咸以为冤，两河不臣者由兹恐惧，得以为辞。德宗后悔，录其子孙。文宗疑宋申锡交通藩邸，窜谪至死，既而追悔，为之出涕。嗣复、珏等若有罪恶，乞更加重贬；必不可容，亦当先行讯鞫，俟罪状著白，诛之未晚。今不谋于臣等，遽遣使诛之，人情莫不震骇。愿开延英赐对。"至晡时，开延英，召德裕等入。德裕等泣涕极言："陛下宜重慎此举，毋致后悔。"上曰："朕不悔。"三命之坐，德裕等曰："臣等愿陛下免二人于死，勿使既死而众以为冤。今未奉圣旨，臣等不敢坐。"久之，上乃曰："特为卿等释之。"德裕等跃下阶舞蹈。上召升坐，叹曰："朕嗣位之际，宰相何尝比数。李珏、季稜志在陈王，嗣复、弘逸志在安王。陈王犹是文宗遗意，安王则专附杨妃。嗣复仍与妃书，云：'姑何不效则天临朝？'向使安王得志，朕那复有今日？"德裕等曰："兹事暧昧，虚实难知。"上曰："杨妃尝有疾，文宗听其弟玄思入侍月余，以此得通意指。朕细询内人，情状皎然，非虚也。"遂追还二使，更贬嗣复为潮州刺史，李珏为昭州刺史，裴夷直为驩州司户。

秋八月，加仇士良观军容使。

二年夏四月，上信任李德裕，观军容使仇士良恶之。会上将受尊号，御丹凤楼宣赦。或告士良，宰相与度支议草制减禁军衣粮及马刍粟。士良扬言于众曰："如此，至日，军士必于楼前喧哗。"德裕闻之，乙酉，乞开延英自诉。上怒，遽遣中使宣谕两军："赦书初无此事。且赦书皆出朕意，非由宰相，尔安得此言！"士良乃惶愧称谢。

三年夏四月，上虽外尊宠仇士良，内实忌恶之。士良颇觉之，遂以老病求散秩，诏以左卫上将军兼内侍监、知省事。

六月癸酉，仇士良以左卫上将军、内侍监致仕。其党送归私第，士良教以固权宠之术曰："天子不可令闲，常宜以奢靡娱其耳目，使日新月盛，无暇更及他事，然后吾辈可以得志。慎勿使之读书，亲近儒生，彼见前代兴亡，心知忧惧，则吾辈疏斥矣。"其党拜谢而去。

四年。宦官发仇士良宿恶，于其家得兵仗数千。诏削其官爵，籍没家赀。

宣宗大中八年。上自即位以来，治弑宪宗之党，诛窜甚众。虑人情不安，诏："长庆之初，乱臣、贼子顷流窜已尽，其余族从疏远者一切不问。"

十月，上以甘露之变，惟李训、郑注当死，自余王涯、贾𫗧等无罪，诏皆雪其冤。

朋党之祸

唐穆宗长庆元年。翰林学士李德裕，吉甫之子也，以中书舍人李宗闵尝对策讥切其父，恨之。宗闵又与翰林学士元稹争进取有隙。右补阙杨汝士与礼部侍郎钱徽掌贡举，西川节度使段文昌、翰林学士李绅各以书属所善进士于徽。及榜出，文昌、绅所属皆不预焉，及第者郑朗，覃之弟；裴撰，度之子；苏巢，宗闵之婿；杨殷士，汝士之弟也。文昌言于上曰："今岁礼部殊不公，所取进士皆子弟无艺，以关节得之。"上以问诸学士，德裕、稹、绅皆曰："诚如文昌言。"上乃命中书舍人王起等覆试。夏四月丁丑，诏黜朗等十人，贬徽江州刺史，宗闵剑州刺史，汝士开江令。或劝徽奏文昌、绅属书，上必寤。徽曰："苟无愧心，得丧一致，奈何奏人私书，岂士君子所为邪?"取而焚之，时人多之。绅，敬玄之曾孙；起，播之弟也。自是德裕、宗闵各分朋党，更相倾轧，垂四十年。

二年夏六月甲子，裴度、元稹皆罢相，以兵部尚书李逢吉为门下侍郎、同平章事。

三年。户部侍郎牛僧孺，素为上所厚。初，韩弘之子右骁卫将军公武为其父谋，以财结中外。及公武卒，弘继薨，稚孙昭宗嗣，主藏奴与吏讼于御史府。上怜之，尽取弘财簿自阅视，凡中外主权，多纳弘货，独朱句细字曰"某年月日，送户部牛侍郎钱千万，不纳"。上大喜，以示左右曰："果然，吾不缪知人。"三月壬戌，以僧孺为中书侍郎、同平章事。时僧孺与李德裕皆有入相之望。德裕出为浙西观察使，八年不迁，以为李逢吉排己引僧孺为相，由是牛、李之怨愈深。

李逢吉为相，内结知枢密王守澄，势倾朝野。惟翰林学士李绅每承顾问，常排抑之，拟状至内庭，绅多所臧否。逢吉患之，而上待遇方厚，不能远也。会御史中丞缺，逢吉荐绅清直，宜居风宪之地。上以中丞亦次对官，不疑而可之。会绅与京兆尹兼御史大夫韩愈争台参及他职事，文移往来，辞语不逊。逢吉奏二人不协，冬十月丙戌，以愈为兵部侍郎，绅为江西观察使。韩愈、李绅入谢，上各令自叙其事，乃深寤。壬辰，复以愈为吏部侍郎，绅为户部侍郎。

四年。初，穆宗既留李绅，李逢吉愈忌之。绅族子虞颇以文学知名，自言不乐仕进，隐居华阳川。及从父耆为左拾遗，虞与耆书求荐，误达于绅。绅以书诮之，且以语于众人。虞深怨之，乃诣逢吉,悉以绅平日密论逢吉之语告之。逢吉益怒,使虞与补阙张又新及从子前河阳掌书记仲言等伺求绅短,扬之于士大夫间。且言"绅潜察士大夫有群居议论者,辄指为朋党,白之于上"。由是士大夫多忌之。

及敬宗即位,逢吉与其党快绅失势,又恐上复用之,日夜谋议,思所以害绅者。楚州刺史苏遇谓逢吉之党曰:"主上初听政,必开延英,有次对官,惟此可防。"其党以为然,亟白逢吉曰:"事迫矣,若俟听政,悔不可追。"逢吉乃令王守澄言于上曰:"陛下所以为储贰,臣备知之,皆逢吉之力也。如杜元颖、李绅辈皆欲立深王。"度支员外郎李续之等继上章言之。上时年十六,疑未信。会逢吉亦有奏,言绅谋不利于上,请加贬谪。上犹再三覆问,然后从之。二月癸未,贬绅为端州司马。逢吉仍帅百官表贺,既退,百官复诣中书贺。逢吉方与张又新语,门者弗内。良久,又新挥汗而出,旅揖百官曰:"端溪之事,又新不敢多让。"众骇愕辟易,惮之。右拾遗、内供奉吴思独不贺,逢吉怒,以思为吐蕃告哀使。丙戌,贬翰林学士庞严为信州刺史,蒋防为汀州刺史。严,寿州人,与防皆绅所引也。给事中于敖,素与严善,封还敕书。人为之惧,曰:"于给事为庞、蒋直冤,犯宰相怒,诚所难也。"及奏下,乃言贬之太轻,逢吉由是奖之。

张又新等犹忌绅,日上书言贬绅太轻,上许为杀之。朝臣莫敢言,独翰林侍读学士韦处厚上疏,指述:"绅为逢吉之党所谗,人情叹骇。绅蒙先朝奖用,借使有罪,犹宜容假,以成三年无改之孝,况无罪乎?"于是上稍开寤,会阅禁中文书,有穆宗所封一箧,发之,得裴度、杜元颖、李绅疏请立上为太子,上乃嗟叹,悉焚人所上谮绅书,虽未即召还,后有言者,不复听矣。

夏四月乙未，以布衣姜洽为补阙，试大理评事陆洿、布衣李虞、刘坚为拾遗。时李逢吉用事，所亲厚者张又新、李仲言、李续之、李虞、刘栖楚、姜洽及拾遗张权舆、程昔范，又有从而附丽之者，时人恶逢吉者，目之为八关、十六子。

敬宗宝历元年春正月，中书侍郎、同平章事牛僧孺，以上荒淫，嬖幸用事，又畏罪不敢言，但累表求出。乙卯，升鄂岳为武昌军，以僧孺同平章事，充武昌节度使。

夏四月癸巳，群臣上尊号曰文武大圣广孝皇帝，赦天下。赦文但云"左降官已经量移者，宜与量移"，不言未量移者。翰林学士韦处厚上言："逢吉恐李绅量移，故有此处置。如此，则应近年流贬官，因李绅一人皆不得量移也。"上即追赦文改之，绅由是得移江州长史。

冬十月，前河阳掌书记李仲言坐陈留武昭之狱，流象州。

十二月，言事者多称裴度贤，不宜弃之藩镇。上数遣使至兴元劳问度，密示以还期，度因求入朝。逢吉之党大惧。

二年春正月壬辰，裴度自兴元入朝，李逢吉之党百计毁之。先是，民间谣云"绯衣小儿坦其腹，天上有口被驱逐"。又长安城中有横亘六冈，如乾象，度宅偶居第五冈。张权舆上言："度名应图谶，宅占冈原，不召而来，其旨可见。"上虽年少，悉察其诬谤，待度益厚。

冬十一月甲申，以门下侍郎、同平章事李逢吉同平章事，充山南东道节度使。

文宗太和三年秋八月，征浙西观察使李德裕为兵部侍郎，裴度荐以为相。会吏部侍郎李宗闵有宦官之助，甲戌，以宗闵同平章事。〔九月〕壬辰，以李德裕为义成节度使。李宗闵恶其逼己，故出之。

四年春正月辛巳，武昌节度使牛僧孺入朝。李宗闵引荐牛僧孺。辛卯，以僧孺为兵部尚书、同平章事。于是二人相与排摈李德裕之党，稍稍逐之。

裴度以高年多疾，恳辞机政。六月丁未，以度为司徒、平章军国重事，俟疾损，三五日一入中书。初，裴度征淮西，奏李宗闵为观察判官，由是渐获进用。至是，怨度荐李德裕，因其谢病，九月壬午，以度兼侍中，充山南东道节度使。

冬十月戊申，以义成节度使李德裕为西川节度使。

五年秋九月，吐蕃维州副使悉怛谋请降，李德裕遣行维州刺史虞藏俭将兵入据其城，具奏其状。牛僧孺曰："吐蕃之境，四面各万里，失一维州，未能损其势。徒弃诚信，有害无益。"上以为然，诏德裕以城归吐蕃，执悉怛谋归之，吐蕃诛之于境上。德裕由是怨僧孺益深。事见吐蕃叛盟。

六年冬十一月乙卯，以荆南节度使段文昌为西川节度使。西川监军王践言入知枢密，数为上言："缚送悉怛谋以快虏心，绝后来降者，非计也。"上亦悔之，尤中书侍郎、同平章事牛僧孺失策。附李德裕者因言"僧孺与德裕有隙，害其功"。上益疏之。僧孺内不自安，会上御延英，谓宰相曰："天下何时当太平，卿等亦有意于此乎？"僧孺对曰："太平无象。今四夷不至交侵，百姓不至流散，虽非至理，亦谓小康。陛下若别求太平，非臣等所及。"退，谓同列曰："主上责望如此，吾曹岂得久居此地乎！"因累表请罢。十二月乙丑，以僧孺同平章事，〔充〕淮南节度使。

臣光曰：君明臣忠，上令下从，俊良在位，佞邪黜远，礼修乐举，刑清政平，奸宄消伏，兵革偃戢，诸侯顺附，四夷怀服，时和年丰，家给人足，此太平之象也。于斯之时，阍寺专权，胁君于内，弗能远也；藩镇阻兵，陵慢于外，弗能制也；士卒杀逐主帅，拒命自立，弗能诘也；军旅岁兴，赋敛日急，骨血纵横于原野，杼轴空竭于里闾，而僧孺谓之太平，不亦诬乎？当文宗求治之时，僧孺任居承弼，进则偷安取容以窃位，退则欺君诬世以盗名，罪孰大焉！

丁未，以前西川节度使李德裕为兵部尚书。初，李宗闵与德裕有隙，及德裕还自西川，上注意甚厚，朝夕且为相，宗闵百方沮之，不能。京兆尹杜悰，宗闵党也，尝诣宗闵，见其有忧色，曰："得非以大戎乎？"宗闵曰："然。何以相救？"悰曰："悰有一策，可平宿憾，恐公不能用。"宗闵曰："何如？"悰曰："德裕有文学而不由科第，常用此为慊慊，若使之知举，必喜矣。"宗闵默然有间，曰："更思其次。"悰曰："不则用为御史大夫。"宗闵曰："此则可矣。"悰再三与约，乃诣德裕。德裕迎揖曰："公何为访此寂寥？"悰曰："靖安相公令悰达意。"即以大夫之命告之。德裕惊喜泣下，曰："此大门官，小子何足以当之！"寄谢重沓。宗闵复与给事中杨虞卿谋之，事遂中止。虞卿，汝士之从弟也。

七年春二月丙戌，以兵部尚书李德裕同平章事。德裕入谢，上与之论朋党事，对曰："方今朝士三分之一为朋党。"时给事中杨虞卿与从兄中书舍人汝士、弟户部郎中汉公、中书舍人张元夫、给事中萧澣等善交结，依附权要，上干执政，下挠有司，为士人求官及科第，无不如志。上闻而恶之，故与德裕言首及之，德裕因得以排其所不悦者。初，左散骑常侍张仲方尝驳李吉甫谥，及德裕为相，仲方称疾不出。三月壬辰，以仲方为宾客分司。

庚戌，以杨虞卿为常州刺史，张元夫为汝州刺史。他日，上复言及朋党，李宗闵曰："臣素知之，故虞卿辈臣皆不与美官。"李德裕曰："给舍非美官而何？"宗闵失色。丁巳，以萧澣为郑州刺史。

夏六月壬申，以工部尚书郑覃为御史大夫。初，李宗闵恶覃在禁中数言事，奏罢其侍讲。上从容谓宰相曰："殷侑经术颇似郑覃。"宗闵对曰："覃、侑经术诚可尚，然议论不足听。"李德裕曰："覃、侑议论，他人不欲闻，惟陛下欲闻之。"后旬日，宣出，除覃御史大夫。宗闵谓枢密使崔潭峻曰："事一切宣出，安用中书？"潭峻曰："八年天子，听其自行事亦可矣。"宗闵愀然而止。

乙亥，以中书侍郎、同平章事李宗闵同平章事，充山南西道节度使。

八年。初，李仲言流象州，遇赦，还东都。会留守李逢吉思复入相，仲言自言与郑注善，逢吉使仲言厚赂之。注引仲言见王守澄，守澄荐于上，云仲言善易，上召见之。时仲言有母服，难入禁中，乃使衣民服，号王山人。仲言仪状秀伟，倜傥尚气，颇工文辞，有口辩，多权数。上见之，大悦，以为奇士，待遇日隆。仲言既除服，秋八月辛卯，上欲以仲言为谏官，置之翰林。李德裕曰："仲言向所为，计陛下必尽知之，岂宜置之近侍！"上曰："然，岂不容其改过。"对曰："臣闻惟颜回能不贰过。彼圣贤之过，但思虑不至，或失中道耳。至于仲言之恶，著于心本，安能悛改邪？"上曰："李逢吉荐之，朕不欲食言。"对曰："逢吉身为宰相，乃荐奸邪以误国，亦罪人也。"上曰："然则别除一官。"对曰："亦不可。"上顾王涯，涯对曰："可。"德裕挥手止之，上回顾，适见，色殊不怿而罢。始，涯闻上欲用仲言，草谏疏极愤激，既而见上意坚，且畏其党盛，遂中变。

寻以仲言为四门助教，给事中郑肃、韩佽封还敕书。德裕将出中书，谓涯曰："且喜给事中封敕。"涯即召肃、佽谓曰："李公适留语，令二阁老不用封敕。"二人即行下。明日，以白德裕，德裕惊曰："德裕不欲封还，当面闻，何必使人传言。且有司封驳，岂复禀宰相意邪？"二人怅恨而去。

九月辛亥，征昭义节度副使郑注至京师。王守澄、李仲言、郑注皆恶李德裕，以山南西道节度使李宗闵与德裕不相悦，引宗闵以敌之。壬戌，诏征宗闵于兴元。

冬十月庚寅，以李宗闵为中书侍郎、同平章事。甲午，以中书侍郎、同平章事李德裕同平章事，充山南西道节度使。是日，以李仲言为翰林侍（读）〔讲〕学士。给事中高铢、郑肃、韩佽、谏议大夫郭承嘏、中书舍人权璩等争之，不能得。承嘏，晞之孙；璩，德舆之子也。

李德裕见上自陈，请留京师，丙午，以德裕为兵部尚书。十一月，李宗闵言李德裕制命已行，不宜自便。乙亥，复以德裕为镇海节度使，不复兼平章事。时德裕、宗闵各有朋党，互相挤援。上患之，每叹曰："去河北贼易，去朝中朋党难。"

臣光曰：夫君子小人之不相容，犹冰炭之不可同器而处也。故君子得位则斥小人，小人得势则排君子，此自然之理也。然君子进贤退不肖，其处心也公，其指事也实。小人誉其所好，毁其所恶，其处心也私，其指事也诬。公且实者谓之正直，私且诬者谓之朋党，在人主所以辨之耳。是以明主在上，度德而叙位，量能而授官，有功者赏，有罪者刑，奸不能惑，佞不能移。夫如是则朋党何自而生哉。彼昏主则不然。明不能烛，强不能断，邪正并进，毁誉交至，取舍不在于己，威福潜移于人。于是谗慝得志，而朋党之议兴矣。夫木腐而蠹生，醯酸而蚋集，故朝廷有朋党，则人主当自咎而不当以咎群臣也。文宗苟患群臣之朋党，何不察其所毁誉者为实为诬，所进退者为贤为不肖，其心为公为私，其人为君子为小人？苟实也，贤也，公也，君子也，匪徒用其言，又当进之；诬也，不肖也，私也，小人也，匪徒弃其言，又当刑之。如是虽使之为朋党，孰敢哉！释是不为，乃怨群臣之难治，是犹不种不芸，而怨田之芜也。朝中之党且不能去，况河北贼乎？

九年。初，李德裕为浙西观察使，漳王傅母杜仲阳坐宋申锡事放归金陵，诏德裕存处之。会德裕已离浙西，牒留后李蟾使如诏旨。至是，左丞王璠、户部侍郎李汉奏德裕厚赂仲阳，阴结漳王，图为不轨。上怒甚，召宰相及璠、汉、郑注等面质之。璠、汉等极口诬之，路隋曰："德裕不至此。果如所言，臣亦应得罪。"言者稍息。夏四月，以德裕为宾客分司。丙申，以门下侍郎、同平章事路隋同平章事，充镇海节度使，趣之赴镇，不得面辞，坐救李德裕故也。

初，京兆尹河南贾餗，性褊躁轻率，与李德裕有隙，而善于李宗闵、郑注。上巳，赐百官宴于曲江。故事，尹于外门下马，揖御史。餗恃其贵势，乘马直入，殿中侍御史杨俭、苏特与之争。餗骂曰："黄面儿敢尔！"坐罚俸。餗耻之，求出，诏以为浙西观察使。尚未行，戊戌，以餗为中书侍郎、同平章事。

庚子，制以向日上初得疾，王涯呼李德裕奔问起居，德裕竟不至，又在西蜀征逋悬钱三十万缗，百姓愁困，贬德裕袁州长史。

京城讹言郑注为上合金丹，须小儿心肝，民间惊惧，上闻而恶之。郑注素恨京兆尹杨虞卿，与李训共构之，云"此语出于虞卿家人”。上怒，六月，下虞卿御史狱。注求为两省官，中书侍郎、同平章事李宗闵不许，注毁之于上。会宗闵救杨虞卿，上怒，叱出之。壬寅，贬明州刺史。

左神策中尉韦元素、枢密使杨承和、王践言久居中用事，与王守澄争权不叶，李训、郑注因之出承和于西川，元素于淮南，践言于河东，皆为监军。秋七月甲辰朔，贬杨虞卿虔州司马。

初，李宗闵为吏部侍郎，因驸马都尉沈𥫗结女学士宋若宪、知枢密杨承和得为相。及贬明州，郑注发其事，壬子，再贬处州长史。著作郎、分司舒元舆与李训善，训用事，召为右司郎中，兼侍御史知杂，鞫杨虞卿狱。癸丑，擢为御史中丞。元舆，元褒之兄也。贬吏部侍郎李汉为汾州刺史，刑部侍郎萧澣为遂州刺史，皆坐李宗闵之党。

是时李训、郑注连逐三相，威震天下，于是平生丝恩发怨无不报者。又贬左金吾大将军沈𥫗为邵州刺史。八月丙子，又贬李宗闵潮州司户。赐宋若宪死。戊寅，再贬沈𥫗柳州司户。

丙申，诏以杨承和庇护宋申锡，韦元素、王践言，与李宗闵、李德裕中外连结，受其赂遗。承和可驩州安置，元素可象州安置，践言可恩州安置，令所在锢送。杨虞卿、李汉、萧澣为朋党之首，贬虞卿虔州司户，汉汾州司马，澣遂州司马。寻遣使追赐承和、元素、践言死。时崔潭峻已卒，亦剖棺鞭尸。

己亥，以前庐州刺史罗立言为司农少卿。立言赃吏，以赂结郑注而得之。郑注之入翰林也，中书舍人高元裕草制，言以医药奉君亲，注衔之。奏元裕尝出郊送李宗闵，壬寅，贬元裕阆州刺史。元裕，士廉之六世孙也。

时注与李训所恶朝士，皆指目为二李之党，贬逐无虚日，班列殆空，廷中恟恟，上亦知之。训、注恐为人所摇，九月癸卯朔，劝上下诏："应与德裕、宗闵亲旧及门生、故吏，今日以前贬黜之外，余皆不问。"人情稍安。

冬十一月，李训等谋诛宦官，败死。事见宦官弑逆。

开成元年春三月壬寅，以袁州长史李德裕为滁州刺史。夏四月乙卯，以潮州司户李宗闵为衡州司马。凡李训所指为李德裕、宗闵党者，稍稍收复之。

三年春正月，杨嗣复欲援进李宗闵，恐为郑覃所沮，乃先令宦官讽上。上临朝，谓宰相曰："宗闵积年在外，宜与一官。"郑覃曰："陛下若怜宗闵之远，止可移近北数百里，不宜再用。用之，臣请先避位。"陈夷行曰："宗闵向以朋党乱政，陛下何爱此纤人？"杨嗣复曰："事贵得中，不可但徇爱憎。"上曰："可与一州。"覃曰："与州太优，止可洪州司马耳。"因与嗣复互相诋讦以为党。上曰："与一州无伤。"覃等退，上谓起居郎周敬复、舍人魏謩曰："宰相喧争如此，可乎！"对曰："诚为不可。然覃等尽忠愤激，不自觉耳。"丁酉，以衡州司马李宗闵为杭州刺史。李固言与杨嗣复、李珏善，故引居大政以排郑覃、陈夷行，每议政之际，是非锋起，上不能决也。

五年春正月，文宗崩，武宗即位。夏五月己卯，门下侍郎、同平章事杨嗣复罢为吏部尚书。秋八月庚午，门下侍郎、同平章事李珏罢为太常卿。

初，上之立非宰相意，故杨嗣复、李珏相继罢去。召淮南节度使李德裕入朝。九月甲戌朔，至京师，丁丑，以德裕为门下侍郎、同平章事。

庚辰，德裕入谢，言于上曰："致理之要，在于辨群臣之邪正。

夫邪正二者，势不相容，正人指邪人为邪，邪人亦指正人为邪，人主辨之甚难。臣以为正人如松柏，特立不倚，邪人如藤萝，非附他物不能自起。故正人一心事君，而邪人竞为朋党。先帝深知朋党之患，然所用卒皆朋党之人，良由执心不定，故奸邪得乘间而入也。夫宰相不能人人忠良，或为欺罔，主心始疑，于是旁询小臣，以察执政。如德宗末年，所听任者惟裴延龄辈，宰相署敕而已，此政事所以日乱也。陛下诚能慎择贤才以为宰相，有奸罔者立黜去之，常令政事皆出中书，推心委任，坚定不移，则天下何忧不理哉！"又曰："先帝于大臣好为形迹，小过皆含容不言，日累月积，以致祸败。兹事大误，愿陛下以为戒。臣等有罪，陛下当面诘之。事苟无实，得以辨明；若其有实，辞理自穷。小过则容其悛改，大罪则加之诛谴。如此，君臣之际无疑间矣。"上嘉纳之。

初，德裕在淮南，敕召监军杨钦义，人皆言必知枢密，德裕待之无加礼，钦义心衔之。一旦，独延钦义，置酒中堂，情礼极厚，陈珍玩数床，罢酒，皆以赠之，钦义大喜过望。行至汴州，敕复还淮南，钦义尽以所饷归之。德裕曰："此何直！"卒以与之。其后钦义竟知枢密。德裕柄用，钦义颇有力焉。

武宗会昌元年秋八月，以前山南东道节度使、同平章事牛僧孺为太子太师。先是，汉水溢，坏襄州民居，故李德裕以为僧孺罪而废之。

二年春二月，淮南节度使李绅入朝。丁丑，以绅为中书侍郎、同平章事。

三年夏五月，李德裕言太子宾客分司李宗闵与刘从谏交通，不宜置之东都。戊戌，以宗闵为湖州刺史。

四年秋闰七月壬戌，以中书侍郎李绅同平章事，充淮南节度使。

九月，李德裕怨太子太傅东都留守牛僧孺、湖州刺史李宗闵，言于上曰："刘从谏据上党十年，太和中入朝，僧孺、宗闵执政，不留之，加宰相纵去，以成今日之患，竭天下力乃能取之，皆二人之罪也。"德裕又使人于潞州求僧孺、宗闵与从谏交通书疏，无所得，乃令孔目官郑庆言从谏每得僧孺、宗闵书疏，皆自焚毁。诏追庆下御史台按问，中丞李回、知杂郑亚以为信然。河南少尹吕述与德裕书，言稹破报至，僧孺出声叹恨。德裕奏述书，上大怒，以僧孺为太子少保分司，宗闵为漳州刺史。戊子，再贬僧孺汀州刺史，宗闵漳州长史。冬十一月，复贬牛僧孺循州长史，李宗闵长流封州。

五年春正月，淮南节度使李绅按江都令吴湘盗用程粮钱，强娶所部百姓颜悦女，估其资装为赃，罪当死。湘，武陵之兄子也。李德裕素恶武陵。议者多言其冤，谏官请覆按，诏遣监察御史崔元藻、李稠覆之。还言"湘盗程粮钱有实。颜悦本衢州人，尝为青州牙推，妻亦士族，与前狱异"。德裕以为无与夺，二月，贬元藻端州司户，稠汀州司户。不复更推，亦不付法司详断，即如绅奏，处湘死。谏议大夫柳仲郢、敬晦皆上疏争之，不纳。稠，晋江人；晦，昕之弟也。

李德裕以柳仲郢为京兆尹；素与牛僧孺善，谢德裕曰："不意太尉恩奖及此，仰报厚德，敢不如奇章公门馆。"德裕不以为嫌。

（冬十月）李德裕秉政日久，好徇爱憎，人多怨之。自杜悰、崔铉罢相，宦者左右言其太专，上亦不悦。给事中韦弘质上疏，言宰相权重，不应更领三司钱谷。德裕奏称："制置职业，人主之柄。弘质受人教导，所谓贱人图柄臣，非所宜言。"十二月，弘质坐贬官，由是众怒愈甚。

六年春三月甲子，上崩，以李德裕摄冢宰。丁卯，宣宗即位。宣宗素恶德裕之专，即位之日，德裕奉册。既罢，谓左右曰："适近我者，非太尉耶？每顾我，使我毛发洒淅。"夏四月辛未朔，上始听政。壬申，以门下侍郎、同平章事李德裕同平章事，充荆南节度使。德裕秉权日久，位重有功，众不谓其遽罢，闻之莫不惊骇。甲戌，贬工部尚书、判盐铁转运使薛元赏为忠州刺史，弟京兆少尹权知府事元龟为崖州司户，皆德裕之党也。

秋七月壬寅，淮南节度使李绅薨。八月，以循州司马牛僧孺为衡州长史，封州流人李宗闵为郴州司马。宗闵未离封州而卒。九月，以荆南节度使李德裕为东都留守，解平章事。

宣宗大中元年。初，李德裕执政，引白敏中为翰林学士。及武宗崩，德裕失势，敏中乘上下之怒，竭力排之，使其党李咸讼德裕罪，德裕由是自东都留守以太子少保分司。

秋九月乙酉，前永宁尉吴汝纳讼其弟湘罪不至死："李绅、李德裕相表里，欺罔武宗，枉杀臣弟，乞召江州司户崔元藻等对辩。"丁亥，敕御史台鞫实以闻。冬十二月庚戌，御史台奏："据崔元藻所列吴湘冤状，如吴汝纳之言。"戊午，贬太子少保分司李德裕为潮州司马。

二年秋九月甲子，再贬潮州司马李德裕为崖州司户。

三年冬闰十一月己未，崖州司户李德裕卒。

武宗平泽潞

穆宗长庆二年春二月，昭义监军刘承偕恃恩，陵轹节度使刘悟，数众辱之，又纵其下乱法。阴与磁州刺史张汶谋缚悟送阙下，以汶代之，悟知之，讽其军士作乱，杀汶。围承偕，欲杀之。幕僚贾直言入责悟曰："公所为如是，欲效李司空邪？此军中安知无如公者，使李司空有知，得无笑公于地下乎！"悟遂谢直言，救免承偕，囚之府舍。

三月，上诏刘悟送刘承偕诣京师，悟托以军情，不时奉诏。上问裴度："宜如何处置？"度对曰："承偕在昭义，骄纵不法，臣尽知之。悟在行营与臣书，具论其事。时有中使赵弘亮在臣军中，持悟书去，云欲自奏之，不知尝奏不？"上曰："朕殊不知也。且悟大臣，何不自奏？"对曰："悟武臣，不知事体。然今事状籍籍如此，臣等面论，陛下犹不能决，况悟当日单辞，岂能动圣听哉！"上曰："前事勿论，直言此时如何处置。"对曰："陛下必欲收天下心，止应下半纸诏书，具陈承偕骄纵之罪，令悟集将士斩之，则藩镇之臣，孰不思为陛下效死，非独悟也。"上俯首良久曰："朕不惜承偕，然太后以为养子。今兹囚絷，太后尚未知之，况杀之乎？卿更思其次。"度乃与王播等奏请流承偕于远州，必得出，上从之。后月余，悟乃释承偕。加刘悟检校司徒，余如故。自是悟浸骄，欲效河北三镇，招聚不逞，章表多不逊。

敬宗宝历元年。昭义节度使刘悟之去郓州也，以郓兵二千自随为亲兵。八月庚戌，悟暴疾薨，子将作监主簿从谏匿其丧，与大将刘武德及亲兵谋，以悟遗表求知留后。司马贾直言入责从谏曰："尔父提十二州地归朝廷，其功非细，祗以张汶之故，自谓不洁淋头，竟至羞死。尔孺子，何敢如此！父死不哭，何以为人？"从谏恐悚不能对，乃发丧。冬十一月，朝廷得刘悟遗表，议者多言上党内镇，与河朔异，不可许。左仆射李绛上疏，以为：

"兵机尚速,威断贵定,人情未一,乃可伐谋。刘悟死已数月,朝廷尚未处分,中外人意,共惜事机。今昭义兵众,必不尽与从谏同谋,纵使其半叶同,尚有其半效顺。从谏未尝久典兵马,威惠未加于人。又此道素贫,非时必无优赏。今朝廷但速除近泽潞一将充昭义节度使,令兼程赴镇,从谏未及布置,新使已至潞州,所谓先人夺人之心也。新使既至,军心自有所系。从谏无位,何名主张,设使谋挠朝命,其将士必不肯从。今朝廷久无处分,彼军不晓朝廷之意,欲效顺则恐忽授从谏,欲同恶则恐别更除人,犹豫之间,若有奸人为之画策,虚张赏设钱数,军士觊望,尤难指挥。伏望速赐裁断,仍先下明敕,宣示军众,奖其从来忠节,赐新使缯五十万匹,使之赏设。续除刘从谏一刺史。从谏既粗有所得,必且择利而行,万无违拒。设不从命,臣亦以为不假攻讨。何则?臣闻从谏已禁山东三州军士不许自畜兵刀,足明群心殊未得一,帐下之事亦在不疑。熟计利害,决无即授从谏之理。"时李逢吉、王守澄计议已定,竟不用绛等谋。十二月辛丑,以从谏为昭义留后。刘悟烦苛,从谏济以宽厚,众颇附之。

二年夏四月戊申,以昭义留后刘从谏为节度使。

文宗太和六年冬十一月乙亥,昭义节度使刘从谏入朝。

七年春正月甲午,加昭义节度使刘从谏同平章事,遣归镇。初,从谏以忠义自任,入朝,欲请他镇。既至,见朝廷事柄不一,又士大夫多请托,心轻朝廷,故归而益骄。

开成元年春二月,昭义节度使刘从谏上表请王涯等罪名。语见宦官弑逆。

丙申,加从谏检校司徒。三月,刘从谏复遣(衙)〔牙〕将焦楚长上表让官,因暴扬仇士良等罪恶。语见宦官弑逆。

武宗会昌三年。初，昭义节度使刘从谏累表言仇士良罪恶，士良亦言从谏窥伺朝廷。及上即位，从谏有马高九尺，献之，上不受。从谏以为士良所为，怒杀其马，由是与朝廷相猜恨。遂招纳亡命，缮完兵械，邻境皆潜为之备。从谏榷马牧及商旅，岁入钱五万缗，又卖铁、煮盐亦数万缗。大商皆假以牙职，使通好诸道，因为贩易。商人倚从谏势，所至多陵轹将吏，诸道皆恶之。从谏疾病，谓妻裴氏曰："吾以忠直事朝廷，而朝廷不明我志，诸道皆不我与。我死，他人立此军，则吾家无炊火矣。"乃与幕客张谷、陈扬庭谋效河北诸镇，以弟右骁卫将军从素之子稹为牙内都知兵马使，从子匡周为中军兵马使，孔目官王协为押牙亲事兵马使，以奴李士贵为使宅十将兵马使，刘守义、刘守忠、董可武、崔玄度分将牙兵。谷，郓州人；扬庭，洪州人也。

从谏寻薨，稹秘不发丧。王协为稹谋曰："正当如宝历年样为之，不出百日，旌节自至。但严奉监军，厚遗敕使，四境勿出兵，城中暗为备而已。"使押牙姜崟奏求国医，上遣中使解朝政以医往问疾。稹又逼监军崔士康奏称从谏疾病，请命其子稹为留后。上遣供奉官薛士幹往谕指，云："恐从谏疾未平，宜且就东都疗之。俟稍瘳，别有任使。仍遣稹入朝，必厚加官爵。"

上以泽潞事谋于宰相，宰相多以为回鹘余烬未灭，边鄙犹须警备，复讨泽潞，国力不支，请以刘稹权知军事。谏官及群臣上言者亦然。李德裕独曰："泽潞事体与河朔三镇不同。河朔习乱已久，人心难化，是故累朝以来，置之度外。泽潞近处腹心，一军素称忠义，尝破走朱滔，擒卢从史。顷时多用儒臣为帅，如李抱真成立此军，德宗犹不许承袭，使李缄护丧归东都。敬宗不恤国务，宰相又无远略，刘悟之死，因循以授从谏。从谏跋扈难制，累上表迫胁朝廷，今垂死之际，复以兵权擅付竖子。朝廷若又因而授之，则四方诸镇谁不思效其所为，天子威令不复行矣。”上曰：“卿以何术制之？果可克否？”对曰：“稹所恃者河朔三镇，但得镇、魏不与之同，则稹无能为也。若遣重臣往谕王元逵、何弘敬，以河朔自艰难以来，列圣许其传袭，已成故事，与泽潞不同。今朝廷将加兵泽潞，不欲更出禁军至山东。其山东三州隶昭义者委两镇攻之。兼令遍谕将士，以贼平之日，厚加官赏。苟两镇听命，不从旁沮桡官军，则稹必成擒矣。”上喜曰：“吾与德裕同之，保无后悔。”遂决意讨稹，群臣言者不复入矣。

上命德裕草诏赐成德节度使王元逵、魏博节度使何弘敬，其略曰：“泽潞一镇，与卿事体不同，勿为子孙之谋，欲存辅车之势。但能显立功效，自然福及后昆。”丁丑，上临朝，称其语要切，曰：“当如此直告之是也。”又赐张仲武诏，以“回鹘余烬未灭，塞上多虞，专委卿御侮”。元逵、弘敬得诏，悚息听命。

解朝政至上党，刘稹见朝政曰：“相公危困，不任拜诏。”朝政欲突入，兵马使刘武德、董可武蹑帘而立，朝政恐有他变，遽走出。稹赠赆直数千缗，复遣牙将梁叔文入谢。薛士幹入境，俱不问从谏之疾，直为已知其死之意。都押牙郭谊等乃大出军，至龙泉驿迎候敕使，请用河朔事体。又见监军言之，崔士康懦怯，不敢违。于是将吏扶稹出见士众，发丧。士幹竟不得入牙门，稹亦不受敕命。谊，兖州人也。解朝政复命，上怒，杖之，配恭陵，囚姜崟、梁叔文。

辛巳，始为从谏辍朝，赠太傅。诏刘稹护丧归东都。又召见刘从素，令以书谕稹，稹不从。丁亥，以忠武节度使王茂元为河阳节度使，邠宁节度使王宰为忠武节度使。茂元，栖曜之子；宰，智兴之子也。

黄州刺史杜牧上李德裕书，自言："尝问淮西将董重质以三州之众四岁不破之由，重质以为由朝廷征兵太杂，客军数少，既不能自成一军，事须帖付地主。势羸力弱，心志不一，多致败亡。故初战二年以来，战则必胜，是多杀客军。及二年已后，客军殚少，止与陈许、河阳全军相搏，纵使唐州兵不能因虚取城，蔡州事力亦不支矣。其时朝廷若使鄂州、寿州、唐州只保境，不用进战，但用陈许、郑滑两道全军，帖以宣、润弩手，令其守隘，即不出一岁，无蔡州矣。今者上党之叛，复与淮西不同。淮西为寇仅五十岁，其人味为寇之腴，见为寇之利，风俗益固，气焰已成，自以为天下之兵莫我与敌，根深源阔，取之固难。夫上党则不然。自安、史南下，不甚附隶，建中之后，每奋忠义。是以郳公抱真能窘田悦，走朱滔，常以孤穷寒苦之军，横折河朔强梁之众。以此证验，人心忠赤，习尚专一，可以尽见。刘悟卒，从谏求继，与扶同者，只郓州随来中军二千耳。值宝历多故，因以授之。今才二十余岁，风俗未改，故老尚存，虽欲劫之，必不用命。今成德、魏博虽尽节效顺，亦不过围一城，攻一堡，系累稚老而已。若使河阳万人为垒，窒天井之口，高壁深堑，勿与之战。只以忠武、武宁两军，帖以青州五千精甲，宣、润二千弩手，径捣上党，不过数月，必覆其巢穴矣。"时德裕制置泽潞，亦颇采牧言。

李德裕言于上曰："议者皆云刘悟有功，稹未可亟诛，宜全恩礼。请下百官议，以尽人情。"上曰："悟亦何功？当时迫于救死耳，非素心徇国也。藉使有功，父子为将相二十余年，国家报之足矣，稹何得复自立。朕以为凡有功当显赏，有罪亦不可苟免也。"德裕曰："陛下之言，诚得理国之要。"

夏五月，河阳节度使王茂元以步骑三千守万善；河东节度使刘沔〔以〕步骑二千守芒车关，步兵一千五百军榆社；成德节度使王元逵以步骑三千守临洺，掠尧山；河中节度使陈夷行以步骑一千守翼城，步兵五百(益)〔掠〕冀氏。辛丑，制削夺刘从谏及子稹官爵，以元逵为泽潞北面招讨使，何弘敬为南面招讨使，与夷行、刘沔、茂元合力攻讨。

先是，河北诸镇有自立者，朝廷必先有吊祭使，次册赠使，宣慰使继往商度军情。必不可与节，则别除一官，俟军中不听出，然后始用兵。故常及半岁，军中得缮完为备。至是，宰相亦欲且遣使开谕，上即命下诏讨之。王元逵受诏之日，出师屯赵州。

六月，王茂元遣兵马使马继等将步骑二千军于天井关南科斗店，刘稹遣衙内十将薛茂卿将亲军二千拒之。

丙子，诏王元逵、李彦佐、刘沔、王茂元、何弘敬以七月中旬五道齐进，刘稹求降皆不得受。又诏刘沔自将兵取仰车关路以临贼境。秋七月，上遣刑部侍郎兼御史中丞李回宣慰河北三镇，令幽州乘秋早平回鹘，镇、魏早平泽潞。回，太祖之八世孙也。

甲辰，李德裕言于上曰："臣见向日河朔用兵，诸道利于出境仰给度支。或阴与贼通，借一县、一栅据之，自以为功，坐食转输，延引岁时。今请赐诸军诏指，令王元逵取邢州，何弘敬取洺州，王茂元取泽州，李彦佐、刘沔取潞州，毋得取县。"上从之。

晋绛行营节度使李彦佐自发徐州，行甚缓，又请休兵于绛州，兼请益兵。李德裕言于上曰："彦佐逗遛顾望，殊无讨贼之意，所请皆不可许，宜赐诏切责，令进军翼城。"上从之。德裕因请以天德防御使石雄为彦佐之副，俟至军中，令代之。乙巳，以雄为晋绛行营节度副使，仍诏彦佐进屯翼城。

刘稹上表自陈："亡父从谏为李训雪冤，言仇士良罪恶，由此为权幸所疾，谓臣父潜怀异志，臣所以不敢举族归朝。乞陛下稍垂宽察，活臣一方。"何弘敬亦为之奏雪，皆不报。

李回至河朔，何弘敬、王元逵、张仲武皆具櫜鞬郊迎，立于道左，不敢令人控马，让制使先行，自兵兴以来未之有也。回明辩有胆气，三镇无不奉诏。

王元逵奏拔宣务栅，击尧山。刘稹遣兵救尧山，元逵击败之。诏切责李彦佐、刘沔、王茂元，使速进兵逼贼境，且称元逵之功以激厉之，加元逵同平章事。

八月乙丑，昭义大将李丕来降。议者或谓贼故遣丕降，欲以疑误官军。李德裕言于上曰："自用兵半年，未有降者，今安问诚之与诈，且须厚赏以劝将来，但不可置之要地耳。"

王元逵前锋入邢州境已逾月，何弘敬犹未出师，元逵屡有密表称弘敬怀两端。丁卯，李德裕上言："忠武累战有功，军声颇振。王宰年力方壮，谋略可称。请赐弘敬诏，以'河阳、河东皆阏山险，未能进军，贼屡出兵焚掠晋、绛。今遣王宰将忠武全军径魏博，直抵磁州，以分贼势'。弘敬必惧，此攻心伐谋之术也。"从之。诏宰悉选步骑精兵自相、魏趣磁州。

甲戌，薛茂卿破科斗寨，擒河阳大将马继等，焚掠小寨一十七，距怀州才十余里。茂卿以无刘稹之命，故不敢入。时议者鼎沸，以为"刘悟有功，不可绝其嗣。又从谏养精兵十万，粮支十年，如何可取"。上亦疑之，以问李德裕，对曰："小小进退，兵家之常。愿陛下勿听外议，则成功必矣。"上乃谓宰相曰："为我语朝士，有上疏沮议者，我必于贼境上斩之。"议者乃止。

何弘敬闻王宰将至，恐忠武兵入魏境，军中有变，苍黄出师。

丙子，弘敬奏已自将全军渡漳水趣磁州。

庚辰，李德裕上言："河阳兵力寡弱，自科斗店之败，贼势愈炽。王茂元复有疾，人情危怯，欲退保怀州。臣窃见元和以来诸贼，常视官军寡弱之处并力攻之，一军不支，然后更攻他处。今魏博未与贼战，西军阂险不进，故贼得并力南下。若河阳退缩，不惟亏沮军声，兼恐震惊洛师。望诏王宰更不之磁州，亟以忠武军应援河阳，不惟捍蔽东都，兼可临制魏博。若虑全军供饷难给，且令发先锋五千人赴河阳，亦足张声势。"甲申，又奏请敕王宰以全军继进，仍急以器械缯帛助河阳窘乏。上皆从之。

王茂元军万善，刘稹遣牙将张巨、刘公直等会薛茂卿共攻之，期以九月朔围万善。乙酉，公直等潜师先过万善南五里，焚雍店。巨引兵继之，过万善，觇知城中守备单弱，欲专有功，遂攻之。日昃，城且拔，乃使人告公直等。时义成军适至，茂元困急，欲帅众弃城走。都虞候孟章遮马谏曰："贼众自有前却，半在雍店，半在此，乃乱兵耳。今义成军才至，尚未食，闻仆射走，则自溃矣。愿且强留。"茂元乃止。会日暮，公直等不至，巨引兵退，始登山，微雨晦黑，自相惊曰："追兵近矣！"皆走，人马相践，坠崖谷死者甚众。

上以王茂元、王宰两节度使共处河阳非宜。庚寅，李德裕等奏"茂元习吏事而非将才，请以宰为河阳行营攻讨使。茂元病愈，止令镇河阳，病困亦免他虞"。九月辛卯，以宰兼河阳行营攻讨使。

何弘敬奏拔肥乡、平恩，杀伤甚众。得刘稹榜帖，皆谓官军为贼，云遇之即须痛杀。癸巳，上谓宰相："何弘敬已克两县，可释前疑。既有杀伤，虽欲持两端，不可得已。"乃加弘敬检校左仆射。

丙午，河阳奏王茂元薨。李德裕奏："王宰止可令以忠武节度使将万善营兵，不可使兼领河阳，恐其不爱河阳州县，恣为侵扰。又，河阳节度先领怀州刺史，常以判官摄事，割河南五县租赋隶河阳。不若遂以五县置孟州，其怀州别置刺史。俟昭义平日，仍割泽州隶河阳节度，则太行之险不在昭义，而河阳遂为重镇，东都无复忧矣。"上采其言。戊申，以河南尹敬昕为河阳节度、怀孟观察使，王宰将行营以捍敌，昕供馈饷而已。

庚戌，以石雄代李彦佐为晋绛行营节度使，令自冀氏取潞州，仍分兵屯翼城以备侵轶。石雄代李彦佐之明日，即引兵逾乌岭，破五寨，杀获千计。时王宰军万善，刘沔军石会，皆顾望未进。上得雄捷书，喜甚。冬十月庚申，临朝谓宰相曰："雄真良将。"李德裕因言："比年前潞州市有男子磬折唱曰：'石雄七千人至矣。'刘从谏以为妖言，斩之。破潞州者，必雄也。"诏赐雄帛为优赏，雄悉置军门，自依士卒例先取一匹，余悉分将士，故士卒乐为之致死。

初，刘沔破回鹘，得太和公主，张仲武疾之，由是有隙。上使李回至幽州和解之，仲武意终不平。朝廷恐其以私憾败事，辛未，徙沔为义成节度使，以前荆南节度使李石为河东节度使。

忠武军素号精勇，王宰治军严整，昭义人甚惮之。薛茂卿以科斗寨之功，意望超迁。或谓刘稹曰："留后所求者节耳。茂卿太深入，多杀官军，激怒朝廷，此节所以来益迟也。"由是无赏。茂卿愠怼，密与王宰通谋。十(一)〔二〕月丁巳，宰引兵攻天井关，茂卿小战，遽引兵走，宰遂克天井关守之。关东西寨闻茂卿不守，皆退走，宰遂焚大小箕村。茂卿入泽州，密使谍召宰进攻泽州，当为内应。宰疑，不敢进，失期不至，茂卿拊膺顿足而已。稹知之，诱茂卿至潞州，杀之，并其族。以兵马使刘公直代茂卿，安全庆守乌岭，李佐尧守雕黄岭，郭僚守石会，康良佺守武乡。僚，谊之侄也。

戊辰，王宰进攻泽州，与刘公直战，不利，公直乘胜复天井关。甲戌，宰进击公直，大破之，遂围陵川，克之。河东奏克石会关。

洺州刺史李恬，石之从兄也。石至太原，刘稹遣军将贾群诣石，以恬书与石，云"稹愿举族归命相公，奉从谏丧归葬东都"。石囚群，以其书闻。李德裕上言："今官军四合，捷书日至，贼势穷蹙，故伪输诚款，冀以缓师，稍得自完，复来侵轶。望诏石答恬书，云：'前书未敢闻奏。若郎君诚能悔过，举族面缚，待罪境上，则石当亲往受降，护送归阙。若虚为诚款，先求解兵，次望洗雪，则石必不敢以百口保人。'仍望诏诸道乘其上下离心，速进兵攻讨，不过旬朔，必内自生变。"上从之。右拾遗崔碣上疏请受其降，上怒，贬碣邓城令。

初，刘沔破回鹘，留兵三千戍横水栅。河东行营都知兵马使王逢奏乞益榆社兵，诏河东以兵二千赴之。时河东无兵，守仓库者及工匠皆出从军，李石召横水戍卒千五百人，使都将杨弁将之诣逢，壬午，戍卒至太原。先是，军士出征，人给绢二匹。刘沔之去，竭府库自随，石初至，军用乏，以己绢益之，人才得一匹。时已岁尽，军士求过正旦而行，监军吕义忠累牒趣之。杨弁因众心之怒，又知城中空虚，遂作乱。

四年春正月乙酉朔，杨弁帅其众剽掠城市，杀都头梁季叶，李石奔汾州。弁据军府，释贾群之囚，使其侄与之俱诣刘稹，约为兄弟。稹大喜。石会关守将杨珍闻太原乱,复以关降于稹。

戊子,吕义忠遣使言状,朝议喧然。或言两地皆应罢兵,王宰又上言:“游弈将得刘稹表,臣近遣人至泽潞,贼有意归附。若许招纳,乞降诏命。”李德裕上言:“宰擅受稹表,遣人入贼中,曾不闻奏,观宰意似欲擅招抚之功。昔韩信破田荣,李靖擒颉利,皆因其请降,潜兵掩袭。止可令王宰失信,岂得损朝廷威命。建立奇功,实在今日,必不可以太原小扰,失此事机。望即遣供奉官至行营,督其进兵,掩其无备,必须刘稹与诸将皆举族面缚,方可受纳。兼遣供奉官至晋绛行营,密谕石雄以王宰若纳刘稹,则雄无功可纪。雄于垂成之际,须自取奇功,勿失此便。”又为相府与宰书,言:“昔王承宗虽逆命,犹遣弟承恭奉表诣张相祈哀,又遣其子知感、知信入朝,宪宗犹未之许。今刘稹不诣尚书面缚,又不遣血属祈哀,置章表于衢路之间,游弈将不即毁除,实恐非是。况稹与杨弁通奸,逆状如此,而将帅大臣容受其诈,是私惠归于臣下,不赦在于朝廷,事体之间,交恐不可。自今更有章表,宜即所在焚之。惟面缚而来,始可容受。”德裕又上言:“太原人心从来忠顺,止是贫虚,赏犒不足。况千五百人何能为事!必不可姑息宽纵。且用兵未罢,深虑所在动心。顷张延赏为张朏所逐,逃奔汉州,还入成都。望诏李石、义忠还赴太原行营,召旁近之兵讨除乱者。”上皆从之。

是时李石已至晋州,诏复还太原。辛卯,诏王逢悉留太原兵守榆社,以易定千骑,宣武、兖海步兵三千讨杨弁。又诏王元逵以步骑五千自土门入,应接逢军。忻州刺史李丕奏:“杨弁遣人来为游说,臣已斩之,兼断其北出之路,发兵讨之。”

辛丑,上与宰相议太原事,李德裕曰:“今太原兵皆在外,为乱者止千余人，诸州镇必无应者。计不日诛翦，惟应速诏王逢进军，至城下必自有变。”上曰：“仲武见镇、魏讨泽潞有功，必有慕羡之心，使之讨太原何如？”德裕对曰：“镇州趣太原路最便近。仲武去年讨回鹘，与太原争功，恐其不戢士卒，平人受害。”乃止。

上遣中使马元实至太原，晓谕乱兵，且觇其强弱。杨弁与之酣饮三日，且赂之。戊申，元实自太原还，上遣诣宰相议之。元实于众中大言：“相公须早与之节。”李德裕曰：“何故？”元实曰：“自牙门至柳子列，十五里曳地光明甲，若之何取之。”德裕曰：“李相正以太原无兵，故发横水兵赴榆社，库中之甲尽在行营，弁何能遽致如此之众乎？”元实曰：“太原人劲悍，皆可为兵，弁召募所致耳。”德裕曰：“召募须有货财，李相止以欠军士绢一匹无从可得，故致此乱，弁何从得之？”元实辞屈。德裕曰：“从其有十五里光明甲，必须杀此贼。”因奏称：“杨弁微贼，决不可恕。如国力不及，宁舍刘稹。”河东兵戍榆社者闻朝廷令客军取太原，恐妻孥为所屠灭，乃拥监军吕义忠自取太原。壬子，克之，生擒杨弁，尽诛乱卒。

三月乙卯，吕义忠奏克太原。丙辰，李德裕言于上曰：“王宰久应取泽州，今已迁延两月。盖宰与石雄素不叶，今得泽州，距上党犹二百里，而石雄所屯距上党才百五十里。宰恐攻泽州缀昭义大军，而雄得乘虚入上党独有其功耳。又宰生子晏实，其父智兴爱而子之，晏实今为磁州刺史，为刘稹所质。宰之顾望不敢进，或为此也。”上命德裕草诏赐宰，督其进兵，且曰：“朕顾兹小寇，终不贷刑。亦知晏实是卿爱弟，将申大义，在抑私怀。”

丁巳，以李石为太子少傅分司，以河中节度使崔元式为河东节度使，石雄为河中节度使。

己未，石雄拔良马等三寨一堡。辛酉，太原献杨弁及其党五十四人，皆斩于狗脊岭。

壬申，李德裕言于上曰："事固有激发而成功者。陛下命王宰趣磁州，而何弘敬出师。遣客军讨太原，而戍兵先取杨弁。今王宰久不进军，请徙刘沔镇河阳，仍令以义成精兵二千直抵万善，处宰肘腋之下。若宰识朝廷此意，必不敢淹留。若宰进军，沔以重兵在南，声势亦壮。"上曰："善。"戊寅，以义成节度使刘沔为河阳节度使。

王逢击昭义将康良佺，败之，良佺弃石会关退屯鼓腰岭。

夏四月，王宰进攻泽州。

秋七月辛卯，上与李德裕议以王逢将兵屯翼城，上曰："闻逢用法太严，有诸？"对曰："臣亦尝以此诘之，逢言前有白刃，法不严，其谁肯进！"上曰："言亦有理，卿更召而戒之。"德裕因言刘稹不可赦。上曰："固然。"德裕曰："昔李怀光未平，京师蝗、旱，米斗千钱，太仓米供天子及六宫无数旬之储。德宗集百官，遣中使马钦绪询之。左散骑常侍李泌取桐叶挦破，以授钦绪献之。德宗召问其故，对曰：'陛下与怀光君臣之分如此叶，不可复合矣。'由是德宗意定。既破怀光，遂用为相，独任数年。"上曰："亦大是奇士。"

闰月，李德裕奏："镇州奏事官高迪密陈意见二事。其一，以为贼中好为偷兵术，潜抽诸处兵聚于一垒，官军多就迫逐，以致失利，经一两月又偷兵诣他处。官军须知此情，自非来攻城栅，慎勿与战。彼淹留不过三日，须散归旧屯，如此数四空归，自然丧气。官军密遣谍者诇其抽兵之处，乘虚袭之，无不捷矣。其二，镇、魏屯兵虽多，终不能分贼势。何则？下营不离故处，每三两月一深入，烧掠而去。贼但固守城栅，城外百姓贼亦不惜。宜令进营据其要害，以渐逼之。若止如今日，贼中殊不以为惧。望诏诸将各使知之。”

刘稹腹心将高文端降，言贼中乏食，令妇人挼穗舂之以给军。德裕访文端破贼之策，文端以为：“官军今直攻泽州，恐多杀士卒，城未易得。泽州兵约万五千人，贼常分兵太半，潜伏山谷，伺官军攻城疲弊，则四集救之，官军必失利。今请令陈许军过乾河立寨，自寨城连延筑为夹城，环绕泽州，日遣大军布陈于外以捍救兵。贼见围城将合，必出大战。待其败北，然后乘势可取。”德裕奏请诏示王宰。

文端又言：“固镇寨四崖悬绝，势不可攻。然寨中无水，皆饮涧水，在寨东南约一里许。宜令王逢进兵逼之，绝其水道，不过三日，贼必弃寨遁去，官军即可追蹑。前十五里至青龙寨，亦四崖悬绝，水在寨外，可以前法取也。其东十五里则沁州城。”德裕奏请诏示王逢。

文端又言：“都头王钊将万兵戍洺州，刘稹既族薛茂卿，又诛邢洺救援兵马使谈朝议兄弟三人，钊自是疑惧。稹遣使召之，钊不肯入，士卒皆哗噪，钊必不为稹用。但钊及士卒家属皆在潞州，又士卒恐已降为官军所杀，招之必不肯来。惟有谕意于钊，使引兵入潞州取稹，事成之日，许除别道节度使，仍厚有赐与，庶几肯从。”德裕奏请诏何弘敬潜遣人谕以此意。

刘稹年少懦弱，押牙王协、宅内兵马使李士贵用事，专聚货财，府库充溢，而将士有功无赏，由是人心离怨。刘从谏妻裴氏，冕之支孙也，忧稹将败，其弟问，典兵在山东，欲召之使掌军政。士贵恐问至夺己权，且泄其奸状，乃曰：“山东之事，仰成于五舅，若召之，是无三州也。”乃止。

王协荐王钊为洺州都知兵马使。钊得众心，而多不遵使府约束，同列高元武、安玉言其有贰心。稹召之，钊辞以“到洺州未立少功，实所惭恨，乞留数月，然后诣府”。许之。

王协请税商人，每州遣军将一人主之，名为税商，实籍编户家赀，至于什器无所遗，皆估为绢匹，十分取其二。率高其估，民竭浮财及糗粮输之，不能充，皆恟恟不安。

军将刘溪尤贪残，刘从谏弃不用。溪厚赂王协，协以邢州富商最多，命溪主之。裴问所将兵号“夜飞”，多富商子弟，溪至，悉拘其父兄。军士诉于问，问为之请，溪不许，以不逊语答之。问怒，密与麾下谋杀溪归国，并告刺史崔嘏，嘏从之。丙子，嘏、问闭城，斩城中大将四人，请降于王元逵。时高元武在党山，闻之，亦降。

先是使府赐洺州军士布，人一端，寻有帖以折冬赐。会税商军将至洺州，王钊因人不安，谓军士曰：“留后年少，政非己出。今仓库充实，足支十年，岂可不少散之，以慰劳苦之士。使帖不可用也。”乃擅开仓库，给士卒人绢一匹，谷十二石，士卒大喜。钊遂闭城，请降于何弘敬。安玉在磁州，闻二州降，亦降于弘敬。尧山都知兵马使魏元谈等降于王元逵，元逵以其久不下，皆杀之。

八月辛卯，镇、魏奏邢、洺、磁三州降，宰相入贺。李德裕曰：“昭义根本尽在山东，三州降则上党不日有变矣。”上曰：“郭谊必枭刘稹以自赎。”德裕曰：“诚如圣料。”上曰：“于今所宜先处者何事？”德裕请以给事中卢弘正为三州留后，曰：“万一镇、魏请占三州，朝廷难于可否。”上从之，诏山南东道兼昭义节度使卢钧乘驿赴镇。

潞人闻三州降，大惧。郭谊、王协谋杀刘稹以自赎。稹再从兄中军使匡周兼押牙，谊患之，言于稹曰："十三郎在牙院，诸将皆莫敢言事，恐为十三郎所疑而获罪，以此失山东。今诚得十三郎不入，则诸将始敢尽言，采于众人，必获长策。"稹召匡周谕之，使称疾不入。匡周怒曰："我在院中，故诸将不敢有异图，我出院，家必灭矣。"稹固请之，匡周不得已，弹指而出。

谊令稹所亲董可武说稹曰："山东之叛，事由五舅，城中人人谁敢相保。留后今欲何如？"稹曰："今城中尚有五万人，且当闭门自守耳。"可武曰："非良策也。留后不若束身归朝，如张元益，不失作刺史。且以郭谊为留后，俟得节之日，徐奉太夫人及室家、金帛归之东都，不亦善乎？"稹曰："谊安肯如是？"可武曰："可武已与之重誓，必不负也。"乃引谊入。稹与之密约既定，乃白其母，母曰："归朝诚为佳事，但恨已晚。吾有弟不能保，安能保郭谊！汝自图之。"稹乃素服出门，以母命署谊都知兵马使。王协已戒诸将列于外厅，谊拜谢稹已，出见诸将，稹治装于内厅。李士贵闻之，帅后院兵数千攻谊。谊叱之曰："何不自取赏物，乃欲与李士贵同死乎？"军士乃退，共杀士贵。谊易置将吏，部署军士，一夕俱定。

明日，使董可武入谒稹曰："请议公事。"稹曰："何不言之？"可武曰："恐惊太夫人。"乃引稹步出牙门，至北宅，置酒作乐。酒酣，乃言："今日之事，欲全太尉一家，须留后自图去就，则朝廷必垂矜闵。"稹曰："如所言，稹之心也。"可武遂前执其手，崔玄度自后斩之，因收稹宗族，匡周以下至襁褓中子尽杀之。又杀刘从谏父子所厚善者张谷、陈扬庭、李仲京、郭台、王羽、韩茂章、茂实、王渥、贾庠等凡十二家，并其子、侄、甥、婿无遗。仲京，训之兄；台，行余之子；羽，涯之从孙；茂章、茂实，约之子；渥，璠之子；庠，餗之子也。甘露之乱，仲京等亡归从谏，从谏抚养之。凡军中有小嫌者，谊日有所诛，流血成泥。乃函稹首，遣使奉表及书降于王宰。首过泽州，刘公直举营恸哭，亦降于宰。

乙未，宰以状闻。丙申，宰相入贺。李德裕奏："今不须复置邢、洺、磁留后，但遣卢弘正宣慰三州及成德、魏博两道。"上曰："郭谊宜如何处之？"德裕对曰："刘稹騃孺子耳，阻兵拒命，皆谊为之谋主。及势孤力屈，又卖稹以求赏。此而不诛，何以惩恶？宜及诸军在境，并谊等诛之。"上曰："朕意亦以为然。"乃诏石雄将七千人入潞州，以应谣言。杜悰以馈运不给，谓谊等可赦，上熟视不应。德裕曰："今春泽潞未平，太原复扰，自非圣断坚定，二寇何由可平。外议以为若在先朝，赦之久矣。"上曰："卿不知文宗心地不与卿合，安能议乎！"罢卢钧山南东道，专为昭义节度使。

戊戌，刘稹传首至京师。诏："昭义五州给复一年，军行所过州县免今年秋税。昭义自刘从谏以来，横增赋敛，悉从蠲免。所籍土团，并纵遣归农。诸道将士有功者，等级加赏。"

郭谊既杀刘稹，日望旌节。既久不闻问，乃曰："必移他镇。"于是阅鞍马，治行装。及闻石雄将至，惧失色。雄至，谊等参贺毕，敕使张仲清曰："郭都知告身来日当至。诸高班告身在此，晚牙来受之。"乃以河中兵环毬场，晚牙，谊等至，唱名引入，凡诸将桀黠拒官军者，悉执送京师。

加何弘敬同平章事。

丁未，诏发刘从谏尸，暴于潞州市三日，石雄取其尸置毬场，斩剉之。

戊申，加李德裕太尉、赵国公。德裕固辞，上曰："恨无官赏卿耳。卿若不应得，朕必不与卿。"

初，李德裕以韩全义以来，将帅出征屡败，其弊有三。一者，诏令下军前者日有三四，宰相多不预闻。二者，监军各以意见指挥军事，将帅不得专进退。三者，每军各有宦者为监使，悉选军中骁勇数百为牙队，其在陈战斗者皆怯弱之士。每战，监使自有信旗，乘高立马，以牙队自卫，视军势小却，辄引旗先走，陈从而溃。德裕乃与枢密使杨钦义、刘行深议，约敕监军不得预军政，每兵千人听监使取十人自卫，有功随例沾赏。二枢密皆以为然，白上行之。自御回鹘至泽潞罢兵，皆守此制。自非中书进诏意，更无他诏自中出者。号令既简，将帅得以施其谋略，故所向有功。

自用兵以来，河北三镇每遣使者至京师，李德裕常面谕之曰："河朔兵力虽强，不能自立，须藉朝廷官爵、威命以安军情。归语汝使，与其使大将邀宣慰敕使以求官爵，何如自奋忠义，立功立事，结知明主，使恩出朝廷，不亦荣乎！且以耳目所及者言之，李载义在幽州，为国家尽忠，平沧景，及为军中所逐，不失作节度使，后镇太原，位至宰相。杨志诚遣大将遮敕使马求官，及为军中所逐，朝廷竟不赦其罪。此二人祸福足以观矣。"德裕复以其言白上，上曰："要当如此明告之。"由是三镇不敢有异志。

九月，诏以泽州隶河阳节度。

丁巳，卢钧入潞州。钧素宽厚爱人，刘稹未平，钧已领昭义节度，襄州士卒在行营者，与潞人战，常对陈扬钧之美。及赴镇，入天井关，昭义散卒归之者，钧皆厚抚之，人情大洽，昭义遂安。

刘稹将郭谊、王协、刘公直、安全庆、李道德、李佐尧、刘武德、董可武等至京师，皆斩之。

臣光曰：董重质之在淮西，郭谊之在昭义，吴元济、刘稹，如木偶人在伎儿之手耳。彼二人者，始则劝人为乱，终则卖主规利，其死固有余罪。然宪宗用之于前，武宗诛之于后，臣愚以为皆失之。何则？赏奸非义也，杀降非信也，失义与信，何以为国！昔汉光武待王郎、刘盆子止于不死，知其非力竭则不降故也。樊崇、徐宣、王元、牛邯之徒，岂非助乱之人乎？而光武弗杀。盖以既受其降，则不可复诛故也。若既赦而复逃亡叛乱，则其死固无辞矣。如谊等，免死流之远方，没齿不还可矣，杀之，非也。

王羽、贾庠等已为谊所杀，李德裕复下诏称逆贼王涯、贾𫗧等已就昭义诛其子孙，宣告中外，识者非之。刘从谏妻裴氏亦赐死。又令昭义降将李丕、高文端、王钊等疏昭义将士与刘稹同恶者，悉诛之，死者甚众。卢钧疑其枉滥，奏请宽之，不从。

昭义属城有尝无礼于王元逵者，元逵推求得二十余人，斩之，余众惧，复闭城自守。戊辰，李德裕等奏："寇孽既平，尽为国家城镇，岂可令元逵穷兵攻讨。望遣中使赐城内将士敕，招安之，仍诏元逵引兵归镇，并诏卢钧自遣使安抚。"从之。

裘甫寇浙东

唐宣宗大中十三年冬十二月，浙东贼帅裘甫攻陷象山，官军屡败，明州城门昼闭，进逼剡县，有众百人，浙东骚动。观察使郑祗德遣讨击副使刘勍、副将范居植将兵三百，合台州军共讨之。

懿宗咸通元年春正月乙卯，浙东军与裘甫战于桐柏观前，范居植死，刘勍仅以身免。乙丑，甫帅其徒千余人陷剡县，开府库，募壮士，众至数千人，越州大恐。

时二浙久安，人不习战，甲兵朽钝，见卒不满三百。郑祗德更募新卒以益之，军吏受赂，率皆得孱弱者。祗德遣(正)〔子〕将沈君纵、副将张公署、望海镇将李珪将新卒五百击裘甫。二月辛卯，与甫战于剡西。贼设伏于三溪之南，而陈于三溪之北，壅溪上流，使可涉。既战，阳败走，官军追之，半涉，决壅，水大至，官军大败，三将皆死，官军几尽。

于是山海诸盗及他道无赖亡命之徒，四面云集，众至三万，分为三十二队。其小帅有谋略者推刘暀，勇力推刘庆、刘从简。群盗皆遥通书币，求属麾下。甫自称天下都知兵马使，改元罗平，铸印曰天平。大聚资粮，购良工，治器械，声震中原。

郑祗德累表告急，且求救于邻道。浙西遣牙将凌茂贞将四百人，宣歙遣牙将白琮将三百人赴之。祗德始令屯郭门及东小江，寻复召还府中以自卫。祗德馈之，比度支常馈多十三倍，而宣、润将士犹以为不足。宣、润将士请土军为导，以与贼战。诸将或称病，或阳坠马，其肯行者必先邀职级，竟不果遣。贼游骑至平水东小江，城中士民储舟裹粮，夜坐待旦，各谋逃溃。

朝廷知祗德懦怯，议选武将代之。夏侯孜曰："浙东山海幽阻，可以计取，难以力攻。西班中无可语者。前安南都护王式，虽儒家子，在安南威服华、夷，名闻远近，可任也。"诸(将)〔相〕皆以为然，遂以式为浙东观察使，征祗德为宾客。

三月辛亥朔，式入对，上问以讨贼方略。对曰："但得兵，贼必可破。"有宦者侍侧，曰："发兵，所费甚大。"式曰："臣为国家惜费则不然。兵多贼速破，其费省矣，若兵少不能胜贼，延引岁月，贼势益张，则江、淮群盗将蜂起应之。国家用度尽仰江、淮，若阻绝不通，则上自九庙，下及十军，皆无以供给，其费岂可胜计哉！"上顾宦官曰："当与之兵。"乃诏发忠武、义成、淮南等诸道兵授之。

裘甫分兵掠衢、婺州，婺州押牙房郅、散将楼曾、衢州十将方景深将兵拒险，贼不得入。又分兵掠明州，明州之民相与谋曰："贼若入城，妻子皆为菹醢，况货财能保之乎！"乃自相帅出财募勇士，治器械，树栅，浚沟，断桥，为固守之备。贼又遣兵掠台州，破唐兴。己巳，甫自将万余人掠上虞，焚之。癸酉，入余姚，杀丞、尉。东破慈溪，入奉化，抵宁海，杀其令而据之。分兵围象山。所过俘其少壮，余老弱者蹂践杀之。

及王式除书下，浙东人心稍安。裘甫方与其徒饮酒，闻之不乐。刘暀叹曰："有如此之众，而策画未定，良可惜也。今朝廷遣王中丞将兵来，闻其人智勇无敌，不四十日必至。兵马使宜急引兵取越州，凭城郭，据府库，遣兵五千守西陵，循浙江筑垒以拒之。大集舟舰，得间则长驱进取浙西，过大江，掠扬州货财以自实；还修石头城而守之，宣歙、江西必有响应者。遣刘从简以万人循海而南，袭取福建。如此，则国家贡赋之地尽入于我矣，但恐子孙不能守耳，终吾身保无忧也。"甫曰："醉矣，明日议之。"暀以甫不用其言，怒，阳醉而出。有进士王辂在贼中，贼客之。辂说甫曰："如刘副使之谋，乃孙权所为也。彼乘天下大乱，故能据有江东；今中国无事，此功未易成也。不如拥众据险自守，陆耕海渔，急则逃入海岛，此万全策也。"甫畏式，犹豫未决。

夏四月，式行至柿口，义成军不整，式欲斩其将，久乃释之，自是，军所过若无人。至西陵，裘甫遣使请降，式曰："是必无降心，直欲窥吾所为，且欲使吾骄怠耳。"乃谓使者曰："甫面缚以来，当免而死。”

乙未，式入越州，既交政，为郑祗德置酒，曰：“式主军政，不可以饮，监军但与众宾尽醉。”迨夜，继以烛，曰：“式在此，贼安能妨人乐饮。”丙申，饯祗德于远郊，复乐饮而归。于是始修军令，告馈饷不足者息矣，称疾卧家者起矣，先求迁职者默矣。

贼别帅洪师简、许会能帅所部降，式曰：“汝降是也，当立效以自异。”使帅其徒为前锋，与贼战有功，乃奏以官。

先是，贼谍入越州，军吏匿而饮食之。文武将吏往往潜与贼通，求城破之日免死及全妻子。或诈引贼将来降，实窥虚实，城中密谋屏语，贼皆知之。式阴察知，悉捕索斩之。刑将吏尤横猾者。严门禁，无验者不得出入，警夜周密，贼始不知我所为矣。

式命诸县开仓廪以赈贫乏，或曰：“贼未灭，军食方急，不可散也。”式曰：“非汝所知。”官军少骑卒，式曰：“吐蕃、回鹘比配江、淮者，其人习险阻，便鞍马，可用也。”举籍府中，得骁健者百余人。虏久羁旅，所部遇之无状，困馁甚。式既犒饮，又赒其父母妻子，皆泣拜欢呼，愿效死，悉以为骑卒，使骑将石宗本将之。凡在管内者，皆视此籍之。又奏得龙陂监马二百匹，于是骑兵足矣。或请为烽燧以诇贼远近众寡，式笑而不应。选懦卒，使乘健马，少给之兵，以为候骑。众怪之，不敢问。

于是阅诸营见卒及土团子弟，得四千人，使导军分路讨贼。府下无守兵，更籍土团千人以补之。乃命宣歙将白琮、浙西将凌茂贞帅本军，北来将韩宗政等帅土团，合千人，石宗本帅骑兵为前锋，自上虞趋奉化，解象山之围，号东路军。又以义成将白宗建、忠〔武〕将游君楚、淮南将万璘帅本军与台州唐兴军合，号南路军。令之曰：“毋争险易，毋焚庐舍，毋杀平民以增首级，平民胁从者募降之。得贼金帛，官无所问。俘获者，皆越人也，释之。”癸卯，南路军拔贼沃洲寨，甲辰，拔新昌寨，破贼将毛应天，进抵唐兴。

五月辛亥，浙东东路军破贼将孙马骑于宁海。戊午，南路军大破贼将刘晅、毛应天于唐兴南谷，斩应天。

先是，王式以兵少，奏更发忠武、义成军及请昭义军，诏从之。三道军至越州，式命忠武将张茵将三百人屯唐兴，断贼南出之道；义成将高罗锐将三百人，益以台州土军，径趋宁海，攻贼巢穴；昭义将跌跌戣将四百人，益东路军，断贼入明州之道。庚申，南路军大破贼于海游镇，贼入甬溪洞。戊辰，官军屯于洞口，贼出洞战，又破之。己巳，高罗锐袭贼别帅刘平天寨，破之。自是诸军与贼十九战，贼连败。刘晅谓裘甫曰：“向从吾谋入越州，宁有此困邪！”王辂等进士数人在贼中，皆衣绿，晅悉收斩之，曰：“乱我谋者，此青虫也。”

高罗锐克宁海，收其逃散之民，得七千余人。王式曰：“贼窘且饥，必逃入海，入海则岁月间未可擒也。”命罗锐军海口以拒之，又命望海镇将云思益、浙西将王克容将水军巡海澨。思益等遇贼将刘从简于宁海东，贼不虞水军遽至，皆弃船走山谷，得其船十七，尽焚之。式曰：“贼无所逃矣，惟黄罕岭可入剡，恨无兵以守之。虽然，亦成擒矣。”裘甫既失宁海，乃帅其徒屯南陈馆下，众尚万余人。辛未，东路军破贼将孙马骑于上嘐村，贼将王皋惧，请降。

戊寅，浙东东路军大破裘甫于南陈馆，斩首数千级，贼委弃缯帛盈路以缓追者，跌跌戣令士卒“敢顾者斩”，毋敢犯者。贼果自黄罕岭遁去，六月甲申，复入剡。诸军失甫，不知所在，义成将张茵在唐兴获俘，将苦之，俘曰："贼入剡矣。苟舍我，我请为军导。"从之。茵后甫一日至剡，壁其东南。府中闻甫入剡，复大恐，王式曰："贼来就擒耳。"命趣东南两路军会于剡，辛卯，围之。贼城守甚坚，攻之不能拔。诸将议绝溪水以渴之。贼知之，乃出战。三日，凡八十三战，贼虽败，官军亦疲。贼请降，诸将以白式，式曰："贼欲少休耳，益谨备之，功垂成矣。"贼果复出，又三战。庚子夜，裘甫、刘暀、刘庆从百余人出降，遥与诸将语，离城数十步，官军疾趋断其后，遂擒之。壬寅，甫等至越州，式腰斩暀、庆等二十余人，械甫送京师。

剡城犹未下，诸将已擒甫，不复设备。刘从简帅壮士五百突围走。诸将追至大兰山，从简据险自守，秋七月丁巳，诸将共攻克之。台州刺史李师望募贼相捕斩之以自赎，所降数百人，得从简首，献之。

诸将还越，式大置酒。诸将乃请曰："某等生长军中，久更行阵，今年得从公破贼，然私有所不谕者，敢问公之始至，军食方急，而遽散以赈贫乏，何也？"式曰："此易知耳。贼聚谷以诱饥人，吾给之食，则彼不为盗矣。且诸县无守兵，贼至则仓谷适足资之耳。"又问："不置烽燧，何也？"式曰："烽燧所以趣救兵耳，兵尽行，城中无兵以继之，徒惊士民，使自溃乱耳。"又问："使懦卒为候骑而少给兵，何也？"式曰："彼勇卒操利兵，遇敌且不量力而斗，斗死则贼至不知矣。"皆拜曰："非所及也。"

八月，裘甫至京师，斩于东市。加王式检校右散骑常侍，诸将官赏各有差。先是，上每以越盗为忧，夏侯孜曰："王式才有余，不日告捷矣。"孜与式书曰："公专以执裘甫为事，军须细大，此期悉力。"故式所奏求无不从，由是能成其功。

通鉴纪事本末卷第三十六

庞勋之乱

唐懿宗咸通三年秋七月,徐州军乱,逐节度使温璋。初,王智兴既得徐州,募勇悍之士二千人,号银刀、雕旗、门枪、挟马等七军,常以三百余人自卫,露刃坐于两庑夹幕之下,每月一更。其后节度使多儒臣,其兵浸骄,小不如意,一夫大呼,其众和之,节度使辄自后门逃去。前节度使田牟至,与之杂坐饮酒,把臂拊背,或为之执板唱歌。犒赐之费,日以万计,风雨寒暑,复加劳来,犹时喧哗,邀求不已。牟薨,璋代之。骄兵素闻璋性严,惮之。璋开帐慰抚,而骄兵终怀猜忌,赐酒食皆不历口,一旦竟聚噪而逐之。朝廷知璋无辜,乙亥,以璋为邠宁节度使,以浙东观察使王式为武宁节度使。

忠武、义成两军从王式讨裘甫者犹在浙东,诏式帅以赴徐州,骄兵闻之,甚惧。八月,式至大彭馆,始出迎谒。式视事三日,飨两镇将士,遣还既,擐甲执兵,命围骄兵,尽杀之,银刀都将邵泽等数千人皆死。甲子,敕以徐州先隶淄青道,李洧自归,始置徐海使额。及张建封以威名宠任,特帖濠、泗二州,当时本以控扼淄青、光蔡。自寇孽消弭，而武宁一道职为乱阶。今改为徐州团练使，隶兖海节度。复以濠州归淮南道，更于宿州置宿泗都团练观察使。留将士二千人守徐州，余皆分隶兖、宿。且以王式为武宁节度使，兼徐泗濠宿制置使。委式与监军杨玄质分配将士赴诸道讫，然后将忠武、义成两道兵至汴滑，各遣归本道，身诣京师。其银刀等军逃匿将士，听一月内自首，一切勿问。

四年冬十一月辛巳，废宿泗观察使，复以徐州为观察府，以濠、泗隶焉。

五年夏五月，敕："徐州土风雄劲，甲士精强，比因罢节，颇多逃匿。宜令徐泗团练使选募军士三千人赴邕州防戍，待岭外事宁，即与代归。"

九年。初，南诏陷安南，敕徐泗募兵二千赴援，分八百人别戍桂州，初约三年一代。徐泗观察使(徐)〔崔〕彦曾，慎由之从子也，性严刻；朝廷以徐兵骄，命镇之。都押牙尹戡、教练使杜璋、兵马使徐行俭用事，军中怨之。戍桂州者已六年，屡求代还，戡言于彦曾，以军帑空虚，发兵所费颇多，请更留旧戍卒一年。彦曾从之。戍卒闻之，怒。都虞候许佶、军校赵可立、姚周、张行实皆故徐州群盗，州县不能讨，招出之，补牙职。会桂管观察使李丛移湖南，新使未至，秋七月，佶等作乱，杀都将王仲甫，推粮料判官庞勋为主，劫库兵北还，所过剽掠，州县莫能御。朝廷闻之，八月，遣高品张敬思赦其罪，部送归徐州，戍卒乃止剽掠。

九月，庞勋等至湖南，监军以计诱之，使悉输其甲兵。山南东道节度使崔铉严兵守要害，徐卒不敢入境，泛舟沿江东下。许佶等相与谋曰："吾辈罪大于银刀，朝廷所以赦之者，虑缘道攻劫，或溃散为患耳。若至徐州，必菹醢矣。"乃各以私财造甲兵、旗帜。过浙西，入淮南。淮南节度使令狐绹遣使慰劳，给刍米。都押牙李湘言于绹曰："徐卒擅归，势必为乱，虽无敕令诛讨，藩镇大臣当临事制宜。高邮岸峻而水深狭，请将奇兵伏于其侧，焚荻舟以塞其前，以劲兵蹙其后，可尽擒也。不然，纵之使得渡淮，至徐州，与怨愤之众合，为患必大。"绹素懦怯，且以无敕书，乃曰："彼在淮南不为暴，听其自过，余非吾事也。"

勋招集银刀等都窜匿者及诸亡命匿于舟中，众至千人。丁巳，至泗州。刺史杜慆飨之于毬场，优人致辞。徐卒以为玩己，擒优人，欲斩之，坐者惊散。慆素为之备，徐卒不敢为乱而止。慆，悰之弟也。

先是，朝廷屡敕崔彦曾慰抚戍卒擅归者，勿使忧疑。彦曾遣使以敕意谕之，道路相望，勋亦申状相继，辞礼甚恭。戊午，行及徐城，勋与许佶等乃言于众曰："吾辈擅归，思见妻子耳。今闻已有密敕下本军，至则支分灭族矣。丈夫与其自投网罗，为天下笑，曷若相与戮力同心，赴蹈汤火，岂徒脱祸，兼富贵可求。况城中将士皆吾辈父兄子弟，吾辈一唱于外，彼必响应于内矣。然后遵王侍中故事，五十万赏钱翘足可待也。"众皆呼跃称善。将士赵武等十二人独忧惧，欲逃去，勋悉斩之，遣使致其首于彦曾，且为申状，称："勋等远戍六年，实怀乡里。而武等因众心不安，辄萌奸计。将士诚知诖误，敢避诛夷。今既蒙恩全宥，辄共诛首恶，以补愆尤。"冬十月甲子，使者至彭城，彦曾执而讯之，具得其情，乃囚之。丁卯，勋复于递中申状，称："将士自负罪戾，各怀忧疑，今已及符离，尚未释甲。盖以军将尹戡、杜璋、徐行俭等狡诈多疑，心生衅隙，乞且停此三人职任，以安众心。仍乞戍还将士别置二营，共为一将。"

时戍卒距彭城止四驿，阖城恼惧。彦曾召诸将谋之，皆泣曰："比以银刀凶悍，使一军皆蒙恶名，歼夷流窜，不无枉滥。今冤痛之声未已，而桂州戍卒复尔猖狂，若纵使入城，必为逆乱，如此则阖境涂地矣。不若乘其远来疲弊，发兵击之，我逸彼劳，往无不捷。"彦曾犹豫未决。团练判官温庭皓复言于彦曾曰："安危之兆，已在目前，得失之机，决于今日。今击之有三难，而舍之有五害。诏释其罪，而擅诛之，一难也。帅其父兄，讨其子弟，二难也。枝党钩连，刑戮必多，三难也。然当道戍卒若擅归不诛，则诸道戍边者皆效之，无以制御，一害也。将者一军之首，而辄敢害之，则凡为将者何以号令士卒，二害也。所过剽掠，自为甲兵，招纳亡命，此而不讨，何以惩恶，三害也。军中将士皆其亲属，银刀余党潜匿山泽，一旦内外俱发，何以支吾，四害也。逼胁军府，诛所忌三将，又欲自为一营，从之则银刀之患复起，违之则托此为作乱之端，五害也。惟明公去其三难，绝其五害，早定大计，以副众望。"

时城中有兵四千三百，彦曾乃命都虞候元密等将兵三千人讨勋，数勋之罪以令士众，且曰："非惟涂炭平人，实亦污染将士。傥国家发兵诛讨，则玉石俱焚矣。"又曰："凡彼亲属，无用忧疑，罪止一身，必无连坐。"仍命宿州出兵符离，泗州出兵于虹以邀之，且奏其状。彦曾戒元密无伤敕使。戊辰，元密发彭城，军容甚盛。诸将至任山北数里，顿兵不进，共思所以夺敕使之计，欲俟贼入馆，乃纵兵击之，遣人变服负薪以诇贼。日暮，贼至任山，馆中空无人，又无供给，疑之，见负薪者执而榜之，果得其情。乃为偶人执旗帜，列于山下而潜遁。比夜，官军始觉之，恐贼潜伏山谷及间道来袭。复引兵退宿于城南，明旦乃进追之。

时贼已至符离，宿州戍卒五百人出战于濉水上，望风奔溃，贼遂抵宿州。时宿州阙刺史，观察副使焦璐摄州事，城中无复余兵，庚午，贼攻陷之，璐走免。贼悉聚城中货财，令百姓来取之，一日之中，四远云集，然后选募为兵，有不愿者立斩之，自旦至暮，得数千人。于是勒兵乘城，庞勋自称兵马留后。再宿，官军始至，贼守备已严，不可复攻。先是，焦璐闻符离败，决汴水以断北路，贼至，水尚浅可涉，比官军至，已深矣。

壬申，元密引兵渡水。将围城，会大风，贼以火箭射城外茅舍，延及官军营，士卒进则冒矢石，退则限水火，贼急击之，死者近三百人。元密等以为贼必固守，但为攻取之计。贼夜使妇人持更，掠城中大船三百艘，备载资粮，顺流而下，欲入江湖为盗。以千缣赠张敬思，遣骑送至汴之东境，纵使西归。明旦，官军知贼已去，狼狈追之。士卒皆未食，比追及，已饥乏。贼舣舟堤下而陈于堤外，伏千人于舟中，官军将至，陈者皆走入陂中。密以为畏己，纵兵追之，贼自舟中出，夹攻之，自午及申，官军大败。密引兵走，陷于荷渲，贼追及之，密等诸将及监陈敕使皆死，士卒死者殆千人，其余皆降于贼，无一人还徐者。

贼问降卒以彭城人情计谋，知其无备，始有攻彭城之志。乙亥，庞勋引兵北渡濉水，逾山趣彭城。其夕，崔彦曾始知元密败，移牒邻道求救。明日，塞门，选城中丁壮为守备。内外震恐，无复固志。或劝彦曾奔兖州，彦曾怒曰："吾为元帅，城陷而死，职也。"立斩言者。丁丑，贼至城下，众六七千人，鼓噪动地，民居在城外者，贼皆慰抚，无所侵扰，由是人争归之，不移时，克罗城。彦曾退保子城，民助贼攻之，推草车塞门而焚之，城陷。贼囚彦曾于〔大〕彭(城)馆，执尹戡、杜璋、徐行俭，刳而剉之，尽灭其族。

勋坐听事，盛陈兵卫，文武将吏伏谒，莫敢仰视。即日，城中愿附从者万余人。

戊寅，勋召温庭皓，使草表求节钺。庭皓曰："此事甚大，非顷刻可成，请还家徐草之。"勋许之。明旦，勋使趣之，庭皓来见勋曰："昨日所以不即拒者，欲一见妻子耳。今已与妻子别，谨求就死。"勋熟视，笑曰："书生敢尔，不畏死邪！庞勋能取徐州，何患无人草表。"遂释之。有周重者，每以才略自负，勋迎为上客，重为勋草表，称："臣之一军，乃汉室兴王之地。顷因节度使刻削军府，刑赏失中，遂致迫逐。陛下夺其节制，翦灭一军，或死或流，冤横无数。今闻本道复欲诛夷，将士不胜痛愤，推臣权兵马留后，弹压十万之师，抚有四州之地。臣闻见利乘时，帝王之资也。臣见利不失，遇时不疑。伏乞圣慈，复赐旌节。不然挥戈曳戟，诣阙非迟。"庚辰，遣押牙张琯奉表诣京师。

勋以许佶为都虞候，赵可立为都游奕使，党与各补耳职，分将诸军。又遣旧将刘行及将千五百人屯濠州，李圆将二千人屯泗州，梁丕将千人屯宿州，自余要害县镇悉缮完戍守。徐人谓旌节之至不过旬月，愿效力献策者远近辐凑，乃至光、蔡、淮、浙、兖、郓、沂、密群盗皆倍道归之，阗溢郛郭，旬日间米斗直钱二百。勋诈为崔彦曾请翦灭徐州表，其略曰："一军暴卒，尽可翦除，五县愚民，各宜配隶。"又作诏书，依其所请，传布境内。徐人信之，皆归怨朝廷，曰："微桂州将士回戈，吾徒悉为鱼肉矣。"

刘行及引兵至涡口，道路附从者增倍，濠州兵才数百，刺史卢望回素不设备，不知所为，乃开门具牛酒迎之。行及入城，囚望回，自行刺史事。泗州刺史杜慆闻勋作乱，完守备以待之，且求救于江淮。李圆遣精卒百人先入泗州，(慆)封府库，〔慆〕遣人迎劳,诱之入城,悉诛之。明日,圆至,即引兵围城。城上矢石雨下,贼死者数百,乃敛兵屯城西。勋以泗州当江淮之冲,益发兵助圆攻之,众至万余,终不能克。

初,朝廷闻庞勋自任山还趣宿州,遣高品康道伟赍敕书抚慰之。十一月,道伟至彭城。勋出郊迎,自任山至子城三十里,大陈甲兵,号令金鼓响震山谷,城中丁壮悉驱使乘城。宴道伟于毬场,使人诈为群盗降者数千人,诸寨告捷者数十辈。复作求节钺表,附道伟以闻。

初,辛云京之孙谠,寓居广陵,喜任侠,年五十不仕,与杜慆有旧,闻庞勋作乱,诣泗州,劝慆挈家避之。慆曰:“安平享其禄位,危难弃其城池,吾不为也。且人各有家,谁不爱之?我独求生,何以安众,誓与将士共死此城耳。”谠曰:“公能如是,仆与公同死。”乃还广陵,与其家诀,壬辰,复如泗州。时民避乱,扶老携幼,塞途而来,见谠,皆止之曰:“人皆南走,子独北行,取死何为!”谠不应。至泗州,贼已至城下,谠急棹小舟得入,慆即署团练判官。城中危惧,都押牙李雅有勇略,为慆设守备,帅众鼓噪,四出击贼,贼退屯徐城。众心稍安。

庞勋募人为兵,人利于剽掠,争赴之,至父遣其子,妻勉其夫,皆断锄首而锐之,执以应募。邻道闻勋据徐州,各遣兵戍守要害。而官军尚少,贼众日滋,官军数不利;贼遂破鱼台等近十县。宋州东有磨山,民逃匿其上,勋遣其将张玄稔围之。会旱,山泉竭,数万口皆渴死。或说勋曰:“留后止欲求节钺,当恭顺尽礼以事天子,外戢士卒,内抚百姓,庶几可得。”勋虽不能用,然国忌犹行香,飨士卒必先西向拜谢。癸卯,勋闻敕使入境,以为必赐旌节,众皆贺。明日,敕使至,但责崔彦曾及监军张道谨,贬其官。勋大失望，遂囚敕使，不听归。

诏以右金吾大将军康承训为义成节度使、徐州行营都招讨使，神武大将军王晏权为徐州北面行营招讨使，羽林将军戴可师为徐州南面行营招讨使，大发诸道兵以隶三帅。承训奏乞沙陀三部落，使朱邪赤心及吐谷浑、达靼、契苾酋长各帅其众以自随，诏许之。

庞勋以李圆攻泗州久不克，遣其将吴迥代之。丙午，复进攻泗州，昼夜不息。时敕使郭厚本将淮南兵千五百人救泗州，至洪泽，畏贼强，不敢进。辛谠请往求救，杜慆许之。丁未夜，乘小舟潜渡淮，至洪泽说厚本，厚本不听，比明复还。己酉，贼攻城益急，欲焚水门，城中几不能御，谠请复往求救。慆曰："前往徒还，今往何益？"谠曰："此行得兵则生返，不得则死之。"慆与之泣别。谠复乘小舟负户突围出，见厚本，为陈利害。厚本将从之，淮南都将袁公弁曰："贼势如此，自保恐不足，何暇救人！"谠拔剑瞋目谓公弁曰："贼百道攻城，陷在朝夕。公受诏救援而逗留不进，岂惟上负国恩。若泗州不守，则淮南遂为寇场，公讵能独存邪！我当杀公而后死耳！"起，欲击之，厚本趋抱止之，公弁仅免。谠乃回望泗州，恸哭终日，士卒皆为之流涕。厚本乃许分五百人与之，仍问将士，将士皆愿行。谠举身自掷，叩头以谢将士，遂帅之抵淮南岸，望贼方攻城，有军吏言曰："贼势似已入城，还去则便。"谠逐之，揽得其髻，举剑击之，士卒共救之曰："千五百人判官，不可杀也。"谠曰："临陈妄言惑众，必不可舍！"众请不能得，乃共夺之。谠素多力，众不能夺。谠曰："将士但登舟，我则舍此人。"众竞登舟，乃舍之。士卒有回顾者，则斫之。驱至淮北，勒兵击贼。慆于城上布兵与之相应，贼遂败走，鼓噪逐之，至晡而还。

庞勋遣其将许佶将精兵数千助吴迥攻泗州，刘行及自濠州遣其将王弘立引兵会之。戊午，镇海节度使杜审权遣都头翟行约将四千人救泗州。己未，行约引兵至泗州，贼逆击于淮南，围之。城中兵少，不能救，行约及士卒尽死。先是，令狐绹遣李湘将兵数千救泗州，与郭厚本、袁公弁合兵屯都梁城，与泗州隔淮相望。贼既破翟行约，乘胜遂围之。十二月甲子，李湘等引兵出战，大败，贼遂陷都梁城，执湘及郭厚本送徐州，据淮口，漕驿路绝。

康承训军于新兴，贼将姚周屯柳子，出兵拒之。时诸道兵集者才万人，承训以众寡不敌，退屯宋州。庞勋以为官军不足畏，乃分遣其将丁从实等各将数千人，南寇舒、庐，北侵沂、海，破沭阳、下蔡、乌江、巢县，攻陷滁州，杀刺史高锡望。又寇和州，刺史崔雍遣人以牛酒犒之，引贼登楼共饮，命军士皆释甲，指所爱二人为子弟，乞全之，其余惟贼所处。贼遂大掠城中，杀士卒八百余人。

泗州援兵既绝，粮且尽，人食薄粥。闰月己亥，辛谠言于杜慆，请出求救于淮、浙，夜帅敢死士十人，执长柯斧，乘小舟，潜往斫贼水寨而出。明旦，贼乃觉之，以五舟遮其前，以五千人夹岸追之。贼舟重行迟，谠舟轻行疾，力斗三十余里，乃得免。癸卯，至扬州，见令狐绹。甲辰，至润州，见杜审权。时泗州久无声问，或传已陷。谠既至，审权乃遣押牙赵翼将甲士二千人，与淮南共输米五千斛，盐五百斛以救泗州。

戴可师将兵三万渡淮，转战而前，贼尽弃淮南之守。可师欲先夺淮口，后救泗州，壬申，围都梁城。城中贼少，拜于城上曰：

“方与都头议出降。”可师为之退五里。贼夜遁，明旦，惟空城。可师恃胜不设备，是日大雾，濠州贼将王弘立引兵数万疾径掩至，纵击官军，官军不及成列，遂大败，将士触兵及溺淮死，得免者才数百人，亡器械、资粮、车马以万计。贼传可师及监军、将校首于彭城。

庞勋自谓无敌于天下，作露布散示诸寨及乡村，于是淮南士民震恐，往往避地江左。令狐绹畏其侵轶，遣使诣勋说谕，许为奏请节钺，勋乃息兵俟命。由是淮南稍得收散卒，修守备。

时汴路既绝，江、淮往来者皆出寿州。贼既破戴可师，乘胜围寿州，掠诸道贡献及商人货，其路复绝。

勋益自骄，日事游宴，周重谏曰：“自古骄满奢逸，得而复失，成而复败，多矣，况未得未成而为之者乎！”诸道兵大集于宋州，徐州始惧，应募者益少，而诸寨求益兵者相继。勋乃使其党散入乡村，驱人为兵。又见兵已及数万人，资粮匮竭，乃敛富室及商旅财，什取其七八，坐匿财夷宗者数百家。又，与勋同举兵于桂州者，尤(驱)〔骄〕暴，夺人资财，掠人妇女，勋不能制。由是境内之民皆厌苦之，不聊生矣。

王晏权兵数退衄，朝廷命泰宁节度使曹翔代晏权为徐州北面招讨使。前天雄节度使何全皞遣其将薛尤将兵万三千人讨庞勋，翔军于藤、沛，尤军于丰、萧。

十年春正月，康承训将诸道军七万余人屯柳子之西，自新兴至鹿塘三十里，壁垒相属。徐兵分戍四境，城中不及数千人，庞勋始惧。民多穴地匿其中，勋遣人搜掘为兵，日不过得三二十人。

勋将孟敬文守丰县，狡悍而兵多，谋贰于勋，自为符谶。勋闻之。会魏博攻丰，勋遣腹心将将三千助敬文守丰，敬文与之约共击魏博军，且誉其勇，使为前锋。新军既与魏博战，敬文引兵退走，新军尽没。勋乃遣使绐之曰："王弘立已克淮南，留后欲自往镇之，悉召诸将，欲选一人可守徐州者。"敬文喜，即驰诣彭城，未至城数里，勋伏兵擒之，辛酉，杀之。

徐贼寇海州。时诸道兵戍海州者已数千人，断贼所过桥柱而弗殊，仍伏兵要害以待之。贼过，桥崩，苍黄散乱，伏兵发，尽殪之。其攻寿州者复为南道军所破，斩获数千人。

辛谠以浙西之军至楚州，敕使张存诚以舟助之。徐贼水陆布兵，锁断淮流，浙西军惮其强，不敢进。谠曰："我请为前锋，胜则继之，败则汝走。"犹不可。谠乃募选军中敢死士数十人，牒补职名，先以米舟三艘，盐舟一艘，乘风逆流直进，贼夹攻之，矢著舟板如急雨。及锁，谠帅众死战，斧断其锁，乃得过。城上人喧呼动地，杜慆及将佐皆泣迎之。乙酉，城上望见舟师张帆自东来，识其旗，浙西军也；去城十余里，贼列火船拒之，帆止不进。慆令谠帅死士出迎之，乘战舰冲贼陈而过，见张存诚帅米舟九艘，曰："将士在道前却，存诚屡欲自杀，仅得至此，今又不进。"谠扬言："贼不多，甚易与耳。"帅众扬旗鼓噪而前，贼见其势猛锐，避之，遂得入城。

二月，康承训使朱邪赤心将沙陀三千骑为前锋，陷陈却敌，十镇之兵伏其骁勇。承训尝引麾下千人济涣水，贼伏兵围之，赤心帅五百骑奋檛冲围，拔出承训，贼势披靡，因合击，败之。承训数与贼战，贼军屡败。

王弘立自矜淮口之捷，请独将所部三万人破承训，庞勋许之。己亥，弘立引兵渡濉水，夜袭鹿塘寨，黎明围之。弘立与诸将临望，自谓功在漏刻。沙陀左右突围，出入如飞，贼纷扰移避，沙陀纵骑蹂之，寨中诸军争出奋击，贼大败。官军蹙之于濉水，溺死者不可胜纪，自鹿塘至襄城，伏尸五十里，斩首二万余级。弘立单骑走免，所驱掠平民皆散走山谷，不复还营，委弃资粮、器械山积。时有敕，诸军破贼，得农民，皆释之，自是贼每与官军遇，其驱掠之民先自溃。庞勋、许佶以弘立骄惰致败，欲斩之，周重为之说勋曰："弘立再胜未赏，一败而诛之，弃功录过，为敌报仇，诸将咸惧矣。不若赦之，责其后效。"勋乃释之。弘立收散卒，才得数百人，请取泗州以补过，勋益其兵而遣之。

三月，康承训既破王弘立，进逼柳子，与姚周一月之间数十战。丁亥，周引兵渡水，官军急击之，周退走，官军追之，遂围柳子。会大风，四面纵火，贼弃寨走，沙陀以精骑邀之，屠杀殆尽，自柳子至芳城，死者相枕，斩其将刘丰。周将麾下数十人奔宿州，宿州守将梁丕素与之有隙，开城听入，执而斩之。

庞勋闻之，大惧，与许佶议自将出战。周重泣言于勋曰："柳子地要兵精，姚周勇敢有谋，今一旦覆没，危如累卵，不若遂建大号，悉兵四出，决死力战。"又劝杀崔彦曾，以绝人望。术士曹君长亦言："徐州山川不容两帅，今观察使尚在，故留后未兴。"贼党皆以为然。夏四月壬辰，勋杀彦曾及监军张道谨、宣慰使仇大夫、僚佐焦璐、温庭皓等，并其亲属、宾客、仆妾皆死。断淮南监军郭厚本、都押衙李湘手足以示康承训军。勋乃集众扬言曰："勋始望国恩，庶全臣节。今日之事，前志已乖。自此，勋与诸军真反者也，当扫境内之兵，戮力同心，转败为功耳。"众皆称善。于是命城中男子悉集毬场，仍分遣诸将比屋大索，敢匿一男子者族其家。选丁壮，得三万人，更造旗帜，给以精兵。许佶等共推勋为天册将军、大会明王。勋辞王爵。

先是，辛谠复自泗州引骁勇四百人迎粮于扬、润，贼夹岸攻之，转战百里乃得出。至广陵，止于公馆，不敢归家，舟载盐米二万石，钱万三千缗，乙未，还至斗山。贼将王弘芝帅众万余拒之于盱眙，密布战舰百五十艘以塞淮流，又纵火船逆之。谠命以长叉托过，自卯战及未，众寡不敌，官军不利。贼缚木于战舰，旁出四五尺为战棚，谠命勇士乘小舟入其下，矢刃所不能及，以枪揭火牛焚之，战舰既然，贼皆溃走，官军乃得过入城。

庞勋以父举直为大司马，与许佶等留守徐州。或曰："将军方耀兵威，不可以父子之亲，失上下之节。"乃令举直趋拜于庭，勋据桉而受之。时魏博屡围丰县，庞勋欲先击之，丙申，引兵发徐州。

庞勋夜至丰县，潜入城，魏博军皆不之知。魏博分为五寨，其近城者屯数千人，勋纵兵围之，诸寨救之。勋伏兵要路，杀官军二千人，余皆返走。贼攻寨不克，至夜，解围去。官军畏其众，且闻勋自来，诸寨皆宵溃。曹翔方围滕县，闻魏博败，引兵退保兖州。贼悉毁其城栅，运其资粮，传檄徐州，盛自夸大，谓官军为国贼云。

马举将精兵三万救泗州，乙巳，分军三道渡淮，至中流，大噪，声闻数里。贼大惊，不测众寡，敛兵屯城西寨。举就围之，纵火焚栅，贼众大败，斩首数千级。王弘立死，吴迥退保徐城，泗州之围始解。泗州被围凡七月，守城者不得寐，面目皆生疮。

庞勋留丰县数日，欲引兵西击康承训。或曰："天时向暑，蚕麦方急，不若且休兵聚食，然后图之。"或曰："将军出师数日，摧七万之众，西军震恐，乘此声势，彼破走必矣，时不可失。"庞举直以书劝勋乘胜进军，勋意遂决。丁未，发丰县，庚戌，至萧，约襄城、留武、小睢诸寨兵合五六万人，以二十九日迟明攻柳子。淮南败卒在贼中者逃诣康承训，告以其期，承训得先为之备，秣马整众，设伏以待之。丙辰，襄城等兵先至柳子，遇伏，败走。庞勋既自失期，遽引兵自三十里外赴之，比至，诸寨已败，勋所将皆市井白徒，睹官军势盛，皆不战而溃。承训命诸将急追之，以骑兵邀其前，步卒蹙其后，贼狼狈不知所之，自相蹈藉，僵尸数十里，死者数万人。勋解甲，服布襦而遁，收散卒，才及三千人，归彭城，使其将张实分诸寨兵屯第城驿。

勋初起下邳，土豪郑镒聚众三千，自备资粮、器械以应之，勋以为将，谓之义军。五月，沂州遣军围下邳，勋命镒救之，镒帅所部来降。

六月，马举自泗州引兵攻濠州，拔招义、钟离、定远。刘行及设寨于城外以拒守，举先遣轻骑挑战，贼见其众少，争出寨西击之，举引大军数万自他道击其东南，遂焚其寨。贼入固守，举堑其三面而围之。北面临淮，贼犹得与徐州通。庞勋遣吴迥助行及守濠州，屯兵北津以相应。举遣别将渡淮击之，斩获数千人，平其寨。

曹翔之退屯兖州也，留沧州卒四千人戍鲁桥。卒擅还，翔曰："以庞勋作乱，故讨之。今沧卒不从约束，是自乱也。"勒兵迎之，围于兖州城外，择违命者二千人悉诛之。朝廷闻魏博军败，以将军宋威为徐州西北面招讨使，将兵三万屯于丰、萧之间，翔复引兵会之。

秋七月，康承训克临涣，杀获万人，遂拔襄城、留武、小睢等寨。曹翔拔滕县，进击丰、沛。贼诸寨戍兵多相帅逃匿，保据山林，贼抄掠者过之，辄为所杀，而五八村尤甚。有陈全裕者为之帅，凡叛勋者皆归之，众至数千人，战守之具皆备，环地数十里，贼莫敢近。康承训遣人招之，遂举众来降，贼党益离。蕲县土豪李兖，杀贼守将，举城降于承训。沛县守将李直诣彭城计事，裨将朱玫举城降于曹翔。直自彭城还，玫逆击，走之。翔发兵戍沛。玫，邠州人也。勋遣其将孙章、许佶各将数千人攻陈全裕、朱玫，皆不克而还。康承训乘胜长驱，拔第城，进抵宿州之西，筑城而守之。庞勋忧懑，不知所为，但祷神饭僧而已。

初，庞勋怒梁丕专杀姚周，黜之，使徐州旧将张玄稔代之治州事，以其党张儒、张实等将城中兵数万拒官军。儒等列寨数重于城外，环水自固。康承训围之，张实夜遣人潜出，以书白勋曰："今国兵尽在城下，西方必虚，将军宜引兵出其不意，掠宋、亳之郊，彼必解围而西。将军设伏要害，迎击其前，实等出城中兵蹙其后，破之必矣。"时曹翔使朱玫击丰，破之，乘胜攻徐城、下邳，皆拔之，斩获万计。勋方忧惧，欲走，得实书，即从其策，使庞举直、许佶守徐州，引兵而西。

八月壬子，康承训焚外寨，张儒等入保罗城，官军攻之，死者数千人，不能克，承训患之，遣辩士于城下招谕之。张玄稔尝戍边有功，虽胁从于贼，心常忧愤。时将所部兵守子城，夜召所亲数十人谋归国，因稍令布谕，协同者众，乃遣腹心张皋夜出，以状白承训，约期杀贼将举城降。至日，请立青旌为应，使众心无疑。承训大喜，从之。九月丁巳，张儒等饮酒于柳溪亭，玄稔使部将董厚等勒兵于亭西，玄稔先跃马而前，大呼曰："庞勋已枭首于仆射寨中，此辈何得尚存！"士卒竞进，遂斩张儒等数十人。城中大扰，玄稔谕以归国之计，及暮而定。戊午，开门出降。玄稔见承训，肉袒膝行，涕泣谢罪。承训慰劳，即宣敕，拜御史中丞，赐遗甚厚。

玄稔复进言："今举城归国，四远未知，请诈为城陷，引众趋符离及徐州，贼党不疑，可尽擒也。"承训许之。宿州旧兵三万，承训益以数百骑，皆赏劳而遣之。玄稔复入城，暮发平安火如常日。己未向晨，玄稔积薪数千束，纵火焚之，如城陷军溃之状，直趋符离，符离纳之。既入，斩其守将，号令城中，皆听命，收其兵，复得万人，北趋徐州。庞举直、许佶闻之，婴城拒守。辛酉，玄稔至彭城，引兵围之，按兵未攻，先谕城上人曰："朝廷惟诛逆党，不伤良人。汝曹奈何为贼城守？若尚狐疑，须臾之间同为鱼肉矣。"于是守城者稍稍弃甲投兵而下。崔彦曾故吏路审中开门纳官军，庞举直、许佶帅其党保子城。日昃，贼党自北门出，玄稔遣兵追之，斩举直、佶首，余党多赴水死，悉捕戍桂州者亲族斩之，死者数千人，徐州遂平。

庞勋将兵二万自石山西出，所过焚掠无遗。庚申，承训始知之，引步骑八万西击之，使朱邪赤心将数千骑为前锋。勋袭宋州，陷其南城，刺史郑处冲守其北城，贼知有备，舍去，渡汴，南掠亳州，沙陀追及之。勋引兵循涣水而东，将归彭城，为沙陀所逼，不暇饮食，至蕲，将济水，李衮发桥，勒兵拒之。贼惶惑，不知所之，至故县西，官军大集，纵击，杀贼近万人，余皆溺死，降者才及千人。勋亦死，而人莫之识，数日乃获其尸。贼宿迁等诸寨皆杀其守将而降。宋威亦取萧县，吴迥独守濠州，不下。冬十月，以张玄稔为右骁卫大将军、御史大夫。

马举攻濠州，自夏及冬不克，城中粮尽，杀人而食之，守军深堑重围以守之。辛丑夜，吴迥突围走，举勒兵追之，杀获殆尽，迥死于招义。

以康承训为河东节度使、同平章事，以杜慆为义成节度使。上嘉朱邪赤心之功，置大同军于云州，以赤心为节度使，召见，留为左金吾上将军，赐姓名李国昌，赏赉甚厚。以辛谠为亳州刺史。谠在泗州，犯围出迎兵粮，往返凡十二。及除亳州，上表言："臣之功，非杜慆不能成也。"赐和州刺史崔雍自尽，家属流康州，兄弟五人皆远贬。

十一年夏四月，徐贼余党犹相聚闾里为群盗，散居兖、郓、青、齐之间，诏徐州观察使夏侯瞳招谕之。

五月，上令百官议处置徐州之宜。六月丙午，太子少傅李胶等状，以为："徐州虽屡构祸乱，未必比屋顽凶，盖由统御失人，是致奸回乘衅。今使名虽降，兵额尚存，以为支郡则粮饷不给，分隶别藩则人心未服，或旧恶相济，更成披猖。惟泗州向因攻守，结衅已深，宜有更张，庶为两便。"诏从之。徐州依旧为观察使，统徐、濠、宿三州，〔泗州〕为团练使，割隶淮南。冬十一月丁卯，复以徐州为感化军节度。

回鹘叛服

唐玄宗开元四年。突厥默啜北击拔曳固，大破之于独乐水，默啜恃胜不设备，拔曳固迸卒颉质略斩之。默啜之子小可汗立，骨咄禄之子阙特勒击杀之，立其兄左贤王默棘连，是为毗伽可汗。

二十二年冬十二月，突厥毗伽可汗为其大臣梅录啜所毒而死，其弟登利可汗立。

二十九年秋七月，登利从叔判阙特勒攻杀登利，立毗伽可汗之子为可汗。俄为骨咄叶护所杀，骨咄叶护自立为可汗。上以突厥内乱，命左羽林将军孙老奴招谕回纥、葛逻禄、拔悉密等部落。

天宝元年。突厥拔悉密、回纥、葛逻禄三部共攻骨咄叶护，杀之，推拔悉密酋长为颉跌伊施可汗，回纥、葛逻禄自为左右叶护。突厥余众共立判阙特勒之子为乌苏米施可汗。回纥叶护骨力裴罗遣使入贡，赐爵奉义王。

三载秋八月，拔悉密攻斩突厥乌苏可汗，传首京师。国人立其弟鹘陇匐白眉特勒，是为白眉可汗。于是突厥大乱，敕朔方节度使王忠嗣出兵乘之。会回纥、葛逻禄共攻拔悉密颉跌伊施可汗，杀之。回纥骨力裴罗自立为骨咄禄毗伽阙可汗，遣使言状，上册拜裴罗为怀仁可汗。于是怀仁南据突厥故地，立牙帐于乌德犍山，旧统药逻葛等九姓，其后又并拔悉蜜、葛逻禄凡十一部，各置都督，每战则以二客部为先。

四载。回纥怀仁可汗击突厥白眉可汗，杀之。回纥斥地愈广，东际室韦，西抵金山，南跨大漠，尽有突厥故地。怀仁卒，子磨延啜立，号葛勒可汗。

肃宗至德元载。安禄山之反也，回纥可汗遣使请助国讨贼，宴赐而遣之。

上欲借兵于外夷以张军势，以豳王守礼之子承寀为敦煌王，与仆固怀恩使于回纥以请兵。敦煌王承寀至回纥牙帐，回纥可汗以女妻之，遣其贵臣与承寀及仆固怀恩偕来，见上于彭原。上厚礼其使者而归之，赐回纥女号毗伽公主。回纥可汗遣其臣葛逻支将兵入援，先以二千骑奄至范阳城下。十一月戊午，回纥至带汗谷，与郭子仪军合；辛酉，与同罗及叛胡战于榆林河北，大破之，斩首三万，捕虏一万，河曲皆平。

二载。怀仁可汗遣其子叶护将精兵四千余人来至凤翔。上引见，宴赐劳予，惟其所欲。初，上欲速得京师，与回纥约曰："克城之日，土地士庶归唐，金帛子女皆归回纥。"大军入西京，叶护欲如约，广平王俶拜于叶护马前曰："今始得西京，若遽俘掠，则东京之人皆为贼固守。愿至东京如约。"叶护下马答拜，跪捧王足，曰："当为殿下径往东京。"胡虏见俶拜者皆泣曰："广平王真华夷主。"二事详见安史之乱。

冬十月壬戌，广平王俶入东京，回纥意犹未厌，俶患之。父老请率罗锦万匹以赂回纥，回纥乃止。十一月己丑，以回纥叶护为司空、忠义王，岁遗回纥绢二万匹，使就朔方军受之。

乾元元年秋七月丁亥，册命回纥可汗曰英武威远毗伽阙可汗，以上幼女宁国公主妻之。以殿中监汉中王瑀为册礼使，右司郎中李巽副之，命左仆射裴冕送公主至境上。戊子，又以司勋员外郎鲜于叔明为瑀副。叔明，仲通之弟也。甲子，上送宁国公主至咸阳，公主辞诀曰："国家事重，死且无恨。"上流涕而还。瑀等至回纥牙帐，可汗衣赭袍、胡帽坐帐中榻上，仪卫甚盛，引瑀等立于帐外。瑀不拜而立，可汗曰："我与天可汗两国之君，君臣有礼，何得不拜？"瑀与叔明对曰："向者唐与诸国为婚，皆以宗室女为公主。今天子以可汗有功，自以所生女妻可汗，恩礼至重，可汗奈何以子婿傲妇翁，坐榻上受册命邪！"可汗改容，起受册命。明日，立公主为可敦，举国皆喜。

八月，回纥遣其臣骨啜特勒及帝德将骁骑三千助讨安庆绪，上命朔方左武锋使仆固怀恩领之。

二年春三月甲申，回纥骨啜特勒、帝德等十五人自相州奔还西京，上宴之于紫宸殿，赏赐有差。庚寅，骨啜特勒等辞还行营。

夏四月，回纥毗伽阙可汗卒，长子叶护先遇杀，国人立其少子，是为登里可汗。回纥欲以宁国公主为殉。公主曰："回纥慕中国之俗，故娶中国女为妇。若欲从其本俗，何必结婚万里之外邪！"然亦为之剺面而哭。秋八月，回纥以宁国公主无子，听归，丙辰，至京师。

宝应元年秋九月，上遣中使刘清潭使于回纥，且征兵讨史朝义。回纥已为朝义所诱，有轻唐之志。上遣仆固怀恩往见之，可汗悦，遣使上表，请助国讨贼。详见安史之乱。

冬十月，以雍王适为天下兵马元帅。丙寅，上命仆固怀恩与母、妻俱诣行营。雍王适至陕州，回纥可汗屯于河北，适与僚属从数十骑往见之。可汗责适不拜舞，药子昂对以礼不当然。回纥将车鼻曰："唐天子与可汗约为兄弟，可汗于雍王，叔父也，何得不拜舞？"子昂曰："雍王，天子长子，今为元帅。安有中国储君向外国可汗拜舞乎？且两宫在殡，不应舞蹈。"力争久之，车鼻遂引子昂、魏琚、韦少华、李进各鞭一百，以适年少未谙事，遣归营。琚、少华一夕而死。

戊辰，诸军发陕州，仆固怀恩与回纥左杀为前锋。回纥入东京，肆行杀掠。详见安史之乱。

代宗广德元年春闰正月己酉夜，有回纥十五人犯含光门，突入鸿胪寺，门司不敢遏。

回纥登里可汗归国，其部众所过抄掠，廪给小不如意，辄杀人，无所忌惮。陈郑、泽潞节度使李抱玉欲遣官属置顿，人人辞惮，赵城尉马燧独请行。比回纥将至，燧先遣人赂其渠帅，约毋暴掠，帅遗之旗曰："有犯令者，君自戮之。"燧取死囚为左右，小有违令，立斩之。回纥相顾失色，涉其境者，皆拱手遵约束。抱玉奇之。

七月，册回纥可汗为颉咄登密施合俱录英义建功毗伽可汗，可敦为娑墨光亲丽华毗伽可敦，左右杀以下，皆加封赏。

仆固怀恩诱回纥、吐蕃俱入寇。事见仆固怀恩之叛。

大历三年。回纥可敦卒，秋七月庚辰，以右散骑常侍萧昕为吊祭使。回纥庭诘昕曰："我于唐有大功，唐奈何失信，市我马，不时归其直？"昕曰："回纥之功，唐已报久矣。仆固怀恩之叛，回纥助之，与吐蕃入寇，逼我郊畿。及怀恩死，吐蕃走，然后回纥惧而请和，我唐不忘前功，加惠而纵之。不然，匹马不归矣。乃回纥负约，岂唐失信邪！"回纥惭，厚礼而归之。

四年。初，仆固怀恩死，上怜其有功，置其女宫中，养以为女。回纥请以为可敦，夏五月辛卯，册为崇徽公主，嫁回纥可汗。壬辰，遣兵部侍郎李涵送之，涵奏祠部郎中虞乡董晋为判官。六月丁酉，公主辞行，至回纥牙帐。回纥来言曰："唐约我为市马，既入，而归我贿不足，我于使人乎取之。"涵惧，不敢对，视晋。晋曰："吾非无马而与尔为市，为尔赐不既多乎？尔之马岁至，吾数皮而归资，边吏请致诘也。天子念尔有劳，故下诏禁侵犯。诸戎畏我大国之尔与也，莫敢校焉。尔之父子宁而畜马蕃者，非我谁使之？"于是其众皆环晋拜。既又相帅南面序拜，皆举两手曰："不敢有意大国。"

七年春正月甲辰，回纥使者擅出鸿胪寺，掠人子女，所司禁之，殴击所司，以三百骑犯金光、朱雀门。是日，宫门皆闭，上遣中使刘清潭谕之，乃止。秋七月癸巳，回纥使擅出鸿胪寺，逐长安令邵说至含光门街，夺其马，说乘他马而去，弗敢争。

八年。回纥自乾元以来岁求和市，每一马易四十缣，动至数万匹，马皆驽瘠无用，朝廷苦之，所市多不能尽其数，回纥待遣继至者常不绝于鸿胪。至是，上欲悦其意，命尽市之。秋七月辛丑，回纥辞归，载赐遗及马价，共用车千余乘。八月壬申，回纥复遣使者赤心以马万匹来求互市。

有司以回纥赤心马多，请市千匹。郭子仪以为如此逆其意太甚，自请输一岁俸为国市之，上不许。十一月戊子，命市六千匹。

十年冬十二月，回纥千骑寇夏州，州将梁荣宗破之于乌水。郭子仪遣兵三千救夏州，回纥遁去。

十一年春二月辛巳，增朔方五城戍兵，以备回纥。

十三年春三月甲戌，回纥使还，过河中，朔方军士掠其辎重，因大掠坊市。秋七月戊午，郭子仪奏以回纥犹在塞上，边人恐惧，请遣邠州刺史浑瑊将兵镇振武军，从之。回纥始去。

十四年秋七月庚辰，诏回纥诸胡在京师者，各服其服，无得效华人。先是，回纥留京师者常千人，商胡伪服而杂居者又倍之，县官日给饔饩，殖赀产，开第舍、市肆，美利皆归之，日纵暴横，吏不敢问。或衣华服，诱取妻妾，故禁之。

德宗建中元年。初，回纥风俗朴厚，君臣之等不甚异，故众志专一，劲健无敌。及有功于唐，唐赐遗甚厚，登里可汗始自尊大，筑宫殿以居，妇人有粉黛文绣之饰。中国为之虚耗，而虏俗亦坏。及代宗崩，上遣中使梁文秀往告哀，登里骄不为礼。九姓胡附回纥者说登里，以中国富饶，今乘丧伐之，可有大利。登里从之，欲举国入寇。其相顿莫贺达干，登里之从父兄也，谏曰："唐，大国也，无负于我。吾前年侵太原，获羊马数万，可谓大捷，而道远粮乏，比归，士卒多徒行者。今举国深入，万一不捷，将安归乎？”登里不听。顿莫贺乘人心之不欲南寇也，举兵击杀之，并九姓胡二千人，自立为合骨咄禄毗伽可汗，遣其臣聿达干与梁文秀俱入见，愿为藩臣，垂发不剪，以待册命。乙卯，命京兆少尹临漳源休册顿莫贺为武义成功可汗。

秋八月甲午，振武留后张光晟杀回纥使者突董等九百余人。突董者，武义可汗之叔父也。代宗之世，九姓胡常冒回纥之名，杂居京师，殖货纵暴，与回纥共为公私之患。上即位，命突董尽帅其徒归国，辎重甚盛。至振武，留数月，厚求资给，日食肉千斤，他物称是，纵樵牧者暴践禾稼，振武人苦之。光晟欲杀回纥，取其辎重，而畏其众强，未敢发。九姓胡闻其种族为新可汗所诛，多道亡，突董防之甚急。九姓胡不得亡，又不敢归，乃密献策于光晟，请杀回纥。光晟喜其党类自离，许之。上以陕州之辱，宝应元年，德宗为元帅时，见回纥于陕州。心恨回纥。光晟知上旨，乃奏称：“回纥本种非多，所辅以强者，群胡耳。今闻其自相鱼肉，顿莫贺新立，移地健有孽子，及国相、梅录各拥兵数千人相攻，国未定。彼无财则不能使其众，陛下不乘此际除之，乃归其人与之财，正所谓‘借寇兵赍盗粮’者也，请杀之。”三奏，上不许。光晟乃使副将过其馆门，故不为礼。突董怒，执而鞭之数十。光晟勒兵掩击，并群胡尽杀之，聚为京观。独留二胡使归国为证，曰：“回纥鞭辱大将，且谋袭据振武，故先事诛之。”上征光晟为右金吾将军，遣中使王嘉祥往致信币。回纥请得专杀者以复仇，上为之贬光晟为睦王傅，以慰其意。

三年。张光晟之杀突董也，上欲遂绝回纥，召册可汗使源休还太原。久之，乃复遣休送突董及翳密施、大小梅录等四丧还其国，可汗遣其宰相颉子思迦等迎之。颉子思迦坐大帐，立休等于帐前雪中，诘以杀突董之状，欲杀者数四，供待甚薄，留五十余日乃得归。可汗使人谓之曰："国人皆欲杀汝以偿怨，我意则不然。汝国已杀突董等，我又杀汝，如以血洗血，污益甚耳。今吾以水洗血，不亦善乎！唐负我马直绢百八十万匹，当速归之。"遣其散支将军康赤心随休入见，休竟不得见可汗而还。〔夏六月〕己卯，至长安，诏以帛十万匹，金银十万两偿其马直。休有口辩，卢杞恐其见上得幸，乘其未至，先除光禄卿。

四年。两河之用兵也，王武俊召回纥兵，使绝李怀光等粮道。怀光等已西去，而回纥达干将回纥千人，杂虏二千人适至幽州北境。朱滔因说之，欲与俱诣河南取东都，应接朱泚，许以河南子女、金帛赂之。滔娶回纥女为侧室，回纥谓之朱郎，且利其俘掠，许之。

兴元元年夏五月乙亥，李抱真、王武俊距贝州三十里而军。回纥达干见朱滔请战，回纥败走。事见藩镇连兵。

贞元三年。回纥合骨咄禄可汗屡求和亲，且请婚，上未之许。会边将告乏马，无以给之，李泌言于上曰："陛下诚用臣策，数年之后，马贱于今十倍矣。"上曰："何故？"对曰："愿陛下推至公之心，屈己徇人，为社稷大计，臣乃敢言。"上曰："卿何自疑若是！"对曰："臣愿陛下北和回纥，南通云南，西结大食、天竺，如此，则吐蕃自困，马亦易致矣。"上曰："三国当如卿言，至于回纥，则不可。"泌曰："臣固知陛下如此，所以不敢早言。为今之计，当以回纥为先，三国差缓耳。"上曰："唯回纥卿勿言。"泌曰："臣备位宰相，事有可否在陛下，何至不许臣言。"上曰："朕于卿言皆听之矣，至于和回纥，宜待子孙；于朕之时，则固不可。"泌曰："岂非以陕州之耻邪？"上曰："然。韦少华等以朕之故受辱而死，朕岂能忘之！属国家多难，未暇报之，和则决不可，卿勿更言。"泌曰："害少华等乃牟羽可汗，陛下即位，举兵入寇，未出其境，今合骨咄禄可汗杀之。然则今可汗乃有功于陛下，宜受封赏，又何怨邪！其后张光晟杀突董等九百余人，合骨咄禄竟不敢杀朝廷使者，然则合骨咄禄固无罪矣。"上曰："卿以和回纥为是，则朕固非邪？"对曰："臣为社稷计而言，若苟合取容，何以见肃宗、代宗于天上。"上曰："容朕徐思之。"自是泌凡十五余对，未尝不论回纥事，上终不许。泌曰："陛下既不许回纥和亲，愿赐臣骸骨。"上曰："朕非拒谏，但欲与卿较理耳，何至遽欲去朕邪！"对曰："陛下许臣言理，此固天下之福也。"上曰："朕不惜屈己与之和，但不能负少华辈。"对曰："以臣观之，少华辈负陛下，非陛下负之也。"上曰："何故？"对曰："昔回纥叶护将兵助讨安庆绪，肃宗但令臣宴劳之于元帅府，先帝未尝见也。叶护固邀臣至其营，肃宗犹不许。及大军将发，先帝始与相见。所以然者，彼戎狄豺狼也，举兵入中国之腹，不得不过为之防也。陛下在陕，富于春秋，少华辈不能深虑，以万乘元子径造其营，又不先与之议相见之仪，使彼得肆其桀骜，岂非少华辈负陛下邪？死不足偿责矣。且香积之捷，叶护欲引兵掠长安，先帝亲拜之于马前以止之，叶护遂不敢入城。当时观者十万余人，皆叹息曰：'广平王真华夷主也。'然则先帝所屈者少，所伸者多矣。叶护乃牟羽之叔父也。牟羽身为可汗，举全国之兵赴中原之难，故其志意骄矜，敢责礼于陛下。陛下天资神武，不为之屈。当是之时，臣不敢言其他，若可汗留陛下于营中，欢饮十日，天下岂得不寒心哉！而天威所临，豺狼驯扰，可汗母捧陛下于貂裘，叱退左右，亲送陛下乘马而归。陛下以香积之事观之，则屈己为是乎？不屈为是乎？陛下屈于牟羽乎？牟羽屈于陛下乎？”上谓李晟、马燧曰：“故旧不宜相逢。朕素怨回纥，今闻泌言香积之事，朕自觉少理。卿二人以为何如？”对曰：“果如泌所言，则回纥似可恕。”上曰：“卿二人复不与朕，朕当奈何？”泌曰：“臣以为回纥不足怨，向来宰相乃可怨耳。今回纥可汗杀牟羽，其国人有再复京城之勋，夫何罪乎？吐蕃幸国之灾，陷河、陇数千里之地，又引兵入京城，使先帝蒙尘于陕，此乃百代必报之仇，况其赞普至今尚存，宰相不为陛下别白言此，乃欲和吐蕃以攻回纥，此为可怨耳。”上曰：“朕与之为怨已久，又闻吐蕃劫盟，今往与之和，得无复拒我，为夷狄之笑乎？”对曰：“不然。臣曩在彭原，今可汗为胡禄都督，与今国相白婆帝皆从叶护而来，臣待之颇亲厚，故闻臣为相而求和，安有复相拒乎！臣今请以书与之约，称臣，为陛下子，每使来不过二百人，印马不过千匹，无得携中国人及商胡出塞。五者皆能如约，则主上必许和亲。如此，威加北荒，旁詟吐蕃，足以快陛下平昔之心矣。”上曰：“自至德以来，与为兄弟之国，今一旦欲臣之，彼安肯和乎？”对曰：“彼思与中国和亲久矣，其可汗、国相素信臣言，若其未谐，但应再发一书耳。”上从之。

既而回纥可汗遣使上表称儿及臣，凡泌所与约五事，一皆听命。上大喜，谓泌曰：“回纥何畏服卿如此？”对曰：“此乃陛下威灵，臣何力焉。”上曰：“回纥则既和矣，所以招云南、大食、天竺奈何？”对曰：“回纥和，则吐蕃已不敢轻犯塞矣。次招云南，则是断吐蕃之右臂也。云南自汉以来臣属中国，杨国忠无故扰之使叛，臣于吐蕃，苦于吐蕃赋役重，未尝一日不思复为唐臣也。大食在西域为最强，自葱岭尽西海，地几半天下，与天竺皆慕中国，代与吐蕃为仇，臣故知其可招也。”癸亥，遣回纥使者合阙将军归，许以咸安公主妻可汗，归其马价绢五万疋。

四年。回纥合骨咄禄可汗得唐许婚，甚喜，遣其妹骨咄禄毗伽公主及大臣妻并国相跌跌都督以下千余人来迎可敦，辞礼甚恭，曰：“昔为兄弟，今为子婿，半子也。若吐蕃为患，子当为父除之。”因詈辱吐蕃使者以绝之。冬十月戊子，回纥至长安，可汗仍表请改回纥为回鹘，许之。

庚子，册命咸安公主，加回鹘可汗号长寿天亲可汗。十一月，以刑部尚书关播为送咸安公主兼册回鹘可汗使。

五年冬十二月庚午，闻回鹘天亲可汗薨，戊寅，遣鸿胪卿郭锋册命其子为登里罗没密施俱禄忠贞毗伽可汗。先是，安西、北庭皆假道于回鹘以奏事，故与之连和。北庭去回鹘尤近，回鹘诛求无厌，又有沙陀六千余帐与北庭相依。及三葛禄、白服突厥皆附于回鹘，回鹘数侵掠之。吐蕃因葛禄、白服之众以攻北庭，回鹘大相颉干迦斯将兵救之。

六年。回鹘忠贞可汗之弟弑忠贞而自立，其大相颉干迦斯西击吐蕃未还。夏四月，次相帅国人杀篡者，而立忠贞之子阿啜为可汗，年十五。

回鹘颉干迦斯与吐蕃战不利，吐蕃急攻北庭。北庭人苦于回鹘诛求，与沙陀酋长朱邪尽忠皆降于吐蕃，节度使杨袭古帅麾下二千人奔西州。六月，颉干迦斯引兵还国，次相恐其有废立，与可汗皆出郊迎，俯伏自陈擅立之状，曰：“今日惟大相死生之。”盛陈郭锋所赍国信，悉以遗之。可汗拜且泣曰：“儿愚幼，若幸而得立，惟仰食于阿多，国政不敢豫也。”虏谓父为阿多。颉干迦斯感其卑屈，持之而哭，遂执臣礼，悉以所遗颁从行者，已无所受。国中由是稍安。

秋，颉干迦斯悉举国兵数万召杨袭古将复北庭，又为吐蕃所败，死者太半。袭古收余众数百将还西州，颉干迦斯绐之曰："且与我同至牙帐，当送君还朝。"既而留不遣，竟杀之。安西由是遂绝，莫知存亡，而西州犹为唐固守。

葛禄乘胜取回鹘之浮图川，回鹘震恐，悉迁西北部落于牙帐之南以避之。遣达北特勒梅录随郭锋偕来，告忠贞可汗之丧，且求册命。先是，回鹘使者入中国，礼容骄慢，刺史皆与之钧礼。梅录至丰州，刺史李景略欲以气加之，谓梅录曰："闻可汗新没，欲申吊礼。"景略先据高垄而坐，梅录俯偻前哭。景略抚之曰："可汗弃代，助尔哀慕。"梅录骄容猛气，索然俱尽。自是，回鹘使至，皆拜景略于庭，威名闻塞外。冬十月辛亥，郭锋始自回鹘还。

七年春二月癸卯，遣鸿胪少卿庾鋋册回鹘奉诚可汗。

十一年夏四月，回鹘奉诚可汗卒，无子，国人立其相骨咄禄为可汗。骨咄禄本姓跌跌氏，辩慧有勇略，自天亲时典兵马用事，大臣、诸酋长皆畏服之。既为可汗，冒姓药罗葛氏，遣使来告丧。自天亲可汗以上子孙幼稚者，皆内之阙庭。

五月庚寅，遣秘书监张荐册拜回鹘可汗骨咄禄为腾里逻羽录没密施合胡禄毗伽怀信可汗。

顺宗永贞元年。回鹘怀信可汗卒，遣鸿胪少卿孙杲临吊，册其嗣为腾里野合俱录毗伽可汗。

宪宗元和元年。回鹘入贡，始以摩尼偕来，于中国置寺处之。其法日晏乃食，食荤而不食湩酪。回鹘信奉之，可汗或与议国事。

三年春二月戊寅，咸安大长公主薨于回鹘。三月，回鹘腾里可汗卒。夏五月丙午，册回鹘新可汗为爱登里啰汨密施合毗伽保义可汗。

八年冬十月，回鹘发兵度碛南，自柳谷西击吐蕃。壬寅，振武、天德军奏回鹘数千骑至鸊鹈泉，边军戒严。

九年春二月，李吉甫奏请复置宥州，以备回鹘，上从之。先是，回鹘屡请婚，朝廷以公主出降，其费甚广，故未之许。礼部尚书李绛上言，以为："回鹘凶强，不可无备，淮西穷蹙，事要经营。今江、淮大县，岁所入赋有二十万缗者，足以备降主之费，陛下何爱一县之赋，不以羁縻劲虏。回鹘若得许婚，必喜而无猜，然后可以修城堑，蓄甲兵，边备既完，得专意淮西，功必万全。今既未降公主而虚弱西城，碛路无备，更修天德以疑虏心。万一北边有警，则淮西遗丑复延岁月之命矣。傥虏骑南牧，国家非(走)〔步〕兵二万，骑五千，则不足以抗御。借使一岁而胜之，其费岂特降主之比哉！"上不听。

十二年。回鹘屡请尚公主，有司计其费近五百万缗，时中原方用兵，故上未之许。二月辛卯朔，遣回鹘摩尼僧等归国，命宗正少卿李诚使回鹘谕意，以缓其期。

十五年。宪宗之末，回鹘遣合达干来求婚尤切，宪宗许之。三月癸卯朔，遣合达干归国。

穆宗长庆元年夏四月丙戌，册回鹘嗣君为登啰羽录没蜜施句主毗伽崇德可汗。五月丙申朔，回鹘遣都督、宰相等五百余人来迎公主。癸亥，以太和长公主嫁回鹘。公主，上之妹也。吐蕃闻唐与回鹘婚，六月辛未，寇青塞堡，盐州刺史李文悦击却之。戊寅，回鹘奏以万骑出北庭，万骑出安西，拒吐蕃，以迎公主。

二年。裴度之讨幽、镇也，回鹘以兵从。朝议以为不可，遣中使止之。回鹘遣其臣李义节将三千人已至丰州北，却之，不从。诏发缯帛七万匹以赐之，〔春三月〕甲寅，始还。

四年。回鹘崇德可汗卒，弟曷萨特勒立。

敬宗宝历元年春三月辛酉，遣司门郎中于人文册回鹘曷萨特勒为爱登里啰汨没密施合毗伽昭礼可汗。

文宗大和六年春三月，回鹘昭礼可汗为其下所杀，从子胡特勒立。

七年夏四月丙戌，册回鹘新可汗为爱登里啰汨没蜜施合句禄毗伽彰信可汗。

开成四年。回鹘相安允合、特勒柴革谋作乱，彰信可汗杀之。相掘罗勿将兵在外，以马三百赂沙陀朱邪赤心，借其兵共攻可汗。可汗兵败，自杀，国人立㕎馺特勒为可汗。会岁疫，大雪，羊马多死，回鹘遂衰。赤心，执宜之子也。

五年。初，伊吾之西，焉耆之北，有黠戛斯部落，即古之坚昆，唐初结骨也，后更号黠戛斯。乾元中为回鹘所破，自是隔阂，不通中国。其君长曰阿热，建牙青山，去回鹘牙橐驼行四十日。其人悍勇，吐蕃、回鹘常赂遗之，假以官号。回鹘既衰，阿热始自称可汗。回鹘遣相国将兵击之，连兵二十余年，数为黠戛斯所败，詈回鹘曰："汝运尽矣，我必取汝金帐。"金帐者，回鹘可汗所居帐也。及掘罗勿杀彰信可汗，立㕎馺，回鹘别将句录莫贺引黠戛斯十万骑攻回鹘，大破之，杀㕎馺及掘罗勿，焚其牙帐荡尽。回鹘诸部逃散。其相馺职、特勒厖等十五部西奔葛逻禄，一支奔吐蕃，一支奔安西。可汗兄弟嗢没斯等及其相赤心、仆固、特勒那颉啜各帅其众抵天德塞下，就杂虏贸易谷食，且求内附。冬十月丙辰，天德军使温德彝奏："回鹘溃兵侵逼西城，亘六十里，不见其后。边人以回鹘猥至,恐惧不安。”诏振武军节度使刘沔屯云迦关以备之。

武宗会昌元年春二月,回鹘十三部近牙帐者立乌希特勒为乌介可汗,南保错子山。秋八月,天德军使田牟、监军韦仲平欲击回鹘以求功,奏称:“回鹘叛将嗢没斯等侵逼塞下,吐谷浑、沙陀、党项皆世与为仇,请自出兵驱逐。”上命朝臣议之,议者皆以为嗢没斯等叛可汗而来,不可受,宜如牟等所请,击之便。上以问宰相,李德裕以为:“穷鸟入怀,犹当活之。况回鹘屡建大功,今为邻国所破,部落离散,穷无所归,远依天子,无秋毫犯塞,奈何乘其困而击之!宜遣使者镇抚,运粮食以赐之,此汉宣帝所以服呼韩邪也。”陈夷行曰:“此所谓借寇兵资盗粮也,不如击之。”德裕曰:“彼吐谷浑等各有部落,见利则锐敏争进,不利则鸟惊鱼散,各走巢穴,安肯守死为国家用!今天德城兵才千余,若战不利,城陷必矣。不若以恩义抚而安之,必不为患。纵使侵暴边境,亦须俟征诸道大兵讨之,岂可独使天德击之乎!”

时诏以鸿胪卿张贾为巡边使,使察回鹘情伪,未还。上问德裕曰:“嗢没斯等请降,可保信乎?”对曰:“朝中之人臣不敢保,况敢保数千里外戎狄之心乎!然谓之叛将,则恐不可。若可汗在国,嗢没斯等帅众而来,则于体固不可受。今闻其国败乱无主,将相逃散,或奔吐蕃,或奔葛逻禄,惟此一支远依大国。观其表辞,危迫恳切,岂可谓之叛将乎!况嗢没斯等自去年九月至天德,今年二月始立乌介,自无君臣之分。愿且诏河东、振武严兵保境以备之,俟其攻犯城镇,然后以武力驱除。或于吐谷浑等部中小有钞掠,听自仇报,亦未可助以官军。仍诏田牟、仲平毋得邀功生事,常令不失大信,怀柔得宜,彼虽戎狄,必知感恩。”辛西，诏田牟约勒将士及杂虏，毋得先犯回鹘。九月戊辰朔，诏河东、振武严兵以备之。牟，布之弟也。

李德裕请遣使慰抚回鹘，且运粮三万斛以赐之。上以为疑，闰月己亥，开延英，召宰相议之。陈夷行于候对之所，屡言资盗粮不可。德裕曰："今征兵未集，天德孤危。傥不以此粮啖饥虏，且使安静，万一天德陷没，咎将谁归？"夷行至上前，遂不敢言。上乃许以谷二万斛赈之。

冬十一月，李德裕上言："今回鹘破亡，太和公主未知所在。若不遣使访问，则戎狄必谓国家降主虏庭，本非爱惜，既负公主，又伤虏情。请遣通事舍人苗缜赍诏诣嗢没斯，令转达公主，兼可卜嗢没斯逆顺之情。"从之。

初，黠戛斯既破回鹘，得太和公主，自谓李陵之后，与唐同姓，遣达干十人奉公主归之于唐。回鹘乌介可汗引兵邀击达干，尽杀之，质公主，南度碛，屯天德军境上。公主遣使上表，言可汗已立，求册命。乌介又使其相颉干伽斯等上表，借振武一城以居公主、可汗。十二月庚辰，制遣右金吾大将军王会等慰问回鹘，仍赈米二万斛。又赐乌介可汗敕书，谕以："宜帅部众，渐复旧疆，漂寓塞垣，殊非良计。"又云："欲借振武一城，前代未有此比。或欲别迁善地，求大国声援，亦须且于漠南驻止。朕当许公主入觐，亲问事宜。傥须应接，必无所吝。"

二年春正月，朝廷以回鹘屯天德、振武北境，以兵部郎中李拭为巡边使，察将帅能否。拭，鄘之子也。二月，河东节度使苻澈修杷头烽旧戍，以备回鹘。李德裕奏请增兵镇守，及修东、中二受降城以壮天德形势，从之。

回鹘复奏求粮，及寻勘吐谷浑、党项所掠，又借振武城。诏遣内使杨观赐可汗书，谕以城不可借，余当应接处置。

三月戊申，李拭巡边还，称振武节度使刘沔有威略，可任大事。时河东节度使苻澈疾病，庚申，以沔代之，以金吾上将军李忠顺为振武节度使。遣将作少监苗缜册命乌介可汗，使徐行，驻于河东，俟可汗位定然后进。既而可汗屡侵扰边境，缜竟不行。

回鹘嗢没斯以赤心桀黠难知，先告田牟，云赤心谋犯塞。乃诱赤心并仆固杀之。那颉啜收赤心之众七千帐东走。河东奏："回鹘兵至横水，杀掠兵民，今退屯释迦泊东。"李德裕上言："释迦泊西距可汗帐三百里，未知此兵为那颉所部？为可汗遣来？宜且指此兵云不受可汗指挥，擅掠边鄙。密诏刘沔、武仲先经略此兵，如可以讨逐，事亦有名。摧此一支，可汗必自知惧。"

夏四月庚辰，天德都防御使田牟奏回鹘侵扰不已，不俟朝旨，已出兵三千拒之。壬午，李德裕奏："田牟殊不知兵。戎狄长于野战，短于攻城，牟但应坚守以待诸道兵集，今全军出战，万一失利，城中空虚，何以自固？望亟遣中使止之。如已交锋，即诏云、朔、天德以来羌、浑各出兵奋击回鹘，凡所虏获，并令自取。回鹘羁旅二年，粮食乏绝，人心易动，宜诏田牟招诱降者，给粮转致太原，不可留于天德。嗢没斯诚伪虽未可知，然要早加官赏。纵使不诚，亦足为反间。且欲奖其忠义，为讨伐之名，令远近诸蕃知但责可汗犯顺，非欲尽灭回鹘。石雄善战无敌，请以为天德都团练副使，佐田牟用兵。"上皆从其言。

初，大和中，河西党项扰边，文宗召石雄于白州，隶振武军为裨将，屡立战功，以王智兴故，未甚进擢。至是，德裕举用之。

甲申，嗢没斯帅其国特勒、宰相等二千二百余人来降。

五月戊申，遣鸿胪卿张贾安抚嗢没斯等，以嗢没斯为左金吾大将军、怀化郡王，其次酋长官赏有差。赐其部众米五千斛、绢三千匹。

那颉啜帅其众自振武、大同，东因室韦、黑沙，南趣雄武军，窥幽州。卢龙节度使张仲武遣其弟仲至将兵三万迎击，大破之，斩首捕虏不可胜计，悉收降其七千帐，分配诸道。那颉啜走，乌介可汗获而杀之。

时乌介众虽衰减，尚号十万，驻牙于大同军北闾门山。杨观自回鹘还，可汗表求粮食、牛羊，且请执送嗢没斯等。诏报以："粮食听自以马价于振武粜三千石。牛，稼穑之资，中国禁人屠宰。羊，中国所鲜，出于北边杂虏，国家未尝科调。嗢没斯自本国初破，先投塞下，不随可汗已及二年，虑彼猜嫌，穷迫归命。前可汗正以猜虐无亲，致内离外叛。今可汗失地远客，尤宜深矫前非。若复骨肉相残，则可汗左右信臣谁敢自保！朕务在兼爱，已受其降。于可汗不失恩慈，于朝廷免亏信义，岂不两全事体，深叶良图。"

嗢没斯入朝。六月甲申，以嗢没斯所部为归义军，以嗢没斯为左金吾大将军，充军使。秋七月，嗢没斯请置家太原，与诸弟竭力捍边。诏刘沔存抚其家。

乌介可汗复遣其相上表，借兵助复国，又借天德城，诏不许。初，可汗往来天德、振武之间，剽掠羌、浑，又屯杷头烽北。朝廷屡遣使谕之，使还漠南，可汗不奉诏。李德裕以为："那颉啜屯于山北，乌介恐其与奚、契丹连谋邀遮，故不敢远离塞下。望敕张仲武谕奚、契丹与回鹘共灭那颉啜，使得北还。"及那颉啜死，可汗犹不去。议者又以为回鹘待马价；诏尽以马价给之，又不去。八月，可汗帅众过杷头烽南，突入大同川，驱掠河东杂虏、牛马数万，转斗至云州城门。刺史张献节闭城自守，吐谷浑、党项皆挈家入山避之。庚午，诏发陈、许、徐、汝、襄阳等兵屯太原及振武、天德，俟来春驱逐回鹘。

丁丑，赐嗢没斯与其弟阿历支、习勿啜、乌罗思皆姓李氏，名思忠、思贞、思义、思礼。国相爱邪勿姓爱，名弘顺，仍以弘顺为归义军副使。

上遣回鹘石戒直还其国，赐可汗书，谕以："自彼国为纥吃斯所破，来投边境，抚纳无所不至。今可汗尚此近塞，未议还蕃，或侵掠云、朔等州，或钞击羌、浑诸部。遥揣深意，似恃姻好之情。每观踪由，实怀驰突之计。中外将相咸请诛翦，朕情深屈己，未忍幸灾。可汗宜速择良图，无贻后悔。"

上又命李德裕代刘沔答回鹘相颉干迦斯书，以为："回鹘远来依投，当效呼韩邪遣子入侍，身自入朝，及令太和公主入谒太皇太后，求哀乞怜，则我之救恤无所愧怀。而乃睥睨边城，桀骜自若，邀求过望，如在本蕃，又深入边境，侵暴不已，求援继好，岂宜如是！来书又云胡人易动难安，若令忿怒，不可复制。回鹘为纥吃斯所破，举国将相遗骸弃于草莽，累代可汗坟墓隔在天涯。回鹘忿怒之心不施于彼，而蔑弃仁义，逞志中华，天地神祇，岂容如此！(事)昔郅支不事大汉，竟自夷灭，往事之戒，得不在怀！"

戊子，李德裕等上言："若如前诏，河东等三道严兵守备，俟来春驱逐，乘回鹘人困马羸之时，又官军免盛寒之苦，则幽州兵宜令止屯本道，以俟诏命。若虑河冰既合，回鹘复有驰突，须早驱逐，则当及天时未寒，决策于数日之间。以河朔兵益河东兵，必令收功于两月之内。今闻外议纷纭，互有异同，傥不一询群情，终为浮辞所挠。望令公卿集议。"诏从之。时议者多以为宜俟来春。

九月，以刘沔兼招抚回鹘使，如须驱逐，其诸道行营兵权令指挥。以张仲武为东面招抚回鹘使，其当道行营兵及奚、契丹、室韦等并自指挥。以李思忠为河西党项都将、回鹘西南面招讨使。皆会军于太原，令沔屯雁门关。

初，奚、契丹羁属回鹘，各有监使岁督其贡赋，且诇唐事。张仲武遣牙将石公绪统二部，尽杀回鹘监使等八百余人。仲武破那颉啜，得室韦酋长妻子。室韦以金帛、羊马赎之，仲武不受，曰："但杀回鹘监使则归之。"

癸卯，李德裕等奏："河东奏事官孙俦适至，云回鹘移营近南四十里。刘沔以为此必契丹不与之同，恐为其掩袭故也。据此事势，正堪驱除。臣等问孙俦，若与幽州合势，迫逐回鹘，更须益几兵？俦言不须多益兵，惟大同兵少，得易定千人助之足矣。"上皆从之。诏河东、幽州、振武、天德各出大兵，移营稍前，以追回鹘。

李思忠请与契苾、沙陀、吐谷浑六千骑合势击回鹘。乙巳，以银州刺史何清朝、蔚州刺史契苾通分将河东蕃兵诣振武，受李思忠指挥。通，何力之五世孙。

冬十月，黠戛斯遣将军踏布合祖等至天德军，言："先遣都吕施合等奉公主归之大唐，至今无声问，不知得达，或为奸人所隔？今出兵求索，上天入地，期于必得。"又言："将徙就合罗川，居回鹘故国，兼已得安西、北庭达靼等五部落。"十一月辛卯朔，昭义节度使刘从谏上言，请出步兵五千讨回鹘，诏不许。

上遣使赐太和公主冬衣，命李德裕为书赐公主，略曰："先朝割爱降婚，义宁家国，谓回鹘必能御侮，安静塞垣。今回鹘所为，甚不循理。每马首南向，姑得不畏高祖、太宗之威灵！欲侵扰边疆，岂不思太皇太后之慈爱！为其国母，足得指挥。若回鹘不能禀命，则是弃绝姻好。今日已后，不得以姑为词。”

十二月，李忠顺奏击回鹘，破之。

三年春正月，回鹘乌介可汗帅众侵逼振武，刘沔遣麟州刺史石雄、都知兵马使王逢帅沙陀朱邪赤心三部及契苾、拓跋三千骑袭其牙帐，沔自以大军继之。雄至振武，登城望回鹘之众寡，见毡车数十乘，从者皆衣朱碧，类华人。使谍问之，曰：“公主帐也。”雄使谍告之曰：“公主至此，家也，当求归路。今将出兵击可汗，请公主潜与侍从相保，驻车勿动。”雄乃凿城为十余穴，引兵夜出，直攻可汗牙帐。至其帐下，虏乃觉之。可汗大惊，不知所为，弃辎重走，雄追击之。庚子，大破回鹘于杀胡山，可汗被疮，与数百骑遁去。雄迎太和公主以归。斩首万级，降其部落二万余人。丙午，刘沔捷奏至。

李思忠入朝，自以回鹘降将，惧边将猜忌，乞并弟思贞等及爱弘顺皆归阙庭，上从之。乌介可汗走保黑车子族，其溃兵多诣幽州降。

二月辛未，黠戛斯遣使者注吾合索献名马二，诏太仆卿赵蕃饮劳之。甲戌，上引对，班在勃海使之上。

上欲令赵蕃就黠戛斯求安西、北庭，李德裕等上言：“安西去京师七千余里，北庭五千余里，借使得之，当复置都护，以唐兵万人戍之。不知此兵于何处追发，馈运从何道得通？此乃用实费以易虚名，非计也。”上乃止。

黠戛斯求册命，李德裕奏宜与之结欢，令自将兵求杀使者罪人及讨黑车子。上恐加可汗之名即不修臣礼，踵回鹘故事求岁遗及卖马，犹豫未决。德裕奏："黠戛斯已自称可汗，今欲藉其力，恐不可吝此名。回鹘有平安、史之功，故岁赐绢二万匹，且与之和市。黠戛斯未尝有功于中国，岂敢遽求赂遗乎！若虑其不臣，当与之约，必如回鹘称臣，乃行册命。又当叙同姓以亲之，使执子孙之礼。"上从之。

庚寅，太和公主至京师，改封安定大长公主，诏宰相帅百官迎谒于章敬寺前。公主诣光顺门，去盛服，脱簪珥，谢回鹘负恩和亲无状之罪。上遣中使慰谕，然后入宫。阳安等六公主不来慰问安定公主，各罚俸物及封绢。

三月，以太仆卿赵蕃为安抚黠戛斯使。上命李德裕草赐黠戛斯可汗书，谕以："贞观二十一年黠戛斯先君身自入朝，授左屯卫将军、坚昆都督，迄于天宝，朝贡不绝。比为回鹘所隔，回鹘陵虐诸蕃，可汗能复仇雪怨，茂功壮节，近古无俦。今回鹘残兵不满千人，散投山谷，可汗既与为怨，须尽歼夷，傥留余烬，必生后患。又闻可汗受氏之原，与我同族，国家承北平太守之后，可汗乃都尉苗裔。以此合族，尊卑可知。今欲册命可汗，特加美号，缘未知可汗之意，且遣谕怀。待赵蕃回日，别命使展礼。"自回鹘至塞上及黠戛斯入贡，每有诏敕，上多命德裕草之。德裕请委翰林学士，上曰："学士不能尽人意，须卿自为之。"

刘沔奏："归义军回鹘三千余人及酋长四十三人准诏分隶诸道，皆大呼，连营据滹沱河，不肯从命，已尽诛之。回鹘降幽州者前后三万余人，皆散隶诸道。"

六月，黠戛斯可汗遣将军温仵合入贡。上赐之书，谕以速平回鹘、黑车子，乃遣使行册命。秋七月，上遣刑部侍郎兼御史中丞李回宣慰河北三镇，令幽州乘秋早平回鹘。

四年春三月，黠戛斯遣将军谛德伊斯难珠等入贡，言欲徙居回鹘牙帐，请发兵之期集会之地。上赐诏，谕以："今秋可汗击回鹘、黑车子之时，当令幽州、太原、振武、天德四镇出兵要路，邀其亡逸，便申册命，并依回鹘故事。"

朝廷以回鹘衰微，吐蕃内乱，议复河、湟四镇十八州。乃以给事中刘濛为巡边使，使之先备器械糗粮及诇吐蕃守兵众寡。又令天德、振武、河东训卒砺兵，以俟今秋黠戛斯击回鹘，邀其溃败之众南来者，皆委濛与节度团练使详议以闻。濛，晏之孙也。

秋九月，李德裕奏："幽州奏事官言，诇知回鹘上下离心，可汗欲之安西，其部落言亲戚皆在唐，不如归唐。又与室韦已相失，计其不日来降，或自相残灭。望遣识事中使赐仲武诏，谕以镇、魏已平昭义，惟回鹘未灭，仲武犹带北面招讨使，宜早思立功。"

五年夏四月壬寅，以陕虢观察使李拭为册黠戛斯可汗使。五月，册黠戛斯可汗为宗英雄武诚明可汗。

六年，乌介可汗之众稍稍降散，国相逸隐啜杀乌介于金山，立其弟特勒遏捻为可汗。

册黠戛斯可汗使者以国丧未行，或以为僻远小国，不足与之抗衡；回鹘未平，不应遽有建置。诏百官集议，事遂寝。

宣宗大中元年春二月庚午，加卢龙节度使张仲武同平章事，赏其屡破回鹘也。夏五月，幽州节度使张仲武大破诸奚。六月，以鸿胪卿李业为册黠戛斯英武诚明可汗使。

二年。回鹘遏捻可汗仰给于奚王石舍朗，及张仲武大破奚众，回鹘无所得食，日益耗散，至是所存贵臣以下不满五百人，依于室韦。使者入贺正，过幽州，张仲武使归取遏捻等。遏捻闻之，夜与妻葛禄子特勒毒斯等九骑西走，余众追之不及，相与大哭。室韦分回鹘众为七，七姓共分之。居三日，黠戛斯遣其相阿播帅诸胡兵号七万来取回鹘，大破室韦，悉收回鹘余众归碛北。犹有数帐潜窜山林，钞盗诸胡。其别部厖勒先在安西，亦自称可汗，居甘州，总碛西诸城，种落微弱，时入献见。

十年春三月辛亥，诏以："回鹘有功于国，世为婚姻，称臣奉贡，北边无警。会昌中虏廷丧乱，可汗奔亡，属奸臣当轴，遽加殄灭。近有降者，云已厖历今为可汗，尚寓安西，俟其归复牙帐，当加册命。"

冬十月，上遣使诣安西镇抚回鹘。使者至灵武，会回鹘可汗遣使入贡，十一月辛亥，册拜为嗢禄登里罗日没密施合俱录毗伽怀建可汗，以卫尉少卿王端章充使。

十一年冬十月，王端章册立回鹘可汗，道为黑车子所塞，不至而还。辛卯，贬端章贺州司马。

懿宗咸通四年秋八月，黠戛斯遣其臣合伊难支表求经籍及每年遣使走马请历，又欲讨回鹘，使安西以来悉归唐，不许。

七年冬十二月，黠戛斯遣将军乙支连几入贡，奏遣鞍马迎册立使及请亥年历日。

僖宗乾符元年。初，回鹘屡求册命，诏遣册立使郗宗莒诣其国。会回鹘为吐谷浑嗢末所破，逃遁不知所之，诏宗莒以玉册、国信授灵盐节度使唐弘夫掌之，还京师。

吐蕃衰乱 唐复河湟附

唐文宗开成三年。吐蕃彝泰赞普卒，弟达磨立。彝泰多病，委政大臣，由是仅能自守，久不为边患。达磨荒淫残虐，国人不附，灾异相继，吐蕃益衰。

武宗会昌二年冬十二月丁卯，吐蕃遣其臣论普热来告达磨赞普之丧，命将作少监李璟为吊祭使。刘沔奏移军云州。

初，吐蕃达磨赞普有佞幸之臣，以为相。达磨卒，无子，佞相立其妃綝氏兄尚延力之子乞离胡为赞普，才三岁，佞相与妃共制国事，吐蕃老臣数十人皆不得豫政事。首相结都那见乞离胡不拜，曰："赞普宗族甚多，而立綝氏子，国人谁服其令，鬼神谁飨其祀，国必亡矣。比年灾异之多，乃为此也。老夫无权，不得正其乱以报先赞普之德，有死而已。"拔刀剺面，恸哭而出。佞相杀之，灭其族，国人愤怒。又不遣使诣唐求册立。

洛门川讨击使论恐热性悍忍，多诈谋，乃属其徒告之曰："贼舍国族立綝氏，专害忠良，以胁众臣。且无大唐册命，何名赞普？吾当与汝属举义兵，入诛綝妃及用事者，以正国家。天道助顺，功无不成。"遂说三部落，得万骑。是岁，与青海节度使同盟举兵，自称国相。

至渭州，遇国相尚思罗屯薄寒山，恐热击之，思罗弃辎重西奔松州，恐热遂屠渭州。思罗发苏毗、吐谷浑、羊同等兵合八万，保洮水，焚桥拒之。恐热至，隔水语苏毗等曰："贼臣乱国，天遣我来诛之，汝曹奈何助逆。我今已为宰相，国内兵我皆得制之，汝不从，将灭汝部落。"苏毗等疑，不战，恐热引骁骑涉水，苏毗等皆降。思罗西走，追获，杀之，恐热尽并其众，合十余万。自渭州至松州，所过残灭，尸相枕籍。

三年。吐蕃鄯州节度使尚婢婢世为吐蕃相，婢婢好读书，不乐仕进，国人敬之。年四十余，彝泰赞普强起之，使镇鄯州。婢婢宽厚，沉勇有谋略，训练士卒多精勇。论恐热虽名义兵，实谋篡国，忌婢婢，恐袭其后，欲先灭之。六月，大举兵击婢婢，旌旗杂畜千里不绝。至镇西，大风震电，天火烧杀裨将十余人，杂畜以百数。恐热恶之，盘桓不进。婢婢谓其下曰："恐热之来，视我如蝼蚁，以为不足屠也。今遇天灾，犹豫不进，吾不如迎伏以却之，使其志益骄而不为备，然后可图也。"乃遣使以金帛牛酒犒师，且致书言："相公举义兵以匡国难，阖境之内孰不向风。苟遣一介，赐之折简，敢不承命，何必远辱士众，亲临下藩。婢婢资性愚僻，惟嗜读书，先赞普授以藩维，诚为非据，夙夜惭惕，惟求退居。相公若赐以骸骨，听归田里，乃惬平生之素愿也。"恐热得书喜，遍示诸将曰："婢婢惟把书卷，安知用兵。待吾得国，当位以宰相，坐之于家，亦无所用也。"乃复为书，勤厚答之，引兵归。婢婢闻之，抚髀笑曰："我国无主，则归大唐，岂能事此犬鼠乎！"

秋九月，吐蕃论恐热屯大夏川，尚婢婢遣其将厖结心及莽罗薛吕将精兵五万击之。至河州南，莽罗薛吕伏兵四万于险阻，厖结心伏万人于柳林中，以千骑登山，飞矢系书骂之。恐热怒，将兵数万追之。厖结心阳败走，时为马乏不进之状。恐热追之益急，不觉行数十里，伏兵发，断其归路，夹击之。会大风飞沙，溪谷皆溢，恐热大败，伏尸五十里，溺死者不可胜数，恐热单骑遁归。

四年。朝廷以吐蕃内乱，议复河、湟，乃以给事中刘濛为巡边使，使先备器械糗粮，诇吐蕃众寡以闻。

吐蕃论恐热之将岌藏丰赞恶恐热残忍，降于尚婢婢。恐热发兵击婢婢于鄯州，婢婢分兵为五道拒之。恐热退保东谷，婢婢为木栅围之。恐热突围走保薄寒山，余众皆降于婢婢。

五年。吐蕃论恐热复纠合诸部击尚婢婢，婢婢遣厖结藏将兵五千拒之，恐热大败，与数十骑遁去。婢婢传檄河、湟，数恐热残虐之罪曰："汝辈本唐人，吐蕃无主，则相与归唐，毋为恐热所猎如狐兔也。"于是诸部从恐热者稍稍引去。

宣宗大中元年夏五月，吐蕃论恐热乘武宗之丧，诱党项及回鹘余众寇河西。诏河东节度使王宰将代北诸军击之。宰以沙陀朱邪赤心为前锋，自麟州济河，与恐热战于盐州，破走之。

二年冬十二月，凤翔节度使崔珙奏破吐蕃，克清水。清水先隶秦州，诏以本州未复，权隶凤翔。吐蕃论恐热遣其将莽罗急藏将兵二万略地西鄙，尚婢婢遣其将拓跋怀光击之于南谷，大破之，急藏降。

三年春二月，吐蕃论恐热军于河州，尚婢婢军于河源军。婢婢诸将欲击恐热，婢婢曰："不可，我军骤胜而轻敌，彼穷困而致死，战必不利。"诸将不从。婢婢知其必败，据河桥以待之，诸将果败。婢婢收余众，焚桥归鄯州。

吐蕃秦、原、安乐三州及石门等七关来降，以太仆卿陆耽为宣谕使，诏泾原、灵武、凤翔、邠宁、振武皆出兵应接。夏六月，泾原节度使康季荣取原州及石门、驿藏、木峡、制胜、六磐、石峡六关。秋七月丁巳，灵武节度使朱叔明取长乐州。甲子，邠宁节度使张君绪取萧关。甲戌，凤翔节度使李玭取秦州。诏邠宁节度权移军于宁州，以应接河西。八月乙酉，改长乐州为威州。

河、陇老幼千余人诣阙，己丑，上御延喜门楼见之，欢呼舞跃，解胡服，袭冠带，观者皆呼万岁。诏："募百姓垦辟三州、七关土田，五年不租税。自今京城罪人应配流者皆配十处。四道将吏能于镇戍之地为营田者，官给牛及种粮。温池盐利可赡边陲，委度支制置。其三州、七关镇戍之卒皆倍给衣粮，仍二年一代。

道路建置堡栅，有商旅往来贩易及戍卒子弟通传家信，关镇毋得留难。其山南、剑南边境有没蕃州县，亦令量力收复。”

冬闰十一月丁酉，宰相以克复河、湟，请上尊号。上曰：“宪宗常有志复河、湟，以中原方用兵，未遂而崩。今乃克成先志耳，其议加顺、宪二庙尊谥以昭功烈。”禄山之乱，河右暨鄯、武、叠、宕等郡皆没于吐蕃，代宗宝应元年又陷秦、渭、临洮，广德元年复陷河、兰、岷、廓，德宗(正)〔贞〕元二年陷安西，北庭、陇右州县尽矣。

四年春二月，以秦州隶凤翔。

秋九月，吐蕃论恐热遣僧莽罗蔺真将兵于鸡项关南造桥，以击尚婢婢军于白土岭。婢婢遣其将尚铎罗榻藏将兵据临蕃军以拒之，不利，复遣磨离罴子、烛卢巩力将兵据氂牛峡以御之。巩力请“按兵拒险，勿与战，以奇兵绝其粮道，使进不得战，退不得还，不过旬月，其众必溃”。罴子不从。巩力曰：“吾宁为不用之人，不为败军之将。”称疾，归鄯州。罴子逆战，败死。婢婢粮乏，留拓跋怀光守鄯州，帅部落二千余人就水草于甘州西。恐热闻婢婢弃鄯州，自将轻骑五千追之。至瓜州，闻怀光守鄯州，遂大掠河西鄯、廓等八州，杀其丁壮，劓刖其羸老及妇人，以槊贯婴儿为戏，焚其室庐，五千里间，赤地殆尽。

五年春二月壬戌，天德军奏摄沙州刺史张义潮遣使来降。义潮，沙州人也。时吐蕃大乱，义潮阴结豪杰，谋自拔归唐。一旦，帅众被甲噪于州门，唐人皆应之，吐蕃守者惊走，义潮遂摄州事，奉表来降。以义潮为沙州防御使。

吐蕃论恐热残虐，所部多叛。拓跋怀光使人说诱之，其众或散归部落，或降于怀光。恐热势孤，乃扬言于众曰：“吾今入朝于唐，借兵五十万来诛不服者，然后以渭州为国城，请唐册我为赞普,谁敢不从!”五月,恐热入朝,上遣左丞李景让就礼宾院问所欲。恐热气色骄倨,语言荒诞,求为河渭节度使。上不许,召对三殿,如常日胡客,劳赐遣还。恐热怏怏而去,复归落门川,聚其旧众,欲为边患。会久雨,乏食,众稍散,才有三百余人,奔于廓州。

冬十月,张义潮发兵略定其旁瓜、伊、西、甘、肃、兰、鄯、河、岷、廓十州,遣其兄义泽奉十一州图籍入见,于是河、湟之地尽入于唐。十一月,置归义军于沙州,以义潮为节度使、十一州观察使;又以义潮判官曹义金为归义军长史。

七年。度支奏:“自河、湟平,每岁天下所纳钱九百二十五万余缗,内五百五十万余缗租税,八十二万余缗榷酤,二百七十八万余缗盐利。”

十一年冬十月己巳,以秦成防御使李承勋为泾原节度使。承勋,光弼之孙也。先是,吐蕃酋长尚延心以河、渭二州部落来降,拜武卫将军。承勋利其羊马之富,诱之入凤林关,居秦州之西。承勋与诸将谋执延心,诬云谋叛,尽掠其财,徙其众于荒辽。延心知之,因承勋军宴,坐中谓承勋曰:“河、渭二州,土旷人稀,因以饥疫。唐人多内徙三川,吐蕃皆远遁于叠、宕之西,二千里间寂无人烟。延心欲入见天子,请尽帅部众分徙内地,为唐百姓,使西边永无扬尘之警,其功亦不愧于张义潮矣。”承勋欲自有其功,犹豫未许。延心复曰:“延心既入朝,部落内徙,但惜秦州无所复恃耳。”承勋与诸将相顾默然。明日,诸将言于承勋曰:“明公首开营田,置使府,拥万兵,仰给度支,将士无战守之劳,有耕市之利。若从延心之谋,则西陲无事,朝廷必罢使府,省戍兵,还以秦州隶凤翔,吾属无所复望矣。”承勋以为然,即奏延心为河、渭都游弈使,统其众居之。

懿宗咸通三年。嗢末始入贡。嗢末者,吐蕃之奴号也。吐蕃每发兵,其富室多以奴从,往往一家至十数人,由是吐蕃之众多。及论恐热作乱,奴多无主,遂相纠合为部落,散在甘、肃、瓜、沙、河、渭、岷、廓、叠、宕之间,吐蕃微弱者反依附之。

四年春二月,置天雄军于秦州,以成、河、渭三州隶焉,以前左金吾将军王晏实为天雄观察使。

三月,归义节度使张义潮奏,自将蕃、汉兵七千克服凉州。

七年春二月,归义节度使张义潮奏,论恐热寓居廓州,纠合旁侧诸部,欲为边患,皆不从。所向尽为仇敌,无所自容。仇人以告拓跋怀光于鄯州,怀光引兵击破之。闰三月,吐蕃寇邠宁,节度使薛弘宗拒却之。

冬十月,拓跋怀光以五百骑入廓州,生擒论恐热,先刖其足,数而斩之,传首京师。其部众东奔秦州,尚延心邀击破之,悉奏迁于岭南。吐蕃自是衰绝,乞离胡君臣不知所终。

蛮导南诏入寇

唐宣宗大中十二年。初,安南都护李涿为政贪暴,强市蛮中马牛,一头止与盐一斗。又杀蛮酋杜存诚,群蛮怨怒,导南诏侵盗边境。峰州有林西原,旧有防冬兵六千,其旁七绾洞蛮,其酋长曰李由独,常助中国戍守,输租赋。知峰州者言于涿,请罢戍兵,专委由独防遏。于是由独势孤,不能自立。南诏拓东节度使以书诱之,以甥妻其子,补拓东押牙,由独遂帅其众臣于南诏。自是安南始有蛮患。六月,蛮寇安南。

十三年。初,韦皋在西川,开青溪道以通群蛮,使由蜀入贡。

又选群蛮子弟聚之成都，教以书数，欲以慰悦羁縻之，业成则去，复以他子弟继之。如是五十年，群蛮子弟学于成都者殆以千数，军府颇厌于禀给。又蛮使入贡，利于赐与，所从傔人浸多，杜悰为西川节度使，奏请节减其数，诏从之。南诏丰祐怒，其贺冬使者留表付嶲州而还。又索习学子弟，移牒不逊，自是入贡不时，颇扰边境。

会宣宗崩，遣中使告哀。时南诏丰祐适卒，子酋龙立，怒曰："我国亦有丧，朝廷不吊祭；又诏书乃赐故王。"遂置使者于外馆，礼遇甚薄。使者还，具以状闻。上以酋龙不遣使来告丧，又名近玄宗讳，遂不行册礼。酋龙乃自称皇帝，国号大礼，改元建极，遣兵陷播州。

懿宗咸通元年冬十月，安南都护李鄠复取播州。十二月戊申，安南土蛮引南诏兵合三万余人乘虚攻交趾，陷之。都护李鄠与监军奔武州。

二年春正月，诏发邕管及邻道兵救安南，击南蛮。夏六月癸丑，以盐州防御使王宽为安南经略使。时李鄠自武州收集土军，攻群蛮，复取安南。朝廷责其失守，贬儋州司户。鄠初至安南，杀蛮酋杜守澄，其宗党遂诱道群蛮陷交趾。朝廷以杜氏强盛，务在姑息，冀收其力用，乃赠守澄父存诚金吾将军，再举鄠杀守澄之罪，长流崖州。

秋七月，南蛮攻邕州，陷之。先是，广、桂、容三道共发兵三千人戍邕州，三年一代。经略使段文楚请以三道衣粮自募土军以代之，朝廷许之，所募才得五百许人。文楚入为金吾将军，经略使李蒙利其阙额衣粮以自入，悉罢遣三道戍卒，止于所募兵戍守左、右江，比旧什减七八，故蛮人乘虚入寇。时蒙已卒，经略使李弘源至镇才十日，无兵以御之，城陷，弘源与监军脱身奔峦州。二十余日，蛮去乃还，弘源坐贬建州司户。文楚时为殿中监，复以为邕管经略使，至镇，城邑居人什不存一。文楚，秀实之孙也。

杜悰上言："南诏向化七十年，蜀中寝兵无事，群蛮率服。今西川兵食单寡，未可轻与之绝，且应遣使吊祭，晓谕清平官等以新王名犯庙讳，故未行册命，待其更名谢恩，然后遣使册命，庶全大体。"上从之，命左司郎中孟穆为吊祭使。未发，会南诏寇巂州，攻邛崃关，穆遂不行。

三年春二月，南诏复寇安南，经略使王宽数来告急，朝廷以前湖南观察使蔡袭代之，仍发许滑、徐汴、荆襄、潭鄂等道兵合三万人授袭以御之。兵势既盛，蛮遂引去。邕管经略使段文楚坐变更旧制，左迁威卫将军分司。

岭南旧分五管，广、桂、邕、容、安南皆隶岭南节度使。蔡京奏请分岭南为两道节度，从之。五月，敕以广州为东道，邕州为西道，又割桂管龚、象二州，容管藤、岩二州隶邕管。寻以岭南节度使韦宙为东道节度使，以蔡京为西道节度使。

蔡袭将诸道军在安南，蔡京忌之，恐其立功，奏称："南蛮远遁，边徼无虞，武夫邀功，妄占戍兵，虚费馈运。盖以荒陬路远，难于覆验，故得肆其奸诈。请罢戍兵，各从本道。"朝廷从之。袭累奏称群蛮伺隙日久，不可无备，乞留戍兵五千人；不听。袭以蛮寇必至，交趾兵食皆阙，谋力两穷，作十必死状申中书。时相信京之言，终不之省。

秋八月，岭南西道节度使蔡京为政苛惨，设炮烙之刑，阖境怨之，遂为邕州军士所逐，奔藤州。诈为敕书及攻讨使印，募乡丁及旁侧土军以攻邕州。众既乌合，动辄溃败，往依桂州，桂州人怨其分裂，不纳。京无所自容，敕贬崖州司户，不肯之官，还至零陵，敕赐自尽。以桂管观察使郑愚为岭南西道节度使。

冬十一月，南诏帅群蛮五万寇安南，都护蔡袭告急。敕发荆南、湖南两道兵二千，桂管义征子弟三千诣邕州，受郑愚节度。

岭南东道节度使韦宙奏："蛮寇必向邕州，若不先保护，遽欲远征，恐蛮于后乘虚扼绝饷道。"乃敕蔡袭屯海门，郑愚分兵备御。十二月，袭又求益兵，敕山南东道发弩手千人赴之。时南诏已围交趾，袭婴城固守，救兵不得至。

四年春正月，南诏陷交趾，蔡袭左右皆尽，徒步力战，身集十矢，欲趣监军船，船已离岸，遂溺海死。幕僚樊绰携其印浮渡江。荆南、江西、鄂岳、襄州将士四百余人，走至城东水际，荆南虞候元惟德等谓众曰："吾辈无船，入水则死，不若还向城，与蛮斗。人以一身易二蛮，亦为有利。"遂还向城，入东罗门，蛮不为备，惟德等纵兵杀蛮二千余人。逮夜，蛮将杨思缙始自子城出救之，惟德等皆死。

南诏两〔陷〕交趾所杀虏且十五万人。留兵二万，使思缙据交趾城，溪洞夷、獠无远近皆降之。诏诸道兵赴安南者悉召还，分保岭南东、西道。

三月，南蛮寇左、右江，浸逼邕州。郑愚惧，自言儒臣无将略，请任武臣。朝廷召义武节度使康承训诣阙，欲使之代愚，仍诏选军校数人，士卒数百人自随。夏四月，康承训至京师，以为岭南西道节度使，发荆、襄、洪、鄂四道兵万人与之俱。

五月乙亥，废容管，隶岭南西道以供军食，复以龚、象二州隶桂管。六月，废安南都护府，置行交州于海门镇，以右监门将军宋戎为行交州刺史，以康承训兼领安南及诸军行营。秋七月，复置安南都护府于行交州，以宋戎为经略使，发山东兵万人镇之。

时诸道兵援安南者屯聚岭南。（江西湖南）江西、湖南馈运者皆泝湘江入澪渠、漓水，劳费艰涩，诸军乏食。润州人陈磻石上言，请造千斛大舟，自福建运米泛海，不一月至广州。从之，军食以足。然有司以和雇为名，夺商人舟，委其货于岸侧，舟入海或遇风涛没溺，有司囚系纲吏、舟人，使偿其米，人颇苦之。

八月，岭南东道节度使韦宙奏，蛮寇必向邕州，请分兵屯容、藤州。冬十二月，南诏寇西川。

五年春正月丙午，西川奏，南诏寇巂州，刺史喻士珍破之，获千余人。诏发右神策兵五千及诸道兵戍之。忠武大将颜庆复请筑新安、遏戎二城，从之。

以容管经略使张茵兼句当交州事。益海门镇兵满二万五千人，令茵进取安南。

二月己巳，以刑部尚书、盐铁转运使李福同平章事，充西川节度使。

三月，康承训至邕州，蛮寇益炽，诏发许、滑、青、汴、兖、郓、宣、润八道兵以授之。承训不设斥候。南诏帅群蛮近六万寇邕州，将入境，承训乃遣六道兵凡万人拒之，以獠为导，给之。敌至，不设备，五道兵八千人皆没，惟天平军后一日至，得免。承训闻之，惶怖不知所为。节度副使李行素帅众治壕栅，甫毕，蛮军已合围。留四日，治攻具，将就，诸将请夜分道斫蛮营，承训不许。有天（水）〔平〕小校再三力争，乃许之。小校将勇士三百，夜，缒而出，散烧蛮营，斩五百余级。蛮大惊，间一日，解围去。承训乃遣诸军数千追之，所杀虏不满三百级，皆溪獠胁从者。承训腾奏告捷，云大破蛮贼，中外皆贺。夏四月，加康承训检校右仆射，赏破蛮之功也。自余奏功受赏者，皆承训子弟、亲昵，〔烧〕营小校不迁一级，由是军中怨怒，声流道路。

秋七月，西川奏，两林鬼主邀南诏蛮，败之，杀获甚众。保塞城使杜守连不从南诏，帅众诣黎州降。

岭南东道节度使韦宙具知康承训所为，以书白宰相。承训亦自疑惧，累表辞疾，乃以承训为右武卫大将军、分司，以容管经略使张茵为岭南西道节度使，复以容管四州别为经略使。时南诏知邕州空竭，不复入寇，茵久之不敢进军取安南。夏侯孜荐骁卫将军高骈代之，乃以骈为安南都护、本管经略招讨使，茵所将兵悉以授之。骈，崇文之孙也。

六年夏四月，杨收建议，以蛮寇积年未平，两河兵戍岭南，冒瘴雾物故者什六七，请于江西积粟，募强弩三万人，以应接岭南，道近便，仍建节以重其权。从之。五月辛丑，置镇南军于洪州。嶲州刺史喻士珍贪狯，掠两林蛮以易金。南诏复寇嶲州，两林蛮开门纳之，南诏尽杀戍卒，士珍降之。壬寅，以桂管观察使严撰为镇南节度使。撰，震之〔从〕孙也。

秋七月，高骈治兵于海门，未进。监军李维周恶骈，欲去之，屡趣骈使进军。骈以五千人先济，约维周发兵应援。骈既行，维周拥余众，不发一卒以继之。九月，骈至南定，峰州蛮众近五万，方获田，骈掩击，大破之，收其所获以食军。

七年春三月戊寅，以河东节度使刘潼为西川节度使。初，南诏围嶲州，东蛮浪稽部竭力助之，遂屠其城。卑笼部怨南诏杀其父兄，导忠武戍兵袭浪稽，灭之。南诏由是怨唐。南诏遣清平官董成等诣成都，节度使李福盛仪卫以见之。故事，南诏使见节度使，拜伏于庭。成等曰："骠信已应天顺人，我见节度使当抗礼。”传言往返，自旦至日中不决。将士皆愤怒，福乃命捽而殴之，因械系于狱。刘潼至镇，释之，奏遣还国。诏召成等至京师，见于别殿，厚赐劳而遣之。

夏六月，南诏酋龙遣善阐节度使杨缉思助安南节度使段酋迁守交趾，以范昵些为安南都统，赵诺眉为扶邪都统。监〔陈〕敕使韦仲宰将七千人至峰州，高骈得以益其军，进击南诏，屡破之。捷奏至海门，李维周皆匿之，数月无声问。上怪之，以问维周，维周奏骈驻军峰州，玩军不进。上怒，以右武卫将军王晏权代骈镇安南，召骈诣阙，欲重贬之。是月，骈大破南诏蛮于交趾，杀获甚众，遂围交趾城。

高骈围交趾十余日，蛮困蹙甚。城且下，会得王晏权牒，已与李维周将大军发海门，骈即以军事授韦仲宰，与麾下百余人北归。先是，仲宰遣小使王惠赞，骈遣小校曾衮入告交趾之捷，至海中，望见旌旗东来，问游船，云新经略使与监军也。二人谋曰："维周必夺表留我。"乃匿于岛间，维周过，即驰诣京师。上得奏，大喜，即加骈检校工部尚书，复镇安南。骈至海门而还。

王晏权暗懦，动禀维周之命。维周凶贪，诸将不为之用，遂解重围，蛮遁去者太半。骈至，复督励将士攻城，遂克之，杀段酋迁及土蛮为南诏乡导者朱道古，斩首三万余级，南诏遁去。骈又破土蛮附南诏者二洞，诛其酋长，土蛮帅众归附者万七千人。

冬十一月，壬子，赦天下。诏安南、邕州、西川诸军各保疆域，勿复进攻南诏。委刘潼晓谕，如能更修旧好，一切不问。

置静海军于安南，以高骈为节度使。自李琢侵扰群蛮为安南患，殆将十年，至是始平。骈筑安南城，周三千步，造屋四十余万间。

八年春二月，自安南至邕、广，海路多潜石覆舟，静海节度使高骈募工凿之，漕运无滞。

西川近边六姓蛮，常持两端，无寇则称效顺，有寇必为前锋。卑笼部独尽心于唐，与群蛮为仇，朝廷赐姓李，除为刺史。节度使刘潼遣将将兵助之，讨六姓蛮，焚其部落，斩首五千余级。

冬十二月，加岭南东道节度使韦宙同平章事。

九年夏六月，凤翔少尹李师望上言："巂州控扼南诏，为其要冲，成都道远，难以节制。请建定边军，屯重兵于巂州，以邛州为理所。"朝廷以为信然，以师望为巂州刺史，充定边军节度，眉蜀邛雅嘉黎等州观察，统押诸蛮，并统领诸道行营、制置等使。师望利于专制方面，故建此策。其实邛距成都才百六十里，巂距邛千里，其欺罔如此。

秋九月戊戌，以山南东道节度使卢耽为西川节度使，以有定边军之故，不领统押诸蛮、安抚等使。

十年。初，南诏遣使者杨酋庆来谢释董成之囚，定边节度使李师望欲激怒南诏以求功，遂杀酋庆。西川大将恨师望分裂巡属，阴遣人致意南诏，使入寇。师望贪残，聚私货以百万计，戍卒怨怒，欲生食之，师望以计免。朝廷征还，以太府少卿窦滂代之。滂贪残又甚于师望，故蛮寇未至而定边固已困矣。

十月，南诏骠信酋龙倾国入寇，引数万众击董春乌部，破之。十一月，蛮进寇巂州，定边都头安再荣守清溪关，蛮攻之，再荣退屯大渡河北，与之隔水相射九日八夜。蛮密分军伐木开道，逾雪坡，奄至沐源川，滂遣兖海将黄卓帅五百人拒之，举军覆没。十二月丁酉，蛮衣兖海之衣，诈为败卒，至江岸呼船，已济，众乃觉之，遂陷犍为，纵兵焚掠陵、荣二州之境。后数日，蛮军大集于陵云寺，与嘉州对岸，刺史杨忞与定边监军张允琼勒兵拒之。蛮潜遣奇兵自东津济，夹击官军，杀忠武都将颜庆师，余众皆溃，忞、允琼脱身走。壬子，陷嘉州。庆师，庆复之弟也。

窦滂自将兵拒蛮于大渡河，骠信诈遣清平官数人诣滂约和，滂与语，未毕，蛮乘船筏争渡，忠武、徐宿两军结陈抗之。滂惧，自经于帐中。徐州将苗全绪解之，曰："都统何至于是！"全绪与安再荣及忠武将勒兵出战，滂遂单骑宵遁。三将谋曰："今众寡不敌，明旦复战，吾属尽矣。不若乘夜攻之，使之惊乱，然后解去。"于是夜入蛮军，弓弩乱发，蛮大惊，三将乃全军引去。蛮遂进陷黎、雅，民窜匿山谷，败军所在焚掠，滂奔导江。邛州军资储偫皆散于乱兵之手，蛮至，城已空，通行无碍矣。诏左神武将军颜庆复将兵赴援。

十一年春正月，西川之民闻蛮寇将至，争走入成都。时成都但有子城，亦无壕，人所占地各不过一席许，雨则戴箕盎以自庇。又乏水，取摩诃池泥汁澄而饮之。将士不习武备，节度使卢耽召彭州刺史吴行鲁使摄参谋，与前泸州刺史杨庆复共修守备，选将校，分职事，立战棚，具炮樏，造器备，严警逻。先是，西川将士多虚职名，亦无禀给。至是，揭榜募骁勇之士，补以实职，厚给粮赐，应募者云集。庆复乃谕之曰："汝曹皆军中子弟，年少材勇，平居无由自进。今蛮寇凭陵，乃汝曹取富贵之秋也，可不勉乎！"皆欢呼踊跃。于是列兵械于庭，使之各试所能，两两角胜，察其勇怯而进退之，得选兵三千人，号曰"突将"。行鲁，彭州人也。

戊午，蛮至眉州，耽遣同节度副使王偃等赍书见其用事之臣杜元忠，与之约和。蛮报曰："我辈行止，只系雅怀。"

南诏进军新津，定边之北境也。卢耽遣同节度副使谭奉祀致书于杜元忠，问其所以来之意，蛮留之不还。耽遣使告急于朝，且请遣使与和，以纾一时之患。朝廷命知四方馆事、太仆卿支详为宣谕通和使。蛮以耽待之恭，亦为之盘桓，而成都守备由是粗完。

甲子，蛮长驱而北，陷双流。庚午，耽遣节度副使柳槃往见之，杜元忠授槃书一通，曰："此通和之后，骠信与军府相见之仪也。"其仪皆以王者自处，语极骄慢。又遣人负彩幕至城南，云欲张陈蜀王厅以居骠信。

癸酉，废定边军，复以七州归西川。是日，蛮军抵成都城下。前一日，卢耽遣先锋游弈使王昼至汉州诇援军，且趣之。时兴元六千人，凤翔四千人已至汉州，会窦滂以忠武、义成、徐宿四千人自导江奔汉州，就援军以自存。丁丑，王昼以兴元、资、简兵三千余人军于毗桥，遇蛮前锋，与战，不利，退保汉州。时成都日望援军之至，而窦滂自以失地，欲西川相继陷没以分其责。每援军自北至，辄说之曰："蛮众多于官军数十倍，官军远来疲弱，未易遽前。"诸将信之，皆狐疑不进。成都十将李自孝阴与蛮通，欲焚城东仓为内应，城中执而杀之。后数日，蛮果攻城，久之，城中无应而止。

二月癸未朔，蛮合梯冲四面攻成都，城上以钩繯挽之使近，投火沃油焚之，攻者皆死。卢耽以杨庆复、摄左都押牙李骧各帅突将出战，杀伤蛮二千余人。会暮，焚其攻具三千余物而还。蜀人素怯，其突将新为庆复所奖拔，且利于厚赏，勇气自倍，其不得出者皆愤郁求奋。后数日，贼取民篱，重沓湿而屈之，以为篷，置人其下，举以抵城而劚之，矢石不能入，火不能然。庆复镕铁汁以灌之，攻者又死。

乙酉，支详遣使与蛮约和。丁亥，蛮敛兵请和。戊子，遣使迎支详。时颜庆复以援军将至,详谓蛮使曰:“受诏诣定边约和,今云南乃围成都,则与向日诏旨异矣。且朝廷所以和者,冀其不犯成都也,今矢石昼夜相交,何谓和乎?”蛮见和使不至,庚寅,复进攻城。辛卯,城中出兵击之,乃退。

初,韦皋招南诏以破吐蕃,既而蛮诉以无甲弩,皋使匠往教之,数岁,蛮中甲弩皆精利。又,东蛮苴那时、勿邓、梦冲三部助皋破吐蕃有功,其后边吏遇之无状,东蛮怨唐深,自附于南诏,每从南诏入寇,为之尽力,得唐人,皆虐杀之。

朝廷贬窦滂为康州司户,以颜庆复为东川节度使,凡援蜀诸军皆受庆复节制。癸巳,庆复至新都,蛮分兵往拒之。甲午,与庆复遇,庆复大破蛮军,杀二千余人,蜀民数千人争操芟刀、白棓以助官军,呼声震野。乙未,蛮步骑数万复至。会右武卫上将军宋威以忠武军二千人至,即与诸军会战,蛮军大败,死者五千余人,退保星宿山。威进军沱江驿,距成都三十里。蛮遣其臣杨定保诣支详请和,详曰:“宜先解围退军。”定保还,蛮围城如故。城中不知援军之至,但见其数来请和,知援军必胜矣。戊戌,蛮复请和,使者十返,城中亦依违答之。蛮以援军在近,攻城尤急,骠信以下,亲立矢石之间。庚子,官军至城下,与蛮战,夺其升迁桥。是夕,蛮自烧攻具遁去,比明,官军乃觉之。

初,朝廷使颜庆复救成都,命宋威屯绵、汉为后继。威乘胜先至城下,破蛮军,功居多,庆复疾之。威饭士欲追蛮军,城中战士亦欲与北军合势俱进,庆复牒威,夺其军,勒归汉州。蛮至双流,阻新穿水,造桥未能成,狼狈失度。三日桥成,乃得过,断桥而去。甲兵、服物遗弃于路,蜀人甚恨之。黎州刺史严师本收散卒数千保邛州,蛮围之二日,不克,亦舍去。

颜庆复始教蜀人筑壅门城，穿堑引水满之，植鹿角，分营铺，蛮知有备，自是不复犯成都矣。

十二年夏四月，以门下侍郎同平章事路岩为西川节度使。

十四年。南诏寇西川，又寇黔南，黔中经略使秦匡谋兵少不敌，弃城奔荆南，荆南节度使杜悰囚而奏之。六月乙未，敕斩匡谋，籍没其家赀。

西川节度使路岩，喜声色游宴，委军府政事于亲吏边咸、郭筹，皆先行后申，上下畏之。尝大阅，二人议事，默书纸相示而焚之，军中以为有异图，惊惧不安。朝廷闻之，十一月戊辰，徙岩荆南节度使。

僖宗乾符元年冬十一月，南诏寇西川，作浮梁，济大渡河。防河都知兵马使、黎州刺史黄景复俟其半济击之，蛮败走，断其浮梁。蛮以中军多张旗帜当其前，而分兵潜出上下流各二十里，夜作浮梁，诘朝俱济，袭破诸城栅，夹攻景复。力战三日，景复阳败走，蛮尽锐追之，景复设三伏以待之，蛮过三分之二，乃发伏击之，蛮兵大败，杀二千余人，追至大渡河南而还，复修完城栅而守之。蛮归，至之罗谷，遇国中发兵继至，新旧相合，钲鼓声闻数十里。复寇大渡河，与唐夹水而军。诈云求和，又自上下流潜济，与景复战连日。西川援兵不至，而蛮众日益，景复不能支，军遂溃。

十二月，南诏乘胜陷黎州，入邛崃关，攻雅州。大渡河溃兵奔入邛州，成都惊扰，民争入城，或北奔他州。城中大为守备，而堑垒比向时严固。骠信使其坦绰遗节度使牛丛书云："非敢为寇也，欲入见天子，面诉数十年为谗人离间冤抑之事。傥蒙圣恩矜恤，当还与尚书永敦邻好。今假道贵府，欲借蜀王厅留止数日，即东上。"丛素懦怯，欲许之，杨庆复以为不可，斩其使者，留二人，授以书，遣还。书辞极数其罪，詈辱之，蛮兵及新津而还。从恐蛮至，豫焚城外民居荡尽，蜀人尤之。诏发河东、山南西道、东川兵援之，仍命天平节度使高骈诣西川制置蛮事。

二年春正月丙戌，以高骈为西川节度使。高骈至剑州，先遣使走马开成都门。或谏曰："蛮寇逼近成都，相公尚远，万一豨突，奈何?"骈曰："吾在交趾破蛮三十万众，蛮闻我来，逃窜不暇，何敢辄犯成都！今春气向暖，数十万人蕴积城中，生死共处，污秽郁蒸，将成疠疫，不可缓也。"使者至成都，开门纵民出，各复常业，乘城者皆下城解甲，民大悦。蛮方攻雅州，闻之，遣使请和，引兵去。骈又奏："南蛮小丑，易以枝梧。今西川新旧兵已多，所发长武、鄜坊、河东兵，徒有劳费，并乞勒还。"敕止河东兵而已。

高骈至成都，明日，发步骑五千追南诏，至大渡河，杀获甚众，擒其酋长数十人，至成都，斩之。修复邛崃关、大渡河诸城栅，又筑城于戎州马湖镇，号平夷军，又筑城于沐源川，皆蛮入蜀之要道也，各置兵数千戍之。自是蛮不复入寇。骈召黄景复责以大渡河失守，腰斩之。骈又奏请自将本管及天平、昭义、义成等军共六万击南诏，诏不许。

先是，南诏督爽屡牒中书，辞语怨望，中书不答。卢携奏称："如此，则蛮益骄，谓唐无以答，宜数其十代受恩以责之。然自中书发牒，则嫌于体敌，请赐高骈及岭南节度使辛谠诏，使录诏白，牒与之。"从之。

三年春三月，南诏遣使者诣高骈求和，而盗边不息，骈斩其使者。蛮之陷交趾也，虏安南经略判官杜骧妻李瑶。瑶，宗室之疏属也。蛮遣瑶还，递木夹以遗骈，称"督爽牒西川节度使"，辞极骄慢。骈送瑶京师。甲辰，复牒南诏，数其负累圣恩德，暴犯边境，残贼欺诈之罪，安南、大渡覆败之状，折辱之。

冬十月，西川节度使高骈筑成都罗城，使僧景仙规度，周二十五里，悉召县令庀徒赋役，吏受百钱以上皆死。蜀土疏恶，以甓甃之，(还)〔环〕城十里内取土，皆划丘垤平之，无得为坎陷以害耕种。役者不过十日而代，众乐其均，不费扑挞而功办。自八月癸丑筑之，至十一月戊子毕工。役之始作也，骈恐南诏扬声入寇，虽不敢决来，役者必惊扰，乃奏遣景仙游行入南诏，说谕骠信使归附中国，仍许妻以公主，因与议二国礼仪，久之不决。骈又声言欲巡边，朝夕通烽火，至大渡河而实不行，蛮中惴恐。由是讫于城成，边候无风尘之警。先是，西川将吏入南诏，骠信皆坐受其拜。骈以其俗尚浮屠，故遣景仙往，骠信果帅其大臣迎拜，信用其言。

四年。南诏酋龙嗣立以来，为边患殆二十年，中国为之虚耗，而其国中亦疲弊。酋龙卒，谥曰景庄皇帝。子法立，改元贞明承智大同，国号鹤拓，亦号大封人。法好田猎、酣饮，委国事于大臣。

闰二月，岭南西道节度使辛谠奏，南诏遣陁西段嵯宝等来请和，且言"诸道兵戍邕州岁久，馈饷之费，疲弊中国，请许其和，使赢瘵息肩"，诏许之。谠遣大将杜弘等赍书币，送嵯宝还南诏，但留荆南、宣歙数军戍邕州，自余诸道兵什减其七。

五年夏四月，南诏遣其酋望赵宗政来请和亲，无表，但令督爽牒中书，请为弟而不称臣。诏百官议之，礼部侍郎崔澹等以为："南诏骄僭无礼，高骈不达大体，反因一僧呫嗫卑辞诱致其使，若从其请，恐垂笑后代。"高骈闻之，上表与澹争〔辨〕。诏谕解之。

五月，邕州大将杜弘送段嵯宝至南诏，逾年而还。甲辰，辛说复遣摄巡官贾宏、大将左瑜、曹朗使于南诏。

冬十二月，南诏使者赵宗政还其国。中书不答督爽牒，但作西川节度使崔安潜书意，使安潜答之。

六年春正月，贾宏等未至南诏，相继卒于道中，从者死亦太半。时辛说已病风痹，召摄巡官徐云虔，执其手曰："说已奏朝廷发使入南诏，而使者相继物故，奈何？吾子既仕则思徇国，能为此行乎？说恨风痹，不能拜耳。"因呜咽流涕。云虔曰："士为知己死。明公见辟，恨无以报德，敢不承命。"说喜，厚具资装而遣之。

二月丙寅，云虔至善阐城，骠信见大使抗礼，受副使以下拜。己巳，骠信使慈双羽、杨宗就馆谓云虔曰："贵府牒欲使骠信称臣，〔奉〕表贡方物。骠信已遣人自西川入唐，与唐约为兄弟，不则舅甥。夫兄弟、舅甥，书币而已，何表贡之有！"云虔曰："骠信既欲为弟、为甥，骠信景庄之子，景庄岂无兄弟，于骠信为诸父，骠信为君，则诸父皆称臣，况弟与甥乎！且骠信之先，由大唐之命，得合六诏为一，恩德深厚，中间小忿，罪在边鄙。今骠信欲修旧好，岂可违祖考之故事乎！顺祖考，孝也；事大国，义也；息战争，仁也；审名分，礼也。四者皆合，德也，可不勉乎！"骠信待云虔甚厚，以木夹二授云虔，其一上中书门下，其一牒岭南西道，然犹未肯奉表称贡。

广明元年春三月庚午，以左金吾大将军陈敬瑄为西川节度使，代崔安潜。安南军乱，节度使曾衮出城避之，诸道兵戍邕管者往往自归。

赵宗政之还南诏也，西川节度使崔安潜表以崔澹之议为是，且曰："南诏小蛮，本云南一郡之地，今遣使与和，彼谓中国为怯，复来尚主，何以拒之？”上命宰相议之，卢携、豆卢瑑上言：“大中之末，府库充实。自咸通以来，蛮两陷安南、邕管，一入黔中，四犯西川，征兵运粮，天下疲弊，逾十五年，租赋太半不入京师，三使、内库由兹虚竭，战士死于瘴疠，百姓困为盗贼，致中原榛杞，皆蛮故也。前岁冬，蛮不为寇，由赵宗政未归。去岁冬，蛮不为寇，由徐云虔复命，蛮尚有冀望。今安南子城为叛卒所据，节度使攻之未下，自余戍卒多已自归，邕管客军又减其半。冬期且至，傥蛮寇侵轶，何以支梧？不若且遣使臣报复，纵未得其称臣奉贡，且不使之怀怨益深，坚决犯边，则可矣。”乃作诏赐陈敬瑄，许其和亲，不称臣。令敬瑄录诏白，并移书与之，仍增赐金帛。以嗣曹王龟年为宗正少卿充使，以徐云虔为副使，别遣内使，共赍诣南诏。

中和元年秋八月，宗正少卿嗣曹王龟年自南诏还，骠信上表款附，请悉遵诏旨。

二年秋七月，南诏上书请早降公主，诏报以方议礼仪。

三年秋七月，南诏遣布燮杨奇肱来迎公主。诏陈敬瑄以书辞以“銮舆巡幸，仪物未备，俟还京邑，然后出降”。奇肱不从，直前至成都。冬十月，以宗女为安化长公主妻南诏。

李克用归唐

唐僖宗乾符五年。振武(军)节度使李国昌之子克用为沙陀副兵马使，戍蔚州。时河南盗贼蜂起，云州沙陀兵马使李尽忠与牙将康君立、薛志勤、程怀信、李存璋等谋曰：“今天下大乱，朝廷号令不复行于四方，此乃英雄立功名富贵之秋也。吾属虽各拥兵众，然李振武功大官高，名闻天下，其子勇冠诸军，若辅以举事，代北不足平也。”众以为然。君立，兴唐人；存璋，云州人；志勤，奉诚人也。

会大同防御使段文楚兼水陆发运使，代北荐饥，漕运不继，文楚颇减军士衣、米，又用法稍峻，军士怨怒。尽忠遣君立潜诣蔚州说克用起兵，除文楚而代之。克用曰：“吾父在振武，俟我禀之。”君立曰：“今机事已泄，缓则生变，何暇千里禀命乎！”于是尽忠夜帅牙兵攻牙城，执文楚及判官柳汉璋等系狱，自知军州事，遣召克用。克用帅其众趣云州，行收兵，二月庚午，至城下，众且万人，屯于斗鸡台下。壬申，尽忠遣使送符印，请克用为防御留后。癸酉，尽忠械文楚等五人送斗鸡台下，克用令军士冎而食之，以骑践其骸。甲戌，克用入府舍视事。令将士表求敕命，朝廷不许。

李国昌上言：“乞朝廷速除大同防御使；若克用违命，臣请帅本道兵讨之，终不爱一子以负国家！”朝廷方欲使国昌谕克用，会得其奏，乃以司农卿支详为大同军宣慰使，诏国昌语克用，令迎候如常仪，除克用官，必令称惬。又以太仆卿卢简方为大同防御使。

朝廷以李克用据云中，夏四月，以前大同军防御使卢简方为振武节度使，以振武节度使李国昌为大同节度使，以为克用必无以拒也。

李国昌欲父子并据两镇，得大同制书，毁之，杀监军，不受代，与李克用合兵陷遮虏军，进击宁武及岢岚军。卢简方赴振武，至岚州而薨。

丁巳，河东节度使窦澣发民堑晋阳。己未，以都押衙康传圭为代州刺史，又发土团千人戍代州。土团至城北，娖队不发，求优赏。时府库空竭，澥遣马步都虞候邓虔往慰谕之，土团冎虔，床舁其尸入府。澥与监军自出慰谕，人给钱三百、布一端，众乃定。押牙田公锷给乱军钱布，众遂劫之以为都将，赴代州，澥借商人钱五万缗以助军。朝廷以澥为不才，六月，以前昭义节度使曹翔为河东节度使。

沙陀焚唐林、崞县，入忻州境。

冬十月，诏昭义节度使李钧、幽州节度使李可举与吐谷浑酋长赫连铎、白义诚、沙陀酋长安庆、萨葛酋长米海万合兵讨李国昌父子于蔚州。十一月甲午，岢岚军翻城应沙陀。丁未，以河东宣慰使崔季康为河东节度、代北行营招讨使。沙陀攻石州，庚戌，崔季康救之。

十二月，崔季康及昭义节度使李钧与李克用战于洪谷，两镇兵败，钧战死。昭义兵还至代州，士卒剽掠，代州民杀之殆尽，余众自鸦鸣谷走归上党。

广明元年春正月，沙陀入雁门关，寇忻、代。二月庚戌，沙陀二万余人逼晋阳。辛亥，陷太谷。遣汝州防御使博昌诸葛爽帅东都防御兵救河东。

夏四月丁酉，以太仆卿李琢为蔚、朔等州招讨都统、行营节度使。琢，听之子也。

以李琢为蔚朔节度使，仍充都统。六月庚子，李琢奏沙陀二千来降。琢将兵万人屯代州，与卢龙节度使李可举、吐谷浑都督赫连铎共讨沙陀。李克用遣大将高文集守朔州，自将其众拒可举于雄武军。铎遣人说文集归国，文集执克用将傅文达与沙陀酋长李友金、萨葛都督米海万、安庆都督史敬存皆降于琢，开门迎官军。友金,克用之族父也。

秋七月,李克用自雄武军引兵还击高文集于朔州,李可举遣行军司马韩玄绍邀之于药儿岭,大破之,杀七千余人,李尽忠、程怀信皆死。又败之于雄武军之境,杀万人。李琢、赫连铎进攻蔚州,李国昌战败,部众皆溃,独与克用及宗族北入达靼。诏以铎为云州刺史、大同军防御使,吐谷浑白义成为蔚州刺史,萨葛米海万为朔州刺史,加李可举兼侍中。

达靼,本靺羯之别部也,居于阴山。后数月,赫连铎阴赂达靼,使取李国昌父子。李克用知之。时与其豪帅游猎,置马鞭木叶或悬针,射之无不中,豪帅心服。又置酒与饮,酒酣,克用言曰:"吾得罪天子,愿效忠而不得。今闻黄巢北来,必为中原患,一旦天子若赦吾罪,得与公辈南向,共立大功,不亦快乎?人生几何,谁能老死沙碛邪!"达靼知无留意,乃止。

中和元年。代北监军陈景思帅沙陀酋长李友金及萨葛安庆、吐谷浑诸部入援京师。瞿稹、李友金说陈景思召李克用。事见黄巢之乱。

李克用牒河东,称奉诏将兵五万讨黄巢,令具顿递,招讨使郑从谠闭城以备之。克用屯于汾东,从谠犒劳,给其资粮,累日不发。李克用自至城下大呼,求与从谠相见,从谠登城谢之。癸亥,复求发军赏给,从谠以钱千缗、米千斛遗之。甲子,克用纵沙陀剽掠居民,城中大骇。从谠求救于振武节度使契苾璋,璋引突厥、吐谷浑救之,破沙陀两寨,克用追战至晋阳城南,璋引兵入城,沙陀掠阳曲、榆次而去。夏六月,李克用遇大雨,己亥,引兵北还,陷忻、代二州,因留居代州。郑从谠遣教练使论安等军百井以备之。秋七月,论安自百井擅还,郑从谠不解靴衫,斩之,灭其族。更遣都头温汉臣将兵屯百井。契苾璋引兵还振武。

二年。李克用寇蔚州，三月，振武节度使契苾璋奏与天德、大同共讨克用。诏郑从谠与相知应接。

李克用虽累表请降，而据忻、代州，数侵掠并、汾，争楼烦监。义武节度使王处存与克用世为婚姻，〔冬十月〕，诏处存谕克用："若诚心款附，宜且归朔州俟朝命；若暴横如故，当与河东、大同共讨之。"

行营都监杨复光说王重荣，使以朝旨谕郑从谠召克用使平黄巢。王铎以墨敕召李克用，谕郑从谠。十一月，克用将沙陀万七千自岚、石路趣河中。十二月，以忻、代等州留后李克用为雁门节度使。李克用将兵四万至河中，讨黄巢。余事并见黄巢之乱。

通鉴纪事本末卷第三十七

黄巢之乱

唐僖宗乾符元年春正月丁亥，翰林学士卢携上言，以为："陛下初临大宝，宜深念黎元。国家之有百姓，如草木之有根柢，若秋冬培溉，则春夏滋荣。臣窃见关东去年旱灾，自虢至海，麦才半收，秋稼几无，冬菜至少，贫者硙蓬实为面，蓄槐叶为齑。或更衰羸，亦难采拾。常年不稔，则散之邻境。今所在皆饥，无所依投，坐守乡闾，待尽沟壑。其蠲免余税，实无可征。而州县以有上供及三司钱，督趣甚急，动加捶挞，虽撤屋伐木，雇妻鬻子，止可供所由酒食之费，未得至于府库也。或租税之外，更有他徭。朝廷傥不抚存，百姓实无生计。乞敕州县，应所欠残税，并一切停征，以俟蚕麦。仍发所在义仓，亟加赈给，行之不可稽缓。"敕从其言，而有司竟不能行，徒为空文而已。冬十月，以吏部侍郎郑畋、户部侍郎卢携并守本官，同平章事。

上年少，政在臣下，南牙北司互相矛楯。自懿宗以来，奢侈日甚，用兵不息，赋敛愈急。关东连年水旱，州县不以实闻，上下相蒙，百姓流殍，无所控诉，相聚为盗，所在蜂起。州县兵少，加以承平日久，人不习战，每与盗遇，官军多败。是岁濮州人王仙芝始聚众数千，起于长垣。

二年。初，上之为普王也，小马坊使田令孜有宠，及即位，使知枢密，遂擢为中尉。上时年十四，专事游戏，政事一委令孜，呼为“阿父”。令孜颇读书，多巧数，招权纳贿，除官及赐绯紫皆不关白于上。每见，常自备果食两盘，与上相对饮啖，从容良久而退。上与内园小儿狎昵，赏赐乐工、伎儿，所费动以万计，府藏空竭。令孜说上籍两市商旅宝货悉输内库，有陈诉者付京兆杖杀之，宰相以下，钳口莫敢言。

夏六月，王仙芝及其党尚君长攻陷濮州、曹州，众至数万。天平节度使薛崇出兵击之，为仙芝所败。

冤句人黄巢亦聚众数千人应仙芝。巢少与仙芝皆以贩私盐为事，巢善骑射，喜任侠，粗涉书传，屡举进士不第，遂为盗，与仙芝攻剽州县，横行山东，民之困于重敛者争归之，数月之间，众至数万。

群盗侵淫，剽掠十余州，至于淮南，多者千余人，少者数百人。诏淮南、忠武、宣武、义成、天平五军节度使、监军亟加讨捕及招怀。十二月，王仙芝寇沂州，平卢节度使宋威表请以步骑五千别为一使，兼帅本道兵所在讨贼。乃以威为诸道行营招讨草贼使，仍给禁兵三千，甲骑五百。因诏河南方镇所遣讨贼都头并取威处分。

三年春二月，敕福建、江西、湖南诸道观察、刺史皆训练士卒；又令天下乡村各置刀弓鼓板以备群盗。三月，以左仆射王铎兼门下侍郎、同平章事。

秋七月，宋威击王仙芝于沂州城下，大破之，仙芝亡去。威奏仙芝已死，纵遣诸道兵，身还青州。百官皆入贺。居三日，州县奏仙芝尚在，攻剽如故。时兵始休，诏复发之，士皆忿怨思乱。八月，仙芝陷阳翟、郏城，诏忠武节度使崔安潜发兵击之。安潜，慎由之弟也。又命昭义节度使曹翔将步骑五千及义成兵卫东都宫，以左散骑常侍曾元裕为招讨副使，守东都。又诏山南东道节度使李福选步骑二千守汝、邓要路。仙芝进逼汝州，诏邠宁节度使李侃、凤翔节度使令狐绹选步兵一千、骑兵五百守陕州、潼关。九月丙子，王仙芝陷汝州，执刺史王镣。镣，铎之从父兄弟也。东都大震，士民挈家逃出城。乙酉，敕赦王仙芝、尚君长罪，除官以招谕之。仙芝陷阳武，攻郑州，昭义监军判官雷殷符屯中牟，击仙芝，破走之。

冬十月，仙芝南攻唐、邓。十一月，王仙芝攻郢、复二州，陷之。十二月，王仙芝攻申、光、庐、寿、舒、通等州。淮南节度使刘邺奏求益兵，敕感化节度使薛能选精兵数千助之。

郑畋以言计不行，称疾逊位，不许；乃上言："自沂州奏捷之后，仙芝愈肆猖狂，屠陷五六州，疮痍数千里。宋威衰老多病，自妄奏以来，诸道尤所不服，今淹留亳州，殊无进讨之意。曾元裕拥兵蕲、黄，专欲望风退缩。若使贼陷扬州，则江南亦非国有。崔安潜威望过人，张自勉骁雄良将，宫苑使李瑑西平王晟之孙，严而有勇。请以安潜为行营都统，瑑为招讨使代威，自勉为副使代元裕。"上颇采其言。招讨副使、都监杨复光奏尚君长弟让据查牙山，官军退保邓州。

王仙芝攻蕲州。蕲州刺史裴渥，王铎知举时所擢进士也。王镣在贼中，为仙芝以书说渥。渥与仙芝约，敛兵不战，许为之奏官，镣亦说仙芝，许以如约。渥乃开城延仙芝及黄巢辈三十余人入城，置酒，大陈货贿以赠之，表陈其状。诸宰相多言："先帝不赦庞勋，期年卒诛之。今仙芝小贼，非庞勋之比，赦罪除官，益长奸宄。”王铎固请，许之，乃以仙芝为左神策军押牙兼监察御史，遣中使以告身即蕲州授之。仙芝得之甚喜，镣、渥皆贺。未退，黄巢以官不及己，大怒曰：“始者共立大誓，横行天下，今独取官赴左军，使此五千余众安所归乎！”因殴仙芝，伤首，其众諠噪不已。仙芝畏众怒，遂不受命，大掠蕲州，城中之人，半驱半杀，焚其庐舍。渥奔鄂州，敕使奔襄州，镣为贼所拘。贼乃分其军三千余人从仙芝及尚君长，二千余人从巢，各分道而去。

四年春二月，王仙芝陷鄂州。黄巢陷郓州，杀节度使薛崇。三月，黄巢陷沂州。夏四月，黄巢与尚让合军保查牙山。

（六月）〔秋七月〕庚申，王仙芝、黄巢攻宋州，三道兵与战，不利，贼遂围宋威于宋州。甲寅，右威卫上将军张自勉将忠武兵七千救宋州，杀贼二千余人，贼解围遁去。王铎、卢携欲使张自勉以所将兵受宋威节度，郑畋以为威与自勉已有疑忿，若在麾下，必为所杀，不肯署奏。八月辛未，铎、携诉于上，求罢免；庚辰，畋请归浐川养疾，上皆不许。王仙芝陷安州。

乙卯，王仙芝陷随州，执刺史崔休徵。山南东道节度使李福遣其子将兵救随州，战死。福奏求援兵，遣左武卫大将军李昌言将凤翔五百骑赴之，仙芝遂转掠复、郢。忠武大将张贯等四千人与宣武兵援襄州，自申、蔡间道逃归。诏忠武节度使崔安潜、宣武节度使穆仁裕遣人约还。

冬十月，郑畋与王铎、卢携争论用兵于上前，畋不胜，退复上奏，以为：“自王仙芝俶扰，崔安潜首请会兵讨之，继发士卒，罄供资粮。贼往来千里，涂炭诸州，独不敢犯其境。又以本道兵授张自勉，解宋州围，使江、淮漕运流通，不输寇手。今蒙尽以自勉所将七千兵令张贯将之隶宋威。自勉独归许州,威复奏加诬毁。因功为辱,臣窃痛之。安潜出师,前后克捷非一,一旦强兵尽付他人,良将空还,若勍寇忽至,何以枝梧?臣请以忠武四千人授威,余三千人使自勉将之,守卫其境,既不侵宋威之功,又免使安潜愧耻。"时卢携不以为然,上不能决。畋复上言:"宋威欺罔朝廷,败衄狼籍。又闻王仙芝七状请降,威不为闻奏,朝野切齿,以为宜正军法。迹状如此,不应复典兵权。愿与内大臣参酌,早行罢黜。"不从。

黄巢寇掠蕲、黄,曾元裕击破之,斩首四千余级,巢遁去。

十一月,招讨副都监杨复光遣人说谕王仙芝,仙芝遣尚君长等请降于复光,宋威遣兵于道中劫取君长等。十二月,威奏与君长等战于颍州西南,生擒以献。复光奏君长等实降,非威所擒。诏侍御史归仁绍等鞫之,竟不能明。斩君长等于狗脊岭。

黄巢陷匡城,遂陷濮州,诏颍州刺史张自勉将诸道兵击之。

王仙芝寇荆南。节度使杨知温,知至之兄也,以文学进,不知兵。或告贼至,知温以为妄,不设备。时汉水浅狭,贼自贾堑渡。

五年春正月丁酉朔,大雪,知温方受贺,贼已至城下,遂陷罗城,将佐共治子城而守之。及暮,知温犹不出。将佐请知温出抚士卒,知温纱帽皂裘而行,将佐请知温擐甲,以备流矢。知温见士卒拒战,犹赋诗示幕僚。遣使告急于山南东道节度使李福,福悉其众自将救之。时有沙陀五百在襄阳,福与之俱,至荆门,遇贼,沙陀纵骑奋击,破之。仙芝闻之,焚掠江陵而去。江陵城下旧三十万户,至是死者什三四。

壬寅,招讨副使曾元裕大破王仙芝于申州东,所杀万人,招降散遣者亦万人。敕以宋威久病,罢招讨使,还青州;以曾元裕为招讨使，颍州刺史张自勉为副使。

二月，贬杨知温为郴州司马。

曾元裕奏大破王仙芝于黄梅，杀五万余人，追斩仙芝，传首，余党散去。黄巢方攻亳州未下，尚让帅仙芝余众归之，推巢为王，号冲天大将军，改元王霸，署官属。巢袭陷沂州、濮州。既而屡为官军所败，乃遣天平节度使张裼书，请奏之。诏以巢为右卫将军，令就郓州解甲，巢竟不至。

加山南东道节度使李福同平章事，赏救荆南之功也。

三月，群盗陷朗州、岳州。招讨使曾元裕屯荆、襄，黄巢自濮州掠宋、汴，乃以副使张自勉充东南面行营招讨使。黄巢攻卫南，遂攻叶、阳翟。诏发河阳兵千人赴东都，与宣武、昭义兵二千人共卫宫阙。以左神武大将军刘景仁充东都应援防遏使，并将三镇兵，仍听于东都募兵二千人。景仁，昌之孙也。又诏曾元裕将兵径还东都，发义成兵三千守轘辕、伊阙、河阴、武牢。

王仙芝余党王重隐陷洪州，江西观察使高湘奔湖口。贼转掠湖南，别将曹师雄掠宣、润。诏曾元裕、杨复光引兵救宣、润。黄巢引兵渡江，攻陷虔、吉、饶、信等州。

夏四月，诏以东都军储不足，贷商旅富人钱谷以供数月之费，仍赐空名殿中侍御史告身五通，监察御史告身十通，有能出家财助国稍多者赐之。时连岁旱、蝗，寇盗充斥，耕桑半废，租赋不足，内藏虚竭，无所佽助。兵部侍郎、判度支杨严三表自陈才短，不能济办，乞解使务，辞极哀切，诏不许。

五月丁酉，郑畋、卢携皆罢为太子宾客分司。

六月，王仙芝余党剽掠浙西。朝廷以荆南节度使高骈先在天平，有威名，仙芝党多郓人，乃徙骈为镇海节度使。

秋八月，黄巢寇宣州，宣歙观察使王凝拒之，败于南陵。巢攻宣州不克，乃引兵入浙东，开山路七百里，攻剽福建诸州。

九月，平卢军奏节度使宋威薨。辛丑，以诸道行营招讨使曾元裕领平卢节度使。

冬十二月甲戌，黄巢陷福州，观察使韦岫弃城走。

六年春正月，镇海节度使高骈遣其将张璘、梁缵分道击黄巢，屡破之，降其将秦彦、毕师铎、李罕之、许勍等数十人。巢遂趣广南。彦，徐州人；师铎，冤句人；罕之，项城人也。

上以群盗为忧，王铎曰："臣为宰相之长，在朝不足分陛下之忧，请自督诸将讨之。"乃以铎守司徒兼侍中，充荆南节度使、南面行营招讨都统。

泰宁节度使李係，晟之曾孙也，有口才而实无勇略，王铎以其家世良将，奏为行营副都统兼湖南观察使，使将精兵五万并土团屯潭州，以塞岭北之路，拒黄巢。

五月，黄巢与浙东观察使崔璆、岭南东道节度使李迢书，求天平节度使。二人为之奏闻，朝廷不许。巢复上表求广州节度使，上命大臣议之。左仆射于琮以为："广州市舶宝货所聚，岂可令贼得之。"亦不许。乃议别除官。六月，宰相请除巢率府率，从之。

秋九月，黄巢得率府率告身，大怒，诟执政，急攻广州，即日陷之，执节度使李迢，转掠岭南州县。巢使迢草表述其所怀，迢曰："予代受国恩，亲戚满朝，腕可断，表不可草。"巢杀之。

黄巢在岭南，士卒罹瘴疫死者什三四，其徒劝之北还，以图大事，巢从之。至桂州编大筏数千，乘暴水沿湘江而下，历衡、永州，十月癸未，抵潭州城下。李係婴城不敢出战，巢急攻，一日陷之，係奔朗州。巢尽杀戍兵，流尸蔽江而下。尚让乘胜进逼江陵，众号五十万。时诸道兵未集，江陵兵不满万人。王铎留其将刘汉宏守江陵，自帅众趣襄阳，云欲会刘巨容之师。铎既去，汉宏大掠江陵，焚荡殆尽，士民逃窜山谷；会大雪，僵尸满野。后旬余，贼乃至。汉宏，兖州人也，帅其众北归为群盗。

十一月，黄巢北趣襄阳，刘巨容与江西招讨使、淄州刺史曹全晸合兵屯荆门以拒之。贼至，巨容伏兵林中，全晸以轻骑逆战，阳不胜而走，贼追之，伏发，大破贼众，乘胜逐北，比至江陵，俘斩其什七八，巢与尚让收余众渡江东走。或劝巨容："穷追，贼可尽也。"巨容曰："国家喜负人，有急则抚存将士，不爱官赏，事宁则弃之，或更得罪。不若留贼，以为富贵之资。"众乃止。全晸渡江追贼，会朝廷以泰宁都将段彦谟代为招讨使，全晸亦止。由是贼势复振，攻鄂州，陷其外郭，转掠饶、信、池、宣、歙、杭等十五州，众至二十万。

十二月，以王铎为太子宾客分司。

初，兵部尚书卢携尝荐高骈可为都统，至是骈将张璘等屡破黄巢，乃复以携为门下侍郎、平章事，凡关东节度使王铎、郑畋所除者多易置之。

广明元年春二月，左拾遗侯昌业以盗贼满关东，而上不亲政事，专务游戏，赏赐无度，田令孜专权无上，天文变异，社稷将危，上疏极谏。上大怒，召昌业至内侍省，赐死。

上善骑射、剑槊、法算，至于音律、蒱博，无不精妙。好蹴鞠、斗鸡，与诸王赌鹅，鹅一头至直五十缗。尤善击毬，尝谓优人石野猪曰："朕若应击毬进士举，须为状元。"对曰："若遇尧、舜作礼部侍郎，恐陛下不免驳放。"上笑而已。

度支以用度不足，奏借富户及胡商货财，敕借其半。盐铁转运使高骈上言："天下盗贼蜂起，皆出于饥寒，独富户、胡商未耳。"乃止。高骈奏改杨子院为发运使。

三月，淮南节度使高骈遣其将张璘击黄巢，屡捷，卢携奏以骈为诸道行营兵马都统。骈乃传檄征天下兵，且广召募，得土客之兵共七万，威望大振，朝廷深倚之。夏四月，张璘渡江击贼帅王重霸，降之。屡破黄巢军，巢退保饶州，别将常宏以其众数万降。璘攻饶州，克之，巢走。

以诸葛爽为北面行营副招讨。五月，以汝州防御使诸葛爽为振武节度使。

黄巢屯信州，遇疾疫，卒徒多死。张璘急击之，巢以金啖璘，且致书请降于高骈，求骈保奏。骈欲诱致之，许为之求节钺。时昭义、感化、义武等军皆至淮南，骈恐分其功，乃奏贼不日当平，不烦诸道兵，请悉遣归，朝廷许之。贼诇知诸道兵已北渡淮，乃告绝于骈，且请战。骈怒，令璘击之，兵败，璘死，巢势复振。六月，黄巢别将陷睦州、婺州。庚戌，黄巢攻宣州，陷之。

秋七月，黄巢自采石渡江，围天长、六合，兵势甚盛。淮南将毕师铎言于高骈曰："朝廷倚公为安危，今贼数十万众乘胜长驱，若涉无人之境，不据险要之地以击之，使逾长淮，不可复制，必为中原大患。"骈以诸道兵已散，张璘复死，自度力不能制，畏怯不敢出兵，但命诸将严备自保而已。且上表告急，称："贼六十余万屯天长，去臣城无五十里。"先是，卢携谓骈有文武长才，若悉委以兵柄，黄巢不足平。朝野虽有谓骈不足恃者，然犹庶几望之。及骈表至，上下失望，人情大骇。诏书责骈散遣诸道兵，致贼乘无备渡江。骈上表言："臣奏闻遣归，亦非自专。今臣竭力保卫一方，必能济办。但恐贼迤逦过淮，宜急敕东道将士善为御备。"

遂称风痹，不复出战。

诏河南诸道发兵屯溵水，泰宁节度使齐克让屯汝州，以备黄巢。

辛酉，以淄州刺史曹全晸为天平节度使兼东面副都统。

九月，黄巢众号十五万，曹全晸以其众六千与之战，颇有杀获。以众寡不敌，退屯泗上，以俟诸军至并力击之，而高骈竟不之救，贼遂击全晸，破之。

徐州遣兵三千赴溵水，过许昌。徐卒素名凶悖，节度使薛能自谓前镇彭城，有恩信于徐人，馆之毬场。及暮，徐卒大噪，能登子城楼问之，对以供备疏阙，慰劳久之方定，许人大惧。时忠武亦遣大将周岌诣溵水，行未远，闻之，夜引兵还，比明，入城，袭击徐卒，尽杀之。且怨能之厚徐卒也，遂逐之。能将奔襄阳，乱兵追杀之，并其家，岌自称留后。汝郑把截制置使齐克让恐为岌所袭，引兵还兖州。于是诸道兵屯溵水者皆散。黄巢遂悉众渡淮，所过不虏掠，惟取丁壮以益兵。

冬十月，以诸葛爽为夏绥节度使。黄巢陷申州，遂入颍、宋、徐、兖之境。

十一月，诏河东节度使郑从谠以本道兵授诸葛爽及代州刺史朱玫，使南讨黄巢。乙卯，以代北都统李琢为河阳节度使。

初，黄巢将渡淮，豆卢瑑请以天平节钺授巢，俟其到镇讨之。卢携曰："盗贼无厌，虽与之节，不能止其剽掠，不若急发诸道兵扼泗州，汴州节度使为都统，贼既前不能入关，必还掠淮、浙，偷生海渚耳！"从之。既而淮北相继告急，携称疾不出，京师大恐。庚申，东都奏黄巢入汝州境。辛酉，以河中都虞候王重荣权知留后。

汝郑把截制置都指挥使齐克让奏黄巢自称天补大将军，转牒诸军云："各宜守垒，勿犯吾锋。吾将入东都，即至京邑，自欲问罪，无预众人。"上召宰相议之。豆卢瑑、崔沆请发关内诸镇及两神策军守潼关。壬戌，日南至，上开延英，对宰相泣下。观军容使田令孜奏："请选左右神策军弓弩手守潼关，臣自为都指挥制置把截使。"上曰："侍卫将士不习征战，恐未足用。"令孜曰："昔安禄山构逆，玄宗幸蜀以避之。"崔沆曰："禄山众才五万，比之黄巢，不足言矣。"豆卢瑑曰："哥舒翰以十五万众不能守潼关，今黄巢众六十万，而潼关又无哥舒之兵。若令孜为社稷计，三川帅臣皆令孜腹心，比于玄宗则有备矣。"上不怿，谓令孜曰："卿且为朕发兵守潼关。"是日，上幸左神策军，亲阅将士。令孜荐左军马军将军张承范、右军步军将军王师会、左军兵马使赵珂。上召见三人，以承范为兵马先锋使兼把截潼关制置使，师会为制置关塞粮料使，珂为勾当寨栅使，令孜为左右神策军、内外八镇及诸道兵马都指挥制置招讨等使，飞龙使杨复恭为副使。

癸亥，齐克让奏："黄巢已入东都境，臣收军退保潼关，于关外置寨。将士屡经战斗，久乏资储，州县残破，人烟殆绝，东西南北不见王人，冻馁交逼，兵械刓弊，各思乡闾。恐一旦溃去，乞早遣资粮及援军。"上命选两神策弩手得二千八百人，令张承范等将以赴之。丁卯，黄巢陷东都，留守刘允章帅百官迎谒。巢入城，劳问而已，闾里晏然。允章，乃之曾孙也。田令孜奏募坊市人数千以补两军。辛未，陕州奏东都已陷。壬申，以田令孜为汝、洛、晋、绛、同、华都统，将左右军东讨。是日，贼陷虢州。以神策将罗元杲为河阳节度使。

乙亥，张承范等将神策弩手发京师。神策军士皆长安富家子，赂宦官窜名军籍，厚得禀赐，但华衣怒马，凭势使气，未尝更战阵。闻当出征，父子聚泣，多以金帛雇病坊贫人代行，往往不能操兵。是日，上御章信门楼临遣之。承范进言："闻黄巢拥数十万之众，鼓行而西，齐克让以饥卒万人依托关外，复遣臣以二千余人屯于关上，又未闻馈饷之计，以此拒贼，臣窃寒心。愿陛下趣诸道精兵，早为继援。"上曰："卿辈第行，兵寻至矣。"丁丑，承范等至华州。会刺史裴虔余徙宣歙观察使，军民皆逃入华山，城中索然，州库唯尘埃鼠迹，顾仓中犹有米千余斛，军士裹三日粮而行。

十二月庚辰朔，承范等至潼关，搜菁中，得村民百许，使运石汲水，为守御之备。与齐克让军皆绝粮，士卒莫有斗志。是日，黄巢前锋军抵关下，白旗满野，不见其际。克让与战，贼小却。俄而巢至，举军大呼，声振河、华。克让力战，自午至酉始解，士卒饥甚，遂諠噪，烧营而溃，克让走入关。关左有谷，平日禁人往来，以榷征税，谓之"禁坑"。贼至仓猝，官军忘守之，溃兵自谷而入，谷中灌木寿藤茂密如织，一夕践为坦涂。承范尽散其缁囊以给士卒，遣使上表告急，称："臣离京六日，甲卒未增一人，馈饷未闻影响。到关之日，巨寇已来，以二千余人拒六十万众，外军饥溃，蹋开禁坑。臣之失守，鼎镬甘心；朝廷谋臣，愧颜何寄！或闻陛下已议西巡，苟銮舆一动，则上下土崩。臣敢以犹生之躯，奋冒死之语，愿与近密及宰臣熟议，未可轻动。急征兵以救关防，则高祖、太宗之业庶几犹可扶持，使黄巢继安禄山之亡，微臣胜哥舒翰之死。"

辛巳，贼急攻潼关，承范悉力拒之，自寅及申，关上矢尽，投石以击之。关外有天堑，贼驱民千余人入其中，掘土填之，须臾即平，引兵而度。夜，纵火焚关楼俱尽。承范分兵八百人，使王师会守禁坑，比至，贼已入矣。壬午旦，贼夹攻潼关，关上兵皆溃，师会自杀。承范变服，帅余众脱走。至野狐泉，遇奉天援兵二千继至，承范曰："汝来晚矣！"博野、凤翔军还至渭桥，见所募新军衣裘温鲜，怒曰："此辈何功而然，我曹反冻馁！"遂掠之，更为贼乡导以趣长安。

贼之攻潼关也，朝廷以前京兆尹萧廪为东道转运粮料使，廪称疾，请休官，贬贺州司户。

黄巢入华州，留其将乔钤守之，河中留后王重荣请降于贼。癸未，制以巢为天平节度使。甲申，以翰林学士承旨、尚书左丞王徽为户部侍郎，翰林学士、户部侍郎裴澈为工部侍郎，并同平章事。以卢携为太子宾客分司。田令孜闻黄巢已入关，恐天子责己，乃归罪于携而贬之，荐徽、澈为相。是夕，携饮药死。澈，休之从子也。

百官退朝，闻乱兵入城，布路窜匿。田令孜帅神策兵五百奉帝自金光门出，惟福、穆、泽、寿四王及妃嫔数人从行，百官皆莫知之。上奔驰昼夜不息，从官多不能及。车驾既去，军士及坊市民竞入府库盗金帛。

晡时，黄巢前锋将柴存入长安，金吾大将军张直方帅文武数十人迎巢于霸上。巢乘金装肩舆，其徒皆被发，约以红缯，衣锦绣，执兵以从，甲骑如流，辎重塞涂，千里络绎不绝。民夹道聚观，尚让历谕之曰："黄王起兵，本为百姓，非如李氏不爱汝曹，汝但安居毋恐。"巢馆于田令孜第。其徒为盗久，不胜富，见贫者，往往施与之。居数日，各出大掠，焚市肆，杀人满街，巢不能禁。尤憎官吏，得者皆杀之。

上趣骆谷，凤翔节度使郑畋谒上于道次，请车驾留凤翔。上曰："朕不欲密迩巨寇，且幸兴元，征兵以图收复。卿东捍贼锋，西抚诸蕃，纠合邻道，勉建大勋。"畋曰："道路梗涩，奏报难通，请得便宜从事。"许之。戊子，上至壻水，诏牛勖、杨师立、陈敬瑄，谕以京城不守，且幸兴元，若贼势犹盛，将幸成都，宜豫为备拟。

庚寅，黄巢杀唐宗室在长安者无遗类。

辛卯，巢始入宫。壬辰，巢即皇帝位于含元殿，画皂缯为衮衣，击战鼓数百以代金石之乐。登丹凤楼，下赦书。国号大齐，改元金统。谓广明之号，去唐下体而着黄家日月，以为己符瑞。唐官三品已上悉停任，四品以下位如故。以妻曹氏为皇后。以尚让为太尉兼中书令，赵璋兼侍中，崔璆、杨希古并同平章事，孟楷、盖洪为左右仆射、知左右军事，费传古为枢密使。以太常博士皮日休为翰林学士。璆，邠之子也，时罢浙东观察使在长安，巢得而相之。

诸葛爽以代北行营屯栎阳，黄巢将砀山朱温屯东渭桥，巢使温诱说之，爽遂降于巢。巢以诸葛爽为河阳节度使。爽赴镇，罗元杲发兵拒之，士卒皆弃甲迎爽，元杲逃奔行在。

郑畋还凤翔，召将佐议拒贼。皆曰："贼势方炽，且宜从容以俟兵集，乃图收复。"畋曰："诸君劝畋臣贼乎？"因闷绝仆地，甃伤其面，自午至明旦，尚未能言。会巢使者以赦书至，监军袁敬柔与将佐序立宣示，代畋草表署名以谢巢。监军与巢使者宴，乐奏，将佐以下皆哭。使者怪之，幕客孙储曰："以相公风痹不能来，故悲耳。"民间闻者无不泣。畋闻之曰："吾固知人心尚未厌唐，贼授首无日矣。"乃刺指血为表，遣所亲间道诣行在。召将佐谕以逆顺，皆听命，复刺血与盟。然后完城堑，缮器械，训士卒，密约邻道合兵讨贼，邻道皆许诺，发兵会于凤翔。时禁军分镇关中者尚数万，闻天子幸蜀，无所归，畋使人招之，皆往从畋，畋分财以结其心，军势大振。

丁酉，车驾至兴元，诏诸道各出全军收复京师。

己亥，黄巢下令，百官诣赵璋第投名衔者复其官。豆卢瑑、崔沆及左仆射于琮、右仆射刘邺、太子少师裴谂、御史中丞赵蒙、刑部侍郎李溥、京兆尹李汤扈从不及，匿民间，巢搜获，皆杀之。广德公主曰："我唐室之女，誓与于仆射俱死。"执贼刃不置，贼并杀之。发卢携尸，戮之于市。将作监郑綦、库部郎中郑系义不臣贼，举家自杀。左金吾大将军张直方虽臣于巢，多纳亡命，匿公卿于复壁，巢杀之。

初，枢密使杨复恭荐处士河间张濬，拜太常博士，迁度支员外郎。黄巢逼潼关，濬避乱商山。上幸兴元，道中无供顿，汉阴令李康以骡负糗粮数百驮献之，从行军士始得食。上问康："卿为县令，何能如是？"对曰："臣不及此，乃张濬员外教臣。"上召濬诣行在，拜兵部郎中。

义(成)〔武〕节度使王处存闻长安失守，号哭累日，不俟诏命，举军入援，遣二千人间道诣兴元卫车驾。

黄巢遣使调发河中，前后数百人，吏民不胜其苦。王重荣谓众曰："始吾屈节以纾军府之患，今调财不已，又将征兵，吾亡无日矣，不如发兵拒之。"众皆以为然，乃悉驱巢使者杀之。巢遣其将朱温自同州，弟黄邺自华州合兵击河中。重荣与战，大破之，获粮仗四十余船，遣使与王处存结盟，引兵营于渭北。陈敬瑄闻车驾出幸，遣步骑三千奉迎，表请幸成都。时从兵浸多，兴元储偫不丰，田令孜亦劝上，上从之。

中和元年春正月，车驾发兴元。辛未，上至绵州，东川节度使杨师立谒见。

壬申，以工部侍郎、判度支萧遘同平章事。

郑畋约前朔方节度使（田）〔唐〕弘夫、泾原节度使程宗楚同讨黄巢。巢遣其将王晖赍诏召畋，畋斩之，遣其子凝绩诣行在，凝绩追及上于汉州。丁丑，车驾至成都，馆于府舍。上遣中使趣高骈讨黄巢，道路相望，骈终不出兵。上至蜀，犹冀骈立功，诏骈巡内刺史及诸将有功者，自监察至常侍，听以墨敕除讫奏闻。

二月（乙）〔己〕卯朔，以太子少师王铎守司徒兼门下侍郎、同平章事。丙申，加郑畋同平章事。加淮南节度使高骈东面都统。加河东节度使郑从谠兼侍中，依前行营招讨使。

代北监军陈景思帅沙陀酋长李友金及萨葛、安庆、吐谷浑诸部入援京师。至绛州，将济河，绛州刺史瞿稹，亦沙陀也，谓景思曰："贼势方盛，未可轻进，不若且还代北募兵。"遂与景思俱还雁门。

以枢密使杨复光为京城西南面行营都监。

黄巢以朱温为东南面行营都虞候，将兵攻邓州，三月辛亥，陷之，执刺史赵戎，因戍邓州以扼荆、襄。

壬子，加陈敬瑄同平章事。甲寅，敬瑄奏遣左黄头军使李鋋将兵击黄巢。

辛酉，以郑畋为京城四面诸军行营都统，赐畋诏："凡蕃、汉将士赴难有功者，并听以墨敕除官。"畋奏以泾原节度使程宗楚为副都统，前朔方节度使唐弘夫为行军司马。黄巢遣其将尚让、王播帅众五万寇凤翔，畋使弘夫伏兵要害，自以兵数千，多张旗帜，疏陈于高冈。贼以畋书生，轻之，鼓行而前，无复行伍。伏发，贼大败于龙尾陂，斩首二万余级，伏尸数十里。

有书尚书省门为诗以嘲贼者，尚让怒，应在省官及门卒，悉抉目倒悬之，大索城中能为诗者尽杀之，识字者给贱役，凡杀三千余人。

瞿稹、李友金至代州募兵，逾旬得三万人，皆北方杂胡，屯于崞西，犷悍暴横，稹与友金不能制。友金乃说陈景思曰："今虽有众数万，苟无威望之将以统之，终无成功。吾兄司徒父子，勇略过人，为众所服，骠骑诚奏天子，赦其罪，召以为帅，则代北之人一麾响应，狂贼不足平也。"景思以为然，遣使诣行在言之，诏如所请。友金以五百骑赍诏诣达靼迎之，李克用帅达靼诸部万人赴之。

群臣追从车驾者稍稍集成都，南、北司朝者近二百人，诸道及四夷贡献不绝，蜀中府库充实，与京师无异，赏赐不乏，士卒欣悦。

黄巢得王徽，逼以官，徽阳喑不从。月余，逃奔河中，遣人间道奉绢表诣行在。诏以徽为兵部尚书。前夏绥节度使诸葛爽复自河阳奉表自归，即以为河阳节度使。宥州刺史拓跋思恭，本党项羌也，纠合夷夏兵会鄜延节度使李孝昌于鄜州，同盟讨贼。

奉天镇使齐克俭遣使诣郑畋求自效。甲子，畋传檄天下藩镇，合兵讨贼。时天子在蜀，诏令不通，天下谓朝廷不能复振，及得畋檄，争发兵应之。贼惧，不敢复窥京西。

夏四月戊寅朔，加王铎兼侍中。以拓跋思恭权知夏绥节度使。

黄巢以其将王玫为邠宁节度使，邠州通塞镇将朱玫起兵诛之，让别将李重古为节度使，自将兵讨巢。是时唐弘夫屯渭北，王重荣屯沙苑，王处存屯渭桥，拓跋思恭屯武功，郑畋屯盩厔。弘夫乘龙尾之捷，进薄长安。

壬午，黄巢帅众东走，程宗楚先自延秋门入，弘夫继至，处存帅锐卒五千夜入城。坊市民喜，争欢呼出迎官军，或以瓦砾击贼，或拾箭以供官军。宗楚等〔恐〕诸将分其功，不报凤翔、鄜、夏。军士释兵入第舍，掠金帛、妓妾。处存令军士首系白繻为号，坊市少年或窃其号以掠人。贼露宿霸上，诇知官军不整，且诸军不相继，引兵还袭之，自诸门分入，大战长安中，宗楚、弘夫死。军士重负不能走，是以甚败，死者什八九。处存收余众还营。

丁亥，巢复入长安，怒民之助官军，纵兵屠杀，流血成川，谓之"洗城"。于是诸军皆退，贼势愈炽。贼所署同州刺史王溥、华州刺史乔谦、商州刺史宋岩，闻巢弃长安，皆帅众奔邓州，朱温斩溥、谦，释岩使还商州。

庚寅，拓跋思恭、李孝昌与贼战于王桥，不利。

诏以河中留后王重荣为节度使。

贼众上黄巢尊号曰承天应运启圣睿文宣武皇帝。

有双雉集广陵府舍，占者以为野鸟来集，城邑将空之兆。高骈恶之，乃移檄四方，云将入讨黄巢，悉发巡内兵八万，舟二千艘，旌旗甲兵甚盛。五月己未，出屯东塘。诸将数请行期，骈托风涛为阻，或云时日不利，竟不发。

黄巢之克长安也，忠武节度使周岌降之。岌尝夜宴，急召监军杨复光，左右曰："周公臣贼，将不利于内侍，不可往。"复光曰："事已如此，义不图全。"即诣之。酒酣，岌言及本朝，复光泣下，良久曰："丈夫所感者恩义耳。公自匹夫为公侯，奈何舍十八叶天子而臣贼乎！”岌亦流涕，曰：“吾不能独拒贼，故貌奉而心图之。今日召公，正为此耳。”因沥酒为盟。是夕，复光遣其养子守亮杀贼使者于驿。时秦宗权据蔡州，不从岌命，复光将忠武兵三千诣蔡州，说宗权同举兵讨巢。宗权遣其将王淑将兵三千从复光击邓州，逗留不进，复光斩之，并其军。分忠武八千人为八都，遣牙将鹿晏弘、晋晖、王建、韩建、张造、李师泰、庞从等八人将之。王建，舞阳人；韩建，长社人；晏弘、晖、造、师泰，皆许州人也。复光帅八都与朱温战，败之，遂克邓州，逐北至蓝桥而还。

昭义节度使高浔会王重荣攻华州，克之。

六月戊戌，以郑畋为司空兼门下侍郎、同平章事，都统如故。

邠宁节度副使朱玫屯兴平，黄巢将王播围兴平，玫退屯奉天及龙尾陂。

西川黄头军使李鋋将万人，巩咸将五千人屯兴平，为二寨，与黄巢战，屡捷；陈敬瑄遣神机营使高仁厚将二千人益之。

初，车驾至成都，蜀军赏钱人三缗。田令孜为行在都指挥处置使，每四方贡金帛，辄颁赐从驾诸军无虚月，不复及蜀军，蜀军颇有怨言。秋七月丙寅，令孜宴土客都头，以金杯行酒，因赐之，诸都头皆拜而受。西川黄头军使郭琪独不受，起言曰：“诸将月受俸料，丰赡有余，常思难报，岂敢无厌。顾蜀军与诸军同宿卫，而赏赍悬殊，颇有觖望，恐万一致变。愿军容减诸将之赐以均蜀军，使土客如一，则上下幸甚。”令孜默然有间，曰：“汝尝有何功？”对曰：“琪生长山东，征戍边鄙，尝与党项十七战，契丹十余战，金创满身。又尝征吐谷浑，伤胁肠出，线缝复战。”令孜乃自酌酒于别樽以赐琪。琪知其毒，不得已，再拜饮之。归，杀一婢，吮其血以解毒，吐黑汁数升。遂帅所部作乱，丁卯，焚掠坊市。

令孜奉天子保东城，闭门登楼，命诸军击之。琪引兵还营，陈敬瑄命都押牙安金山将兵攻之，琪夜突围出，奔广都。

上日夕专与宦官同处，议天下事，待外臣殊疏薄。庚午，左拾遗孟昭图上疏，以为："治安之代，遐迩犹应同心；多难之时，中外尤当一体。去冬车驾西幸，不告南司，遂使宰相、仆射以下悉为贼所屠，独北司平善。况今朝臣至者，皆冒死崎岖，远奉君亲，所宜自兹同休等戚。伏见前夕黄头军作乱，陛下独与令孜、敬瑄及诸内臣闭城登楼，并不召王铎已下及收朝臣入城。翌日，又不对宰相，亦不宣慰朝臣。臣备位谏官，至今未知圣躬安否，况疏冗乎？傥群臣不顾君上，罪固当诛；若陛下不恤群臣，于义安在！夫天下者，高祖、太宗之天下，非北司之天下。天子者，四海九州之天子，非北司之天子。北司未必尽可信，南司未必尽无用。岂天子与宰相了无关涉，朝臣皆若路人。如此，恐收复之期，尚劳宸虑，尸禄之士，得以宴安。臣躬被宠荣，职在裨益，虽遂事不谏，而来者可追。"疏入，令孜屏不奏。辛未，矫诏贬昭图嘉州司户，遣人沈于蟇颐津，闻者气塞而莫敢言。

鄜延节度使李孝昌、权夏州节度使拓跋思恭屯东渭桥，黄巢遣朱温拒之。

以义武节度使王处存为东南面行营招讨使，以邠宁节度副使朱玫为节度使。

秋八月，高浔与黄巢将李详战于石桥，浔败，奔河中，详乘胜复取华州。巢以详为华州刺史。

以权知夏绥节度使拓跋思恭为节度使。

九月，李孝昌、拓跋思恭与尚让、朱温战于东渭桥，不利，引去。

初，高骈与镇海节度使周宝俱出神策军，骈以兄事宝。及骈先贵，有功，浸轻之。既而封壤相邻，数争细故，遂有隙。骈檄宝入援京师，宝治舟师以俟之，怪其久不行。访诸幕客，或曰："高公幸朝廷多故，有并吞江东之志，声云入援，其实未必非图我也，宜为备。"宝未之信，使人觇骈，殊无北上意。会骈使人约宝面会瓜洲议军事，宝遂以言者为然，辞疾不往。且谓使者曰："吾非李康，高公复欲作家门功勋以欺朝廷邪！"骈怒，复遣使责宝："何敢轻侮大臣？"宝诟之曰："彼此夹江为节度使，汝为大臣，我岂坊门卒邪？"由是遂为深仇。骈留东塘百余日，诏屡趣之，骈上表托以宝及浙东观察使刘汉宏将为后患。辛亥，复罢兵还府，其实无赴难心，但欲禳雉集之异耳。

忠武监军杨复光屯武功。凤翔行军司马李昌言将本军屯兴平。时凤翔仓库虚竭，犒赏稍薄，粮馈不继。昌言知府中兵少，因激怒其众，冬十月，引军还袭府城。郑畋登城与士卒言，其众皆下马罗拜曰："相公诚无负我曹。"畋曰："行军苟能戢兵爱人，为国灭贼，亦可以顺守矣。"乃以留务委之，即日西赴行在。

天平节度使曹全晸与贼战死，军中立其兄子存实为留后。

十一月，孟楷、朱温袭鄜、夏二军于富平，二军败，奔归本道。

郑畋至凤州，累表辞位。诏以畋为太子少傅分司，以李昌言为凤翔节度行营招讨使。

十二月，以感化留后时溥为节度使。赐夏州号定难军。

王铎以高骈为诸道都统无心讨贼，自以身为首相，发愤请行，恳款流涕，至于再三，上许之。

二年春正月辛亥，以王铎兼中书令，充诸道行营都都统，权知义成节度使，俟罢兵复还政府。高骈但领盐铁转运使，罢其都统及诸使。听王铎自辟将佐,以太子少师崔安潜为副都统。辛未,以周岌、王重荣为都都统左右司马,诸葛爽及宣武节度使康实为左右先锋使,时溥为催遣纲运租赋防遏使。以右神策观军容使西门思恭为诸道行营都都监。又以王处存、李孝昌、拓跋思恭为京城东北西面都统,以杨复光为南面行营都监使。又以中书舍人郑昌图为义成节度行军司马,给事中郑畯为判官,直弘文馆王抟为推官,司勋员外郎裴贽为掌书记。昌图,从谠之从祖兄弟;畯,畋之弟;抟,玙之曾孙;贽,坦之子也。又以陕虢观察使王重盈为东面都供军使。重盈,重荣之兄也。

黄巢以朱温为同州刺史,令温自取之。二月,同州刺史米诚奔河中,温遂据之。

己卯,以太子少傅分司郑畋为司空兼门下侍郎、同平章事,召诣行在,军务一以咨之。以王铎兼判户部事。

朱温寇河中,王重荣击败之。

以李昌言为京城西面都统,朱玫为河南都统。

以右神策将军齐克俭为左右神策军、内外八镇兼博野奉天节度使。赐鄜坊军号保大。

夏四月,王铎将两川、兴元之军屯灵感寺,泾原屯京西,易定、河中屯渭北,邠宁、凤翔屯兴平,保大、定难屯渭桥,忠武屯武功,官军四集。黄巢势已蹙,号令所行,不出同、华。民避乱,皆入深山筑栅自保,农事俱废,长安城中斗米直三十缗。贼买人于官军以为粮,官军或执山栅之民鬻之,直数百缗,以肥瘠论价。

五月,加淮南节度使高骈兼侍中,罢其盐铁转运使。骈既失兵柄,又解利权,攘袂大诟,遣幕僚顾云草表自诉,言辞不逊。其略曰:“是陛下不用微臣,固非微臣有负陛下。”又曰:“奸臣未悟，陛下犹迷，不思宗庙之焚烧，不痛园陵之开毁。”又曰：“王铎偾军之将，崔安潜在蜀贪黩，岂二儒生能戢强兵？”又曰：“今之所用，上至帅臣，下及裨将，以臣所料，悉可坐擒。”又曰：“无使百代有抱恨之臣，千古留刮席之耻。臣但虑寇生东土，刘氏复兴，即轵道之灾，岂独往日。”又曰：“今贤才在野，憸人满朝，致陛下为亡国之君，此子等计将安出！”上命郑畋草诏切责之。其略曰：“绾利则牢盆在手，主兵则都统当权；直至京北、京西、神策诸镇，悉在指挥之下，可知董制之权；而又贵作司徒，荣为太尉，以为不用，如何为用乎？”又曰：“朕缘久付卿兵柄，不能翦荡元凶，自天长漏网过淮，不出一兵袭逐，奄残京国，首尾三年。广陵之师，未离封部，忠臣积望，勇士兴讥，所以擢用元臣，诛夷巨寇。”又曰：“从来倚仗之意，一旦控告无门，凝睇东南，惟增凄恻。”又曰：“谢玄破苻坚于淝水，裴度平元济于淮西，未必儒臣不如武将。”又曰：“宗庙焚烧，园陵开毁，龟玉毁椟，谁之过与！”又曰：“奸臣未悟之言，何人肯认？陛下犹迷之语，朕不敢当。”又曰：“卿尚不能缚黄巢于天长，安能坐擒诸将！”又曰：“卿云刘氏复兴，不知谁为魁首？比朕于刘玄、子婴，何太诬罔！”又曰：“况天步未倾，皇纲尚整，三灵不昧，百度俱存，君臣之礼仪，上下之名分，所宜遵守，未可堕陵。朕虽冲人，安得轻侮！”骈臣节既亏，自是贡赋遂绝。

黄巢攻兴平，兴平诸军退屯奉天。

秋七月，以保大留后东方逵为节度使，充京城东面行营招讨使。

八月，黄巢所署同州防御使朱温屡请益兵以捍河中，知右军事孟楷抑之，不报。温见巢兵势日蹙，知其将亡，亲将胡真、谢瞳劝温归国。九月丙戌，温杀其监军严实，举州降王重荣。温以舅事重荣，王铎承制以温为同华节度使，使瞳奉表诣行在。瞳，福州人也。李详以重荣待温厚，亦欲归之，为监军所告，黄巢杀之，以其弟思邺为华州刺史。

〔冬十月〕，以朱温为右金吾大将军、河中行营招讨使，赐名全忠。(冬十月)以平卢大将王敬武为留后。时诸道兵皆会关中讨黄巢，独平卢不至，王铎遣都统判官、谏议大夫张浚往说之。敬武已受黄巢官爵，不出迎，浚见敬武责之曰："公为天子藩臣，侮慢诏使；不能事上，何以使下！"敬武愕然，谢之。既宣诏，将士皆不应，浚徐谕之曰："人生当先晓逆顺，次知利害。黄巢前日贩盐虏耳，公等舍累叶天子而臣之，果何利哉？今天下勤王之师皆集京畿，而淄青独不至。一旦贼平，天子返正，公等何面见天下之人乎！不亟往分功名，取富贵，后悔无及矣。"将士皆改容引咎，顾谓敬武曰："谏议之言是也。"敬武即发兵从浚而西。

黄巢兵势尚强，王重荣患之，谓行营都监杨复光曰："臣贼则负国，讨贼则力不足，奈何？"复光曰："雁门李仆射骁勇，有强兵，其家尊与吾先人尝共事相善，彼亦有徇国之志，所以不至者，以与河东结隙耳。诚以朝旨谕郑公而召之，必来，来则贼不足平矣。"东面宣慰使王徽亦以为然。时王铎在河中，乃以墨敕召李克用，谕郑从谠。十一月，克用将沙陀万七千自岚、石路趣河中。

李详旧卒共逐黄思邺，推华阴镇使王遇为主，以华州降王重荣。王铎承制以遇为刺史。

十二月，以忻、代等州留后李克用为雁门节度使。李克用将兵四万至河中，遣从父弟克修先将兵五百济河尝贼。初，克用弟克让为南山寺僧所杀，其仆浑进通归于黄巢。自高浔之败，诸军皆畏贼，莫敢进。及克用军至，贼惮之曰："鸦军至矣，当避其锋。"克用皆衣黑，故谓之鸦军。巢乃捕南山寺僧十余人，遣使赍诏书及重赂，因浑进通诣克用以求和。克用杀僧，哭克让，受其赂以分诸将，焚其诏书，归其使者，引兵自夏阳渡河，军于同州。

三年春正月，李克用将李存贞败黄揆于沙苑。己巳，克用进屯沙苑。揆，巢之弟也。王铎承制以克用为东北面行营都统，以杨复光为东面都统监军使，陈景思为北面都统监军使。乙亥，制以中书令充诸道行营都统王铎为义成节度使，令赴镇。田令孜欲归重北司，称铎讨黄巢久无功，卒用杨复光策，召沙陀而破之，故罢铎兵柄以悦复光。又以副都统崔安潜为东都留守，以都都监西门思恭为右神策中尉，充诸道租庸兼催促诸道进军等使。令孜自以建议幸蜀，收传国宝、列圣真容、散家财犒军为己功，令宰相、藩镇共请加赏。上以令孜为十军兼十二卫观军容使。

二月壬子，李克用进军乾阬，与河中、易定、忠武军合。尚让将十五万众屯于梁田陂，明日，大战，自午至晡，贼大败，俘斩数万，伏尸三十里。巢将王璠、黄揆袭华州，据之，王遇亡去。甲子，李克用进围华州，黄思邺、黄揆婴城固守，克用分骑屯渭北。

加凤翔节度使李昌言同平章事。

黄巢兵数败，食复尽，阴为遁计，发兵三万搤蓝田道。三月壬申，遣尚让将兵救华州。李克用、王重荣引兵逆战于零口，破之。克用进军渭桥，骑军在渭北，克用每夜令其将薛志勤、康君立潜入长安，燔积聚，斩虏而还，贼中大惊。

己丑，以河中行营招讨副使朱全忠为宣武节度使，俟克复长安，令赴镇。癸巳，李克用等拔华州，黄揆弃城走。

夏四月，李克用与忠武将庞从、河中将白志迁等引兵先进，与黄巢军战于渭南，一日三战，皆捷。义成、义武等诸军继之，贼众大奔。甲辰，克用等自光泰门入京师，黄巢力战不胜，焚宫室遁去。贼死及降者甚众，官军暴掠，无异于贼，长安室屋及民所存无几。巢自蓝田入商山，多遗珍宝于路，官军争取之，不急追，贼遂逸去。

杨复光遣使告捷，百官入贺。诏留忠武等军二万人，委大明宫留守王徽及京畿制置使田从异部分，守卫长安。五月，加朱玫、李克用、东方逵同平章事。升陕州为节度，以王重盈为节度使。又建延州为保塞军，以保大行军司马、延州刺史李孝恭为节度使。克用时年二十八，于诸将最少，而破黄巢复长安，功第一，兵势最强，诸将皆畏之。克用一目微眇，时人谓之"独眼龙"。

诏以崔璆家贵身显，为黄巢相，首尾三载，不逃不隐，于所在斩之。

黄巢使其骁将孟楷将万人为前锋，击蔡州，节度使秦宗权逆战而败。〔贼〕进攻其城，宗权遂称臣于巢，与之连兵。

初，巢在长安，陈州刺史宛丘赵犨谓将佐曰："巢不死长安，必东走，陈其冲也。且巢素与忠武为仇，不可不为之备。"乃完城堑，缮甲兵，积刍粟，六十里之内民有资粮者，悉徙之入城。多募勇士，使其弟昶珝、子麓林分将之。孟楷既下蔡州，移兵击陈，军于项城。犨先示之弱，伺其无备袭击之，杀获殆尽，生擒楷，斩之。巢闻楷死，惊怒，悉众屯溵水。六月，与秦宗权合兵围陈州，掘堑五重，百道攻之。陈人大恐，犨谕之曰："忠武素著义勇，陈州号为劲兵，况吾家久食陈禄，誓与此州存亡。男子当求生于死中，且徇国而死，不愈于臣贼而生乎！有异议者斩。"数引锐兵开门出击贼，破之。巢益怒，营于州北，立宫室、百司，为持久之计。

时民间无积聚，贼掠人为粮，生投于碓硙，并骨食之，号给粮之处曰“舂磨寨”。纵兵四掠，自河南、许、汝、唐、邓、孟、郑、汴、曹、濮、徐、兖等数十州，咸被其毒。

宣武节度使朱全忠帅所部数百〔人〕赴镇，秋七月丁卯，至汴州。时汴宋荐饥，公私穷竭，内外骄军难制，外为大敌所攻，无日不战，众心危惧，而全忠勇气益振。诏以黄巢未平，加全忠东北面都招讨使。

以李克用为河东节度使，召郑从谠诣行在。克用乃自东道过榆次，诣雁门省其父。

司徒、门下、同平章事郑畋罢为太子太保。

九月，感化节度使时溥营于溵水，加溥东面兵马都统。

十二月，赵犨遣人间道求救于邻道，于是周岌、时溥、朱全忠皆引兵救之。全忠与黄巢之党战于鹿邑，败之，斩首二千余级，遂引兵入亳州而据之。

四年。(春正月)黄巢兵尚强，周岌、时溥、朱全忠不能支，共求救于河东节度使李克用。二月，克用将蕃、汉兵五万出天井关。河阳节度使诸葛爽辞以河桥不全，屯兵万善以拒之。克用乃还兵自陕、河中渡河而东。

三月，朱全忠击黄巢瓦子寨，拔之。巢将陕人李唐宾、楚丘王虔裕降于全忠。

黄巢围陈州几三百日，赵犨兄弟与之大小数百战，虽兵食将尽，而众心益固。李克用会许、汴、徐、兖之军于陈州。时尚让屯太康，夏四月癸巳，诸军进拔太康。黄思邺屯西华，诸军复攻之，思邺走。黄巢闻之惧，退军故阳里，陈州围始解。

朱全忠闻巢将至，引军还大梁。五月癸亥，大雨，平地三尺，黄巢营为水所漂，且闻李克用至，遂引兵东北趣汴州，屠尉氏。尚让以骁骑五千进逼大梁，至于繁台；宣武将丰人朱珍、南华庞师古击却之。全忠复告急于李克用。丙寅，克用与忠武都监使田从异发许州。戊辰，追及黄巢于中牟北王满渡，乘其半济，奋击，大破之，杀万余人，贼遂溃。尚让帅其众降时溥，别将临晋李谠、曲周霍存、甄城葛从周、冤句张归霸及从弟归厚帅其众降朱全忠。巢逾汴而北。己巳，克用追击之于封丘，又破之。庚午夜，复大雨，贼惊惧东走，克用追之，过胙城、匡城。巢收余众近千人，东奔兖州。辛未，克用追至冤句，骑能属者才数百人，昼夜行二百余里，人马疲乏，粮尽，乃还汴州欲裹粮复追之，获巢幼子及乘舆、器服、符印，得所掠男女万人，悉纵遣之。

庚辰，时溥遣其将李师悦将兵万人追黄巢。

六月甲辰，武宁将李师悦与尚让追黄巢至瑕丘，败之。巢众殆尽，走至狼虎谷。丙午，巢甥林言斩巢兄弟、妻子首，将诣时溥，遇沙陀博野军，夺之，并斩言首以献于溥。

秋七月壬午，时溥遣使献黄巢及家人首并姬妾，上御大玄楼受之。宣问姬妾："汝曹皆勋贵子女，世受国恩，何为从贼？"其居首者对曰："狂贼凶逆，国家以百万之众，失守宗祧，播迁巴、蜀。今陛下以不能拒贼责一女子，置公卿将相于何地乎！"上不复问，皆戮之于市。人争与之酒，其余皆悲怖昏醉，居首者独不饮不泣，至于就刑，神色肃然。

上以长安宫室焚毁，故久留蜀未归。王徽知京兆尹事，招抚流散，户口稍归，复缮治宫室，百司粗有绪。冬十月，关东藩镇表请车驾还京师。

十二月，凤翔节度使李昌言病，表弟昌符知留后。昌言薨，制以昌符为凤翔节度使。

时黄巢虽平，秦宗权复炽，命将出兵，寇掠邻道，陈彦侵淮南，秦贤侵江南，秦诰陷襄、唐、邓，孙儒陷东都、孟、陕、虢，张晊陷汝、郑，卢瑭攻汴、宋，所至屠翦焚荡，殆无孑遗。其残暴又甚于巢，军行未始转粮，车载盐尸以从。北至卫、滑，西及关、辅，东尽青、齐，南出江、淮，州镇存者仅保一城，极目千里，无复烟火。上将还长安，畏宗权为患。

光启元年春正月戊午，下诏招抚之。己卯，车驾发成都，陈敬瑄送至汉川而还。二月丙申，至凤翔，三月丁卯，至京师。荆棘满城，狐兔纵横，上凄然不乐。己巳，赦天下，改元。时朝廷号令所在，惟河西、山南、剑南、岭南数十州而已。

藩镇之乱

唐僖宗光启元年。初，田令孜在蜀募新军五十四都，每都千人，分隶两神策，为十军以统之，又南牙、北司官共万余员。是时藩镇各专租税，河南北、江淮无复上供，三司转运无调发之所，度支惟收京畿、同、华、凤翔等数州租税，不能赡，赏赉不时，士卒有怨言。令孜患之，不知所出。先是，安邑、解县两池盐皆隶盐铁，置官榷之。中和以来，河中节度使王重荣专之，岁献三千车以供国用。令孜奏复如旧制隶盐铁。夏四月，令孜自兼两池榷盐铁使，收其利以赡军。重荣上章论诉不已。遣中使往谕之，重荣不可。时令孜多遣亲信觇藩镇，有不附己者，辄图之。令孜养子匡祐使河中，重荣待之甚厚，而匡祐傲甚，举军皆愤怒。重荣乃数令孜罪恶，责其无礼，监军为讲解，仅得脱去。匡祐归以告令孜，劝图之。五月，令孜徙重荣为泰宁节度使，以泰宁节度使齐克让为义武节度使，以义武节度使王处存为河中节度使，仍诏李克用以河东军援处存赴镇。

王重荣自以有复京城功，为田令孜所摈，不肯之兖州，累表论令孜离间君臣，数令孜十罪；令孜结邠宁节度使朱玫、凤翔节度使李昌符以抗之。王处存亦上言："幽、镇兵新退，臣未敢离易、定。且王重荣无罪，有大功于国，不宜轻有改易，摇藩镇心。"诏趣其上道。八月，处存引军至晋州，刺史冀君武闭城不内而还。

冬十月，王重荣求救于李克用，克用方怨朝廷不罪朱全忠，克用怨全忠事见诸镇相攻。选兵市马，聚结诸胡，议攻汴州。报曰："待吾先灭全忠，还扫鼠辈如秋叶耳。"重荣曰："待公自关东还，吾为虏矣。不若先除君侧之恶，退擒全忠易矣。"时朱玫、李昌符亦阴附朱全忠，克用乃上言："玫、昌符与全忠相表里，欲共灭臣。臣不得不自救，已集蕃、汉兵十五万，决以来年济河，自渭北讨二镇。不近京城，保无惊扰。既诛二镇，乃旋师灭全忠，以雪仇耻。"上遣使者谕释，冠盖相望。

朱玫欲朝廷讨克用，数遣人潜入京城，烧积聚，或刺杀近侍，声云克用所为，于是京师震恐，日有讹言。令孜遣玫、昌符将本军及神策、鄜延、灵夏等军合三万人屯沙苑，以讨王重荣。重荣发兵拒之，告急于克用，克用引兵赴之。十一月，重荣遣兵攻同州，刺史郭璋出战，败死。重荣与玫等相守月余，克用兵至，与重荣俱壁沙苑，表请诛令孜及玫、昌符。诏和解之，克用不听。十二月癸酉，合战，玫、昌符大败，各走还本镇，溃军所过焚掠。克用进逼京城，乙亥夜，令孜奉天子自开远门出幸凤翔。初，黄巢焚长安宫室而去，诸道兵入城纵掠，焚府寺、民居什六七，王徽累年补葺，仅完一二，至是复为乱兵焚掠，无孑遗矣。

二年春正月，李克用还军河中，与王重荣同表请大驾还宫，因罪状田令孜，请诛之。上复以飞龙使杨复恭为枢密使。戊子，令孜请上幸兴元，上不从。是夜，令孜引兵入宫，劫上幸宝鸡，黄门卫士从者才数百人，宰相朝臣皆不知。翰林学士承旨杜让能宿直禁中，闻之，步追乘舆，出城十余里，得人所遗马，无羁勒，解带系颈而乘之，独追及上于宝鸡。明日，乃有太子少保孔纬等数人继至。让能，审权之子；纬，戣之孙也。宗正奉太庙神主，至鄠，遇盗，皆失之。朝士追乘舆者至盩厔，为乱兵所掠，衣装殆尽。庚寅，上以孔纬为御史大夫，使还召百官，上留宝鸡以待之。

时田令孜弄权，再致播迁，天下共忿疾之。朱玫、李昌符亦耻为之用，且惮李克用、王重荣之强，更与之合。萧遘因邠宁奏事判官李松年至凤翔，遣召朱玫亟迎车驾，癸巳，玫引步骑五千至凤翔。孔纬诣宰相，欲宣诏召之；萧遘、裴澈以令孜在上侧，不欲往，辞疾不见。纬令台吏趣百官诣行在，皆辞以无袍笏。纬召三院御史，泣谓："布衣亲旧有急，犹当赴之，岂有天子蒙尘，为人臣子累召而不往者邪！"御史请办装数日而行，纬拂衣起曰："吾妻病垂死且不顾，诸君善自为谋，请从此辞。"乃诣李昌符请骑卫送至行在，昌符义之，赠装钱，遣骑送之。

邠宁、凤翔兵追逼乘舆，败神策指挥使杨晟于潘氏，钲鼓之声闻于行宫。田令孜奉上发宝鸡，留禁军守石鼻为后拒。置感义军于兴、凤二州，以杨晟为节度使，守散关。时军民杂糅，锋镝纵横，以神策军使王建、晋晖为清道斩斫使。建以长剑五百前驱奋击，乘舆乃得前。上以传国宝授建，使负之以从，登大散岭。李昌符焚阁道丈余，将摧折，王建扶掖上自烟焰中跃过。夜宿板下，上枕建膝而寝。既觉，始进食，解御袍赐建曰："以其有泪痕故也。"车驾才入散关，朱玫已围宝鸡。石鼻军溃，玫长驱攻散关，不克。嗣襄王煴，肃宗之玄孙也，有疾，从上不及，留遵涂驿，为玫所得，与之俱还凤翔。庚戌，李克用还太原。

二月，王重荣、朱玫、李昌符复上表请诛田令孜。朱玫、李昌符使山南西道节度使石君涉栅绝险要，烧邮驿，上由他道以进，山谷崎岖，邠军迫其后，危殆者数四，仅得达山南。三月壬午，石君涉弃镇逃归朱玫。癸未，凤翔百官萧遘等罪状田令孜及其党韦昭度，请诛之。初，昭度因供奉僧澈结宦官，得为相。澈师知玄鄙澈所为，昭度每与同列诣知玄，皆拜之，知玄揖使诣澈啜茶。山南西道监军冯翊严遵美迎上于西县，丙申，车驾至兴元。

戊戌，以御史大夫孔纬、翰林学士承旨兵部尚书杜让能并为兵部侍郎、同平章事。保銮都将李鋋等败邠军于凤州。诏加王重荣应接粮料使，使调本道谷十五万斛以继国用。重荣表称令孜未诛，不奉诏。以尚书左丞卢渥为户部尚书，充山南西道留后。以严遵美为内枢密使。遣王建帅部兵戍三泉，晋晖及神策军使张造帅四都兵屯黑水，修栈道以通往来。以建遥领壁州刺史。将帅遥领州镇自此始。

朱玫以田令孜在天子左右，终不可去，言于萧遘曰："主上播迁六年，中原将士冒矢石，百姓供馈饷，战死饿死，什减七八，仅能复京城。天下方喜车驾还宫，主上更以勤王之功为敕使之荣，委以大权，使堕纲纪，骚扰藩镇，召乱生祸。玫昨奉尊命来迎大驾，不蒙信察，反类胁君。吾辈报国之心极矣，战贼之力殚矣，安能垂头弭耳，受制于阉寺之手哉！李氏孙尚多，相公盍改图以利社稷乎？"遘曰："主上践阼十余年，无大过恶，正以令孜专权肘腋，致坐不安席，上每言之，流涕不已。近日上初无行意，令孜陈兵帐前，迫胁以行，不容俟旦。罪皆在令孜，人谁不知。足下尽心王室，正有引兵还镇，拜表迎銮。废立重事，伊、霍所难，遘不敢闻命。”玫出，宣言曰：“我立李氏一王，敢异议者斩！”

夏四月壬子，玫逼凤翔，百官奉襄王煴权监军国事，承制封拜、指挥，仍遣大臣入蜀迎驾，盟百官于石鼻驿。玫使萧遘为册文，遘辞以文思荒落，乃使兵部侍郎、判户部郑昌图为之。乙卯，煴受册。玫自兼左右神策十军使，帅百官奉煴还京师，以郑昌图同平章事、判度支盐铁户部，各置副使，三司之事一以委焉。河中百官崔安潜等上襄王笺，贺受册。

田令孜自知不为天下所容，乃荐枢密使杨复恭为左神策中尉、观军容使，自除西川监军使，往依陈敬瑄。复恭斥令孜之党，出王建为利州刺史，晋晖为集州刺史，张造为万州刺史，李师泰为忠州刺史。

五月，朱玫以中书侍郎、同平章事萧遘为太子太保，自加侍中、诸道盐铁转运等使。加裴澈判度支，郑昌图判户部。以淮南节度使高骈兼中书令，充江淮盐铁转运等使、诸道行营兵马都统，淮南右都押牙、和州刺史吕用之为岭南东道节度使。大行封拜，以悦藩镇。遣吏部侍郎夏侯潭宣谕河北，户部侍郎杨陟宣谕江淮诸藩镇，受其命者什六七，高骈仍奉笺劝进。

初，凤翔节度使李昌符与朱玫同谋立襄王，既而玫自为宰相，专权，昌符怒，不受其官，更通表兴元。诏加昌符检校司徒。

朱玫遣其将王行瑜将邠宁、河西兵五万追乘舆，感义节度使杨晟战数却，弃散关走，行瑜进屯凤州。

是时诸道贡赋多之长安，不之兴元，从官卫士皆乏食，上涕泣，不知为计。杜让能言于上曰：“杨复光与王重荣同破黄巢，复京城，相亲善，复恭其兄也。若遣重臣往谕以大义，且致复恭之意，宜有回虑归国之理。”上从之，遣右谏议大夫刘崇望使于河中，赍诏谕重荣。重荣即听命，遣使表献绢十万匹，且请讨朱玫以自赎。

戊戌，襄王煴遣使者至晋阳，赐李克用诏，言：“上至半涂，六军变扰，苍黄晏驾，吾为藩镇所推，今已受册。”朱玫亦与克用书，克用闻其谋皆出于玫，大怒。大将盖寓说克用曰：“銮舆播迁，天下皆归咎于我。今不诛玫黜李煴，无以自湔洗。”克用从之，燔诏书，囚使者，移檄邻道，称：“玫敢欺藩方，明言晏驾。当道已发蕃、汉三万兵进讨凶逆，当共立大功。”寓，蔚州人也。

六月，以扈跸都将杨守亮为金商节度、京畿制置使，将兵二万出金州，与王重荣、克用共讨朱玫。守亮本姓訾，名亮，曹州人，与弟信皆为杨复光假子，更名守亮、守信。

李克用遣使奉表，称：“方发兵济河，除逆党，迎车驾，愿诏诸道与臣协力。”先是，山南之人皆言克用与朱玫合，人情恟惧。表至，上出示从官，并谕山南诸镇，由是帖然。然克用表犹以朱全忠为言，上使杨复恭以书谕之，云“俟三辅事宁，别有进止”。

秋七月，王行瑜进攻兴州，感义节度使杨晟弃镇走，据文州，诏保銮都将李鋋、扈跸都将李茂贞、陈佩屯大唐峰以拒之。茂贞，博野人，本姓宋，名文通，以功赐姓名。

九月，朱玫将张行实攻大唐峰，李鋋等击却之。金吾将军满存与邠军战，破之，复取兴州，进守万仞寨。

长安百官太子太师裴璩等劝进于襄王煴，冬十月，煴即皇帝位，改元建贞，遥尊上为太上元皇圣帝。

十一月，田令孜至成都请寻医，许之。

十二月戊寅，诸军拔凤州，以满存为凤州防御使。

杨复恭传檄关中，称："得朱玫首者，以静难节度使赏之。"王行瑜战数败，恐获罪于朱玫，与其下谋曰："今无功，归亦死，曷若与汝曹斩玫首，定京城，迎大驾，取邠宁节钺乎？"众从之。甲寅，行瑜自凤州擅引兵归京师。玫方视事，闻之怒，召行瑜责之曰："汝擅归，欲反邪？"行瑜曰："吾不反，欲诛反者朱玫耳。"遂擒斩之，并杀其党数百人。诸军大乱，焚掠京城，士民无衣，冻死者蔽地。裴澈、郑昌图帅百官二百余人奉襄王奔河中，王重荣诈为迎奉，执煴杀之，囚澈、昌图，百官死者殆半。

王重荣函襄王煴首送行在，刑部请御兴元城南门献馘，百官毕贺。太常博士殷盈孙议，以为："煴为贼臣所逼，正以不能死节为罪耳。礼，公族罪在大辟，君为之素服不举。今煴已就诛，宜废为庶人，令所在葬其首。其献馘称贺之礼，请俟朱玫首至而行之。"从之。盈孙，侑之孙也。

三年春正月，以邠州都将王行瑜为静难军节度使，扈跸都头李茂贞领武定节度使，扈跸都头杨守宗为金商节度使，右卫大将军顾彦朗为东川节度使，金商节度使杨守亮为山南西道节度使。二月戊辰，削夺三川都监田令孜官爵，长流端州。然令孜依陈敬瑄，竟不行。

三月癸未，诏伪宰相萧遘、郑昌图、裴澈，于所在集众斩之，皆死于岐山。时朝士受煴官甚众，法司皆处以极法；杜让能力争之，免者什七八。

壬辰，车驾至凤翔，节度使李昌符恐车驾还京，虽不治前过，恩赏必疏，乃以宫室未完，固请驻跸府舍，从之。

夏六月戊申，天威都头杨守立与凤翔节度使李昌符争道，麾下相殴，帝命中使谕之，不止。是夕，宿卫皆严兵为备。己酉，昌符拥兵烧行宫，庚戌，复攻大安门。守立与昌符战于通衢，昌符兵败，帅麾下走保陇州。杜让能闻难，挺身步入侍上。韦昭度质其家于军中，誓诛反贼，故军士力战而胜之。守立，复恭之假子也。壬子，以扈驾都将武定节度使李茂贞为陇州招讨使，以讨昌符。

秋八月壬寅朔，李茂贞奏陇州刺史薛知筹以城降，斩李昌符，灭其族。丙子，以李茂贞同平章事，充凤翔节度使。以韦昭度守太保兼侍中。

文德元年春二月乙亥，上不豫，壬午，发凤翔，己丑，至长安。庚寅，赦天下，改元。以韦昭度兼中书令。三月己亥，上疾复作，壬寅，大渐。皇弟吉王保长而贤，群臣属望。十军观军容使杨复恭请立其弟寿王杰。是日下诏，立杰为皇太弟，监军国事。右军中尉刘季述遣兵迎杰于六王宅，入居少阳院，宰相以下就见之。癸卯，上崩于灵符殿。遗制，太弟杰更名敏，以韦昭度摄冢宰。昭宗即位，体貌明粹，有英气，喜文学，以僖宗威令不振，朝廷日卑，有恢复前烈之志，尊礼大臣，梦想贤豪，践阼之始，中外忻忻焉。冬十月辛卯，葬惠圣恭定孝皇帝于靖陵，庙号僖宗。

昭宗龙纪元年。上将祀圆丘。故事，中尉、枢密皆褛衫侍从。僖宗之世已具襕笏，至是，又令有司制法服。孔纬及谏官、礼官皆以为不可，上出手札谕之曰："卿等所论至当。事有从权，勿以小瑕遂妨大礼。"于是宦官始服剑佩侍祠。〔冬十一月〕己酉，祀圆丘，赦天下。

上在藩邸，素疾宦官。及即位，杨复恭恃援立功，所为多不法，上意不平，政事多谋于宰相，孔纬、张浚劝上举大中故事抑宦者权。复恭常乘肩舆至太极殿。他日，上与宰相言及四方反者，孔纬曰："陛下左右有将反者，况四方乎！"上矍然问之，纬指复恭曰："复恭陛下家奴，乃肩舆造前殿，多养壮士为假子，使典禁兵，或为方镇，非反而何？"复恭曰："子壮士欲以收士心，卫国家，岂反耶？"上曰："卿欲卫国家，何不使姓李而姓杨乎？"复恭无以对。

复恭假子天威军使杨守立本姓胡，名弘立，勇冠六军，人皆畏之。上欲讨复恭，恐守立作乱，谓复恭曰："朕欲得卿胡子在左右。"复恭见守立于上，上赐姓名李顺节，使掌六军管钥，不期年，擢至天武都头，领镇海节度使，俄加〔同〕平章事。及谢日，台吏申请班见百僚，孔纬判不集；顺节至中书，色不悦。他日，语微及之，纬曰："宰相师长百僚，故有班见。相公职为都头，而于政事堂班见百僚，于意安乎？"顺节不敢复言。朱全忠求领盐铁，孔纬独执以为不可，谓进奏吏曰："朱公须此职，非兴兵不可。"全忠乃止。

大顺二年秋八月，六军十二卫观军容使、左军中尉杨复恭总宿卫兵，专制朝政，诸假子皆为节度使、刺史，又养宦官子六百人，皆为监军。假子龙剑节度使守贞、武定节度使守忠不输贡赋，上表讪薄朝廷。上舅王瓌求节度使，上访于复恭，复恭以为不可。瓌怒，〔诟〕之。瓌出入禁中，颇用事，复恭恶之，奏以为黔南节度使。至吉柏津，令山南西道节度使杨守亮覆诸江中，宗族、宾客皆死，以舟败闻。上知复恭所为，深恨之。

李顺节既宠贵，与复恭争权，尽以复恭阴事告上，上乃出复恭为凤翔监军。复恭愠怼，不肯行，称疾，求致仕。九月乙卯，以复恭为上将军，致仕，赐以几杖。使者致诏命还，复恭潜遣腹心张绾刺杀之。

冬十月，杨复恭居第近玉山营，假子守信为玉山军使，数往省之。或告复恭与守信谋反，乙酉，上御安喜门，陈兵自卫，命天威都将李顺节、神策军使李守节将兵攻其第。张绾帅家众拒战，守信引兵助之，顺节等不能克。丙戌，禁军守含光门，俟其开，欲出掠两市，遇刘崇望，立马谕之曰："天子亲在街东督战，汝曹皆宿卫之士，当于楼前杀贼立功，勿贪小利，自取恶名。"众皆曰："诺。"遂从崇望而东。守信之众望见兵来，遂溃走。守信与复恭挈其族自通化门出，趣兴元，永安都头权安追之，擒张绾，斩之。复恭至兴元，杨守亮、杨守忠、杨守贞及绵州刺史杨守厚同举兵拒朝廷，以讨李顺节为名。守厚，亦复恭假子也。

十二月，天威都将李顺节恃恩骄横，出入常以兵自随。两军中尉刘景宣、西门君遂恶之，白上，恐其作乱。戊子，二人以诏召顺节，顺节入至银台门，二人邀顺节于仗舍坐语，供奉官似先知自后斩其首，从者大噪而出。于是天威、捧日、登封三都大掠永宁坊，至暮乃定。百官表贺。

杨守亮欲自金商袭京师，昭信防御使冯行袭逆击，大破之。

景福元年春正月，凤翔李茂贞、静难王行瑜、镇国韩建、同州王行约、秦州李茂庄五节度使上言："杨守亮容匿叛臣杨复恭，请出军讨之，乞加茂贞山南西道招讨使。"朝议以茂贞得山南不可复制，下诏和解之，皆不听。

二月，李茂贞、王行瑜擅举兵击兴元。茂贞表求招讨使不已，遗杜让能、西门(重)〔君〕遂书，陵蔑朝廷。上意不能容，御延英，召宰相、谏官议之。时宦者有阴与二镇相表里者，宰相相顾不敢言，上不悦。给事中牛徽曰："先朝多难，茂贞诚有翼卫之功。诸杨阻兵，亟出攻讨，其志亦在疾恶，但不当不俟诏命耳。比闻兵过山南，杀伤至多。陛下傥不以招讨使授之，使用国法约束，则山南之民尽矣。"上曰："此言是也。"乃以茂贞为山南西道招讨使。

夏四月，天威军使贾德晟以李顺节之死，颇怨愤，西门(重)〔君〕遂恶之，奏而杀之。德晟麾下千余骑奔凤翔，李茂贞由是益强。

五月，加邠宁节度使王行瑜兼中书令。

秋七月己巳，李茂贞克凤州，感义节度使满存奔兴元。茂贞又取兴、洋二州，皆表其子弟镇之。

八月辛丑，李茂贞攻拔兴元，杨复恭、杨守亮、杨守信、杨守贞、杨守忠、满存奔阆州。茂贞表其子继密权知兴元府事。

二年春正月，凤翔节度使李茂贞自请镇兴元。诏以茂贞为山南西道兼武定节度使，以中书侍郎、同平章事徐彦若同平章事，充凤翔节度使，又割果、阆二州隶武定军。茂贞欲兼得凤翔，不奉诏。

秋七月，李茂贞恃功骄横，上表及遗杜让能书，辞语不逊。上怒，欲讨之。茂贞又上表，略曰："陛下贵为万乘，不能庇元舅之一身，尊极九州，不能戮复恭之一竖。"又曰："今朝廷但观强弱，不计是非。"又曰："约衰残而行法，随盛壮以加恩，体物锱铢，看人衡纩。"又曰："军情易变，戎马难羁，唯虑甸服生灵，因兹受祸，未审乘舆播越，自此何之！"上益怒，决讨茂贞，命杜让能专掌其事。让能谏曰："陛下初临大宝，国步未夷，茂贞近在国门，臣愚以为未宜与之构怨，万一不克，悔之无及。"上曰："王室日卑，号令不出国门，此乃志士愤痛之秋。药弗瞑眩，厥疾弗瘳。朕不能甘心为孱懦之主，愔愔度日，坐视陵夷。卿但为朕调兵食，朕自委诸王用兵，成败不以责卿。”让能曰：“陛下必欲行之，则中外大臣共宜协力以成圣志，不当独以任臣。”上曰：“卿位居元辅，与朕同休戚，无宜避事。”让能泣曰：“臣岂敢避事。况陛下所欲行者，宪宗之志也，顾时有所未可，势有所不能耳。但恐他日臣徒受晁错之诛，不能弭七国之祸也。敢不奉诏，以死继之！”上乃命让能留中书，计画调度，月余不归。崔昭纬阴结邠、岐，为之耳目，让能朝发一言，二镇夕必知之。李茂贞使其党纠合市人数百千人，拥观军容使西门君遂马诉曰：“岐帅无罪，不宜致讨，使百姓涂炭。”君遂曰：“此宰相事，非吾所及。”市人又邀崔昭纬、郑延昌肩舆诉之，二相曰：“兹事主上专委杜太尉，吾曹不预知。”市人因乱投瓦石，二相下舆走匿民家，仅自免，丧堂印及朝报。上命捕其唱帅者诛之，用兵之意益坚。京师民或亡匿山谷，严刑所不能禁。八月，以嗣覃王嗣周为京西招讨使，神策大将军李鐬副之。

九月乙亥，覃王嗣周帅禁军三万送凤翔节度使徐彦若赴镇，军于兴平。李茂贞、王行瑜合兵近六万，军于盩厔以拒之。禁军皆新募市井少年，茂贞、行瑜所将皆边兵百战之余。壬午，茂贞等进逼兴平，禁军皆望风逃溃。茂贞等乘胜进攻三桥，京师大震，士民奔散，市人复守阙请诛首议用兵者。崔昭纬心害太尉、门下侍郎、同平章事杜让能，密遗茂贞书曰：“用兵非主上意，皆出于杜太尉耳。”甲申，茂贞陈于临皋驿，表让能罪，请诛之。让能言于上曰：“臣固先言之矣，请以臣为解。”上涕下不自禁，曰：“与卿诀矣。”是日，贬让能梧州刺史，制辞略曰：“弃卿士之臧谋,构藩垣之深衅,咨询之际,证执弥坚。”又流观军容使西门君遂于儋州,内枢密使李周潼于崖州,段诩于驩州。乙酉,上御安福门斩君遂、周潼、诩,再贬让能雷州司户。遣使谓茂贞曰:“惑朕举兵者三人也,非让能之罪。”以内侍骆全瓘、刘景宣为左右军中尉。

壬辰,以东都留守韦昭度为司徒、门下侍郎、同平章事,御史中丞崔胤为户部侍郎、同平章事。胤,慎由之子也,外宽弘而内巧险,与崔昭纬深相结,故得为相。季父安潜谓所亲曰:“吾父兄刻苦以立门户,终为缁郎所坏!”缁郎,胤小字也。

李茂贞勒兵不解,请诛杜让能然后还镇,崔昭纬复从而挤之。冬十月,赐让能及其弟户部侍郎弘徽自尽。复下诏布告中外,称:“让能举枉错直,爱憎系于一时;鬻狱卖官,聚敛逾于巨万。”自是朝廷动息皆禀于邠、岐,南北司往往依附二镇,以邀恩泽。有崔鋋、王超者,为二镇判官,凡天子有所可否,其不逞者,辄诉于鋋、超,二人则教茂贞、行瑜上章论之,朝廷小有依违,其辞语已不逊。

制复以茂贞为凤翔节度使兼山南西道节度使、守中书令,于是茂贞尽有凤翔、兴元、洋、陇、秦等十五州之地。以徐彦若为御史大夫。

邠宁节度使、守侍中兼中书令王行瑜求为尚书令。韦昭度密奏称:“太宗以尚书令执政,遂登大位,自是不以授人臣。惟郭子仪以大功拜尚书令,终身避让。行瑜安可轻议!”十一月,以行瑜为太师,赐号尚父,仍赐铁券。

乾宁元年春正月,李茂贞入朝,大陈兵自卫,数日归镇。

六月戊午,以翰林学士承旨、礼部尚书李溪同平章事。方宣制，水部郎中、知制诰刘崇鲁出班掠麻恸哭。上召崇鲁问其故，对言："溪奸邪，依附杨复恭、西门君遂得在翰林，无相业，恐危社稷。"溪竟罢为太子少傅。溪，鄘之孙也。上师溪为文，崔昭纬恐溪为相，分己权，故使崇鲁沮之。溪十表自讼，丑诋崇鲁"父符受赃枉法，事觉自杀。弟崇望与杨复恭深交。崇鲁庭拜田令孜，为朱玫作劝进表，乃云臣交结内臣，何异抱赃唱贼！且故事，絁巾縿带，不入禁庭。臣果不才，崇鲁自应上章论列，岂于正殿恸哭。为国不祥，无人臣礼，乞正其罪"。诏停崇鲁见任，溪犹上表不已，乞行诛窜，表数千言，诟詈无所不至。

秋七月，李茂贞遣兵攻阆州，拔之，杨复恭、杨守亮、杨守信帅其族党犯围走。杨复恭、守亮、守信将自商山奔河东，至乾元，遇华州兵，获之。八月，韩建献于阙下，斩于独柳。李茂贞献复恭遗守亮书，诉致仕之由云："承天门乃隋家旧业，大侄但积粟训兵，勿贡献。吾于荆榛中立寿王，才得尊位。废定策国老，有如此负心门生天子！"

二年。崔昭纬与李茂贞、王行瑜深相结，得天子过失，朝廷机事，悉以告之。邠宁节度副使崔鋋，昭纬之族也，李溪再入相，昭纬使鋋告行瑜曰："向者尚书令之命已行矣，而韦昭度沮之。今又引李溪为同列，相与荧惑圣听，恐复有杜太尉之事。"行瑜乃与茂贞表称溪奸邪，昭度无相业，宜罢居散秩。上报曰："军旅之事，朕则与藩镇图之。至于命相，当出朕怀。"行瑜等论列不已，三月，溪复罢为太子少师。

王珂，李克用之婿也。克用表重荣有功于国，请赐其子珂节钺。王珙厚结王行瑜、李茂贞、韩建三帅，更上表称珂非王氏子，请以珂为陕州，珙为河中。上谕以先已允克用之奏，不许。

初，王行瑜求尚书令不获，由是怨朝廷。畿内有八镇兵，隶左右军。郃阳镇近华州，韩建求之；良原镇近邠州，王行瑜求之。宦官曰："此天子禁军，何可得也。"王珂、王珙争河中，行瑜、建及茂贞皆为珙请，不能得，耻之。珙使人语三帅曰："珂不受代，而与河东婚姻，必为诸公不利，请讨之。"行瑜使其弟匡国节度使行约攻河中，珂求救于李克用。行瑜乃与茂贞、建各将精兵数千入朝。五月，至京师，坊市皆窜匿，上御安福门以待之，三帅盛陈甲兵，拜伏舞蹈于门下。上临轩，亲诘之曰："卿辈不奏请俟报，辄称兵入京城，其志欲何为乎？若不能事朕，今日请避贤路。"行瑜、茂贞流汗不能言，独韩建粗述入朝之由。上与三帅宴，三帅奏称："南北司互有朋党，堕紊朝政。韦昭度讨西川失策，李溪作相不合众心，请诛之。"上未之许。是日，行瑜等杀昭度、溪于都亭驿，又杀枢密使康尚弼及宦官数人。又言："王珂、王珙嫡庶不分，请除王珙河中，徙王行约于陕，王珂于同州。"上皆许之。始，三帅谋废上，立吉王保。至是闻李克用已起兵于河东，行瑜、茂贞各留兵二千宿卫京师，与建皆辞还镇。李克用闻三镇兵犯阙，即日遣使十三辈发北部兵，期以来月渡河入关。

六月辛卯，以前均州刺史孔纬、绣州司户张浚并为太子宾客。壬辰，以纬为吏部尚书，复其阶爵，癸巳，拜司空兼门下侍郎、同平章事；以张浚为兵部尚书、诸道租庸使。时纬居华州，浚居长水，上以崔昭纬等外交藩镇，朋党相倾，思得骨鲠之士，故骤用纬、浚。纬以有疾，扶舆至京师，见上，涕泣固辞，上不许。张浚、孔纬谪徙事见诸镇相攻。

李克用大举蕃、汉兵南下，上表称王行瑜、李茂贞、韩建称兵犯阙，贼害大臣，请讨之，又移檄三镇，行瑜等大惧。克用军至绛州,刺史王瑶闭城拒之。克用进攻,旬日拔之,斩瑶于军门,杀城中违拒者千余人。秋七月丙辰朔,克用至河中,王珂迎谒于路。

匡国节度使王行约败于朝邑,戊午,行约弃同州走,己未,至京师。行约弟行实时为左军指挥使,帅众与行约大掠西市。行实奏称同、华已没,沙陀将至,请车驾幸邠州。庚申,枢密使骆全瓘奏请车驾幸凤翔,上曰:"朕得克用表,尚驻军河中。就使沙陀至此,朕自有以枝梧,卿等但各抚本军,勿令摇动。"

右军指挥使李继鹏,茂贞假子也,本姓名阎圭,与骆全瓘谋劫上幸凤翔。中尉刘景宣与王行实知之,欲劫上幸邠州。孔纬面折景宣,以为不可轻离宫阙。向晚,继鹏连奏请车驾出幸,于是王行约引左军攻右军,鼓噪震地。上闻乱,登承天楼欲谕止之,捧日都头李筠将本军于楼前侍卫。李继鹏以凤翔兵攻筠,矢拂御衣,著于楼桷,左右扶上下楼。继鹏复纵火焚宫门,烟炎蔽天。时有盐州六都兵屯京师,素为两军所惮,上急召令入卫;既至,两军退走,各归邠州及凤翔。城中大乱,互相剽掠,上与诸王及亲近幸李筠营,护跸都头李居实帅众继至。

或传王行瑜、李茂贞欲自来迎车驾,上惧为所迫,辛酉,以筠、居实两都兵自卫,出启夏门趣南山,宿莎城镇。士民追从车驾者数十万人,比至谷口,暍死者三之一,夜复为盗所掠,哭声震山谷。时百官多扈从不及,户部尚书、判度支及盐铁转运使薛王知柔独先至,上命权知中书事及置顿使。

壬戌,李克用入同州。崔昭纬、徐彦若、王抟至莎城。甲子,上徙幸石门镇,命薛王知柔与知枢密院刘光裕还京城,制置守卫宫禁。丙寅,李克用遣节度判官王瓌奉表问起居。丁卯,上遣内侍郗廷昱赍诏诣李克用军,令与王珂各发万骑同赴新平,又诏彰义节度使张鐇以泾原兵控扼凤翔。

李克用遣兵攻华州，韩建登城呼曰："仆于李公未尝失礼，何为见攻？"克用使谓之曰："公为人臣，逼逐天子。公为有礼，孰为无礼者乎！"会郗廷昱至，言李茂贞将兵三万至盩厔，王行瑜将兵至兴平，皆欲迎车驾。克用乃释华州之围，移兵营渭桥。

以薛王知柔为清海节度使、同平章事，仍权知京兆尹、判度支、充盐铁转运使，俟反正日赴镇。

上在南山旬余，士民从车驾避乱者日相惊曰："邠、岐兵至矣。"上遣延王戒丕诣河中趣李克用令进兵。壬午，克用发河中。八月，上遣供奉官张承业诣克用军。承业，同州人，屡奉使于克用，因留监其军。己丑，克用进军渭桥，遣其将李存贞为前锋。辛卯，拔永寿，又遣史俨将三千骑诣石门侍卫。癸巳，遣李存信、存审会保大节度使李思孝攻王行瑜梨园寨，擒其将王令陶等献于行在。思孝本姓拓跋，思恭之弟也。李茂贞惧，斩李继鹏，传首行在。上表请罪，且遣使求和于克用。上复遣延王戒丕、丹王允谕克用，令且赦茂贞，并力讨行瑜，俟其殄平，当更与卿议之。且命二王拜克用为兄。

戊戌，削夺王行瑜官爵。癸卯，以李克用为邠宁四面行营都招讨使，保大节度使李思孝为北面招讨使，定难节度使李思谏为东面招讨使，彰义节度使张鐇为西面招讨使。克用遣其子存勖诣行在，年十一，上奇其状貌，抚之曰："儿方为国之栋梁，他日宜尽忠于吾家。"克用表请上还京，上许之。令克用遣骑三千驻三桥为备御。辛亥，车驾还京师。壬子，司空兼门下侍郎、平章事崔昭纬罢为右仆射。以护国留后王珂、卢龙留守刘仁恭各为本镇节度使。

时宫室焚毁，未暇完葺，上寓居尚书省，百官往往无袍笏仆马。以李克用为行营都统。

九月癸亥，孔纬薨。

李克用急攻梨园，王行瑜求救于李茂贞，茂贞遣兵万人屯龙泉镇，自将兵三万屯咸阳之旁。克用请诏茂贞归镇，仍削夺其官爵，欲分兵讨之。上以茂贞自诛继鹏，前已赦宥，不可复削夺诛讨，但诏归镇，仍令克用与之和解。以昭义节度使李罕之检校侍中，充邠宁四面行营副都统。史俨败邠宁兵于云阳，擒云阳镇使王令诲等，献之。

冬十月丙戌，河东将李存贞败邠宁军于梨园北，杀千余人。自是梨园闭壁不敢出。

贬右仆射崔昭纬为梧州司马。

魏国夫人陈氏，才色冠后宫，上以赐李克用。

克用令李罕之、李存信等急攻梨园；城中食尽，弃城走。罕之等邀击之，所杀万余人，克梨园等三寨，获王行瑜子知进及大将李元福等。克用进屯梨园。庚寅，王行约、王行实烧宁州遁去。克用奏请以匡国节度使苏文建为静难节度使，趣令赴镇，且理宁州，招抚降人。

上迁居大内。

王行瑜以精甲五千守龙泉寨，李克用攻之。李茂贞以兵五千救之，营于镇西。李罕之击凤翔兵，走之，十一月丁巳，拔龙泉寨。行瑜走入邠州，遣使请降于克用。

李克用引兵逼邠州，王行瑜登城号哭，谓克用曰："行瑜无罪，迫胁乘舆，皆李茂贞及李继鹏所为，请移兵问凤翔，行瑜愿束身归朝。"克用曰："王尚父，何恭之甚？仆受诏讨三贼臣，公预其一，束身归朝，非仆所得专也。”丁卯，行瑜挈族弃城走。克用入邠州，封府库，抚居人，命指挥使高爽权巡抚军城，奏趣苏文建赴镇。行瑜走至庆州境，部下斩行瑜，传首。

李克用旋军渭北。

加静难节度使苏文建同平章事。

十二月乙酉，李克用军于云阳。乙未，进克用爵晋王，加李罕之兼侍中，以河东大将盖寓领容管观察使，自余克用将佐子孙并进官爵。

李克用遣掌书记李袭吉入谢恩，密言于上曰：“比年以来，关辅不宁，乘此胜势，遂取凤翔，一劳永逸，时不可失。臣屯军渭北，专俟进止。”上谋于贵近，或曰：“茂贞复灭，则沙陀大盛，朝廷危矣。”上乃赐克用诏，褒其忠款，而言：“不臣之状，行瑜为甚。自朕出幸以来，茂贞、韩建自知其罪，不忘国恩，职贡相继，且当休兵息民。”克用奉诏而止。既而私于诏使曰：“观朝廷之意，似疑克用有异心也。然不去茂贞，关中无安宁之日。”又诏免克用入朝，将佐或言：“今密迩阙廷，岂可不入见天子。”克用犹豫未决，盖寓言于克用曰：“向者王行瑜辈纵兵狂悖，致銮舆播越，百姓奔散。今天子还未安席，人心尚危，大王若引兵渡渭，窃恐复惊骇都邑。人臣尽忠，在于勤王，不在入觐，愿熟图之。”克用笑曰：“盖寓尚不欲吾入朝，况天下之人乎！”乃表称：“臣总帅大军，不敢径入朝觐，且惧部落士卒侵扰渭北居人。”辛亥，引兵东归。表至京师，上下始安，诏赐河东士卒钱三十万缗。克用既去，李茂贞骄横如故，河西州县多为茂贞所据，以其将胡敬璋为河西节度使。

三年夏五月戊子，遣中使赐崔昭纬死，行至荆南追及，斩之，中外咸以为快。

初，李克用屯渭北，李茂贞、韩建惮之，事朝廷礼甚恭。克用去，二镇贡献渐疏，表章骄慢。上自石门还，于神策两军之外，更置安圣、捧宸、保宁、宣化等军，选补数万人，使诸王将之。嗣延王戒丕、嗣覃王嗣周又自募麾下数千人。茂贞以为欲讨己，语多怨望，嫌隙日构。茂贞亦勒兵，扬言欲诣阙讼冤，京师士民争亡匿山谷。上命通王滋及嗣周、戒丕分将诸军以卫近畿，戒丕屯三桥。茂贞遂表言："延王无故称兵讨臣，臣今勒兵入朝请罪。"上遽遣使告急于河东。六月，茂贞引兵逼京畿，覃王与战于娄馆，官军败绩。

秋七月，茂贞进逼京师。延王戒丕曰："今关中藩镇无可依者，不若自鄜州济河，幸太原，臣请先往告之。"辛卯，诏幸鄜州。壬辰，上出至渭北；韩建遣其子从允表请幸华州，上不许。以建为京畿都指挥、安抚制置及开通四面道路催促诸道纲运等使。而建奉表相继，上及从官亦惮远去。癸巳，至富平，遣宣徽使元公讯召建，面议去留。甲午，建诣富平见上，顿首涕泣言："方今藩臣跋扈者非止茂贞。陛下若去宗庙园陵，远巡边鄙，臣恐车驾济河，无复还期。今华州兵力虽微，控带关辅，亦足自固。臣积聚训厉十五年矣，西距长安不远，愿陛下临之，以图兴复。"上乃从之。乙未，宿下邽。丙申，至华州，以府署为行宫。建视事于龙兴寺。茂贞遂入长安，自中和以来所葺宫室市肆，燔烧俱尽。

乙巳，以中书侍郎、同平章事崔胤同平章事，充武安节度使。上以胤，崔昭纬之党也，故出之。

丙午，以翰林学士承旨、尚书左丞陆扆为户部侍郎、同平章事。扆，陕人也。

宰相畏韩建，不敢专决政事。八月丙辰，诏建关议朝政；建上表固辞，乃止。韩建移檄诸道，令共输资粮诣行在。李克用闻之，叹曰："去岁从余言，岂有今日之患！"又曰："韩建天下痴物，为贼臣，弱帝室，是不为李茂贞所擒，则为朱全忠所虏耳。"因奏将与邻道发兵入援。

上愤天下之乱，思得奇杰之士不次用之。国子博士朱朴自言得为宰相，月余可致太平。上以为然，乙丑，以朴为左谏议大夫、同平章事。朴为人庸鄙迂僻，无他长，制出，中外大惊。丙寅，加韩建兼中书令。

九月，崔胤出镇湖南，韩建之志也。胤密求援于朱全忠，且教之营东都宫阙，表迎车驾。全忠与河南尹张全义表请上迁都洛阳。全忠仍请以兵二万迎车驾，且言崔胤忠臣，不宜出外。韩建惧，复奏召胤为相，遣使谕全忠以且宜安静，全忠乃止。乙未，复以胤为中书侍郎、同平章事。以翰林学士承旨、兵部侍郎崔远同平章事。远，珙弟玙之孙也。

丁酉，贬中书侍郎、同平章事陆扆为硖州刺史。崔胤恨扆代己，诬扆，云党于李茂贞而贬之。己亥，以朱朴兼户部，凡军旅财赋之事，上一以委之。以孙偓为凤翔四面行营都统，又以前定难节度使李思谏为静难节度使兼副都统。冬十月壬子，加孙偓行营节度招讨处置等使。丁巳，以韩建知京兆尹兼把截使。戊午，李茂贞上表请罪，愿得自新，仍献助修宫室钱，韩建复佐佑之，竟不出师。

四年春正月甲申，韩建奏："防城将张行思等告睦、济、韶、通、彭、韩、仪、陈八王谋杀臣，劫车驾幸河中。"建恶诸王典兵，故使行思等告之。上大惊，召建谕之，建称疾不入，令诸王诣建自陈。建表称："诸王忽诣臣理所，不测事端。臣详酌事体，不应与诸王相见。"又称："诸王当自避嫌疑，不可轻为举错。陛下若以友爱含容，请依旧制，令归十六宅，妙选师傅，教以诗书，不令典兵预政。"且曰："乞散彼乌合之兵，用光麟趾之化。"建虑上不从，仍引麾下精兵围行宫，表疏连上。上不得已，是夕，诏诸王所领军士并纵归田里，诸王勒归十六宅，其甲兵并委韩建收掌。建又奏："陛下选贤任能，足清祸乱，何必别置殿后四军，显有厚有薄之恩，乖无偏无党之道！且所聚皆坊市无赖奸猾之徒，平居犹思祸变，临难必不为用，而使之张弓挟刃，密迩皇舆，臣窃寒心。乞皆罢遣。"诏亦从之。于是殿后四军二万余人悉散，天子之亲军尽矣。捧日都头李筠，石门扈从功第一，建复奏斩于大云桥。建又奏："玄宗之末，永王璘暂出江南，遽谋不轨。代宗时吐蕃入寇，光启中朱玫乱常，皆援立宗支以系人望。今诸王衔命四方者，乞皆召还。"又奏："诸方士出入禁庭，眩惑圣听，宜皆禁止，无得入宫。"诏悉从之。建既幽诸王于别第，知上意不悦，乃奏请立德王为太子，欲以解之。丁亥，诏立德王祐为皇太子，仍改名裕。

己亥，罢孙偓凤翔四面行营节度等使，以副都统李思谏为宁塞节度使。

二月乙亥，门下侍郎、同平章事孙偓罢守本官，中书侍郎、同平章事朱朴罢为秘书监。朴既秉政，所言皆不效，外议沸腾。太子詹事马道殷以天文，将作监许岩士以医得幸于上，韩建诬二人以罪而杀之，且言偓、朴与二人交通，故罢相。

夏六月，李茂贞表王建攻东川，连兵累岁，不听诏命。甲寅，贬建南州刺史。乙卯，以茂贞为西川节度使；以覃王嗣周为凤翔节度使。覃王赴镇，李茂贞不受代，围覃王于奉天。秋七月，韩建移书李茂贞,茂贞解奉天之围,覃王归华州。

八月,上欲幸奉天亲讨李茂贞,令宰相议之,宰相切谏,乃止。

延王戒丕还〔自〕晋阳,韩建奏:“自陛下即位以来,与近辅交恶,皆因诸王典兵,凶徒乐祸,致銮舆不安。比者臣奏罢兵权,实虑不测之变。今闻延王、覃王尚苞阴计,愿陛下圣断不疑,制于未乱,则社稷之福。”上曰:“何至于是!”数日不报。建乃与知枢密刘季述矫制发兵围十六宅,诸王被发,或缘垣,或登屋,或升木,呼曰:“宅家救儿!”建拥通、仪、睦、济、韶、彭、韩、陈、覃、延、丹十一王至石堤谷,尽杀之,以谋反闻。

贬礼部尚书孙偓为南州司马。秘书监朱朴先贬夔州司马,再贬郴州司户。

九月,以彰义节度使张琏为凤翔西北行营招讨使,以讨李茂贞。复以王建为西川节度使、同平章事。削夺新西川节度使李茂贞官爵,复姓名宋文通。

右拾遗张道古上疏,称:“国家有五危、二乱。昔汉文帝即位未几,明习国家事。今陛下登极已十年,而曾不知为君驭臣之道。太宗内安中原,外开四夷,海表之国,莫不入臣。今先朝封域日蹙几尽。臣虽微贱,窃伤陛下朝廷社稷,始为奸臣所弄,终为贼臣所有也。”上怒,贬道古施州司户,仍下诏罪状道古,宣示谏官。道古,青州人也。

光化元年春正月,上下诏罪己息兵,复李茂贞姓名、官爵,应诸道讨凤翔兵皆罢之。

李茂贞、韩建皆致书于李克用,言大驾出幸累年,乞修和好,同奖王室,兼乞丁匠助修宫室。克用许之。

初,王建攻东川,顾彦晖求救于李茂贞,茂贞命将出兵救之,不暇东逼乘舆，诈称改过，与韩建共翼戴天子。又闻朱全忠营洛阳宫，累表迎车驾，茂贞、韩建惧，请修复宫阙，奉上归长安。诏以韩建为修宫阙使，诸道皆助钱及工材，建使都将蔡敬思督其役。既成，二月，建自往视之。

复以李茂贞为凤翔节度使。

秋八月庚戌，改华州为兴德府。己未，车驾发华州，壬戌，至长安。甲子，赦天下，改元。

杨行密据淮南

唐僖宗中和二年。初，淮南节度使高骈好神仙，有方士吕用之坐妖党亡命归骈，骈厚待之，补以军职。用之，鄱阳茶商之子也，久客广陵，熟其人情，炉鼎之暇，颇言公私利病，骈益奇之，稍加信任。骈旧将梁缵、陈珙、冯绶、董瑾、俞公楚、姚归礼素为骈所厚，用之欲专权，浸以计去之，骈遂夺缵兵，族珙家，绶、瑾、公楚、归礼咸见疏。

用之又引其党张守一、诸葛殷共蛊惑骈。守一本沧、景村民，以术干骈，无所遇，贫困甚，用之谓曰："但与吾同心，勿忧不富贵。"遂荐于骈，骈宠待埒于用之。殷始自鄱阳来，用之先言于骈曰："玉皇以公职事繁重，辍左右尊神一人佐公为理，公善遇之。欲其久留，亦可縻以人间重职。"明日，殷谒见，诡辩风生，骈以为神，补盐铁剧职。骈严洁，甥侄辈未尝得接坐。殷病风疽，搔扪不替手，脓血满爪，骈独与之同席促膝，传杯器而食。左右以为言，骈曰："神仙以此试人耳。"骈有畜犬，闻其腥秽，多来近之。骈怪之。殷笑曰："殷尝于玉皇前见之，别来数百年犹相识。”骈与郑畋有隙，用之谓骈曰：“宰相有遣剑客来刺公者，今夕至矣。”骈大惧，问计安出？用之曰：“张先生尝学斯术，可以御之。”骈请于守一，守一许诺。乃使骈衣妇人之服，潜于他室，而守一代居骈寝榻中，夜掷铜器于阶，令铿然有声，又密以囊盛彘血洒于庭宇，如格斗之状。及旦，笑谓骈曰：“几落奴手。”骈泣谢曰：“先生于骈，乃更生之惠也。”厚酬以金宝。有萧胜者，赂用之求盐城监，骈有难色。用之曰：“用之非为胜也，近得上仙书，云有宝剑在盐城井中，须一灵官取之。以胜上仙左右之人，欲使取剑耳。”骈乃许之。胜至监数月，函一铜匕首以献，用之见，稽首曰：“此北帝所佩，得之则百里之内五兵不能犯。”骈乃饰以珠玉，常置座隅。用之自谓磻溪真君，谓守一乃赤松子，殷乃葛将军，胜乃秦穆公之婿也。

用之又刻青石为奇字，云“玉皇授白云先生高骈”，密令左右置道院香案。骈得之，惊喜。用之曰：“玉皇以公焚修功著，将补真官，计鸾鹤不日当降此际。用之等谪限亦满，必得陪幢节同归上清耳。”是后，骈于道院庭中刻木鹤，时着羽服跨之，日夕斋醮，炼金烧丹，费以巨万计。

用之微时，依止江阳后土庙，举动祷祈。及得志，白骈崇大其庙，〔极〕江南工材之选，每军旅大事，以少牢祷之。用之又言神仙好楼居，说骈作迎仙楼，费十五万缗，又作延和阁，高八丈。

用之每对骈呵叱风雨，仰揖空际，云有神仙过云表；骈辄随而拜之。然常厚赂骈左右，使伺骈动静，共为欺罔，骈不之寤。左右小有异议者，辄为用之陷死不旋踵，但潜抚膺呜指，口不敢言。骈倚用之如左右手，公私大小之事皆决于用之，退贤进不肖，淫刑滥赏，骈之政事于是大坏矣。

用之知上下怨愤，恐有窃发，请置巡察使。骈即以用之领之，募险狯者百余人，纵横闾巷间，谓之"察子"，民间呵妻詈子，靡不知之。用之欲夺人赀财，掠人妇女，辄诬以叛逆，搒掠取服，杀其人而取之，所破灭者数百家，道路以目。将吏士民虽家居，皆重足屏气。

用之又欲以兵威胁制诸将，请选募诸军骁勇之士二万人，号左右莫邪都。骈即以张守一及用之为左右莫邪军使，署置将吏如帅府，器械精利，衣装华洁，每出入，导从近千人。

用之侍妾百余人，自奉奢靡，用度不足，辄留三司纲输其家。用之犹虑人泄其奸谋，乃言于骈曰："神仙不难致，但恨学道者不能绝俗累，故不肯降临耳。"骈乃悉去姬妾，谢绝人事，宾客、将吏皆不得见。有不得已见之者，皆先令沐浴斋祓，然后见，拜起才毕，已复引出。由是用之得专行威福，无所忌惮，境内不复知有骈矣。

三年春三月，以淮南押牙合肥杨行愍为庐州刺史。行愍本庐州牙将，勇敢，屡有战功，都将忌之，白刺史郎幼复遣使出戍于外。行愍过辞，都将以甘言悦之。问其所须，行愍曰："正须汝头耳！"遂起斩之，并将诸营，自称八营都知兵马使。幼复不能制，荐于高骈，请以自代。骈以行愍为淮南押牙，知庐州事，朝廷因而命之。

2848 初，吕用之因左骁雄军使俞公楚得见高骈。用之横甚，或以咎公楚，公楚数戒用之少自敛，无相累；用之衔之。右骁雄军使姚归礼气直敢言，尤疾用之所为，时面数其罪，常欲手刃之。癸未夜，用之与其党会倡家，归礼潜使人爇其室，杀貌类者数人，用之易服得免。明旦，穷治其事，获纵火者，皆骁雄之卒。用之于是日夜谮二将于骈。未几，骈使二将将骁雄卒三千袭贼于慎县，用之密以语行愍，云公楚、归礼欲袭庐州。行愍发兵掩之，二将不为备，举军尽殪。以二将谋乱告骈，骈不知用之谋，厚赏行愍。

四年春三月，高骈从子左骁卫大将军澞疏吕用之罪状二十余幅，密以呈骈，且泣曰："用之内则假神仙之说蛊惑尊听，外则盗节制之权残贼百姓。将佐惧死，莫之敢言。岁月浸深，羽翼将成，苟不除之，恐高氏奕代勋庸，一朝扫地矣。"因呜咽不自胜。骈曰："汝醉邪！"命扶出。明日，以澞状示用之，用之曰："四十郎尝以空乏见告，未获遵命，故有此憾。"因出澞手书数幅呈之。骈甚惭，遂禁澞出入。后月余，以澞知舒州事。

群盗陈儒攻舒州，澞求救于庐州。杨行愍力不能救，谋于其将李神福。神福请不用寸刃而逐之。乃多赍旗帜，间道入舒州。顷之，引舒州兵建庐州旗帜而出，指画地形，若布大阵状，贼惧，宵遁。神福，洺州人也。久之，群盗吴迥、李本复攻舒州，澞不能守，弃城走，骈使人就杀之。杨行愍遣其将合肥陶雅、清流张训等将兵击吴迥、李本，擒斩之，以雅摄舒州刺史。秦宗权遣其弟将兵寇庐州，据舒城，杨行愍遣其将合肥田頵击走之。

光启二年夏四月壬子，朱玫奉襄王煴权监军国事，承制封拜。五月，以和州刺史吕用之为岭南东道节度使。用之建牙开幕，一与骈同，凡骈之腹心及将校能任事者，皆逼以从己，诸所施为，不复咨禀。骈颇疑之，阴欲夺其权，而根蒂已固，无如之何。用之知之，甚惧，访于其党前度支巡官郑杞、前知庐州事董瑾。杞曰："此固为晚矣。"用之问策安出？杞曰："曹孟德有言：'宁我负人，无人负我。'"明日与瑾共为书一缄授用之，其语秘，人莫有知者。

冬十二月，寿州刺史张翱遣其将魏虔将万人寇庐州，庐州刺史杨行愍遣其将田頵、李神福、张训拒之，败虔于褚城。滁州刺史许勍袭舒州，刺史陶雅奔庐州。高骈命行愍更名行密。

三年夏四月，高骈闻秦宗权将寇淮南，遣左厢都知兵马使毕师铎将百骑屯高邮。时吕用之用事，宿将多为所诛，师铎自以黄巢降将，常自危。师铎有美妾，用之欲见之，师铎不许。用之因师铎出，窃往见之，师铎惭怒，出其妾，由是有隙。师铎将如高邮，用之待之加厚，师铎益疑惧，谓祸在旦夕。师铎子娶高邮镇遏使张神剑女，师铎密与之谋，神剑以为无是事。神剑名雄，人以其善用剑，故谓之“神剑”。时府中藉藉，亦以为师铎且受诛，其母使人语之曰：“设有是事，汝自努力前去，勿以老母、弱子为累。”师铎疑未决。

会骈子四十三郎者素恶用之，欲使师铎帅外镇将吏共疏用之罪恶，闻于其父，密使人绐之曰：“用之比来频启令公，欲因此相图，已有委曲在张尚书所，宜备之。”师铎问神剑曰：“昨夜使司有文书，翁胡不言？”神剑不寤，曰：“无之。”师铎内不自安，归营，谋于腹心，皆劝师铎起兵诛用之。师铎曰：“用之数年以来，人怨鬼怒，安知天不假手于我诛之邪？淮宁军使郑汉章，我乡人，昔归顺时副将也，素切齿于用之，闻吾谋，必喜。”乃夜与百骑潜诣汉章，汉章大喜，悉发镇兵及驱居民合千余人从师铎至高邮。师铎诘张神剑以所得委曲，神剑惊曰：“无有。”师铎声色浸厉，神剑奋曰：“公何见事之暗！用之奸恶，天地所不容。况近者重赂权贵得岭南节度，复不行，或云谋窃据此土。使其得志，吾辈岂能握刀头事此妖物邪！要剐此数贼以谢淮海，何必多言！”汉章喜，遽命取酒，割臂血沥酒共饮之。乙巳，众推师铎为行营使，为文告天地，移书淮南境内，言诛用之及张守一、诸葛殷之意。以汉章为行营副使，神剑为都指挥使。

神剑以师铎成败未可知，请以所部留高邮，曰："一则为公声援，二则供给粮饷。"师铎不悦。汉章曰："张尚书谋亦善，苟终始同心，事捷之日，子女玉帛相与共之，今日岂可复相违！"师铎乃许之。戊申，师铎、汉章发高邮。庚戌，诇骑以白高骈，吕用之匿之。

毕师铎兵奄至广陵城下，城中惊扰。壬子，吕用之引麾下劲兵，诱以重赏，出城力战。师铎兵少却，用之始得断桥塞门为守备。是日，骈登延和阁，闻喧噪声，左右以师铎之变告。骈惊，急召用之诘之，用之徐对曰："师铎之众思归，为门卫所遏，适已随宜区处，计寻退散。傥或不已，正烦玄女一力士耳，愿令公勿忧。"骈曰："近者觉君之妄多矣，君善为之，勿使吾为周侍中。"言毕惨沮久之，用之惭懅而退。

师铎退屯山光寺，以广陵城坚兵多，甚有悔色。癸丑，遣其属孙约与其子诣宣州，乞师于观察使秦彦，且许以克城之日迎彦为帅。会师铎馆客毕慕颜自城中逃出，言："众心离散，用之忧窘，若坚守之，不日当溃。"师铎乃悦。是日未明，骈召用之，问以事本末，用之始以实对。骈曰："吾不欲复出兵相攻，君可选一温信大将，以我手札谕之，若其未从，当别处分。"用之退，念诸将皆仇敌，往必不利于己，甲寅，遣其所部讨击副使许戡赍骈之委曲及用之誓状并酒肴出劳师铎。师铎始亦望骈旧将劳问，得以具陈用之奸恶，披泄积愤，见戡至，大骂曰："梁缵、韩问何在？乃使此秽物来！"戡未及发言，已牵出斩之。乙卯，师铎射书入城，用之不发，即焚之。

丁巳，用之以甲士百人入见骈于延和阁下，骈大惊，匿于寝室，久而后出，曰："节度使所居，无故以兵入，欲反邪?"命左右驱出。用之大惧，出子城南门，举策指之曰："吾不可复入此。"自是高、吕始判矣。

是夜，骈召其从子前左金吾卫将军傑密议军事。戊午，署傑都牢城使，泣而勉之，以亲信五百人给之。用之命诸将大索城中丁壮，无问朝士、书生，悉以白刃驱缚登城，令分立城上，自旦至暮，不得休息。又恐其与外寇通，数易其地，家人饷之，莫知所在。由是城中人亦恨师铎入城之晚也。

骈遣大将石锷以师铎幼子及其母书并骈委曲至扬子谕师铎，师铎遽遣其子还，曰："令公但斩吕、张以示师铎，师铎不敢负恩，愿以妻子为质。"骈恐用之屠其家，收师铎母妻子置使院。

辛酉，秦彦遣其将秦稠将兵三千至扬子助师铎。壬戌，宣州军攻南门，不克。癸亥，又攻罗城东南隅，城几陷者数四。甲子，罗城西南隅守者焚战格以应师铎，师铎入城以内其众。用之帅其众千人力战于三桥北，师铎垂败，会高傑以牢城兵自子城出，欲擒用之以授师铎，用之乃开参佐门北走。骈召梁缵以昭义军百余人保子城。乙丑，师铎纵兵大掠。骈不得已，命彻备，与师铎相见于延和阁下，交拜如宾主之仪，署师铎节度副使、行军司马，仍承制加左仆射，郑汉章等各迁官有差。

左莫邪都虞候申及，本徐州健将，入见骈，说之曰："师铎逆党不多，诸门尚未有守者，请令公及此选元从三十人，夜自教场门出，比师铎觉之，追不及矣。然后发诸镇兵还取府城，此转祸为福也。若一二日事定，浸恐艰难，及亦不得在左右矣。"言之且泣，骈犹豫不听。及恐语泄，遂窜匿，会张雄至东塘，及往归之。

丙寅，师铎果分兵守诸门，搜捕用之亲党，悉诛之。师铎入居使院，秦稠以宣军千人分守使宅及诸仓库。(丙寅)〔丁卯〕，骈牒请解所任，以师铎兼判府事。

师铎遣孙约至宣城，趣秦彦过江。或说师铎曰："仆射向者举兵，盖以用之辈奸邪暴横，高令公坐自聋瞽，不能区理，故顺众心为一方去害。今用之既败，军府廓然，仆射宜复奉高公而佐之，但总其兵权以号令，谁敢不服？用之乃淮南一叛将耳，移书所在，立可枭擒。如此则外有推奉之名，内得兼并之实，虽朝廷闻之，亦无亏臣节。使高公聪明，必知内愧；如其不悛，乃机上肉耳。奈何以此功业付之他人，岂惟受制于人，终恐自相鱼肉。前日秦稠先守仓库，其相疑已可见。且秦司空为节度使，庐州、寿州其肯为之下乎？仆见战攻之端未有穷已，岂惟淮南之人肝脑涂地，窃恐仆射功名成败未可知也。不若及今亟止秦司空，勿使过江，彼若粗识安危，必未敢轻进。就使他日责我以负约，犹不失为高氏忠臣也。"师铎大以为不然，明日，以告郑汉章。汉章曰："此智士也。"散求之，其人畏祸，竟不复出。

戊辰，骈迁家出居南第，师铎以甲士百人为卫，其实囚之也。是日，宣军以所求未获，焚进奉两楼数十间，宝货悉为煨烬。己巳，师铎于府厅视事，凡官吏非有兵权者皆如故，复迁骈于东第。自城陷，诸军大掠，昼夜不已。至是，师铎始以先锋使唐宏为静街使，禁止之。

骈先为盐铁使，积年不贡奉，货财在扬州者，填委如山。骈作郊天、御楼六军立仗仪服，及大殿元会、内署行幸供张器用，皆刻镂金玉、蟠龙蹙凤数十万事，悉为乱兵所掠，归于闾阎，张陈寝处其中。

庚午，获诸葛殷，杖杀之，弃尸道旁，怨家抉其目，断其舌，众以瓦石投之，须臾成冢。吕用之之败也，其党郑杞首归师铎，师铎署杞知海陵监事。杞至海陵，阴记高霸得失，闻于师铎。霸获其书，杖杞背，断手足，刳目截舌，然后斩之。

辛未，高骈密以金遗守者，毕师铎闻之，壬午，复迎骈入道院，收高氏子弟甥侄十余人同幽之。

毕师铎之攻广陵也，吕用之诈为高骈牒，署庐州刺史杨行密行军司马，追兵入援。庐江人袁袭说行密曰："高公昏惑，用之奸邪，师铎悖逆，凶德参会，而求兵于我，此天以淮南授明公也，趣赴之。"行密乃悉发庐州兵，复借兵于和州刺史孙端，合数千人赴之。五月，至天长。郑汉章之从师铎也，留其妻守淮口，用之帅众攻之，旬日不克，汉章引兵救之。用之闻行密至天长，引兵归之。

张神剑求货于毕师铎，师铎报以俟秦司空之命，神剑怒，亦以其众归杨行密。及海陵镇遏使高霸、曲溪人刘金、盱眙人贾令威，悉以其众属焉，行密众至万七千人。张神剑运高邮粮以给之。

甲午，秦彦将宣歙兵三万余人，乘竹筏沿江而下，赵晖邀击于上元，杀溺殆半。丙申，彦入广陵，自称权知淮南节度事，仍以毕师铎为行军司马，补池州刺史赵锽为宣歙观察使。戊戌，杨行密帅诸军抵广陵城下，为八寨以守之，秦彦闭城自守。

六月戊午，秦彦遣毕师铎、秦稠将兵八千出城西击杨行密，稠败死，士卒死者什七八。城中乏食，樵采路绝，宣州军始食人。

秋八月，秦彦以前苏州刺史张雄兵强，冀得其用，以仆射告身授雄，以尚书告身三通授裨将冯弘铎等。广陵人竞以金玉珠缯诣雄军贸食，通犀带一得米五升，锦衾一得糠五升。雄军既富，不复肯战，未几，复助杨行密。

丁卯，彦悉出城中兵万二千人，遣毕师铎、郑汉章将之，陈于城西，延袤数里，军势甚盛。行密安卧帐中，曰："贼近告我。"牙将李宗礼曰："众寡不敌，宜坚壁自守，徐图还师。"李涛怒曰："吾以顺讨逆，何论众寡？大军至此，去将安归！涛愿将所部为前锋，保为公破之。"涛，赵州人也。行密乃积金帛麴米于一寨，使羸弱守之，多伏精兵于其旁，自将千余人冲其阵。兵始交，行密阳不胜而走，广陵兵追之，入空寨，争取金帛麴米，伏兵四起，广陵众乱，行密纵兵击之，俘斩殆尽，积尸十里，沟渎皆满，师铎、汉章单骑仅免。自是秦彦不复言出师矣。

九月，高骈在道院，秦彦供给甚薄，左右无食，至然木像煮革带食之，有相啖者。彦与毕师铎出师屡败，疑骈为厌胜，外围益急，恐骈党有为内应者。有妖尼王奉仙言于彦曰："扬州分野极灾，必有一大人死，自此喜矣。"甲戌，命其将刘匡时杀骈，并子弟甥侄无少长皆死，同坎瘗之。乙亥，杨行密闻之，帅士卒缟素向城大哭三日。

冬十月，秦彦遣郑汉章将步骑五千出击张神剑、高霸寨，破之，神剑奔高邮，霸奔海陵。

杨行密围广陵且半年，秦彦、毕师铎大小数十战，多不利。城中无食，米斗直钱五十缗，草根木实皆尽，以堇泥为饼食之，饿死者太半。宣军掠人诣肆卖之，驱缚屠割如羊豕，讫无一声，积骸流血，满于坊市。彦、师铎无如之何，顰蹙而已。外围益急，彦、师铎忧懑，殆无生意，相对抱膝，终日悄然。行密亦以城久不下，欲引还。己巳夜，大风雨，吕用之部将张审威帅麾下士三百，晨伏于西壕，俟守者易代，潜登城，启关纳其众，守者皆不斗而溃。先是，彦、师铎信重尼奉仙，虽战陈日时，赏罚轻重，皆取决焉。至是复咨于奉仙曰:“何以取济?”奉仙曰:“走为上策。”乃自开化门出,奔东塘。行密帅诸军合万五千人入城,以梁缵不尽节于高氏,为秦、毕用,斩于戟门之外。韩问闻之,赴井死。以高骈从孙愈摄副使,使改殡骈及其族。城中遗民才数百家,饥羸非复人状,行密辇西寨米以赈之。行密自称淮南留后。

秦宗权遣其弟宗衡将兵万人渡淮,与杨行密争扬州,以孙儒为副,张佶、刘建锋、马殷及宗权族弟彦晖皆从。十一月辛未,抵广陵城西,据行密故寨,行密辎重之未入城者为蔡人所得。秦彦、毕师铎至东塘,张雄不纳,将渡江趣宣州。宗衡召之,乃引兵还,与宗衡合。

未几,宗权召宗衡还蔡,拒朱全忠。孙儒知宗权势不能久,称疾不行。宗衡屡促之,儒怒,甲戌,与宗衡饮酒,座中手刃之,传首于全忠。宗衡将安仁义降于行密。仁义,本沙陀将也,行密悉以骑兵委之,列于田頵之上。儒分兵掠邻州,未几,众至数万,以城下乏食,与彦、师铎袭高邮。

辛巳,高邮镇遏使张神剑帅麾下二百人逃归扬州。丙戌,孙儒屠高邮。戊子,高邮残兵七百人溃围而至,杨行密虑其为变,分隶诸将,一夕尽坑之。明日,杀神剑于其第。杨行密恐孙儒乘胜取海陵,壬寅,命镇遏使高霸帅其兵民悉归府城,曰:“有违命者,族之。”于是数万户弃资产,焚庐舍,挈老幼迁于广陵。戊戌,霸与弟晊、部将余绕山、前常州刺史丁从实至广陵,行密出郭迎之,与霸、晊约为兄弟,置其将卒于法云寺。

朝廷以淮南久乱,闰月,以朱全忠兼淮南节度使、东南面招讨使。

杨行密欲遣高霸屯天长以拒孙儒,袁袭曰:“霸,高氏旧将,常挟两端，我胜则来，不胜则叛。今处之天长，是自绝其归路也，不如杀之。”己酉，行密伏甲，执霸及丁从实、余绕山皆杀之。又遣千骑掩杀其党于法云寺，死者数千人。是日大雪，寺外数坊地皆赤。高睢出走，明日获而杀之。

吕用之之在天长也，给杨行密曰：“用之有银五万铤，埋于所居，克城之日，愿备麾下一醉之资。”庚戌，行密阅士卒，顾用之曰：“仆射许此曹银，何食言邪？”因牵下，械系，命田頵鞫之，云与郑杞、董瑾谋，因中元夜邀高骈至其第建黄箓斋，乘其入静，缢杀之，声言上升。因令莫邪都帅诸军推用之为节度使。是日，腰斩用之，怨家刳裂立尽，并诛其族党。军士发其中堂，得桐人，书骈姓名于胸，桎梏而钉之。袁袭言于行密曰：“广陵饥弊已甚，蔡贼复来，民必重困，不如避之。”甲寅，行密遣和州将延陵宗以其众二千人归和州。乙卯，又命指挥使蔡俦将兵千人，辎重数千两，归于庐州。

朱全忠遣内（容）〔客〕将张廷范致朝命于杨行密，以行密为淮南节度副使，又以宣武行军司马李璠为淮南留后，遣牙将郭言将兵千人送之。

文德元年春正月甲寅，孙儒杀秦彦、毕师铎、郑汉章。彦等之归秦宗衡也，其众犹二千余人，其后稍稍为儒所夺。裨将唐宏知其必及祸，恐并死，乃诬告彦等潜召汴军。儒杀彦等，以宏为马军使。

张守一与吕用之同归杨行密，复为诸将合仙丹，又欲干军府之政，行密怒而杀之。

张廷范至广陵，杨行密厚礼之。及闻李璠来为留后，怒，有不受之色。廷范密使人白全忠，宜自以大军赴镇，全忠从之。至宋州，廷范自广陵逃来，曰："行密未可图也。"甲子，李璠至，言徐军遮道，全忠乃止。二月，朱全忠奏以杨行密为淮南留后。

夏四月壬午，孙儒袭扬州，克之。杨行密出走，儒自称淮南节度使。行密将奔海陵，袁袭劝归庐州，再为进取之计，从之。

秋八月，杨行密畏孙儒之逼，欲轻兵袭洪州。袁袭曰："钟传定江西已久，兵强食足，未易图也。赵锽新得宣州，怙乱残暴，众心不附。公宜卑辞厚币说和州孙端、上元张雄，使自采石济江侵其境，彼必来逆战，公自铜官济江会之，破锽必矣。"行密从之，使蔡俦守庐州，帅诸将济自糁潭。

孙端、张雄为赵锽所败。锽将苏塘、漆朗将兵二万屯曷山。袁袭曰："公引兵急趋曷山，坚壁自守，彼求战不得，谓我畏怯，因其怠，可破也。"行密从之。塘等大败，遂围宣州。锽兄乾之自池州帅众救宣州，行密使其将陶雅击乾之于九华，破之。干之奔江西，以雅为池州制置使。

昭宗龙纪元年夏五月甲辰，润州制置使阮结卒，钱镠以静江都将成及代之。

六月，杨行密围宣州，城中食尽，人相啖。指挥使周进思据城逐赵锽，锽将奔广陵，田頵追擒之。未几，城中执进思以降。行密入宣州，诸将争取金帛，徐温独据米囷，为粥以食饿者。温，朐山人也。锽将宿松周本，勇冠军中，行密获而释之，以为裨将。锽既败，左右皆散，惟李德诚从锽不去，行密以宗女妻之。德诚，西华人也。行密表言于朝，诏以行密为宣歙观察使。

朱全忠与赵锽有旧，遣使求之。行密谋于袁袭，袭曰："不若斩首以遗之。"行密从之。未几，袭卒，行密哭之曰："天不欲成吾大功邪？何为折吾股肱也！吾好宽，而袭每劝我以杀，此其所以不寿与?”孙儒遣兵攻庐州,蔡俦以州降之。

冬十月,以给事中杜儒休为苏州刺史。钱镠不悦,以知州事沈粲为制置指挥使。杨行密遣马步都虞候田頵等攻常州。十一月,田頵攻常州,为地道入城。中宵,旌旗甲兵出于制置使杜棱之寝室,遂虏之,以兵三万戍常州。

十二月戊寅,孙儒自广陵引兵渡江。壬午,逐田頵,取常州,以刘建锋守之。儒还广陵,建锋又逐成及,取润州。

大顺元年春正月,汴将庞师古等众号十万,渡淮,声言救行密,攻下天长,壬子,下高邮。二月,庞师古引兵深入淮南,己巳,与孙儒战于陵亭,师古兵败而还。

杨行密遣其将马敬言将兵五千,乘虚袭据润州。李友将兵二万屯青城,将攻常州。安仁义、刘威、田頵败刘建锋于武进,敬言、仁义、頵屯润州。友,合肥人;威,慎县人也。

三月,赐宣歙军号宁国,以杨行密为节度使。

夏六月,孙儒求好于朱全忠,全忠表为淮南节度使。未几,全忠杀其使者,复为仇敌。

秋八月丙寅,孙儒攻润州。

苏州刺史杜儒休到官,钱镠使沈粲害之。会杨行密将李友拔苏州,粲奔孙儒。

九月,杨行密以其将张行周为常州制置使。闰月,孙儒遣刘建锋攻拔常州,杀行周,遂围苏州。冬十二月己丑,孙儒拔苏州,杀李友。安仁义等闻之,焚润州庐舍,夜遁。儒使沈粲守苏州,又遣其将归传道守润州。

二年春正月,孙儒尽举淮、蔡之兵济江,癸酉,自润州转战而南,田頵、安仁义屡败退,杨行密城戍皆望风奔溃。儒将李从立奄至宣州东溪，行密守备尚未固，众心危惧。夜，使其将合肥台濛将五百人屯溪西，濛使士卒传呼，往返数四，从立以为大众继至，遽引去。儒前军至溧水，行密使都指挥使李神福拒之。神福阳退以示怯，儒军不设备，神福夜帅精兵袭之，俘斩千人。

夏四月，杨行密遣其将刘威、朱延寿将兵三万击孙儒于黄池，威等大败。延寿，舒城人也。

孙儒军于黄池，五月，大水，诸营皆没，乃还扬州，使其将康暀据和州，安景思据滁州。杨行密遣其将李神福攻和、滁，康暀降，安景思走。

秋七月，朱全忠遣使与杨行密约共攻孙儒。儒恃其兵强，欲先灭行密，后敌全忠，移牒藩镇，数行密、全忠之罪，且曰："俟平宣、汴，当引兵入朝，除君侧之恶。"于是悉焚扬州庐舍，尽驱丁壮及妇女渡江，杀老弱以充食。行密将张训、李德诚潜入扬州，灭余火，得谷数十万斛以赈饥民。泗州刺史张谏贷数万斛以给军，训以行密之命馈之，谏由是德行密。乙未，孙儒自苏州出屯广德，杨行密引兵拒之。儒围其寨，行密将上蔡李简帅百余人力战，破寨，拔行密出之。

冬十二月，孙儒焚掠苏、常，引兵逼宣州。钱镠复遣兵据苏州。儒屡破杨行密之兵，旌旗辎重亘百余里。行密求救于钱镠，镠以兵食助之。

景福元年春正月，杨行密谓诸将曰："孙儒之众十倍于我，吾战数不利，欲退保铜官，如何？"刘威、李神福曰："儒扫地远来，利在速战。宜屯据险要，坚壁清野以老其师，时出轻骑抄其馈饷，夺其俘掠。彼前不得战，退无资粮，可坐擒也。"戴友规曰："儒与我相持数年，胜负略相当。今悉众致死于我，我若望风弃城，正堕其计。淮南士民从公渡江及自儒军来降者甚众，公宜遣将先护送归淮南，使复生业。儒军闻淮南安堵，皆有思归之心，人心既摇，安得不败。”行密悦，从之。友规，庐州人也。

二月，孙儒围宣州。初，刘建锋为孙儒守常州，将兵从儒击杨行密甘露镇，使陈可言帅部兵千人据常州。行密将张训引兵奄至城下，可言仓猝出迎，训手刃杀之，遂取常州。行密别将又取润州。

夏五月，杨行密屡败孙儒兵，破其广德营，张训屯安吉，断其粮道。儒食尽，士卒大疫，遣其将刘建锋、马殷分兵掠诸县。六月，行密闻儒疾疟，戊寅，纵兵击之。会大雨，晦冥，儒军大败，安仁义破儒五十余寨，田頵擒儒于阵，斩之，传首京师，儒众多降于行密。

丁酉，杨行密帅众归扬州。秋七月丙辰，至广陵，表田頵守宣州，安仁义守润州。先是，扬州富庶甲天下，时人称“扬一益二”，及经秦、毕、孙、杨兵火之余，江、淮之间，东西千里扫地尽矣。

秋八月，以杨行密为淮南节度使、同平章事，以田頵知宣州留后，安仁义为润州刺史。孙儒降兵多蔡人，行密选其尤勇健者五千人，厚其廪赐，以皂衣蒙甲，号“黑云都”，每战，使之先登陷陈，四邻畏之。

行密以用度不足，欲以茶盐易民布帛。掌书记舒城高勖曰：“兵火之余，十室九空，又渔利以困之，将复离叛。不若悉我所有，易邻道所无，足以给军。选贤守令，劝课农桑，数年之间，仓库自实。”行密从之。田頵闻之曰：“贤者之言，其利远哉！”行密驰射武伎皆非所长，而宽简有智略，善抚御将士，与同甘苦，推心待物，无所猜忌。尝早出，从者断马鞦，取其金，行密知而不问，他日复早出如故，人服其度量。

淮南被兵六年，士民转徙几尽。行密初至，赐与将吏，帛不过数尺，钱不过数百，而能以勤俭足用。非公宴，未尝举乐。招抚流散，轻徭薄敛，未及数年，公私富庶，几复承平之旧。

冬十一月，庐州刺史蔡俦发杨行密父祖墓，与舒州刺史倪章连兵，遣使送印于朱全忠以求救。全忠恶其反覆，纳其印，不救，且牒报行密，行密谢之。行密遣行营都指挥使李神福将兵讨俦。

二年夏四月，李神福围庐州，甲午，杨行密自将诣庐州，田頵自宣州引兵会之。秋七月丁亥，杨行密克庐州，斩蔡俦。左右请发俦父母冢，行密曰："俦以此得罪，吾何为效之！"八月丙辰，杨行密遣田頵将宣州兵二万攻歙州，歙州刺史裴枢城守，久不下。时诸将为刺史者多贪暴，独池州团练使陶雅宽厚得民，歙人曰："得陶雅为刺史，请听命。"行密即以雅为歙州刺史，歙人纳之。雅尽礼见枢，送之还朝。枢，遵庆之曾孙也。冬十月，舒州刺史倪章弃城走，杨行密以李神福为舒州刺史。

乾宁元年春三月，黄州刺史吴讨举州降杨行密。夏五月，武昌节度使杜洪攻黄州，杨行密遣行营都指挥使朱延寿等救之。冬十二月，吴讨畏杜洪之逼，纳印请代于杨行密，行密以先锋指挥使瞿章权知黄州。

二年春（二）〔正〕月，杨行密表朱全忠罪恶，请会易定、兖、郓、河东兵讨之。

三月，杨行密浮淮至泗州，防御使台濛盛饰供帐，行密不悦。既行，濛于卧内得补绽衣，驰使归之。行密笑曰："吾少贫贱，不敢忘本。"濛甚惭。行密攻濠州，拔之，执刺史张璲。丁亥，行密围寿州。夏四月，杨行密围寿州，不克，将还。庚寅，其将朱延寿请试往更攻，一鼓拔之，执刺史江从勖。行密以延寿权知寿州团练使。未几，汴兵数万攻寿州，州兵少，吏民恟惧。延寿制，军中每旗二十五骑。命黑云队长李厚将十旗击汴兵，不胜。延寿将斩之，厚称众寡不敌，愿益兵更往，不胜则死。都押牙汝阳柴再用亦为之请，乃益以五旗。厚殊死战，再用助之，延寿悉众乘之，汴兵败走。厚，蔡州人也。行密又遣兵袭涟水，拔之。

三年夏五月，淮南将朱延寿奄至蕲州，围其城。大将贾公铎方猎，不得还，伏兵林中，命勇士二人衣羊皮，夜入延寿所掠羊群，潜入城，约夜半开门，举火为应，复衣皮返命。公铎如期引兵至城南，门中火举，力战，突围而入。延寿惊曰："吾常恐其溃围而出，反溃围而入，如此，城安可猝拔！"乃白行密，求军中与公铎有旧者持誓书金帛往说之，许以婚。寿州团练副使柴再用请行，临城与语，为陈利害。数日，公铎及刺史(马)〔冯〕敬章请降。以敬章为左都押牙，公铎为右监门卫将军。延寿进拔光州，杀刺史刘存。

四年春二月，诏以杨行密为江南诸道行营都统，以讨武昌节度使杜洪。夏四月，杜洪为杨行密所攻，求救于朱全忠。全忠遣其将聂金掠泗州，朱友恭攻黄州。行密遣右黑云都指挥使马珣等救黄州。黄州刺史瞿章闻友恭至，弃城拥众南保武昌寨。五月辛巳，朱友恭为浮梁于樊港，进攻武昌寨，壬午，拔之，执瞿章，遂取黄州。马珣等皆败走。

朱全忠既得兖、郓，甲兵益盛，秋九月，乃大举击杨行密，遣庞师古以徐、宿、宋、滑之兵七万壁清口，将趣扬州，葛从周以兖、郓、曹、濮之兵壁安丰，将趣寿州，全忠自将屯宿州，淮南震恐。

杨行密与朱瑾将兵三万拒汴军于楚州，别将张训自涟水引兵会之，行密以为前锋。庞师古营于清口，或曰："营地污下，不可久处。"不听。师古恃众轻敌，居常弈棋。朱瑾壅淮上流，欲灌之。或以告师古，师古以为惑众，斩之。十一月癸酉，瑾与淮南将侯瓒将五千骑潜渡淮，用汴人旗帜，自北来趣其中军。张训逾栅而入，士卒苍黄拒战，淮水大至，汴军骇乱。行密引大军济淮，与瑾等夹攻之，汴军大败，斩师古及将士首万余级，余众皆溃。葛从周屯于寿州西北，寿州团练使朱延寿击破之，退屯濠州，闻师古败，奔还。行密、瑾、延寿乘胜追之，及于淠水。从周半济，淮南兵击之，杀溺殆尽，从周走免。遏后都指挥使牛存节弃马步斗，诸军稍得济淮，凡四日不食，会大雪，汴卒缘道冻馁死，还者不满千人。全忠闻败，亦奔还。行密遗全忠书曰："庞师古、葛从周非敌也，公宜自来淮上决战。"

行密大会诸将，谓行军副使李承嗣曰："始吾欲先趣寿州，副使云不如先向清口，师古败，从周自走，今果如所料。"赏之钱万缗，表承嗣领镇海节度使。行密待承嗣及史俨甚厚，第舍、姬妾，咸选其尤者赐之，故二人为行密尽力，屡立功，竟卒于淮南。行密由是遂保据江、淮之间，全忠不能与之争。

光化元年春正月，两浙、江西、武昌、淄青各遣使诣阙，请以朱全忠为都统，讨杨行密。诏不许。

二年春正月，杨行密与朱瑾将兵数万攻徐州，军于吕梁，朱全忠遣骑将张归厚救之。朱全忠自将救徐州，杨行密闻之，引兵去。汴人追及之于下邳，杀千余人。全忠行至辉州，淮南兵已退，乃还。

三年。加杨行密兼侍中。

天复二年春三月，上以左金吾将军李俨为江、淮宣谕使，书御(衣)〔札〕赐杨行密，拜行密东面行营都统、中书令、吴王，以讨朱全忠。以朱瑾为平卢节度使，冯弘铎为武宁节度使，朱延寿为奉国节度使。加武安节度使马殷同平章事。淮南、宣歙、湖南等道立功将士，听用都统牒承制迁补，然后表闻。俨，张浚之子也，赐姓李。

武宁节度使冯弘铎介居宣、扬之间，常不自安；然恃楼船之强，不事两道。宁国节度使田頵欲图之，募弘铎人造战舰。工人曰："冯公远求坚木，故其船堪久用，今此无之。"頵曰："第为之，吾止须一用耳。"弘铎将冯晖、颜建说弘铎先击頵，弘铎从之，(师)〔帅〕众南上，声言攻洪州，实袭宣州也。杨行密使人止之，不从。六月辛巳，頵帅舟师逆击于葛山，大破之。

冯弘铎收余众沿江将入海，杨行密恐其为后患，遣使犒军，且说之曰："公徒众犹盛，胡为自弃于沧海之外。吾府虽小，足以容公之众，使将吏各得其所，如何？"弘铎左右皆恸哭听命。弘铎至东塘，行密自乘轻舟迎之，从者十余人，常服，不持兵，升弘铎舟慰谕之，举军感悦。署弘铎淮南节度副使，馆给甚厚。

初，弘铎遣牙将丹徒尚公乃诣行密求润州，行密不许。公乃大言曰："公不见听，但恐不敌楼船耳。"至是，行密谓公乃曰："颇记求润州时否？"公乃谢曰："将吏各为其主，但恨无成耳。"行密笑曰："尔事杨叟如冯公，无忧矣。"行密以李神福为升州刺史。

杨行密发兵讨朱全忠，以副使李承嗣权知淮南军府事。军吏欲以巨舰运粮，都知兵马使徐温曰："运路久不行，葭苇堙塞，请用小艇，庶几易通。"军至宿州，会久雨，重载不能进，士有饥色，而小艇先至，行密由是奇温，始与议军事。行密攻宿州，久不克，竟以粮运不继引还。

冬十月，李俨至扬州，杨行密始建制敕院，每有封拜，辄以告俨，于紫极宫玄宗像前陈制书，再拜然后下。

三年春正月，杨行密承制加朱瑾东面诸道行营副都统、同平章事，以升州刺史李神福为淮南行军司马、鄂岳行营招讨使，舒州团练使刘存副之，将兵击杜洪。洪将骆殷戍永兴，弃城走，县民方诏据城降。神福曰："永兴大县，馈运所仰，已得鄂之半矣。"

三月，淮南将李神福围鄂州，望城中积荻，谓监军尹建峰曰："今夕为公焚之。"建峰未之信。时杜洪求救于朱全忠，神福遣部将秦皋乘轻舟至滠口，举火炬于树杪。洪以为救兵至，果焚荻以应之。

夏四月，杜洪求救于朱全忠，全忠遣其将韩勍将万人屯滠口，遣使语荆南节度使成汭、武安节度使马殷、武贞节度使雷彦威，令出兵救洪。汭畏全忠之强，且欲侵〔江〕淮之地以自广，发舟师十万沿江东下。汭作巨舰，三年而成，制度如府署，谓之"和州载"，其余谓之"齐山"、"截海"、"劈浪"之类甚众。掌书记李珽谏曰："今每舰载甲士千人，稻米倍之，缓急不可动也。吴兵剽轻，难与角逐。武陵、长沙皆吾仇也，岂得不为反顾之虑乎！不若遣骁将屯巴陵，大军与之对岸，坚壁勿战，不过一月，吴兵食尽自遁，鄂围解矣。"汭不听。珽，憕之五世孙也。

五月，成汭行未至鄂州，马殷遣大将许德勋将舟师万余人，雷彦威遣其将欧阳思将舟师三千余人会于荆江口，乘虚袭江陵，庚戌，陷之，尽掠其人及货财而去。将士亡其家，皆无斗志。李神福闻其将至，自乘轻舟前觇之，谓诸将曰："彼战舰虽多而不相属，易制也，当急击之。”壬子，神福遣其将秦裴、杨戎将众数千逆击汭于君山，大破之。因风纵火，焚其舰，士卒皆溃，汭赴水死，获其战舰二百艘。韩勍闻之，亦引兵去。

初，宁国节度使田頵破冯弘铎，诣广陵谢杨行密，因求池、歙为巡属，行密不许。行密左右下及狱吏皆求赂于頵，頵怒曰："吏知吾将下狱邪！"及还，指广陵南门曰："吾不可复入此矣！"頵兵强财富，好攻取。行密既定淮南，欲保境息民，每抑止之，頵不从。及解释钱镠，頵尤恨之，阴有叛志。李神福言于行密曰："頵必反，宜早图之。"行密曰："頵有大功，反状未露，今杀之，诸将人人自危矣。"頵有良将曰康儒，与頵谋议多不合，行密知之，擢儒为庐州刺史。頵以儒为贰于己，族之。儒曰："吾死，田公亡无日矣。"頵遂与润州团练使安仁义同举兵，仁义悉焚东塘战舰。

頵遣二使诈为商人，诣寿州约奉国节度使朱延寿，行密将尚公乃遇之，曰："非商人也。"杀一人，得其书，以告行密。行密召李神福于鄂州，神福恐杜洪邀之，宣言奉命攻荆南，勒兵具舟楫，及暮，遂沿江东下，始告将士以讨田頵。

己丑，安仁义袭常州，常州刺史李遇逆战，极口骂仁义。仁义曰："彼敢辱我，必有备。"乃引去。壬辰，行密以王茂章为润州行营招讨使，击仁义，不克，使徐温将兵会之。温易其衣服、旗帜皆如茂章兵，仁义不知益兵，复出战，温奋击，破之。

行密夫人，朱延寿之姊也。行密狎侮延寿，延寿怨怒，阴与田頵通谋。頵遣前进士杜荀鹤至寿州，与延寿相结；又遣至大梁告朱全忠。全忠大喜，遣兵屯宿州以应之。荀鹤，池州人也。

九月，朱延寿谋颇泄，杨行密诈为目疾，对延寿使者多错乱所见，或触柱仆地。谓夫人曰："吾不幸失明，诸子皆幼，军府事当悉以授三舅。”夫人屡以书报延寿，行密又自遣召之，阴令徐温为之备。延寿至广陵，行密迎及寝门，执而杀之。部兵惊扰，徐温谕之，皆听命。遂斩延寿兄弟，黜朱夫人。

初，延寿赴召，其妻王氏谓曰：“君此行吉凶未可知，愿日发一使以安我。”一日，使不至，王氏曰：“事可知矣。”部分僮仆，授兵阖门，捕骑至，乃集家人，聚宝货，发百燎焚府舍，曰：“妾誓不以皎然之躯为仇人所辱。”赴火而死。延寿用法严，好以寡击众，尝遣二百人与汴兵战，有一人应留者，请行，延寿以违命，立斩之。

田頵袭升州，得李神福妻子，善遇之。神福自鄂州东下，頵遣使谓之曰：“公见机，与公分地而王，不然，妻子无遗。”神福曰：“吾以卒伍事吴王，今为上将，义不以妻子易其志。頵有老母，不顾而反，三纲且不知，乌足与言乎！”斩使者而进，士卒皆感励。頵遣其将王(檀)〔坛〕、汪建将水军逆战。丁未，神福至吉阳矶，与坛、建遇，坛、建执其子承鼎示之，神福命左右射之。神福谓诸将曰：“彼众我寡，当以奇取胜。”及暮，合战，神福阳败，引舟溯流而上。坛、建追之，神福复还，顺流击之。坛、建楼船大列火炬，神福令军中曰：“望火炬辄击之。”坛、建军皆灭火，旗帜交杂，神福因风纵火，焚其舰。坛、建大败，士卒焚溺死者甚众。戊申，又战于皖口，坛、建仅以身免。获徐绾，行密以槛车载之，遗钱镠。镠剖其心以祭(周)〔高〕渭。

頵闻坛、建败，自将水军逆战。神福曰：“贼弃城来，此天亡也。”临江坚壁不战，遣使告行密，请发步兵断其归路。行密遣涟水制置使台濛将兵应之。王茂章攻润州，久未下，行密命茂章引兵会濛击頵。

田頵闻台濛将至，自将步骑逆战，留其将郭行悰以精兵二万及王坛、汪建水军屯芜湖，以拒李神福。觇者言濛营寨褊小，才容二千人。頵易之，不召外兵。濛入頵境，番阵而进，军中笑其怯。濛曰："頵宿将，多谋，不可不备。"冬十月戊辰，与頵遇于广德，濛先以杨行密书遍赐頵将，皆下马拜受。濛因其挫伏，纵兵击之，頵兵遂败。又战于黄池，兵交，濛伪走，頵追之，遇伏大败，奔还宣州城守，濛引兵围之。頵亟召芜湖兵还，不得入。郭行悰、王坛、汪建及当涂、广德诸戍皆帅其众降。行密以台濛已破田頵，命王茂章复引兵攻润州。

十一月乙亥，田頵帅死士数百出战，台濛阳退以示弱。頵兵逾濠而斗，濛急击之。頵不胜，还走城，桥陷坠马，斩之。其众犹战，以頵首示之，乃溃，濛遂克宣州。

初，行密与頵同闾里，少相善，约为兄弟。及頵首至广陵，行密视之泣下，赦其母殷氏，行密与诸子皆以子孙礼事之。

行密以李神福为宁国节度使，神福以杜洪未平，固让不拜。宣州长史合肥骆知祥善治金谷，观察牙推沈文昌为文精敏，尝为頵草檄骂行密，行密以知祥为淮南支计官，文昌为节度牙推。文昌，湖州人也。

初，頵每战不胜，辄欲杀钱传瓘，其母及宣州都虞候郭师从常保护之。师从，合肥人，頵之妇弟也。頵败，传瓘归杭州，钱镠以师从为镇东都虞候。

天祐元年春三月，以淮南行军司马李神福为鄂岳招讨使，复将兵击杜洪。朱全忠遣使请舍鄂岳，复修旧好，行密报曰："俟天子还长安，然后罢兵修好。"

秋八月，淮南将李神福攻鄂州未下，会疾病，还广陵，杨行密以舒州团练使泌阳刘存代为招讨使。神福寻卒。宣州观察使台濛卒，以其子渥为宣州观察使。

昭宣帝天祐二年。润州团练使安仁义勇决得士心，故淮南将王茂章攻之，逾年不克。杨行密使谓之曰："汝之功，吾不忘也。能束身自归，当以汝为行军副使，但不掌兵耳。"仁义不从。茂章为地道入城，遂克之。仁义举族登楼，众不敢逼。先是，攻城诸将见仁义辄骂之，惟李德诚不然，至是仁义召德诚登楼，谓曰："汝有礼，吾今以为汝功。"且以爱妾赠之。乃掷弓于地。德诚掖之而下，并其子斩于广陵市。

二月，朱全忠遣其将曹延祚将兵与杜洪共守鄂州，庚子，淮南将刘存攻拔之，执洪、延祚及汴兵千余人送广陵，悉诛之。行密以存为鄂岳观察使。

冬十一月庚辰，吴武忠王杨行密薨，将佐共请宣谕使李俨承制授杨渥淮南节度使、东南诸道行营都统，兼侍中、弘农郡王。

王建据蜀

唐僖宗广明元年春三月庚午，以左金吾大将军陈敬瑄为西川节度使。敬瑄，许州人，田令孜之兄也。初，崔安潜镇许昌，令孜为敬瑄求兵马使，安潜不许。敬瑄因令孜得隶左神策军，数岁，累迁至大将军。令孜见关东群盗日炽，阴为幸蜀之计，奏以敬瑄及其腹心左神策大将军杨师立、牛勖、罗元杲镇三川。上令四人击毬赌三川，敬瑄得第一筹，即以为西川节度使，代安潜。夏六月庚寅，陈敬瑄至成都。

中和三年秋七月，左骁卫上将军杨复光卒于河中。八都将鹿晏弘等各以其众散去，王建、韩建、张造、晋晖、李师泰各帅其众与之俱。田令孜密遣人以厚利诱之,二建帅众数千逃奔行在。令孜皆养为假子,赐与巨万,拜诸卫将军,使各将其众,号随驾五都。

光启元年秋九月戊申,以陈敬瑄为三川及峡内诸军都指挥制置等使。

二年夏四月,田令孜荐枢密使杨复恭为左神策中尉观军容使,自除西川监军使,往依陈敬瑄。复恭斥令孜之党,出王建为利州刺史。

三年春三月,山南西道节度使杨守亮忌利州刺史王建骁勇,屡召之;建惧,不往。前龙州司仓周庠说建曰:"唐祚将终,藩镇互相吞噬,皆无雄才远略,不能戡济多难。公勇而有谋,得士卒心,立大功者,非公而谁?然葭萌四战之地,难以久安。阆州地僻人富,杨茂实,陈、田之腹心,不修职贡,若表其罪,兴兵讨之,可一战而擒也。"建从之,召募溪洞酋豪,有众八千,沿嘉陵江而下,袭阆州,逐其刺史杨茂实而据之。自称防御使,招纳亡命,军势益盛,守亮不能制。部将张虔裕说建曰:"公乘天子微弱,专据方州,若唐室复兴,公无种矣。宜遣使奉表天子,仗大义以行师,蔑不济矣。"部将綦毋谏复说建养士爱民,以观天下之变,建皆从之。

初,建与东川节度使顾彦朗俱在神策军同讨贼。建既据阆州,彦朗畏其侵暴,数遣使问遗,馈以军食,建由是不犯东川。

陈敬瑄恶顾彦朗与王建相亲,恐其合兵图己,冬十一月,谋于田令孜。令孜曰:"建,吾子也,不为杨兴元所容,故作贼耳。今折简召之,可致麾下。"乃遣使以书召之,建大喜,诣梓州见彦朗曰:"十军阿父见召,当往省之。因见陈太师,求一大州,若得之，私愿足矣。”乃留其家于梓州，帅麾下精兵二千，与从子宗鐬、假子宗瑶、宗弼、宗侃、宗弁俱西。

建至鹿头关，西川参谋李乂谓敬瑄曰：“王建，虎也，奈何延之入室？彼安肯为公下乎！”敬瑄悔，亟遣人止之，且增修守备。建怒，破关而进，败汉州刺史张顼于绵竹，遂拔汉州，进军学射山，又败西川将句惟立于蚕此，又拔德阳。敬瑄遣使让之，对曰：“十军阿父召我来，及门而拒之，重为顾公所疑，退无归矣。”田令孜登楼慰谕之，建与诸将于清远桥上髡发罗拜，曰：“今既无归，且辞阿父作贼矣。”顾彦朗以其弟彦晖为汉州刺史，发兵助建急攻成都，三日不克而退，还屯汉州。敬瑄告难于朝，诏遣中使和解之。又令李茂贞以书谕之，皆不从。

文德元年春三月，王建攻彭州，陈敬瑄救之，乃去。建大掠西川，十二州皆被其患。夏五月，陈敬瑄方与王建相攻，贡赋中绝。建以成都尚强，退无所掠，欲罢兵，周庠、綦毋谏以为不可。庠曰：“邛州城堑完固，食支数年，可据之，以为根本。”建曰：“吾在军中久，观用兵者不倚天子之重则众心易离。不若疏敬瑄之罪，表请朝廷，命大臣为帅而佐之，则功庶可成。”乃使庠草表，请讨敬瑄以赎罪，因求邛州。顾彦朗亦表请赦建罪，移敬瑄他镇以靖两川。

初，黄巢之乱，上为寿王，从僖宗幸蜀。时事出仓猝，诸王多徒行，至山谷中，寿王疲乏不能前，卧磻石上。田令孜自后至，趣之。王曰：“足痛，幸军容给一马。”令孜曰：“此深山，安得马。”以鞭抶王使前，王顾而不言，心衔之。及即位，遣人监西川军，令孜不奉诏。上方愤藩镇跋扈，欲以威制之。会得彦朗、建表，以令孜所恃者敬瑄耳，六月，以韦昭度兼中书令，充西川节度使兼两川招抚制置等使，征敬瑄为龙武统军。

王建军新都，时绵竹土豪何义阳、安仁费师勤等所在拥兵自保，众或万人，少者千人。建遣王宗瑶说之，皆率众附于建，给其资粮，建军复振。

〔冬十月〕，陈敬瑄、田令孜闻韦昭度将至，治兵完城以拒之。

初，感义节度使杨晟既失兴、凤，走据文、龙、成、茂四州。王建攻西川，田令孜以晟己之故将，假威戎军节度使，使守彭州。王建攻彭州，陈敬瑄遣眉州刺史山行章将兵五万壁新繁以救之。

十二月丁亥，以韦昭度为行营招讨使，山南西道节度使杨守亮副之，东川节度使顾彦朗为行军司马。割邛、蜀、黎、雅置永平军，以王建为节度使，治邛州，充行营诸军都指挥使。戊子，削陈敬瑄官爵。

昭宗龙纪元年春正月戊申，王建大破山行章于新繁，杀获近万人，行章仅以身免。杨晟惧，徙屯三交。行章屯蒙阳，与建相持。冬十二月甲子，王建败山行章及西川骑将宋行能于广都。行能奔还成都，行章退守眉州。壬申，行章请降于建。

大顺元年春正月壬寅，王建攻邛州，陈敬瑄遣其大将彭城杨儒将兵三千助刺史毛湘守之。湘出战，屡败。杨儒登城，见建兵盛，叹曰："唐祚尽矣。王公治众严而不残，殆可以庇民乎？"遂帅所部出降。建养以为子，更其姓名曰王宗儒。乙巳，建留永平节度判官张琳为邛南招安使，引兵还成都。琳，许州人也。陈敬瑄分兵布寨于犀浦、郫、导江等县，发城中民户一丁，昼则穿重壕，采竹木，运砖石，夜则登城，击柝巡警，无休息。韦昭度营于唐桥，王建营于东闾门外。建事昭度甚谨。辛亥，简州将杜有迁执刺史员虔嵩降于建，建以有迁知州事。

夏四月乙丑，陈敬瑄遣蜀州刺史任从海将兵二万救邛州，战败，欲以蜀州降王建。敬瑄杀之，以徐公鉥代为蜀州刺史。丙寅，嘉州刺史朱实举州降于建。丙子，僰道土豪文武坚执戎州刺史谢承恩降于建。

六月丁巳，茂州刺史李继昌帅众救成都，己未，王建击斩之。辛酉，资、简都制置应援使谢从本杀雅州刺史张承简，举城降建。秋八月，王建退屯汉州。陈敬瑄括富民财以供军，置征督院，逼以桎梏棰楚，使各自占。凡有财者如匿赃、虚占、急征，咸不聊生。

九月，邛州刺史毛湘本田令孜亲吏，王建攻之急，食尽，救兵不至。壬戌，湘谓都知兵马使任可知曰："吾不忍负田军容，吏民何罪！尔可持吾头归王建。"乃沐浴以俟刃。可知斩湘及二子降于建，士民皆泣。甲戌，建持永平旌节入邛州，以节度判官张琳知留后。缮完城隍，抚安夷獠，经营蜀、雅。冬十月癸未朔，建引兵还成都，蜀州将李行周逐(李)〔徐〕公鉥举城降建。

二年。(春二月)韦昭度将诸道兵十余万讨陈敬瑄，三年不能克，馈运不继。朝议欲息兵，〔春〕三月乙亥，制复敬瑄官爵，令顾彦朗、王建各帅众归镇。

夏四月，成都城中乏食，弃儿满路。民有潜入行营贩米入城者，逻者得之，以白韦昭度，昭度曰："满城饥甚，忍不救之！"释勿问。亦有白陈敬瑄者，敬瑄曰："吾恨无术以救饿者，彼能如是，勿禁也。"由是贩者浸多，然所致不过斗升。截筒，径寸半，深五分，量米而鬻之，每筒百余钱，饿殍狼籍。军民强弱相陵，将吏斩之不能禁。乃更为酷法，或断腰，或斜劈，死者相继，而为者不止，人耳目既熟，不以为惧。吏民日窘，多谋出降，敬瑄悉捕其族党杀之，惨毒备至。内外都指挥使、眉州刺史成都徐耕性仁恕，所全活数千人。田令孜曰:“公掌生杀而不刑一人,有异志邪?”耕惧,夜取俘囚戮于市。

王建见罢兵制书,曰:“大功垂成,奈何弃之!”谋于周庠,庠劝建请韦公还朝,独攻成都,克而有之。建表称:“陈敬瑄、田令孜罪不可赦,愿毕命以图成功。”昭度无如之何,由是未能东还。建说昭度曰:“今关东藩镇迭相吞噬,此腹心之疾也。相公宜早归庙堂,与天子谋之。敬瑄,疥癣耳,当以日月制之,责建可办也。”昭度犹豫未决。庚子,建阴令东川将唐友通等擒昭度亲吏骆保于行府门,脔食之,云其盗军粮。昭度大惧,遽称疾,以印节授建,牒建知三使留后兼行营招讨使,即日东还。建送至新都,跪觞马前,泣拜而别。昭度甫出剑门,即以兵守之,不复内东军。昭度至京师,除东都留守。

建急攻成都,环城烽堑亘五十里。有狗屠王鹞请诈得罪亡入城说之,使上下离心,建遣之。鹞入见陈敬瑄、田令孜,则言建兵疲食尽将遁矣。出则鬻茶于市,阴为吏民称建英武,军势强盛。由是敬瑄等懈于守备,而众心危惧。建又遣其将京兆郑渥诈降以觇之,敬瑄以为将,使乘城,既而复以诈得归。建由是悉知城中虚实,以渥为亲从都指挥使,更姓名曰王宗渥。

秋八月,王建攻陈敬瑄益急,敬瑄出战辄败,巡内州县率为建所取。威戎节度使杨晟时馈之食,建以兵据新都,彭州道绝。敬瑄出慰勉士卒,皆不应。辛丑,田令孜登城谓建曰:“老夫向于公甚厚,何见困如是?”建曰:“父子之恩岂敢忘。但朝廷命建讨不受代者,不得不然。傥太师改图,建复何求!”是夕,令孜自携西川印节诣建营授之,将士皆呼万岁。建泣谢,请为父子如初。壬寅,敬瑄开城迎建。癸卯,建入城,自称西川留后。

初，陈敬瑄之拒朝命也，田令孜欲盗其军政，谓敬瑄曰："三兄尊重，军务烦劳，不若尽以相付，日具记事咨呈，兄但高居自逸而已。"敬瑄素无智能，忻然许之。自是军事皆不由己，以至于亡。建表敬瑄子陶为雅州刺史，使随陶之官，明年罢归，寓居新津，以一县租赋赡之。

癸丑，建分遣士卒就食诸州。更文武坚姓名曰王宗阮，谢从本曰王宗本。陈敬瑄将佐有器干者，建皆礼而用之。

九月，东川节度使顾彦朗薨，军中推其弟彦晖知留后。

冬十月癸未，以永平节度使王建为西川节度使。甲申，废永平军。建既得西川，留心政事，容纳直言，好施乐士，用人各尽其才，谦恭俭素。然多忌好杀，诸将有功名者，多因事诛之。

十二月，以顾彦晖为东川节度使，遣中使宋道弼赐旌节。杨守亮使杨守厚囚道弼，夺其旌节，发兵攻梓州。癸卯，彦晖求救于王建。甲辰，建遣其将华洪、李简、王宗侃、王宗弼救东川。建密谓诸将曰："尔等破贼，彦晖必犒师，汝曹于行营报宴，因而执之，无烦再举。"宗侃破守厚七砦，守厚走归绵州。彦晖具犒礼，诸将报宴，宗弼以建谋告之，彦晖乃以疾辞。

景福元年。威(武)〔戎〕节度使杨晟与杨守亮等约攻王建，二月丁丑，晟出兵掠新繁、汉州之境，使其将吕荛将兵二千会杨守厚攻梓州。建遣行营都指挥使李简击荛，斩之。辛丑，王建遣族子嘉州刺史宗裕、雅州刺史王宗侃、威信都指挥使华洪、茂州刺史王宗瑶将兵五万攻彭州，杨晟逆战而败，宗裕等围之。杨守亮遣其将符昭救晟，径趋成都，营三学山。建亟召华洪还。洪疾驱而至，后军尚未集，以数百人夜去昭营数里多击更鼓；昭以为蜀军大至，引兵宵遁。

三月，左神策勇胜三都都指挥使杨子实、子迁、子钊，皆守亮之假子也，自渠州引兵救杨晟，知守亮必败，壬子，帅其众二万降于王建。

杨晟遗杨守贞、杨守忠、杨守厚书，使攻东川，以解彭州之围，守贞等从之。神策督将窦行实戍梓州，守厚密诱之为内应。守厚至涪城，行实事泄，顾彦晖斩之。守厚遁去。守贞、守忠军至，无所归，盘桓绵、剑间，王建遣其将吉谏袭守厚，破之。癸亥，西川将李简邀守忠于钟阳，斩获三千余人。夏四月，简又破守厚于铜鍒，斩获三千余人，降万五千人；守忠、守厚皆走。

秋七月，王建围彭州，久不下，民皆窜匿山谷。诸寨日出俘掠，谓之"淘虏"，都将先择其善者，余则士卒分之，以是为常。有军士王先成者，新津人，本书生也，世乱，为兵，度诸将惟北寨王宗侃最贤，乃往说之曰："彭州本西川之巡属也，陈、田召杨晟割四州以授之，伪署观察使，与之共拒朝命。今陈、田已平，而晟犹据之。州民皆知西川乃其大府，而司徒乃其主也，故大军始至，民不入城而入山谷避之，以俟招安。今军至累月，未闻招安之命，军士复从而掠之，与盗贼无异，夺其赀财，驱其畜产，分其老弱妇女以为奴婢，使父子兄弟流离愁怨。其在山中者，暴露于暑雨，残伤于蛇虎，孤危饥渴，无所归诉。彼始以杨晟非其主而不从，今司徒不加存恤，彼更思杨氏矣。"宗侃恻然，不觉屡移其床，前问之。先成曰："又有甚于是者。今诸寨每旦出六七百人，入山淘虏，薄暮而返，曾无守备之意。赖城中无人耳，万一有智者为之画策，〔使〕乘虚奔突，先伏精兵千人于门内，登城望淘虏者稍远，出弓弩手破炮〔手〕各百人，攻寨之一面，随以役卒五百，负薪土填壕为道，然后出精兵奋击，且焚其寨；又于三面城下各出耀兵，诸寨咸自备御，无暇相救，城中得以益兵继出，如此能无败乎？”宗侃矍然曰：“此诚有之，将若之何？”先成请条列为状以白王建，宗侃即命先成草之，大指言：“今所白之事，须四面通共，宗侃所司止于北面，或所白可从，乞以牙举施行。”事凡七条：“其一，乞招安山中百姓。其二，乞禁诸寨军士及子弟，无得一人辄出淘虏，仍表诸寨之旁七里内听樵牧，敢越表者斩。其三，乞置招安寨，中容数千人，以处所招百姓。宗侃请选所部将校谨干者为招安将，使将三十人，昼夜执兵巡卫。其四，招安之事，须委一人总领。今榜帖既下，诸寨必各遣军士入山招安，百姓见之，无不惊疑，如鼠见狸，谁肯来者？欲招之必有其术，愿降帖付宗侃专掌其事。其五，乞严勒四寨指挥使，悉索前日所虏彭州男女老幼，集于营场，有父子、兄弟、夫妇自相认者，即使相从，牒具人数，部送招安寨，有敢私匿一人者斩。仍乞勒府中诸营，亦令严索，有自军前先寄归者，量给资粮，悉部送归招安寨。其六，乞置九陇行县于招安寨中，以前南郑令王丕摄县令，设置曹局，抚理百姓，择其子弟之壮者，给帖使自入山，招其亲戚。彼知司徒严禁侵掠，前日为军士所虏者皆获安堵，必欢呼踊跃，相帅下山，如子归母，不日尽出。其七，彭州土地宜麻，百姓未入山时多沤藏者，宜令县令晓谕，各归田里，出所沤麻鬻之，以为资粮，必渐复业。”建得之大喜，即行之，悉如所申。明日，榜帖至，威令赫然，无敢犯者。三日，山中民竞出，赴招安寨如归市，寨不能容，斥而广之。浸有市井，又出麻鬻之。民见村落无抄暴之患，稍稍辞县令，复故业。月余，招安寨皆空。

秋八月辛丑，李茂贞攻拔兴元，杨复恭、杨守亮、杨守信、杨守贞、杨守忠、满存奔阆州。

冬十二月壬午，王建遣其将华洪击杨守亮于阆州，破之。建遣节度押牙延陵郑顼使于朱全忠，全忠问剑阁，顼极言其险。全忠不信，顼曰："苟不以闻，恐误公军机。"全忠大笑。

二年春正月，东川留后顾彦晖既与王建有隙，李茂贞欲抚之使从己，奏请更赐彦晖节，诏以彦晖为东川节度使。茂贞又奏遣知兴元府事李继密救梓州，未几，建遣兵败东川、凤翔之兵于利州。彦晖求和，请与茂贞绝，乃许之。

二月甲戌，加西川节度使王建同平章事。王建屡请杀陈敬瑄、田令孜，朝廷不许。夏四月乙亥，建使人告敬瑄谋作乱，杀之新津。又告田令孜通凤翔书，下狱死。建使节度判官冯涓草表奏之，曰："开匣出虎，孔宣父不责他人；当路斩蛇，孙叔敖盖非利己。专杀不行于阃外，先机恐失于彀中。"涓，宿之孙也。

乾宁元年夏五月，王建攻彭州，城中人相食，彭州内外都指挥使赵章出降。王先成请筑龙尾道，属于女墙。丙子，西川兵登城，杨晟犹帅众力战，刀子都虞候王茂权斩之。获彭州马步使安师建，建欲使为将，师建泣谢曰："师建誓与杨司徒同生死，不忍复戴日月，惟速死为惠。"再三谕之，不从，乃杀之，礼葬而祭之。更赵章姓名曰王宗勉，王茂权名曰宗训，又更王钊名曰宗谨，李绾姓名曰王宗绾。

秋七月，绵州刺史杨守厚卒，其将常再荣举城降王建。

二年秋九月，王建遣简州刺史王宗瑶等将兵赴难，甲戌，军于绵州。时三镇犯阙。

冬十一月，雅州刺史王宗侃攻拔利州，执刺史李继颙，斩之。

十二月甲申，阆州防御使李继雍、蓬州刺史费存、渠州刺史陈璠各帅所部兵奔王建。

王建奏东川节度使顾彦晖不发兵赴难，而掠夺辎重，遣泸州刺史马敬儒断峡路，请兴兵讨之。戊子，华洪大破东川兵于楸林，俘斩数万，拔楸林寨。

丙申，王建攻东川，别将王宗弼为东川兵所擒，顾彦晖畜以为子。戊戌，通州刺史李彦昭将部兵二千降于建。

三年春正月，西川将王宗夔攻拔龙州，杀刺史田昉。闰月丁亥，果州刺史张雄降于王建。

夏五月丙戌，上遣中使诣梓州和解两川，王建虽奉诏还成都，然犹连兵未解。荆南节度使成汭与其将许存溯江略地，尽取滨江州县。武泰节度使王建肇弃黔州，收余众保丰都。存又引兵西取渝、涪二州。汭以其将赵武为黔州留后，存为万州刺史。赵武数攻丰都，王建肇不能守，与存皆降于王建。建忌存勇略，欲杀之，掌书记高烛曰："公方总揽英雄以图霸业，彼穷来归我，奈何杀之！"建使戍蜀州，阴使知蜀州王宗绾察之。宗绾密言存忠勇谦厚，有良将才，建乃舍之，更其姓名曰王宗播。

秋八月癸丑，以王建为凤翔西面行营招讨使。

四年春二月戊午，王建遣邛州刺史华洪、彭州刺史王宗祐将兵五万攻东川，以戎州刺史王宗谨为凤翔西面行营先锋使，败凤翔将李继徽等于玄武。继徽本姓杨，名崇本，茂贞之假子也。

庚申，王建以决云都知兵马使王宗侃为应援开峡都指挥使，将兵八千趋渝州，决胜都知兵马使王宗阮为开江防送进奉使，将兵七千趋泸州。辛未，宗侃取渝州，降刺史牟崇厚。癸酉，宗阮拔泸州，斩刺史马敬儒，峡路始通。凤翔将李继昭救梓州，留偏将守剑门，西川将王宗播击擒之。

夏四月，以右谏议大夫李洵为两川宣谕使，和解王建及顾彦晖。

五月丙戌，王建以节度副使张琳守成都，自将兵五万攻东川。更华洪姓名曰王宗涤。

六月，李茂贞表王建攻东川，连兵累岁，不听诏命，甲寅，贬建南州刺史。乙卯，以茂贞为西川节度使。癸亥，王建克梓州南寨，执其将李继宁。丙寅，宣谕使李洵至梓州，己巳，见建于张杷砦，建指执旗者曰："战士之情，不可夺也。"

王建与顾彦晖五十余战，九月癸酉朔，围梓州。蜀州刺史周德权言于建曰："公与彦晖争东川三年，士卒疲于矢石，百姓困于输挽。东川群盗多据州县，彦晖懦而无谋，欲为偷安之计，皆啖以厚利，恃其救援，故坚守不下。今若遣人谕贼帅以祸福，来者赏之以官，不服者威之以兵，则彼之所恃，反为我用矣。"建从之，彦晖势益孤。德权，许州人也。

复以王建为西川节度使、同平章事。

冬十月壬子，知遂州侯绍帅众二万，乙卯，知合州王仁威帅众千人，戊午，凤翔将李继溥以援兵二千，皆降于王建。建攻梓州益急。庚申，顾彦晖聚其宗族及假子共饮，遣王宗弼自归于建。酒酣，命其假子瑶杀己及同饮者，然后自杀。建入梓州，城中兵尚七万人，建命王宗绾分兵徇昌、普等州，以王宗涤为东(州)〔川〕留后。

十二月壬戌，王建自梓州还，戊辰，至成都。

光化元年春正月，以兵部尚书刘崇望同平章事，充东川节度使。夏五月，朝廷闻王建已用王宗涤为东川留后，乃召刘崇望还，为兵部尚书，仍以宗涤为留后。秋九月己丑，东川留后王宗涤言于王建，以东川封疆五千里，文移往还，动逾数月，请分遂、合、泸、渝、昌五州别为一镇，建表言之。冬十月丁巳，以东川留后王宗涤为节度使。

三年春二月庚申，以西川节度使王建兼中书令。夏六月癸亥，加东川节度使王宗涤同平章事。秋七月甲寅，以西川节度使王建兼东川信武军两道都指挥制置等使。

天复元年春三月，东川节度使王宗涤以疾求代，王建表马步使王宗裕为留后。

闰六月，道士杜从法以妖妄诱昌、普、合三州民作乱，王建遣王宗黯将兵会东川、武信兵讨之。龙台镇使王宗侃等讨杜从法，平之。

二年春二月，西川兵至利州，昭武节度使李继忠弃镇奔凤翔，王建以剑州刺史王宗伟为利州制置使。

秋八月，西川军请假道于兴元，山南西道节度使李继密遣兵戍三泉以拒之。辛丑，西川前锋将王宗播攻之，不克，退保山寨。亲吏柳修业谓宗播曰："公举族归人，不为之死战，何以自保？"宗播令其众曰："吾与汝曹决战，取功名，不尔，死于此。"遂破金牛、黑水、西县、褒城四寨。军校秦承厚攻西县，矢贯左目，达于右目，镞不出。王建自舐其创，脓溃镞出。王宗播(屯)〔攻〕马盘寨，继密战败，奔还汉中。西川军乘胜至城下，王宗涤帅众先登，遂克之，继密请降，迁于成都；得兵三万，骑五千。宗涤入屯汉中。王建曰："继密残贼三辅。"以其降，不忍杀，复其姓名曰王万弘，不时召见。诸将陵易之，万弘终日纵酒，俳优辈亦加戏诮。万弘不胜忧愤，醉投池水而卒。

诏以王宗涤为山南西道节度使。宗涤有勇略，得众心，王建忌之。建作府门，绘以朱丹，蜀人谓之"画红楼"，建以为宗涤姓名应之，王宗佶等疾其功，复构以飞语。建召宗涤至成都，诘责之，宗涤曰："三蜀略平，大王听谗，杀功臣可矣！"建命亲随马军都指挥使唐道袭夜饮之酒，缢杀之，成都为之罢市，连营涕泣，如丧亲戚。建以指挥使王宗贺权兴元留后。道袭，阆州人也，始以舞童事建，后浸预谋画。

九月戊申，武定节度使李思敬以洋州降王建。冬十月，王建攻拔兴州，以军使王宗浩为兴州刺史。

三年夏四月，王建出兵秦、陇，乘李茂贞之弱也。遣判官韦庄入贡，亦修好于朱全忠。全忠遣押牙王殷报聘，建与之宴。殷言："蜀甲兵诚多，但乏马耳。"建作色曰："当道江山险阻，骑兵无所施。然马亦不乏，押牙少留，当共阅之。"乃集诸州马，大阅于星宿山，官马八千，私马四千，部队甚整。殷叹服。建本骑将，故得蜀之后，于文、黎、维、茂州市胡马，十年之间，遂及兹数。

秋八月庚辰，加西川节度使西平王王建守司徒，进爵蜀王。

天祐元年春二月，上遣间使以御札告难于王建。时朱全忠劫车驾还洛阳。建以邛州刺史王宗祐为北路行营指挥使，将兵会凤翔兵迎车驾。至兴平，遇汴兵，不得进而还。建始自用墨制除官，云："俟车驾还长安表闻。"

王建赋敛重，人莫敢言。冯涓因建生日献颂，先美功德，后言生民之苦。建愧谢曰："如君忠谏，功业何忧！"赐之金帛。自是赋敛稍损。

二年冬十一月，昭宗之丧，朝廷遣告哀使司马卿宣谕王建，至是始入蜀境。西川掌书记韦庄为建谋，使武定节度使王宗绾谕卿曰："蜀之将士，世受唐恩，去岁闻乘舆东迁，凡上二十表，皆不报。寻有亡卒自汴来，闻先帝已罹朱全忠弑逆。蜀之将士方日夕枕戈，思为先帝报仇。不知今兹使来，以何事宣谕？舍人宜自图进退。”卿乃还。

三年冬十月丙戌，王建始立行台于蜀，建东向舞蹈，号恸，称：“自大驾东迁，制命不通，请权立行台，用李晟、郑畋故事，承制封拜。”仍以榜帖告谕所部藩镇州县。

后梁(武帝)〔太祖〕开平元年秋九月，蜀王会将佐议称帝，皆曰：“大王虽忠于唐，唐已亡矣，此所谓‘天与不取’者也。”冯涓独献议请以蜀王称制，曰：“朝兴则未爽称臣，贼在则不同为恶。”王不从，涓杜门不出。王用安抚副使、掌书记韦庄之谋，帅吏民哭三日；己亥，即皇帝位，国号大蜀。辛丑，以前东川节度使兼侍中王宗佶为中书令，韦庄为左散骑常侍、判中书门下事，阆州防御使唐道袭为内枢密使。庄，见素之孙也。

蜀主虽目不知书，好与书生谈论，粗晓其理。是时唐衣冠之族多避乱在蜀，蜀主礼而用之，使修举故事，故其典章文物有唐之遗风。

蜀主长子校书郎宗仁幼以疾废，立其次子秘书少监宗懿为遂王。

通鉴纪事本末卷第三十八

诸镇相攻

唐僖宗广明元年冬十一月，以忠武大将周岌为忠武节度使。初，薛能遣牙将上蔡秦宗权调发至蔡州，闻许州乱，托云赴难，选募蔡兵，遂逐刺史，据其城。及周岌为节度使，即以宗权为蔡州刺史。先是，秋九月，周岌逐节度使薛能自称留后，至是遂授以节度使。

中和元年秋八月，武宁节度使支详遣牙将时溥、陈璠将兵五千人入关讨黄巢。溥至东都，自知留后。溥送详归朝，璠杀之。诏以溥为武宁留后。溥表璠为宿州刺史。

忠武监军杨复光奏升蔡州为奉国军，以秦宗权为防御使。

秋九月，昭义十将成麟杀节度使高浔，引兵还据潞州。天井关戍将孟方立起兵攻麟，杀之。方立，邢州人也。

冬十二月，以感化留后时溥为节度使。

二年秋八月，魏博节度使韩简亦有兼并之志，自将兵三万攻河阳，败节度使诸葛爽于修武。爽弃城走，简留兵戍之，因掠邢、洺而还。

九月，黄巢所署同州防御使朱温杀其监军严实，举州降王重荣。王铎承制以温为同华节度使。

冬十月，韩简复引兵击郓州，节度使曹存实逆战，败死。天平都将下邑朱瑄收余众，婴城拒守，简攻之不下。诏以瑄权知天平留后。

以朱温为右金吾大将军、河中行营招讨副使，赐名全忠。

十二月，以忻、代等州留后李克用为雁门节度使。事见李克用归唐。

孟方立既杀成麟，引兵归邢州，潞人请监军吴全勖知留后。是岁，王铎墨制以方立知邢州事，方立不受，遂迁昭义军于邢州，自称留后，表其将李殷锐为潞州刺史。

三年春正月，成德节度使常山忠穆王王景崇薨，军中立其子节度副使镕知留后事，时镕生十年矣。

以天平留后朱瑄为节度使。

初，光州刺史李罕之为秦宗权所攻，弃州奔项城，〔帅〕余众归诸葛爽，爽以为怀州刺史。韩简攻郓州，半年不能下。爽复袭取河阳，朱瑄请和，简乃舍之，引兵击河阳。爽遣罕之逆战于武陟，魏军大败而还。大将澶州刺史乐行达先归，据魏州，军中共立行达为留后，简为部下所杀。己未，以行达为魏博留后。

以王镕为成德留后。

三月己丑，以河中行营招讨副使朱全忠为宣武节度使，俟克复长安令赴镇。夏六月，宣武节度使朱全忠帅所部数百人赴镇，秋七月丁卯，至汴州。

以成德留后王镕、魏博留后乐行达、天平留后朱瑄为本道节度使。

昭义节度使孟方立，以潞州地险人劲，屡篡主帅，欲渐弱之，九月，乃迁治所于邢州，大将家及富室皆徙山东，潞人不悦。监军祁审诲因人心不安，使武乡镇使安居受潜以蜡丸乞师于李克用，请复军府于潞州。冬十月，克用遣其将贺公雅等赴之，为方立所败；又遣李克修击之。克修，克用弟也。辛亥，取潞州，杀其刺史李殷锐。是后克用每岁出兵争山东，三州之人半为俘馘，野无稼穑矣。

四年春正月，赐魏博节度使乐行达名彦祯。

周岌、时溥、朱全忠以黄巢兵尚强，共求救于河东节度使李克用。夏(四)〔五〕月甲戌，李克用至汴州，营于城外。朱全忠固请入城，馆于上源驿。全忠就置酒，声乐、馔具皆精丰，礼貌甚恭。克用乘酒使气，语颇侵之，全忠不平。薄暮，罢酒，从者皆沾醉，宣武将杨彦洪密与全忠谋，连车树栅以塞衢路，发兵围驿而攻之，呼声动地。克用醉，不之闻。亲兵薛志勤、史敬思等十余人格斗，侍者郭景铢灭烛，扶克用匿床下，以水沃其面，徐告以难，克用始张目援弓而起。志勤射汴人，死者数十。须臾，烟火四合，会大雨，震电，天地晦冥，志勤扶克用帅左右数人逾垣突围，乘电光而行，汴人把桥，力战得度，史敬思为后拒，战死。克用登尉氏门，缒城得出，监军陈景思等三百余人，皆为汴人所杀。杨彦洪谓全忠曰："胡人急则乘马，见乘马者则射之。"是夕，彦洪乘马适在全忠前，全忠射之，殪。

克用妻刘氏多智略，左右先脱归者以汴人为变告。刘氏神色不动，立斩之，阴召大将约束，谋保军以还。比明，克用至，欲勒兵攻全忠。刘氏曰："公比为国讨贼，救东诸侯之急，今汴人不道，乃谋害公，自当诉之朝廷。若擅举兵相攻，则天下孰能辨其曲直？且彼得以有辞矣。"克用从之，引兵去，但移书责全忠。全忠复书曰："前夕之变，仆不之知。朝廷自遣使者与杨彦洪为谋，彦洪既伏其辜，惟公谅察。"

克用养子嗣源年十七，从克用自上源出矢石之间，独无所伤。嗣源本胡人，名邈佶烈，无姓。克用择军中骁勇者多养为子，名回鹘张政之子曰存信，振武孙重进曰存进，许州王贤曰存贤，安敬思曰存孝，皆冒姓李氏。丙子，克用至许州故寨，求粮于周岌，岌辞以粮乏，乃自陕济河还晋阳。

夏六月，蔡州节度使秦宗权纵兵四出，侵噬邻道。天平节度使朱瑄有众三万，从父弟瑾勇冠军中。宣武节度使朱全忠为宗权所攻，势甚窘，求救于瑄，瑄遣瑾将兵救之，败宗权于合乡。全忠德之，与瑄约为兄弟。

秋七月，朱全忠击秦宗权，败宗权于溵水。

李克用至晋阳，大治甲兵，遣榆次镇将雁门李承嗣奉表诣行在，自陈："有破黄巢大功，为朱全忠所图，仅能自免，将佐以下从行者三百余人，并牌印皆没不返。全忠仍榜东都、陕、孟，云臣已死，行营兵溃，令所在邀遮屠翦，勿令漏失，将士皆号泣冤诉，请复仇雠。臣以朝廷至公，当俟诏命，拊循抑止，复归本道。乞遣使按问，发兵诛讨，臣遣弟克勤将万骑在河中俟命。"时朝廷以大寇初平，方务姑息，得克用表，大恐，但遣中使赐优诏和解之。克用前后凡八表，称："全忠妒功疾能，阴狡祸贼，异日必为国患。惟乞下诏削其官爵，臣自帅本道兵讨之，不用度支粮饷。"上累遣杨复恭等谕指，称："吾深知卿冤，方事之殷，姑存大体。"克用终郁郁不平。时藩镇相攻者，朝廷不复为之辨曲直。由是互相吞噬，惟力是视，皆无所禀畏矣。

八月，李克用奏请割麟州隶河东，又奏请以弟克修为昭义节度使，皆许之。由是昭义分为二镇，进克用爵陇西郡王。克用奏罢云蔚防御使，依旧隶河东，从之。

冬十二月，义昌节度使兼中书令王铎过魏州，魏博节度使乐彦祯之子从训，伏卒数百人于漳南高鸡泊，围而杀之，彦祯奏云"为盗所杀"，朝廷不能诘。

光启元年春正月，秦宗权寇颍、亳，朱全忠败之于焦夷。

三月，秦宗权称帝，置百官。诏以武宁节度使时溥为蔡州四面行营兵马都统以讨之。

卢龙节度使李可举、成德节度使王镕，恶李克用之强，而义武节度使王处存与克用亲善，为侄郜娶克用女。又，河北诸镇惟义武尚属朝廷，可举等恐其窥伺山东，终为己患，乃相与谋曰："易、定，燕、赵之余也。"约共灭处存而分其地。又说云中节度使赫连铎使攻克用之背。可举遣其将李全忠将兵六万攻易州，镕遣将将兵攻无极。处存告急于克用，克用遣其将康君立等将兵救之。

夏五月，卢龙兵攻易州，裨将刘仁恭穴地入城，遂克之。仁恭，深州人也。李克用自将救无极，败成德兵。成德兵退保新城，克用复进击，大破之，拔新城。成德兵走，追至九门，斩首万余级。

卢龙兵既得易州，骄怠，王处存夜遣卒三千蒙羊皮造城下，卢龙兵以为羊也，争出掠之，处存奋击，大破之，复取易州，李全忠走。李全忠既丧师，恐获罪，收余众还袭幽州。六月，李可举窘急，举族登楼自焚死，全忠自为留后。

秦宗权陷东都。

秋七月，以李全忠为卢龙留后。

乙巳，右补阙常浚上疏，以为："陛下姑息藩镇太甚，是非功过，骈首并足，致天下纷纷若此，犹未之寤，岂可不念骆谷之艰危，复怀西顾之计乎？宜复振典刑，以威四方。"田令孜之党言于上曰："此疏传于藩镇，岂不致其猜忿。"庚戌，贬浚万州司户，寻赐死。

秦宗权攻邻（州）道二十余州，陷之。唯陈州距蔡百余里，兵力甚弱，刺史赵犨日与宗权战，宗权不能屈。诏以犨为蔡州节度使。犨德朱全忠之援，与全忠结婚，凡全忠所调发，无不立至。

冬十月癸丑，秦宗权败朱全忠于八角。

二年秋七月，秦宗权陷许州。

八月，卢龙节度使李全忠薨，以其子匡威为留后。

九月，李克修攻孟方立，甲午，擒其将吕臻于焦冈，拔故镇、武安、临洺、邯郸、沙河；以大将安金俊为邢州刺史。冬十月，李克修攻邢州，不克而还。

十二月，秦宗权遣孙儒将兵攻陷郑州，进陷河阳，儒自称留后。

天平牙将朱瑾逐泰宁节度使齐克让，自称留后，朝廷因以瑾为泰宁节度使。

三年。秦宗权自以兵力十倍于朱全忠，而数为全忠所败，耻之，欲悉力以攻汴州。全忠患兵少，二月，以诸军都指挥使朱珍为淄州刺史，募兵于东道，期以初夏而还。

夏四月，朱珍至淄青旬日，应募者万余人，又袭青州，获马千匹。辛亥，还至大梁，朱全忠喜曰："吾事济矣。"时蔡人方寇汴州，其将张晊屯北郊，秦贤屯板桥，各有众数万，列三十六寨，连延二十余里。全忠谓诸将曰："彼蓄锐休兵，方来击我，未知朱珍之至，谓吾兵少畏怯，自守而已。宜出其不意，先击之。”乃自引兵攻秦贤寨，士卒踊跃争先。贤不为备，连拔四寨，斩万余级，蔡人大惊，以为神。

全忠又使牙将新野郭言募兵于河阳、陕、虢，得万余人而还。

蔡将卢瑭屯于万胜，夹汴水而军，以绝汴州运路，朱全忠乘雾袭之，掩杀殆尽。于是蔡兵皆徙就张晊，屯于赤岗。全忠复就击之，杀二万余人。蔡人大惧，或军中自相惊。全忠乃还大梁，养兵休士。

五月丙子，朱全忠出击张晊，大破之。秦宗权闻之，自郑州引精兵会之。

朱全忠求救于兖、郓，朱瑄、朱瑾皆引兵赴之，义成军亦至。辛巳，全忠以四镇兵攻秦宗权于边孝村，大破之，斩首二万余级。宗权宵遁，全忠追之，至阳武桥而还。全忠深德朱瑄，兄事之。蔡人之守东都、河阳、许、汝、怀、郑、陕、虢者，闻宗权败，皆弃去。宗权发郑州，孙儒发河阳，皆屠灭其人，焚其庐舍而去。宗权之势，自是稍衰。

秋八月，朱全忠欲兼兖、郓，而以朱瑄兄弟有功于己，攻之无名，乃诬瑄招诱宣武军士，移书诮让。瑄复书不逊，全忠遣其将朱珍、葛从周袭曹州，壬子，拔之，杀刺史丘弘礼。又攻濮州，与兖、郓兵战于刘桥，杀数万人，朱瑄、朱瑾仅以身免。全忠与兖、郓始有隙。

九月，朱珍攻濮州，朱瑄遣其弟罕将步骑万人救之。辛卯，朱全忠逆击罕于范，擒斩之。冬十月丁未，朱珍拔濮州，刺史朱裕奔郓。珍进兵攻郓，瑄使裕诈遗珍书，约为内应。珍夜引兵赴之，瑄开门纳汴军，闭而杀之，死者数千人，汴军乃退。瑄乘胜复取曹州，以其属郭词为刺史。

初，宣武都指挥使朱珍与排阵斩斫使李唐宾勇略、功名略相当，全忠每战，使二人偕往，无不捷，然二人素不相下。珍使迎其妻于大梁，不白全忠，全忠怒，追还其妻，杀守门者，使亲吏蒋玄晖召珍，以(汉)〔唐〕宾代总其众。馆驿巡官冯翊敬翔谏曰："朱珍未易轻取，恐其猜惧生变。"全忠悔，使人追止之。珍果自疑，〔十一月〕丙子夜，珍置酒召诸将。唐宾疑其有异图，斩关奔大梁，珍亦弃军单骑继至。全忠两惜其才，皆不罪，遣还濮州，因引兵归。全忠多权数，将佐莫测其所为，惟敬翔能逆知之，往往助其所不及。全忠大悦，自恨得翔晚，凡军机、民政悉以咨之。

己亥，秦宗权陷郑州。

朝廷以淮南久乱，闰月，以朱全忠兼淮南节度使、东南面招讨使。

朱全忠以宣武行军司马李璠为淮南留后，遣牙将郭言将兵千人送之，感化节度使时溥自以于全忠为先进，官为都统，顾不得淮南，而全忠得之，意甚恨望。全忠以书假道于溥，溥不许。璠至泗州，溥以兵袭之，郭言力战，得免而还。徐、汴始构怨。

十二月癸巳，秦宗权所署山南东道留后赵德諲陷荆南，节度使张瓌留其将王建肇守城而去，遗民才数百家。

文德元年春正月，蔡将石璠将万余人寇陈、亳，朱全忠遣朱珍、葛从周将数千骑击擒之。癸亥，以全忠为蔡州四面行营都统，代时溥，诸镇兵皆受全忠节度。

二月，魏博节度使乐彦祯骄泰不法，发六州民筑罗城，方八十里，人苦其役。其子从训尤凶险，既杀王铎，魏人皆恶之。从训聚亡命五百余人为亲兵，谓之子将，牙兵疑之，藉藉不安。从训惧，易服逃出，止于近县，彦祯因以为相州刺史。从训遣人至魏运甲兵、金帛，交错于路，牙兵益疑。彦祯惧，请避位，居龙兴寺为僧，众推都将赵文玠知留后事。从训引兵三万至城下，文玠不出战，众复杀之，推牙将贵乡罗弘信知留后事。弘信引兵出与从训战，败之。从训收余众保内黄，魏人围之。先是，朱全忠将讨蔡州，遣押牙雷邺以银万两请籴于魏。牙兵既逐彦祯，杀邺于馆。从训既败，乃求救于全忠。

初，河阳节度使李罕之与河南尹张全义刻臂为盟，相得欢甚。罕之勇而无谋，性复贪暴，意轻全义，闻其勤俭力穑，笑曰："此田舍一夫耳。"全义闻之，不以为忤。罕之屡求谷帛，全义皆与之；而罕之征求无厌，河南不能给，小不如所欲，辄械河南主吏至河阳杖之，河南将佐皆愤怒。全义曰："李太傅所求，奈何不与！"竭力奉之，状若畏之者，罕之益骄。罕之所部不耕稼，专以剽掠为资，啖人为粮。至是悉其众攻绛州，绛州刺史王友遇降之。进攻晋州，护国节度使王重盈密结全义以图之。全义潜发屯兵，夜乘虚袭河阳，黎明，入三城，罕之逾垣步走，全义尽俘其家，遂兼领河阳节度使。罕之奔泽州，求救于李克用。

三月，朱全忠裹粮于宋州，将讨秦宗权。会乐从训来告急，乃移军屯滑州，遣都押牙李唐宾等将步骑三万攻蔡州，遣都指挥使朱珍等分兵救乐从训。自白马济河，下黎阳、临河、李固三镇，进至内黄，败魏军万余人，获其将周儒等十人。

李克用以其将康君立为南面招讨使，督李存孝、薛阿檀、史俨、安金俊、安休休五将，骑七千，助李罕之攻河阳。张全义婴城自守，城中食尽，求救于朱全忠，以妻子为质。夏四月，朱全忠遣其将丁会、葛从周、牛存节将兵数万救河阳。李存孝令李罕之以步兵攻城，自帅骑兵逆战于温，河东军败，安休休惧罪，奔蔡州。汴人分兵欲断太行路，康君立等惧，引兵还。全忠表丁会为河阳留后，复以张全义为河南尹。会，寿春人；存节，博昌人也。全义德全忠出己，由是尽心附之，全忠每出战，全义主给其粮(使)〔仗〕无乏。

李罕之为泽州刺史，领河阳节度使。罕之留其子颀事克用，身还泽州，专以寇钞为事，自怀、孟、晋、绛数百里间，州无刺史，县无令长，田无麦禾，邑无烟火者，殆将十年。河中、绛州之间有摩云山，绝高，民保聚其上，寇盗莫能近，罕之攻拔之，时人谓之李摩云。

乐从训移军洹水，罗弘信遣其将程公信击从训，斩之，与父彦祯皆枭首军门。癸巳，遣使以厚币犒全忠军，请修好，全忠乃召军还。诏以罗弘信权知魏博留后。

加李克用兼侍中。五月己亥，加朱全忠兼侍中。

赵德諲既失荆南，且度秦宗权必败，壬寅，举山南东道来降，且自托于朱全忠。全忠表请以德諲自副，制以山南东道为忠义军，以德諲为节度使，充蔡州四面行营副都统。

朱全忠既得洛、孟，无西顾之忧，乃大发兵击秦宗权，大破宗权于蔡州之南，克北关门。宗权退守中州，全忠分诸将为二十八寨以环之。

六月，置佑国军于河南府，以张全义为节度使。

秋七月，李罕之引河东兵寇河阳，丁会击却之。

以权知魏博留后罗弘信为节度使。

八月戊辰，朱全忠拔蔡州南城。九月，朱全忠以馈运不继，且秦宗权残破不足忧，引兵还。丙申，遣朱珍将兵五千送楚州刺史刘瓒之官。冬十月，徐兵邀朱珍、刘瓒不听前，珍等击之，取沛、滕二县，斩获万计。

孟方立遣其将奚忠信将兵袭辽州，李克修邀击，擒之。

十一月，时溥自将步骑七万屯吴(旌)〔康〕镇，朱珍与战，大破之。朱全忠又遣别将攻宿州，刺史张友降之。

丙申，秦宗权别将攻陷许州，执忠武留后王蕴，复取许州。

十二月，蔡将申丛执宗权，折其足而囚之，降于全忠。全忠表丛为蔡州留后。

昭宗龙纪元年春正月，汴将庞师古拔宿迁，军于吕梁，时溥逆战，大败，还保彭城。

壬子，蔡将郭璠杀申丛，送秦宗权于汴，告朱全忠，云丛谋复立宗权。全忠以璠为淮西留后。

二月，朱全忠送秦宗权至京师，斩于独柳。京兆尹孙揆监刑，宗权于槛车中引首谓揆曰："尚书察宗权岂反者邪？但输忠不效耳。"观者皆笑。揆，逖之族孙也。

三月，加朱全忠兼中书令，进爵东平郡王。全忠既克蔡州，军势益盛。加奉国节度使赵德諲中书令。加蔡州节度使赵犨同平章事，充忠武节度使，以陈州为治所。

夏五月，李克用大发兵，遣李罕之、李存孝攻孟方立，六月，拔磁、洺二州。方立遣大将马溉、袁奉韬将兵数万拒之，战于琉璃陂，方立兵大败，二将皆为所擒，克用乘胜进攻邢州。方立性猜忌，诸将多怨，至是皆不为方立用。方立惭惧，饮药死。弟摄洺州刺史迁素得士心，众奉之为留后，求援于朱全忠。全忠假道于魏博，罗弘信不许，全忠乃遣大将王虔裕将精甲数百，间道入邢州共守。

朱珍拔萧县,据之,与时溥相拒,朱全忠欲自往临之。珍命诸军皆葺马厩,李唐宾部将严郊独惰慢,军吏责之,唐宾怒,见珍诉之。珍亦怒,以唐宾为无礼,拔剑斩之,遣骑白全忠,云唐宾谋叛。淮南左司马敬翔恐全忠乘怒,仓猝处置违宜,故留使者,逮夜,然后从容白之,全忠果大惊。翔因为画策,诈收唐宾妻子系狱,遣骑往慰抚,全忠从之,军中始安。秋七月,全忠如萧县,未至,珍出迎,命武士执之,责以专杀而诛之。诸将霍存等数十人叩头为之请,全忠怒,以床掷之,乃退。丁未,至萧县,以庞师古代珍为都指挥使。八月丙子,全忠进攻时溥壁,会大雨,引兵还。

大顺元年春正月,李克用急攻邢州,孟迁食竭力尽,执王虔裕及汴兵以降。克用以安金俊为邢洺团练使。

二月,李克用将兵攻云州防御使赫连铎,克其东城。铎求救于卢龙节度使李匡威,匡威将兵三万赴之。丙子,邢洺团练使安金俊中流矢死,河东万胜军申信叛降于铎。会幽州军至,克用引还。

时溥求救于河东,李克用遣其将石君和将五百骑赴之。

李克用巡潞州,以供具不厚,怒昭义节度使李克修,诟而笞之。克修惭愤成疾,三月,薨。克用表其弟决胜军使克恭为昭义留后。

夏四月,宿州将张筠逐刺史张绍光,附于时溥,朱全忠帅诸军讨之。溥出兵掠砀山,全忠遣牙内都指挥使朱友裕击之,杀三千余人,擒石君和。友裕,全忠之子也。

赫连铎、李匡威请讨李克用。朱全忠亦上言:“克用终为国患,今因其败,臣请帅汴、滑、孟三军与河北三镇共除之。乞朝廷命大臣为统帅。”

初，张浚因杨复恭以进，复恭中废，更附田令孜而薄复恭。及复恭再用事，深恨之。上知浚与复恭有隙，特亲倚之。浚亦以功名为己任，每自比谢安、裴度。克用之讨黄巢屯河中也，浚为都统判官。克用薄其为人，闻其作相，私谓诏使曰："张公好虚谈而无实用，倾覆之士也。主上采其名而用之，他日交乱天下，必是人也。"浚闻而衔之。上从容与浚论古今治乱，浚曰："陛下英睿如此，而中外制于强臣，此臣日夜所痛心疾首也。"上问以当今所急，对曰："莫若强兵以服天下。"上于是广募兵于京师，至十万人。

及全忠等请讨克用，上命三省、御史台四品以上议之，以为不可者什七六，杜让能、刘崇望亦以为不可。浚欲倚外势以挤杨复恭，乃曰："先帝再幸山南，沙陀所为也。臣常虑其与河朔相表里，致朝廷不能制。今两河藩镇共请讨之，此千载一时。但乞陛下付臣兵柄，旬月可平。失今不取，后悔无及。"孔纬曰："浚言是也。"复恭曰："先朝播迁，虽藩镇跋扈，亦由居中之臣措置未得其宜。今宗庙甫安，不宜更造兵端。"上曰："克用有兴复大功，今乘其危而攻之，天下其谓我何？"纬曰："陛下所言，一时之体也；张浚所言，万世之利也。昨计用兵馈运、犒赏之费，一二年间未至匮乏，在陛下断志行之耳。"上以二相言叶，僶俛从之，曰："兹事今付卿二人，无贻朕羞！"

五月，诏削夺克用官爵、属籍，以浚为河东行营都招讨、制置、宣慰使，京兆尹孙揆副之。以镇国节度使韩建为都虞候兼供军粮料使，以朱全忠为南面招讨使，王镕为东面招讨使，李匡威为北面招讨使，赫连铎副之。

浚奏给事中牛徽为行营判官。徽曰："国家以丧乱之余，欲为英武之举，横挑强寇，离诸侯心，吾见其颠沛也。"遂以衰疾固辞。徽，僧孺之孙也。

李克恭骄恣，不晓军事。潞人素乐李克修之简俭，且死非其罪，潞人怜之，由是将士离心。初，潞人叛孟氏，牙将安居受等召河东兵以取潞州。及孟迁以邢、洺、磁州归李克用，克用宠任之，以迁为军城都虞候，群从皆补右职，居受等咸怨且惧。

昭义有精兵号“后院将”。克用既得三州，将图河朔，令李克恭选后院将尤骄勇者五百人送晋阳，潞人惜之。克恭遣牙将李元审及小校冯霸部送晋阳，至铜鞮，霸劫其众以叛，循山而南，至于沁水，众已三千人。李元审击之，为霸所伤，归于潞。庚子，克恭就元审所馆视之，安居受帅其党作乱，攻而焚之，克恭、元审皆死。众推居受为留后，附于朱全忠。居受使召冯霸，不至。居受惧，出走，为野人所杀。霸引兵入潞，自为留后。时朝廷方讨克用，闻克恭死，朝臣皆贺。全忠遣河阳留后朱崇节将兵入潞州，权知留后。克用遣康君立、李存孝将兵围之。

壬子，张浚帅诸军五十二都及邠、宁、鄜、夏杂虏合五万人发京师，上御安喜楼饯之。浚屏左右言于上曰：“俟臣先除外忧，然后为陛下除内患。”杨复恭窃听，闻之。两军中尉饯浚于长乐坂，复恭属浚酒，浚辞以醉，复恭戏之曰：“相公杖钺专征，作态邪？”浚曰：“俟平贼还，方见作态耳！”复恭益忌之。

癸丑，削夺李罕之官爵。六月，以孙揆为昭义节度使，充招讨副使。

张浚会宣武、镇国、静难、凤翔、保大、定难诸军于晋州。

秋七月，官军至阴地关，朱全忠遣骁将葛从周将千骑潜自壶关夜抵潞州，犯围入城。又遣别将李谠、李重胤、邓季筠将兵攻李罕之于泽州，又遣张全义、朱友裕军于泽州之北，为从周应援。

季筠，下邑人也。全忠奏“臣已遣兵守潞州，请孙揆赴镇”。张浚亦恐昭义遂为汴人所据，分兵二千，使揆将之趣潞州。

八月乙丑，揆发晋州，李存孝闻之，以三百骑伏于长子西谷中。揆建牙杖节，褒衣大盖，拥众而行。存孝突出，擒揆及赐旌节中使韩归范、牙兵五百余人，追击余众于(刀)〔刁〕黄岭，尽杀之。存孝械揆及归范，紖以素练，徇于潞州城下曰：“朝廷以孙尚书为潞帅，命韩天使赐旌节，葛仆射可速归大梁，令尚书视事。”遂紖以献于克用。克用囚之，既而使人诱之，欲以为河东副使。揆曰：“吾天子大臣，兵败而死，分也，岂能复事镇使邪！”克用怒，命以锯锯之，锯不能入。揆骂曰：“死狗奴，锯人当用板夹，汝岂知邪？”乃以板夹之，至死，骂不绝声。

李罕之告急于李克用，克用遣存孝将五千骑救之。

九月壬寅，朱全忠军于河阳。汴军之初围泽州也，呼李罕之曰：“相公每恃河东，轻绝当道。今张相公围太原，葛仆射入潞府，旬日之间，沙陀无穴自藏，相公何路求生邪？”及李存孝至，选精骑五百，绕汴寨呼曰：“我沙陀之求穴者也，欲得尔肉以饱士卒，可令肥者出斗。”汴将邓季筠，亦骁将也，引兵出战，存孝生擒之。是夕，李谠、李重胤收众遁去，存孝、罕之随而击之，至马牢山，大破之，斩获万计，追至怀州而还。存孝复引兵攻潞州，葛从周、朱崇节弃潞州而归。戊申，全忠庭责诸将挠败之罪，斩李谠、李重胤而还。

李克用以康君立为昭义留后，李存孝为汾州刺史。存孝自谓擒孙揆功大，当镇昭义，而君立得之，愤恚不食者数日，纵意刑杀，始有叛克用之志。

李匡威攻蔚州，虏其刺史邢善益。赫连铎引吐蕃黠戛斯众数万攻遮虏平，杀其军使刘胡子。克用遣其将李存信击之，不胜。更命李嗣源为存信之副，遂破之。克用以大军继其后，匡威、铎皆败走，获匡威之子武州刺史仁宗及铎之婿，俘斩万计。李嗣源性谨重廉俭，诸将相会，各自诧勇略，嗣源独默然，徐曰：“诸君喜以口击贼，嗣源但以手击贼耳。”众惭而止。

冬十月乙酉，朱全忠自河阳如滑州视事，遣使者请粮马及假道于魏以伐河东，罗弘信不许。又请于镇，镇人亦不许。全忠乃自黎阳济河击魏。

官军出阴地关，游兵至于汾州。李克用遣薛志勤、李承嗣将骑三千营于洪洞，李存孝将兵五千营于赵城。镇国节度使韩建以壮士三百夜袭存孝营，存孝知之，设伏以待之。建兵不利，静难、凤翔之兵不战而走，禁军自溃。河东兵乘胜逐北，抵晋州西门，张濬出战，又败，官军死者近三千人。静难、凤翔、保大、定难之军先渡河西归，濬独有禁军及宣武军合万人，与韩建闭城拒守，自是不敢复出。存孝引兵攻绛州，十一月，刺史张行恭弃城走。存孝进攻晋州，三日，与其众谋曰：“张濬宰相，俘之无益；天子禁兵，不宜加害。”乃退五十里而军。濬、建自含口遁去。存孝取晋、绛二州，大掠慈、隰之境。

先是，克用遣韩归范归朝，附表讼冤，言：“臣父子三代，受恩四朝，破庞勋，翦黄巢，黜襄王，存易定，致陛下今日冠通天之冠，佩白玉之玺，未必非臣之力也。若以攻云州为臣罪，则拓跋思恭之取鄜、延，朱全忠之侵徐、郓，何独不讨？赏彼诛此，臣岂无辞！且朝廷当阽危之时，则誉臣为韩、彭、伊、吕；及既安之后，则骂臣为戎、羯、胡、夷。今天下握兵立功之臣，独不惧陛下他日之骂乎？况臣果有大罪，六师征之，自有典刑，何必幸臣之弱而后取之邪？今张浚既出师，则固难束手，已集蕃、汉兵五十万，欲直抵蒲、潼，与浚格斗。若其不胜，甘从削夺。不然，方且轻骑叫阍，顿首丹陛，诉奸回于陛下之扆座，纳制敕于先帝之庙庭，然后自拘司败，恭俟鈇质。”表至，浚已败，朝廷震恐。浚与韩建逾王屋至河阳，撤民屋为筏以济河，师徒失亡殆尽。

是役也，朝廷倚朱全忠及河朔三镇，及浚至晋州，全忠方连兵徐、郓，虽遣将攻泽州而身不至。行营乃求兵粮于镇、魏，镇、魏倚河东为捍蔽，皆不出兵。惟华、邠、凤翔、鄜、夏之兵会之，兵未交而孙揆被擒，幽、云俱败，杨复恭复从中沮之，故浚军望风自溃。

十二月辛丑，汴将丁会、葛从周击魏，渡河，取黎阳、临河，庞师古、霍存下淇门、卫县，朱全忠自以大军继之。

二年春正月，罗弘信军于内黄。丙辰，朱全忠击之，五战皆捷，至永定桥，斩首万余级。弘信惧，遣使厚币请和。全忠命止焚掠，归其俘，还军河上。魏博自是服于汴。

庚申，制以太保、门下侍郎、同平章事孔纬为荆南节度使，中书侍郎、同平章事张浚为鄂岳观察使。以翰林学士承旨、兵部侍郎崔昭纬同平章事，御史中丞徐彦若为户部侍郎、同平章事。昭纬，慎由从子；彦若，商之子也。杨复恭使人劫孔纬于长乐坡，斩其旌节，资装俱尽，纬仅能自免。李克用复遣使上表曰：“张浚以陛下万代之业，邀自己一时之功，知臣与朱温深仇，私相连结。臣今身无官爵，名是罪人，不敢归陛下藩方，且欲于河中寄寓，进退行止，伏俟指麾。”诏再贬孔纬均州刺史，张浚连州刺史。赐克用诏，悉复其官爵，使归晋阳。二月，加李克用守中书令，复李罕之官爵，再贬张浚绣州司户。

三月，张浚至蓝田，逃奔华州依韩建，与孔纬密求救于朱全忠。全忠上表为纬、浚讼冤，朝廷不得已，并听自便。纬至商州而还，亦寓居华州。

夏四月，李克用大举击赫连铎，败其兵于河上，进围云州。秋七月，李克用急攻云州，赫连铎食尽，奔吐谷浑部，既而归于幽州。克用表大将石善友为大同防御使。

邢洺节度使李存孝劝李克用攻镇州，克用从之。八月，克用南巡泽潞，遂涉怀孟之境。

朱全忠遣其将丁会攻宿州，克其外城。冬十月壬午，宿州刺史张筠降于丁会。

李克用攻王镕，大破镇兵于龙尾岗，斩获万计，遂拔临城，攻元氏、柏乡，李匡威引幽州兵救之。克用大掠而还，军于邢州。

十一月，曹州都将郭铢杀刺史郭词，降于朱全忠。泰宁节度使朱瑾将万余人攻单州。

乙丑，时溥将刘知俊帅众二千降于全忠。知俊，沛人，徐之骁将也，溥军自是不振。全忠以知俊为左右开道指挥使。

十二月乙酉，汴将丁会、张归霸与朱瑾战金乡，大破之，杀获殆尽，瑾单骑走免。

景福元年春正月，王镕、李匡威合兵十余万攻尧山，李克用遣其将李嗣勋击之，大破幽、镇兵，斩获三万。

二月戊寅，朱全忠出兵击朱瑄，遣其子友裕将兵前行，军于斗门。甲申，朱全忠至卫南，朱瑄将步骑万人袭斗门，朱友裕弃营走，瑄据其营。全忠不知，乙酉，引兵趣斗门，至者皆为郓人所杀。全忠退军瓠河，丁亥，瑄击全忠，大破之，全忠走。张归厚于后力战，全忠仅免，副使李璠等皆死。朱全忠奏贬河阳节度使赵克裕，以佑国节度使张全义兼河阳节度使。朱全忠连年攻时溥，徐、泗、濠三州民不得耕获，兖、郓、河东兵救之皆无功，复值水灾，人死者什六七。溥困甚，请和于全忠，全忠曰："必移镇乃可。"溥许之。全忠乃奏请移溥他镇，仍命大臣镇徐州。诏以门下侍郎、同平章事刘崇望同平章事，充感化节度使，以溥为太子太师。溥恐全忠诈而杀之，据城不奉诏，崇望及华阴而还。

忠义节度使赵德諲薨，子匡凝代之。

三月，李克用、王处存合兵攻王镕，癸丑，拔天长镇。戊午，镕与战于新市，大破之，杀获二万余人。辛酉，克用退屯栾城。诏和解河东及镇、定、幽四镇。

夏四月，李匡威出兵侵云、代，壬寅，李克用始引兵还。

秋八月，李克用北巡至天宁军，闻李匡威、赫连铎将兵八万寇云州，遣其将李君庆发兵于晋阳。克用潜入新城，伏兵于神堆，擒吐谷浑逻骑三百，匡威等大惊。丙申，君庆以大军至，克用迁入云州。丁酉，出击匡威等，大破之。己亥，匡威等烧营而遁，追至天成军，斩获不可胜计。

九月，时溥迫监军奏称将士留己，冬十月，复以溥为侍中、感化节度。朱全忠奏请追溥新命，诏谕解之。

初，邢、洺、磁州留后李存孝与李存信俱为李克用假子，不相睦。存信有宠于克用，存孝在邢州，欲立大功以胜之，乃建议取镇冀，存信从中沮之，不时听许。及王镕围尧山，存孝救之，不克。克用以存信为蕃、汉马步都指挥使，与存孝共击之。二人互相猜忌，逗留不进。克用更遣李嗣勋等击破之。存信还，谮存孝无心击贼，疑与之有私约。存孝闻之，自以有功于克用，而信任顾不及存信，愤怨，且惧及祸，乃潜结王镕及朱全忠，上表以三州自归于朝廷，乞赐旌节及会诸道兵讨克用。诏以存孝为邢洺磁节度使，不许会兵。

十一月，时溥濠州刺史张璲、泗州刺史张谏以州附于朱全忠。

乙未，朱全忠遣其子友裕将兵十万攻濮州，拔之，执其刺史邵伦，遂令友裕移兵击时溥。

二年春正月，时溥遣兵攻宿州，刺史郭言战死。

二月，李克用引兵围邢州，王镕遣牙将王藏海致书解之。克用怒，斩藏海，进兵击镕，败镇兵于平山。辛巳，攻天长镇，旬日不下。镕出兵三万救之，克用逆战于叱日岭下，大破之，斩首万余级，余众溃去。河东军无食，脯其尸而啖之。

时溥求救于朱瑾，朱全忠遣其将霍存将骑兵三千军曹州以备之。瑾将兵二万救徐州，存引兵赴之，与朱友裕合击徐、兖兵于石佛山下，大破之，瑾遁归兖州。辛卯，徐兵复出，存战死。

李克用进下井陉，李存孝将兵救王镕，遂入镇州，与镕计事。镕又乞师于朱全忠，全忠方与时溥相攻，不能救，但遗克用书，言"邺下有十万精兵，抑而未进"。克用复书，言"傥实屯军邺下，颙望降临。必欲真决雌雄，愿角逐于常山之尾"。甲午，李匡威引兵救镕，败河东兵于元氏，克用引还邢州。镕犒匡威于藁城，辇金帛二十万以酬之。

朱友裕围彭城，时溥数出兵，友裕闭壁不战。朱瑾宵遁，友裕不追，都虞候朱友恭以书谮友裕于全忠，全忠怒，驿书下都指挥使庞师古，使代之将，且按其事。书误达于友裕，友裕大惧，以二千骑逃入山中，潜诣砀山，匿于伯父全昱之所。全忠夫人张氏闻之，使友裕单骑诣汴州见全忠，泣涕拜伏于庭，全忠命左右捽抑，将斩之，夫人趋就抱之，泣曰："汝舍兵众束身归罪，无异志明矣。"全忠悟而舍之，使权知许州。友恭，寿春人李彦威也，幼为全忠家僮，全忠养以为子。张夫人，砀山人，多智略，全忠敬惮之，虽军府事，时与之谋议。或将兵出，至中涂，夫人以为不可，遣一介召之，全忠立为之返。庞师古攻佛山寨，拔之，自是徐兵不敢出。

李匡威之救王镕也，将发幽州，家人会别，弟匡筹之妻美，匡威醉而淫之。三月，匡威自镇州还，至博野，匡筹据军府自称留后，以符追行营兵。匡威众溃归，但与亲近留深州，进退无所之，遣判官李抱真入奏，请归京师。京师屡更大乱，闻匡威来，坊市大恐，曰："金头王来图社稷。"士民或窜匿山谷。王镕德其以己故致失地，迎归镇州，为筑第，父事之。

夏四月，汴军攻徐州，累月不克。通事官张涛以书白朱全忠，云："进兵时日非良，故无功。"全忠以为然。敬翔曰："今攻城累月，所费甚多，徐人已困，旦夕且下，使将士闻此言，则懈于攻取矣。"全忠乃焚其书。癸未，全忠自将如徐州。戊子，庞师古拔彭城，时溥举族登燕子楼自焚死。己丑，全忠入彭城，以宋州刺史张廷范知感化留后，奏乞朝廷除文臣为节度使。

李匡威在镇州，为王镕完城堑，缮甲兵，训士卒，视之如子。匡威以镕年少，且乐真定土风，潜谋夺之。李抱真自京师还，为之画策，阴以恩施悦其将士。王氏在镇久，镇人爱之，不徇匡威。匡威忌日，镕就第吊之，匡威素服衷甲，伏兵劫之。镕趋抱匡威曰："镕为晋人所困，几亡矣，赖公以有今日。公欲得四州，此固镕之愿也。不若与公共归府，以位让公，则将士莫之拒矣。"匡威以为然，与镕骈马，陈兵入府。会大风，雷雨，屋瓦皆震。匡威入东偏门，镇之亲军闭之，有屠者墨君和自缺垣跃出，拳殴匡威甲士，挟镕于马上，负之登屋。镇人既得镕，攻匡威，杀之，并其族党。镕时年十七，体疏瘦，为君和所挟，颈痛头偏者累日。李匡筹奏镕杀其兄，请举兵复冤，诏不许。

幽州将刘仁恭将兵戍蔚州，过期未代，士卒思归。会李匡筹立，戍卒奉仁恭为帅，还攻幽州，至居庸关，为府兵所败。仁恭奔河东，李克用厚待之。

六月，李匡筹出兵攻王镕之乐寿、武强，以报杀匡威之耻。

秋七月，王镕遣兵救邢州；李克用败之于平山，壬申，进击镇州。镕惧，请以兵粮二十万助攻邢州，克用许之。克用治兵于栾城，合镕兵三万进屯任县，李存信屯琉璃陂。

八月，朱全忠命庞师古移兵攻兖州，与朱瑾战，屡破之。

九月，李存孝夜犯李存信营，虏奉诚军使孙考老。李克用自引兵攻邢州，掘堑筑垒环之。存孝时出兵突击堑垒，不能成。河东牙将袁奉韬密使人谓存孝曰："大王惟俟堑成即归晋阳，尚书所惮者独大王耳，诸将非尚书敌也。大王若归，咫尺之堑安能沮尚书之锋锐邪！"存孝以为然，按兵不出。旬日堑垒成，飞走不能越，存孝由是遂穷。汴将邓季筠从克用攻邢州，轻骑逃归。朱全忠大喜，使将亲军。

十二月，汴将葛从周攻齐州刺史朱威，朱瑄、朱瑾引兵救之。

乾宁元年春正月，以李匡筹为卢龙节度使。

二月，朱全忠自将击朱瑄，军于鱼山，瑄与朱瑾合兵攻之，兖、郓兵大败，死者万余人。

三月，邢州城中食尽，甲申，李存孝登城谓李克用曰："儿蒙王恩得富贵，苟非困于谗慝，安肯舍父子而从仇雠乎！愿一见王，死不恨。”克用使刘夫人视之。夫人引存孝出见克用，存孝泥首谢罪曰：“儿粗立微劳，存信逼儿，失图至此。”克用叱之曰：“汝遗朱全忠、王镕书，毁我万端，亦存信教汝乎？”囚之，归于晋阳，车裂于牙门。存孝骁勇，克用军中皆莫及。常将骑兵为先锋，所向无敌，身被重铠，腰弓髀槊，独舞铁檛陷阵，万人辟易。每以二马自随，马稍乏，就阵中易之，出入如飞。克用惜其才，意临刑，诸将必为之请，因而释之。既而诸将疾其能，竟无一人言者。既死，克用为之不视事者旬日，私恨诸将，而于李存信竟无所谴。又有薛阿檀者，其勇与存孝相侔，诸将疾之，常不得志，密与存孝通。存孝诛，恐事泄，遂自杀。自是克用兵势浸弱，而朱全忠独盛矣。克用表马师素为邢洺节度使。

夏五月，朱瑄、朱瑾求救于河东，李克用遣骑将安福顺及弟福庆、福迁督精骑五百假道于魏，渡河应之。

六月，李克用大破吐谷浑，杀赫连铎，擒白义诚。

秋八月，昭义节度使康君立诣晋阳谒李克用，克用会诸将饮博，酒酣，克用语及李存孝，流涕不已。君立素与李存信善，一言忤旨，克用拔剑斫之，囚于马步司。九月庚申朔，出之，君立已死。克用表云州刺史薛志诚为昭义留后。

冬十月，刘仁恭数因盖寓献策于李克用，愿得兵万人取幽州。克用方攻邢州，分兵数千，欲纳仁恭于幽州，不克。李匡筹益骄，数侵河东之境。克用怒，十一月，大举兵攻匡筹，拔武州，进围新州。

十二月，李匡筹遣大将将步骑数万救新州，李克用选精兵逆战于段庄，大破之，斩首万余级，生擒将校三百人，以练縻之，徇于城下。是夕，新州降。辛亥，进攻妫州。壬子，匡筹复发兵出居庸关，克用使精骑当其前以疲之，遣步将李存审自他道出其背，夹击之，幽州兵大败，杀获万计。甲寅，李匡筹挈其族奔沧州，义昌节度使卢彦威利其辎重、妓妾，遣兵攻之于景城，杀之，尽俘其众。存审本姓符，宛丘人，克用养以为子。丙辰，克用进军幽州，其大将请降。匡筹素暗懦，初据军府，兄匡威闻之，谓诸将曰："兄失弟得，不出吾家，亦复何恨。但惜匡筹才短，不能保守，得及二年，幸矣。"

二年春正月，幽州军民数万，以麾盖歌鼓迎李克用入府舍。克用命(符)〔李〕存审、刘仁恭将兵略定巡属。

癸未，朱全忠遣其将朱友恭围兖州，朱瑄自郓以兵、粮救之，友恭设伏，败之于高梧，尽夺其饷，擒河东将安福顺、安福庆。

二月，李克用表刘仁恭为卢龙留后，留兵戍之；壬子，还晋阳。妫州人高思继兄弟有武干，为燕人所服，克用皆以为都将，分掌幽州兵。部下士卒皆山北之豪也，仁恭惮之。久之，河东兵戍幽州者暴横，思继兄弟以法裁之，所诛杀甚多。克用怒，以让仁恭，仁恭诉称高氏兄弟所为，克用俱杀之。仁恭欲收燕人心，复引其诸子置帐下，厚抚之。

三月，加王镕兼侍中。

夏六月辛卯，以前均州刺史孔纬、绣州司户张浚并为太子宾客。壬辰，以纬为吏部尚书，复其阶爵。癸巳，以张浚为兵部尚书、诸道租庸使。

九月，朱全忠自将击朱瑄，战于梁山，瑄败，走还郓。

冬十月，朱全忠遣都将葛从周击兖州，自以大军继之，癸卯，围兖州。

义武节度使王处存薨，军中推其子节度副使郜为留后。

十一月，齐州刺史朱琼举州降于朱全忠。琼，瑾之从父兄也。

朱瑄遣其将贺瓌、柳存及河东将何怀宝将兵万余人袭曹州，以解兖州之围。瓌，濮阳人也。丁卯，全忠自中都引兵夜追之，比明，至钜野南，及之，屠杀殆尽，生擒瓌、存、怀宝，俘士卒三千余人。是日晡后，大风，沙尘晦冥，全忠曰："此杀人未足耳。"下令所得之俘尽杀之。庚午，缚瓌等徇于兖州城下，谓朱瑾曰："卿兄已败，何不早降？"朱瑾伪遣使请降于朱全忠，全忠自就延寿门下与瑾语。瑾曰："欲送符印，愿使兄琼来领之。"辛巳，全忠使琼往，瑾立马桥上，伏骁果董怀进于桥下，琼至，怀进突出，擒之以入，须臾，掷首城外。全忠乃引兵还，以琼弟玭为齐州防御使，杀柳存、何怀宝，闻贺瓌名，释而用之。

朱全忠之去兖州也，留葛从周将兵守之，朱瑾闭城不复出。从周将还，乃扬言"天平、河东救兵至，引兵西北邀之"，夜半潜归故寨。瑾以从周精兵悉出，果出兵攻寨。从周突出奋击，杀千余人，擒其都将孙汉筠而还。

朱瑄、朱瑾屡为朱全忠所攻，民失耕稼，财力俱弊，告急于河东。李克用遣其大将史俨、李承嗣将数千骑，假道于魏以救之。

三年春闰正月，李克用遣蕃、汉都指挥使李存信将万骑假道于魏以救兖、郓，军于莘县。朱全忠使人谓罗弘信曰："克用志吞河朔，师还之日，贵道可忧。"存信戢众不严，侵暴魏人；弘信怒，发兵三万夜袭之。存信军溃，退保洺州，丧士卒什二三，委弃资粮、兵械万数。史俨、李承嗣之军隔绝，不得还。弘信自是与河东绝，专志于汴。全忠方图兖、郓，畏弘信议其后，弘信每有赠遗，全忠必对使者北向拜授之，曰："六兄于予，倍年以长，固非诸邻之比。”弘信信之，全忠以是得专意东方。

二月，朱全忠荐兵部尚书张浚，上欲复相之。李克用表请发兵击全忠，且言：“浚朝为相，臣则夕至阙廷。”京师震惧，上下诏和解之。

三月，朱全忠遣庞师古将兵伐郓州，败郓兵于马颊，遂抵其城下。

夏四月，李克用击罗弘信，攻洹水，杀魏兵万余，进攻魏州。

五月，李克用攻魏博，侵掠遍六州。朱全忠召葛从周于郓州，使将兵营洹水以救魏博，留庞师古攻郓州。六月，克用引兵击从周，汴人多凿坎于阵前，战方酣，克用之子铁林指挥使落落马遇坎而踬，汴人生擒之。克用自往救之，马亦踬，几为汴人所获。克用顾射汴将一人，毙之，乃得免。克用请修好以赎落落，全忠不许，以与罗弘信，使杀之。克用引军还。

葛从周自洹水引兵济河，屯于杨刘，复击郓，及兖、郓、河东之兵战于故乐亭，破之。兖、郓属城皆为汴人所据，屡求救于李克用，克用发兵赴之，为罗弘信所拒，不得前，兖、郓由是不振。

秋九月，河东将李存信攻临清，败汴将葛从周于宗城北，乘胜至魏州北门。冬十月，李克用自将攻魏州，败魏兵于白龙潭，追至观音门。朱全忠复遣葛从周救之，屯于洹水，全忠以大军继之，克用乃还。十一月，朱全忠还大梁，复遣葛从周东会庞师古攻郓州。

四年春正月，庞师古、葛从周并兵攻郓州，朱瑄兵少食尽，不复出战，但引水为深壕以自固。辛卯，师古等营于水西南，命为浮梁。辛巳，潜决壕水。丙申，浮梁成，师古夜以中军先济。瑄闻之，弃城奔中都，葛从周逐之，野人执瑄及妻子以献。朱全忠入郓州,以庞师古为天平留后。

朱瑾留大将康怀贞守兖州,与河东将史俨、李承嗣掠徐州之境以给军食。全忠闻之,遣葛从周将兵袭兖州。怀贞闻郓州已失守,汴兵奄至,遂降。二月戊申,从周入兖州,获瑾妻子。朱瑾还,无所归,帅其众趋(汴)〔沂〕州,刺史尹处宾不纳,走保海州,为汴兵所逼,与史俨、李承嗣拥州民渡淮,奔杨行密。行密逆之于高邮,表瑾领武宁节度使。全忠纳瑾之妻,引兵还,张夫人逆于封丘,全忠以得瑾妻告之。夫人请见之,瑾妻拜,夫人答拜,且泣曰:"兖、郓与司空同姓,约为兄弟,以小故恨望,起兵相攻,使吾姒辱于此。他日汴州失守,吾亦如吾姒之今日乎!"全忠乃送瑾妻于佛寺为尼。斩朱瑄于汴桥。于是郓、齐、曹、棣、兖、沂、密、徐、宿、陈、许、郑、滑、濮皆入于全忠。惟王师范保淄青一道,亦服于全忠。李存信在魏州,闻兖、郓皆陷,引兵还。

淮南旧善水战,不知骑射,及得河东、兖、郓兵,军声大振。史俨、李承嗣皆河东骁将,李克用深惜之,遣使间道诣杨行密请之。行密许之,亦遣使诣克用修好。

初,李克用取幽州,表刘仁恭为节度使,留戍兵及腹心将十人典其机要,租赋供军之外,悉输晋阳。及上幸华州,克用征兵于仁恭,又遗成德节度使王镕、义武节度使王郜书,欲与之共定关中,奉天子还长安。仁恭辞以契丹入寇,须兵捍御,俟虏退然后承命。克用屡趣之,使者相继,数月,兵不出。克用移书责之,仁恭抵书于地慢骂,囚其使者,欲杀河东戍将,戍将遁逃获免。克用大怒,八月,自将击仁恭。

秋九月丁丑,李克用至安塞军,辛巳,攻之。幽州将单可及引骑兵至,克用方饮酒,前锋白:"贼至矣!"克用醉,曰:"仁恭何在？”对曰：“但见可及辈。”克用瞋目曰：“可及辈何足为敌！”亟命击之。是日大雾，不辨人物，幽州将杨师侃伏兵于木瓜涧，河东兵大败，失亡太半。会大风雨震电，幽州兵解去。克用醒而后知败，责大将李存信等曰：“吾以醉废事，汝曹何不力争！”

冬十月，刘仁恭奏称：“李克用无故称兵见讨，本道大破其党于木瓜涧，请自为统帅以讨克用。”诏不许。又遗朱全忠书，全忠奏加仁恭同平章事，朝廷从之。仁恭又遣使谢克用，陈去就不自安之意。克用复书略曰：“今公仗钺控兵，理民立法，擢士则欲其报德，选将则望彼酬恩。己尚不然，人何足信？仆料猜防出于骨肉，嫌忌生于屏帷，持干将而不敢授人，捧盟盘而何词着誓！”

光化元年春三月，义昌节度使卢彦威性残虐，又不礼于邻道。与卢龙节度使刘仁恭争盐利，仁恭遣其子守文将兵袭沧州，彦威弃城挈家奔魏州，罗弘信不纳，乃奔汴州。仁恭遂取沧、景、德三州，以守文为义昌留后。仁恭兵势益盛，自谓得天助，有并吞河朔之志。为守文请旌节，朝廷未许。会中使至范阳，仁恭语之曰：“旌节吾自有之，但欲得长安本色耳，何为累章见拒？为吾言之。”其悖慢如此。

朱全忠与刘仁恭修好，会魏博兵击李克用。夏四月丁未，全忠至钜鹿城下，败河东兵万余人，逐北至青山口。

丁(未)〔卯〕，朱全忠遣葛从周分兵攻洺州，戊辰，拔之，斩刺史邢善益。

(夏)五月，葛从周攻邢州，刺史马师素弃城走。辛未，磁州刺史袁奉滔自刭。全忠以从周为昭义留后，守邢、洺、磁三州而还。

秋八月，上欲藩镇相与辑睦，以太子宾客张有孚为河东、汴州宣慰使，赐李克用、朱全忠诏，又令宰相与之书，使之和解。克用欲奉诏，而耻于先自屈，乃致书王镕，使通于全忠，全忠不从。

九月，魏博节度使罗弘信薨，军中推其子节度副使绍威知留后。

冬十月，李克用遣其将李嗣昭、周德威将步骑三万出青山，将复山东三州。壬寅，进攻邢州。葛从周出战，大破之。嗣昭等引兵退入青山，从周追之，将扼其归路，步兵自溃，嗣昭不能制。会横冲都将李嗣源以所部兵至，谓嗣昭曰："吾辈亦去，则势不可支矣，我试为公击之。"嗣昭曰："善。我请从公后。"嗣源乃解鞍厉镞，临高布阵，左右指画，邢人莫之测。嗣源直前奋击，嗣昭继之，从周乃退。德威，马邑人也。

以罗绍威知魏博留后。十一月，以魏博留后罗绍威为节度使。

十二月，昭义节度使薛志勤薨，旬日无帅，李罕之擅引泽州兵夜入潞州，据之。以状白克用曰："薛铁山死，州民无主，虑不逞者为变，故罕之专命镇抚，取王裁旨。"克用怒，遣人让之。罕之遂遣其子颢请降于朱全忠，克用遣李嗣昭将兵讨之。

二年春正月，朱全忠表李罕之为昭义节度使。

刘仁恭发幽、沧等十二州兵十万，欲兼河朔，攻贝州，拔之，城中万余户尽屠之，投尸清水。由是诸城各坚守不下。仁恭进(于)〔攻〕魏州，营于城北。魏博节度使罗绍威求救于朱全忠。三月，朱全忠遣其将李思安、张存敬将兵救魏博，屯于内黄。癸卯，全忠以中军军于滑州。刘仁恭谓其子守文曰："汝勇十倍于思安，当先虏鼠辈，后擒绍威耳。"乃遣守文及其妹婿单可及将精兵五万，击思安于内黄。丁未，思安使其将袁象先伏兵于清水之右，思安逆战于繁阳，阳不胜而却。守文逐之，及内黄之北，思安勒兵还战，伏兵发，夹击之，幽州兵大败，斩可及，杀获三万人，守文仅以身免。可及，幽州骁将，号“单无敌”，燕军失之丧气。思安，陈留人也。

时葛从周自邢州将精骑八百已入魏州。戊申，仁恭攻上水关、馆陶门，从周与宣义牙将贺德伦出战，顾门者曰：“前有大敌，不可返顾。”命阖其扉。从周等殊死战，仁恭复大败，擒其将薛突厥、王郐郎。明日，汴、魏乘胜合兵击仁恭，破其八寨，仁恭父子烧营而遁。汴、魏之人长驱追之，至临清，拥其众入永济渠，杀溺不可胜纪。镇人亦出兵邀击于东境，自魏至沧，五百里间僵尸相枕。仁恭自是不振，而全忠益横矣。德伦，河西胡人也。

刘仁恭之攻魏州也，罗绍威遣使修好于河东，且求救。壬午，李克用遣李嗣昭将兵救之。会仁恭已为汴兵所败，绍威复与河东绝，嗣昭引还。

葛从周乘破幽州之势，自土门攻河东，拔承天军。别将(尉)氏叔琮自马岭入，拔辽州乐平，进军榆次。李克用遣内牙军副周德威击之。叔琮有骁将陈章，号“陈夜叉”，为前锋，请于叔琮曰：“河东所恃者周杨五，请擒之，求一州为赏。”克用闻之，以戒德威，德威曰：“彼大言耳。”战于洞涡，德威微服往挑战，谓其属曰：“汝见陈夜叉即走。”章果逐之，德威奋铁檛击之，坠马，生擒以献。因击叔琮，大破之，斩首三千级。叔琮弃营走，德威追之，出石会关，又斩千余级。从周亦引还。

丁巳，朱全忠遣河阳节度使丁会攻泽州，下之。

夏五月，李克用遣蕃、汉马步都指挥使李君庆将兵攻李罕之，己亥，围潞州。朱全忠出屯河阳，辛丑，遣其将张存敬救之，壬寅，又遣丁会将兵继之。大破河东兵，君庆解围去。克用诛君庆及其裨将伊审、李弘袭，以李嗣昭为蕃、汉马步都指挥使，代之攻潞州。

六月乙丑，李罕之疾亟。丁卯，全忠表罕之为河阳节度使，以丁会为昭义节度使。未几，又以其将张归霸守邢州，遣葛从周代会守潞州。

丁丑，李罕之薨于怀州。

秋七月，朱全忠召葛从周于潞州，使贺德伦守之。八月丙寅，李嗣昭引兵至潞州城下，分兵攻泽州。己巳，汴将刘玘弃泽州走，河东兵进拔天井关，以李存璋为泽州刺史。贺德伦闭城不出，李嗣昭日以铁骑环其城，捕刍牧者，附城三十里禾黍皆刈之。乙酉，德伦等弃城宵遁，趣壶关，河东将李存审伏兵邀击之，杀获甚众。葛从周以援兵至，闻德伦等已败，乃还。

三年夏四月，朱全忠遣葛从周帅兖、郓、滑、魏四镇兵十万击刘仁恭。五月，仁恭遣使卑辞厚礼求救于河东，李克用遣周德威将五千骑出黄泽攻邢、洺以救之。

六月，刘仁恭将幽州兵五万救沧州，营于乾宁军，葛从周将精兵逆战于老鸦堤，大破仁恭，斩首三万级，仁恭走保瓦桥。秋七月，李克用复遣都指挥使李嗣昭将兵五万攻邢、洺以救仁恭，败汴军于内丘。王镕遣使和解幽、汴，会久雨，朱全忠召从周还。

八月，李嗣昭又败汴军于沙门河，攻洺州。乙丑，朱全忠引兵救之，未至，嗣昭拔洺州，擒刺史朱绍宗。全忠命葛从周将兵击嗣昭。

九月，葛从周自邺县渡漳水，营于黄龙镇。朱全忠自将中军三万，涉洺水置营。李嗣昭弃城走，从周设伏于青山口，邀击，大破之。

朱全忠以王镕与李克用交通，移兵伐之，下临城，逾滹沱，攻镇州南门，焚其关城。全忠自至元氏，镕惧，遣判官周式诣全忠请和。全忠盛怒，谓式曰："仆屡以书谕王公，竟不之听。今兵已至此，期于无舍！"式曰："镇州密迩太原，困于侵暴，四邻各自保，莫相救恤，王公与之连和，乃为百姓故也。今明公果能为人除害，则天下谁不听命？岂惟镇州。明公为唐桓、文，当崇礼义以成霸业，若但穷威武，则镇州虽小，城坚食足，明公虽有十万之众，未易攻也。况王氏秉旄五代，时推忠孝，人人欲为之死，庸可冀乎？"全忠笑揽式袂，延之帐中曰："与公戏耳。"乃遣客将开封刘捍入见镕，镕以其子节度副使昭祚及大将子弟为质，以文缯二十万犒军。全忠引还，以女妻昭祚。

成德判官张泽言于王镕曰："河东，勍敌也，今虽有朱氏之援，譬如火发于家，安能俟远水乎？彼幽、沧、易定犹附河东，不若说朱公乘胜兼服之，使河北诸镇合而为一，则可以制河东矣。"镕复遣周式往说全忠。全忠喜，遣张存敬会魏博兵击刘仁恭。甲寅，拔瀛州。冬十月丙辰，拔景州，执刺史刘仁霸。辛酉，拔莫州。

张存敬攻刘仁恭，下二十城，将自瓦桥趣幽州，道泞不能进，乃引兵西攻易定。辛巳，拔祁州，杀刺史杨约。

张存敬攻定州，义武节度使王郜遣后院都知兵马使王处直将兵数万拒之。处直请依城为栅，俟其师老而击之。孔目官梁汶曰："昔幽、镇合兵三十万攻我，于时我军不满五千，一战败之。今存敬兵不过三万，我军十倍于昔，奈何示怯，欲依城自固乎！"郜乃遣处直逆战于沙河，易定兵大败，死者过半，余众拥处直奔还。甲申，王郜弃城奔晋阳，军中推处直为留后。存敬进围定州,丙申,朱全忠至城下,处直登城呼曰:“本道事朝廷尽忠,于公未尝相犯,何为见攻?”全忠曰:“何故附河东?”对曰:“吾兄与晋王同时立勋,封疆密迩,且昏姻也,修好往来,乃常理耳。请从兹改图。”全忠许之,乃归罪于梁汶而族之,以谢全忠,以缯帛十万犒师。全忠乃还,仍为处直表求节钺。处直,处存之母弟也。

刘仁恭遣其子守光将兵救定州,军于易水之上。全忠遣张存敬袭之,杀六万余人。由是河北诸镇皆服于全忠。

先是,王郜告急于河东,李克用遣李嗣昭将步骑三万下太行,攻怀州,拔之,进攻河阳。河阳留后侯言不意其至,狼狈失据,嗣昭坏其羊马城。会佑国军将阎宝引兵救之,力战于壕外,河东兵乃退。宝,郓州人也。

天复元年春正月,朱全忠既服河北,欲先取河中以制河东,己亥,召诸将谓曰:“王珂驽材,恃太原自骄汰。吾今(继)〔断〕长蛇之腰,诸君为我以一绳缚之。”庚子,遣张存敬将兵三万自汜水渡河出含山路以袭之,全忠以中军继其后。戊申,存敬至绛州。晋、绛不意其至,皆无守备,庚戌,绛州刺史陶建钊降之。壬子,晋州刺史张汉瑜降之。全忠遣其将侯言守晋州,何絪守绛州,屯兵二万,以扼河东援兵之路。朝廷恐全忠西入关,急赐诏和解之,全忠不从。

珂遣间使告急于李克用,道路相继。克用以汴人先据晋、绛,兵不得进。珂妻遗克用书曰:“儿旦暮为俘虏,大人何忍不救!”克用报曰:“今贼兵塞晋、绛,众寡不敌,进则与汝两亡,不若与王郎举族归朝。”珂又遗李茂贞书,言:“天子新返正,诏藩镇无得相攻,同奖王室。今朱公不顾诏命,首兴兵相加,其心可见。河中若亡,则同华、邠、岐俱不自保。天子神器拱手授人,其势必然矣。公宜亟帅关中诸镇兵，固守潼关，赴救河中。仆自知不武，愿于公西偏授一小镇，此地请公有之。关中安危，国祚修短，系公此举，愿审思之。”茂贞素无远图，不报。

二月甲寅朔，河东将李嗣昭攻泽州，拔之。

乙卯，张存敬引兵发晋州，己未，至河中，遂围之。王珂势穷，将奔京师，而人心离贰，会浮梁坏，流澌塞河，舟行甚难，珂挈其族数百人欲夜登舟，亲谕守城者，皆不应。牙将刘训曰：“今人情扰扰，若夜出涉河，必争舟纷乱，一夫作难，事不可知。不若且送款存敬，徐图向背。”珂从之。壬戌，珂植白幡于城隅，遣使以牌印请降于存敬。存敬请开城，珂曰：“吾于朱公有家世事分，请公退舍，俟朱公至，吾自以城授之。”存敬从之，且〔使〕走白全忠。

乙丑，全忠至洛阳，闻之喜，驰往赴之。戊辰，至虞乡，先哭于重荣之墓，尽哀，河中人皆悦。珂欲面缚牵羊出迎，全忠遽使止之曰：“太师舅之恩何可忘，若郎君如此，使仆异日何以见舅于九泉！”乃以常礼出迎，握手歔欷，联辔入城。全忠表张存敬为护国军留后。王珂举族迁于大梁，其后全忠遣珂入朝，遣人杀之于华州。全忠闻张夫人疾亟，遽自河中东归。李克用遣使以重币请修好于全忠，全忠虽遣使报之，而忿其书辞蹇傲，决欲攻之。

加幽州节度使刘仁恭、魏博节度使罗绍威并兼侍中。

三月癸未朔，朱全忠至大梁。癸卯，遣宿州刺史氏叔琮等将兵五万攻李克用，入自太行，魏博都将张文恭入自磁州新口，葛从周以兖、郓兵会成德兵入自土门，洺州刺史张归厚入自马岭，义武节度使王处直入自飞狐，权知晋州侯言以慈、隰、晋、绛兵入自阴地。叔琮入天井关，进军昂车。辛亥，沁州刺史蔡训以城降，河东都将盖璋诣侯言降，即令权知沁州。壬子，叔琮拔泽州，刺史李存璋弃城走。叔琮进攻潞州，昭义节度使孟迁降之。河东屯将李审建、王周将步军一万、骑二千诣叔琮降，叔琮进趣晋阳。夏四月乙卯，叔琮出石会关，营于洞涡驿。张归厚引兵至辽州，丁巳，辽州刺史张鄂降。别将白奉国会成德兵自井陉入，己未，拔承天军，与叔琮烽火相应。

氏叔琮等引兵抵晋阳城下，数挑战，城中大恐。李克用登城备御，不遑饮食。时大雨积旬，城多颓坏，随加完补。河东将李嗣昭、李嗣源凿暗门，夜出攻汴垒，屡有杀获。李存进败汴军于洞涡。时汴军既众，刍粮不给，久雨，士卒疟利，全忠乃召兵还。五月，叔琮等自石会关归，诸道军亦退。河东将周德威、李嗣昭以精骑五千蹑之，杀获甚众。先是，汾州刺史李瑭举州降于汴军，克用遣其将李存审攻之，三日而拔，执瑭斩之。氏叔琮过上党，孟迁挈族随之南徙。朱全忠遣丁会代守潞州。

六月，李克用遣其将李嗣昭、周德威将兵出阴地关攻隰州，刺史唐礼降之；进攻慈州，刺史张瓌降之。

二年春正月，河东将李嗣昭、周德威攻慈、隰。朱全忠闻有河东兵，二月戊寅朔，旋军河中。李嗣昭等攻慈、隰，下之，进逼晋、绛。己丑，全忠遣兄子友宁将兵会晋州刺史氏叔琮击之。李嗣昭等袭取绛州，汴将康怀英复取之。嗣昭等屯蒲县，乙未，汴军十万营于蒲南，叔琮夜帅众断其归路而攻其垒，破之，杀获万余人。己亥，全忠自河中赴之，乙巳，至晋州。

三月戊午，氏叔琮、朱友宁进攻李嗣昭、周德威营。时汴军横阵十里，而河东军不过数万，深入敌境，众心恟惧。德威出战而败，密令嗣昭以后军先去，德威寻引骑兵亦退。叔琮、友宁长驱乘之，河东〔军〕惊溃，擒克用子廷鸾，兵仗辎重委弃殆尽。朱全忠令叔琮、友宁乘胜遂攻河东。

李克用闻嗣昭等败，遣李存信以亲兵逆之，至清源，遇汴军，存信走还晋阳。汴军取慈、隰、汾三州。辛酉，汴军围晋阳，营于晋祠，攻其西门。周德威、李嗣昭收余众依西山得还。城中兵未集，叔琮攻城甚急，每行围，褒衣博带，以示闲暇。

克用昼夜乘城，不得寝食。召诸将议走保云州，李嗣昭、李嗣源、周德威曰："儿辈在此，必能固守。王勿为此谋摇人心。"李存信曰："关东、河北皆受制于朱温，我兵寡地蹙，守此孤城，彼筑垒穿堑环之，以积久制我，我飞走无路，坐待困毙耳。今事势已急，不若且入北虏，徐图进取。"嗣昭力争之，克用不能决。刘夫人言于克用曰："存信北川牧羊儿耳，安知远虑。王常笑王行瑜轻去其城，死于人手，今日反效之耶？且王昔居达靼，几不自免，赖朝廷多事，乃得复归。今一足出城，则祸变不测，塞外可得至耶？"克用乃止。居数日，溃兵复集，军府浸安。克用弟克宁为忻州刺史，闻汴寇至，中涂复还晋阳，曰："此城吾死所也，去将何之！"众心乃定。

壬戌，朱全忠还河中，遣朱友宁将兵西击李茂贞军于兴平、武功之间。李嗣昭、李嗣源数将敢死士夜入氐叔琮营，斩首捕虏，汴军惊扰，备御不暇。会大疫，丁卯，叔琮引兵还。嗣昭与周德威将兵追之，及石会关，叔琮留数马及旌旗于高岗之巅。嗣昭等以为有伏兵，乃引去，复取慈、隰、汾三州。自是，克用不敢与全忠争者累年。

克用以使引咨幕府曰："不贮军食，何以聚众？不置兵甲，何以克敌？不修城池，何以捍御？利害之间，请垂议度。"掌书记李袭吉献议，略曰："国富不在仓储，兵强不由众寡，人归有德，神固害盈。聚敛宁有盗臣，苛政如有猛虎，所以鹿台将散，周武以兴；齐库既焚，晏婴入贺。"又曰："伏以变法不若养人，改作宁如旧贯。韩建蓄财无数，首事朱温；王珂变法如麻，一朝降贼。中山城非不峻，蔡上兵非不多，前事甚明，可以为戒。且霸国无贫主，强将无弱兵。伏愿大王崇德爱人，去奢省役，设险固境，训兵务农。定乱者选武臣，制理者选文吏，钱谷有勾，刑法有律。诛赏由我，则下无威福之弊；迎密多正，则人无谮谤之忧。顺天时而绝欺诬，敬鬼神而禁淫祀，则不求富而国富，不求安而自安。外破元凶，内康疲俗，名高五霸，道冠八元。至于(索)〔率〕闾阎，定间架，增麴糵，检田畴，开国建邦，恐未为切。"

克用亲军皆沙陀杂虏，喜侵暴良民，河东甚苦之。其子存勖以为言，克用曰："此辈从吾攻战数十年，比者帑藏空虚，诸军卖马以自给。今四方诸侯皆重赏以募士，我若急之，则彼皆散去矣，吾安与同保此乎！俟天下稍平，当更清治之耳。"存勖幼警敏，有勇略。克用为朱全忠所困，封疆日蹙，忧形于色。存勖进言曰："物不极则不返，恶不极则不亡。朱氏恃其诈力，穷凶极暴，吞灭四邻，人怨神怒。今又攻逼乘舆，窥觎神器，此其极也，殆将毙矣。吾家代袭忠贞，势穷力屈，无所愧心。大人当遵养时晦，以待其衰，奈何轻为沮丧，使群下失望乎！"克用悦，即命酒奏乐而罢。

朱温取淄青

唐昭宗天复三年春正月，平卢节度使王师范，颇好学，以忠义自许，为治有声迹。朱全忠围凤翔，韩全诲以诏书征藩镇兵入援乘舆，师范见之，泣下沾衿，曰："吾属为帝室藩屏，岂得坐视天子困辱如此，各拥强兵，但自卫乎！"会张浚自长水亦遗之书，劝举义兵。师范曰："张公言正会吾意，夫复何疑。虽力不足，当死生以之！"

时关东兵多从全忠在凤翔，师范分遣诸将诈为贡献及商贩，包束兵仗，载以小车，入汴、徐、兖、郓、齐、沂、河南、孟、滑、河中、陕、虢、华等州，期以同日俱发，讨全忠。适诸州者多事泄被擒，独行军司马刘鄩取兖州。时泰宁节度使葛从周悉将其兵屯邢州，鄩先遣人为贩油者入城，诇其虚实及兵所从入。丙午，鄩将精兵五百夜自水窦入，比明，军城悉定，市人皆不知。鄩据府舍，拜从周母，每旦省谒；待其妻子，甚有恩礼；子弟职掌，供亿如故。

是日，青州牙将张居厚帅壮士二百将小车至华州东城，知州事娄敬思疑其有异，剖视之。其徒大呼，杀敬思，攻西城。崔胤在华州，帅众拒之，不克，走至商州，追获之。

全忠留节度判官裴迪守大梁，师范遣走卒赍书至大梁，迪问以东方事，走卒色动。迪察其有变，屏人问之，走卒具以实告。迪不暇白全忠，亟请马步都指挥使朱友宁将兵万余人东巡兖、郓。友宁召葛从周于邢州，共攻师范。全忠闻变，亦分兵先归，使友宁并将之。

王师范遣使以起兵告李克用，克用贻书褒赏之。河东监军张承业亦劝克用发兵救凤翔。克用攻晋州，闻车驾东归，乃罢。

三月戊午，朱全忠至大梁。王师范弟师鲁围齐州，朱友宁引兵击走之。师范遣兵益刘鄩军，友宁击取之。由是兖州援绝，葛从周引兵围之。友宁进攻青州，戊辰，全忠引四镇及魏博兵十万继之。

夏四月，王师范求救于淮南。乙未，杨行密遣其将王茂章以步骑七千救之，又遣别将将兵数万攻宿州。全忠遣其将康怀英救宿州，淮南兵遁去。

五月，朱友宁攻博昌，月余不拔。朱全忠怒，遣客将刘捍往督之。捍至，友宁驱民丁十余万，负木石，牵牛驴，诣城南筑土山，既至，并人畜、木石排而筑之，冤号声闻数十里，俄而城陷，尽屠之。进拔临淄，抵青州城下，遣别将攻登、莱。

淮南将王茂章会王师范弟莱州刺史师诲攻密州，拔之，斩其刺史刘康乂，以淮海都游弈使张训为刺史。

六月乙亥，汴兵拔登州。师范帅登、莱兵拒朱友宁于石楼，为两栅。丙子夜，友宁击登州栅，栅中告急，师范趣茂章出战，茂章按兵不动。友宁破登州栅，进攻莱州栅。比明，茂章度其兵已疲，乃与师范合兵出战，大破之。友宁旁自峻阜驰骑赴敌，马仆，青州将张土枭斩之，传首淮南。两镇兵逐北至米河，俘斩万计，魏博之兵殆尽。

全忠闻友宁死，自将兵二十万，昼夜兼行赴之。秋七月壬子，至临朐，命诸将攻青州。王师范出战，汴兵大破之。王茂章闭垒示怯，伺汴兵稍懈，毁栅而出，驱驰疾战，战酣退坐，召诸将饮酒，已而复战。全忠登高望见之，问降者，知为茂章，叹曰："使吾得此人为将，天下不足平也。"至晡，汴兵乃退。茂章度众寡不敌，是夕，引军还。全忠遣曹州刺史杨师厚追之，及于辅唐。茂章命先锋指挥使李虔裕将五百骑为殿，虔裕殊死战，师厚擒而杀之。师厚，颍州人也。

张训闻茂章去，谓诸将曰："汴人将至，何以御之?"诸将请焚城大掠而归。训曰："不可。"封府库，植旗帜于城上，遣羸弱居前，自以精兵殿其后而去。全忠遣左踏白指挥使王檀攻密州，既至，望旗帜，数日乃敢入城，见府库城邑皆完，遂不复追。训全军而还。全忠以檀为密州刺史。

八月戊辰朔，朱全忠留齐州刺史杨师厚攻青州，身归大梁。

杨师厚屯临朐，声言将之密州，留辎重于临朐。九月癸卯，王师范出兵攻临朐，师厚伏兵奋击，大破之，杀万余人，获师范弟师克。明日，莱州兵五千救青州，师厚邀击之，杀获殆尽，遂徙寨抵其城下。

戊午，王师范遣副使李嗣业及弟师悦请降于杨师厚，曰："师范非敢背德，韩全诲、李茂贞以朱书御札使之举兵，师范不敢违。"仍请以其弟师鲁为质。时朱全忠闻李茂贞、杨崇本将起兵逼京畿，恐其复劫天子西去，欲迎车驾都洛阳，乃受师范降，选诸将使守登、莱、淄、棣等州，即以师范权淄青留后。师范仍言先遣行军司马刘鄩将兵五千据兖州，非其自专，愿释其罪。亦遣使语鄩。

葛从周攻兖州，刘鄩使从周母乘板舆登城，谓从周曰："刘将军事我不异于汝，新妇辈皆安居。人各为其主，汝可察之。"从周歔欷而退，攻城为之缓。鄩悉简妇人及民之老疾不足当敌者出之，独与少壮者同辛苦，分衣食，坚守以捍敌。号令整肃，兵不为暴，民皆安堵。久之，外援既绝，节度副使王彦温逾城出降，城上卒多从之，不可遏。鄩遣人从容语彦温曰："军士非素遣者，勿多与之俱。"又遣人徇于城上曰："军士非素遣从副使而敢擅往者，族之。"士卒皆惶惑不敢出。敌人果疑彦温，斩之城下，由是众心益固。及王师范力屈，从周以祸福谕之，鄩曰："受王公命守此城，一旦见王公失势，不俟其命而降，非所以事上也。”及师范使者至，〔冬十月〕丁丑，始出降。从周为具赍装，送鄩诣大梁。鄩曰：“降将未受梁王宽释之命，安敢乘马衣裘乎！”乃素服乘驴至大梁。全忠赐之冠带，辞，请囚服入见，不许。全忠慰劳，饮之酒，辞以量小。全忠曰：“取兖州量何大邪？”以为元从都押牙。是时四镇将吏皆功臣旧人，鄩一旦以降将居其上，诸将具军礼拜于庭，鄩坐受自如，全忠益奇之。未几，表为保大留后。葛从周久病，全忠以康怀英为泰宁节度使代之。

昭宣帝天祐二年春正月庚午，朱全忠命李振知青州事，代王师范。

二月，李振至青州，王师范举族西迁，至濮阳，素服乘驴而进。至大梁，全忠客之。表李振为青州留后。

三月庚午，以王师范为河阳节度使。

朱温篡唐　崔胤诛宦官附

唐昭宗光化三年春二月，以吏部尚书崔胤同平章事，充清海节度使。

司空、门下侍郎、同平章事王抟明达有度量，时称良相。上素疾宦官枢密使宋道弼、景务修专横，崔胤日与上谋去宦官，宦官知之。由是南北司益相憎疾，各结藩镇为援以相倾夺。抟恐其致乱，从容言于上曰：“人君当务明大体，无所偏私。宦官擅权之弊，谁不知之？顾其势未可猝除，宜俟多难渐平，以道消息。愿陛下言勿轻泄以速奸变。”胤闻之，谮抟于上曰：“王抟奸邪，已为道弼辈外应。”上疑之。及胤罢相，意抟排己，愈恨之。及出镇广州，遗朱全忠书，具道抟语，令全忠表论之。全忠上言："胤不可离辅弼之地，抟与敕使相表里，同危社稷。"表连上不已，上虽察其情，迫于全忠，不得已，胤至湖南复召还。六月，以胤为司空、门下侍郎、同平章事，抟罢为工部侍郎。以道弼监荆南军，务修监青州军。戊辰，贬抟溪州刺史，己巳，又贬崖州司户；道弼长流驩州，务修长流爱州。是日，皆赐自尽。抟死于蓝田驿，道弼、务修死于霸桥驿。于是胤专制朝政，势震中外，宦官皆侧目，不胜其愤。

初，崔胤与上密谋尽诛宦官，及宋道弼、景务修死，宦官益惧。上自华州还，忽忽不乐，多纵酒，喜怒不常，左右尤自危。于是左军中尉刘季述、右军中尉王仲先、枢密使王彦范、薛齐偓等阴相与谋曰："主上轻佻多变诈，难奉事，专听任南司，吾辈终罹其祸。不若奉太子立之，尊主上为太上皇，引岐、华兵为援，控制诸藩，谁能害我哉！"

十一月，上猎苑中，因置酒，夜醉归，手杀黄门、侍女数人。明旦，日加辰巳，宫门不开。季述诣中书白崔胤曰："宫中必有变。我内臣也，得以便宜从事，请入视之。"乃帅禁军千人破门而入，访问，具得其状。出谓胤曰："主上所为如是，岂可理天下。废昏立明，自古有之，为社稷大计，非不顺也。"胤畏死，不敢违。庚寅，季述召百官，陈兵殿庭，作胤等连名状，请太子监国，以示之，使署名。胤及百官不得已，皆署之。上在乞巧楼，季述、仲先伏将士千人于门外，与宣武进(奉)〔奏〕官(陈)〔程〕岩等十余人入请对。季述、仲先甫登殿，将士大呼，突入宣化门，至思政殿前，逢宫人，辄杀之。上见兵入，惊堕床下，起，将走，季述、仲先掖之令坐。宫人走白皇后，后趋至，拜请曰："军容勿惊宅家，有事取军容商量。”季述等乃出百官状白上，曰：“陛下厌倦大宝，中外群情，愿太子监国，请陛下保颐东宫。”上曰：“昨与卿曹乐饮，不觉太过，何至于是？”对曰：“此非臣等所为，皆南司众情，不可遏也。愿陛下且之东宫，待事小定，复迎归大内耳。”后曰：“宅家趣依军容语。”即取传国宝以授季述，宦官扶上与后同辇，嫔御侍从者才十余人，适少阳院。季述以银楇画地数上曰：“某时某事，汝不从我言，其罪一也。”如此数十不止。乃手锁其门，镕铁锢之，遣左军副使李师虔将兵围之，上动静辄白季述，穴墙以通饮食，凡兵器针刀皆不得入。上求钱帛，俱不得，求纸笔亦不与。时大寒，嫔御公主无衣衾，号哭闻于外。季述等矫诏令太子监国，迎太子入宫。辛卯，矫诏令太子嗣位，更名缜，以上为太上皇，皇后为太上皇后。甲午，太子即皇帝位，更名少阳院曰问安宫。

季述加百官爵秩，与将士皆受优赏，欲以求媚于众。杀睦王倚，凡宫人、左右、方士、僧、道为上所宠信者皆榜杀之。每夜杀人，昼以十车载尸出，一车或止一两尸，欲以立威。将杀司天监胡秀林，秀林曰：“军容幽囚君父，更欲多杀无辜乎！”季述惮其言正而止。季述等欲杀崔胤，而惮朱全忠，但解其度支、盐铁、转运使而已。

崔胤密致书全忠，使兴兵图返正。左仆射致仕张浚在长水，见张全义于洛阳，劝之匡复；又与诸藩镇书劝之。

进士无棣李愚客游华州，上韩建书，略曰：“仆每读书，见君臣父子之际，有伤教害义者，恨不得肆之市朝。明公居近关重镇，君父幽辱月余，坐视凶逆而忘勤王之举，仆所未谕也。仆窃计中朝辅弼，虽有志而无权，外镇诸侯，虽有权而无志。惟明公忠义，社稷是依。往年车辂播迁，号泣奉迎，累岁供馈，再复庙朝，义感人心，至今歌咏。此时事势，尤异前日。明公地处要冲，位兼将相。自宫闱变故，已涉旬时，若不号令率先以图反正，迟疑未决，一朝山东侯伯唱义连衡，鼓行而西，明公求欲自安，其可得乎？此必然之势也。不如驰檄四方，谕以逆顺，军声一振，则元凶破胆，旬浃之间，二竖之首传于天下，计无便于此者。”建虽不能用，厚待之。愚坚辞而去。

朱全忠在定州行营，闻乱，丁未，南还。十二月戊辰，至大梁。季述遣其养子希度诣全忠，许以唐社稷输之。又遣供奉官李奉本以太上皇诰示全忠。全忠犹豫未决，会僚佐议之。或曰："朝廷大事，非藩镇所宜预知。”天平节度副使李振独曰："王室有难，此霸者之资也。今公为唐桓、文，安危所属。季述一宦竖耳，乃敢囚废天子，公不能讨，何以复令诸侯！且幼主位定，则天下之权尽归宦官矣，是以太阿之柄授人也。”全忠大悟，即囚希度、奉本，遣振如京师诇事。既还，又遣亲吏蒋玄晖如京师，与崔胤谋之，又召程岩赴大梁。

太子即位累旬，藩镇笺表多不至。王仲先性苛察，素知左右军多积弊，及为中尉，钩校军中财谷，得隐没为奸者，痛捶之，急征所负，将士颇不安。有盐州雄毅军使孙德昭为左神策指挥使，自刘季述等废立，常愤惋不平。崔胤闻之，遣判官石戬与之游。德昭每酒酣必泣，戬知其诚，乃密以胤意说之曰："自上皇幽闭，中外大臣至于行间士卒，孰不切齿？今反者独季述、仲先耳，公诚能诛此二人，迎上皇复位，则富贵穷一时，忠义流千古。苟狐疑不决，则功落他人之手矣。”德昭谢曰："德昭小校，国家大事，安敢专之。苟相公有命，不敢爱死。”戬以白胤，胤割衣带手书以授之。德昭复结右军清远都将董彦弼、周承诲，谋以除夜伏兵安福门外以俟之。

天复元年春正月乙酉朔，王仲先入朝，至安福门，孙德昭擒斩之，驰诣少阳院叩门呼曰："逆贼已诛，请陛下出劳将士。"何后不信，曰："果尔，以其首来。"德昭献其首，上乃与后毁扉而出。崔胤迎上御长乐门楼，帅百官称贺。周承诲擒刘季述、王彦范继至，方诘责，已为乱梃所毙。薛齐偓赴井死，出而斩之。灭四人之族，并诛其党二十余人。宦官奉太子匿于左军，献传国宝。上曰："裕幼弱，为凶竖所立，非其罪也。"命还东宫，黜为德王，复名裕。丙戌，以孙德昭同平章事，充静海节度使，赐姓名李继昭。

丁亥，崔胤进位司徒，胤固辞，上宠待胤益厚。

己丑，朱全忠闻季述等诛，折程岩足，械送京师，并刘希度、李奉本等皆斩于都市。由是益重李振。

庚寅，以周承诲为岭南西道节度使，赐姓名李继诲，董彦弼为宁远节度使，赐姓李，并同平章事，与李继昭俱留宿卫，十日乃出还家，赏赐倾府库，时人谓之"三使相"。癸巳，进朱全忠爵东平王。

丙午，敕："近年宰臣延英奏事，枢密使侍侧，争论纷然；既出，又称上旨未允，复有改易，挠权乱政。自今并依大中旧制，俟宰臣奏事毕，方得升殿承受公事。"赐两军副使李师虔、徐彦孙自尽，皆刘季述之党也。

凤翔、彰义节度使李茂贞来朝。加茂贞守尚书令，兼侍中，进爵岐王。

刘季述、王仲先既死，崔胤、陆扆上言："祸乱之兴，皆由中官典兵。乞令胤主左军，扆主右军，则诸侯不敢侵陵，王室尊矣。"

上犹豫两日未决。李茂贞闻之,怒曰:“崔胤夺军权未得,已欲翦灭诸侯。”上召李继昭、李继诲、李彦弼谋之,皆曰:“臣等累世在军中,未闻书生为军主。若属南司,必多所变更,不若归之北司为便。”上乃谓胤、扆曰:“将士意不欲属文臣,卿曹勿坚求。”于是以枢密使韩全诲、凤翔监军使张彦弘为左右中尉。全诲,亦前凤翔监军也。又征前枢密使致仕严遵美为两军中尉、观军容处置使。遵美曰:“一军犹不可为,况两军乎!”固辞不起。以袁易简、周敬容为枢密使。

李茂贞辞还镇,崔胤以宦官典兵终为肘腋之患,欲以外兵制之,讽茂贞留兵三千于京师,充宿卫,以茂贞假子继筠将之。左谏议大夫万年韩偓以为不可,胤曰:“兵自不肯去,非留之也。”偓曰:“始者何为召之邪?”胤无以应。偓曰:“留此兵则家国两危,不留则家国两安。”胤不从。

夏四月甲戌,上谒太庙。丁丑,赦天下,改元。

初,杨复恭为中尉,借度支卖麴之利一年以赡两军,自是不肯复归。至是,崔胤草赦,欲抑宦官,听酤者自造麴,但月输榷酤钱。两军先所造麴,趣令减价卖之,过七月无得复卖。崔胤之罢两军卖麴也,并近镇亦禁之。李茂贞惜其利,表乞入朝论奏。韩全诲请许之。茂贞至京师,全诲深与相结;崔胤始惧,阴厚朱全忠益甚,与茂贞为仇敌矣。

上之返正也,中书舍人令狐涣、给事中韩偓皆预其谋,故擢为翰林学士,数召对,访以机密。涣,绹之子也。时上悉以军国事委崔胤,每奏事,上与之从容,或至然烛。宦官畏之侧目,事无大小,皆咨胤而后行。胤志欲尽除之,韩偓屡谏曰:“事禁太甚。此辈亦不可全无,恐其党迫切,更生他变。”胤不从。六月丁卯,上独召偓问曰:“敕使中为恶者如林,何以处之?”对曰:“东内之难,敕使谁非同恶。处之当在正旦,今已失其时矣。”上曰:“当是时,卿何不为崔胤言之?”对曰:“臣见陛下诏书,云‘自刘季述等四家之外,其余一无所问’。夫人主所重,莫大于信,既下此诏,则守之宜坚,若复戮一人,则人人惧死矣。然后来所去者已为不少,此其所以恟恟不安也。陛下不若择其尤无良者数人,明示其罪,置之于法,然后抚谕其余,曰:‘吾恐尔曹谓吾心有所贮,自今可无疑矣。’乃择其忠厚者使为之长,其徒有善则奖之,有罪则惩之,咸自安矣。今此曹在公私者以万数,岂可尽诛邪?夫帝王之道,当以重厚镇之,公正御之,至于琐细机巧,此机生则彼机应矣,终不能成大功,所谓理丝而棼之者也。况今朝廷之权散在四方,苟能先收此权,则事无不可为者矣。”上深以为然,曰:“此事终以属卿。”

闰六月,崔胤请上尽诛宦官,但以宫人掌内诸司事。宦官属耳,颇闻之。韩全诲等涕泣求哀于上,上乃令胤,有事封疏以闻,勿口奏。宦官求美女知书者数人,内之宫中,阴令诇察其事,尽得胤密谋,上不之觉也。全诲等大惧,每宴聚,流涕相诀别,日夜谋所以去胤之术。胤时领三司使,全诲等教禁军对上諠噪,诉胤减损冬衣。上不得已,解胤盐铁使。

时朱全忠、李茂贞各有挟天子令诸侯之意,全忠欲上幸东都,茂贞欲上幸凤翔。胤知谋泄事急,遗朱全忠书,称被密诏,令全忠以兵迎车驾,且言:“昨者返正,皆令公良图,而凤翔先入朝,抄取其功。今不速来,必成罪人,岂惟功为他人所有,且见征讨矣。”全忠得书,秋七月甲寅,遽归大梁发兵。

八月甲申,上问韩偓曰:“闻陆扆不乐吾返正,正旦易服,乘小马出启夏门,有诸?"对曰:"返正之谋,独臣与崔胤辈数人知之,扆不知也。一旦忽闻宫中有变,人情能不惊骇,易服逃避,何妨有之?陛下责其为宰相无死难之志则可也,至于不乐返正,恐出于谗人之口,愿陛下察之。"上乃止。

韩全诲等惧诛,谋以兵制上,乃与李继昭、李继诲、李彦弼、李继筠深相结,继昭独不肯从。他日,上问韩偓:"外间何所闻?"对曰:"惟闻敕使忧惧,与功臣及继筠交结,将致不安,亦未知其果然不耳。"上曰:"是不虚矣。比日继诲、彦弼辈语渐倔强,令人难耐。令狐涣欲令朕召崔胤及全诲等于内殿置酒和解之,何如?"对曰:"如此则彼凶悖益甚。"上曰:"为之奈何?"对曰:"独有显罪数人,速加窜逐,余者许其自新,庶几可息。若一无所问,彼必知陛下心有所贮,益不自安,事终未了耳。"上曰:"善。"既而宦官恃党援已成,稍不遵敕旨。上或出之使监军,或黜守诸陵,皆不行,上无如之何。

九月癸丑,上急召韩偓,谓曰:"闻全忠欲来除君侧之恶,大是尽忠,然须令与茂贞共其功。若两帅交争,则事危矣。卿为我语崔胤,速飞书两镇,使相与合谋,则善矣。"壬戌,上又谓偓曰:"继诲、彦弼辈骄横益甚,累日前与继筠同入,辄于殿东令小儿歌以侑酒,令人惊骇。"对曰:"臣必知其然,兹事失之于初。当正旦立功之时,但应以官爵、田宅、金帛酬之,不应听其恣出入禁中。此辈素无知识,数求入对,或妄论朝政,或僭易荐人,稍有不从,则生怨望。况惟知嗜利,为敕使以厚利雇之,令其如此耳。崔胤本留卫兵,欲以制敕使也,今敕使卫兵相与为一,将若之何?汴兵若来,必与岐兵斗于阙下,臣窃寒心。"上但愀然忧沮而已。

冬十月戊戌,朱全忠大举兵发大梁。

韩全诲闻朱全忠将至，丁酉，令李继诲、李彦弼等勒兵劫上，请幸凤翔，宫禁诸门皆增兵防守，人及文书出入搜阅甚严。上遣人密赐崔胤御札，言皆凄怆，末云："我为宗社大计，势须西行，卿等但东行也。惆怅！惆怅！"

戊戌，上遣赵国夫人出语韩偓："朝来彦弼辈无礼极甚，欲召卿对，其势未可。"且言："上与皇后但涕泣相向。"自是，学士不复得对矣。

癸卯，全诲等令上入閤召百官，追寝正月丙午敕书，悉如咸通以来近例。是日，开延英，全诲等即侍侧，同议政事。

丁未，神策都指挥使李继筠遣部兵掠内库宝货、帐帷、法物，韩全诲遣人密送诸王、宫人先之凤翔。

戊申，朱全忠至河中，表请车驾幸东都，京城大骇，士民亡窜山谷。是日，百官皆不入朝，阙前寂无人。

十一月己酉朔，李继筠等勒兵阙下，禁人出入，诸军大掠。士民衣纸及布襦者，满街极目。韩建以幕僚司马邺知匡国留后。朱全忠引四镇兵七万趣同州，邺迎降。

韩全诲等以李继昭不与之同，遏绝不令见上。时崔胤居第在开化坊，继昭帅所部六千余人及关东诸道兵在京师者共守卫之，百官及士民避乱者皆往依之。庚戌，上遣供奉官张绍孙召百官，崔胤等皆表辞不至。

壬子，韩全诲等陈兵殿前，言于上曰："全忠以大兵逼京师，欲劫天子幸洛阳，求传禅。臣等请奉陛下幸凤翔，收兵拒之。"上不许，杖剑登乞巧楼。全诲等逼上下楼，上行才及寿春殿，李彦弼已于御院纵火。是日冬至，上独坐思政殿，翘一足，一足蹋阑干，庭无群臣，旁无侍者。顷之，不得已，与皇后、妃嫔、诸王百余人皆上马，恸哭声不绝，出门，回顾禁中，火已赫然。是夕，宿鄠县。

朱全忠遣司马邺入华州谓韩建曰："公不早知过自归，又烦此军少留城下矣。"是日，全忠自故市引兵南渡渭，韩建遣节度副使李巨川请降，献银三万两助军，全忠乃西南趣赤水。

癸丑，李茂贞迎车驾于田家硙，上下马慰接之。甲寅，车驾至盩厔，乙卯，留一日。

朱全忠至零口西，闻车驾西幸，与僚佐议，复引兵还赤水。左仆射致仕张浚说全忠曰："韩建，茂贞之党，不先取之，必为后患。"全忠闻建有表劝天子幸凤翔，乃引兵逼其城。建单骑迎谒，全忠责之，对曰："建目不知书，凡表章书檄，皆李巨川所为。"全忠以巨川常为建画策，斩之军门。谓建曰："公许人，可即往衣锦。"丁巳，以建为忠武节度使，理陈州，以兵援送之。以前商州刺史李存权知华州，徙忠武节度使赵珝为匡国节度使。车驾之在华州也，商贾辐凑，韩建重征之，二年，得钱九百万缗。至是，全忠尽取之。

是时京师无天子，行在无宰相，崔胤使太子太师卢渥等二百余人列状，请朱全忠西迎车驾，又使王溥至赤水见全忠计事。全忠复书曰："进则惧胁君之谤，退则怀负国之惭，然不敢不勉。"戊午，全忠发赤水。辛酉，以兵部侍郎卢光启权勾当中书事。车驾留岐山三日，壬戌，至凤翔。

朱全忠至长安，宰相帅百官班迎于长乐坡。明日行，复班辞于临皋驿。全忠赏李继昭之功，初令权知匡国留后，复留为两街制置使，赐与甚厚。继昭尽献其兵八千人。

全忠使判官李择、裴铸入奏事，称奉密诏及得崔胤书，令臣将兵入朝。韩全诲等矫诏答以:"朕避灾至此,非宦官所劫,密诏皆崔胤诈为之,卿宜敛兵归保土宇。"茂贞遣其将符道昭屯武功以拒全忠,癸亥,全忠将康怀贞击破之。

丁卯,以卢光启为右谏议大夫,参知机务。

戊辰,朱全忠至凤翔,军于城东。李茂贞登城谓曰:"天子避灾,非臣下无礼;谗人误公至此。"全忠报曰:"韩全诲劫迁天子,今来问罪,迎扈还宫。岐王苟不预谋,何烦陈谕!"上屡诏全忠还镇,全忠乃拜表奉辞。辛未,移兵北趣邠州。

甲戌,制守司空兼门下侍郎、同平章事崔胤责授工部尚书,户部侍郎、同平章事裴枢罢守本官。

乙亥,朱全忠攻邠州。丁丑,静难节度使李继徽请降,复姓名杨崇本。全忠质其妻于河中,令崇本镇邠州。

全忠之西入关也,韩全诲、李茂贞以诏命征兵河东,茂贞仍以书求援于李克用。克用遣李嗣昭将五千骑自沁州趣晋州,与汴兵战于平阳北,破之。乙亥,全忠发邠州,戊寅,次三原。十二月癸未,崔胤至三原见全忠,趣之迎驾。己丑,全忠遣朱友宁攻盩厔,不下。戊戌,全忠自往督战,盩厔降,屠之。全忠令崔胤帅百官及京城居民悉迁于华州。

朱全忠之入关也,戎昭节度使冯行袭遣副使鲁崇矩听命于全忠。韩全诲遣中使二十余人分道征江、淮兵屯金州以胁全忠,行袭尽杀中使,收其诏敕送全忠。又遣中使征兵于王建,朱全忠亦遣使乞师于建。建外修好于全忠,罪状李茂贞,而阴劝茂贞坚守,许之救援。以武信节度使王宗佶、前东川节度使王宗涤等为扈驾指挥使,将兵五万,声言迎车驾,其实袭茂贞山南诸州。

二年春正月,朱全忠复屯三原,又移军武功。河东将攻慈、隰，以分全忠兵势。

丁卯，以给事中韦贻范为工部侍郎、同平章事。

丙子，以给事中严龟充岐、汴和协使，赐朱全忠姓李，与李茂贞为兄弟，全忠不从。

三月庚戌，上与李茂贞及宰相、学士、中尉、枢密宴，酒酣，茂贞及韩全诲亡去。上问韦贻范曰："朕何以巡幸至此？"对曰："臣在外不知。"固问之，不对。上曰："卿何得于朕前妄语云不知？"又曰："卿既以非道取宰相，当于公事如法。若有不可，必准故事。"怒目视之，微言曰："此贼兼须杖之二十。"顾谓韩偓曰："此辈亦称宰相！"贻范屡以大杯劝上，上不即持，贻范举杯直及上颐。

夏四月丁酉，崔胤自华州诣河中，泣诉于朱全忠，恐李茂贞劫天子幸蜀，宜以时迎奉，势不可缓。全忠与之宴，胤亲执板为全忠歌以侑酒。

五月，凤翔人闻朱全忠且来，皆惧。癸丑，城外居民皆迁入城。己未，全忠将精兵五万发河中，至东渭桥，遇霖雨，留旬日。

庚午，工部侍郎、平章事韦贻范遭母丧，宦官荐翰林学士姚洎为相。洎谋于韩偓，偓曰："若图永久之利，则莫若未就为善。傥出上意，固无不可。且汴军旦夕合围，孤城难保，家族在东，可不虑乎？"洎乃移疾，上亦自不许。六月丙子，以中书舍人苏检为工部侍郎、同平章事。时韦贻范在草土，荐检及姚洎于李茂贞，上既不用洎，茂贞及宦官恐上自用人，协力荐检，遂用之。

丁丑，朱全忠军于虢县。甲申，李茂贞大出兵，自将之，与朱全忠战于虢县之北，大败而还，死者万余人。丙戌，全忠遣其将孔勍出散关攻凤州，拔之。丁亥，全忠进军凤翔城下。全忠朝服向城而泣曰:"臣但欲迎车驾还宫耳,不与岐王角胜也。"遂为五寨环之。

秋七月。韦贻范之为相也,多受人赂,许以官。既而以母丧罢去,日为债家所噪。亲吏刘延美所负尤多,故汲汲于起复,日遣人诣两中尉、枢密及李茂贞求之。甲戌,命韩偓草贻范起复制,偓曰:"吾腕可断,此制不可草!"即上疏论"贻范遭忧未数月,遽令起复,实骇物听,伤国体"。学士院二中使怒曰:"学士勿以死为戏!"偓以疏授之,解衣而寝,二使不得已奏之。上即命罢草,仍赐敕褒赏之。八月乙亥朔,班定,无白麻可宣。宦官喧言韩侍郎不肯草麻,闻者大骇。茂贞入见上曰:"陛下命相而学士不肯草麻,与反何异?"上曰:"卿辈荐贻范朕不之违,学士不草麻朕亦不之违。况彼所陈,事理明白,若之何不从。"茂贞不悦而出,至中书,见苏检曰:"奸邪朋党,宛然如旧。"扼腕者久之。贻范犹经营不已,茂贞语人曰:"我实不知书生礼数,为贻范所误,会当于邠州安置。"贻范乃止,刘延美赴井死。

保大节度使李茂勋将兵屯三原救李茂贞,朱全忠遣其将康怀英、孔勍击之,茂勋遁去。茂勋,茂贞之从弟也。

庚戌,李茂贞出兵夜击奉天,虏汴将倪章、邵棠以归。乙未,茂贞大出兵与全忠战,不胜;暮归,汴兵追之,几入西门。

己亥,再起复前户部侍郎、同平章事韦贻范,使姚洎草制。贻范不让,即表谢,明日视事。

九月乙巳,朱全忠以久雨,士卒病,召诸将议引兵归河中。亲从指挥使高季昌、左开道指挥使刘知俊曰:"天下英雄,窥此举一岁矣。今茂贞已困,奈何舍之去!"全忠患李茂贞坚壁不出,季昌请以谲计诱致之,募有能入城为谍者。骑士马景请行,曰:"此行必死，愿大王录其妻子。”全忠恻然止之，景不可。时全忠遣朱友伦发兵于大梁，明日将至，当出兵迓之。景请因此时给骏马杂众骑而出，全忠从之，命诸军皆秣马饱士。丁未旦，偃旗帜潜伏，无得妄出，营中寂如无人。景与众骑偕出，忽跃马西去，诈为逃亡，入城告茂贞曰：“全忠举军遁矣，独留伤病者近万人守营，今夕亦去矣，请速击之。”于是茂贞开门，悉众攻全忠营。全忠鼓于中军，百营俱出，纵兵击之，又遣数百骑据其城门，凤翔军进退失据，自蹈藉，杀伤殆尽。茂贞自是丧气，始议与全忠连和，奉车驾还京，不复以诏书勒全忠还镇矣。全忠表季昌为宋州团练使。

辛亥，李茂贞尽出骑兵于邠州就刍粮。壬子，朱全忠穿蚰蜒壕围凤翔，设大铺、铃架以绝内外。

冬十月戊寅夜，李茂贞假子彦询帅三团步兵奔于汴军，己卯，李彦韬继之。庚辰，朱全忠遣幕僚司马邺奉表入城。甲申，又遣使献熊白。自是献食物、缯帛相继。上皆先以示李茂贞，使启视之，茂贞亦不敢启。丙戌，复遣使请与茂贞议连和，民出城樵采者皆不抄掠。丁亥，全忠表请修宫阙及迎车驾。己丑，遣国子司业薛昌祚、内使王延绩赍诏赐全忠。

癸巳，茂贞复出兵击汴军城西寨，败还。全忠以绛袍衣降者，使招呼城中人，凤翔军夜缒去及因樵采去不返者甚众。是后茂贞或遣兵出击汴军，多不为用，散还。茂贞疑上与全忠有密约，壬寅，更于御院北垣外增兵防卫。

十一月癸卯朔，保大节度使李茂勋帅其众万余人救凤翔，屯于城北阪上，与城中举烽相应。

甲辰，上使赵国夫人诇学士院二使皆不在，亟召韩偓、姚洎，窃见之于土门外，执手相泣。洎请上速还，恐为他人所见，上遽去。

朱全忠遣其将孔勍、李晖将兵乘虚袭鄜、坊。壬子，拔坊州。甲寅，大雪，汴军冒之夕进，五鼓抵鄜州城下。鄜人不为备，汴军入城，城中兵尚八千人，格斗至午，鄜人始败，擒留后李继璙。勍抚存李茂勋及将士之家，按堵无扰。命李晖权知军府事，茂勋闻之，引兵遁去。

汴军每夜鸣鼓角，城中地如动。攻城者诟城上人云"劫天子贼"，乘城者诟城下人云"夺天子贼"。是冬，大雪，城中食尽，冻馁死者不可胜计。或卧未死，肉已为人所剐。市中卖人肉斤直钱百，犬肉直五百。茂贞储偫亦竭，以犬彘供御膳。上鬻御衣及小皇子衣于市以充用，削渍松柹以饲御马。

丙子，户部侍郎、同平章事韦贻范薨。

癸亥，朱全忠遣人刜城外草以困城中。甲子，李茂贞增兵守宫门，诸宦官自度不免，互相尤怨。

苏检数为韩偓经营入相，言于茂贞及中尉、枢密，且遣亲吏告偓。偓怒曰："公与韦公自贬所召归，旬月致位宰相，讫不能有所为。今朝夕不济，乃欲以此相污邪！"

十二月，李茂勋遣使请降于朱全忠，更名周彝。于是茂贞山南州镇皆入王建，关中州镇皆入全忠，坐守孤城，乃密谋诛宦官以自赎。遗全忠书曰："祸乱之兴，皆由全诲。仆迎驾至此，以备他盗。公既志匡社稷，请公迎扈还宫，仆以弊甲雕兵，从公陈力。"全忠复书曰："仆举兵至此，正以乘舆播迁；公能协力，固所愿也。"

丁酉，上召李茂贞、苏检、李继诲、李彦弼、李继岌、李继远、李继忠食，议与朱全忠和。上曰："十六宅诸王以下，冻馁死者日有数人。在内诸王及公主、妃嫔，一日食粥，一日食汤饼，今亦竭矣。卿等意如何?”皆不对。上曰:“速当和解耳。”凤翔兵十余人遮韩全诲于左银台门，讙骂曰:“阖境涂炭，阖城馁死，正为军容辈数人耳。”全诲叩头诉于茂贞，茂贞曰:“卒辈何知!”命酌酒两杯，对饮而罢。又诉于上，上亦谕解之。李继昭谓全诲曰:“昔杨军容破杨守亮一族，今军容亦破继昭一族邪!”慢骂之，遂出降于全忠，复姓符，名道昭。

三年春正月甲辰，遣殿中侍御史崔构、供奉官郭遵诲诣朱全忠营。丙午，李茂贞亦遣牙将郭启期往议和解。

戊申，李茂贞独见上，中尉韩全诲、张彦弘、枢密使袁易简、周敬容皆不得对。茂贞请诛全诲等与朱全忠和解，奉车驾还京。上喜，即遣内养帅凤翔卒四十人收全诲等，斩之。以御食使第五可范为左军中尉，宣徽南院使仇承坦为右军中尉，王知古为上院枢密使，杨虔朗为下院枢密使。是夕，又斩李继筠、李继诲、李彦弼及内诸司使韦处廷等十六人。己酉，遣韩偓及赵国夫人诣全忠营，又遣使囊全诲等二十余人首以示全忠，曰:“向来胁留车驾，惧罪离间，不欲协和，皆此曹也。今朕与茂贞决意诛之，卿可晓谕诸军，以豁众愤。”辛亥，全忠遣观察判官李振奉表入谢。

全诲等已诛，而全忠围犹未解。茂贞疑崔胤教全忠欲必取凤翔，白上急召胤，令帅百官赴行在。凡四降诏，三赐朱书御札，言甚切至，悉复故官爵，胤竟称疾不至。茂贞惧，自致书于胤，辞甚卑逊。全忠亦以书召胤，且戏之曰:“吾未识天子，须公来辨其是非。”胤始来。

甲寅，凤翔始启城门。丙辰，全忠巡诸寨，至城北，有凤翔兵自北山下，全忠疑其逼己，遣兵击之，擒其将李继钦。上遣赵国夫人、冯翊夫人诣全忠营诘其故，全忠遣亲吏蒋玄晖奉表入奏。

李茂贞请以其子侃尚平原公主，又欲以苏检女为景王祕妃以自固。平原，何后之女也，后意难之。上曰："且令我得出，何忧尔女。"后乃从之。壬戌，平原公主嫁李侃，纳景王妃苏氏。

时凤翔所诛宦官已七十二人，朱全忠又密令京兆搜捕致仕不从行者，诛九十人。

甲子，车驾出凤翔，幸全忠营。全忠素服待罪，命客省使宣释罪，去三仗，止报平安，以公服入谢。全忠见上，顿首流涕；上命韩偓扶起之。上亦泣，曰："宗庙社稷，赖卿再安；朕与宗族，赖卿再生。"亲解玉带以赐之。少休，即行。全忠单骑前导十许里，上辞之。全忠乃令朱友伦将兵扈从，自留部分后队，焚撤诸寨。友伦，存之子也。是夕，车驾宿岐山。丁卯，至兴平，崔胤始帅百官迎谒。复以胤为司空、门下侍郎、同平章事，领三司如故。己巳，入长安。

庚午，全忠、崔胤同对。胤奏："国初承平之时，宦官不典兵豫政。天宝以来，宦官浸盛。贞元之末，〔分〕羽林卫为左、右神策军以便卫从，始令宦官主之，以二千人为定制。自是参掌机密，夺百司权，上下弥缝，共为不法。大则构扇藩镇，倾危国家；小则卖官鬻狱，蠹害朝政。王室衰乱，职此之由，不剪其根，祸终不已。请悉罢内诸司使，其事务尽归之省寺，诸道监军俱召还阙下。"上从之。是日，全忠以兵驱宦官第五可范已下数百人于内侍省，尽杀之，冤号之声，彻于内外。其出使外方者，诏所在收捕诛之。止留黄衣幼弱者三十人，以备洒扫。又诏成德节度使王镕选进五十人充敕使，取其土风深厚，人性谨朴也。上愍可范等或无罪，为文祭之。自是宣传诏命皆令宫人出入。其两军内外八镇兵悉属六军，以崔胤兼判六军十二卫事。

臣光曰：宦者用权，为国家患，其来久矣。盖以出入宫禁，人主自幼及长与之亲狎，非如三公六卿，进见有时，可严惮也。其间复有性识儇利，语言辩给，善伺候颜色，承迎志趣，受命则无违迕之患，使令则有称惬之效。自非上智之主，烛知物情，虑患深远，侍奉之外，不任以事，则近者日亲，远者日疏。甘言悲辞之请有时而从，浸润肤受之愬有时而听。于是黜陟刑赏之政，潜移于近习而不自知，如饮醇酒，嗜其味而忘其醉也。黜陟刑赏之柄移，而国家不危乱者，未之有也。

东汉之衰，宦官最名骄横，然皆假人主之权，依凭城社，以浊乱天下，未有能劫胁天子如制婴儿，废置在手，东西出其意，使天子畏之若乘虎狼而挟蛇虺，如唐世者也。所以然者非他，汉不握兵，唐握兵故也。

太宗鉴前世之弊，深抑宦官，无得过四品。明皇始隳旧章，是崇是长，晚节令高力士省决章奏，乃至进退将相，时与之议，自太子、王公皆畏事之，宦官自此炽矣。及中原板荡，肃宗收兵灵武，李辅国以东宫旧隶参豫军谋，宠过而骄，不复能制，遂至爱子、慈父皆不能庇，以忧悸终。代宗践阼，仍遵覆辙，程元振、鱼朝恩相继用事，窃弄刑赏，壅蔽聪明，视天子如委裘，陵宰相如奴虏。是以来瑱入朝，遇谗赐死；吐蕃深侵郊甸，匿不以闻，致狼狈幸陕。李光弼危疑愤郁，以陨其生；郭子仪摈废家居，不保丘垄；仆固怀恩冤抑无诉，遂弃勋庸，更为叛乱。德宗初立，颇振纪纲，宦官稍绌。而返自兴元，猜忌诸将，以李晟、浑瑊为不可信，悉夺其兵，而以窦文场、霍仙鸣为中尉，使典宿卫，自是太阿之柄落其掌握矣。宪宗末年，吐突承璀欲废嫡立庶，以成陈洪志之变。宝历狎匿群小，刘克明与苏佐明为逆，其后绛王及文、武、宣、懿、僖、昭六世，皆为宦官所立，势益骄横。王守澄、仇士良、田令孜、杨复恭、刘季述、韩全诲为之魁杰，自称"定策国老"，目天子为门生，根深蒂固，疾成膏肓，不可救药矣。文宗深愤其然，志欲除之，以宋申锡之贤，犹不能有所为，反受其殃。况李训、郑注反覆小人，欲以一朝谲诈之谋，剪累世胶固之党，遂至涉血禁涂，积尸省户，公卿大臣，连颈就诛，阖门屠灭，天子阳瘖纵酒，饮泣吞气，自比赧、献，不亦悲乎！以宣宗之严毅明察，犹闭目摇首，自谓畏之。况懿、僖之骄侈，苟声色毬猎足充其欲，则政事一以付之，呼之以父，固无怪矣。贼污宫阙，两幸梁、益，皆令孜所为也。昭宗不胜其耻，力欲清涤，而所任不得其人，所行不由其道。始则张浚覆军于平阳，增李克用跋扈之势；复恭亡命于山南，启宋文通不臣之心，终则兵交阙庭，矢及御衣，漂泊莎城，流寓华阴，幽辱东内，劫迁岐阳。崔昌遐无如之何，更召朱全忠以讨之。连兵围城，再罹寒暑，御膳不足于糗糒，王侯毙踣于饥寒。然后全诲就诛，乘舆东出，翦灭其党，靡有孑遗，而唐之庙社因以丘墟矣。然则宦者之祸，始于明皇，盛于肃、代，成于德宗，极于昭宗。易曰："履霜坚冰至。"为国家者，防微杜渐，可不慎其始哉！此其为患章章尤著者也，自余伤贤害能，召乱致祸，卖官鬻狱，沮败师徒，蠹害烝民，不可遍举。

夫寺人之官，自三王之世，载于诗、礼，所以谨闺闼之禁，通内外之言，安可无也。如巷伯之疾恶，寺人披之事君，郑众之辞赏，吕强之直谏，曹日昇之救患，马存亮之弭乱，杨复光之讨贼，严遵美之避权，张承业之竭忠，其中岂无贤才乎？顾人主不当与之谋议政事，进退士大夫，使有威福足以动人耳。果或有罪，小则刑之，大则诛之，无所宽赦，如此虽使之专横，孰敢哉！岂可不察臧否，不择是非，欲草薙而禽狝之，能无乱乎？是以袁绍行之于前而董卓弱汉，崔昌遐袭之于后而朱氏篡唐，虽快一时之忿，而国随以亡。是犹恶衣之垢而焚之，患木之蠹而伐之，其为害岂不益多哉！孔子曰："人而不仁，疾之已甚，乱也。"斯之谓矣。

三年春二月壬申朔，诏："比在凤翔所除官，一切停。"时宦官尽死，惟河东监军张承业、幽州监军张居翰、清海监军程匡柔、西川监军鱼全禋及致仕严遵美，为李克用、刘仁恭、杨行密、王建所匿得全，斩他囚以应诏。

甲戌，门下侍郎、同平章事陆扆责授沂王傅分司。车驾还京师，赐诸道诏书，独凤翔无之。扆曰："茂贞罪虽大，然朝廷未与之绝。今独无诏书，示人不广。"崔胤怒，奏贬之。宫人宋柔等十一人皆韩全诲所献，及僧、道士与宦官亲厚者二十余人，并送京兆杖杀。

上谓韩偓曰："崔胤虽尽忠，然比卿颇用机数。"对曰："凡为天下者，万国皆属之耳目，安可以机数欺之。莫若推诚直致，虽日计之不足，而岁计之有余也。"

丙子，工部侍郎、同平章事苏检，吏部侍郎卢光启，并赐自尽。丁丑，以中书侍郎、同平章事王溥为太子宾客分司，皆崔胤所恶也。

戊寅，赐朱全忠号回天再造竭忠守正功臣，赐其僚佐敬翔等号迎銮协赞功臣，诸将朱友宁等号迎銮果毅功臣，都头以下号四镇静难功臣。

上议褒崇全忠，欲以皇子为诸道兵马元帅，以全忠副之。崔胤请以辉王祚为之。上曰："濮王长。"胤承全忠密旨，利祚冲幼，固请之。己卯，以祚为诸道兵马元帅。庚辰，加全忠守太尉，充副元帅，进爵梁王，以胤为司徒兼侍中。胤恃全忠之势，专权自恣，天子动静皆禀之。朝臣从上幸凤翔者，凡贬逐三十余人。刑赏系其爱憎，中外畏之，重足一迹。

以敬翔守太府卿，朱友宁领宁远节度使。全忠表符道昭同平章事，充天雄节度使，遣兵援送之秦州，不得至而还。

初，翰林学士承旨韩偓之登进士第也，御史大夫赵崇知贡举。上返自凤翔，欲用偓为相，偓荐崇及兵部侍郎王赞自代。上欲从之，崔胤恶其分己权，使朱全忠入争之。全忠见上曰："赵崇轻薄之魁，王赞无才用，韩偓何得妄荐为相。"上见全忠怒甚，不得已，癸未，贬偓濮州司马。上密与偓泣别，偓曰："是人非复前来之比，臣得远贬及死，乃幸耳，不忍见篡弑之辱。"

己丑，上令朱全忠与李茂贞书，取平原公主，茂贞不敢违，遽归之。

壬辰，以朱友裕为镇国节度使。乙未，全忠奏留步骑万人于故两军，以朱友伦为左军宿卫都指挥使；又以汴将张廷范为宫苑使，王殷为皇城使，蒋玄晖充街使。于是全忠之党布列遍于禁卫及京辅。

戊戌，全忠辞归镇，留宴寿春殿，又饯之于延喜楼。上临轩泣别，令于楼前上马。上又赐全忠诗，全忠亦和进；又赐杨柳枝辞五首。百官班辞于长乐驿。崔胤独送至霸桥，自置饯席，夜二鼓，胤始还入城。上复召对，问以全忠安否？置酒奏乐，至四鼓乃罢。

李克用使者还晋阳，言崔胤之横。克用曰："胤为人臣，外倚贼势，内胁其君，既执朝政，又握兵权。权重则怨多，势侔则衅生，破家亡国，在眼中矣。"

夏五月，崔胤奏："左右龙武、羽林、神策等军名存实亡，侍卫单寡。请每军募步兵四将，每将二百五十人，骑兵一将百人，合六千六百人，选其壮健者分番侍卫。"从之，令六军诸卫副使京兆尹郑元规立格召募于市。

冬十月辛巳，宿卫都指挥使朱友伦与客击毬于左军，坠马而卒。全忠悲怒，疑崔胤故为之，凡与同戏者十余人尽杀之，遣其兄子友谅代典宿卫。

初，崔胤假朱全忠兵力以诛宦官，全忠既破李茂贞，并吞关中，威震天下，遂有篡夺之志。胤惧，与全忠外虽亲厚，私心渐异，乃谓全忠曰："长安密迩茂贞，不可不为守御之备。六军十二卫，但有空名，请召募以实之，使公无西顾之忧。"全忠知其意，曲从之，阴使麾下壮士应募以察其变。胤不之知，与郑元规等缮治兵仗，日夜不息。及朱友伦死，全忠益疑胤，且欲迁天子都洛，恐胤立异。

天祐元年春正月，全忠密表司徒兼侍中、判六军十二卫事、充盐铁、转运使、判度支崔胤，专权乱国，离间君臣，并其党刑部尚书兼京兆尹、六军诸卫副使郑元规，威远军使陈班等，皆请诛之。乙巳，诏责授胤太子少傅分司，贬元规循州司户，班溱州司户。丙午，下诏罪状胤等。以裴枢判左三军事，充盐铁、转运使，独孤损判右三军事兼判度支。胤所募兵并纵遣之。以兵部尚书崔远为中书侍郎，翰林学士、左拾遗柳璨为右谏议大夫，并同平章事。璨，公绰之从孙也。戊申，朱全忠密令宿卫都指挥使朱友谅以兵围崔胤第，杀胤及郑元规、陈班并胤所亲厚者数人。

初，上在华州，朱全忠屡表请上迁都洛阳，上虽不许，全忠常令东都留守佑国节度使张全义缮修宫室。全忠之克邠州也，质静难军节度使杨崇本妻子于河中，崇本妻美，全忠私焉，既而归之。崇本怒，使谓李茂贞曰："唐室将灭，父何忍坐视之乎！"遂相与连兵，侵逼京畿，复姓名为李继徽。

己酉，全忠引兵屯河中。丁巳，上御延喜楼，朱全忠遣牙将寇彦卿奉表，称"邠、岐兵逼畿甸，请上迁都洛阳"。及下楼，裴枢已得全忠移书，促百官东行。戊午，驱徙士民，号哭满路，骂曰："贼臣崔胤召朱温来倾覆社稷，使我曹流离至此！"老幼𫘤属，月余不绝。

壬戌，车驾发长安，全忠以其将张廷范为御营使，毁长安宫室、百司及民间庐舍，取其材，浮渭沿河而下，长安自是遂丘墟矣。

全忠发河南北诸镇丁匠数万，令张全义治东都宫室，江、浙、湖、岭诸镇附全忠者皆输货财以助之。

甲子，车驾至华州，民夹道呼万岁。上泣谓曰："勿呼万岁，朕不复为汝主矣！"馆于兴德宫，谓侍臣曰："鄙语云：'纥干山头冻杀雀，何不飞去生处乐？'朕今漂泊，不知竟落何所！"因泣下沾襟，左右莫能仰视。

二月乙亥，车驾至陕，以东都宫室未成，驻留于陕。丙子，全忠自河中来朝，上延全忠入寝室，见何后，后泣曰："自今大家夫妇委身全忠矣。"

三月丁未，以朱全忠兼判左、右神策及六军诸卫事。癸丑，全忠置酒私第，邀上临幸。乙卯，全忠辞上，先赴洛阳督修宫室。上与之宴，群臣既罢，上独留全忠及忠武节度使韩建饮，皇后出，自捧玉卮以饮全忠，晋国夫人可证附上耳语。建蹑全忠足，全忠以为图己，不饮，阳醉而出。全忠奏以长安为佑国军，以韩建为佑国节度使，以郑州刺史刘知俊为匡国节度使。丁巳，上复遣间使以绢诏告急于王建、杨行密、李克用等，令纠帅藩镇以图匡复，曰："朕至洛阳则为所幽闭，诏敕皆出其手，朕意不得复通。"

夏四月辛巳，朱全忠奏洛阳宫室已成，请车驾早发，表章相继。上累遣宫人谕以皇后新产，未任就路，请俟十月东行。全忠疑上徘徊俟变，怒甚，谓牙将寇彦卿曰："汝速至陕，即日促(百)官〔家〕发来。"闰月丁酉，车驾发陕，壬寅，全忠逆于新安。上之在陕也，司天监奏："星气有变，期在今秋，不利东行。"故上欲以十月幸洛。至是，全忠令医官许昭远告医官使阎祐之、司天监王墀、内都知韦周、晋国夫人可证等谋害元帅，悉收杀之。

癸卯，上憩于谷水。自崔胤之死，六军散亡俱尽，所余击毬供奉、内园小儿共二百余人，从上而东。全忠犹忌之，为设食于幄，尽缢杀之，豫选二百余人，大小相类者，衣其衣服，代之侍卫。上初不觉，累日乃寤。自是上之左右职掌使令皆全忠之人矣。

甲辰，车驾发谷水，入宫，御正殿，受朝贺。乙巳，御光政门，赦天下，改元。更命陕州曰兴唐府。诏讨李茂贞、杨崇本。戊(寅)〔申〕，敕内诸司惟留宣徽等九使外，余皆停废，仍不以内夫人充使。以蒋玄晖为宣徽南院使兼枢密使，王殷为宣徽北院使兼皇城使，张廷范为金吾将军、充街使，以韦震为河南尹兼六军诸卫副使，又征武宁留后朱友恭为左龙武统军，保大节度使氏叔琮为右龙武统军，典宿卫，皆全忠之腹心也。

癸丑，以张全义为天平节度使。

乙卯，以全忠为护国、宣武、宣义、忠武四镇节度使。

五月，帝宴朱全忠及百官于崇勋殿，既罢，复召全忠宴于内殿。全忠疑，不入。帝曰："全忠不欲来，可令敬翔来。"全忠擿翔使去，曰："翔亦醉矣。"辛未，全忠东还；乙亥，至大梁。

初，朱全忠自凤翔迎车驾还，见德王裕眉目疏秀，且年齿已壮，恶之，私谓崔胤曰："德王尝奸帝位，岂可复留！公何不言之？"胤言于帝。帝问全忠，全忠曰："陛下父子之间，臣安敢窃议，此崔胤卖臣耳。"帝自离长安，日忧不测，与皇后终日沉饮，或相对涕泣。全忠使枢密使蒋玄晖伺察帝，动静皆知之。帝从容谓玄晖曰："德王朕之爱子，全忠何故坚欲杀之？"因泣下，啮中指血流。玄晖具以语全忠，全忠愈不自安。

时李茂贞、杨崇本、李克用、刘仁恭、王建、杨行密、赵匡凝移檄往来，皆以兴复为辞。全忠方引兵西讨，以帝有英气，恐变生于中，欲立幼君，易谋禅代。乃遣判官李振至洛阳，与玄晖及左龙武统军朱友恭、右龙武统军氏叔琮等图之。

八月壬寅，帝在椒殿，玄晖选龙武牙官史太等百人夜叩宫门，言军前有急奏，欲面见帝。夫人裴贞一开门见兵，曰："急奏何以兵为？"史太杀之。玄晖问："至尊安在？"昭仪李渐荣临轩呼曰："宁杀我曹，勿伤大家。"帝方醉，遽起，单衣绕柱走，史太追而弑之。渐荣以身蔽帝，太亦杀之。又欲杀何后，后求哀于玄晖，乃释之。

癸卯，蒋玄晖矫诏称李渐荣、裴贞一弑逆，宜立辉王祚为皇太子，更名柷，监军国事。又矫皇后令，太子于柩前即位。宫中恐惧，不敢出声哭。丙午，昭宣帝即位，时年十三。

冬十月，朱全忠闻朱友恭等弑昭宗，阳惊，号哭，自投于地曰："奴辈负我，令我受恶名于万代。"癸巳，至东都，伏梓宫，恸哭流涕。又见帝自陈非己志，请讨贼。先是，护驾军士有掠米于市者，甲午，全忠奏朱友恭、氏叔琮不戢士卒，侵扰市肆，友恭贬崖州司户，复姓名李彦威，叔琮贬白州司户，寻皆赐自尽。彦威临刑大呼曰："卖我以塞天下之谤，如鬼神何！行事如此，望有后乎！"

丙申，天平节度使张全义来朝。丁酉，复以全忠为宣武、护国、宣义、天平节度使。以全义为河南尹兼忠武节度使，判六军诸卫事。乙巳，全忠辞赴镇，庚戌，至大梁。

昭宣帝天祐二年春二月戊戌，全忠使蒋玄晖邀昭宗诸子德王裕、棣王祤、虔王禊、沂王禋、遂王祎、景王祕、祁王祺、雅王禛、琼王祥，置酒九曲池，酒酣，悉缢杀之，投尸池中。

三月戊寅，以门下侍郎、同平章事独孤损同平章事，充静海节度使；以礼部侍郎河间张文蔚同平章事。甲申，以门下侍郎、同平章事裴枢为左仆射，崔远为右仆射，并罢政事。初，柳璨及第，不四年为宰相，性倾巧轻佻。时天子左右皆朱全忠腹心，璨曲意事之。同列裴枢、崔远、独孤损皆朝廷宿望，意轻之，璨以为憾。和王傅张廷范本优人，有宠于全忠，奏以为太常卿。枢曰："廷范勋臣，幸有方镇，何籍乐卿？恐非元帅之旨。"持之不下。全忠闻之，谓宾佐曰："吾常以裴十四器识真纯，不入浮薄之党；观此议论，本态露矣。"璨因此并远、损谮于全忠，故三人皆罢。

夏五月乙丑，彗星长竟天。柳璨恃朱全忠之势，恣为威福。会有星变，占者曰："君臣俱灾，宜诛杀以应之。"璨因疏其素所不快者于全忠曰："此曹皆聚徒横议，怨望腹非，宜以之塞灾异。"李振亦言于全忠曰："朝廷所以不理，良由衣冠浮薄之徒，紊乱纲纪。且王欲图大事,此曹皆朝廷之难制者也,不若尽去之。"全忠以为然。癸酉,贬独孤损为棣州刺史,裴枢为登州刺史,崔远为莱州刺史。乙亥,贬吏部尚书陆扆为濮州司户,工部尚书王溥为淄州司户。庚辰,贬太子太保致仕赵崇为曹州司户,兵部侍郎王赞为潍州司户。自余或门胄高华,或科第自进,居三省台阁,以名检自处,声迹稍著者,皆指以为浮薄,贬逐无虚日,缙绅为之一空。辛巳,再贬裴枢为泷州司户,独孤损为琼州司户,崔远为白州司户。

六月戊子朔,敕裴枢、独孤损、崔远、陆扆、王溥、赵崇、王赞等并所在赐自尽。时全忠聚枢等及朝士贬官者三十余人于白马驿,一夕尽杀之,投尸于河。初,李振屡举进士,竟不中第,故深疾搢绅之士,言于全忠曰:"此辈常自谓清流,宜投之黄河,使为浊流。"全忠笑而从之。振每自汴至洛,朝臣必有窜逐者,时人谓之鸱枭。见朝士皆颐指气使,旁若无人。

全忠尝与僚佐及游客坐于大柳之下,全忠独言曰:"此木宜为车毂。"众莫应。有游客数人起应曰:"宜为车毂。"全忠勃然厉声曰:"书生辈好顺口玩人,皆此类也。车毂须用夹榆,柳木岂可为之。"顾左右曰:"尚何待?"左右数十人,捽言"宜为车毂"者,悉扑杀之。

冬十月丙戌朔,以朱全忠为诸道兵马元帅,别开幕府。是日,全忠部署将士,将归大梁,忽变计,欲乘胜击淮南。敬翔谏曰:"今出师未逾月,平两大镇,辟地数千里,远近闻之,莫不震慑。此威望可惜,不若且归息兵,俟衅而动。"不听。

辛卯,朱全忠发襄州。壬辰,至枣阳,遇大雨。自申州抵光州,道险狭涂潦,人马疲乏,士卒尚未冬服,多逃亡。全忠使人谓光州刺史柴再用曰："下，我以汝为蔡州刺史，不下，且屠城。"再用严设守备，戎服登城，见全忠，拜伏甚恭，曰："光州城小兵弱，不足以辱王之威怒。王苟先下寿州，敢不从命。"全忠留其城东旬日而去。

戊申，朱全忠发光州，迷失道百余里，又遇雨，比及寿州，寿人坚壁清野以待之。全忠欲围之，无林木可为栅，乃退屯正阳。

十一月丙辰，朱全忠渡淮而北，柴再用抄其后军，斩首三千级，获辎重万计。全忠悔之，躁忿尤甚。丁卯，至大梁。

先是，全忠急于传禅，密使蒋玄晖等谋之。玄晖与柳璨等议，以魏、晋以来，皆先封大国，加九锡、殊礼，然后受禅，当次第行之。乃先除全忠诸道元帅，以示有渐，仍以刑部尚书裴迪为送告使。全忠大怒。宣徽副使王殷、赵殷衡疾玄晖权宠，欲得其处，因谮之于全忠曰："玄晖、璨等欲延唐祚，故逗留其事以须变。"玄晖闻之，惧，自至寿春，具言其状。全忠曰："汝曹巧述闲事以沮我，借使我不受九锡，岂不能作天子邪？"玄晖曰："唐祚已尽，天命归王，愚智皆知之。玄晖与柳璨等非敢有背德，但以今兹晋、燕、岐、蜀皆吾勍敌，王遽受禅，彼心未服，不可不曲尽义理，然后取之，欲为王创万代之业耳。"全忠叱曰："奴果反矣！"玄晖惶遽辞归，与璨议行九锡。时天子将郊祀，百官既习仪，裴迪自大梁还，言全忠怒曰："柳璨、蒋玄晖等欲延唐祚，乃郊天也。"璨等惧，庚午，敕改用来年正月上辛。

柳璨、蒋玄晖等议加朱全忠九锡，朝士多窃怀愤邑，礼部尚书苏循独扬言曰："梁王功业显大，历数有归，朝廷速宜揖让。"朝士无敢违者。辛巳，以全忠为相国，总百揆，以宣武、宣义、天平、护国、天雄、武顺、佑国、河阳、义武、昭义、保义、戎昭、武定、泰宁、平卢、忠武、匡国、镇国、武宁、忠义、荆南等二十一道为魏国，进封魏王，仍加九锡。全忠怒其稽缓，让不受。十二月戊子，命枢密使蒋玄晖赍手诏诣全忠谕指。癸巳，玄晖自大梁还，言全忠怒不解。甲午，柳璨奏称："人望归梁王，陛下释重负，今其时也。"即日遣璨诣大梁达传禅之意，全忠拒之。

初，璨陷害朝士过多，全忠亦恶之。璨与蒋玄晖、张廷范朝夕宴聚，深相结，为全忠谋禅代事。何太后泣遣宫人阿秋、阿虔达意玄晖，语以他日传禅之后，求子母生全。王殷、赵殷衡谮玄晖，云"与柳璨、张廷范于积善宫夜宴，对太后焚香为誓，期兴复唐祚"。全忠信之，乙未，收玄晖及丰德库使应顼、御厨使朱建武系河南狱，以王殷权知枢密，赵殷衡权判宣徽院事。全忠三表辞魏王、九锡之命，丁酉，诏许之，更以为天下兵马元帅，然全忠已修大梁府舍为宫阙矣。是日，斩蒋玄晖，杖杀应顼、朱建武。庚子，省枢密使及宣徽南院使，独置宣徽使一员，以王殷为之，赵殷衡为副使。辛丑，敕罢宫人宣传诏命及参随视朝。追削蒋玄晖为凶逆百姓，令河南揭尸于都门外，聚众焚之。

玄晖既死，王殷与赵殷衡又诬玄晖私侍何太后，令阿秋、阿虔通导往来。己酉，全忠密令殷、殷衡害太后于积善宫，敕追废太后为庶人，阿秋、阿虔皆于殿前扑杀。庚戌，以皇太后丧，废朝三日。辛亥，敕以宫禁内乱，罢来年正月上辛谒郊庙礼。

癸丑，守司空兼门下侍郎、同平章事柳璨贬登州刺史，太常卿张廷范贬莱州司户。甲寅，斩璨于上东门外，车裂廷范于都市。璨临刑呼曰："负国贼柳璨，死其宜矣！"

后梁太祖开平元年。初，梁王以河北诸镇皆服，惟幽、沧未下，故大举伐之，欲以坚诸镇之心。既而潞州内叛，王烧营而还，威望大沮，恐中外因此离心，欲速受禅以镇之。丁亥，王入馆于魏，有疾，卧府中。魏博节度使罗绍威恐王袭之，入见王曰："今四方称兵为王患者，皆以翼戴唐室为名，王不如早灭唐以绝人望。"王虽不许而心德之，乃亟归。壬寅，至大梁。甲辰，唐昭宣帝遣御史大夫薛贻矩至大梁劳王，贻矩请以臣礼见，王揖之升阶。贻矩曰："殿下功德在人，三灵改卜，皇帝方行舜、禹之事，臣安敢违。"乃北面拜舞于庭，王侧身避之。贻矩还，言于帝曰："元帅有受禅之意矣。"帝乃下诏，以二月禅位于梁。又遣宰相以书谕王，王辞。

二月，唐大臣共奏请昭宣帝逊位。壬子，诏宰相帅百官诣元帅府劝进，王遣使却之。于是朝臣、藩镇乃至湖南、岭南，上笺劝进者相继。

三月庚寅，唐昭宣帝诏薛贻矩再诣大梁谕禅位之意，又诏礼部尚书苏循赍百官笺诣大梁。

甲辰，唐昭宣帝降御札禅位于梁，以摄中书令张文蔚为册〔礼〕使，礼部尚书苏循副之；摄侍中杨涉为押传国宝使，翰林学士张策副之；御史大夫薛贻矩为押金宝使，尚书左丞赵光逢副之；帅百官，备法驾诣大梁。

杨涉子直史馆凝式言于涉曰："大人为唐宰相，而国家至此，不可谓之无过。况手持天子玺绶与人，虽保富贵，奈千载何！盍辞之。"涉大骇曰："汝灭吾族！"神色为之不宁者数日。

夏四月〔庚戌〕，梁王始御金祥殿，受百官称臣，下书称教令，自称曰寡人。辛亥，令诸笺表簿籍皆去唐年号，但称月日。丙辰，张文蔚等至大梁。

壬戌，梁王更名晃。王兄全昱闻王将即帝位，谓王曰："朱三，尔可作天子乎！”

甲子，张文蔚、杨涉乘辂自上源驿从册宝，诸司各备仪卫卤簿前导，百官从其后，至金祥殿前陈之。王被衮冕，即皇帝位。张文蔚、苏循奉册升殿进读，杨涉、张策、薛贻矩、赵光逢以次奉宝升殿，读已，降，帅百官舞蹈称贺。帝遂与文蔚等宴于玄德殿。帝举酒曰："朕辅政未久，此皆诸公推戴之力。"文蔚等皆惭惧，俯伏不能对，独苏循、薛贻矩及刑部尚书张祎盛称帝功德，宜应天顺人。帝复与宗戚饮博于宫中，酒酣，朱全昱忽以投琼击盆中进散，睨帝曰："朱三，汝本砀山一民也，从黄巢为盗，天子用汝为四镇节度使，富贵极矣，奈何一旦灭唐家三百年社稷，自称帝王！行当灭族，奚以博为！"帝不怿而罢。

乙丑，命有司告天地、宗庙、社稷。丁卯，遣使宣谕州镇。戊辰，大赦，改元，国号大梁。奉唐昭宣帝为济阴王，皆如前代故事。唐中外旧臣官爵并如故。以汴州为开封府，命曰东都；以故东都为西都；废故西京，以京兆府为大安府，置佑国军于大安府；更名魏博曰天雄军。迁济阴王于曹州，栫之以棘，使甲士守之。

二年春二月癸亥，酖杀济阴王于曹州，追谥曰唐哀皇帝。

郢王篡弑

后梁太祖乾化二年。帝长子郴王友裕早卒。次假子博王友文，帝特爱之，常留守东都，兼建昌宫使。次郢王友珪，其母亳州营倡也，为左右控鹤都指挥使，无宠。次均王友贞为东都马步都指挥使。

初，元贞张皇后严整多智，帝敬惮之。后殂，帝纵意声色，诸子虽在外，常征其妇入侍，帝往往乱之。友文妇王氏色美，帝尤宠之，虽未以友文为太子，帝意常属之。友圭心不平。友圭尝有过，帝挞之，友圭益不自安。帝疾甚，命王氏召友文于东都，欲与之诀，且付以后事。友圭妇张氏亦朝夕侍帝侧，知之，密告友圭曰："大家以传国宝付王氏怀往东都，吾属死无日矣。"夫妇相泣。左右或说之曰："事急计生，何不改图，时不可失。"

六月丁丑朔，帝命敬翔出友圭为莱州刺史，即令之官。已宣旨，未行敕。时左迁者多追赐死，友圭益恐。戊寅，友圭易服微行入左龙虎军，见统军韩勍，以情告之。勍亦见功臣宿将多以小过被诛，惧不自保，遂相与合谋。勍以牙兵五百人从友圭杂控鹤士入，伏于禁中。中夜斩关，入至寝殿，侍疾者皆散走。帝惊起，问："反者为谁？"友圭曰："非他人也。"帝曰："我固疑此贼，恨不早杀之！汝悖逆如此，天地岂容汝乎？"友圭曰："老贼万段！"友圭仆夫冯廷谔刺帝腹，刃出于背，友圭自以败毡裹之，瘗于寝殿，秘不发丧。遣供奉官丁昭溥驰诣东都，命均王友贞杀友文。

己卯，矫诏称："博王友文谋逆，遣兵突入殿中，赖郢王友圭忠孝，将兵诛之，保全朕躬。然疾因震惊，弥致危殆，宜令友圭权主军国之务。"韩勍为友圭谋，多出府库金帛赐诸军及百官以取悦。辛巳，丁昭溥还，闻友文已死，乃发丧，宣遗制，友圭即皇帝位。

秋八月。郢王友圭既篡立，诸宿将多愤怒，虽曲加恩礼，终不悦。告哀使至河中，护国节度使冀王朱友谦泣曰："先帝数十年开创基业，前日变起宫掖，声闻甚恶，吾备位藩镇，心窃耻之。"友圭加友谦侍中、中书令，以诏书自辨，且征之。友谦谓使者曰："所立者为谁？先帝晏驾不以理，吾且至洛阳问罪，何以征为！"

戊戌，以侍卫诸军使韩勍为西面行营招讨使，督诸军讨之。友谦以河中附于晋以求救。九月丁未，以感化节度使康怀贞为河(西)〔中〕都招讨使，更以韩勍副之。

友圭以兵部尚书知崇政院事敬翔，太祖腹心，恐其不利于己，欲解其内职，恐失人望，庚午，以翔为中书侍郎、同平章事。壬申，以户部尚书李振充崇政院使。翔多称疾不预事。

康怀贞等与忠武节度使牛存节合兵五万屯河中城西，攻之甚急。晋王遣其将李存审、李嗣肱、李嗣恩将兵救之，败梁军于胡壁。嗣恩，本骆氏子也。

朱友谦复告急于晋，冬十月，晋王自将自泽潞而西，遇康怀贞于解县，大破之，斩首千级，追至白径岭而还。梁兵解围，退保陕州。

均王乾化三年春正月癸亥，郢王友圭朝享太庙。甲子，祀圆丘，大赦，改元凤历。

郢王友圭既得志，遽为荒淫，内外愤怒，友圭虽啖以金缯，终莫之附。驸马都尉赵岩，犨之子，太祖之婿也。左龙虎统军、侍卫亲军都指挥使袁象先，太祖之甥也。岩奉使至大梁，均王友贞密与之谋诛友圭，岩曰："此事成败，在招讨杨令公耳。得其一言谕禁军，吾事立办。"均王乃遣腹心马慎交之魏州说杨师厚曰："郢王篡弑，人望属在大梁，公若因而成之，此不世之功也。"且许事成之日，赐犒军钱五十万缗。师厚与将佐谋之曰："方郢王弑逆，吾不能即讨。今君臣之分已定，无故改图，可乎？"或曰："郢王亲弑君父，贼也。均王举兵复仇，义也。奉义讨贼，何君臣之有？彼若一朝破贼，公将何以自处乎！"师厚惊曰："吾几误计。"乃遣其将王舜贤至洛阳，阴与袁象先谋，遣招讨马步都虞候谯人朱汉宾将兵屯滑州为外应。赵岩归洛阳,亦与象先密定计。

友圭治龙骧军溃乱者,搜捕其党,获者族之,经年不已。时龙骧军有戍大梁者,友圭征之,均王因使人激怒其众曰:“天子以怀州屯兵叛,追汝辈欲尽坑之。”其众皆惧,莫知所为。丙戌,均王奏龙骧军疑惧,未肯前发。戊子,龙骧将校见均王,泣请可生之路,王曰:“先帝与汝辈三十余年征战,经营王业。今先帝尚为人所弑,汝辈安所逃死乎!”因出太祖像示之而泣曰:“汝能自趣洛阳雪仇耻,则转祸为福矣。”众皆踊跃呼万岁,请兵仗,王给之。

庚寅旦,袁象先等帅禁兵数千人突入宫中。友圭闻变,与妻张氏及冯廷谔趋北垣楼下,将逾城,自度不免,令廷谔先杀妻,次杀己,廷谔亦自刭。诸军十余万大掠都市,百司逃散,中书侍郎、同平章事杜晓、侍讲学士李珽皆为乱兵所杀,门下侍郎、同平章事于兢、宣政使李振被伤,至晡乃定。

象先、岩赍传国宝诣大梁迎均王,王曰:“大梁国家创业之地,何必洛阳。”乃即帝位于大梁,复称乾化三年。追废友圭为庶人,复博王友文官爵。

三月,帝遣使招抚朱友谦,友谦复称藩,奉梁年号。

李氏据凤翔 岐蜀相攻附

唐僖宗光启三年春正月,以扈跸都头李茂贞领武定节度使。茂贞,博野人,本姓宋,名文通,以功赐姓名。秋八月丙子,以李茂贞同平章事,充凤翔节度使。

文德元年夏五月,加凤翔节度使李茂贞检校侍中。

昭宗景福元年春正月,凤翔李茂贞等五节度请出军讨杨守亮。并见藩镇之乱。

光化二年秋九月，以凤翔节度使李茂贞为凤翔、彰义节度使。

天复元年春正月，凤翔、彰义节度使李茂贞来朝；加茂贞守尚书令，兼侍中，进爵岐王。

冬十一月，韩全诲等劫车驾幸凤翔，朱全忠西迎车驾，李茂贞出兵拒之。事见朱温篡唐。

二年秋九月癸亥，以茂贞为凤翔、静难、武定、昭武四镇节度使。

三年春正月，李茂贞请诛韩全诲等与朱全忠和解，迎车驾还京。事见朱温篡唐。

夏五月，李茂贞畏朱全忠，自以官为尚书令，在全忠上，累表乞解去。诏复以茂贞为中书令。

天祐元年夏六月，朱全忠之迁车驾于洛阳也，李茂贞、王建、李继徽传檄合兵以讨朱全忠。全忠以镇国节度使朱友裕为行营都统，将步骑数万击之。命保大节度使刘鄩弃鄜州，引兵屯同州。癸丑，全忠引兵自大梁西讨茂贞等。秋七月甲子，过东都入见，壬申，至河中。

西川诸将劝王建乘李茂贞之衰，攻取凤翔。建以问节度判官冯涓，涓曰："兵者凶器，残民耗财，不可穷也。今梁、晋虎争，势不两立，若并而为一，举兵向蜀，虽诸葛亮复生，不能敌矣。凤翔，蜀之藩蔽，不若与之和亲，结为婚姻，无事则务农训兵，保固疆埸，有事则觇其机事，观衅而动，可以万全。"建曰："善。茂贞虽庸才，然有强悍之名，远近畏之，与全忠力争则不足，自守则有余，使为吾藩蔽，所利多矣。"乃与茂贞修好。丙子，茂贞遣判官赵镍如西川，为其侄天雄节度使继崇求婚，建以女妻之。茂贞数求货及甲兵于建，建皆与之。

昭宣帝天祐三年秋八月乙酉，李茂贞遣其子侃为质于西川。王建以侃知彭州。

后梁太祖开平元年春三月，唐昭宣帝禅位于梁。是时，惟河东、凤翔、淮南称天祐，西川称天复年号。余皆禀梁正朔，称臣奉贡。蜀王与弘农王移檄诸道，云欲与晋王、岐王会兵兴复唐室，卒无应者。蜀王乃谋称帝，下教谕统内吏民。又遗晋王书，云"请各帝一方，俟朱温既平，乃(诏)〔访〕唐宗室立之，退归藩服。"晋王复书不许，曰："誓于此生，靡敢失节。"

岐王治军甚宽，待士卒简易。有告部将符昭反者，岐王直诣其家，悉去左右，熟寝经宿而还。由是众心悦服，然御军无纪律。及闻唐亡，以兵羸地蹙，不敢称帝，但开岐王府，置百官，名其所居为宫殿，妻称皇后，将吏上书称笺表，鞭、扇、号令多拟帝者。

二年夏五月，蜀主遣将将兵会岐兵五万攻雍州，晋张承业亦将兵应之。六月壬寅，以刘知俊为西路行营都招讨使以拒之。丙辰，刘知俊及佑国节度使王重师大破岐兵于幕谷，晋、蜀兵皆引归。

秋九月戊子，岐王所署延州节度使胡敬璋寇上平关，刘知俊击破之。

冬十一月，保塞节度使胡敬璋卒，静难节度使李继徽以其将刘万子代镇延州。

三年春二月，保塞节度使刘万子暴虐失众心，且谋贰于梁，李继徽使延州牙将李延实图之。延实因万子葬胡敬璋攻而杀之，遂据延州。马军都指挥使河西高万兴与弟万金闻变，以其众数千人诣刘知俊降。岐王置翟州于鄜城,其守将亦降。

夏四月丙申朔,刘知俊移军攻延州,李延实婴城自守。知俊遣白水镇使刘儒分兵围坊州。刘知俊克延州,李延实降。岐王所署保大节度使李彦博、坊州刺史李彦昱皆弃城奔凤翔,鄜州都将严弘倚举城降。己未,以高万兴为保塞节度使,以绛州刺史牛存节为保大节度使。

五月丁卯,帝命刘知俊乘胜取邠州。知俊难之,辞以阙食,乃召还。

帝将伐河东,急征知俊入朝,欲以为河东西面行营都统,且以知俊有丹、延之功,厚赐之。知俊弟右保胜指挥使知浣从帝在洛阳,密使人语知俊,云"入必死"。又白帝,请帅弟侄往迎知俊,帝许之。六月乙未朔,知俊奏称为军民所留,遂以同州附于岐。执监军及将佐之不从者,皆械送于岐。遣兵袭华州,逐刺史蔡敬思,以兵守潼关。

帝遣近臣谕刘知俊,知俊不报。诏削知俊官爵,以山南东道节度使杨师厚为西路行营招讨使,帅侍卫马步军都指挥使刘鄩等讨之。鄩至潼关,遂克之。

帝遣刘知俊侄嗣业持诏诣同州招谕知俊。知俊欲轻骑诣行在谢罪,弟知偃止之。杨师厚等至华州,知俊将聂赏开门降。知俊闻潼关不守,官军继至,苍皇失图,乙卯夜,举族奔岐。杨师厚至长安,岐兵已据城,师厚以奇兵并南山急趋,自西门入,遂克之。庚申,以刘鄩权佑国留后。岐王厚礼刘知俊,以为中书令。地狭,无藩镇处之,但厚给俸禄而已。

岐王欲取灵州以处刘知俊,且以为牧马之地,使知俊自将兵攻之。朔方节度使韩逊遣使告急,诏镇国节度使康怀贞、感化节度使寇彦卿将兵攻邠、宁以救之。怀贞等所向皆捷，克宁、衍二州，拔庆州南城，刺史李彦广出降。游兵侵掠及泾州之境，刘知俊闻之，十二月己丑，解灵州围，引兵还。帝急召怀贞等还，遣兵迎援于三原青谷。怀贞等还，至三水，知俊遣兵据险邀之，左龙骧军使寿张王彦璋力战，怀贞等乃得过。怀贞与裨将李德遇、许从实、王审权分道而行，皆与援兵不相值。至升平，刘知俊伏兵山口，怀贞大败，仅以身免，德遇等军皆没。岐王以知俊为彰义节度使，镇泾州。

四年。岐王屡求货于蜀，蜀主皆与之。又求巴、剑二州，蜀主曰："吾奉茂贞，勤亦至矣。若与之地，是弃民也，宁多与之货。"乃复以丝、茶、布、帛七万遗之。

乾化元年春正月，蜀主之女普慈公主嫁岐王从子秦州节度使继崇，公主遣宦者宋光嗣以绢书遗蜀主，言继崇骄矜嗜酒，求归成都。蜀主召公主归宁。辛亥，公主至成都，蜀主留之，以宋光嗣为阁门南院使。岐王怒，始与蜀绝。光嗣，福州人也。

三月，岐王聚兵临蜀东鄙，蜀主谓群臣曰："自茂贞为朱温所困，吾常振其乏绝，今乃负恩为寇，谁为吾击之？"兼中书令王宗侃请行，蜀主以宗侃为北路行营都统。司天少监赵温圭谏曰："茂贞未犯边，诸将贪功深入，粮道阻远，恐非国家之利。"蜀主不听，以兼侍中王宗祐、太子少师王宗贺、山南节度使唐道袭为三招讨使，左金吾大将军王宗绍为宗祐之副，帅步骑十二万伐岐。壬辰，宗侃等发成都，旌旗数百里。夏四月乙卯朔，岐兵寇蜀兴元，道袭击却之。蜀主如利州。蜀诸将击岐兵，屡破之。秋七月，蜀主西还，留御营使昌王宗鐬屯利州。

岐王使彰义节度使刘知俊、秦州节度使李继崇将兵击蜀，

〔八月〕乙亥，王宗侃、王宗贺、唐道袭、王宗绍与之战于青泥岭，蜀兵大败，马步使王宗浩奔兴州，溺死于江，道袭奔兴元。先是，步军都挥使王宗绾城西县，号安远军，宗侃、宗贺等收散兵走保之，知俊、继崇追围之。众议欲弃兴元，道袭曰："无兴元则无安远，利州遂为敌境矣，吾必以死守之。"蜀主以昌王宗鐬为应援招讨使，定戎团练使王宗播为四招讨马步都指挥使，将兵救安远军，壁于廉、让之间，与唐道袭合击岐兵，大破之于明珠曲。明日又战于凫口，斩其成州刺史李彦琛。

冬十月，蜀主如利州，命太子监国。决云军虞候王琮败岐兵，执其将李彦太，俘斩三千五百级。乙卯，捉生将彭君集破岐二寨，俘斩三千级。王宗侃遣裨将林思谔自中巴间行至泥溪，见蜀主告急，蜀主命开道都指挥使王宗弼将兵救安远，及刘知俊战于斜谷，破之。

十一月，蜀王宗弼败岐兵于金牛，拔十六寨，俘斩六千余级，擒其将郭存等。丙申，王宗鐬、王宗播败岐兵于黄牛川，擒其将苏厚等。丁酉，蜀主自利州如兴元。援军既集，安远军望其旗，王宗侃等鼓噪而出，与援军夹攻岐兵，大破之，拔二十一寨，斩其将李廷志等。己亥，岐兵解围遁去。唐道袭先伏兵于斜谷邀击，又破之。庚子，蜀主西还。

二年冬十二月戊寅，蜀行营都指挥使王宗汾攻岐文州，拔之，守将李继夔走。

均王贞明元年夏五月，岐王遣彰义节度使刘知俊围邠州，霍彦威固守拒之。

秋八月乙未，蜀主以兼中书令王宗绾为北路行营都制置使，兼中书令王宗播为招讨使，攻秦州；兼中书令王宗瑶为东北面招讨使，同平章事王宗翰为副使，攻凤州。

冬十一月己巳，蜀王宗翰引兵出青泥岭，克固镇，与秦州将郭守谦战于泥阳川，蜀兵败，退保鹿台山。辛未，王宗绾等败秦州兵于金沙谷，擒其将李彦巢等，乘胜趣秦州。兴州刺史王宗铎克阶州，降其刺史李彦安。甲戌，王宗绾克成州，擒其刺史李彦德。蜀军至上染坊，秦州节度使李继崇遣其子彦秀奉牌印迎降。宗(绛)〔绾〕入秦州，表排阵使王宗俦为留后。刘知俊攻霍彦威于邠州，半岁不克，闻秦州降蜀，知俊妻子皆迁成都。知俊解围还凤翔，终惧及祸，夜帅亲兵七十人斩关而出，庚辰，奔于蜀军。王宗绾自河池、两当进兵，会王宗瑶攻凤州，癸未，克之。

蜀置武兴军于凤州，割文、兴二州隶之，以前利州团练使王宗鲁为节度使。

〔岐义胜节度使李彦韬〕知岐王衰弱，十二月，举耀、鼎二州降。

二年秋八月丙午，蜀主以王宗绾为东北面都招讨，集王宗翰、嘉王宗寿为第一、第二招讨，将兵十万出凤州；以王宗播为西北面都招讨，武信节度使刘知俊、天雄节度使王宗俦、匡国军使唐文裔为第一、第二、第三招讨，将兵十二万出秦州，以伐岐。

冬十月甲申，蜀王宗绾等出大散关，大破岐兵，俘斩万计，遂取宝鸡。己丑，王宗播等出故关，至陇州。丙寅，保胜节度使兼侍中李继岌畏岐王猜忌，帅其众二万，弃陇州奔于蜀军。蜀兵进攻陇州，以继岌为西北面行营第四招讨。刘知俊会王宗绍等围凤翔，岐兵不出。会大雪，蜀主召军还。复李继岌姓名曰桑弘志。

三年秋七月，蜀主以桑弘志为西北面第一招讨，王宗宏为东北面第二招讨，以兼中书令王宗侃为东北面都招讨，武信节度使刘知俊为西北面都招讨。

四年夏四月，岐王复遣使求好于蜀。

五年春三月丙戌，蜀北路行营都招讨、武德节度使王宗播等自散关击岐，渡渭水，破岐将孟铁山；会大雨而还，分兵戍兴元、凤州及威武城。戊子，天雄节度使、同平章事王宗昱攻陇州，不克。

六年冬十一月戊子朔，蜀主以兼侍中王宗俦为山南节度使、西北面都招讨、行营安抚使，天雄节度使同平章事王宗昱、永宁军使王宗晏、左神勇军使王宗信为三招讨以副之，将兵伐岐，出故关，壁于咸宜，入良原。丁酉，王宗俦攻陇州，岐王自将万五千人屯汧阳。癸卯，蜀将陈彦威出散关，败岐兵于箭筈岭。蜀兵食尽，引还。宗昱屯秦州，宗俦屯上邽，宗晏、宗信屯威武城。

后唐庄宗同光元年冬十一月壬寅，岐王遣使致书，贺帝灭梁，以季父自居，辞礼甚倨。

二年春正月，岐王闻帝入洛，内不自安，遣其子行军司马、彰义节度使兼侍中继曮入贡，始上表称臣。帝以其前朝耆旧，与太祖比肩，特加优礼，每赐诏，但称岐王而不名。庚戌，加继曮兼中书令，遣还。

李继曮见唐甲兵之盛，归语岐王，岐王益惧，癸丑，表请正藩臣之礼，优诏不许。

二月辛巳，进岐王爵为秦王，仍不名不拜。

夏四月，秦忠敬王李茂贞卒，遗奏以其子继曮权知凤翔军府事。五月，以李继曮为凤翔节度使。

明宗天成元年春二月戊戌，李继曮至凤翔，监军使柴重厚不以符印与之，促令诣阙。

夏六月，李继曮至华州，闻洛中乱，复归凤翔，帝为之诛柴重厚。

秋九月壬午，赐李继曮名从曮。

长兴元年春二月乙卯，上祀圆丘，大赦，改元。凤翔节度使兼中书令李从曮入朝陪祀。三月壬申，制徙从曮为宣武节度使。

潞王清泰元年夏五月。帝之起凤翔也，悉取天平节度使李从曮家财甲兵以供军。将行，凤翔之民遮道请复以从曮镇凤翔，帝许之。至是，徙从曮为凤翔节度使。

后晋〔高祖〕天福三年。凤翔节度使李从曮厚文士而薄武人，爱农民而严士卒，由是将士怨之。会发兵戍西边，既出郊，作乱，突门入城，剽掠于市。从曮发帐下兵击之，乱兵败，东走，欲自诉于朝廷，至华州，镇国节度使太原张彦泽邀击，尽诛之。

通鉴纪事本末卷第三十九

钱氏据吴越 董昌僭逆附

唐僖宗乾符五年。王郢之乱，临安人董昌以土团讨贼有功，补石镜镇将。是岁曹师雄寇掠二浙，杭州募诸县乡兵各千人以讨之，昌与钱塘刘孟安、阮结、富阳闻人宇、盐官徐及、新城杜稜、余杭凌文举、临平曹信各为之都将，号杭州八都，昌为之长。其后宇卒，钱塘人成及代之。临安人钱镠以骁勇事昌，以功为石镜都知兵马使。乾符二年，浙西狼山镇遏使王郢等六十九人有战功，节度使赵隐赏以职名而不给衣粮，郢等论诉不获，遂劫库兵作乱。

六年冬十月，黄巢之抵潭州也，荆南节度使王铎留其将守江陵，自帅众趣襄阳。铎既去，刘汉宏大掠江陵，帅其众北归为群盗。汉宏，兖州人也。事见黄巢之乱。

广明元年夏五月，刘汉宏之党浸盛，侵掠宋、兖。甲子，征东方诸道兵讨之。六月，刘汉宏南掠申州。秋七月辛酉，刘汉宏请降。戊辰，以为宿州刺史。冬十一月，宿州刺史刘汉宏怨朝廷赏薄，甲寅，以汉宏为浙东观察使。

中和元年秋九月，淮南节度使高骈召石镜将董昌至广陵，欲与之俱击黄巢。昌将钱镠说昌曰："观高公无讨贼心，不若以捍御乡里为辞而去之。"昌从之，骈听昌还。会杭州刺史路审中将之官，行至嘉兴，昌自石镜引兵入据杭州，审中惧而还。昌自称杭州都押牙，知州事，遣将吏请于镇海节度使周宝。宝不能制，表为杭州刺史。

二年秋八月，浙东观察使刘汉宏遣弟汉宥及马步军都虞候辛约将兵二万营于西陵，谋兼并浙西，杭州刺史董昌遣都知兵马使钱镠拒之。壬子，镠乘雾夜济江，袭其营，大破之，所杀殆尽，汉宥、辛约皆走。

冬十月，刘汉宏又遣登高〔镇〕将王镇将兵七万屯西陵，钱镠复夜济江袭击，大破之，斩获万计，得汉宏补诸将官伪敕二百余通。镇奔诸暨。

三年。刘汉宏分兵屯黄岭、岩下、贞女三镇，钱镠将八都兵自富春击之，破黄岭，擒岩下镇将史弁、贞女镇将杨元宗。汉宏以精兵屯诸暨，镠又击破之，汉宏走。

冬十月，刘汉宏将十余万众出西陵将击董昌，戊午，钱镠济江逆战，大破之，汉宏易服持鲙刀而遁。己未，汉宏收余众四万复战，镠又破之，斩其弟汉容及将辛约。

四年春三月，婺州人王镇执刺史黄碣，降于钱镠。刘汉宏遣其将娄赉杀镇而代之。浦阳镇将蒋瓌召镠兵共攻婺州，擒赉而还。碣，闽人也。

光启二年冬十月，董昌谓钱镠曰："汝能取越州，吾以杭州授汝。"镠曰："然，不取终为后患。"遂将兵自诸暨趋平水，凿山开道五百里，出曹娥埭，浙东将鲍君福帅众降之。镠与浙东军战，屡破之，进屯丰山。十一月丙戌，钱镠克越州，刘汉宏奔台州。

十二月，台州刺史杜雄诱刘汉宏，执送董昌，斩之。昌徙镇越州，自称知浙东军府事，以钱镠知杭州事。

三年春正月辛巳，以董昌为浙东观察使，钱镠为杭州刺史。

三月，镇海节度使周宝募亲军千人，号后楼兵，禀给倍于镇海军。镇海军皆怨，而后楼兵浸骄，不可制。宝溺于声色，不亲政事，筑罗城二十余里，建东第，人苦其役。宝与僚属宴后楼，有言镇海军怨望者，宝曰："乱则杀之。"度支催勘使薛朗以其言告所善镇海军将刘浩，戒之使戢士卒。浩曰："惟反可以免死耳。"是夕，宝醉，方寝，浩帅其党作乱，攻府舍而焚之。宝惊起，徒跣叩芙蓉门，呼后楼兵，后楼兵亦反矣。宝帅家人步走出青阳门，遂奔常州，依刺史丁从实。浩杀诸僚佐，癸巳，迎薛朗入府，推为留后。

初，周宝闻淮南六合镇遏使徐约兵精，诱之使击苏州。夏四月甲辰朔，约逐苏州刺史张雄，帅其众逃入海。

五月，钱镠遣东安都将杜棱、浙江都将阮结、静江都将成及将兵讨薛朗。六月，杜棱等败薛朗将李君暀于阳羡。冬十月，杜棱等拔常州，丁从实奔海陵。

钱镠奉周宝归杭州，属櫜鞬具部将礼郊迎之。十二月乙未，周宝卒于杭州。

钱镠以杜棱为常州制置使。命阮结等进攻润州，丙申，克之，刘浩走，擒薛朗以归。

文德元年春正月丙寅，钱镠斩薛朗，剖其心以祭周宝。以阮结为润州制置使。

秋九月，钱镠遣其从弟銶将兵攻徐约于苏州。

昭宗龙纪元年春三月丙申，钱銶拔苏州，徐约亡入海而死。

钱镠以海昌都将沈粲权知苏州。

夏五月，润州刺史阮结卒，钱镠〔以〕成及〔代〕之。钱镠与杨行密争苏、润事见杨行密据淮南。

景福元年夏四月乙酉，置武胜军于杭州，以钱镠为防御使。

二年闰五月，以武胜军防御使钱镠为苏、杭观察使。秋七月，钱镠发民夫二十万及十三都军士筑杭州罗城，周七十里。九月丁卯，以钱镠为镇海节度使。

乾宁元年夏五月，加镇海节度使钱镠同平章事。

（冬十二月）（义）〔威〕胜节度使董昌为政苛虐，于常赋之外，加敛数倍，以充贡献及中外馈遗，每旬发一纲，金万两，银五千铤，越绫万五千匹，他物称是，用卒五百人，或遇雨雪风水违程则皆死。贡奉为天下最，由是朝廷以为忠，宠命相继，官至司徒、同平章事，爵陇西郡王。

昌建生祠于越州，制度悉如禹庙，命民间祷赛者，无得之禹庙，皆之生祠。昌求为越王，朝廷未之许，昌不悦曰："朝廷欲负我矣。我累年贡献无算，而惜一越王邪！"有谄之者曰："王为越王，曷若为越帝。"于是民间讹言时世将变，竞相帅填门喧噪，请昌为帝。昌大喜，遣人谢之曰："天时未至，时至我自为之。"其僚佐吴瑶、都虞候李畅之等皆劝成之，吏民献谣、谶、符瑞者不可胜纪，其始赏之以钱数百缗，既而献者日多，稍减至五百、三百而已。昌曰："谶云'兔子上金床'，此谓我也。我生太岁在卯，明年复在卯，二月卯日卯时，吾称帝之秋也。"

二年春正月，董昌将称帝，集将佐议之。节度副使黄碣曰："今唐室虽微，天人未厌。齐桓、晋文皆翼戴周室以成霸业。大王兴于畎亩，受朝廷厚恩，位至将相，富贵极矣，奈何一旦忽为灭族之计乎！碣宁死为忠臣，不生为叛逆。”昌怒，以为惑众，斩之，投其首于厕中，骂之曰：“奴贼负我！好圣明时三公不能待，而先求死也。”并杀其家八十口，同坎瘗之。又问会稽令吴镣，对曰：“大王不为真诸侯以传子孙，乃欲假天子以取灭亡邪！”昌亦族诛之。又谓山阴令张逊曰：“汝有能政，吾深知之，俟吾为帝，命汝知御史台。”逊曰：“大王起石镜镇，建节浙东，荣贵近二十年，何苦效李锜、刘辟之所为乎！浙东僻处海隅，巡属虽有六州，大王若称帝，彼必不从，徒守孤城，为天下笑耳。”昌又杀之。谓人曰：“无此三人者，则人莫我违矣。”

二月辛卯，昌被衮冕登子城门楼，即皇帝位，悉陈瑞物于庭以示众。先是，咸通末，吴、越间讹言山中有大鸟，四目三足，声云“罗平天册”，见者有殃，民间多画像以祀之。及昌将僭号，曰“此吾鸑鷟也”，乃自称大越罗平国，改元顺天，署城楼曰天册之楼，〔令〕群下谓己曰“圣人”。以前杭州刺史李邈、前婺州刺史蒋瓌、两浙盐铁副使杜逞、前屯田郎中李瑜为相，又以吴瑶等皆为翰林学士，李畅之等皆为大将军。

昌移书钱镠，告以权即罗平国位，以镠为两浙都指挥使。镠遗昌书曰：“与其闭门作天子，与九族、百姓俱陷涂炭，岂若开门作节度使，终身富贵邪？及今悛悔，尚可及也。”昌不听。镠乃将兵三万诣越州城下，至迎恩门见昌，再拜言曰：“大王位兼将相，奈何舍安就危？镠将兵此来，以俟大王改过耳。若天子命将出师，纵大王不自惜，乡里士民何罪，随大王灭族乎！”昌惧，致犒军钱二百万，执首谋者吴瑶及巫觋数人送于镠，且请待罪天子。镠引兵还，以状闻。

夏四月，朝廷以董昌有贡输之勤，今日所为，类得心疾，诏释其罪，纵归田里。钱镠表董昌僭逆，不可赦，请以本道兵讨之。杨行密遣使诣钱镠，言董昌已改过，宜释之。亦遣使诣昌，使趣朝贡。五月，诏削董昌官爵，委钱镠讨之。六月庚寅，以钱镠为浙东招讨使。镠复发兵击董昌。

秋九月，董昌求救于杨行密，行密遣泗州防御使台濛攻苏州以救之，且表昌引咎，愿修职贡，请复官爵。又遗钱镠书，称："昌狂疾自立，已畏兵谏，执送同恶，不当复伐之。"

冬十月，杨行密遣宁国节度使田頵、润州团练使安仁义攻杭州镇戍以救董昌，昌使湖州将徐淑会淮南将魏约共围嘉兴。钱镠遣武勇都指挥使顾全武救嘉兴，破乌墩、光福二寨。淮南将柯厚破苏州水栅。全武，余姚人也。

十二月，加镇海节度使钱镠兼侍中。

三年春正月辛未，安仁义以舟师至湖州，欲渡江应董昌，钱镠遣武勇都指挥使顾全武、都知兵马使许再思守西陵，仁义不能渡。昌遣其将汤臼守石城，袁邠守余姚。

二月戊辰，顾全武、许再思败汤臼于石城。上用杨行密之请，赦董昌，复其官爵，钱镠不从。

三月己酉，顾全武等攻余姚，明州刺史黄晟遣兵助之。董昌遣其将徐章救余姚，全武击擒之。

夏四月，淮南兵与镇海兵战于皇天荡，镇海兵不利，杨行密遂围苏州。

董昌使人觇钱镠兵，有言其强盛者辄怒斩之，言兵疲食尽则赏之。戊寅，袁邠以余姚降于镠。顾全武、许再思进兵至越州城下，五月，昌出战而败，婴城自守，全武等围之。昌始惧，去帝号，复称节度使。

癸未，苏州常熟镇使陆郢以州城应杨行密，虏刺史成及。钱镠闻苏州陷，急召顾全武使趋西陵备行密。全武曰："越州，贼之根本，奈何垂克而弃之？请先取越州，后复苏州。"镠从之。

甲午夜，顾全武急攻越州，乙未旦，克其外郭，董昌犹据牙城拒之。戊戌，镠遣昌故将骆团绐〔昌〕云："奉诏，令大王致仕归临安。"昌乃送牌印，出居清道坊。己亥，全武遣武勇都监使吴璋以舟载昌如杭州，至小江南，斩之，并其家三百余人，宰相李邈、蒋瓌以下百余人。昌在围城中，贪吝益甚，口率民间钱帛，减战士粮。及城破，库有金帛杂货五百间，仓有粮三百万斛。钱镠传昌首于京师，散金帛以赏将士，开仓以赈贫乏。

八月，加钱镠兼中书令。甲寅，以门下侍郎王抟充威胜节度使。冬十月，钱镠令两浙吏民上表请以镠兼领浙东。朝廷不得已，复以王抟为吏部尚书、同平章事，以镠为镇海、威胜两军节度使。丙子，更名威胜，曰镇东军。

十一月，淮南将安仁义攻婺州。

四年春正月，钱镠使行军司马杜棱救婺州，安仁义移兵攻睦州，不克而还。

夏四月辛亥，钱镠遣顾全武等将兵三千自海道救嘉兴，己未，至城下，击淮南兵，大破之。癸亥，两浙将顾全武等破淮南十八营，虏淮南将士魏约等三千人。淮南将田頵屯驿亭埭，两浙兵乘胜逐之。甲戌，頵自湖州奔还，两浙兵追败之，頵众死者千余人。

六月己酉，钱镠如越州，受镇东节钺。秋七月庚戌，钱镠还杭州，遣顾全武取苏州。乙未，拔松江，戊戌，拔无锡，辛丑，拔常熟、华亭。

九月，湖州刺史李彦徽欲以州附于杨行密，其众不从。彦徽奔广陵，都指挥使沈攸以州归钱镠。

光化元年春正月，钱镠请徙镇海军于杭州，从之。

三月，淮南将周本救苏州，两浙将顾全武击破之。淮南将秦裴以兵三千人拔昆山而戍之。秋九月，顾全武攻苏州，城中及援兵食皆尽，甲申，淮南所署苏州刺史台濛弃城走，援兵亦遁。全武克苏州，追败周本等于望亭。独秦裴守昆山不下，全武帅万余人攻之。裴屡出战，使病者被甲执矛，壮者彀弓弩，全武每为之却。全武檄裴令降，全武尝为僧，裴封函纳款，全武喜，召诸将发函，乃佛经一卷。全武大惭曰："裴不忧死，何暇戏予！"益兵攻城，引水灌之，城坏食尽，裴乃降。钱镠设千人馔以待之，(乃)〔及〕出，羸兵不满百人。镠怒曰："单弱如此，何敢久为旅拒？"对曰："裴义不负杨公，今力屈而降耳，非心降也。"镠善其言。顾全武亦劝镠宥之，镠从之。时人称全武长者。

冬闰十月，钱镠以其将曹圭为苏州制置使，遣王球攻婺州。

十一月，衢州刺史陈岌请降于杨行密，钱镠使顾全武讨之。十二月，杨行密遣成及等归两浙以易魏约等，钱镠许之。

二年。(春三月)婺州刺史王坛为两浙所围，求救于宣歙观察使田頵，夏四月，頵遣行营都指挥使康儒等救之。五月庚戌，康儒等败两浙兵于龙丘，擒其将王球，遂取婺州。

三年春正月，宣州将康儒攻睦州，钱镠使其从弟銶拒之。秋八月，宣州将康儒食尽，自清溪遁归。

天复元年夏五月己酉，加镇海、镇东节度使钱镠守侍中。

秋八月，或告杨行密，云："钱镠为盗所杀。"行密遣步军都指挥使李神福等将兵取杭州，两浙将顾全武等列八寨以拒之。

〔冬十月〕，李神福与顾全武相拒久之，神福获杭俘，使出入卧内。神福谓诸将曰："杭兵尚强，我师且当夜还。"杭俘走告全武，神福命勿追。暮遣羸兵先行，神福为殿，使行营都将吕师造伏兵青山下。全武素轻神福，出兵追之。神福、师造夹击，大破之，斩首五千级，生擒全武。钱镠闻之，惊泣曰："丧我良将！"神福进攻临安，两浙将秦昶帅众三千降之。

十二月，李神福知钱镠定不死，而临安城坚，久攻不拔，欲归，恐为镠所邀，乃遣人守卫镠祖考丘垄，禁樵采，又使顾全武通家信，镠遣使谢之。神福于要路多张旗帜为虚寨，镠以为淮南兵大至，遂请和。神福受其犒赂而还。

二年夏四月，杨行密遣顾全武归杭州以易秦裴，钱镠大喜，遣〔裴〕还。

五月，镇海、镇东节度使、彭城王钱镠进爵越王。

初，孙儒死，其士卒多奔浙西，钱镠爱其骁悍，以为中军，号武勇都。行军司马杜棱谏曰："狼子野心，他日必为深患，请以土人代之。"不从。镠如衣锦军，命武勇右都指挥使徐绾帅众治沟洫。镇海节度副使成及闻士卒怨言，白镠，请罢役，不从。〔秋八月〕丙戌，镠临飨诸将，绾谋杀镠于座，不果，称疾先出。镠怪之，丁亥，命绾将所部先还杭州。及外城，纵兵焚掠。武勇左都指挥使许再思以迎候兵与之合，进逼牙城，镠子传瑛与三城都指挥使马绰等闭门拒之。牙将潘长击绾，绾退屯龙兴寺。镠还，及龙泉，闻变，疾驱至城北，使成及建镠旗鼓与绾战。镠微服乘小舟夜抵牙城东北隅，逾城而入。直更卒凭鼓而寐，镠亲斩之，城中始知镠至。武安都指挥使杜建徽自新城入援，徐绾聚木将焚北门，建徽悉焚之。建徽，棱之子也。湖州刺史高彦闻难，遣其子渭将兵入援，至灵隐山，绾伏兵击杀之。

初，镠筑杭州罗城，谓僚佐曰："十步一楼，可以为固矣。"掌书记余杭罗隐曰："楼不若皆内向。"至是，人以隐言为验。

九月，或劝钱镠渡江东保越州，以避徐、许之难。杜建徽按剑叱之曰："事或不济，同死于此，岂可复东渡乎！"

镠恐徐绾等据越州，遣大将顾全武将兵戍之。全武曰："越州不足往，不若之广陵。"镠曰："何故？"对曰："闻绾等谋召田頵，田頵至，淮南助之，不可敌也。"建徽曰："孙儒之难，王尝有德于杨公，今往告之，宜有以相报。"镠命全武告急于杨行密，全武曰："徒往无益，请得王子为质。"镠命其子传瓘微服为全武仆，与偕之广陵，且求婚于行密。过润州，团练使安仁义爱传瓘清丽，将以十仆易之，全武夜半赂阍者逃去。

绾等果召田頵，頵引兵赴之，先遣亲吏何饶谓镠曰："请大王东如越州，空府廨以相待，无为杀士卒。"镠报曰："军中叛乱，何方无之。公为节帅，乃助贼为逆！战则亟战，又何大言！"頵筑垒绝往来之道，镠患之，募能夺其地者赏以州。衢州制置使陈璋将卒三百出城奋击，遂夺其地，镠即以为衢州刺史。

顾全武至广陵，说杨行密曰："使田頵得志，必为王患。王召頵还，钱王请以其子传瓘为质，且求婚。"行密许之，以女妻传瓘。

冬十一月，田頵急攻杭州，仍具舟将自西陵渡江。钱镠遣其将盛造、朱郁拒破之。

十二月，杨行密使人召田頵曰："不还，吾且使人代镇宣州。"庚辰，頵将还，征犒军钱二十万缗于钱镠，且求镠子为质，将妻以女。镠谓诸子："孰能为田氏婿者？"莫对。镠欲遣幼子传球，传球不可，镠怒，将杀之。次子传瓘请行，吴夫人泣曰："奈何置儿虎口！”传瓘曰：“纾国家之难，安敢爱身。”再拜而出，镠泣送之。传瓘从数人缒北门而下，頵与徐绾、许再思同归宣州。镠夺传球内牙兵印。

越州客军指挥使张洪以徐绾之党自疑，帅步兵三百奔衢州，刺史陈璋纳之。温州将丁章逐刺史朱敖，敖奔福州。章据温州，田頵遣使招之，道出衢州，陈璋听其往还，钱镠由是恨璋。

三年秋七月，睦州刺史陈询叛钱镠，举兵攻兰溪，镠遣指挥使方永珍击之。武安都指挥使杜建徽与询连姻，镠疑之，建徽不言。会询亲吏来奔，得建徽与询书，皆劝戒之辞，镠乃悦。建徽从兄建思谮建徽私蓄兵仗，谋作乱。镠使人索之，建徽方食，使者直入卧内，建徽不顾，镠以是益亲重之。

冬十月，田頵叛杨行密，行密求兵于钱镠。镠遣方永珍屯润州，从弟镒屯宣州，又遣指挥使杨习攻睦州。田頵之叛事见杨行密据淮南。

十一月，田頵败，钱传瓘归杭州。

天祐元年春三月，杨行密遣钱传璙及其妇并顾全武归钱塘。

夏四月，镇海、镇东节度使越王钱镠求封吴越王，朝廷不许。朱全忠为之言于执政，乃更封吴王。

冬十一月，钱镠潜遣衢州罗城使叶让杀刺史陈璋，事泄，十二月，璋斩让而叛，降于杨行密。

昭宣帝天祐二年春正月，两浙兵围陈询于睦州，杨行密遣西南招讨使陶雅将兵救之。军中夜惊，士卒多逾垒亡去，左右及裨将韩球奔告之，雅安卧不应，须臾自定，亡者皆还。钱镠遣其从弟镒及指挥使顾全武、王球御之，为雅所败，虏镒及球以归。

夏四月，淮南将陶雅会衢、睦兵攻婺州，钱镠遣其弟镖将兵救之。秋八月，钱镠遣方永珍救婺州。九月，淮南将陶雅、陈璋拔婺州，执刺史沈夏以归。杨行密以雅为江南都招讨使、歙婺衢睦观察使，以璋为衢婺副招讨使。璋攻暨阳，两浙将方习败之。习进攻婺州。十二月，陈询不能守睦州，奔于广陵，淮南招讨使陶雅入据其城。

三年春正月，陶雅引兵还歙州，钱镠复取睦州。庚辰，钱镠如睦州。

陈璋闻陶雅归歙，自婺州退保衢州。两浙将方永珍等取婺州，进攻衢州。秋八月，两浙围衢州，衢州刺史陈璋告急于淮南，杨渥遣左厢马步都虞候周本将兵迎璋。本至衢州，浙人解围，陈于城下，璋帅众归于本，两浙兵取衢州。吕师造曰："浙人近我而不动，轻我也，请击之。"本曰："吾受命迎陈使君，今至矣，何为复战？彼必有以待我也。"遂引兵还。本为之殿，浙人蹑之，本中道设伏，大破之。

冬十二月乙酉，钱镠表荐行军司马王景仁，诏以景仁领宁国节度使。是岁，吴杨渥怒宣州观察使王茂章，以兵袭之，茂章奔两浙，更名景仁。

后梁武帝开平元年春三月，镇海、镇东节度使吴王钱镠遣其子传璙、传瓘讨卢佶于温州。夏四月，卢佶闻钱传璙等将至，将水军拒之于青澳。钱传瓘曰："佶之精兵尽在于此，不可与战。"乃自安固舍舟，间道袭温州。戊午，温州溃，擒佶斩之。吴王镠以都监使吴璋为温州制置使，命传璙等移兵讨卢约于处州。

镇海节度判官罗隐说吴王镠举兵讨梁，曰："纵无成功，犹可退保杭、越，自为东帝，奈何交臂事贼，为终古之羞乎！"镠始以隐为不遇于唐，必有怨心，及闻其言，虽不能用，心甚义之。

五月己卯，以吴王钱镠为吴越王。

卢约以处州降吴越。

秋八月辛亥，以吴越王镠兼淮南节度使，充本道招讨制置使。

二年秋八月，吴越王钱镠遣宁国节度使王景仁奉表诣大梁，陈取淮南之策。淮南遣周本、吕师造击吴越，九月，围苏州。吴越将张仁保攻常州之东洲，拔之。淮南陈璋帅柴再用等复取东洲。

三年夏四月，淮南兵围苏州，推洞屋攻城，吴越将临海孙琰置轮于竿首，垂絙投锥以揭之，攻者尽露，炮至则张网以拒之，淮南人不能克。吴越王镠遣牙内指挥使钱镖、行军副使杜建徽等将兵救之。苏州有水通城中，淮南张网缀铃悬水中，鱼鳖过皆知之。吴越游弈都虞候司马福欲潜行入城，故以竿触网，敌闻铃声举网，福因得过，凡居水中三日，乃得入城。由是城中号令与援兵相应，敌以为神。

吴越王镠尝游府园，见园卒陆仁章树艺有智而志之。及苏州被围，使仁章通信入城，果得报而返。镠以诸孙畜之，累迁两府军粮都监使，卒获其用。仁章，睦州人也。

辛亥，吴越兵内外合击淮南兵，大破之，擒其将何朗等三十余人，夺战舰二百艘。周本夜遁，又追败之于皇天荡。钟泰章将精兵二百为殿，多树旗帜于菰蒋中，追兵不敢进而还。

冬十月，湖州刺史高澧叛附淮南，举兵焚义和临平镇，吴越王镠命指挥使钱镖讨之。

四年春二月，高澧求救于吴，吴常州刺史李简等将兵应之，湖州将盛师友、沈行思闭城不内。澧帅麾下五千人奔吴。三月癸巳，吴越王镠巡湖州，以钱镖为刺史。

秋八月，吴越王镠筑捍海石塘，广杭州城，大修台馆。由是钱塘富庶盛于东南。

乾化元年。湖州刺史钱镖酗酒杀人，恐吴越王镠罪之，冬十月辛亥朔，杀都监潘长、推官钟安德奔于吴。

二年秋七月甲寅，加吴越王镠尚父。

均王乾化三年春三月，吴行营招讨使李涛帅众二万出千秋岭攻吴越衣锦军，吴越王镠以其子湖州刺史传瓘为北面应援都指挥使以救之。睦州刺史传璙为招讨收复都指挥使，将水军攻吴东洲，以分其兵势。夏四月，千秋岭道险狭，钱传瓘使人伐木以断吴军之后而击之，吴军大败，虏李涛及士卒三千余人以归。

五月，吴遣宣州副指挥使花虔将兵会广德镇遏使涡信屯广德，将复寇衣锦军，吴越钱传瓘就攻之。六月，吴越钱传瓘拔广德，虏花虔、涡信以归。

九月，吴越王镠遣其子传瓘、传璙及大同节度使传瑛攻吴常州，营于潘葑。徐温曰："浙人轻而怯。"帅诸将倍道赴之。至无锡，黑云都将陈祐言于温曰："彼谓吾远来疲倦，未能战，请以所部乘其无备击之。"乃自他道出敌后，温以大军当其前夹攻之，吴越大败，斩获甚众。

贞明二年夏五月，吴越王镠遣浙西安抚判官皮光业自建、汀、虔、郴、潭、岳、荆南道入贡。秋七月，上嘉吴越王镠贡献之勤，壬戌，加镠诸道兵马元帅。朝议多言"镠之入贡利于市易，不宜过以名器假之"，翰林学士窦梦徵执麻以泣，坐贬蓬莱尉。

三年冬十月己亥，加吴越王镠天下兵马元帅。

四年春三月，吴越王镠初立元帅府，置官属。

五年春三月，诏吴越王镠大举讨淮南。镠以节度副大使传瓘为诸军都指挥使，帅战舰五百艘自东洲击吴，吴遣舒州刺史彭彦章及裨将陈汾拒之。四月，钱传瓘与彭彦章遇，传瓘命每船皆载灰、豆及沙，乙巳，战于(浪)〔狼〕山江。吴船乘风而进，传瓘引舟避之，既过，自后随之。吴回船与战，传瓘使顺风扬灰，吴人不能开目。及船舷相接，传瓘使散沙于己船，而散豆于吴船，豆为战血所渍，吴人践之皆僵仆。传瓘因纵火焚吴船，吴兵大败。彦章战甚力，兵尽，继之以木，身被数十创。陈汾按兵不救，彦章知不免，遂自杀。传瓘俘吴裨将七十人，斩首千余级，焚战舰四百艘。吴人诛汾，籍没家赀，以其半赐彦章家，禀其妻子终身。

秋七月，吴越王镠遣钱传瓘将兵三万攻吴常州，吴都招讨使徐温帅诸将拒之，右雄武统军陈璋以水军下海门出其后。壬申，战于无锡。会温病热，不能治军，吴越攻中军，飞矢雨集，镇海节度判官陈彦谦迁中军旗鼓于左，取貌类温者擐甲胄，号令军事，温得少息。俄顷，疾稍间，出拒之。时久旱草枯，吴人乘风纵火，吴越兵乱，遂大败，杀其将何逢、吴建，斩首万级。传瓘遁去，追至山南，复败之。陈璋败吴越于香湾。

温募生获叛将陈绍者，赏钱百万，指挥使崔彦章获之。绍勇而多谋，温复使之典兵。

初，(锦)衣〔锦〕之役，吴马军指挥曹筠叛奔吴越，徐温赦其妻子，厚遇之，遣间使告之曰："使汝不得志而去，吾之过也。汝无以妻子为念。"及是役，筠复奔吴，温自数昔日不用筠言者三，而不问筠去来之罪，归其田宅，复其军职。筠内愧而卒。

知诰请帅步卒二千，易吴越旗帜、铠仗，蹑败卒而东袭取苏州。温曰："尔策固善，然吾且求息兵，未暇如汝言也。"诸将皆以为吴越所恃者舟楫，今大旱，水道涸，此天亡之时也，宜尽步骑之势一举灭之。温叹曰："天下离乱久矣，民困已甚，钱公亦未易可轻。若连兵不解，方为诸君之忧。今战胜以惧之，戢兵以怀之，使两地之民各安其业，君臣高枕，岂不乐哉！多杀何为！"遂引还。

吴越王镠见何逢马，悲不自胜，故将士心附之。宠姬郑氏父犯法当死，左右为之请，镠曰："岂可以一妇人乱我法！"出其女而斩之。镠自少在军中，夜未尝寐，倦极则就圆木小枕，或枕大铃，寐熟辄欹而寤，名曰"警枕"。置粉盘于卧内，有所记则书盘中，比老不倦。或寝方酣，外有白事者，令侍女振纸即寤。时弹铜丸于楼墙之外，以警直更者。尝微行，夜叩北城门，吏不肯启关，曰："虽大王来，亦不可启。"乃自他门入，明日，召北门吏厚赐之。

秋八月，吴徐温遣使以吴王书解归无锡之俘于吴越，吴越王镠亦遣使请和于吴。自是吴国休兵息民，三十余州民乐业者二十余年。吴王及徐温屡遗吴越王镠书，劝镠自王其国，镠不从。

龙德元年春三月，吴人归吴越王镠从弟龙武统军镒于钱塘，镠亦归吴将李涛于广陵。徐温以涛为右雄武统军，镠以镒为镇海节度副使。

后唐庄宗同光元年春二月，梁主遣兵部侍郎崔协等册命吴越王镠为吴越国王。丁卯，镠始建国，仪卫、名称多如天子之制，谓所居曰宫殿，府署曰朝廷，教令下统内曰制敕，将吏皆称臣，惟不改元，表疏首称吴越国而不言军。以清海节度使兼侍中传瓘为镇海、镇东留后，总军府事。置百官，有丞相、侍郎、郎中、员外郎、客省等使。

冬十二月，吴越王镠以行军司马杜建徽为左丞相。

二年冬十月，吴越王镠复修本朝职贡，壬午，帝因梁官爵而命之。镠厚贡献，并赂权要，求金印、玉册、赐诏不名、称国王。有司言："故事惟天子用玉册，王公皆用竹册。又非四夷，无封国王者。"帝皆曲从镠意。

三年秋八月丁亥，遣吏部侍郎李德休等赐吴越国王玉册、金印、红袍御衣。

闰十二月，吴越王镠遣使者沈瑫致书，以受玉册、封吴越国王告于吴。吴人以其国名与己同，不受书，遣瑫还。仍戒境上无得通吴越使者及商旅。

明宗天成元年春三月，吴越王镠有疾，如衣锦军，命镇海、镇东节度使留后传瓘监国。吴徐温遣使来问疾，左右劝镠勿见。镠曰："温阴狡，此名问疾，实使之觇我也。"强出见之。温果聚兵欲袭吴越，闻镠疾瘳而止。镠寻还钱塘。是岁，吴越王镠以中国丧乱，朝命不通，改元宝正。其后复通中国，乃讳而不称。

三年秋八月，吴越王镠欲立中子传瓘为嗣，谓诸子曰："各言汝功，吾择多者而立之。"传瓘兄传璹、传璙、传璟皆推传瓘，乃奏请以两镇授传瓘。闰月丁未，诏以传瓘为镇海、镇东节度使。

四年。吴越王镠居其国，好自大，朝廷使者曲意奉之则赠遗丰厚，不然则礼遇疏薄。尝遗安重诲书，辞礼颇倨。帝遣供奉官乌昭遇、韩玫使吴越，昭遇与玫有隙，使还，玫奏："昭遇见镠称臣拜舞，谓镠为殿下，及私以国事告镠。"安重诲奏赐昭遇死。〔秋九月〕癸巳，制镠以太师致仕，自余官爵皆削之，凡吴越进奏官、使者、纲吏，令所在系治之。镠令子传瓘等上表讼冤，皆不省。

长兴元年冬十月，钱镠因朝廷册闽王使者裴羽还，附表引咎,其子传瓘及将佐屡为镠上表自诉。癸卯,敕听两浙纲吏自便。

二年春三月乙酉,复以钱镠为天下兵马都元帅、尚父、吴越国王,遣监门上将军张篯往谕旨,以向日致仕,安重诲矫制也。

三年春三月,吴越武肃王钱镠寝疾,谓将吏曰:“吾疾必不起,诸儿愚懦,谁可为帅者?”众泣曰:“两镇令公仁孝有功,孰不爱戴!”镠乃悉出印钥授传瓘曰:“将吏推尔,宜善守之。”又曰:“子孙善事中国,勿以易姓废事大之礼。”庚戌卒,年八十一。

传瓘与兄弟同幄行丧,内牙指挥使陆仁章曰:“令公嗣先王霸业,将吏旦暮趋谒,当与诸公子异处。”乃命主者更设一幄,扶传瓘居之,告将吏曰:“自今惟谒令公,禁诸公子从者无得妄入。”昼夜警卫,未尝休息。镠末年左右皆附传瓘,独仁章数以事犯之。至是传瓘劳之,仁章曰:“先王在位,仁章不知事令公,今日尽节,犹事先王也。”传瓘嘉叹久之。

传瓘既袭位,更名元瓘,兄弟名“传”者皆更为〔元〕。以遗命去国仪,用藩镇法,除民田荒绝者租税。命处州刺史曹仲达权知政事。置择能院,掌选举殿最,以浙西营田副使沈崧领之。

内牙指挥使富阳刘仁杞及陆仁章久用事,仁章性刚,仁杞好毁短人,皆为众所恶。一日,诸将共诣府门请诛之,元瓘使从子仁俊谕之曰:“二将事先王久,吾方图其功,汝曹乃欲逞私憾而杀之,可乎?吾为汝主,汝当禀吾命;不然,吾当归临安以避贤路。”众惧而退。乃以仁章为衢州刺史,仁杞为湖州刺史。中外有上书告讦者,元瓘皆置不问,由是将吏辑睦。

秋七月己丑,加镇海、镇东节度使钱元瓘守中书令。

四年秋七月丁亥,赐钱元瓘爵吴王。元瓘于兄弟甚厚,其兄中吴、建武节度使元璙自苏州入见，元瓘以家人礼事之，奉觞为寿曰："此兄之位也，而小子居之，兄之赐也。"元璙曰："先王择贤而立之，君臣位定，元璙知忠顺而已。"因相与对泣。

潞王清泰元年春正月甲午，以镇海、镇东节度使吴王元瓘为吴越王。

后晋高祖天福二年春二月，吴越王元瓘之弟顺化节度使、同平章事元珦获罪于元瓘，废为庶人。初，吴越王镠少子元球数有军功，镠赐之兵仗。及吴越王元瓘立，元球为土客马步军都指挥使、静江节度使兼中书令，恃恩骄横，增置兵仗至数千，国人多附之。元瓘忌之，使人讽元球请输兵仗，出判温州，元球不从。铜官庙吏告元球遣亲信祷神，求主吴越江山，又为蜡丸从水窦出入，与兄元珦谋议。三月戊午，元瓘遣使者召元球宴宫中，既至，左右称元球有刃坠于怀袖，即格杀之，并杀元珦。元瓘欲按诸将吏与元珦、元球交通者，其子仁俊谏曰："昔光武克王郎，曹公破袁绍，皆焚其书疏以安反侧，今宜效之。"元瓘从之。

夏四月，吴越王元瓘复建国，如同光故事。丙申，赦境内，立其子弘僔为世子。以曹仲达、沈崧、皮光业为丞相，镇海节度判官(休)〔林〕鼎掌教令。

十一月戊辰，诏加吴越王元瓘天下兵马副元帅，进封吴越国王。

四年秋八月己酉，以吴越王元瓘为天下兵马元帅。

冬十月，吴越恭穆夫人马氏卒。夫人，雄武军节度使绰之女也。初，武肃王镠禁中外畜声妓，文穆王元瓘年三十余无子，夫人为之请于镠，镠喜曰："吾家祭祀，汝实主之。"乃听元瓘纳妾鹿氏，生弘僔、弘倧；许氏，生弘佐；吴氏，生弘俶；众妾，生弘偡、弘亿、弘仪、弘偓、弘仰、弘信:夫人抚视,慈爱如一。常置银鹿于帐前,坐诸儿于上而弄之。

五年夏四月甲子,吴越孝献世子弘僔卒。

冬十月丁酉,加吴越王元瓘天下兵马都元帅、尚书令。

六年秋七月,吴越府署火,宫室、府库几尽。吴越王元瓘惊惧,发狂〔疾〕。

八月,吴越文穆王元瓘寝疾,察内都监使章德安忠厚,能断大事,欲属以后事,语之曰:"弘佐尚少,当择宗人长者立之。"德安曰:"弘佐虽少,群下伏其英敏,愿王勿以为念。"王曰:"汝善辅之,吾无忧矣。"德安,处州人也。辛亥,元瓘卒。

初,内牙指挥使戴恽为元瓘所亲任,悉以军事委之。〔元〕瓘养子弘侑乳母,恽妻之亲也,或告恽谋立弘侑。德安秘不发丧,与诸将谋,伏甲士于幕下。壬子,恽入府,执而杀之,废弘侑为庶人,复姓孙,幽之明州。是日,将吏以元瓘遗命,承制以镇海、镇东节度副大使弘佐为节度使,时年十四。九月庚申,弘佐即王位,命丞相曹仲达摄政。军中言赐与不均,举仗不受,诸将不能制。仲达亲谕之,皆释仗而拜。

弘佐温恭,好书,礼士,躬勤政务,发摘奸伏,人不能欺。民有献嘉禾者,弘佐问仓吏:"今蓄积几何?"对曰:"十年。"王曰:"然则军食足矣,可以宽吾民。"乃命复其境内税三年。

齐王开运二年冬十一月乙卯,吴越王弘佐诛内都监使杜昭达,己未,诛内牙上统军使、明州刺史阚璠。昭达,建徽之孙也,与璠皆好货。钱塘富人程昭悦以货结二人,得侍弘佐左右。昭悦为人狡佞,王悦之,宠待逾于旧将,璠不能平。昭悦知之,诣璠顿首谢罪,璠责让久之,乃曰:"吾始者决欲杀汝,今既悔过,吾亦释然。”昭悦惧，谋去璠。璠专而愎，国人恶之者众，王亦恶之。昭悦欲出璠于外，恐璠觉之，私谓右统军使胡进思曰：“今欲除公及璠各为本州，使璠不疑，可乎？”进思许之，乃以璠为明州刺史，进思为湖州刺史。璠怒曰：“出我于外，是弃我也。”进思曰：“老兵得大州，幸矣，不行何为？”璠乃受命。既而复以他故留进思。内外马步都统军使钱仁俊母，杜昭达之姑也。昭悦因谮璠、昭达谋奉仁俊作乱，下狱，锻炼成之。璠、昭达既诛，夺仁俊官，幽于东府。于是昭悦治阚、杜之党，凡权位与己侔，意所忌者，诛放百余人，国人畏之侧目。胡进思重厚寡言，昭悦以为戆，故独存之。昭悦收仁俊故吏慎温其，使证仁俊之罪，拷掠备至，温其坚守不屈。弘佐嘉之，擢为国官。温其，衢州人也。

十二月，加弘佐东南面兵马都元帅。

后汉高祖天福十二年。吴越内都监程昭悦多聚宾客，畜兵器，二月〔己卯〕，吴越王弘佐斩之，释钱仁俊之囚。

夏六月，忠献王弘佐卒，遗令以弘倧为〔镇海〕、镇东节度使。丙寅，弘倧袭位。秋七月，吴越王弘倧以其弟弘俶同参相府事。八月，制以钱弘倧为镇海镇东节度使兼中书令、吴越王。

十一月，吴越王弘倧大阅水军，赏赐倍于旧。胡进思固谏，弘倧怒，投笔水中曰：“吾之财与士卒共之，奚多少之限邪！”

吴越王弘倧性刚严，愤忠献王弘佐时容养诸将，政非己出，及袭位，诛杭、越侮法吏三人。

内牙统军使胡进思恃迎立功，干预政事，弘倧恶之，欲授以一州，进思不可。进思有所谋议，弘倧数面折之。进思还家，设忠献王位，被发恸哭。民有杀牛者，吏按之，引人所市肉近千斤。弘倧问进思：“牛大者肉几何？”对曰：“不过三百斤。”弘倧曰：

"然则吏妄也。"命按其罪,进思拜贺其明。弘倧曰:"公何能知其详?"进思踧踖对曰:"臣昔未从军,亦尝从事于此。"进思以弘倧为知其素业,故辱之,益恨怒。进思建议遣李孺赟归福州,及孺赟叛,弘倧责之,进思愈不自安。

弘倧与内牙指挥使何承训谋逐进思,又谋于内都监使水丘昭券。昭券以为进思党盛难制,不如容之,弘倧犹豫未决。承训恐事泄,反以谋告进思。

十二月庚戌晦,弘倧夜宴将吏,进思疑其图己,与其党谋作乱,帅亲兵百人,戎服执兵入见于天策堂曰:"老奴无罪,王何故图之?"弘倧叱之不退,左右持兵者皆愤怒。弘倧猝愕不暇发言,趋入义和院。进思锁其门,矫称王命,告中外,云:"猝得风疾,传位于同参相府事弘俶。"进思因帅诸将迎弘俶于私第,且召丞相元德昭。德昭至,立于帘外不拜,曰:"俟见新君。"进思亟出褰帘,德昭乃拜。

进思称弘倧之命,承制授弘俶镇海、镇东节度使兼侍中。弘俶曰:"能全吾兄,乃敢承命,不然当避贤路。"进思许之,弘俶始视事。进思杀水丘昭券及进侍鹿光铉。光铉,弘倧之舅也。进思之妻曰:"他人犹可杀,昭券君子也,奈何害之!"

乾祐元年春正月壬戌,吴越王弘俶迁故王弘倧于衣锦军私第,遣匡武都头薛温将亲兵卫之,潜戒之曰:"若有非常处分,皆非吾意,当以死拒之。"

二月,吴越内牙指挥使何承训复请诛胡进思及其党。吴越王弘俶恶其反覆,且惧召祸,乙未,执承训斩之。进思屡请杀废王弘倧以绝后患,弘俶不许。进思诈以王命,密令薛温害之。温曰:"仆受命之日不闻此言,不敢妄发。"进思乃夜遣其党方安等二人逾垣而入，弘倧阖户拒之，大呼求救。温闻之，率众而入，毙安等于庭中，入告弘俶。弘俶大惊曰："全吾兄，汝之力也。"弘俶畏忌进思，曲意下之。进思亦内忧惧，未几疽发背卒，弘倧由是获全。

八月乙未，以钱弘俶为吴越国王。

隐帝乾祐二年夏五月，吴越内牙都指挥使钭滔，胡进思之党也，或告其谋叛，辞连丞相弘亿。吴越王弘俶不欲穷治，贬滔于处州。秋七月，吴越王弘俶以丞相弘亿判明州。

冬十月壬午，加吴越王弘俶尚书令。吴越王弘俶募民能垦荒田者，勿收其税，由是境内无弃田。或请纠民遗丁以增赋，仍自掌其事，弘俶杖之国门，国人皆悦。

三年冬十月丁未，以吴越王弘俶为诸道兵马元帅。

后周太祖广顺元年夏四月，吴越王弘俶徙废王弘倧居东府，为筑宫室，治园圃娱悦之，岁时供馈甚厚。

显德元年秋七月丁丑，加吴越王钱弘俶天下兵马都元帅。

世宗显德二年十二月，吴越王弘俶遣元帅府判官陈彦禧入贡，帝以诏谕弘俶，使出兵击唐。

三年春二月，吴越王弘俶遣兵屯境上以俟周命。苏州营田指挥使陈满言于丞相吴程曰："周师南征，唐举国惊扰，常州无备，易取也。"会唐主有诏抚安江阴吏民，满告程云："周诏书已至。"程为之言于弘俶，请亟发兵从其策。丞相元德昭曰："唐大国，未可轻也。若我入唐境而周师不至，谁与并力，能无危乎？请姑俟之。"程固争，以为时不可失，弘俶卒从程议。癸未，遣程督衢州刺史鲍修让、中直都指挥使罗晟趣常州。程谓将士曰："元丞相不欲出师。"将士怒，流言欲击德昭。弘俶匿德昭于府中,令捕言者,叹曰:“方出师而士卒欲击丞相,不祥甚哉!”

癸巳,吴越王弘俶遣上直都指挥使路彦铢攻宣州,罗晟帅战舰屯江阴。唐静海制置使姚彦洪帅兵民万人奔吴越。

王氏据闽中

唐僖宗中和元年秋八月,寿州屠者王绪与妹夫刘行全聚众五百,盗据本州,月余,复陷光州,自称将军,有众万余人。蔡州节度使秦宗权表为光州刺史。固始县佐王潮及弟审邽、审知皆以材气知名,绪以潮为军正,使典资粮,阅士卒,信用之。

四年。初,黄巢转掠福建,建州人陈岩聚众数千保乡里,号“九龙军”,福建观察使郑镒奏为团练副使。泉州刺史、左厢都虞候李连有罪,亡入溪洞,合众攻福州,岩击败之。镒畏岩之逼,表岩自代,〔冬十二月〕壬寅,以岩为福建观察使。岩为治有威惠,闽人安之。

光启元年春正月,秦宗权责租赋于光州刺史王绪,绪不能给。宗权怒,发兵击之。绪惧,悉举光、寿二州兵五千人,驱吏民渡江,以刘行全为前锋,转掠江、洪、虔州,是月陷汀、漳二州,然皆不能守也。

秋八月,王绪至漳州,以道险粮少,令军中“无得以老弱自随,犯者斩”。唯王潮兄弟扶其母董氏崎岖从军,绪召潮等责之曰:“军皆有法,未有无法之军。汝违吾令而不诛,是无法也。”三子曰:“人皆有母,未有无母之人。将军奈何使人弃其母!”绪怒,命斩其母。三子曰:“潮等事母如事将军,既杀其母,安用其子?请先母死。”将士皆为之请,乃舍之。

有望气者谓绪曰："军中有王者气。"于是绪见将卒有勇略逾己及气质魁岸〔者〕皆杀之。刘行全亦死，众皆自危，曰："行全亲也，且军锋之冠，犹不免，况吾属乎！"行至南安，王潮说其前锋将曰："吾属违坟墓，捐妻子，羁旅外乡，为群盗，岂所欲哉，乃为绪所迫胁故也。今绪猜刻不仁，妄杀无辜，军中孑孑者受诛且尽。子须眉若神，骑射绝伦，又为前锋，吾窃为子危之。"前锋将执潮手泣，问计安出？潮为之谋，伏壮士数十人于篁竹中，伺绪至，挺剑大呼跃出，就马上擒之，反缚以徇，军中皆呼万岁。潮推前锋将为主，前锋将曰："吾属今日不为鱼肉，皆王君力也。天以王君为主，谁敢先之！"相推让数四，卒奉潮为将军。绪叹曰："此子在吾网中不能杀，岂非天哉！"

潮引兵将还光州，约其属，所过秋豪无犯。行及沙县，泉州人张延鲁等以刺史廖彦若贪暴，帅耆老奉牛酒遮道，请潮留为州将，潮乃引兵围泉州。

二年秋八月，王潮拔泉州，杀廖彦若。潮闻福建观察使陈岩威名，不敢犯福州境，遣使降之，岩表潮为泉州刺史。潮沉勇有智略，既得泉州，招怀离散，均赋缮兵，吏民悦服。幽王绪于别馆，绪惭，自杀。

昭宗大顺二年。福建观察使陈岩疾病，遣使以书召泉州刺史王潮，欲授以军政，未至而岩卒。岩妻弟都将范晖讽将士推己为留后，发兵拒潮。

景福元年。范晖骄侈失众心，王潮以从弟彦复为都统，弟审知为都监，将兵攻福州。民自请输米饷军，平湖洞及滨海蛮夷皆以兵船助之。

二年。王彦复、王审知攻福州，久不下。范晖求救于威胜节度董昌，昌与陈岩婚姻，发温、台、婺州兵五千救之。彦复、审知以城坚，援兵且至，士卒死伤多，白王潮，欲罢兵更图后举，潮不许。请潮自临行营，潮报曰："兵尽添兵，将尽添将，兵将俱尽，吾当自来。"彦复、审知惧，亲犯矢石急攻之。五月，城中食尽，晖知不能守，夜以印授监军，弃城走，援兵亦还。庚子，彦复等入城。辛丑，晖亡抵沿海都，为将士所杀。潮入福州，自称留后，素服葬陈岩，以女妻其子延晦，厚抚其家。汀、建二州降，岭、海间群盗二十余辈皆降溃。

冬十月戊戌，以泉州刺史王潮为福建观察使。

乾宁三年秋九月庚辰，升福州为威武军，以观察使王潮为节度使。

四年。（冬十一月）威武节度使王潮弟审知为观察副使，有过，潮犹加捶挞，审知无怨色。潮寝疾，舍其子延兴、延虹、延丰、延休，命审知知军府事。十二月丁未，潮薨，审知以让其兄泉州刺史审邽，审邽以审知有功，辞不受。审知自称福建留后，表于朝廷。

光化元年春三月己丑，以王审知充威武留后。冬十月癸卯，以威武留后王审知为节度使。

三年春二月壬申，加威武节度使王审知同平章事。

后梁太祖开平元年夏五月己卯，以王审知兼侍中。

三年夏四月庚子，以王审知为闽王。

均王贞明六年。初，闽王审知承制加其从子泉州刺史延彬领平卢节度使。延彬治泉州十七年，吏民安之。会得白鹿及紫芝，僧浩源以为王者之符，延彬由是骄纵，密遣使浮海入贡，求为泉州节度使。事觉，审知诛浩源及其党，黜延彬归私第。

后唐庄宗同光三年夏五月，闽王审知寝疾，命其子节度副使延翰权知军府事。冬十二月辛未，闽忠懿王审知卒，子延翰自称威武留后。汀州民陈本聚众三万围汀州，延翰遣右军都监柳邕等将兵二万讨之。

明宗天成元年春正月，闽人破陈本，斩之。

三月辛酉，以威武节度副使王延翰为威武节度使。夏五月甲戌，加王延翰同平章事。

冬十月，(昭)〔威〕武节度使、同平章事王延翰骄淫残暴，己丑，自称大闽国王，立宫殿，置百官，威仪、文物皆仿天子之制，群下称之曰殿下。赦境内，追尊其父审知曰昭武王。

闽王延翰蔑弃兄弟，袭位才逾月，出其弟延钧为泉州刺史。延翰多取民女以充后庭，采择不已。延钧上书极谏，延翰怒，由是有隙。父审知养子延禀为建州刺史，延翰与书，使之采择，延禀复书不逊，亦有隙。十二月，延禀、延钧合兵袭福州。延禀顺流先至，福州指挥使陈陶帅众拒之，兵败，陶自杀。是夜，延禀帅壮士百余人趣西门，梯城而入，执守门者，发库取兵仗。及寝门，延翰惊匿别室。辛卯旦，延禀执之，暴其罪恶，且称延翰与妻崔氏共弑先王，告谕吏民，斩于紫宸门外。是日，延钧至城南，延禀开门纳之，推延钧为威武留后。

二年春正月戊辰，王延禀还建州，王延钧送之，将别，谓延钧曰："善守先人基业，勿烦老兄再下。"延钧逊谢甚恭而色变。

夏五月癸丑，以威武留后王延钧为本道节度使、守中书令、琅邪王。

三年秋七月戊辰，以威武节度使王延钧为闽王。

冬十二月，闽王延钧度民二万为僧，由是闽中多僧。

四年冬十二月，奉国节度使、知建州王延禀称疾，退居里第，请以建州授其子继雄。庚子，诏以继雄为建州刺史。

长兴二年夏四月，闽奉国节度使兼中书令王延禀闻闽王延钧有疾，以次子继升知建州留后，帅建州刺史继雄将水军袭福州。癸卯，延禀攻西门，继雄攻东门，延钧遣楼船指挥使王仁达将水军拒之。仁达伏甲舟中，伪立白帜请降，继雄喜，屏左右，登仁达舟慰抚之。仁达斩继雄，枭首于西门。延禀方纵火攻城，见之恸哭，仁达因纵兵击之，众溃，左右以斛舁延禀而走，甲辰，追擒之。延钧见之曰“果烦老兄再下”，延禀惭不能对。延钧囚于别室，遣使者如建州招抚其党。其党杀使者，奉继升及弟继伦奔吴越。仁达，延钧从子也。

五月，闽王延钧斩王延禀于市，复其姓名曰周彦琛。遣其弟都教练使延政如建州抚慰吏民。

六月，闽王延钧好神仙之术，道士陈守元、巫者徐彦林与盛韬共诱之作宝皇宫，极土木之盛，以守元为宫主。

冬十二月，闽陈守元等称宝皇之命，谓闽王延钧曰：“苟能避位受道，当为天子六十年。”延钧信之，丙子，命其子节度副使继鹏权军府事。延钧避位受箓，道名玄锡。

三年春三月甲辰，闽王延钧复位。

夏六月，闽王延钧谓陈守元曰：“为我问宝皇，既为六十年天子，后当何如?”明日，守元入白：“昨夕奏章，得宝皇旨，当为大罗仙主。”徐彦等亦曰：“北庙崇顺王尝见宝皇，其言与守元同。”延钧益自负，始谋称帝。表朝廷，云：“钱镠卒，请以臣为吴越王。马殷卒，请以臣为尚书令。”朝廷不报，自是职贡遂绝。

四年春正月，闽人有言真封宅龙见者，闽王延钧更命其宅曰龙跃宫。遂诣宝皇宫受册，备仪卫，入府，即皇帝位，国号大闽，大赦，改元龙启，更名璘。追尊父、祖，立五庙。以其僚属李敏为左仆射、门下侍郎，其子节度副使继鹏为右仆射、中书侍郎，并同平章事；以亲吏吴勖为枢密使。唐册礼使裴杰、程侃适至海门，闽主以杰为如京使，侃固求北还，不许。闽主自以国小地僻，常谨事四邻，由是境内差安。

夏四月，闽主璘立子继鹏为福王，充宝皇宫使。五月，闽地震，闽主璘避位修道，命福王继鹏权总万机。初，闽王审知性节俭，府舍皆庳陋。至是大作宫殿，极土木之盛。

秋七月戊子，闽主璘复位。初，福建中军使薛文杰性巧佞，璘喜奢侈，文杰以聚敛求媚，璘以为国计使，亲任之。文杰阴求富民之罪，籍没其财，被榜捶者胸背分受，仍以铜斗火熨之。建州土豪吴光入朝，文杰利其财，求其罪，将治之。光怨怒，帅其众且万人叛奔吴。

九月，闽内枢密使薛文杰说闽主抑挫诸宗室。从子继图不胜忿，谋反，坐诛，连坐者千余人。

闽主好鬼神，巫盛韬等皆有宠。薛文杰言于闽主曰："陛下左右多奸臣，非质诸鬼神，不能知也。盛韬善视鬼，宜使察之。"闽主从之。文杰恶枢密吴勖，勖有疾，文杰省之，曰："主上以公久疾，欲罢公近密，仆言公但小苦头痛耳，将愈矣。主上或遣使来问，慎勿以他疾对也。"勖许诺。明日，文杰使韬言于闽主曰："适见北庙崇顺王讯吴勖谋反，以铜钉钉其脑，金椎击之。"闽主以告文杰，文杰曰："未可信也，宜遣使问之。"果以头痛对，即收下狱，遣文杰及狱吏杂治之，勖自诬服，并其妻子诛之。由是国人益怒。

吴光请兵于吴,吴信州刺史蒋延徽不俟朝命,引兵会光攻建州。闽主遣使求救于吴越。

十一月,闽主尊鲁〔国〕夫人黄氏为皇太后。

十二月,闽主改福州为长乐府。亲从都指挥使王仁达有擒王延禀之功,性慷慨,言事无所避,闽主恶之。尝私谓左右曰:"仁达智有余,吾犹能御之,非少主臣也。"至是,竟诬〔以〕叛,族诛之。

潞王清泰元年春正月,吴蒋延徽败闽兵于浦城,遂围建州。闽主璘遣上军使张彦柔、骠骑大将军王延宗将兵万人救建州。延宗军及中涂,士卒不进,曰:"不得薛文杰,不能讨贼。"延宗驰使以闻,国人震恐。太后及福王继鹏泣谓璘曰:"文杰盗弄国权,枉害无辜,上下怨怒久矣。今吴兵深入,士卒不进,社稷一旦倾覆,留文杰何益?"文杰亦在侧,互陈利害。璘曰:"吾无如卿何,卿自为谋。"文杰出,继鹏伺之于启圣门外,以笏击之仆地,槛车送军前,市人争持瓦砾击之。文杰善术数,自云过三日则无患。部送者闻之,倍道兼行,二日而至。士卒见之踊跃,脔食之。闽主亟遣赦之,不及。初,文杰以古制槛车疏阔,更为之,形如木匮,攒以铁铓,内向,动辄触之。车成,文杰首自入焉。并诛盛韬。

蒋延徽攻建州垂克,徐知诰以延徽吴太祖之婿,与临川王蒙素善,恐其克建州奉蒙以图兴复,遣使召之。延徽亦闻闽兵及吴越兵将至,引兵归。闽人追击,败之,士卒死亡甚众,归罪于都虞候张重进,斩之。知诰贬延徽为右威卫将军,遣使求好于闽。

二年春正月,闽主立淑妃陈氏为皇后。初,闽主两娶刘氏,皆士族,美而无宠。陈后,本闽太祖侍婢金凤也,陋而淫,闽主嬖之，以其族人守恩、匡胜为殿使。

夏六月，闽福王继鹏私于宫人李春燕，继鹏请之于陈后，后白闽主而赐之。

初，闽主有幸臣曰归守明，出入卧内。闽主晚年得风疾，陈后与守明及百工院使李可殷私通，国人皆恶之，莫敢言。可殷尝谮皇城使李仿于闽主，后族陈匡胜无礼于福王继鹏，仿及继鹏皆恨之。闽主疾甚，继鹏有喜色。仿以闽主为必不起，冬十月己卯，使壮士数人持白挺击李可殷，杀之，中外震惊。庚辰，闽主疾少间，陈后诉之。闽主力疾视朝，诘可殷死状，仿惧而出，俄顷，引部兵鼓噪入宫。闽主闻变，匿于九龙帐下，乱兵刺之而出。闽主宛转未绝，宫人不忍其苦，为绝之。仿与继鹏杀陈后、陈守恩、陈匡胜、归守明及继鹏弟继韬，继韬素与继鹏相恶故也。辛巳，继鹏称皇太后令监国，是日，即皇帝位，更名昶。谥其父曰齐肃明孝皇帝，庙号惠宗。既而自称权知福建节度事，遣使奉表于唐。大赦境内。立李春燕为贤妃。

初，闽惠宗娶汉主女清远公主，使宦者闽清林延遇置邸于番禺，专掌国信。汉主赐以大第，禀赐甚厚，数问以闽事。延遇不对，退谓人曰："去闽语闽，去越语越，处人宫禁，可如是乎！"汉主闻而贤之，以为内常侍，使钩校诸司事。延遇闻惠宗遇弑，求归，不许，素服向其国三日哭。

闽皇城使、判六军诸卫李仿专制朝政，阴养死士，闽主昶与拱宸指挥使林延皓等图之。延皓等诈亲附仿，仿待之不疑。十一月壬子，仿入朝，延皓等伏卫士数百于内殿，执斩之，枭首朝门。仿部兵千余持白挺攻应天门，不克，焚启圣门，夺仿首奔吴越。诏暴仿弑君及杀继韬等罪，告谕中外。以建王继严权判六军诸卫，以六军判官永泰叶翘为内宣徽使参政事。

翘博学质直，闽惠宗擢为福王友，昶以师傅礼待之，多所裨益，宫中谓之“国翁”。昶既嗣位，骄纵，不与翘议国事。一旦，昶方视事，翘衣道士服过庭中趋出，昶召还，拜之，曰：“军国事殷，久不接对，孤之过也。”翘顿首曰：“老臣辅导无状，致陛下即位以来，无一善可称。愿乞骸骨。”昶曰：“先帝以孤属公，政令不善，公当极言，奈何弃孤去？”厚赐金帛，慰谕令复位。昶元妃梁国夫人李氏，同平章事敏之女，昶嬖李春燕，待夫人甚薄。翘谏曰：“夫人先帝之甥，聘之以礼，奈何以新爱而弃之！”昶不从，由是疏之。未几复上书言事，昶批其纸尾曰“一叶随风落御沟”，遂放归永泰，以寿终。

十二月，闽主赐洞真先生陈守元号“天师”，信重之，乃至更易将相、刑罚、选举皆与之议。守元受赂请托，言无不从，其门如市。

后晋高祖天福元年春三月，闽主昶改元通文，立贤妃李氏为皇后，尊皇太后曰太皇太后。

二年夏四月，闽主作紫微宫，饰以水晶，土木之盛，倍于宝皇宫。又遣使散诣诸州，伺人隐慝。

夏六月，方士言于闽主，云有白龙夜见螺峰，闽主作白龙寺。时百役繁兴，用度不足，闽主谓吏部侍郎判三司候官蔡守蒙曰：“闻有司除官皆受赂，有诸？”对曰：“浮言无足信也。”闽主曰：“朕知之久矣。今以委卿，择贤而授，不肖及罔冒者勿拒，第令纳赂，籍而献之。”守蒙素廉，以为不可。闽主怒，守蒙惧而从之，自是除官但以货多寡为差。闽主又以空名堂牒使医工陈究卖官于外，专务聚敛，无有盈厌。又诏民有隐年者杖背，隐口者死，逃亡者族。果、菜、鸡、豚，皆重征之。

冬十月，闽主命其弟威武节度使继恭上表告嗣位于晋，且请置邸于都下。

三年冬十一月丙午，以闽主昶为闽国王，以左散骑常侍卢损为册礼使，赐昶赭袍。戊申，以威武节度使王继恭为临海郡王。闽主闻之，遣进奏官林恩白执政，以既袭帝号，辞册命及使者。闽谏议大夫黄讽以闽主淫暴，与妻子辞诀入谏。闽主欲杖之，讽曰："臣若迷国不忠，死亦无怨，直谏被杖，臣不受也。"闽主怒，黜为民。

四年春二月，卢损至福州，闽主称疾不见，命弟继恭主之。遣其礼部员外郎郑元弼奉继恭表，随损入贡。闽主不礼于损，有士人林省邹私谓损曰："吾主不事其君，不爱其亲，不恤其民，不敬其神，不睦其邻，不礼其宾，其能久乎？余将僧服而北逃，会当相见上国耳。"

闽主忌其叔父前建州刺史延武、户部尚书延望才名，巫者林兴与延武有怨，托鬼神语，云："延武、延望将为变。"闽主不复诘，使兴帅壮士就第杀之，并其五子。

闽主用陈守元言，作三清殿于禁中，以黄金数千斤铸宝皇大帝、天尊、老君像，昼夜作乐，焚香祷祀，求神丹。政无大小，皆林兴传宝皇命决之。

闽判六军诸卫建王继严得士心，闽主忌之，六月，罢其兵柄，更名继裕。以弟继镛判六军，去"诸卫"字。

林兴诈觉，流泉州。望气者言宫中有灾，乙未，闽主徙居长春宫。

初，闽惠宗以太祖元从为拱宸、控鹤都，及康宗立，更募壮士二千人为腹心，号“宸卫都”，禄赐皆厚于二都。或言二都怨望，将作乱，闽主欲分隶漳、泉二州，二都益怒。闽主〔好〕为长夜之饮，强群臣酒，醉则令左右伺其过失。从弟继隆醉失礼，斩之。屡以猜怒诛宗室，叔父左仆射、同平章事延羲阳为狂愚以避祸，闽主赐以道士服，置武夷山中，寻复召还，幽于私第。

闽主数侮拱宸、控鹤军使永泰朱文进、光山连重遇，二人怨之。会北宫火，求贼不获，闽主命重遇将内外营兵扫除余烬，日役万人，士卒甚苦之。又疑重遇知纵火之谋，欲诛之；内学士陈郯私告重遇。辛巳夜，重遇入直，帅二都兵焚长春宫以攻闽主，使人迎延羲于瓦砾中，呼万岁，复召外营兵共攻闽主。独宸卫都拒战，闽主乃与李后如宸卫都。比明，乱兵焚宸卫都，宸卫都战败，余众千余人，奉闽主及李后出北关，至梧桐岭，众稍逃散。延羲使兄子前汀州刺史继业将兵追之，及于村舍。闽主素善射，引弓杀数人。俄而追兵云集，闽主知不免，投弓谓继业曰：“卿臣节安在？”继业曰：“君无君德，臣安得有臣节！新君叔父也，旧君昆弟也，孰亲孰疏？”闽主不复言。继业与之俱还，至陀庄，饮以酒，醉而缢之，并李后及诸子王继恭皆死。宸卫余众奔吴越。

延羲自称威武节度使、闽国王，更名曦，改元永隆，赦系囚，颁赉中外。以宸卫弑闽主赴于邻国，谥闽主曰“圣神英睿文明广武应道大弘孝皇帝”，庙号康宗。遣商人间道奉表称藩于晋，然其在国置百官皆如天子之制，以太子太傅致仕李真为司空兼中书侍郎、同平章事。

连重遇之攻康宗也，陈守元在宫中，易服色将逃，兵人杀之。重遇执蔡守蒙，数以卖官之罪而斩之。闽王曦既立，遣使诛林兴于泉州。

冬十月庚戌，闽主康宗所遣使者郑元弼至大梁。康宗遗执政书曰："闽国一从兴运，久历年华，见北辰之帝座频移，致东海之风帆多阻。"又求用敌国礼致书往来。帝怒其不逊，壬子，诏却其贡物及福建诸州纲运，并令元弼及进奏官林恩部送速归。兵部员外郎李知损上言："王昶僭慢，宜执留使者，籍没其货。"乃下元弼、恩狱。

十二月，闽王作新宫，徙居之。

五年春正月，帝引见闽使郑元弼等。元弼曰："王昶蛮夷之君，不知礼义，陛下得其善言不足喜，恶言不足怒。臣将命无状，愿伏鈇锧以赎昶罪。"帝怜之，辛未，诏释元弼等。

闽王曦既立，骄淫苛虐，猜忌宗族，多寻旧怨。其弟建州刺史延政数以书谏之，曦怒，复书骂之。遣亲吏业翘监建州军，教练使杜汉崇监南镇军，二人争捃延政阴事告于曦，由是兄弟积相猜恨。一日，翘与延政议事不叶，翘诃之曰："公反邪！"延政怒，欲斩翘，翘奔南镇。延政发兵就攻之，败其戍兵，翘、汉崇奔福州西鄙，戍兵皆溃。

二月，曦遣统军使潘师逵、吴行真将兵四万击延政。师逵军于建州城西，行真军于城南，皆阻水置营，焚城外庐舍。延政求救于吴越，壬戌，吴越王元瓘遣宁国节度使、同平章事仰仁诠、内都监使薛万忠将兵四万救之。丞相林鼎谏，不听。三月戊辰，师逵分兵三千，遣都军使蔡弘裔将之出战，延政遣其将林汉彻等败之于茶山，斩首千余级。

丁丑，王延政募敢死士千余人，夜涉水，潜入潘师逵垒，因风纵火，城上鼓噪以应之，战棹都头建安陈诲杀师逵，其众皆溃。戊寅，引兵欲攻吴行真寨，建人未涉水，行真及将士弃营走，死者万人。延政乘胜取永平、顺昌二城。自是建州之兵始盛。

夏四月，吴越仰仁诠等兵至建州，王延政以福州兵已败去，奉牛酒犒之，请班师。仁诠等不从，营于城之西北。延政惧，复遣使乞师于闽王，闽王以泉州刺史王继业为行营都统，将兵二万救之。且移书责吴越，遣轻兵绝吴越粮道。会久雨，吴越军食尽，五月，延政遣兵出击，大破之，俘斩以万计。癸未，仁诠等夜遁。

唐主遣客省使尚全恭如闽，和闽王曦及王延政。六月，延政遣牙将及女奴持誓书及香炉至福州，与曦盟于宣陵，然兄弟相猜恨犹如故。

闽王曦因商人奉表自理，十一月甲申，以曦为威武节度使兼中书令，封闽国王。

六年春正月，王延政城建州，周二十里，请于闽王曦，欲以建州为威武军，自为节度使。曦以威武军福州也，乃以建州为镇安军，以延政为节度使，封富沙王。延政改镇安曰镇武而称之。

夏四月，闽王曦以其子亚澄同平章事、判六军诸卫。曦疑其弟汀州刺史延喜与延政通谋，遣将军许仁钦以兵三千如汀州，执延喜以归。

夏六月，闽王曦闻王延政以书招泉州刺史王继业，〔召继业〕还，赐死于郊外，杀其子于泉州。初，继业为汀州刺史，司徒兼门下侍郎、同平章事杨沂丰为士曹参军，与之亲善。或告沂丰与继业通谋，沂丰(以)〔方〕侍宴，即收下狱，明日斩之，夷其族。沂丰，涉之从弟也，时年八十余，国人哀之。自是宗族、勋旧相继被诛，人不自保。谏议大夫黄峻舁榇诣朝堂极谏，曦曰："老物狂发矣。"贬漳州司户。

曦淫侈无度，资用不给，谋于国计使南安陈匡范，匡范请日进万金。曦悦，加匡范礼部侍郎，匡范增算商贾数倍。曦宴群臣，举酒属匡范曰："明珠美玉，求之可得，如匡范人中之宝，不可得也。"未几，商贾之算不能足日进，贷诸省务钱以足之，恐事觉，忧悸而卒，曦祭赠甚厚。诸省务以匡范贷帖闻，曦大怒，斫棺，断其尸弃水中。以连江人黄绍颇代为国计使。绍颇请："令欲仕者，自非荫补，皆听输钱即授之，以资望高下及州县户口多寡定其直，自百缗至千缗。"从之。

秋七月，闽主曦自称大闽皇，领威武节度使，与王延政治兵相攻，互有胜负。福、建之间，暴骨如莽。镇武节度判官晋江潘承祐屡请息兵修好，延政不从。闽主使者至，延政大陈甲卒以示之，对使者语甚悖慢。承祐长跪切谏，延政怒，顾左右曰："判官之肉可食乎？"承祐不顾，声色愈厉。

闽主曦恶泉州刺史王继严得众心，罢归，酖杀之。

九月，闽主曦以其子琅邪王亚澄为威武节度使兼中书令，改号长乐王。

冬十月，闽主曦即皇帝位，王延政自称兵马元帅。闽同平章事李敏卒。

七年春正月，闽主曦立皇后李氏，同平章事真之女也，嗜酒刚愎，曦宠而惮之。

三月，闽主曦立长乐王亚澄为闽王。

夏六月，闽富沙王延政围汀州。闽主曦发漳、泉兵五千救之。又遣其将林守亮入尤溪，大明宫使黄敬忠屯尤口，欲乘虚袭建州，国计使黄绍颇将步卒八千，为二军声援。秋七月，闽富沙王延政攻汀州，四十二战，不克而归。其将包洪实、陈望将水军以御福州之师。丁酉，遇于尤口。黄敬忠将战，占者言时刻未利，按兵不动。洪实等引兵登岸，水陆夹攻之，杀敬忠，俘斩二千级，林守亮、黄绍颇皆遁归。

八月，闽主曦遣使以手诏及金器九百、钱万缗、将吏敕告六百四十通，求和于富沙王延政，延政不受。

丙寅，闽主曦宴群臣于九龙殿。从子继柔不能饮，强之。继柔私减其酒，曦怒，并客将斩之。

闽主曦以同平章事候官余廷英为泉州刺史。廷英贪秽，掠人女子，诈称受诏采择以备后宫。事觉，曦遣御史按之。廷英惧，诣福州自归，曦诘责，将以属吏。廷英退，献买宴钱万缗。曦悦，明日召见，谓曰："宴已买矣，皇后贡物安在？"廷英复献钱于李后，乃遣归泉州。自是诸州皆别贡皇后物。未几，复召廷英为相。

闽盐铁使、右仆射李仁遇，敏之子，闽主曦之甥也，年少，美姿容，得幸于曦。十二月，以仁遇为左仆射兼中书侍郎，翰林学士、吏部侍郎李光准为中书侍郎兼户部尚书，并同平章事。

曦荒淫无度，尝夜宴，光准醉忤旨，命执送都市斩之。吏不敢杀，系狱中。明日，视朝，召复其位。是夕，又宴，收翰林学士周维岳下狱。吏拂榻待之，曰："相公昨夜宿此，尚书勿忧。"醒而释之。他日，又宴，侍臣皆以醉去，独维岳在。曦曰："维岳身甚小，何饮酒之多？"左右或曰："酒有别肠，不必长大。"曦欣然，命捽维岳下殿，欲剖视其酒肠。或曰："杀维岳，无人复能侍陛下剧饮者。"乃舍之。

齐王天福八年春二月，闽富沙王延政称帝于建州，国号大殷，大赦，改元天德。以将乐县为镛州，延平镇为镡州。立皇后张氏。以节度判官潘承祐为吏部尚书，节度巡官建阳杨思恭为兵部尚书。未几，以承祐同平章事，思恭迁仆射、录军国事。延政服赭袍视事，然牙参及接邻国使者，犹如藩镇礼。殷国小民贫，军旅不息。杨思恭以善聚敛得幸，增田亩山泽之税，至于鱼、盐、蔬、果无不倍征，国人谓之“杨剥皮”。

三月，闽主曦纳金吾使尚保殷之女，立为贤妃。妃有殊色，曦嬖之。醉中，妃所欲杀则杀之，所欲宥则宥之。

殷将陈望等攻闽福州，入其西郛，既而败归。

夏五月，殷吏部尚书、同平章事潘承祐上书陈十事，大指言：“兄弟相攻，逆伤天理，一也。赋敛烦重，力役无节，二也。发民为兵，羁旅愁怨，三也。杨思恭夺人衣食，使归怨于上，群臣莫敢言，四也。疆土狭隘，多置州县，增吏困民，五也。除道裹粮，将攻临汀，曾不忧金陵、钱塘乘虚相袭，六也。括高赀户，财多者补官，逋负者被刑，七也。延平诸津，征〔果〕、菜、鱼、米，获利至微，敛怨甚大，八也。与唐、吴越为邻，即位以来，未尝通使，九也。宫室台榭，崇饰无度，十也。”殷王延政大怒，削承祐官爵，勒归私第。

初，闽主曦侍康宗宴，会新罗献宝剑，康宗举以示同平章事王倓曰：“此何所施？”倓对曰：“斩为臣不忠者。”时曦已蓄异志，凛然变色。至是，宴群臣，复有献剑者，曦命发倓冢，斩其尸。校书郎陈光逸谓其友曰：“主上失德，亡无日矣，吾欲死谏。”其友止之，不从，上书陈曦大恶五十事。曦怒，命卫士鞭之数百，不死，以绳系其颈，悬诸庭树，久之乃绝。

闽主曦嫁其女，取班簿阅视之，朝士有不贺者十二人，皆杖之于朝堂。以御史中丞刘赞不举劾，亦将杖之，赞义不受辱，欲自杀。谏议大夫郑元弼谏曰："古者刑不上大夫。中丞仪刑百僚，岂宜加之棰楚！"曦正色曰："卿欲效魏征邪？"元弼曰："臣以陛下为唐太宗，故敢效魏征。"曦怒稍解，乃释赞，赞竟以忧卒。

开运元年春正月，唐主遣使遗闽主曦及殷主延政书，责以兄弟寻戈。曦复书，引周公诛管、蔡，唐太宗诛建成、元吉〔为比〕。延政复书，斥唐主夺杨氏国。唐主怒，遂与殷绝。

闽拱宸都指挥使朱文进、閤门使连重遇既弑康宗，常惧国人之讨，相与结婚以自固。闽主曦果于诛杀，尝游西园，因醉杀控鹤指挥使魏从朗。从朗，朱、连之党也。又尝酒酣，诵白居易诗"惟有人心相对间，咫尺之情不能料"，因举酒属二人。二人起，流涕再拜，曰："臣子事君父，安有他志。"曦不应，二人大惧。

李后妒尚贤妃之宠，欲杀曦而立其子亚澄，使人告二人曰："主上殊不平于二公，奈何？"会后父李真有疾，乙酉，曦如真第问疾。文进、重遇使拱宸马步使钱达弑曦于马上，召百官集朝堂，告之曰："太祖昭武皇帝光启闽国，今子孙淫虐，荒坠厥绪。天厌王氏，宜更择有德者立之。"众莫敢言，重遇乃推文进升殿，被衮冕，帅群臣北面再拜称臣。文进自称闽主，悉收王氏宗族延喜以下少长五十余人，皆杀之。葬闽主曦，谥曰睿文广武明圣元德隆道大孝皇帝，庙号景宗。以重遇总六军。礼部尚书、判三司郑元弼抗辞不屈，黜归田里，将奔建州，文进杀之。文进下令，出宫人，罢营造，以反曦之政。

殷主延政统军使吴成义将兵讨文进，不克。

文进加枢密使鲍思润同平章事，以羽林统军使黄绍颇为泉州刺史，左军使程文纬为漳州刺史。汀州刺史同安许文稹举郡降之。

夏四月,朱文进遣使如唐,唐主囚其使,将伐之,会天暑疾疫而止。

秋八月,朱文进自称威武留后、权知闽国事,遣使奉表称藩于晋。癸丑,以文进为威武节度使,知闽国事。

冬十月,殷主延政遣其将陈敬佺以兵三千屯尤溪及古田,卢进以兵二千屯长溪。

泉州散员指挥使(姚)〔桃〕林留从效谓同列王忠顺、董思安、张汉思曰:"朱文进屠灭王氏,遣腹心分据诸州。吾属世受王氏恩,而交臂事贼,一旦富沙王克福州,吾属死有余愧。"众以为然。十一月,从效等各引军中所善壮士,夜饮于从效之家,从效绐之曰:"富沙王已平福州,密旨令吾属讨黄绍颇。吾观诸君状貌,皆非久处贫贱者。从吾言,富贵可图;不然,祸且至矣。"众皆踊跃,操白挺,逾垣而入,执绍颇,斩之。从效持州印诣王继勋第,请主军府。从效自称平贼统军使,函绍颇首,遣副兵马使临淮陈洪进赍诣建州。

洪进至尤溪,福州戍兵数千遮道。洪进绐之曰:"义师已诛朱福州,吾倍道逆嗣君于建州,尔辈尚守此何为乎?"以绍颇首示之,众遂溃,大将数人从洪进诣建州。延政以继勋为侍中、泉州刺史,从效、忠顺、思安、洪进皆为都指挥使。漳州将程谟闻之,(亡)〔立〕杀刺史程文纬,立王继成权州事。继勋、继成,皆延政从子也,朱文进之灭王氏,二人以疏远获全。

汀州刺史许文稹,奉表请降于殷。

十二月癸丑,加朱文进同平章事,封闽国王。

朱文进闻黄绍颇死,大惧,以重赏募兵二万,遣统军使林守谅、内客省使李廷锷将之攻泉州,钲鼓相闻五百里。殷主延政遣大将军杜进将兵二万救泉州，留从效开门与福州兵战，大破之，斩守谅，执廷锷。延政遣统军使吴成义帅战舰千艘攻福州，朱文进遣子弟为质于吴越以求救。

初，唐翰林待诏臧循与枢密副使查文徽同乡里，循常为贾人，习福建山川，为文徽画取建州之策。文徽表请用兵击王延政，国人多以为不可。唐主以文徽为江西安抚使，循行境上，觇其可否。文徽至信州，奏言攻之必克。唐主以洪州营屯都虞候边镐为行营招讨诸军都虞候，将兵从文徽伐殷。文徽自建阳进屯盖竹，闻泉、漳、汀三州皆降于殷。殷将张汉真自镛州将兵八千将至，文徽惧，退保建阳。臧循屯邵武，邵武民导殷兵袭破循军，执循送建州，斩之。

闰月，殷吴成义闻有唐兵，诈使人告福州吏民曰："唐助我讨贼臣，大兵今至矣。"福人益惧。乙未，朱文进遣同平章事李光准等奉国宝于殷。

丁酉，福州南廊承旨林仁翰谓其徒曰："吾曹世事王氏，今受制贼臣，富沙王至，何面见之？"帅其徒三十人被甲趣连重遇第，重遇方严兵自卫，三十人者望之，稍稍遁去。仁翰执槊直前刺重遇，杀之，斩其首以示众曰："富沙王且至，汝辈族矣！今重遇已死，何不亟取文进以赎罪？"众踊跃从之，遂斩文进，迎吴成义入城，函二首送建州。

二年春正月，闽之故臣共迎殷主延政，请归福州，改国号曰闽。延政以方有唐兵，未暇徙都，以从子门下侍郎、同平章事继昌都督南都内外诸军事，镇福州；以飞捷指挥使黄仁讽为镇遏使，将兵卫之。

林仁翰至福州，闽主赏之甚薄，仁翰未尝自言其功。

发南都侍卫及两军甲士万五千人诣建州以拒唐。

二月，唐查文徽表求益兵，唐主以天威都虞候何敬洙为建州行营招讨马步都指挥使，将军祖全恩为应援使，姚凤为都监，将兵数千会攻建州，自崇安进屯赤岭。闽主延政遣仆射杨思恭、统军使陈望将兵万人拒之，列栅水南，旬余不战，唐人不敢逼。思恭以延政之命督望战，望曰："江、淮兵精，其将习武事。国之安危，系此一举，不可不万全而后动。"思恭怒曰："唐兵深侵，陛下寝不交睫，委之将军。今唐兵不出数千，将军拥众万余，不乘其未定而击之，有如唐兵惧而自退，将军何面目见陛下乎？"望不得已，引兵涉水与唐战，全恩等以大军当其前，使奇兵出其后，大破之。望死，思恭仅以身免。延政大惧，婴城自守，召董思安、王忠顺使将泉州兵五千诣建州，分守要害。

初，光州人李仁达仕闽为元从指挥使，十五年不迁职。闽主曦之世，叛奔建州，闽主延政以为将。及朱文进弑曦，复叛奔福州，陈取建州之策。文进恶其反覆，黜居福清。浦城人陈继珣亦叛闽主延政奔福州，为曦画策取建州，曦以为著作郎。及延政得福州，二人皆不自安。

王继昌暗弱嗜酒，不恤将士，将士多怨。仁达潜入福州，与继珣说黄仁讽曰："今唐兵乘胜，建州孤危。富沙王不能保建州，安能保福州。昔王潮兄弟，光山布衣耳，取福建如反掌。况吾辈乘此机会，自图富贵，何患不如彼乎？"仁讽然之。是夕，仁达等引甲士突入府舍，杀继昌及吴成义。

仁达欲自立，恐众心未服，以雪峰寺僧卓岩明素为众所重，乃言："此僧目重瞳子，手垂过膝，真天子也。"相与迎之。三月己亥，立以为帝，解去衲衣，被以衮冕，帅将吏北面拜之。然犹称天福十年,遣使奉表称藩于晋。

延政闻之,族黄仁讽家,命统军使张汉真将水军五千,会漳、泉兵讨岩明。

夏四月,闽张汉真至福州,攻其东关。黄仁讽闻其家夷灭,开门力战,大破闽兵,执汉真,入城,斩之。

卓岩明无他方略,但于殿上噀水散豆,作诸法事而已。又遣使迎其父于莆田,尊为太上皇。

李仁达既立岩明,自判六军诸卫事,使黄仁讽屯西门,陈继珣屯北门。仁讽从容谓继珣曰:“人之所以为人,以有忠信仁义也。吾顷尝有功于富沙,中间叛之,非忠也。人以从子托我,而与人杀之,非信也。属者与建兵战,所杀皆乡曲故人,非仁也。弃妻子,使人鱼肉之,非义也。此身十沉九浮,死有余愧!”因拊膺恸哭。继珣曰:“大丈夫徇功名,何顾妻子?宜置此事,勿以取祸。”仁达闻之,使人告仁讽、继珣谋反,皆杀之。由是兵权尽归仁达。

五月丁巳,李仁达大阅战士,请卓岩明临视,仁达阴教军士突前登阶,刺杀岩明。仁达阳惊,狼狈而走,军士共执仁达,使居岩明之坐,仁达乃自称威武留后,用保大年号,奏表称藩于唐,亦遣使入贡于晋;并杀岩明之父。唐以仁达为威武节度使、同平章事,赐名弘义,编之属籍。弘义又遣使修好于吴越。

唐兵围建州,屡破泉州兵。许文稹败唐兵于汀州,执其将时厚卿。

秋七月,闽人或告福州援兵谋叛,闽主延政收其铠仗,遣还,伏兵于隘,尽杀之,死者八千余人,脯其肉以归为食。

唐边镐拔镡州,查文徽之党魏岑、冯延已、延鲁以师出有功,皆踊跃赞成之。征求供亿,府库为之耗竭,洪、饶、抚、信之民尤苦之。

延政遣使奉表称臣于吴越,请为附庸以求救。

八月,唐兵围建州既久,建人离心。或谓董思安“盍早择去就”。思安曰:“吾世事王氏,危而叛之,天下其谁容我?”众感其言,无叛者。丁亥,唐先锋桥道使上元王建封先登,遂克建州,闽主延政降。王忠顺战死,董思安整众奔泉州。

初,唐兵之来,建人苦王氏之乱与杨思恭之重敛,争伐木开道以迎之。及破建州,纵兵大掠,焚宫室、庐舍俱尽。是夕寒雨,冻死者相枕,建人失望。唐主以其有功,皆不问。

九月,许文稹以汀州,王继勋以泉州,王继成以漳州皆降于唐。唐置永安军于建州。

冬十月,王延政至金陵,唐主以为羽林大将军,斩杨思恭以谢建人。以百胜节度使王崇文为永安节度使。崇文治以宽简,建人遂安。

三年春三月,唐泉州刺史王继勋致书修好于威武节度使李弘义。弘义以泉州故隶威武军,怒其抗礼,夏四月,遣弟弘通将兵万人伐之。

泉州都指挥使留从效谓刺史王继勋曰:“李弘通兵势甚盛,士卒以使君赏罚不当,莫肯力战,使君宜避位自省。”乃废继勋归私第,代领军府事,勒兵击李弘通,大破之。表闻于唐,唐主以从效为泉州刺史,召继勋还金陵,遣将将兵戍泉州。徙漳州刺史王继成为和州刺史,汀州刺史许文稹为蕲州刺史。

初,唐人既克建州,欲乘胜取福州,唐主不许。枢密使陈觉请自往说李弘义,必令入朝。宋齐丘荐觉才辩,可不烦寸刃,坐致弘义。唐主乃拜弘义母、妻皆为国夫人，四弟皆迁官，以觉为福州宣谕使，厚赐弘义金帛。弘义知其谋，见觉，辞色甚倨，待之疏薄。觉不敢言入朝事而还。

秋八月，唐陈觉自福州还，至剑州，耻无功，矫诏使侍卫官顾忠召弘义入朝，自称权福州军府事，擅发汀、建、抚、信州兵及戍卒，命建州监军使冯延鲁将之趣福州迎弘义。延鲁先遗弘义书，谕以祸福。弘义复书请战，遣楼船指挥使杨崇保将州师拒之。觉以剑州刺史陈诲为缘江战棹指挥使，表："福州孤危，旦夕可克。"唐主以觉专命，甚怒。群臣多言兵已傅城下，不可中止，当发兵助之。丁丑，觉、延鲁败杨崇保于候官，戊寅，乘胜进攻福州西关。弘义出击，大破之，执唐左神威指挥使杨匡邺。唐主以永安节度使王崇文为东南面都招讨使，以漳、泉安抚使、谏议大夫魏岑为东面监军使，延鲁为南面监军使，会兵攻福州，克其外郭。弘义固守第二城。

九月，李弘义自称威武留后，权知闽国事，更名弘达，奉表请命于晋。甲午，以弘达为威武节度使、同平章事，知闽国事。

辛丑，福州排阵使马捷引唐兵自马牧山拔寨而入，至善化门桥，都指挥使丁彦贞以兵百人拒之。弘(义)〔达〕退保善化门，外城再重皆为唐兵所据。弘达更名达，遣使奉表称臣，乞师于吴越。

冬十月，唐漳州将林赞尧作乱，杀监军使周承义、剑州刺史陈诲。泉州刺史留从效举兵逐赞尧，以泉州裨将董思安权知漳州。唐主以思安为漳州刺史，思安辞以父名章，唐主改漳州为南州。命思安及留从效将州兵会攻福州，庚辰，围之。

福州使者至钱塘，吴越王弘佐召诸将谋之，皆曰："道险远，难救。”惟内都监使临安水丘昭券以为当救。弘佐曰：“唇亡齿寒，吾为天下元帅，曾不能救邻道，将安用之？诸君但乐饱食安坐邪！”壬午，遣统军使张筠、赵承泰将兵三万水陆救福州。先是，募兵久无应者，弘佐命纠之，曰：“纠而为兵者，粮赐减半。”明日，应募者云集。弘佐命昭券专掌用兵，昭券惮程昭悦，以用兵事让之。弘佐命昭悦掌应援馈运事，而以军谋委元德昭。德昭，危仔倡之子也。

弘佐议铸铁钱以益将士禄赐，其弟牙内都虞候弘亿谏曰：“铸铁钱有八害：新钱既行，旧钱皆流入邻国，一也。可用于吾国，而不可用于他国，则商贾不行，百货不通，二也。铜禁至严，民犹盗铸，况家有铛釜，野有铧犁，犯法必多，三也。闽人铸铁钱而乱亡，不足为法，四也。国用幸丰，而自示空乏，五也。禄赐有常，而无故益之，以启无厌之心，六也。法变而弊，不可遽复，七也。钱者国姓，易之不祥，八也。”弘佐乃止。

十一月己酉，吴越兵至福州，自罾浦南潜入州城。唐兵进据东武门，李达与吴越兵共御之，不利。自是内外断绝，城中益危。

唐主遣信州刺史王建封助攻福州。时王崇文虽为元帅，而陈觉、冯延鲁、魏岑争用事，留从效、王建封倔强不用命，各争功，进退不相应。由是将士皆解体，故攻城不克。

唐主以江州观察使杜昌业为吏部尚书，判省事。先是，昌业自兵部尚书判省事，出江州，及还，阅簿籍，抚案叹曰：“未数年而府库所耗者半，其能久乎！”

后汉高祖天福十二年春三月，吴越复发水军，遣其将余安将之，自海道救福州。己亥，至白虾浦。海岸泥淖，须布竹箦乃可行，唐之诸军在城南者聚而射之，箦不得施。冯延鲁曰：“城所以不降，恃此救也。今相持不战，徒老我师，不若纵其登岸，尽杀之，则城不攻自降矣。”裨将孟坚曰：“浙兵至此已久，不能进退，求一战而死不可得，若听其登岸，彼必致死于我，其锋不可当，安能尽杀乎！”延鲁不听，曰：“吾自击之。”吴越兵既登岸，大呼奋击，延鲁不能御，弃众而走，孟坚战死。吴越兵乘胜而进，城中兵亦出，夹击唐兵，大破之。唐城南诸军皆遁，吴越兵追之。王崇文以牙兵三百拒之，诸军阵于崇文之后，追者乃还。

或言“浙兵欲弃福州，拔李达之众归钱塘”。东南守将刘洪进等白王建封，请纵其尽出而取其城。留从效不欲福州之平，建封亦忿陈觉等专横，乃曰：“吾军败矣，安能与人争城？”是夕，烧营而遁，城北诸军亦相顾而溃。冯延鲁引佩刀自刺，亲吏救之，不死。唐兵死者二万余人，委弃军资、器械数十万，府库为之耗竭。

余安引兵入福州，李达举所部授之。

留从效引兵还泉州，谓唐戍将曰：“泉州与福州世为仇敌，南接岭海瘴疠之乡，地险土瘠，比年军旅屡兴，农桑废业，冬征夏敛，仅能自赡，岂劳大军久戍于此。”置酒饯之，戍将不得已，引兵归。唐主不能制，加从效检校太傅。

张筠、余安皆还钱塘，吴越王弘佐遣东南安抚使鲍修让将兵戍福州。

唐主以矫诏败军皆陈觉、冯延鲁之罪，夏四月壬申，诏赦诸将，议斩二人以谢中外。御史中丞江文蔚对仗弹冯延已、魏岑曰：“陛下践阼以来，所信任者延已、延鲁、岑、觉四人而已，皆阴狡弄权，壅蔽聪明，排斥忠良，引用群小，谏争者逐，窃议者刑，上下相蒙，道路以目。今觉、延鲁虽伏辜，而延已、岑犹在。本根未殄，枝干复生，同罪异诛，人心疑惑。”又曰：“上之视听，惟在数人，虽日接群臣，终成孤立。”又曰：“在外者握兵，居中者当国。”又曰：“岑、觉、延鲁更相违戾，彼前则我却，彼东则我西。天生五材，国之利器，一旦为小人忿争妄动之具。”又曰：“征讨之柄，在岑折简，帑藏取与，系岑一言。”唐主以文蔚所言为太过，怒，贬江州司士参军。械送觉、延鲁至金陵。宋齐丘以尝荐觉使福州，上表待罪。

诏流觉于蕲州，延鲁于舒州。知制诰会稽徐铉、史馆修撰韩熙载上疏曰：“觉、延鲁罪不容诛，但齐丘、延己为之陈请，故陛下赦之。擅兴者不罪，则疆埸有生事者矣；丧师者获存，则行阵无效死者矣。请行显戮，以重军威。”不从。

中书侍郎、同平章事冯延己罢为太弟少保，贬魏岑为太子洗马。

韩熙载屡言宋齐丘党与必为祸乱。齐丘奏熙载嗜酒猖狂，贬和州司士参军。

秋七月，李达以其弟通知福州留后，自诣钱塘见吴越王弘倧，弘倧承制加达兼侍中，更其名曰孺赟。既而孺赟悔惧，以金笋二十株及杂宝赂内牙统军使胡进思，求归福州。进思为之请，弘倧从之。

冬十二月，威武节度使李孺赟与吴越戍将鲍修让不协，谋袭杀修让，复以福州降唐。修让觉之，引兵攻府第，是日杀孺赟，夷其族。

己酉，鲍修让传李孺赟首至钱塘，吴越王弘倧以丞相山阴吴程知威武节度事。

是岁，唐主以羽林大将军王延政为安化节度使、鄱阳王，镇饶州。

刘氏据广州

唐昭宗乾宁元年冬十二月，封州刺史刘谦卒，子隐居丧于贺江，土民百余人谋乱，隐一夕尽诛之。岭南节度使刘崇龟召补右都押牙兼贺水镇使，未几，表为封州刺史。

二年秋七月，以薛王知柔为清海军节度使。

三年冬十二月，清海节度使薛王知柔行至湖南，广州牙将卢琚、谭弘玘据境拒之，使弘玘守端州。弘玘结封州刺史刘隐，许妻以女。隐伪许之，托言亲迎，伏甲舟中，夜入端州，斩弘玘，遂袭广州，斩琚，具军容迎知柔入视事。知柔表隐为行军司马。

光化元年冬十二月，韶州刺史曾衮举兵攻广州，州将王瓌帅战舰应之，清海行军司马刘隐一战破之。韶州将刘潼复据浈浛，隐讨斩之。

三年秋九月，以太保、门下侍郎徐彦若充清海军节度使，代薛王知柔。

天复元年冬十二月，清海节度使徐彦若薨，遗表荐行军司马刘隐权留后。

二年。虔州刺史卢光稠攻岭南，陷韶州，使其子延昌守之，进围潮州。清海留后刘隐发兵击走之，乘胜进攻韶州。隐弟陟以为延昌有虔州之援，未可遽取。隐不从，遂围韶州。会江涨，馈运不继，光稠自虔州引兵救之。其将谭全播伏精兵万人于山谷，以羸弱挑战，大破隐于城南，隐奔还。全播悉以功让诸将，光稠益贤之。

天祐元年。初，清海节度使徐彦若遗表荐副使刘隐权留后，朝廷以兵部尚书崔远为清海节度使。远至江陵，闻岭南多盗，且畏隐不受代，不敢前，朝廷召远还。隐遣使以重赂结朱全忠，乃奏以隐为清海节度使。

昭宣帝天祐二年春三月，加清海节度使刘隐同平章事。

后梁太祖开平元年夏五月己卯，加刘隐兼侍中，仍以隐为大彭王。

二年冬十月辛酉，以刘隐为清海、静海节度使，以膳部郎中赵光裔、右补阙李殷衡充官告使，隐皆留之。光裔，光逢之弟；殷衡，德裕之孙也。

三年夏四月庚子，以刘隐为南平王。

乾化元年春三月，清海、静海节度使兼中书令、南平襄王刘隐病亟，表其弟节度副使岩权知留后。丁亥，卒，岩袭位。

夏(四)〔五〕月甲辰，以清海留后刘岩为节度使。岩多延中国士人置于幕府，出为刺史，刺史无武人。

冬十二月癸亥，以静江行军司马姚彦章为宁远节度副使，权知容州，从楚王殷之请也。刘岩遣兵攻容州，殷遣都指挥使许德勋以桂州兵救之。彦章不能守，乃迁容州士民及其府藏奔长沙，岩遂取容管及高州。

均王乾化三年冬十月，岭南节度使刘岩求婚于楚，楚王许以女妻之。

贞明元年秋八月，刘岩逆妇于楚，楚王殷遣永顺节度使存送之。

是岁，清海、建武节度使兼中书令刘岩以吴越王镠为国王，而己独为南平王，表求封南越王及加都统，帝不许。岩谓僚属曰:“今中国纷纷,孰为天子?安能梯航万里,远事伪庭乎!”自是贡使遂绝。

三年秋八月癸巳,清海、建武节度使刘岩即皇帝位于番禺,国号大越,大赦,改元乾亨。以梁使赵光裔为兵部尚书,节度副使杨洞潜为兵部侍郎,节度判官李殷衡为礼部侍郎,并同平章事。建三庙,追尊祖安仁曰太祖文皇帝,父谦曰代祖圣武皇帝,兄隐曰烈宗襄皇帝。以广州为兴王府。冬十月,越主岩遣客省使刘瑭使于吴,告即位,且劝吴王称帝。

四年冬十一月,越主岩祀南郊,大赦,改国号曰汉。

五年春正月,汉主岩立越国夫人马氏为皇后,殷之女也。秋九月丙寅,诏削刘岩官爵,命吴越王镠讨之。镠虽受命,竟不行。

六年冬十二月,汉主岩遣使通好于蜀。

后唐庄宗同光三年。汉主闻帝灭梁而惧,遣宫苑使何词入贡,且觇中国强弱。二月甲申,词至魏。及还,言帝骄淫无政,不足畏也。汉主大悦,自是不复通中国。

冬十二月,有白龙见于汉宫,汉主改元白龙,更名曰龚。

明宗天成三年春三月,楚大举水军击汉,围封州。汉主以周易筮之,遇大有,于是大赦,改元大有。命左右街使苏章将神弩三千、战舰百艘救封州。章至贺江,沉铁絙于水,两岸作巨轮挽絙,筑长堤以隐之,伏壮士于堤中。章以轻舟逆战,阳不利,楚人逐之,入堤中,挽轮举絙,楚舰不能进退,以强弩夹水射之,楚兵大败,解围遁去。汉主以章为封州团练使。

长兴元年秋九月,汉主遣其将梁克贞、李守鄘攻交州,拔之,执静海节度使曲承美以归,以其将李进守交州。

二年。爱州将杨廷艺养假子三千人,图复交州。汉交州守将李进知之，受其赂，不以闻。是岁，廷艺举兵围交州，汉主遣承旨程宝将兵救之，未至，城陷。进逃归，汉主杀之。宝围交州，廷艺出战，宝败死。

三年。汉主立其子耀枢为雍王，龟图为康王，弘度为宾王，弘熙为晋王，弘昌为越王，弘弼为齐王，弘雅为韶王，弘泽为镇王，弘操为万王，弘杲为循王，弘暐为思王，弘邈为高王，弘简为同王，弘建为益王，弘济为辩王，弘道为贵王，弘昭为宜王，弘政为通王，弘益为定王。未几，徙弘度为秦王。

潞王清泰元年。汉主命判六军秦王弘度募宿卫兵千人，皆市井无赖子弟，弘度昵之。同平章事杨洞潜谏曰："秦王，国之冢嫡，宜亲端士。使之治军已过矣，况昵群小乎？"汉主曰："小儿教以戎事，过烦公忧。"终不戒弘度。洞潜出，见卫士掠商人金帛，商人不敢诉，叹曰："政乱如此，安用宰相！"因谢病归第。久之不召，遂卒。

后晋高祖天福二年春三月，汉主以疾愈，大赦。

四年。汉门下侍郎、同平章事赵光裔言于汉主曰："自马后崩，未尝通使于楚，亲邻旧好，不可忘也。"因荐谏议大夫李纾可以将命，汉主从之。楚亦遣使报聘。光裔相汉二十余年，府库完实，边境无虞。及卒，汉主复以其子翰林学士承旨、尚书左丞损为门下侍郎、同平章事。

五年。汉门下侍郎、同平章事赵损卒。以宁远节度使南昌王定保为中书侍郎、同平章事，不逾年亦卒。

六年冬十二月，汉主寝疾，有胡僧谓汉主名龚不利，汉主自造"䶮"字名之，义取"飞龙在天"，读若俨。

七年。（春三月）汉高祖寝疾，以其子秦王弘度、晋王弘熙皆骄恣，少子越王弘昌孝谨有智识，与右仆射兼西御院使王翻谋，出弘度镇邕州，弘熙镇容州，而立弘昌。制命将行，会崇文使萧益入问疾，以其事访之。益曰："立嫡以长，违之必乱。"乃止。〔夏四月〕丁丑，高祖殂。高祖为人辨察，多权数，好自矜大，常谓中国天子为"洛州刺史"。岭南珍异所聚，每穷奢极丽，宫殿悉以金玉珠翠为饰。用刑惨酷，有灌鼻、割舌、支解、刳剔、炮炙、烹蒸之法。或聚毒蛇水中，以罪人投之，谓之"水狱"。同平章事杨洞潜谏，不听。末年尤猜忌。以士人多为子孙计，故专任宦者，由是其国中宦者大盛。秦王弘度即皇帝位，更名玢。以弘熙辅政，改元光天。尊母赵昭仪曰皇太妃。

秋八月，汉葬天皇大帝于康陵，庙号高祖。

齐王天福八年。汉殇帝骄奢，不亲政事。高祖在殡，作乐酣饮，夜与倡妇微行，裸男女而观之。左右忤意辄死，无敢谏者。惟越王弘昌及内常侍番禺吴怀恩屡谏，不听。常猜忌诸弟，每宴集，令宦者守门，群臣、宗室皆露索然后入。晋王弘熙欲图之，乃盛饰声伎，娱悦其意，以成其恶。汉主好手搏，弘熙令指挥使陈道庠引力士刘思潮、谭令禋、林少强、林少良、何昌廷等五人习手搏于晋府，汉主闻而悦之。

〔春三月〕丙戌，与诸王宴于长春宫，观手搏，至夕罢宴，汉主大醉。弘熙使道庠、思潮等掖汉主，因拉杀之，尽杀其左右。明旦，百官诸王莫敢入宫，越王弘昌帅诸弟临于寝殿，迎弘熙即皇帝位，更名晟，改元应乾。以弘昌为太尉兼中书令、诸道兵马都元帅，知政事，循王弘杲为副元帅，参预政事。陈道庠及刘思潮等皆受赏赐甚厚。

汉中宗既立，国中议论汹汹。循王弘杲请斩刘思潮等以谢中外，汉主不从。思潮等闻之，谮弘杲谋反，汉主令思潮等伺之。弘杲方宴客，思潮与谭令禋帅卫兵突入，斩弘杲。于是汉主谋尽诛诸弟，以越王弘昌贤而得众，尤忌之。雄武节度使齐王弘弼自以居大镇，惧祸，求入朝，许之。

冬十月，汉主命韶王弘雅致仕。十一月丁亥，汉主祀南郊，大赦，改元乾和。

开运元年春三月，汉主命中书令、都元帅越王弘昌谒烈宗陵于海曲，至昌华宫，使盗杀之。汉以户部侍郎陈偓同平章事。夏六月乙巳，汉主幽齐王弘弼于私第。冬十月丙午，汉主毒杀镇王弘泽于邕州。

二年秋八月，汉主杀韶王弘雅。九月，汉主杀刘思潮、林少强、林少良、何昌(延)〔廷〕。以左仆射王翷尝与高祖谋立弘昌，出为英州刺史，未至，赐死。内外皆惧不自保。

三年。汉刘思潮等既死，陈道庠内不自安。秋九月，特进邓伸遗之汉纪，道庠问其故。伸曰："憨獠，此书有诛韩信、醢彭越事，宜审读之。"汉主闻之，族道庠及伸。

后汉高祖天福十二年。南汉主恐诸弟与其子争国，杀齐王弘弼、贵王弘道、定王弘益、辩王弘济、同王弘简、益王弘建、恩王弘伟、宜王弘昭，尽杀其男，纳其女充后宫。作离宫千余间，饰以珠宝。设镬汤、铁床、刳剔等刑，号"生地狱"。尝醉，戏以瓜置乐工之颈试剑，遂断其头。

乾祐元年秋八月，南汉主遣知制诰宣化钟允章求婚于楚，楚王希广不许。南汉主怒，问允章："马公复能经略南土乎？"对曰："马氏兄弟方争亡于不暇，安能害我。"南汉主曰："然。希广懦而吝啬，其士卒忘战日久，此乃吾进取之秋也。"

冬十二月辛巳，南汉主以内常侍吴怀恩为开府仪同三司、西北面招讨使，将兵击楚，攻贺州。楚王希广遣决胜指挥使徐知新等将兵五千救之。未至，南汉人已拔贺州，凿大阱于城外，覆以竹箔，加土，下施机轴，自堑中穿穴通阱中。知新等至，引兵攻城，南汉遣人自穴中发机，楚兵悉陷。南汉出兵从而击之，楚兵死者以千数。知新等遁归，希广斩之。南汉兵复陷昭州。

隐帝乾祐三年。南汉主以宫人卢琼仙、黄琼芝为女侍中，朝服冠带，参决政事。宗室勋旧，诛戮殆尽，惟宦官林延遇等用事。

后周太祖广顺元年冬十二月，南汉主遣内侍省丞潘崇彻、将军谢贯将兵攻郴州，唐边镐发兵救之。崇彻败唐兵于义章，遂取郴州。

三年秋九月，南汉主立其子继兴为卫王，璇兴为桂王，庆兴为荆王，保兴为祯王，崇兴为梅王。

南汉大赦。

显德元年夏四月，南汉主以高王弘邈为雄武节度使，镇邕州。弘邈以齐、镇二王相继死于邕州，固辞，求宿卫，不许。至镇，委政僚佐，日饮酒，祷鬼神。或上书诬弘邈谋作乱，戊午，南汉主遣甘泉宫使林延遇赐酖杀之。

世宗显德二年夏六月戊午，南汉主杀祯州节度使通王弘政。于是高祖之诸子尽矣。

三年春三月，南汉甘泉宫使林延遇阴险多计数，南汉主倚信之，诛灭诸弟，皆延遇之谋也。乙未卒，国人相贺。延遇病甚，荐内给事龚澄枢自代，南汉主即日擢澄枢知承宣院及内侍省。澄枢，番禺人也。

四年。南汉主闻唐屡败，忧形于色，遣使入贡于周，为湖南所闭，乃治战舰，修武备。既而纵酒酣饮，曰："吾身得免，幸矣，何暇虑后世哉！"时世宗取淮南。

五年秋八月辛巳，南汉中宗殂，长子卫王继兴即帝位，更名鋹，改元大宝。鋹年十六，国事皆决于宦官玉清宫使龚澄枢及女侍中卢琼仙等，台省官备位而已。冬十一月，南汉葬文武光明孝皇帝于昭陵，庙号中宗。

六年冬十〔一〕月，南汉主以中书舍人钟允章藩府旧僚，擢为尚书右丞，参政事，甚委任之。允章请诛乱法者数人以正纲纪，南汉主不能从，宦官闻而恶之。南汉主将祀圜丘，前三日，允章帅礼官登坛，四顾指挥，设神位。内侍监许彦真望之曰："此谋反也。"即带剑登坛，允章叱之。彦真驰入宫，告允章欲于郊祀日作乱。南汉主曰："朕待允章厚，岂有此邪？"玉清宫使龚澄枢、内侍监李托等共证之，以彦真言为然，乃收允章系含章楼下，命宦者与礼部尚书薛用丕杂治之。用丕素与允章善，告以必不免。允章执用丕手泣曰："老夫今日犹几上肉耳，分为仇人所烹。但恨邕、昌幼，不知吾冤，及其长也，公为我语之。"彦真闻之，骂曰："反贼，欲使其子报仇邪！"复白南汉主："允章与二子共登坛，潜有所祷。"俱斩之。自是，宦官益横。李托，封州人也。

辛亥，南汉主祀圜丘，大赦。未几，以龚澄枢为左龙虎观军容使、内太师，军国之事皆取决焉。凡群臣有才能及进士状头，或僧道可与谈者，皆先下蚕室，然后得进，亦有自宫以求进者，亦有免死而宫者，由是宦者近二万人。贵显用事之人，大抵皆宦者也，谓士人为"门外人"，不得预事，卒以此亡国。

高氏据荆南

唐昭宗天复二年秋九月，朱全忠表亲从指挥使高季昌为宋州团练使。季昌，硖石人，本朱友恭之仆夫也。

〔昭宣帝〕天祐三年冬十月，武贞节度使雷彦恭屡寇荆南，留后贺瓌闭城自守。朱全忠以为怯，以颍州防御使高季昌代之。又遣驾前指挥使倪可福将兵五千戍荆南以备吴、蜀，朗兵引去。

后梁太祖开平元年夏五月癸未，以权〔知〕荆南留后高季昌为节度使。荆南旧统八州，乾符以来，寇乱相继，诸州皆为邻道所据，独余江陵。季昌到官，城邑残毁，户口凋耗。季昌安集流散，民皆复业。

六月，武贞节度使雷彦恭会楚兵攻江陵。事见马氏据湖南。

二年夏四月，淮南遣其将李厚将水军万五千趣荆南，高季昌逆战，败之于马头。

冬十月，依政进士梁震，唐末登第，至是归蜀。过江陵，高季昌爱其才识，留之，欲奏为判官。震耻之，欲去，恐及祸，乃曰："震素不慕荣宦，明公不以震为愚，必欲使之参谋议，但以白衣侍樽俎可也，何必在幕府。"季昌许之。震终身止称前进士，不受高氏辟署。季昌甚重之，以为谋主，呼曰先辈。

乾化二年〔闰五月〕，高季昌潜有据荆南之志，乃奏筑江陵外郭，增广之。

是岁，高季昌出兵，声言助梁伐晋，进攻襄州，山南东道节度使孔勍击败之。自是朝贡路绝。勍，兖州人也。

均王乾化三年秋八月，赐高季昌爵勃海王。九月，高季昌造战舰五百艘，治城堑，缮器械，为攻守之具。招聚亡命，交通吴、蜀，朝廷浸不能制。

四年春正月，高季昌以蜀夔、万、忠、涪四州旧隶荆南，兴兵取之，先以水军攻夔州。时镇江节度使兼侍中嘉王宗寿镇忠州，夔州刺史王成先请甲，宗寿但以白布袍给之。成先帅之逆战，季昌纵火船焚蜀浮桥，招讨副使张武举铁絙拒之，船不得进。会风反，荆南兵焚溺死者甚众。季昌乘战舰，蒙以牛革，飞石中之，折其尾，季昌易小舟以遁。荆南兵大败，俘斩五千级。成先密遣人奏宗寿不给甲之状，宗寿获之，召成先，斩之。

贞明三年。高季昌与孔勍修好，复通贡献。

五年夏五月，楚人攻荆南，高季昌求救于吴。吴命镇南节度使刘信等帅洪，吉、抚、信步兵自浏阳趣潭州，武昌节度使李简等帅水军攻复州。信等至潭州东境，楚兵释荆南引归。简等入复州，执其知州鲍唐。

龙德元年冬十二月，高季昌遣都指挥使倪可福以卒万人修江陵外郭，季昌行视，责功程之慢，杖之。季昌女为可福子知进妇，季昌谓其女曰："归语汝舅，吾欲威众办事耳。"以白金数百两遗之。

后唐庄宗同光元年。荆南节度使高季昌闻帝灭梁，避唐庙讳，更名季兴，欲自入朝。梁震曰："唐有吞天下之志，严兵守险，犹恐不自保，况数千里入朝乎？且公朱氏旧将，安知彼不以仇敌相遇乎？"季兴不从。

十一月己未，加高季兴守中书令。时高季兴入朝，上待之甚厚。高季兴在洛阳，帝左右伶官求货无厌，季兴忿之。帝欲留季兴，郭崇韬谏曰："陛下新得天下，诸侯不过遣子弟将佐入贡，惟高季兴身自入朝，当褒赏以劝来者。乃羁留不遣，弃信亏义，沮四海之心，非计也。"乃遣之。季兴倍道而去，至许州，谓左右曰："此行有二失：来朝一失，纵我去一失。"过襄州，节度使孔勍留宴，中夜斩关而去。十二月丁酉，至江陵，握梁震手曰："不用君言，几不免虎口。"

二年春三月丙午，加高季兴兼尚书令，进封南平王。

三年冬十月，高季兴常欲取三峡，畏蜀峡路招讨使张武威名，不敢进。至是，乘唐兵势，使其子行军司马从诲权军府事，自将水军上峡取施州。张武以铁锁断江路，季兴遣勇士乘舟斫之。会风大起，舟絓于锁，不能进退，矢石交下，坏其战舰，季兴轻舟遁去。既而闻北路陷败，〔以〕夔、忠、万三州遣使诣魏王降。是岁，庄宗灭蜀。

明宗天成元年夏四月，梁震荐前陵州判官贵平孙光宪于季兴，使掌书记。季兴大治战舰，欲攻楚。光宪谏曰："荆南乱离之后，赖公休息士民，始有生意。若又与楚国交恶，他国乘吾之弊，良可忧也。"季兴乃止。

六月，高季兴表求夔、忠、万三州为属郡，诏许之。

二年春二月，高季兴既得三州，请朝廷不除刺史，自以子弟为之，不许。及夔州刺史潘炕罢官，季兴辄遣兵突入州城，杀戍兵而据之。朝廷除奉圣指挥使西方邺为刺史，不受。又遣兵袭涪州，不克。魏王继岌遣押牙韩珙等部送蜀珍货金帛四十万，浮江而下，季兴杀珙等于峡口，尽掠取之。朝廷诘之，对曰："珙等舟行下峡，涉数千里，欲知覆溺之故，自宜按问水神。"帝怒，壬寅，制削夺季兴官爵，以山南东道节度使刘训为南面招讨使、知荆南行府事，忠武节度使夏鲁奇为副招讨使，将步骑四万讨之。

东川节度使董璋充东南面招讨使，新夔州刺史西方邺副之，将蜀兵下峡；仍会湖南军三面进攻。

三月，刘训兵至荆南，楚王殷遣都指挥使许德勋等将水军屯岳州。高季兴坚壁不战，求救于吴，吴人遣水军援之。

江陵卑湿，复值久雨，粮道不继，将士疾疫，刘训亦寝疾。四月癸卯，帝遣枢密使孔循往视之，且审攻战之宜。五月，孔循至江陵，攻之不克。遣人入城说高季兴，季兴不逊。丙寅，遣使赐湖南行营夏衣万袭。丁卯，又遣使赐楚王殷鞍马玉带，督馈粮于行营，竟不能得。庚午，诏刘训等引兵还。

楚王殷遣中军使史光宪入贡，帝赐之骏马十，美女二。过江陵，高季兴执光宪而夺之，且请举镇自附于吴。徐温曰："为国者当务实效而去虚名。高氏事唐久矣，洛阳去江陵不远，唐人步骑袭之甚易，我以舟师溯流救之甚难。夫臣人而弗能救，使之危亡，能无愧乎？"乃受其贡物，辞其称臣，听其自附于唐。

六月，西方邺败荆南水军于峡中，复取夔、忠、万三州。秋七月丙寅，升夔州为宁江军，以西方邺为节度使。

癸酉，以与高季兴夔、忠、万三州为豆卢革、韦说之罪，皆赐死。

三年春三月，楚王殷如岳州，遣六军使袁诠、副使王环、监军马希瞻将水军击荆南，高季兴以水军逆战。至刘郎洑，希瞻夜匿战舰数十艘于港中。诘旦，两军合战，希瞻出战舰横击之，季兴大败，俘斩以千数，进逼江陵。季兴请和，归史光宪于楚。军还，楚王殷让环不遂取荆南，环曰："江陵在中朝及吴、蜀之间，四战之地也，宜存之以为吾捍蔽。"殷悦。

夏六月辛巳，高季兴复请称藩于吴，吴进季兴爵秦王，帝诏楚王殷讨之。殷遣许德勋将兵攻荆南，以其子希范为监军，次沙头。季兴从子云猛指挥使从嗣单骑造楚壁，请与希范挑战决胜，副指挥使廖匡齐出与之斗，拉杀之。季兴惧，明日，请和，德勋还。匡齐，赣人也。

秋九月辛巳，荆南败楚兵于白田，执楚岳州刺史李廷规，归于吴。

己亥，以武宁节度使房知温兼荆南行营招讨使，知荆南行府事；分遣中使发诸道兵赴襄阳，以讨高季兴。

冬十二月，荆南节度使高季兴寝疾，命其子行军司马、忠义节度使、同平章事从诲权知军府事。丙辰，季兴卒。吴主以从诲为荆南节度使兼侍中。

四年夏四月丙午，楚六军副使王环败荆南兵于石首。

高季兴之叛也，其子从诲切谏，不听。从诲既袭位，谓僚佐曰："唐近而吴远，舍近臣远，非计也。"乃因楚王殷以谢罪于唐。又遗山南东道节度使安元信书，求保奏，复修职贡。丙申，元信以从诲书闻，帝许之。

六月庚申，高从诲自称前荆南行军司马、归州刺史，上表求内附。秋七月甲申，以从诲为荆南节度使兼侍中。己丑，罢荆南招讨使。

长兴元年春三月，高从诲遣使奉表诣吴，告以坟墓在中国，恐为唐所讨，吴兵援之不及，谢绝之。吴遣兵击之，不克。

三年春二月，赐高从诲爵勃海王。

潞王清泰元年春正月壬辰，以荆南节度使高从诲为南平王。

二年。荆南节度使高从诲，性明达，亲礼贤士，委任梁震，以兄事之。震常谓从诲为郎君。楚王希范好奢靡，游谈者共夸其盛。从海谓僚佐曰："如马王，可谓大丈夫矣。"孙光宪对曰："天子诸侯，礼有等差。彼乳臭子骄侈僭忲，取快一时，不为远虑，危亡无日，又足慕乎！"从海久而悟曰："公言是也。"他日，谓梁震曰："吾自念平生奉养，固已过矣。"乃捐去玩好，以经史自娱，省刑薄赋，境内以安。

梁震曰："先王待我如布衣交，以嗣王属我。今嗣王能自立，不坠其业，吾老矣，不复事人矣。"遂固请退居。从海不能留，乃为之筑室于土洲。震披鹤氅，自称荆台隐士，每诣府，跨黄牛至听事。从海时过其家，四时赐与甚厚。自是悉以政事属孙光宪。

臣光曰：孙光宪见微而能谏，高从海闻善而能徙，梁震成功而能退，自古有国家者能如是，夫何亡国败家丧身之有。

后晋高祖天福六年。山南东道节度使安从进谋反，求援于荆南，高从诲遗从进书，谕以祸福。从进怒，反诬奏从海。荆南行军司马王保义劝从海具奏其状，且请发兵助朝廷讨之，从海从之。

后汉高祖天福十二年春正月，荆南节度使高从诲遣使入贡于契丹，契丹遣使以马赐之。从海亦遣使诣河东劝进。

夏六月，帝遣使告谕荆南。高从海上表贺，且求郢州，帝不许。及加恩使至，拒而不受。

秋(九)〔八〕月，高从海闻杜重威叛，发水军数千袭襄州，山南东道节度使安审琦击却之。又寇郢州，刺史尹实大破之。乃绝汉，附于唐、蜀。

初，荆南介居湖南、岭南、福建之间，地狭兵弱，自武信王季兴时，诸道入贡过其境者，多掠夺其货币。及诸道移书诘让，或加以兵，不得已，复归之，曾不为愧。及从诲立，唐、晋、契丹、汉更据中原，南汉、闽、吴、蜀皆称帝，从诲利其赐予，所向称臣。诸国贱之，谓之“高无赖”。

乾祐元年夏六月，高从诲既与汉绝，北方商旅不至，境内贫乏，乃遣使上表谢罪，乞修职贡。诏遣使慰抚之。

冬十(一)月，荆南节度使兼中书令、南平文献王高从诲寝疾，以其子节度副使高保融判内外兵马事。癸卯，从诲卒，保融知留后。

十二月丁丑，以高保融为荆南节度使、同平章事。

隐帝乾祐二年冬十月丙戌，加荆南节度使高保融兼侍中。

徐氏篡吴

唐昭宗乾宁二年。杨行密之拔濠州也，军士掠得徐州人李氏之子，生八年矣，行密养以为子，行密长子渥憎之。行密谓其将徐温曰：“此儿质状性识颇异于人，吾度渥必不能容，今赐汝为子。”温名之曰知诰，知诰事温勤孝过于诸子。尝得罪于温，温笞而逐之，及归，知诰迎拜于门，温问：“何故犹在此？”知诰泣对曰：“人子舍父母将何之？父怒而归母，人情之常也。”温以是益爱之，使掌家事，家人无违言。及长，喜书，善射，识度英伟。行密常谓温曰：“知诰俊杰，诸将子皆不及也。”

天祐元年。杨行密以其子牙内诸军使渥为宣州观察使，右牙都指挥使徐温谓渥曰：“王寝疾而嫡嗣出藩，此必奸臣之谋。他日相召，非温使者及王令书，慎无亟来。”渥泣谢而行。

昭宣帝天祐二年。杨行密长子宣州观察使渥素无令誉，军府轻之。行密寝疾，命节度判官周隐召渥。隐性憃直，对曰："宣州司徒轻易信谗，喜击毬饮酒，非保家之主。余子皆幼，未能驾驭诸将。庐州刺史刘威，从王起细微，必不负王，不若使之权领军府，俟诸子长以授之。"行密不应。左、右牙指挥使徐温、张颢言于行密曰："王平生出万死，冒矢石，为子孙立基业，安可使他人有之。"行密曰："吾死瞑目矣。"隐，舒州人也。

他日，将佐问疾，行密目留幕僚严可求。众出，可求曰："王若不讳，如军府何？"行密曰："吾命周隐召渥，今忍死待之。"可求与徐温诣隐，隐未出，见牒犹在案上，可求即与温取牒，遣使者如宣州召之。可求，同州人也。

冬十月，杨渥至广陵，辛丑，杨行密承制以渥为淮南留后。

十一月庚辰，吴武忠王杨行密薨，将佐共请宣谕使李俨承制授杨渥淮南节度使、东南诸道行营都统兼侍中、弘农郡王。

三年夏四月，镇南节度使钟传以养子延规为江州刺史。传薨，军中立其子匡时为留后。延规恨不得立，遣使降淮南。杨渥以升州刺史秦裴为西南行营都招讨使，将兵击钟匡时于江西。秋七月，秦裴至洪州，军于蓼洲。诸将请阻水立寨，裴不从，钟匡时果遣其将刘楚据之。诸将以咎裴，裴曰："匡时骁将，独楚一人耳。若帅众守城，不可猝拔，吾故以要害诱致之耳。"未几，裴破寨执楚，遂围洪州。饶州刺史唐宝请降。

九月，秦裴拔洪州，虏钟匡时等五千人以归。杨渥自兼镇南节度使，以裴为洪州制置使。

后梁太祖开平元年春正月，淮南节度使兼侍中、东面诸道行营都统、弘农王杨渥既得江西，骄侈益甚。谓节度判官周隐曰："君卖人国家，何面复相见？"遂杀之。由是将佐皆不自安。

黑云都指挥使吕师周与副指挥使綦章将兵屯上高，师周与湖南战，屡有功，渥忌之。师周惧，谋于綦章曰："马公宽厚，吾欲逃死焉，可乎？"章曰："兹事君自图之，吾舌可断，不敢泄。"师周遂奔湖南，章纵其孥使逸去。师周，扬州人也。

渥居丧，昼夜酣饮作乐，然十围之烛以击毬，一烛费钱数万。或单骑出游，从者奔走道路，不知所之。左右牙指挥使张颢、徐温泣谏，渥怒曰："汝谓我不才，何不杀我自为之？"二人惧。渥选壮士，号"东院马军"，广署亲信为将吏。所署者恃势骄横，陵蔑勋旧。颢、温潜谋作乱。渥父行密之世，有亲军数千营于牙城之内，渥迁出于外，以其地为射场，颢、温由是无所惮。

渥之镇宣州也，命指挥使朱思勍、范思从、陈璠将亲兵三千。及嗣位，召归广陵。颢、温使三将从秦裴击江西，因戍洪州，诬以谋叛，命别将陈祐往诛之。祐间道兼行，六日至洪州，微服怀短兵径入秦裴帐中。裴大惊，祐告之故，乃召思勍等饮酒，祐数思勍等罪，执而斩之。渥闻三将死，益忌颢、温，欲诛之。丙戌，渥晨视事，颢、温帅牙兵二百，露刃直入庭中，渥曰："尔果欲杀我邪？"对曰："非敢然也，欲诛王左右乱政者耳。"因数渥所亲信十余人之罪，曳下，以铁檛击杀之，谓之"兵谏"。诸将不与之同者，颢、温稍以法诛之，于是军政悉归二人，渥不能制。

二年夏五月，淮南左牙指挥使张颢、右牙指挥使徐温专制军政，弘农威王心不能平，欲去之而未能。二人不自安，共谋弑王，分其地以臣于梁。戊寅，颢遣其党纪祥等弑王于寝室，诈云暴薨。

己卯，颢集将吏于府廷，夹道及庭中堂上皆列白刃，令诸将悉去卫从然后入。颢厉声问曰："嗣王已薨，军府谁当主之？"三问，莫应，颢气色益怒。幕僚严可求前密启曰："军府至大，四境多虞，非公主之不可。然今日则恐太速。"颢曰："何谓速也？"可求曰："刘威、陶雅、李遇、李简皆先王之等夷，公今自立，此曹肯为公下乎？不若立幼主辅之，诸将孰敢不从。"颢默然久之。可求因屏左右，急书一纸置袖中，麾同列诣使宅贺，众莫测其所为。既至，可求跪读之，乃太夫人史氏教也。大要言："先王创业艰难，嗣王不幸早世，隆演次当立，诸将宜无负杨氏，善辅导之。"辞旨明切。颢气色皆沮，以其义正，不敢夺，遂奉威王弟隆演称淮南留后、东面诸道行营都统。既罢，副都统朱瑾诣可求所居曰："瑾年十六七即横戈跃马，冲犯大敌，未尝畏慑，今日对颢，不觉流汗。公面折之如无人，乃知瑾匹夫之勇，不及公远矣。"因以兄事之。

张颢以徐温为浙西观察使，镇润州。严可求说温曰："公舍牙兵而出外藩，颢必以弑君之罪归公。"温惊曰："然则奈何？"可求曰："颢刚愎而暗于事，公能见听，请为公图之。"时副使李承嗣参预军府之政，可求又说承嗣曰："颢凶威如此，今出徐于外，意不徒然，恐亦非公之利。"承嗣深然之。可求往见颢曰："公出徐公于外，人皆言公欲夺其兵权而杀之，多言亦可畏也。"颢曰："右牙欲之，非吾意也。业已行矣，奈何？"可求曰："止之易耳。"明日，可求邀颢及承嗣俱诣温，可求瞋目责温曰："古人不忘一饭之恩，况公杨氏宿将！今幼嗣初立，多事之时，乃求自安于外，可乎？"温谢曰："苟诸公见容，温何敢自专。"由是不行。

颢知可求阴附温，夜遣盗刺之。可求知不免，请为书辞府主。盗执刀临之，可求操笔无惧色。盗能辨字，见其辞旨忠壮，曰："公长者，吾不忍杀。"掠其财以复命，曰："捕之不获。"颢怒曰："吾欲得可求首，何用财为！"

温与可求谋诛颢，可求曰："非钟泰章不可。"泰章者，合肥人，时为左监门卫将军。温使亲将彭城翟虔告之。泰章闻之喜，密结壮士三十人，夜刺血相饮为誓。丁亥旦，直入斩颢于牙堂，并其亲近。温始暴颢弑君之罪，轘纪祥等于市。诣西宫白太夫人。太夫人恐惧，大泣曰："吾儿冲幼，祸难如此，愿保百口归庐州，公之惠也。"温曰："张颢弑逆，不可不诛，夫人宜自安。"初，颢与温谋弑威王，温曰："参用左右牙兵，〔心〕必不一，不若独用吾兵。"颢不可，温曰："然则独用公兵。"颢从之。至是，穷治逆党，皆左牙兵也，由是人以温为实不知谋也。隆演以温为左右牙都指挥使，军府事咸取决焉。以严可求为扬州司马。

温性沉毅，自奉简俭，虽不知书，使人读狱讼之辞而决之，皆中情理。先是，张颢用事，刑戮酷滥，纵亲兵剽夺市里。温谓严可求曰："大事已定，吾与公辈当力行善政，使人解衣而寝耳。"乃立法度，禁强暴，政举大纲，军民安之。温以军旅委可求，以财赋委支计官骆知祥，皆称其职，淮南谓之"严、骆"。

秋七月壬申，淮南将吏请于李俨，承制授杨隆演淮南节度使、东面诸道行营都统、同平章事、弘农王。

钟泰章赏薄，泰章未尝自言。后逾年，因醉与诸将争言而及之。或告徐温以泰章怨望，请诛之，温曰："是吾过也。"擢为滁州刺史。

是岁，弘农〔王〕遣军将万全感赍书间道诣晋及岐，告以嗣位。

三年春三月，徐温以金陵形胜，战舰所聚，乃自以淮南行军副使领昇州刺史，留广陵，以其假子元从指挥使知诰为昇州防遏兼楼船副使往治之。

四年春二月,万全感自岐归广陵,岐王承制加弘农王兼中书令,嗣吴王。

乾化二年春三月,吴镇南节度使刘威、歙州观察使陶雅、宣州观察使李遇、常州刺史李简,皆武忠王旧将,有大功,以徐温自牙将秉政,内不能平。李遇尤甚,常言:"徐温何人?吾未尝识面,一旦乃当国邪!"馆驿使徐玠使于吴越,道过宣州,温使玠说遇入见新王,遇初许之。玠曰:"公不尔,人谓公反。"遇怒曰:"君言遇反,杀侍中者非反邪?"侍中,谓威王也。温怒,以淮南节度副使王檀为宣州制置使,数遇不入朝之罪,遣都指挥使柴再用帅升、润、池、歙兵纳檀于宣州,昇州副使徐知诰为之副。遇不受代,再用攻宣州,逾月不克。

夏五月,李遇少子为淮南牙将,遇最爱之,徐温执之,至宣州城下示之,其子啼号求生,遇由是不忍战。温使典客何荛入城,以吴王命说之曰:"公本志果反,请斩荛以徇。不然,随荛纳款。"遇乃开门请降,温使柴再用斩之,夷其族。于是诸将始畏温,莫敢违其命。

徐知诰以功迁昇州刺史。知诰事温甚谨,安于劳辱,或通夕不解带,温以是特爱之。每谓诸子曰:"汝辈事我能如知诰乎?"时诸州长吏多武夫,专以军旅为务,不恤民事。知诰在昇州,独选用廉吏,修明政教,招延四方士大夫,倾家赀无所爱。洪州进士宋齐丘,好纵横之术,谒知诰,知诰奇之,辟为推官,与判官王令谋、参军王翃专主谋议,以牙吏马仁裕、周宗、曹悰为腹心。仁裕,彭城人;宗,涟水人也。

吴武忠王之疾病也,周隐请召刘威,威由是为帅府所忌。或谮之于徐温，温将讨之。威幕客黄讷说威曰："公受谤虽深，反本无状，若轻舟入觐，则嫌疑皆亡矣。"威从之。陶雅闻李遇败，亦惧，与威偕诣广陵。温待之甚恭，如事武忠王之礼，优加官爵，雅等悦服，由是人皆重温。讷，苏州人也。温与威、雅帅将吏请于李俨，承制加嗣吴王隆演太师、吴王，以温领镇海节度使、同平章事，淮南行军司马如故。温遣威、雅还镇。

均王贞明元年夏四月，吴徐温以其子牙内都指挥使知训为淮南行军副使、内外马步诸军副使。秋八月庚戌，吴以镇海节度使徐温为管内水陆马步诸军都指挥使、两浙都招讨使、守侍中、齐国公，镇润州，以昇、润、常、宣、歙、池六州为巡属，军国庶务参决如故。留徐知训居广陵秉政。

四年夏六月，吴内外马步都军使、昌化节度使、同平章事徐知训骄倨淫暴。威武节度使、知抚州李德诚有家妓数十，知训求之，德诚遣使谢曰："家之所有皆长年，或有子，不足以侍贵人，当更为公求少而美者。"知训怒，谓使者曰："会当杀德诚，并其妻取之。"

知训狎侮吴王，无复君臣之礼。尝与王为优，自为参军，使王为苍鹘，总角弊衣执帽以从。又尝泛舟浊河，王先起，知训以弹弹之。又尝赏花于禅智寺，知训使酒悖慢，王惧而泣，四座股栗。左右扶王登舟，知训乘轻舟逐之，不及，以铁挝杀王亲吏。将佐无敢言者，父温皆不之知。

知训及弟知询皆不礼于徐知诰，独季弟知谏以兄事礼之。知训尝召兄弟饮，知诰不至，知训怒曰："乞子不欲酒，欲剑乎！"又尝与知诰饮，伏甲欲杀之，知谏蹑知诰足，知诰阳起如厕，遁去。知训以剑授左右刁彦能使追杀之。彦能驰骑及于中途，举剑示知诰而还，以不及告。

平卢节度使、同平章事、诸道副都统朱瑾遣家妓通候问于知训，知训强欲私之，瑾已不平。知训恶瑾位加己上，置静淮军于泗州，出瑾为静淮节度使，瑾益恨之，然外事知训愈谨。瑾有所爱马，冬贮于幄，夏贮于帱；宠妓有绝色。知训过别瑾，瑾置酒自捧觞，出宠妓使歌，以所爱马为寿，知训大喜。瑾因延之中堂，伏壮士于户内，出妻陶氏拜之。知训答拜，瑾以笏自后击之踣地，呼壮士出斩之。瑾先系二悍马于庑下，将图知训，密令人解纵之，马相蹄啮，声甚厉，以是外人莫之闻。瑾提知训首出，知训从者数百人皆散走。瑾驰入府，以首示吴王曰："仆已为大王除害。"王惧，以衣障面，走入内，曰："舅自为之，我不敢知。"瑾曰："婢子不足与成大事！"以知训首击柱，挺剑将出，子城使翟虔等已阖府门，勒兵讨之，乃自后逾城，坠而折足，顾追者曰："吾为万人除害，以一身任患。"遂自刭。

徐知诰在润州闻难，用宋齐丘策，即日引兵济江。瑾已死，因抚定军府。时徐温诸子皆弱，温乃以知诰代知训执吴政，沉朱瑾尸于雷塘而灭其族。

瑾之杀知训也，泰宁节度使米志诚从十余骑问瑾所向，闻其已死，乃归。宣谕使李俨贫困，寓居海陵，温疑其与瑾通谋，皆杀之。严可求恐志诚不受命，诈称袁州大破楚兵，将吏皆入贺，伏壮士于戟门，擒志诚斩之，并其诸子。

秋七月，吴徐温入朝于广陵，疑诸将皆预朱瑾之谋，欲大行诛戮。徐知诰、严可求具陈徐知训过恶，所以致祸之由，温怒稍解，乃命网瑾骨于雷塘而葬之，责知训将佐不能匡救，皆抵罪。独刁彦能屡有谏书，温赏之。戊戌，以知诰为淮南节度行军副使、内外马步都军副使、通判府事，兼江州团练使。以徐知谏权润州团练事。温还镇金陵，总吴朝大纲，自余庶政皆决于知诰。

知诰悉反知训所为，事吴王尽恭，接士大夫以谦，御众以宽，约身以俭。以吴王之命，悉蠲天祐十三年以前逋税，余俟丰年乃输之。求贤才，纳规谏，除奸猾，杜请托，于是士民翕然归心，虽宿将悍夫无不悦服。以宋齐丘为谋主。先是，吴有丁口钱，又计亩输钱，钱重物轻，民甚苦之。齐丘说知诰，以为："钱非耕桑所得，今使民输钱，是教民弃本逐末也。请蠲丁口钱，自余税悉输谷、帛，紬、绢匹直千钱者当税三千。"或曰："如此，县官岁失钱亿万计。"齐丘曰："安有民富而国家贫者邪？"知诰从之。由是江、淮间旷土尽辟，桑柘满野，国以富强。

知诰欲进用齐丘而徐温恶之，以为殿直军判官。知诰每夜引齐丘于水亭屏语，常至夜分，或居高堂，悉去屏障，独置大炉，相向坐，不言，以铁箸画灰为字，随以匙灭去之，故其所谋，人莫得而知也。

初，吴徐温自以权重而位卑，说吴王曰："今大王与诸将皆为节度使，虽有都统之名，不足相临制。请建吴国，称帝而治。"王不许。严可求屡劝温以次子知询代徐知诰知吴政，知诰与骆知祥谋，出可求为楚州刺史。可求既受命，至金陵，见温，说之曰："吾奉唐正朔，常以兴复为辞。今朱、李方争，朱氏日衰，李氏日炽。一旦李氏有天下，吾能北面为之臣乎？不若先建吴国以系民望。"温大悦，复留可求参总庶政，使草具礼仪。知诰知可求不可去，乃以女妻其子续。

五年。吴徐温帅将吏藩镇请吴王称帝，吴王不许。夏四月戊戌朔，即吴国王位，大赦，改元武义。建宗庙、社稷，置百官，宫殿、文物皆用天子礼。以金继土，腊用丑。改谥武忠王曰孝武王，庙号太祖，威王曰景王，尊母为太妃。以徐温为大丞相、都督中外诸军事、诸道都统、镇海宁国节度使，守太尉兼中书令、东海郡王。以徐知诰为左仆射，参政事兼知内外诸军事，仍领江州团练使。以扬府左司马王令谋为内枢使，营田副使严可求为门下侍郎，盐铁判官骆知祥为中书侍郎，前中书舍人卢择为吏部尚书兼太常卿，掌书记殷文圭为翰林学士，馆驿巡官游恭为知制诰，前驾部员外郎杨迢为给事中。择，醴泉人；迢，敬之之孙也。

秋七月丙戌，吴王立其弟蒙为庐江郡公，溥为丹阳郡公，浔为新安郡公，澈为鄱阳郡公，子继明为庐陵郡公。吴庐江公蒙有材气，常叹曰："我国家而为他人所有，可乎？"徐温闻而恶之。冬十月，出蒙为楚州团练使。

六年夏四月，吴宣王重厚恭恪，徐温父子专政，王未尝有不平之意形于言色，温以是安之。及建国称制，尤非所乐，多沉饮，鲜食，遂成寝疾。五月，温自金陵入朝，议当为嗣者。或希温意言曰："蜀先主谓武侯：'嗣子不才，君宜自取。'"温正色曰："吾果有意取之，当在诛张颢之初，岂至今日邪！使杨氏无男，有女亦当立之。敢妄言者斩。"乃以王命迎丹杨公溥监国，徙溥兄蒙为舒州团练使。己丑，宣王殂。六月戊申，溥即吴王位，尊母王氏曰太妃。

龙德元年冬十月，吴徐温劝吴王祀南郊。或曰："礼乐未备。且唐祀南郊，其费巨万，今未能办也。"温曰："安有王者而不事天乎？吾闻事天贵诚，多费何为！唐每郊祀，启南门，灌其枢用脂百斛，此乃季世奢泰之弊，又安足法乎。"甲子，吴王祀南郊，配以太祖。（秋七月）乙丑，大赦。加徐知诰同平章事，领江州观察使。寻以江州为奉化军，以知诰领节度使。

徐温闻寿州团练使崔太初苛察，失民心，欲征之。徐知诰曰："寿州边隅大镇，征之恐为变，不若使其入朝，因留之。"温怒曰："一崔太初不能制，如他人何？"征为右雄武大将军。

后唐庄宗同光二年冬十月，吴王如白沙观楼船，更命白沙曰迎銮镇。徐温自金陵来朝。先是，温以亲吏翟虔为阁门、宫城、武备等使，使察王起居，虔防制王甚急。至是，王对温名雨为水，温请其故。王曰："翟虔父名，吾讳之熟矣。"因谓温曰："公之忠诚，我所知也，然翟虔无礼，宫中及宗室所须多不获。"温顿首谢罪，请斩之。王曰："斩则太过，远徙可也。"乃徙抚州。

三年夏六月，吴镇海节度判官、楚州团练使陈彦谦有疾，徐知诰恐其遗言及继嗣事，遗之医药、金帛，相属于道。彦谦临终，密留书遗徐温，请以所生子为嗣。

明宗天成元年春三月，吴以左仆射，同平章事徐知诰为侍中，右仆射严可求兼门下侍郎、同平章事。

二年冬十月辛丑，吴大丞相、都督中外诸军事、诸道都统、镇海宁国节度使兼中书令东海王徐温卒。初，温子行军司马、忠义节度使、同平章事知询以其兄知诰非徐氏子，数请代之执吴政，温曰："汝曹皆不如也。"严可求及行军副使徐玠屡劝温以知询代知诰，温以知诰孝谨，不忍也。陈夫人曰："知诰自我家贫贱时养之，奈何富贵而弃之！"可求等言之不已。温欲帅诸藩镇入朝，劝吴王称帝，将行，有疾，乃遣知询奉表劝进，因留代知诰执政。知诰草表欲求洪州节度使，俟旦上之，是夕，温凶问至，乃止。知询亟归金陵。吴王赠温齐王，谥曰忠武。

十一月庚戌，吴王即皇帝位，追尊孝武王曰武皇帝，景王曰景皇帝，宣王曰宣皇帝。丙子，吴主尊太妃王氏曰皇太后。以徐知询为诸道副都统、镇海宁国节度使兼侍中，加徐知诰都督中外诸军事。

十二月，吴主立兄庐江公蒙为常山王，弟鄱阳公澈为平原王，兄子南昌公珙为建安王。

三年春正月，吴主立子琏为江都王，璘为江夏王，璆为宜春王，宣帝子庐陵公玢为南阳王。夏四月戊戌，吴徙常山王蒙为临川王。

四年秋八月，吴武昌节度使兼侍中李简以疾求还江都，癸丑，卒于采石。徐知询，简婿也，擅留简亲兵二千人于金陵，表荐简子彦忠代父镇鄂州，徐知诰以龙武统军柴再用为武昌节度使。知询怒曰："刘崇俊，兄之亲，三世为濠州；彦忠，吾妻族，独不得邪？"

冬十月，吴诸道副都统、镇海宁国节度使兼侍中徐知询，自以握兵据上流，意轻徐知诰，数与知诰争权，内相猜忌，知诰患之。内枢密使王令谋曰："公辅政日久，挟天子以令境内，谁敢不从？知询年少，恩信未洽于人，无能为也。"知询待诸弟薄，诸弟皆怨之。徐玠知知询不可辅，反持其短以附知诰。吴越王镠遗知询金玉鞍勒、器皿，皆饰以龙凤。知询不以为嫌，乘用之。知询典客周廷望说知询曰："公诚能捐宝货以结朝中勋旧，使皆归心于公，则彼谁与处？"知询从之，使廷望如江都谕意。廷望与知诰亲吏周宗善，密输款于知诰，亦以知诰阴谋告知询。知询召知诰诣金陵除父温丧，知诰称吴主之命不许。周宗谓廷望曰："人言侍中有不臣七事，宜亟入谢。"廷望还，以告知询。十一月，知询入朝，知诰留知询为统军，领镇海节度使，遣右雄武都指挥使柯厚征金陵兵还江都，知诰自是始专吴政。知询责知诰曰："先王违世，兄为人子，初不临丧，可乎?"知诰曰："尔挺剑待我，我何敢往！尔为人臣，畜乘舆物，亦可乎?"知询又以廷望所言诘知诰，知诰曰："以尔所为告我者，亦廷望也。"遂斩廷望。

壬辰，吴主加尊号曰睿圣文明光孝皇帝，大赦，改元大和。

十二月，吴加徐知诰兼中书令，领宁国节度使。知诰召知询饮，以金钟酌酒赐之，曰："愿弟寿千岁。"知询疑有毒，引他器均之，跽献知诰曰："愿与兄各享五百岁。"知诰变色，左右顾，不肯受，知询捧酒不退。左右莫知所为，伶人申渐高径前为诙谐语，掠二酒合饮之，怀金钟趋出，知诰密遣人以良药解之，已脑溃而卒。

长兴元年春三月，吴主立江都王琏为太子。

冬十月丙辰，吴左仆射、同平章事严可求卒。徐知诰以其长子大将军景通为兵部尚书，参政事，知诰将出镇金陵故也。

二年春二月，吴徐知诰欲以中书侍郎、内枢使宋齐丘为相，齐丘自以资望素浅，欲以退让为高，谒归洪州葬父，因入九华山，止于应天寺，启求隐居。吴主下诏征之，知诰亦以书招之，皆不至。知诰遣其子景通自入山敦谕，齐丘始还朝，除右仆射致仕，更命应天寺曰征贤寺。

秋九月，吴镇南节度使、同平章事徐知谏卒。以诸道副都统、镇海节度使、守中书令徐知询代之，赐爵东海郡王。徐知诰之召知询入朝也，知谏豫其谋。知询遇其丧于途，抚棺泣曰："弟用心如此，我亦无憾，然何面见先王于地下乎！"

十一月，吴中书令徐知诰表称"辅政岁久，请归老金陵"。乃以知诰为镇海宁国节度使，镇金陵，余官如故，总录朝政如徐温故事。以其子兵部尚书参政事景通为司徒、同平章事、知中外左右诸军事，留江都辅政。以内枢使、同平章事王令谋为左仆射兼门下侍郎，以宋齐丘为右仆射兼中书侍郎，并同平章事兼内枢使，以佐景通。

十二月癸亥，徐知诰至金陵。

三年春二月，吴徐知诰作礼贤院于府舍，聚图书，延士大夫，与孙晟及海陵陈觉谈议时事。秋八月，吴徐知诰广金陵城，周围二十里。冬十一月，吴以诸道都统徐知诰为大丞相、太师，加领得胜节度使。知诰辞丞相、太师。

四年夏五月，吴宋齐丘劝徐知诰徙吴主都金陵，知诰乃营宫城于金陵。

潞王清泰元年春正月，吴徐知诰别治私第于金陵，乙未，迁居私第，虚府舍以待吴主。

吴人多不欲迁都者，都押牙周宗言于徐知诰曰："主上西迁，公复须东行，不惟劳费甚大，且违众心。"二月丙子，吴主遣宋齐丘如金陵谕知诰罢迁都。先是，知诰久有传禅之志，以吴主无失德，恐众心不悦，欲待嗣君；宋齐丘亦以为然。一旦，知诰临镜镊白髭，叹曰："国家安而吾老矣，奈何！"周宗知其意，请如江都，微以传禅讽吴主，且告齐丘。齐丘以宗先己，心疾之，遣使驰诣金陵，手书切谏，以为天时、人事未可。知诰愕然。后数日，齐丘至，请斩宗以谢吴主，乃黜宗为池州副使。久之，节度副使李建勋、行军司马徐玠等屡陈知诰功业，宜早从民望，召宗复为都押牙。知诰由是疏齐丘。

吴主诏徐知诰还府舍。甲申，金陵大火，乙酉，又火。知诰疑有变，勒兵自卫，己丑，复入府舍。

东海康王徐知询卒。

夏六月，吴徐知诰将受禅，忌昭武节度使兼中书令临川王蒙，遣人告蒙藏匿亡命，擅造兵器，丙子，降封历阳公，幽于和州，命控鹤军使王宏将兵二百卫之。

秋七月，吴徐知诰召右仆射兼中书侍郎、同平章事宋齐丘还金陵，以为诸道都统判官，加司空，于是皆无所关预。齐丘屡请退居，知诰以南园给之。

冬十月，吴主加徐知诰大丞相、尚父、嗣齐王、九锡。辞不受。

十一月，徐知诰召其子司徒、同平章事景通还金陵，为镇海宁国节度副大使、诸道副都统、判中外诸军事；以次子牙内马步都指挥使、海州团练使景迁为左右军都军使、左仆射，参政事，留江都辅政。

二年春三月，吴加徐景迁同平章事，知左右军事。徐知诰令尚书郎陈觉辅之，谓觉曰："吾少时与宋子嵩论议，好相诘难，或吾舍子嵩还家，或子嵩拂衣而起。子嵩携衣笥望秦淮门欲去者数矣，吾常戒门者止之。吾今老矣，犹未遍达时事，况景迁年少当国，故屈吾子以诲之耳。"

秋七月，吴润州团练使徐知谔狎昵小人，游燕废务，作列肆于牙城西，躬自贸易。徐知诰闻之，怒，召知谔左右诘责，知谔惧。或谓知诰曰："忠武王最爱知谔，而以后事传于公。往年知询失守，论议至今未息。借使知谔治有能名，训兵养民，于公何利？"知诰感悟，待之加厚。

冬十月，吴加中书令徐知诰尚父、太师、大丞相、大元帅，进封齐王，备殊礼，以昇、润、宣、池、歙、常、江、饶、信、海十州为齐国。知诰辞尚父、丞相，殊礼不受。

后晋高祖天福元年春正月，吴徐知诰始建大元帅府，以幕职分判吏、户、礼、兵、刑、工部及盐铁。三月，吴徐知诰以其子副都〔统〕景通为太尉、副元帅，都统判官宋齐丘、行军司马徐玠为元帅府左右司马。夏四月，高从诲遣使奉笺于徐知诰，劝即帝位。冬十一月癸巳，吴主诏齐王徐知诰置百官，以金陵府为西都。

十二月，徐知诰以镇南节度使太尉兼中书令李德诚、德胜节度使兼中书令周本位望隆重，欲使之帅众推戴。本曰："我受先王大恩，自徐温父子用事，恨不能救杨氏之危，又使我为此，可乎？"其子弘祚强之，不得已，与德诚帅诸将诣江都表吴主，陈知诰功德，请行册命，又诣金陵劝进。宋齐丘谓德诚之子建勋曰："尊公，太祖元勋，今日扫地矣。"于是吴宫多妖，吴主曰："吴祚其终乎！"左右曰："此乃天意，非人事也。"

二年春正月，吴太子琏纳齐王知诰女为妃。知诰始建太庙、社稷，改金陵为江宁府，牙城曰宫城，厅堂曰殿。以左右司马宋齐丘、徐玠为左右丞相，马步判官周宗、内枢判官黟人周廷玉为内枢使，自余百官皆如吴朝之制。置骑兵八军，步兵九军。

二月戊子，吴主使宜阳王璪如西都，册命齐王。王受册，赦境内。册王妃曰王后。三月，吴徐知诰立子景通为王太子，固辞不受。追尊考忠武王温曰太祖武王，妣明德太妃李氏曰王太后。壬申，更名诰。夏六月，吴诸道副都统徐景迁卒。秋七月，吴同平章事王令谋如金陵劝徐诰受禅，诰让不受。

八月，吴历阳公蒙知吴将亡，甲午，杀守卫军使王宏。宏子勒兵攻蒙，蒙射杀之。以德胜节度使周本，吴之勋旧，引二骑诣庐州，欲依之。本闻蒙至，将见之。其子弘祚固谏，本怒曰："我家郎君来，何为不使我见？”弘祚合扉不听本出，使人执蒙于外，送江都。徐诰遣使称诏杀蒙于采石，追废为悖逆庶人，绝属籍。侍卫军使郭悰杀蒙妻子于和州，诰归罪于悰，贬池州。

吴司徒、门下侍郎、同平章事、内枢使、忠武节度使王令谋老病无齿，或劝之致仕，令谋曰：“齐王大事未毕，吾何敢自安。”疾亟，力劝徐诰受禅。是月，吴主下诏禅位于齐。李德诚等复诣金陵帅百官劝进，宋齐丘不署表。九月癸丑，令谋卒。

丙寅，吴主命江夏王璘奉玺绶于齐。冬十月甲申，齐王诰即皇帝位于金陵，大赦，改元升元，国号唐。追尊太祖武王曰武皇帝。乙酉，遣右丞相玠奉册诣吴主，称：“受禅老臣诰，谨拜稽首，上皇帝尊号曰高尚思玄弘古让皇，宫室、乘舆、服御皆如故，宗庙、正朔、徽章、服色悉从吴制。”丁亥，立徐知证为江王，徐知谔为饶王。以吴太子琏领平卢节度使兼中书令，封弘农公。

唐主宴群臣于天泉阁，李德诚曰：“陛下应天顺人，惟宋齐丘不乐。”因出齐丘止德诚劝进书，唐主执书不视，曰：“子嵩三十年旧交，必不相负。”齐丘顿首谢。

己丑，唐主表让皇改东都宫殿名，皆取于仙经。让皇常服羽衣，习辟谷术。辛卯，吴宗室建安王珙等十二人皆降爵为公，而加官增邑。丙申，以吴同平章事张延翰及门下侍郎张居咏、中书侍郎李建勋并同平章事。让皇以唐主上表，致书辞之。唐主表谢而不改。

丁酉，加宋齐丘大司徒。齐丘虽为左丞相，不预政事，心愠怼，闻制词云“布衣之交”，抗声曰：“臣为布衣时，陛下为刺史。今日为天子，可不用老臣矣。”还家请罪，唐主手诏谢之，亦不改命。久之，齐丘不知所出，乃更上书，请迁让皇于他州及斥远吴太子琏，绝其婚，唐主不从。

乙巳，立王后宋氏为皇后。戊申，以诸道都统判元帅府事景通为诸道副元帅、判六军诸卫事、太尉、尚书令、吴王。

十一月乙卯，唐吴王景通更名璟。唐主赐杨琏妃号永兴公主，妃闻人呼公主则流涕而辞。戊午，唐主立其子景遂为吉王，景达为寿阳公。以景遂为侍中、东都留守、江都尹，帅留司百官赴东都。

三年春正月，唐德胜节度使兼中书令西平恭烈王周本以不能存吴，愧恨而卒。丙寅，唐以侍中吉王景遂参判尚书都省。夏四月甲申，唐宋齐丘自陈丞相不应不豫政事，唐主答以省署未备。

吴让皇固辞旧宫，屡请徙居，李德诚等亦亟以为言。五月戊午，唐主改润州牙城为丹杨宫，以李建勋为迎奉让皇使。壬戌，唐主以左宣威副统军王舆为镇海留后，客省使公孙圭为监军使，亲吏马思让为丹杨宫使，徙让皇居丹杨宫。

宋齐丘复自陈为左右所间，唐主大怒。齐丘归第，白衣待罪。或曰："齐丘旧臣，不宜以小过弃之。"唐主曰："齐丘有才，不识大体。"乃命吴王璟持手诏召之。

六月壬午，或献毒酒方于唐主，唐主曰："犯吾法者自有常刑，安用此为！"群臣争请改府寺州县名有"吴"及"杨"者，留守判官杨嗣请更姓羊。徐玠曰："陛下自应天顺人，事非逆取，而谄邪之人专事改更，咸非急务，不可从也。"唐主然之。

冬十一月辛丑，吴让皇卒。唐主废朝二十七日，追谥曰睿皇帝。

是岁，唐主徙吴王璟为齐王。

四年春正月，唐群臣江王知证等累表请唐主复姓李，立唐宗庙，乙丑，唐主许之。群臣又请上尊号，唐主曰："尊号虚美，且非古。"遂不受。其后子孙皆踵其法，不受尊号，又不以外戚辅政，宦者不得预事，皆他国所不及也。

二月乙亥，改太祖庙号曰义祖。己卯，唐主为李氏考妣发哀，与皇后斩衰居庐，如初丧礼，朝夕临，凡五十四日。江王知证、饶王知谔请亦服斩衰，不许。李建勋之妻广德长公主假衰绖入哭尽哀，如父母之丧。辛巳，诏："国事委齐王璟详决，惟军旅以闻。"

庚寅，唐主更名昪。

诏百官议二祚合享礼。辛卯，宋齐丘等议以义祖居七室之东。唐主命："居高祖于西室，太宗次之，义祖又次之，皆为不祧之主。"群臣言："义祖诸侯，不宜与高祖、太宗同享，请于太庙正殿后别建庙祀之。"帝曰："吾自幼托身义祖，向非义祖有功于吴，朕安能启此中兴之业！"群臣乃不敢言。

唐主欲祖吴王恪，或曰："恪诛死，不若祖郑王元懿。"唐主命有司考二王苗裔，以吴王孙祎有功，祎子岘为宰相，遂祖吴王，云"自岘五世至父荣"，其名率皆有司所撰。唐主又以历十九帝，三百年，疑十世太少。有司曰："三十年为世，陛下生于文德，已五十年矣。"遂从之。三月庚戌，唐主追尊吴王恪为定宗孝静皇帝，自曾祖以下皆追〔尊〕庙号及谥。

夏四月辛巳，唐主祀南郊。癸未，大赦。

通鉴纪事本末卷第四十

马氏据湖南

唐僖宗光启二年。初，忠武决胜指挥使孙儒与龙骧指挥使朗山刘建锋戍蔡州，拒黄巢，扶沟马殷隶军中，以材勇闻。及秦宗权叛，儒等皆属焉。

三年。秦宗权与杨行密争扬州，以孙儒为副，张佶、刘建锋、马殷皆从。

昭宗景福元年夏五月，杨行密屡败孙儒兵，破其广德营，张训屯安吉，断其粮道。儒食尽，士卒大疫，遣其将刘建锋、马殷分兵掠诸县。行密纵兵击儒，斩之，儒众多降于行密。刘建锋、马殷收余众七千，南走洪州，推建锋为帅，殷为先锋指挥使，以行军司马张佶为谋主，比至江西，众十余万。

乾宁元年五月，刘建锋、马殷引兵至澧陵，武安节度使邓处讷遣邵州指挥使蒋勋、邓继崇将步骑三千守龙回关。殷先至关下，遣使诣勋，勋等以牛酒犒师。殷使说勋曰："刘龙骧智勇兼人，术家言当兴翼、轸间。今将十万众，精锐无敌，而君以乡兵数千拒之，难矣。不如先下之，取富贵，还乡里，不亦善乎？"勋等然之，谓众曰："东军许吾属还。"士卒皆欢呼，弃旗帜铠仗遁去。建锋令前锋衣其甲，张其旗，趋潭州。潭人以为邵州兵还，不为备。建锋径入府，处讷方宴，擒斩之。戊辰，建锋入潭州，自称留后。

二年。以刘建锋为武安节度使。建锋以马殷为内外马步军都指挥使。蒋勋求为邵州刺史，刘建锋不许，勋据邵州，使其将屯定胜镇以扼潭人。

三年春正月丁巳，刘建锋遣都指挥使马殷将兵讨蒋勋，攻定胜寨，破之。

夏四月，武安节度使刘建锋既得志，嗜酒，不亲政事。长直兵陈赡妻美，建锋私之，赡袖铁挝击杀建锋。诸将杀赡，迎行军司马张佶为留后。佶将入府，马忽踶啮，伤左髀。时马殷攻邵州未下，佶谢诸将曰："马公勇而有谋，宽厚乐善，吾所不及，真乃主也。"乃以牒召之。殷犹豫未行，听直军将汝南姚彦章说殷曰："公与刘龙骧、张司马，一体人也，今龙骧遇祸，司马伤髀，天命人望，舍公尚谁属哉！"殷乃使亲从都副指挥使李琼留攻邵州，径诣长沙。五月，马殷至长沙，张佶肩舆入府，坐受殷拜谒，已，乃命殷升听事，以留后让之，即趋下，帅将吏拜贺，复为行军司马，代殷将兵攻邵州。

秋九月，以湖南军留后马殷判湖南军府事。殷以高郁为谋主。郁，扬州人也。殷畏杨行密、成汭之强，议以金帛结之。高郁曰："成汭不足畏也。行密公之仇，虽以万金赂之，安肯为吾援乎？不若上奉天子，下抚士民，训卒厉兵，以修霸业，则谁与为敌矣。"殷从之。

光化元年春三月，以潭州刺史、判湖南军府事马殷知武安留后。时湖南管内七州，贼帅杨师远据衡州，唐世旻据永州，蔡结据道州，陈彦谦据郴州，鲁景仁据连州，殷所得惟潭、邵二州而已。

夏五月，湖南将姚彦章言于马殷，请取衡、永、道、连、郴五州，仍荐李琼为将。殷以琼及秦彦晖为岭北七州游弈使，张图英、李唐副之，将兵攻衡州，斩杨师远，引兵趣永州，围之月余，唐世旻走死。殷以李唐为永州刺史。

二年秋七月，马殷遣其将李唐攻道州，蔡结聚群蛮，伏兵于隘以击之，大破唐兵。唐曰："蛮所恃者山林耳，若战平地，安能败我。"乃命因风燔林，光烛天地，群蛮惊遁，遂拔道州，擒结，斩之。

冬十一月，马殷遣其将李琼攻郴州，执陈彦谦，斩之。进攻连州，鲁景仁自杀。湖南皆平。

三年冬十月，静江节度使刘士政闻马殷悉平岭北，大惧，遣副使陈可璠屯全义岭以备之。殷遣使修好于士政，可璠拒之，殷遣其将秦彦晖、李琼等将兵七千击士政。湖南军至全义，士政又遣指挥使王建武屯秦城。可璠掠县民耕牛以犒军，县民怨之，请为湖南向导，曰："此西南有小径，距秦城才五十里，仅通单骑。"彦晖遣李琼将骑六十、步兵三百袭秦城，中宵，逾垣而入，擒王建武，比明复还，絣之以练，造可璠壁下示之，可璠犹未之信。斩其首，投壁中，桂人震恐。琼因勒兵击之，擒可璠，降其将士二千，皆杀之。引兵趣桂州，自秦城以南二十余壁皆望风奔溃，遂围桂州。数日，士政出降，桂、宜、岩、柳、象五州皆降于湖南。马殷以李琼为桂州刺史。未几，表为静江节度使。

天复三年夏四月，杨行密遣使诣马殷，言朱全忠跋扈，请殷绝之，约为兄弟。湖南大将许德勋曰："全忠虽无道，然挟天子以令诸侯，明公素奉王室，不可轻绝也。”殷从之。

天祐元年。初，马殷弟賨性沉勇，事孙儒，为百胜指挥使。儒死，事杨行密，屡有功，迁黑云指挥使。行密尝从容问其兄弟，乃知为殷之弟，大惊曰：“吾常怪汝器度瑰伟，果非常人。当遣汝归。”賨泣辞曰：“賨淮西残兵，大王不杀而宠任之。湖南地近，常得兄声问；賨事大王久，不愿归也。”行密固遣之。是岁，賨归长沙，行密亲饯之郊。賨至长沙，殷表賨为节度副使。他日，殷议入贡天子，賨曰：“杨王地广兵强，与吾邻接，不若与之结好，大可以为缓急之援，小可通商旅之利。”殷作色曰：“杨王不事天子，一旦朝廷致讨，罪将及吾。汝置此论，勿为吾祸。”

昭宣帝天祐三年。吉州刺史彭玕遣使请降于湖南。玕本赤石洞蛮酋，镇南节度使钟传用为吉州刺史。

后梁太祖开平元年夏四月辛未，以武安节度使马殷为楚王。

五月，弘农王以鄂岳观察使刘存为西南面都招讨使，岳州刺史陈知新为岳州团练使，庐州观察使刘威为应援使，别将许玄应为监军，将水军三万以击楚。楚王马殷甚惧，静江军使杨定真贺曰：“我军胜矣。”殷问其故，定真曰：“夫战惧则胜，骄则败。今淮南兵直趋吾城，是骄而轻敌也，而王有惧色，吾是以知其必胜也。”

殷命在城都指挥使秦彦晖将水军三万浮江而下，水军副指挥使黄璠帅战舰三百屯浏阳口。六月，存等遇大雨，引兵还，至越堤北，彦晖追之。存数战不利，乃遗殷书诈降。彦晖使谓殷曰：“此必诈也，勿受。”存与彦晖夹水而陈，存遥呼曰：“杀降不祥，公独不为子孙计耶？”彦晖曰：“贼入吾境而不击，奚顾子孙！”鼓噪而进。存等走，黄璠自浏阳引兵绝江，与彦晖合击，大破之，执存及知新，裨将死者百余人，士卒死者以万数，获战舰八百艘。威以余众遁归，彦晖遂拔岳州。殷释存、知新之缚，慰谕之。二人皆骂曰："丈夫以死报主，肯事贼乎！"遂斩之。许玄应，弘农王之腹心也，常预政事，张颢、徐温因其败，收斩之。

楚王殷遣兵会吉州刺史彭玕攻洪州，不克。

武贞节度使雷彦恭会楚兵攻江陵，荆南节度使高季昌引兵屯公安，绝其粮道。彦恭败，楚兵亦走。

秋七月，雷彦恭攻岳州，不克。

八月辛亥，〔以〕楚王殷兼武昌节度使，充本道招讨、制置使。

九月，雷彦恭攻涔阳、公安，高季昌击败之。彦恭贪残类其父，专以焚掠为事，荆、湖间常被其患；又附于淮南。丙申，诏削彦恭官爵，命季昌与楚王殷讨之。

冬十月，高季昌遣其将倪可福会楚将秦彦晖攻朗州，雷彦恭遣使乞降于淮南，且告急。弘农王遣将泠业将水军屯平江，李饶将步骑屯浏阳以救之。楚王殷遣岳州刺史许德勋将兵拒之。泠业进屯朗口，德勋使善游者五十人，以木枝叶覆其首，持长刀浮江而下，夜犯其营，且举火，业军中惊扰。德勋以大军进击，大破之，追至鹿角镇，擒业；又破浏阳寨，擒李饶，掠上高、唐年而归。斩业、饶于长沙市。

二年夏五月，静江节度使、同平章事李琼卒，楚王殷以其弟永州刺史存知桂州事。

乙亥，楚兵寇鄂州，淮南所署知州秦裴击破之。

雷彦恭引沅江环朗州以自守，秦彦晖顿兵月余不战，彦恭守备稍懈。彦晖使裨将曹德昌帅壮士夜入自水窦，内外举火相应，城中惊乱，彦晖鼓噪坏门而入，彦恭轻舟奔广陵。彦晖虏其弟彦雄，送于大梁。淮南以彦恭为节度副使。先是，澧州刺史向瓌与彦恭相表里，至是亦降于楚，楚始得澧、朗二州。

湖南判官高郁请听民自采茶卖于北客，收其征以赡军，楚王殷从之。秋七月，殷奏于汴、荆、襄、唐、郢、复州置回图务，运茶于河南北，卖之以易缯、纩、战马而归，仍岁贡茶二十五万斤，诏许之。湖南由是富赡。

九月，荆南节度使高季昌遣兵屯汉口，绝楚朝贡之路。楚王殷遣其将许德勋将水军击之，至沙头，季昌惧而请和。殷又遣步军都指挥使吕师周将兵击岭南，与清海节度使刘隐十余战，取昭、贺、梧、蒙、龚、富六州。殷土宇既广，乃养士息民，湖南遂安。

三年夏六月，抚州刺史危全讽自称镇南节度使，帅抚、信、袁、吉之兵号十万，攻洪州。淮南守兵才千人，将吏皆惧，节度使刘威密遣使告急于广陵，日召僚佐宴饮。全讽闻之，屯象牙潭，不敢进。袁州刺史彭彦章围高安，以助全讽。徐温以周本为西南面行营招讨应援使，将兵七千救高安。本曰："楚人为全讽声援耳，非欲取高安也。吾败全讽，援兵必还。"乃疾趣象牙潭。过洪州，刘威欲犒军，本不肯留，或曰："全讽兵强，君宜观形势然后进。"本曰："贼众十倍于我，我军闻之必惧，不若乘其锐而用之。"

秋七月，危全讽在象牙潭，营栅临溪，亘数十里。庚辰，周本隔溪布阵，先使羸兵尝敌。全讽兵涉溪追之，本乘其半济，纵兵击之。全讽兵大溃，自相蹂藉，溺水死者甚众。本分兵断其归路，擒全讽及将士五千人，乘胜克袁州，执刺史彭〔彦〕章，进攻吉州。歙州刺史陶雅使其子敬昭及都指挥使徐章将兵袭饶、信，信州刺史危仔倡请降，饶州刺史唐宝弃城走。行营都指挥使米志诚、都尉吕师造等败苑玫于上高。吉州刺史彭玕帅众数千人奔楚，楚王殷表玕为郴州刺史，为子希范娶其女。

四年夏六月，楚王殷求为天策上将，诏加天策上将军。殷始开天策府，以弟賨为左相，存为右相。殷遣将侵荆南，军于油口。高季昌击破之，斩首五千级，逐北至白田而还。

冬十二月，辰州蛮酋宋邺、(破)溆州蛮酋潘金盛恃其所居深险，数扰楚边。至是，邺寇湘乡，金盛寇武冈。楚王殷遣昭州刺史吕师周将衡山兵五千讨之。

乾化元年春正月，吕师周引兵攀藤缘崖入飞山洞，袭潘金盛，擒送武冈斩之，移兵击宋邺。冬十二月乙卯，以朗州留后马賨为永顺节度使、同平章事。

二年春二月，辰州蛮酋宋邺、昌师益皆帅众降于楚，楚王殷以邺为辰州刺史，师益为溆州刺史。

夏四月癸丑，以楚王殷为武安武昌静江宁远节度使、洪鄂四面行营都统。

冬十一月，吴淮南节度副使陈璋等将水军袭楚岳州，执刺史苑玫，楚王殷遣水军都指挥使杨定真救岳州。璋等进攻荆南，高季昌遣其将倪可福拒之。吴恐楚人救荆南，遣抚州刺史刘信帅江、抚、袁、吉、信五州兵屯吉州，为璋声援。

均王乾化三年春正月，吴陈璋攻荆南，不克而还，荆南兵与楚兵会于江口以邀之。璋知之，舟二百艘骈为一列，夜过，二镇兵遽出追之，不能及。

秋八月，楚宁远节度使姚彦章将水军侵吴鄂州，吴以池州团练使吕师造为水陆行营应援使，未至，楚兵引去。

四年夏四月，吴袁州刺史刘崇景叛，附于楚。崇景，威之子也。楚将许贞将万人援之，吴都指挥使柴再用、米志诚帅诸将讨之。

楚岳州刺史许德勋将水军巡边，夜分，南风暴起，都指挥使王环乘风趣黄州，以绳梯登城，径趣州署，执吴刺史马邺，大掠而还。德勋曰："鄂州将邀我，宜备之。"环曰："我军入黄州，鄂人不知，奄过其城，彼自救不暇，安敢邀我。"乃展旗鸣鼓而行，鄂人不敢逼。

五月，吴柴再用等与刘崇景、许贞战于万胜冈，大破之，崇景、贞弃袁州遁去。

贞明三年春三月，楚王殷遣其弟存攻吴上高，俘获而还。

龙德元年。辰、溆州蛮侵楚，楚宁远节度副使姚彦章讨平之。

后唐庄宗同光元年。楚王殷遣其子牙内马步都指挥使希范入见，纳洪、鄂行营都统印，上本道将吏籍。

二年夏四月乙亥，加楚王殷兼尚书令。

三年。初，楚王殷既得湖南，不征商旅，由是四方商旅辐凑。湖南地多铅铁，殷用军都判官高郁策，铸铅铁为钱，商旅出境无所用之，皆易他货而去，故能以境内所余之物，易天下百货，国以富饶。湖南民不事桑蚕，郁命民输税者皆以帛代钱，未几，民间机杼大盛。

明宗天成元年秋九月，加楚王殷守尚书令。

二年夏五月，楚王殷遣中使史光宪入贡。〔还〕，过〔江陵〕，荆南高季兴执史光宪而夺其(贡)〔赐〕物。事见高氏据荆南。

六月丙申，封楚王殷为楚国王。

三年春二月，楚王殷遣六军使袁诠、副使王环等将水军击荆南高季兴。事见高氏据荆南。

夏四月，吴右雄武军使苗璘、静江统军王彦章将水军万人攻楚岳州，至君山，楚王殷遣右丞相许德勋将战舰千艘御之。德勋曰："吴人掩吾不备，见大军，必惧而走。"乃潜军角子湖，使王环夜帅战舰三百，屯杨林浦绝吴归路。迟明，吴人进军荆江口，将会荆南兵攻岳州，丁亥，至道人矶。德勋命战棹都虞候詹信以轻舟三百出吴军后，德勋以大军当其前，夹击之，吴军大败，虏璘及彦章以归。吴遣使求和于楚，请苗璘、王彦章。楚王殷归之，使许德勋饯之。德勋谓二人曰："楚国虽小，旧臣宿将犹在，愿吴朝勿以措怀。必俟众驹争皂栈，然后可图也。"时殷多内宠，嫡庶无别，诸子骄奢，故德勋语及之。

六月，帝诏楚王殷讨高季兴。

四年春三月，楚王殷命其子武安节度副使、判长沙府希声知政事，总录内外诸军事，自是国政先历希声，乃闻于殷。

初，楚王殷用都军判官高郁为谋主，国赖以富强，邻国皆疾之。庄宗入洛，殷遣其子希范入贡。庄宗爱其警敏，曰："比闻马氏当为高郁所夺，今有子如此，郁安能得之。"高季兴亦屡以流言间郁于殷，殷不听，乃遣使遗节度副使、知政事希声书，盛称郁功名，愿为兄弟。使者言于希声曰："高公常云'马氏政事皆出高郁'，此子孙之忧也。"希声信之。行军司马杨昭遂，希声之妻族也，谋代郁任，日谮之于希声。希声屡言于殷，称郁奢僭，且外交邻藩，请诛之。殷曰："成吾功业，皆郁力也。汝勿为此言。"希声固请罢其兵柄，乃左迁郁行军司马。郁谓所亲曰："亟营西山，吾将归老。猘子渐大，能咋人矣。"希声闻之，益怒，明日，矫以殷命杀郁于府舍，榜谕中外，诬郁谋叛，并诛其族党。至暮，殷尚未知。是日大雾，殷谓左右曰："吾昔从孙儒渡淮，每杀不辜，多致兹异。马步院岂有冤死者乎？"明日，吏以郁死告，殷拊膺大恸曰："吾老耄，政非己出，使我勋旧横罹冤酷！"既而顾左右曰："吾亦何可久处此乎！"

长兴元年冬十月，楚王殷寝疾，遣使诣阙请传位于其子希声。朝廷疑殷已死，辛亥，以希声为起复武安节度使兼侍中。

十一月己巳，楚王殷卒，遗命诸子兄弟相继。置剑于祠堂曰："违吾命者，戮之！"诸将议遣兵守四境，然后发丧。兵部侍郎黄损曰："吾丧君有君，何备之有？宜遣使诣邻道告终称嗣而已。"

丙戌，马希声袭位，称遗命去建国之制，复藩镇之旧。

十二月庚戌，以武安节度使马希声为武安、静江节度使，加兼中书令。

二年冬十二月，武安、静江节度使马希声闻梁太祖嗜食鸡，慕之，既袭位，日杀五十鸡为膳，居丧无戚容。庚申，葬武穆王于衡阳，将发引，顿食鸡臛数盘。前吏部侍郎潘起讥之曰："昔阮籍居丧食蒸豚，何代无贤！"

三年秋七月，武安、静江节度使马希声以湖南比年大旱，命闭南岳及境内诸神祠门，竟不雨。辛卯，希声卒，六军使袁诠、潘约等迎镇南节度使希范于朗州而立之。八月〔庚申〕，马希范至长沙。辛酉，袭位。九月，以镇南节度使马希范为武安节度使兼侍中。

四年春二月乙卯，以马希范为武安、武平节度使，兼中书令。初，马希声、希范同日生，希声母曰袁德妃，希范母曰陈氏。希范怨希声先立不让，及嗣位，不礼于袁德妃。希声母弟希旺为亲从都指挥使，希范多谴责之。袁德妃请纳希旺官为道士，不许，解其军职，使居竹屋草门，不得预兄弟燕集。德妃卒，希旺忧愤而卒。

潞王清泰元年春正月壬辰，以武安、武平节度使马希范为楚王。

后晋高祖天福元年。静江节度使、同平章事马希杲有善政，监军裴仁煦谮之于楚王希范，言其收众心，希范疑之。夏四月，汉将孙德威侵蒙、桂二州，希范命其弟武安节度副使希广权知军府事，自将步骑五千如桂州。希杲惧，其母华夫人逆希范于全义岭，谢曰："希杲为治无状，致寇戎入境，烦殿下亲涉险阻，皆妾之罪也。愿削封邑，洒扫掖廷，以赎希杲罪。"希范曰："吾久不见希杲，闻其治行尤异，故来省之，无他也。"汉兵自蒙州引去，徙希杲知朗州。秋七月庚寅，楚王希范自桂州北还。

二年冬十二月，诏加马希范江南诸道都统，制置武平、静江等军事。

三年冬十月，楚顺贤夫人彭氏卒。彭夫人貌陋而治家有法，楚王希范惮之。既卒，希范始纵声色，为长夜之饮，内外无别。〔有〕商人妻美，希范杀其夫而夺之，妻誓不辱，自经死。

四年夏四月戊申，加楚王希范天策上将军，赐印，听开府置官属。

黔南巡内溪州刺史彭士愁引(蒋)〔奖〕、锦州蛮万余人寇辰、澧州。九月辛未，楚王希范命左静江指挥使刘勍、决胜指挥使廖匡齐帅衡山兵五千讨之。

冬十一月，楚王希范始开天策府，置护军都尉、领军司马等官，以诸弟及将校为之。又以幕僚拓跋恒、李弘皋、廖匡图、徐仲雅等十八人为学士。

刘勍等进攻溪州，彭士愁兵败，弃州走保山寨。石崖四绝，勍为梯栈上围之。廖匡齐战死，楚王希范遣吊其母，其母不哭，谓使者曰："廖氏三百口受王温饱之赐，举族效死，未足以报，况一子乎，愿王无以为念。"王以其母为贤，厚恤其家。

五年春正月，楚刘勍等因大风，以火箭焚彭士愁寨而攻之，士愁帅麾下逃入奖、锦深山。乙未，遣其子师暠帅诸酋长纳溪、锦、奖三州印，请降于楚。二月，刘勍引兵还长沙，楚王希范徙溪州于便地，表彭士愁为溪州刺史，以刘勍为锦州刺史。自是群蛮服于楚。希范自谓伏波之后，以铜五千斤铸柱，高丈二尺，入地六尺，铭誓状于上，立之溪州。

七年冬十月，楚王希范作天策府，极栋宇之盛。户牖栏槛皆饰以金玉，涂壁用丹砂数十万斤；地衣春夏用角簟，秋冬用木绵。与子弟僚属游宴其间。

齐王天福八年。楚地多产金银，茶利尤厚，由是财货丰殖。而楚王希范奢欲无厌，喜自夸大。为长枪大槊，饰之以金，可执而不可用。募富民年少肥泽者八千人，为银枪都。宫室、园囿、服用之物，务穷侈靡。作九龙殿，刻沉香为八龙，饰以金宝，长十余丈，抱柱相向。希范居其中，自为一龙，其幞头脚长丈余，以象龙角。用度不足，重为赋敛。每遣使者行田，专以增顷亩为功，

民不胜租赋而逃。王曰："但令田在，何忧无谷。"命营田使邓懿文籍逃田，募民耕艺出租。民舍故从新，仅能自存，自西徂东，各失其业。又听人入财拜官，以财多少为官高卑之差，富商大贾，布在列位。外官还者，必责贡献。民有罪，则富者输财，强者为兵，惟贫弱受刑。又置函，使人投匿名书相告讦，至有灭族者。

是岁，用孔目官周陟议，令常税之外，大县贡米二千斛，中千斛，小七百斛，无米者输布帛。天策学士拓跋恒上书曰："殿下长深宫之中，藉已成之业，身不知稼穑之劳，耳不闻鼓鼙之音，驰遻遨游，雕墙玉食。府库尽矣，而浮费益甚，百姓困矣，而厚敛不息。今淮南为仇雠之国，番禺怀吞噬之志，荆渚日图窥伺，溪洞待我姑息。谚曰：'足寒伤心，民怨伤国。'愿罢输米之令，诛周陟以谢郡县。去不急之务，减兴作之役，无令一旦祸败，为四方所笑。"王大怒。他日，恒请见，辞以昼寝。恒谓客将区弘练曰："王逞欲而愎谏，吾见其千口飘零无日矣。"王益怒，遂终身不复见之。

开运二年秋七月，楚王希范疑静江节度使兼侍中、知朗州希杲得人心，遣人伺之。希杲惧，称疾求归，不许；遣医往视疾，因毒杀之。

冬十二月，楚湘阴处士戴偃为诗多讥刺，楚王希范囚之。天策副都军使丁思瑾上书切谏，希范削其官爵。

三年秋九月，楚王希范知帝好奢靡，以珍玩为献，求都元帅。甲辰，以希范为诸道兵马都元帅。

后汉高祖天福十二年夏五月，武安节度副使、天策府都尉、领镇南节度使马希广，楚文昭王希范之母弟也，性谨顺，希范爱之，使判内外诸司事。壬辰夜，希范卒，将佐议所立。都指挥使张少敌、都押牙袁友恭以武平节度使、知永州事希萼，于希范诸弟为最长，请立之。长直都指挥使刘彦瑫、天策府学士李弘皋、邓懿文、小门使杨涤皆欲立希广。张少敌曰："永州齿长而性刚，必不为都尉之下明矣。必立都尉，当思长策以制永州，使帖然不动则可。不然，社稷危矣。"彦瑫等不从。天策府学士拓跋恒曰："三十五郎虽判军府之政，然三十郎居长，请遣使以让之；不然，必起争端。”彦瑫等皆曰：“今日军政在手，天与不取，使他人得之，异日吾辈安所自容乎？”希广懦弱，不能自决。乙未，彦瑫等称希范遗命共立之。张少敌退而叹曰：“祸其始此乎？”与拓跋恒皆称疾不出。

秋七月甲午，以马希广为天策上将军、武安节度使、江南诸道都统兼中书令，封楚王。

(冬十)〔八〕月，楚王希广庶弟天策左司马希崇，性狡险，阴遗兄希萼书，言刘彦瑫等违先王之命，废长立少，以激怒之。

希萼自永州来奔丧，乙巳，至跌石。彦瑫白希广遣侍从都指挥使周廷诲等将水军逆之，命永州将士皆释甲而入，馆希萼于碧湘宫，成服于其次，不听入与希广相见。希萼求还朗州，周廷诲劝希广杀之。希广曰：“吾何忍杀兄，宁分潭、朗而治之。”乃厚赠希萼，遣还朗州。希崇常为希萼诇希广，语言动作，悉以告之，约为内应。

乾祐元年秋八月，武平节度使马希萼请与楚王希广各修职贡，求朝廷别加官爵。希广用天策府内都押牙欧弘练、进奏官张仲荀谋，厚赂执政，使拒其请。九月壬子，赐希萼及楚王希广诏书，谕以“兄弟宜相辑睦，凡希萼所贡，当附希广以闻”。希萼不从。

隐帝乾祐二年秋八月，马希萼悉调朗州丁壮为乡兵，造号静江军，作战舰七百艘，将攻潭州。其妻苑氏谏曰：“兄弟相攻，胜负为人所笑。”不听，引兵趣长沙。马希广闻之曰：“朗州吾兄也，不可与争，当以国让之而已。”刘彦瑫、李弘皋等固争，以为不可，乃以岳州刺史王赟为都部署战棹指挥使，以彦瑫监其军。己丑，大破希萼于仆射洲，获其战舰三百艘。赟追希萼，将及之，希广遣使召之曰："勿伤吾兄。"赟引兵还。赟，环之子也。希萼自赤沙湖乘轻舟遁归，苑氏泣曰："祸将至矣，余不忍见也！"赴井而死。

冬十月壬午，加楚王希广太尉。

楚静江节度使马希瞻以兄希萼、希广交争，屡遣使谏止，不从。知终覆族，疽发于背，丁亥卒。

三年夏六月，马希萼既败归，乃以书诱辰、溆州及梅山蛮，欲与共击湖南。蛮素闻长沙帑藏之富，大喜，争出兵赴之，遂攻益阳。楚王希广遣指挥使陈璠拒之，战于淹溪，璠败死。马希萼又遣群蛮攻迪田，秋八月戊戌，破之，杀其镇将张延嗣。楚王希广遣指挥使黄处超救之，处超败死。潭人震恐，复遣牙内指挥使崔洪琏将兵七千屯玉潭。

马希萼表请别置进奏务于京师。九月辛巳，诏以湖南已有进奏务，不许。亦赐楚王希广诏，劝以敦睦。马希萼以朝廷意佑楚王希广，怒，遣使称藩于唐，乞师攻楚。唐加希萼同平章事，以鄂州今年租税赐之，命楚州刺史何敬洙将兵助希萼。冬十月丙午，希广遣使上表告急，言："荆南、岭南、江南连谋，欲分湖南之地，乞发兵屯澧州以扼江南、荆南援朗州之路。"

楚王希广以朗州与山蛮入寇，诸将屡败，忧形于色。刘彦瑫言于希广曰："朗州兵不满万，马不满千，都府精兵十万，何忧不胜！愿假臣兵万余人，战舰百五十艘，径入朗州缚取希萼，以解大王之忧。"王悦，以彦瑫为战棹都指挥使、朗州行营都统。彦瑫入朗州境，父老争以牛酒犒军，曰："百姓不愿从乱，望都府之兵久矣。"彦瑫厚赏之。战舰过，则运竹木以断其后。是日，马希萼遣朗兵及蛮兵六千，战舰百艘逆战于湄州，彦瑫乘风纵火以焚其舰，顷之，风回，反自焚。彦瑫还走。江路已断，士卒战及溺死者数千人。希广闻之，涕泣不知所为。希广平日罕颁赐，至是大出金帛以取悦于士卒。

或告“天策左司马希崇流言惑众，反状已明，请杀之”。希广曰：“吾自害其弟，何以见先王于地下！”

马军指挥使张晖将兵自他道击朗州，至龙阳，闻彦瑫败，退屯益阳。希萼又遣指挥使朱进忠等将兵三千急攻益阳。张晖绐其众曰：“我以麾下出贼后，汝辈留城中待我，相与合势击之。”既出，遂自竹头市遁归长沙。朗兵知城中无主，急击之，士卒九千余人皆死。

十一月，楚王希广遣其僚属孟骈说马希萼曰：“公忘父兄之仇，北面事唐，何异袁谭求救于曹公邪？”希萼将斩之，骈曰：“古者兵交，使在其间。骈若爱死，安肯此来。骈之言非私于潭人，实为公谋也。”乃释之，使还报曰：“大义绝矣，非地下不相见也。”

朱进忠请希萼自将兵取潭州。辛未，希萼留其子光赞守朗州，悉发境内之兵趣长沙，自称顺天王。

先是，马希萼遣蛮兵围玉潭，朱进忠引兵会之。崔洪琏兵败，奔还长沙。希萼引兵继攻岳州，刺史王赟拒之，五日不克。希萼使人谓赟曰：“公非马氏之臣乎？不事我欲事异国乎？为人臣而怀贰心，岂不辱其先人。”赟曰：“亡父为先王将，六破淮南兵。今大王兄弟不相容，赟常恐淮南坐收其弊，一旦以遗体臣淮南，诚辱先人耳。大王苟能释憾罢兵，兄弟雍睦如初，赟敢不尽死以事大王兄弟，岂有二心乎！”希萼惭，引兵去。辛卯，至湘阴，焚掠而过。至长沙，军于湘西，步兵及蛮兵军于岳麓，朱进忠自玉潭引兵会之。马希广遣刘彦瑫召水军指挥使许可琼帅战舰五百艘屯城北津，属于南津，以马希崇为监军。又遣马军指挥使李彦温将骑兵屯驼口，扼湘阴路，步军指挥使韩礼将二千人屯杨柳桥，扼栅路。可琼，德勋之子也。

初，蛮酋彭师暠降于楚，楚人恶其犷直。楚王希广独怜之，以为强弩指挥使，领辰州刺史，师暠常欲为希广死。及朱进忠与蛮兵合七千余人至长沙，营于江西，师暠登城望之，言于希广曰："朗人骤胜而骄，杂以蛮兵，攻之易破也。愿假臣步卒三千，自巴溪渡江出岳麓之后，至水西，令许可琼以战舰渡江，腹背合击，必破之。前军败，则其大军自不敢轻进矣。"希广将从之。时马希萼已遣间使以厚利啖许可琼，许分湖南而治。可琼有贰心，乃谓希广曰："师暠与梅山诸蛮皆族类，安可信也。可琼世为楚将，必不负大王，希萼竟何能为！"希广乃止。

希萼寻以战舰四百余艘泊江西。希广命诸将皆受可琼节度，日赐可琼银五百两，希广屡造其营计事。可琼常闭垒，不使士卒知朗军进退。希广叹曰："真将军也，吾何忧哉！"可琼或夜乘单舸诈称巡江，与希萼会水西，约为内应。一旦，彭师暠见可琼，瞋目叱之，拂衣入见希广曰："可琼将叛，国人皆知之，请速除之，无贻后患。"希广曰："可琼，许侍中之子，岂有是邪？"师暠退，叹曰："王仁而不断，败亡可翘足俟也。"

潭州大雪，平地四尺，潭、朗两军久不得战。希广信巫觋及僧语，塑鬼于江上，举手以却朗兵。又作大像于高楼，手指水西，怒目视之。命众僧日夜诵经，希广自衣僧服膜拜求福。

甲辰，朗州步军指挥使武陵何敬真等以蛮兵三千陈于杨柳桥，敬真望韩礼营旌旗纷错，曰："彼众已惧，击之易破也。"朗人雷晖衣潭卒之服，潜入礼寨，手剑击礼，不中，军中惊扰。敬真等乘其乱击之，礼军大溃，礼被创走，至家而卒。于是朗兵水陆急攻长沙，步军指挥使吴宏、小门使杨涤相谓曰："以死报国，此其时矣。"各引兵出战。宏出清泰门，战不利。涤出长乐，战自辰至午，朗兵小却，许可琼、刘彦瑫按兵不救。涤士卒饥疲，退就食。彭师暠战于城东北隅。蛮兵自城东纵火，城上人招许可琼军使救城，可琼举全军降希萼，长沙遂陷。朗兵及蛮兵大掠三日，杀吏民，焚庐舍，自武穆王以来所营宫室皆为灰烬，所积宝货皆入蛮落。李彦温望见城中火起，自驼口引兵救之，朗人已据城拒战。彦温攻清泰门，不克，与刘彦瑫各将千余人奉文昭王及希广诸子趣袁州，遂奔唐。张晖降于希萼。左司马希崇帅将吏诣希萼劝进。吴宏战血满袖，见希萼曰："不幸为许可琼所误，今日死，不愧先王矣。"彭师暠投槊于地，大呼请死。希萼叹曰："铁石人也。"皆不杀。

乙巳，希崇迎希萼入府视事，闭城分捕希广及掌书记李弘皋、弟弘节、都军判官唐昭胤及(邵)〔邓〕懿文、杨涤等，皆获之。希萼谓希广曰："承父兄之业，岂无长幼乎？"希广曰："将吏见推，朝廷见命耳。"希萼皆囚之。丙午，希萼命内外巡检侍卫指挥使刘宾禁止焚掠。

丁未，希萼自称天策上将军、武安武平静江宁远等军节度使、楚王。以希崇为节度副使、判军府事。湖南要职，悉以朗人为之。脔食李弘皋、弘节、唐昭胤、杨涤，斩邓懿文于市。戊申，希萼谓将吏曰："希广懦夫，为左右所制耳，吾欲生之，可乎？"诸将皆不对。朱进忠尝为希广所笞，对曰："大王三年血战，始得长沙，一国不容二主，他日必悔之。"戊申，赐希广死。希广临刑，犹诵佛书。彭师暠葬之于浏阳门外。

楚王希萼以子光赞为武平留后，以何敬真为朗州牙内都指挥使，将兵戍之。希萼召拓跋恒欲用之，恒称疾不起。

后周太祖广顺元年春二月甲辰，楚王希萼遣掌书记刘光辅入贡于唐。三月，唐以楚王希萼为天策上将军、武安武平静江宁远节度使兼中书令、楚王，以右仆射孙忌、客省使姚凤为册礼使。

楚王希萼既得志，多思旧怨，杀戮无度，昼夜纵酒荒淫，悉以军府事委马希崇。希崇复多私曲，政刑紊乱。府库既尽于乱兵，籍民财以赏赉士卒，或封其门而取之，士卒犹以不均怨望。虽朗州旧将佐从希萼来者，亦皆不悦，有离心。

刘光辅之入贡于唐也，唐主待之厚。光辅密言："湖南民疲主骄，可取也。"唐主乃以营屯都虞候边镐为信州刺史，将兵屯袁州，潜图进取。

小门使谢彦颙，本希萼家奴，以首面有宠于希萼，至与妻妾杂坐，恃恩专横。常肩随希崇，或拊其背，希崇衔之。故事，府宴，小门使执兵在门外。希萼使彦颙预坐，或居诸将之上，诸将皆耻之。

希萼以府舍焚荡，命朗州静江指挥使王逵、副使周行逢帅所部兵千余人治之，执役甚劳，又无犒赐，士卒皆怨。窃言曰："囚免死则役作之。我辈从大王出万死取湖南，何罪而囚役之？且大王终日酣歌，岂知我辈之劳苦乎！"逵、行逢闻之，相谓曰："众怨深矣，不早为计，祸及吾曹。"壬申旦，帅其众各执长柯斧、白梃，逃归朗州。时希萼醉未醒，左右不敢白；癸酉，始白之。希萼遣湖南指挥使唐师翥将千余人追之，不及，直抵朗州。逵等乘其疲乏，伏兵纵击，士卒死伤殆尽，师翥脱归。逵等黜留后马光赞，更以希萼兄子光惠知州事。光惠，希振之子也。寻奉光惠为节度使，逵等与何敬真及诸军指挥使张仿参决军府事。希萼具以状言于唐，唐主遣使以厚赏招谕之。逵等纳其赏，纵其使，不答其诏，唐亦不敢诘也。

武平节度使马光惠，愚懦嗜酒，不能服诸将。王逵、周行逢、何敬真谋以辰州刺史庐陵刘言骁勇得蛮夷心，欲迎以为副使。言知逵等难制，曰："不往，将攻我。"乃单骑赴之。既至，众废光惠，送于唐，推言权武平留后，表求旄节于唐，唐人未许；亦称藩于周。

秋九月，楚王希萼既克长沙，不赏许可琼，疑可琼怨望，出为蒙州刺史。遣马步都指挥使徐威、左右军马步使陈敬迁、水军都指挥使鲁公绾、牙内侍卫指挥使陆孟俊帅部兵立寨于城西北隅，以备朗兵，不存抚役者，将卒皆怨怒，谋作乱。希崇知其谋，戊寅，希萼宴将吏，徐威等不预，希崇亦辞疾不至。威等使人先驱踶啮马十余入府，自帅其徒执斧斤、白梃，声言絷马，奄至座上，纵横击人，颠踣满地。希萼逾垣走，威等执囚之。执谢彦颙，自顶及踵剉之。立希崇为武安留后，纵兵大掠。幽希萼于衡山县。

刘言闻希崇立，遣兵趣潭州，声言讨其篡夺之罪。壬午，军于益阳之西。希崇惧，癸未，发兵二千拒之。又遣使如朗州求和，请为邻藩。掌书记桂林李观象说言曰："希萼旧将佐犹在长沙，此必不欲与公为邻。不若先檄希崇取其首，然后图湖南，可兼有也。"言从之。希崇畏言，即断都军判官杨仲敏、掌书记刘光辅、牙内指挥使魏师进、都押牙黄勍等十余人首，遣前辰阳县令李翊赍送朗州。至则腐败，言与王逵等皆以为非仲敏等首，怒责翊，翊惶恐自杀。希崇既袭位，亦纵酒荒淫，为政不公，语多矫妄，国人不附。

初，马希萼入长沙，彭师暠虽免死，犹杖背黜为民。希崇以为师暠必怨之，使送希萼于衡山，实欲师暠杀之。师暠曰："欲使我为弑君之人乎！"奉事逾谨。丙戌，至衡山。衡山指挥使廖偃，匡图之子也，与其季父节度巡官匡凝谋曰："吾家世受马氏恩，今希萼长而被黜，必不免祸，盍相与辅之。"于是帅庄户及乡人悉为兵，与师暠共立希萼为衡山王。以县为行府，断江为栅，编竹为战舰，以师暠为武清节度使，召募徒众，数日，至万余人，州县多应之。遣判官刘虚己求援于唐。

徐威等见希崇所为，知必无成，又畏朗州、衡山之逼，恐一朝丧败俱及祸，欲杀希崇以自解。希崇微觉之，大惧，密遣客将范守牧奉表请兵于唐。唐主命边镐自袁州将兵万人西趣长沙。

冬十月，唐边镐引兵入醴陵。癸巳，楚王希崇遣使犒军。壬寅，遣天策府学士拓跋恒奉笺诣镐请降。恒叹曰："吾久不死，乃为小儿送降状！"癸卯，希崇帅弟侄迎镐，望尘而拜，镐下马称诏劳之。甲辰，希崇等从镐入城，镐舍于浏阳门楼，湖南将吏毕贺，镐皆厚赐之。时湖南饥馑，镐大发马氏仓粟赈之，楚人大悦。

癸丑，唐武昌节度使刘仁赡帅战舰二百取岳州，抚纳降附，人忘其亡。仁赡，金之子也。

唐百官共贺湖南平，起居郎高远曰："我乘楚乱，取之甚易。观诸将之才，但恐守之甚难耳。"远，幽州人也。司徒致仕李建勋曰："祸其始于此乎？"

唐主自即位以来，未尝亲祠郊庙，礼官以为请，唐主曰："俟天下一家，然后告谢。"及一举取楚，谓诸国指麾可定。魏岑侍宴，言"臣少游元城，乐其风土，俟陛下定中原，乞魏博节度使"。

唐主许之，岑趋下拜谢。其主骄臣佞如此。

马希萼望唐人立己为潭帅，而潭人恶希萼，共请边镐为帅，唐主乃以镐为武安节度使。

唐边镐趣马希崇帅其族入朝，马氏聚族相泣，欲重赂镐，奏乞留居长沙。镐微哂曰："国家与公家世为仇敌，殆六十年，然未尝敢有意窥公之国。今公兄弟斗阋，困穷自归，若复二三，恐有不测之忧。"希崇无以应，十一月辛酉，与宗族及将佐千余人号恸登舟，送者皆哭，响振川谷。

楚静江节度副使、知桂州马希隐，武穆王殷之少子也。楚王希广、希萼兄弟争国，南汉主以内侍使吴怀恩为西北招讨使，将兵屯境上，伺间密谋进取。希广遣指挥使彭彦晖将兵屯龙峒以备之。希萼自衡山遣使以彦晖为桂州都监、在城外内巡检使、判军府事，希隐恶之，潜遣人告蒙州刺史许可琼。可琼方畏南汉之逼，即弃蒙州，引兵趣桂州，与彦晖战于城中。彦晖败，奔衡山，可琼留屯桂州。吴怀恩据蒙州，进兵侵掠，桂管大扰，希隐、可琼不知所为，但相与饮酒对泣。

南汉主遗希隐书，言："武穆王奄有全楚，富强安靖五十余年。正由三十五舅、三十舅兄弟寻戈，自相鱼肉，举先人基业，北面仇雠。今闻唐兵已据长沙，窃计桂林继为所取。当朝世为与国，重以婚姻，睹兹倾危，忍不赴救！已发大军水陆俱进，当令相公舅永拥节旄，常居方面。"希隐得书，与僚佐议降之，支使潘玄珪以为不可。丙寅，吴怀恩引兵奄至城下，希隐、可琼帅其众夜斩关奔全州，桂州遂溃。怀恩因以兵略定宜、连、梧、严、富、昭、柳、象、龚等州，南汉始尽有岭南之地。

辛未，唐边镐遣先锋指挥使李承戬将兵如衡山，趣马希萼入朝。庚辰，希萼与将佐士卒万余人自潭州东下。

十二月，唐主以镇南节度使兼中书令宋齐丘为太傅；以马希萼为江南西道观察使、守中书令，镇洪州，仍赐爵楚王；以马希崇为永泰节度使兼侍中，镇舒州。湖南将吏，位高者拜刺史、将军、卿监，卑者以次拜官。唐主嘉廖偃、彭师暠之忠，以偃为左殿直军使、莱州刺史，师暠为殿直都虞候，赐予甚厚。湖南刺史皆入朝于唐，永州刺史王赟独后至，唐主毒杀之。

南汉主遣内侍省丞潘崇彻、将军谢贯将兵攻郴州，唐边镐发兵救之。崇彻败唐兵于义章，遂取郴州。边镐请除全、道二州刺史以备南汉。丙辰，唐主以廖偃为道州刺史，以黑云指挥使张峦知全州。

初，蒙城镇将咸师朗将部兵降唐，唐主以其兵为奉节都，从边镐平湖南。唐悉收湖南金帛、珍玩、仓粟，乃至舟舰、亭馆、花果之美者，皆徙于金陵，遣都官郎中杨继勋等收湖南租赋以赡戍兵。继勋等务为苛刻，湖南人失望。行营粮料使王绍颜减士卒粮赐，奉节指挥使孙朗、曹进怒曰："昔吾从咸公降唐，唐待我岂如今日湖南将士之厚哉。今有功不增禄赐，又减之，不如杀绍颜及镐，据湖南，归中原，富贵可图也。"

二年春正月庚申夜，孙朗、曹进帅其徒作乱，束藁潜烧府门，火不然。边镐觉之，出兵格斗，且命鸣鼓角，朗、进等以为将晓，斩关奔朗州。王逵问朗曰："吾昔从武穆王与淮南战屡捷，淮南兵易与耳。今欲以朗州之众复取湖南，可乎？"朗曰："朗在金陵数年，备见其政事，朝无贤臣，军无良将，忠佞无别，赏罚不当，如此，得国存幸矣，何暇兼人。朗请为公前驱，取湖南如拾芥耳。"逵悦，厚遇之。

唐主既克湖南，遣其将李建期屯益阳以图朗州，以知全州张峦兼桂州招讨使以图桂州，久之，未有功。唐主谓冯延已、孙晟曰："楚人求息肩于我，我未有以抚其疮痍而虐用其力，非所以副来苏之望。吾欲罢桂林之役，敛益阳之戍，以旌节授刘言，何如？"晟以为宜然。延已曰："吾出偏将举湖南，远近震惊，一旦三分丧二，人将轻我。请委边将察其形势。"唐主乃遣统军使侯训将兵五千自吉州路趣全州，与张峦合兵攻桂州。南汉伏兵于山谷，峦等始至城下，罢乏，伏兵四起，城中出兵夹击之，唐兵大败，训死，峦收散卒数百奔归全州。

唐武安节度使边镐，昏懦无断，在湖南，政出多门，不合众心。吉水人欧阳广上书，言"镐非将帅才，必丧湖南，宜别择良帅，益兵以救其败"。不报。

唐主使镐经略朗州，有自朗州来者，多言刘言忠顺，镐由是不为备。唐主召刘言入朝，言不行，谓王逵曰："唐必伐我，奈何？"逵曰："武陵负江、湖之险，带甲数万，安能拱手受制于人！边镐抚驭无方，士民不附，可一战擒也。"言犹豫未决，周行逢曰："机事贵速，缓则彼为之备，不可图也。"言乃以逵、行逢及牙将何敬真、张仿、蒲公益、朱全琇、宇文琼、彭万和、潘叔嗣、张文表十人皆为指挥使，部分发兵。叔嗣、文表，皆朗州人也。行逢能谋，文表善战，叔嗣果敢，三人多相须成功，情款甚昵。

诸将欲召溆州酋长苻彦通为援，行逢曰："蛮贪而无义，前年从马希萼入潭州，焚掠无遗。吾兵以义举，往无不克，乌用此物，暴殄百姓哉！"乃止。然亦畏彦通为后患，以蛮酋土团都指挥使刘瑫为群蛮所惮，补西境镇遏使以备之。

冬十月，逵等将兵分道趣长沙，以孙朗、曹进为先锋使，边镐遣指挥使郭再诚等将兵屯益阳以拒之。戊子，逵等克沅江，执都监刘承遇，裨将李师德帅众五百降之。壬辰，逵等命军士举小舟自蔽，直造益阳，四面斧寨而入，遂克之，杀戍兵二千人。边镐告急于唐。甲午，逵等克桥口及湘阴，乙未，至潭州。边镐婴城自守，救兵未至，城中兵少，丙申夜，镐弃城走，吏民俱溃。醴陵门桥折，死者万余人，道州刺史廖偃为乱兵所杀。丁酉旦，王逵入城，自称武平节度副使、权知军府事，以何敬真为行军司马。遣敬真等追镐，不及，斩首五百级。蒲公益攻岳州，唐岳州刺史宋德权走，刘言以公益权知岳州。唐将守湖南诸州者闻长沙陷，相继遁去。刘言尽复马氏岭北故地，惟郴、连入于南汉。

刘言遣使奉表来告，称："湖南世事朝廷，不幸为邻寇所陷，臣虽不奉诏，辄纠合义兵，削平旧国。"

唐主削边镐官爵，流饶州。

十二月，王逵将兵及洞蛮五万攻郴州，南汉将潘崇彻救之，遇于蠔石。崇彻登高望湖南兵，曰："疲而不整，可破也。"纵击，大破之，伏尸八十里。

刘言表称潭州残破，乞移使府治朗州，且请贡献、卖茶，悉如马氏故事；许之。

唐江西观察使楚王马希萼入朝，唐主留之，后数年卒于金陵，谥曰恭孝。

三年春正月丙辰，以武平留后刘言为武平节度使、制置武安静江等军事、同平章事，以王逵为武安节度使，何敬真为静江节度使，周行逢为武安行军司马。

初，王逵既克潭州，以指挥使何敬真为静江节度副使，朱全琇为武安节度副使，张文表为武平节度副使，周行逢为武安行军司马。敬真、全琇各置牙兵，与逵分厅视事，吏民莫知所从。每宴集，诸将使酒，纷拏如市，无复上下之分，惟行逢、文表事逵尽礼，逵亲爱之。敬真与逵不协，辞归朗州，又不能事刘言，与全琇谋作乱。言素忌逵之强，疑逵使敬真伺己，将讨之。逵闻之，甚惧。行逢曰："刘言素不与吾辈同心，何敬真、朱全琇耻在公下，公宜早图之。"逵喜曰："与公共除凶党，同治潭、朗，夫复何忧？"会南汉寇全、道、永州，行逢请身至朗州说言遣敬真、全琇南讨，俟至长沙，以计取之，如掌中物耳；逵从之。行逢至朗州，言以敬真为南面行营招讨使，全琇为先锋使，将牙兵百余人会潭州兵以御南汉。二人至长沙，逵出郊迎，相见甚欢，宴饮连日，多以美妓饵之，敬真因淹留不进。朗州指挥使李仲迁部兵三千人久戍潭州，敬真使之先发，趣岭北，都头符会等因士卒思归，劫仲迁擅还朗州。逵乘敬真醉，使人诈为言使者，责敬真以南寇深侵，不亟捍御，而专务荒宴，太师命械公归西府，因收系狱。全琇逃去，遣兵追捕之。二月辛亥朔，斩敬真以徇。未几，获全琇及其党十余人，皆斩之。王逵遣使以斩何敬真告刘言，言不得已，庚申，斩符会等数人。周行逢恶武平节度副使张仿，言于王逵曰："何敬真，仿之亲戚，临刑以后事属仿，公宜备之。"夏四月庚申，逵召仿饮，醉而杀之。（夏）六月，王逵以周行逢知潭州，自将兵袭朗州，克之，杀指挥使郑珓，执武安节度使、同平章事刘言，幽于别馆。秋八月，王逵遣使上表，诬刘言谋以朗州降唐，又欲攻潭州，其众不从，废而囚之，臣已至朗州抚安军府讫，且请复移使府治潭州。甲戌，遣通事舍人翟光裔诣湖南宣抚，从其所请。逵还长沙，以周行逢知朗州事，又遣潘叔嗣杀刘言于朗州。

显德元年夏四月，王逵表请复徙使府治朗州。五月甲戌朔，王逵自潭州迁于朗州，以周行逢知潭州事，以潘叔嗣为岳州团练使。

是岁，湖南大饥，民食草木实，武清节度使、知潭州事周行逢开仓以赈之，全活甚众。行逢起于微贱，知民间疾苦，励精为治，严而无私，辟署僚属，皆取廉介之士，约束简要，吏民便之。其自奉甚薄，或讥其太俭，行逢曰："马氏父子穷奢极靡，不恤百姓，今子孙乞食于人，又足效乎！"

晋王灭燕

后梁太祖开平元年春三月，梁王以亳州刺史李思安为北路行军都统，将兵击幽州。

卢龙节度使刘仁恭骄侈贪暴，常虑幽州城不固，筑馆于大安山，曰："此山四面悬绝，可以少制众。"其栋宇壮丽，拟于帝者，选美女实其中。与方士炼丹药，求不死。悉敛境内钱，瘗于山颠，令民间用堇泥为钱。又禁江南茶商无得入境，自采山中草木为茶鬻之。

仁恭有爱妾罗氏，其子守光通焉。仁恭杖守光而斥之，不以为子数。李思安引兵入其境，所过焚荡无余，夏四月己酉，直抵幽州城下。仁恭犹在大安山，城中无备，几至不守。守光自外引兵入，登城拒守。又出兵与思安战，思安败退。守光遂自称节度使，令部将李小喜、元行钦将兵攻大安山。仁恭遣兵拒战，为小喜所败。虏仁恭以归，囚于别室。仁恭将佐及左右，凡守光素所恶者，皆杀之。

甲子，梁王即皇帝位。

刘守光既囚其父，自称卢龙留后，遣使请命，秋七月甲午，以守光为卢龙节度使、同平章事。

冬十一月，义昌节度使刘守文闻其弟守光幽其父，集将吏大哭曰："不意吾家生此枭獍，吾生不如死，誓与诸君讨之！"乃发兵击守光，互有胜负。天雄节度使邺王罗绍威谓其下曰："守光以窘急归国，守文孤立无援，沧州可不战服也。"乃遗守文书，谕以祸福。守文亦恐梁乘虚袭其后，戊子，遣使请降，以子延祐为质。帝拊手曰："绍威折简，胜十万兵。"加守文中书令，抚纳之。

二年冬十一月，刘守文举沧德兵攻幽州，刘守光求救于晋，晋王遣兵五千助之。丁亥，守文兵至芦台军，为守光所败；又战玉田，亦败。守文乃还。

三年夏五月，刘守文频年攻刘守光不克，乃大发兵，以重赂招契丹、吐谷浑之众，合四万屯蓟州。守光逆战于鸡苏，为守文所败。守文单马立于阵前，泣谓其众曰："勿杀吾弟。"守光将元行钦识之，直前擒之，沧德兵皆溃。守光囚之别室，栫以蒺棘。乘胜进攻沧州，沧州节度判官吕兖、孙鹤推守文子延祚为帅，乘城拒守。兖，安次人也。

六月，刘守光遣使上表告捷，且言俟沧德事毕，为陛下扫除并寇。亦致书晋王，云欲与之同破伪梁。

秋七月甲子，以刘守光为燕王。

九月，刘守光奏遣其子中军兵马使继威安抚沧州吏民。戊申，以继威为义昌留后。

冬十二月，刘守光围沧州久不下，执刘守文至城下示之，犹固守。城中食尽，民食堇泥，军士食人，驴马相啖鬃尾。吕兖选男女羸弱者，饲以麹面而烹之，以给军食，谓之"宰杀务"。

四年春正月乙未，刘延祚力尽出降。时刘继威尚幼，守光使大将张万进、周知裕辅之，镇沧州。以延祚及其将佐归幽州，族吕兖而释孙鹤。

刘守光为其父仁恭请致仕，丙午，以仁恭为太师致仕。守光寻使人潜杀其兄守文，归罪于杀者而诛之。秋八月，以刘守光兼义昌节度使。

乾化元年春二月，卢龙、义昌节度使兼中书令燕王守光既克沧州，自谓得天助，淫虐滋甚。每刑人，必置诸铁笼，以火逼之；又为铁刷刷人面。闻梁兵败于柏乡，使人谓赵王镕及王处直曰："闻二镇与晋王破梁兵，举军南下，仆亦有精骑三万，欲自将之为诸公启行。然四镇连兵，必有盟主，仆若至彼，何以处之？"镕患之，遣使告于晋王。晋王笑曰："赵人告急，守光不能出一卒以救之。及吾成功，乃复欲以兵威离间二镇，愚莫甚焉！"诸将曰："云、代与燕接境，彼若扰我城戍，动摇人情，吾千里出征，缓急难应，此亦腹心之患也。不若先取守光，然后可以专意南讨。"王曰："善。"

夏六月，燕王守光尝衣赭袍，顾谓将吏曰："今天下大乱，英雄角逐，吾兵强地险，亦欲自帝，何如？"孙鹤曰："今内难新平，公私困竭，太原窥吾西，契丹伺吾北，遽谋自帝，未见其可。大王但养士爱民，训兵积谷，德政既修，四方自服矣。"守光不悦。又使人讽镇、定求尊己为尚父，赵王镕以告晋王。晋王怒，欲伐之，诸将皆曰："是为恶极矣，行当族灭，不若阳为推尊以稔之。"乃与镕及义武王处直、昭义李嗣昭、振武周德威、天德宋瑶六节度使共奉册推守光为尚书令、尚父。守光不寤，以为六镇实畏己，益骄，乃具表其状曰："晋王等推臣，臣荷陛下厚恩，未之敢受。

窃思其宜,不若陛下授臣河北都统,则并、镇不足平矣。”上亦知其狂愚,乃以守光为河北道采访使,遣閤门使王瞳、受旨史彦群册命之。守光命僚属草尚父、采访使受册仪。乙卯,僚属取唐册太尉仪献之,守光视之,问:“何得无郊天、改元之事?”对曰:“尚父虽贵,人臣也,安有郊天、改元者乎?”守光怒,投之于地曰:“我地方二千里,带甲三十万,直作河北天子,谁能禁我?尚父何足为哉!”命趣具即帝位之仪,械系瞳、彦群及诸道使者于狱,既而皆释之。

秋八月,燕王守光将称帝,将佐多窃议,以为不可。守光乃置斧质于庭,曰:“敢谏者斩。”孙鹤曰:“沧州之破,鹤分当死,蒙王生全,以至今日,敢爱死而忘恩乎?窃以为今日之帝,未可也。”守光怒,伏诸质上,令军士剐而啖之。鹤呼曰:“百日之外,必有急兵。”守光命以土窒其口,寸斩之。甲子,守光即皇帝位,国号大燕,改元应天。以梁使王瞳为左相,卢龙判官齐涉为右相,史彦群为御史大夫。受册之日,契丹陷平州,燕人惊扰。

冬十月,晋王闻燕主守光称帝,大笑曰:“俟彼卜年,吾当问其鼎矣。”张承业请遣使致贺以骄之,晋王遣太原少尹李承勋往。承勋至幽州,用邻藩通使之礼。燕之典客者曰:“吾王帝矣,公当称臣庭见。”承勋曰:“吾受命于唐朝为太原少尹,燕王自可臣其境内,岂可臣他国之使乎!”守光怒,囚之,数日,出而问之曰:“臣我乎?”承勋曰:“燕王能臣我王,则我请为臣;不然,有死而已。”守光竟不能屈。

冬十一月,燕主守光集将吏谋攻易定,幽州参军景城冯道以为未可。守光怒,系狱,或救之得免。道亡奔晋。戊申,燕主守光将兵二万寇易定,攻容城,王处直告急于晋。十二月甲子,晋王遣蕃、汉马步总管周德威将兵三万攻燕，以救易定。

二年春正月，德威东出飞狐，与赵王将王德明、义武将程岩会于易水。丙戌，三镇兵进攻燕祁沟关，下之。戊子，围涿州，刺史刘知温遂降。先是，燕主守光籍境内丁壮，悉文面为兵，虽士人亦不免。〔赵〕凤诈为僧奔晋，〔刘〕守奇客之。丁酉，德威至幽州城下，守光来求救。二月，帝议自将击镇、定以救之。三月，周德威遣裨将李存晖等攻瓦桥〔关〕，其将吏及莫州刺史李严皆降。严，幽州人也。夏四月，周德威白晋王，以兵少不足以攻城，晋王遣李存审将吐谷浑、契苾骑兵会之。李嗣源攻瀛州，刺史赵敬降。

五月，燕主守光遣其将单廷珪将精兵万人出战，与周德威遇于龙头冈。廷珪曰："今日必擒周杨五以献。"杨五，德威小名也。既战，见德威于阵，援枪单骑逐之，枪及德威背，德威侧身避之，奋檛反击，廷珪坠马，生擒，置于军门。燕兵退走，德威引骑乘之，燕兵大败，斩首三千级。廷珪，燕骁将也，燕人失之，夺气。

均王乾化三年春正月丁巳，晋周德威拔燕顺州。晋周德威拔燕安远军，蓟州将成行言等降于晋。二月丙申，晋李存晖等攻燕檀州，刺史陈确以城降。三月甲辰朔，晋周德威拔燕芦台军。乙丑，晋将刘光濬克古北口，燕居庸关使胡令圭等奔晋。

燕主守光命大将元行钦将骑七千，牧马于山北，募山北兵以应契丹。又以骑将高行珪为武州刺史，以为外援。晋李嗣源分兵徇山后八军，皆下之。晋王以其弟存矩为新州刺史，使总之；以燕纳降军使卢文进为裨将。李嗣源进攻武州，高行珪以城降。元行钦闻之，引兵攻行珪。行珪使其弟行周为质于晋军以求救，李嗣源引兵救之，行钦解围去。嗣源与行周追至广边军，凡八战，行钦力屈而降。嗣源爱其骁勇，养以为子。嗣源进攻儒州，拔之，以行珪为代州刺史。行周留事嗣源，常与嗣源假子从珂分将牙兵以从。

夏四月，晋周德威进军逼幽州南门。壬辰，燕主守光遣使致书于德威以请和，语甚卑而哀。德威曰："大燕皇帝尚未郊天，何雌伏如是邪？予受命讨有罪者，结盟继好，非所闻也。"不答书。守光惧，复遣人祈哀，德威乃以闻于晋王。

己亥，晋刘光濬拔燕平州，执刺史张在吉。五月，光濬攻营州，刺史杨靖降。

六月壬申朔，晋王遣张承业诣幽州与周德威议军事。辛卯，燕主守光遣使诣张承业请以城降，承业以其无信，不许。秋七月甲子，晋五院军使李信拔莫州，擒燕将毕元福。八月乙亥，李信拔瀛州。晋王与赵王镕会于天长。

九月，燕主守光引兵夜出，复取顺州。

冬十月己巳朔，燕主守光帅众五千夜出，将入檀州。庚午，周德威自涿州引兵邀击，大破之。守光以百余骑逃归幽州，其将卒降者相继。

卢龙巡属皆入于晋，燕主守光独守幽州城，求援于契丹。契丹以其无信，竟不救。守光屡请降于晋，晋人疑其诈，终不许。至是，守光登城谓周德威曰："俟晋王至，吾则开门泥首听命。"德威使白晋王。十一月甲辰，晋王以监军张承业权知军府事，自诣幽州。辛酉，单骑抵城下，谓守光曰："朱温篡逆，余本欲与公合河朔五镇之兵兴复唐祚。公谋之不臧，乃效彼狂僭。镇、定二帅皆俯首事公，而公曾不之恤，是以有今日之役。丈夫成败须决所向，公将何如？"守光曰："今日俎上肉耳，惟王所裁。"王悯之，与折弓矢为誓，曰："但出相见，保无他也。"守光辞以他日。

先是，守光爱将李小喜多赞成守光之恶，言听计从，权倾境内。至是，守光将出降，小喜止之。是夕，小喜逾城诣晋军降，且言城中力竭。壬戌，晋王督诸军四面攻城，克之，擒刘仁恭及其妻妾，守光帅妻子亡去。癸亥，晋王入幽州。冬十二月庚午，晋王以周德威为卢龙节度使兼侍中，以李嗣本为振武节度〔使〕。

燕主守光将奔沧州就刘守奇，涉寒足肿，且迷失道，至燕乐之境，昼匿坑谷，数日不食，令妻祝氏乞食于田父张师造家。师造怪妇人异状，诘知守光处，并其三子擒之。癸酉，晋王方宴，将吏擒守光适至，王语之曰："主人何避客之深邪？"并仁恭置之馆舍，以器服、膳饮赐之。王命掌书记王缄草露布，缄不知故事，书之于布，遣人曳之。

晋王欲自云、代归，赵王镕及王处直请由中山、真定趣井陉，王从之。庚辰，晋王发幽州，刘仁恭父子皆荷校于露布之下。守光父母唾其面而骂之曰："逆贼，破我家至此！"守光俯首而已。甲申，至定州，舍于关城。丙戌，晋王与王处直谒北岳庙，是日，至行唐，赵王镕迎谒于路。

四年春正月戊戌朔，赵王镕诣晋王行帐上寿置酒。镕愿识刘太师面，晋王命吏脱刘仁恭及守光械，引就席同宴。镕答其拜，又以衣服、鞍马、酒馔赠之。己亥，晋王与镕畋于行唐之西，镕送至境上而别。

壬子，晋王以练絏刘仁恭父子，凯歌入于晋阳，丙辰，献于太庙，自临斩刘守光。守光呼曰："守光死不恨，然教守光不降者，李小喜也。"王召小喜证之，小喜瞋目叱守光曰："汝内乱禽兽行，亦我教邪？"王怒其无礼，先斩之。守光曰："守光善骑射，王欲成霸业，何不留之使自效？”其二妻李氏、祝氏让之曰：“皇帝，事已如此，生亦何益？妾请先死。”即伸颈就戮。守光至死号泣哀祈不已。王命节度副使卢汝弼等械仁恭至代州，刺其心血以祭先王墓，然后斩之。

后唐灭梁

唐昭宗天祐元年夏闰四月，更命魏博曰天雄军。进天雄节度使长沙郡王罗绍威爵邺王。

昭宣帝天祐二年七月庚午夜，天雄牙将李公佺与牙军谋乱，罗绍威觉之；公佺焚府舍，剽掠，奔沧州。

三年。初，田承嗣镇魏博，选募六州骁勇之士五千人为牙军，厚其给赐以自卫，为腹心。自是父子相继，亲党胶固，岁久益骄横；小不如意，辄族旧帅而易之，自史宪诚以来皆立于其手。天雄节度使罗绍威心恶之，力不能制。朱全忠之围凤翔也，绍威遣军将杨利言密以情告全忠，欲借其兵以诛之。全忠以事方急，未暇如其请，阴许之。及李公佺作乱，绍威益惧，复遣牙将臧延范趣全忠。全忠乃发河南诸镇兵七万，遣其将李思安将之，会魏、镇兵屯深州乐城，声言击沧州，讨其纳李公佺也。会全忠女适绍威子廷规者卒，全忠遣客将马嗣勋实甲兵于橐中，选长直兵千人为担夫，帅之入魏，诈云会葬。全忠自以大军继其后，云赴行营，牙军皆不之疑。正月庚午，绍威潜遣人入库断弓弦、甲襻，是夕，绍威帅其奴客数百，与嗣勋合击牙军，牙军欲战而弓甲皆不可用，遂阖营殪之，凡八千家，婴孺无遗。诘旦，全忠引兵入城。

罗绍威既诛牙军，魏之诸军皆惧，绍威虽数抚谕之，而猜怨益甚。朱全忠营于魏州城东数旬，将北巡行营，会天雄牙将史仁遇作乱，聚众数万据高唐，自称留后，天雄巡内州县多应之。全忠移军入城，遣使召行营兵还攻高唐，至历亭，魏兵在行营者作乱，与仁遇相应。元帅府左司马李周彝、右司马符道昭击之，所杀殆半，进攻高唐，克之，城中兵民无少长皆死。擒史仁遇，锯杀之。

先是，仁遇求救于河东及沧州，李克用遣其将李嗣昭将三千骑攻邢州以救之。时邢州兵才二百，团练使牛存节守之，嗣昭攻七日，不克。全忠遣右长直都将张筠将数千骑助存节守城，筠伏兵于马岭，击嗣昭，败之，嗣昭遁去。

义昌节度使刘守文遣兵万人攻贝州，又攻冀州，拔蓨县，进攻阜城。时镇州大将王钊攻魏州叛将李重霸于宗城。全忠遣归救冀州，沧州兵去。四月丙午，重霸弃城走，汴将胡规追斩之。

五月丁巳，朱全忠如洺州，遂巡北边，视戎备，还，入于魏。

秋七月，朱全忠克相州。时魏之乱兵散据贝、博、澶、相、卫州及魏之诸县，全忠分命诸将攻讨，至是悉平之，引兵南还。

全忠留魏半岁，罗绍威供亿，所杀牛、羊、豕近七十万，资粮称是，所赂遗又近百万，比去，蓄积为之一空。绍威虽去其逼，而魏兵自是衰弱。绍威悔之，谓人曰："合六州四十三县铁，不能为此错也！"壬申，全忠至大梁。

八月，朱全忠以幽、沧相首尾为魏患，欲先取沧州，甲辰，引兵发大梁。九月辛亥朔，朱全忠自白马渡河，丁卯，至沧州，军于长芦，沧人不出。罗绍威馈运，自魏至长芦五百里，不绝于路。又建元帅府舍于魏，所过驿亭供酒馔、幄幕、什器，上下数十万人，无一不备。

刘仁恭救沧州，战屡败。乃下令境内男子十五以上，七十以下，悉自备兵粮诣行营，军发之后，有一人在闾里，刑无赦。或谏曰："今老弱悉行，妇人不能转饷，此令必行，滥刑者众矣。"乃命胜执兵者尽行，文其面曰"定霸都"，士人则文其腕或臂曰"一心事主"，于是境内士民，稚孺之外身无不文者。得兵十万，军于瓦桥。

时汴军筑垒围沧州，鸟鼠不能通。仁恭畏其强，不敢战。城中食尽，丸土而食，或互相掠啖。朱全忠使人说刘守文曰："援兵势不相及，何不早降?"守文登城应之曰："仆于幽州，父子也。梁王方以大义服天下，若子叛父而来，将安用之!"全忠愧其辞直，为之缓攻。

冬十月，刘仁恭求救于河东，前后百余辈。李克用恨仁恭返覆，竟未之许。其子存勖谏曰："今天下之势，归朱温者什七八，虽强大如魏博、镇、定莫不附之。自河以北，能为温患者独我与幽、沧耳。今幽、沧为温所困，我不与之并力拒之，非我之利也。夫为天下者不顾小怨，且彼尝困我而我救其急，以德怀之，乃一举而名实附也。此乃吾复振之时，不可失也。"克用以为然，与将佐谋召幽州兵与攻潞州，曰："于彼则可以解围，于我则可以拓境。"乃许仁恭和，召其兵。仁恭遣都指挥使李溥将兵三万诣晋阳，克用遣其将周德威、李嗣昭将兵与之共攻潞州。

十二月，朱全忠分步骑数万，遣行军司马李周彝将之，自河阳救潞州。

初，昭宗凶讣至潞州，昭义节度使丁会帅将士缟素流涕久之。及李嗣昭攻潞州，会举军降于河东。李克用以嗣昭为昭义留后。会见克用，泣曰："会非力不能守也。梁王陵虐唐室，会虽受其举拔之恩，诚不忍其所为，故来归命耳。"克用厚待之，位于诸将之上。

己巳，朱全忠命诸军治攻具，将攻沧州。壬申，闻潞州不守，甲戌，引兵还。先是，调河南北刍粮，水陆输军前，诸营山积，全忠将还，命悉焚之，烟炎数里，在舟中者凿而沉之。刘守文使遗全忠书曰："王以百姓之故，赦仆之罪，解围而去，王之惠也。城中数万口，不食数月矣，与其焚之为烟，沉之为泥，愿乞其所余以救之。"全忠为之留数囷以遗之，沧人赖以济。

河东兵进攻泽州，不克而退。

后梁太祖开平元年春正月辛巳，梁王休兵于贝州。河东兵犹屯长子，欲窥泽州。王命保平节度使康怀贞悉发京兆、同、华之兵屯晋州以备之。

三月甲辰，唐昭宣帝禅位于梁。夏四月(壬戌)〔甲子〕梁王即皇帝位。乙亥，下制削夺李克用官爵。

五月壬辰，命保平节度使康怀贞将兵八万会魏博兵攻潞州。六月，康怀贞至潞州，晋昭义节度使李嗣昭、副使李嗣弼闭城拒守。怀贞昼夜攻之，半月不克，乃筑垒穿蚰蜒堑而守之，内外断绝。晋王以蕃汉都指挥使周德威为行营都指挥使，帅马军都指挥使李嗣本、马步都虞候李存璋、先锋指挥使史建瑭、铁林都指挥使安元信、横冲指挥使李嗣源、骑将安金全救潞州。嗣弼，克修之子；嗣本，本姓张；建瑭，敬思之子；金全，代北人也。

晋兵攻泽州，帝遣左神勇军使范居实将兵救之。

秋八月，晋周德威壁于高河，康怀贞遣亲骑都头秦武将兵击之，武败。丁巳，帝以亳州刺史李思安代怀贞为潞州行营都统，黜怀贞为行营都虞候。思安将河北兵西上，至潞州城下，更筑重城，内以防奔突，外以拒援兵，谓之“夹寨”。调山东民馈军粮，德威日以轻骑抄之，思安乃自东南山口筑甬道，属于夹寨。德威与诸将互往攻之，排墙填堑，一昼夜间数十发，梁兵疲于奔命。夹寨中出刍牧者，德威辄抄之，于是梁兵闭壁不出。

冬十一月，晋王命李存璋攻晋州，以分上党兵势。十二月壬戌，诏河中、陕州发兵救之。

丁卯，晋兵寇洺州。

二年春正月，晋王疽发于首，病笃。周德威等退屯乱柳，晋王命其弟内外蕃汉都知兵马使振武节度使克宁、监军张承业、大将李存璋、吴珙、掌书记卢质立其子晋州刺史存勖为嗣，曰：“此子志气远大，必能成吾事，尔曹善教导之。”辛卯，晋王谓存勖曰：“嗣昭厄于重围，吾不及见矣。俟葬毕，汝与德威辈速竭力救之。”又谓克宁等曰：“以亚子累汝。”亚子，存勖小名也。言终而卒。克宁纲纪军府，中外无敢喧哗。

克宁久总兵柄，有次立之势。时上党围未解，军中(外)以存勖年少，多窃议者，人情恟恟。存勖惧，以位让克宁。克宁曰：“汝冢嗣也，且有先王之命，谁敢违之！”将吏欲谒见存勖，存勖方哀哭，久未出。张承业入谓存勖曰：“大孝在不坠基业，多哭何为？”因扶存勖出，袭位为河东节度使、晋王。李克宁首帅诸将拜贺，王悉以军府事委之。以李存璋为河东军城使、马步都虞候。先王之时，多宠借胡人及军士，侵扰市肆，存璋既领职，执其尤暴横者戮之，旬月间城中肃然。

李思安等攻潞州，久不下，士卒疲弊，多逃亡。晋兵犹屯余吾寨，帝疑晋王克用诈死，欲召兵还，恐晋人蹑之，乃议自至泽州应接归师，且召匡国节度使刘知俊将兵趣泽州。三月壬申朔，帝发大梁，丁丑，次泽州。辛巳，刘知俊至，壬午，以知俊为潞州行营招讨使。

帝以李思安久无功，亡将校四十余人，士卒以万计，更闭壁自守，遣使召诣行在。甲午，削思安官爵，勒归本贯充役，斩监押杨敏贞。

晋李嗣昭固守逾年，城中资用将竭，嗣昭登城宴诸将作乐。流矢中嗣昭足，嗣昭密拔之，座中皆不觉。帝数遣使赐嗣昭诏，谕降之，嗣昭焚诏书，斩使者。

帝留泽州旬余，欲召上党兵还，遣使就与诸将议之。诸将以为李克用死，余吾兵且退，上党孤城无援，请更留旬月以俟之。帝从之，命增运刍粮以馈其军。刘知俊将精兵万余人击晋军，斩获甚众，表请自留攻上党，车驾宜还京师。帝以关中空虚，虑岐人侵同、华，命知俊休兵长子旬日，退屯晋州，俟五月归镇。

初，晋王克用卒，周德威握重兵在外，国人皆疑之。晋王存勖召德威使引兵还。夏四月辛丑朔，德威至晋阳，留兵城外，独徒步而入，伏先王柩，哭极哀。退，谒嗣王，礼甚恭。众心由是释然。

夹寨奏余吾晋兵已引去，帝以为援兵不能复来，潞州必可取，丙午，自泽州南还；壬子，至大梁。梁兵在夹寨者亦不复设备。晋王与诸将谋曰："上党，河东之藩蔽，无上党是无河东也。且朱温所惮者独先王耳，闻吾新立，以为童子未闲军旅，必有骄怠之心。若简精兵倍道趣之，出其不意，破之必矣。取威定霸，在此一举，不可失也。"张承业亦劝之行。乃遣承业及判官王缄乞师于凤翔，又遣使赂契丹王阿保机求骑兵。岐王衰老，兵弱财竭，竟不能应。晋王大阅士卒，以前昭义节度使丁会为都招讨使。甲子，帅周德威（王）〔等〕发晋阳。

己巳，晋王军于黄碾，距上党四十五里。五月辛未朔，晋王伏兵三垂冈下，诘旦，大雾，进兵直抵夹寨。梁军无斥候，不意晋兵之至，将士尚未起，军中惊扰。晋王命周德威、李嗣源分兵为二道，德威攻西北隅，嗣源攻东北隅，填堑烧寨，鼓噪而入。梁兵大溃，南走，招讨使符道昭马倒，为晋人所杀，失亡将校士卒以万计，委弃资粮器械山积。

周德威等至城下，呼李嗣昭曰："先王已薨，今王自来，破贼夹寨，贼已去矣，可开门。"嗣昭不信，曰："此必为贼所得，使来诳我耳。"欲射之，左右止之。嗣昭曰："王果来，可见乎？"王自往呼之。嗣昭见王白服，大恸几绝，城中皆哭，遂开门。

初，德威与嗣昭有隙，晋王克用临终谓晋王存勖曰："进通忠孝，吾爱之深。今不出重围，岂德威不忘旧怨邪？汝为吾以此意谕之。若潞围不解，吾死不瞑目。"进通，嗣昭小名也。晋王存勖以告德威，德威感泣，由是战夹寨甚力。既与嗣昭相见，遂欢好如初。

康怀贞以百余骑自天井关遁归。帝闻夹寨不守，大惊，既而叹曰："生子当如李亚子，克用为不亡矣。至如吾儿，豚犬耳！"诏所在安集散兵。

周德威、李存璋乘胜进趣泽州，刺史王班素失人心，众不为用。龙虎统军牛存节自西都将兵应接夹寨溃兵，至天井关，谓其众曰："泽州要害地，不可失也。虽无诏旨，当救之。"众皆不欲，曰："晋人胜气方锐，且众寡不敌。"存节曰："见危不救，非义也。畏敌强而避之，非勇也。"遂举策引众而前。至泽州，城中人已纵火喧噪，欲应晋王，班闭牙城自守，存节至，乃定。晋兵寻至，缘城穿地道攻之，存节昼夜拒战，凡旬有三日。刘知俊自晋州引兵救之，德威焚攻具，退保高平。

晋王归晋阳，休兵行赏，以周德威为振武节度使、同平章事。命州县举贤才，黜贪残，宽租赋，抚孤穷，伸冤滥，禁奸盗，境内大治。以河东地狭兵少，乃训练士卒。令骑兵不见敌无得乘马；部分已定，无得相逾越及留绝以避险；分道并进，期会无得差晷刻，犯者必斩。故能兼山东，取河南，由士卒精整故也。

潞州围守历年，士民冻饿，死者太半，市里萧条。李嗣昭劝课农桑，宽租、缓刑，数年之间，军城完复。

壬辰，夹寨诸将诣阙待罪，皆赦之。帝赏牛存节全泽州之功，以为六军马步都指挥使。

六月，帝欲自将击潞州，丁卯，诏会诸道兵。

秋九月，晋周德威、李嗣昭将兵三万出阴地关，攻晋州，刺史徐怀玉拒守；帝自将救之。丁丑，发大梁，乙酉，至陕州。周德威等闻帝将至，乙未，退保隰州。冬十月丁巳，帝还大梁。

三年春三月，以山南东道节度使杨师厚兼潞州行营四面招讨使。

秋八月，岐王约晋王使攻晋、绛。晋王引兵南下，先遣周德威等将兵出阴地关攻晋州，刺史边继威悉力固守。晋兵穿地道，陷城二十余步，城中血战拒之，一夕城复成。诏杨师厚将兵救晋州，周德威以骑扼蒙坑之险，师厚击破之，进抵晋州，晋兵解围遁去。

四年。镇、定自帝践阼以来，虽不输常赋，而贡献甚勤。会赵王镕母何氏卒，〔秋八月〕庚申，遣使吊之，且授起复官。时邻道吊客皆在馆，使者见晋使，归言于帝曰："镕潜与晋通，镇、定势强，终恐难制。"帝深然之。

冬十月，遣镇国节度使杨师厚、相州刺史李思安将兵屯泽州，以图上党。十一月己丑，以宁国节度使、同平章事王景仁充北面行营都指挥招讨使，潞州副招讨使韩勍副之，以李思安为先锋将，趣上党。寻遣景仁等屯魏州，杨师厚还陕。

上疑赵王镕贰于晋，且欲因邺王绍威卒除移镇、定。会燕王守光发兵屯涞水，欲侵定州，上遣供奉官杜廷隐、丁延徽监魏博兵三千分屯深、冀，声言恐燕兵南寇，助赵守御，又云分兵就食。赵将石公立戍深州，白赵王镕，请拒之。镕遽命开门，移公立于外以避之。公立出门，指城而泣曰："朱氏灭唐社稷，三尺童子知其为人。而我王犹恃姻好，以长者期之，此所谓开门揖盗者也。惜乎，此城之人今为虏矣！"

梁人有亡奔真定，以其谋告镕者，镕大惧，又不敢先自绝，但遣使诣洛阳，诉称"燕兵已还，与定州讲和如故。深、冀民见魏博兵入，奔走惊骇，乞召兵还"。上遣使诣真定慰谕之。未几，廷隐等闭门尽杀赵戍兵，乘城拒守。镕始命石公立攻之，不克，乃遣使求援于燕、晋。

镕使者至晋阳，义武节度使王处直使者亦至，欲共推晋王为盟主，合兵攻梁。晋王会将佐谋之，皆曰："镕久臣朱温，岁输重赂，结以婚姻，其交深矣。此必诈也，宜徐观之。"王曰："彼亦择利害而为之耳。王氏在唐世犹或臣或叛，况肯终为朱氏之臣乎？彼朱温之女，何如寿安公主？今救死不赡，何顾婚姻！我若疑而不救，正堕朱氏计中。宜趣发兵赴之，晋、赵叶力，破梁必矣。"乃发兵，遣周德威将之，出井陉，屯赵州。

镕使者至幽州，燕王守光方猎，幕僚孙鹤驰诣野谓守光曰："赵人来乞师，此天欲成王之功业也。"守光曰："何故？"对曰："比常患其与朱温胶固。温之志非尽吞河朔不已，今彼自为仇敌，王若与之并力破梁，则镇、定皆敛衽而朝燕矣。王不早出师，但恐晋人先我矣。"守光曰："王镕数负约，今使之与梁自相弊，吾可以坐承其利，又何救焉？"赵使者交错于路，守光竟不为出兵。自是镇、定复称唐天祐年号，复以武顺为成德军。

司天言："来月太阴亏，不利宿兵于外。"上召王景仁等还洛阳。十二月己未，上闻赵与晋合，晋兵已屯赵州，乃命王景仁等将兵击之。庚申，景仁等自河阳渡河，会罗周翰兵，合四万，军于邢、洺。

丁丑，王景仁等进军柏乡。赵王镕复告急于晋，晋王以蕃汉副总管李存审守晋阳，自将兵自赞皇东下，王处直遣将将兵五千以从。辛巳，晋王至赵州，与周德威合，获梁刍荛者二百人，问之曰："初发洛阳，梁主有何号令？"对曰："梁主戒上将云：'镇州反覆，终为子孙之患。今悉以精兵付汝，镇州虽以铁为城，必为我取之。'"晋王命送于赵。

壬午，晋王进军，距柏乡三十里，遣周德威等以胡骑迫梁营挑战，梁兵不出。癸未，复进，距柏乡五里，营于野河之北，又遣胡骑迫梁营驰射，且诟之。梁将韩勍等将步骑三万，分三道追之，铠胄皆被缯绮，镂金银，光彩炫曜，晋人望之夺气。周德威谓李存璋曰："梁人志不在战，徒欲曜兵耳。不挫其锐，则吾军不振。"乃徇于军曰："彼皆汴州天武军，屠酤佣贩之徒耳，衣铠虽鲜，十不能当汝一。擒获一夫，足以自富，此乃奇货，不可失也。"德威自帅精骑千余击其两端，左驰右突，出入数四，俘获百余人，且战且却，距野河而止，梁兵亦退。

德威言于晋王曰："贼势甚盛，宜按兵以待其衰。"王曰："吾孤军远来，救人之急，三镇乌合，利于速战，公乃欲按兵持重，何也？"德威曰："镇、定之兵，长于守城，短于野战。且吾所恃者骑兵，利于平原广野，可以驰突。今压贼垒门，骑无所展其足。且众寡不敌，使彼知吾虚实，则事危矣。"王不悦，退卧帐中，诸将莫敢言。德威往见张承业曰："大王骤胜而轻敌，不量力而务速战。今去贼咫尺，所限者一水耳，彼若造桥以薄我，我众立尽矣。不若退军高邑，诱贼离营，彼出则归，彼归则出，别以轻骑掠其馈饷，不过逾月，破之必矣。"承业入，褰帐抚王曰："此岂王安寝时邪？周德威老将知兵，其言不可忽也。"王蹶然而兴，曰："予方思之。"时梁兵闭垒不出，有降者，诘之，曰："景仁方多造浮桥。"王谓德威曰："果如公言。"是日拔营，退保高邑。

乾化元年。柏乡比不储刍，梁兵刈刍自给，晋人以游军抄之，梁兵不出。周德威使胡骑环营驰射而诟之，梁兵疑有伏，愈不敢出，剉屋茅坐席以饲马，马多死。春正月丁亥，周德威与别将史建瑭、李嗣源将精骑三千压梁垒门而诟之，王景仁、韩勍怒，悉众而出。德威等转战而北，至高邑南。李存璋以步兵陈于野河之上，梁兵横亘数里，竞前夺桥，镇、定步兵御之，势不能支。晋王谓匡卫都指挥使李建及曰："贼过桥则不可复制矣。"建及选卒二百，援枪大噪，力战却之。建及，许州人，姓王，李罕之之假子也。晋王登高丘以望曰："梁兵争进而嚣，我兵整而静，我必胜。"战自巳至午，胜负未决。晋王谓周德威曰："两军已合，势不可离，我之兴亡，在此一举。我为公先登，公可继之。"德威叩马而谏曰："观梁兵之势，可以劳逸制之，未易以力胜也。彼去营三十余里，虽挟糗粮，亦不暇食，日昳之后，饥渴内迫，矢刃外交，士卒劳倦，必有退志。当是时，我以精骑乘之，必大捷。于今未可也。”王乃止。

时魏、滑之兵阵于东，宋、汴之兵阵于西。至晡，梁军未食，士无斗志，景仁等引兵稍却，周德威疾呼曰：“梁兵走矣。”晋兵大噪争进，魏、滑兵先退，李嗣源帅众噪于西阵之前曰：“东阵已走，尔何久留？”梁兵互相惊怖，遂大溃。李存璋引步兵乘之，呼曰：“梁人亦吾人也，父兄子弟饷军者勿杀。”于是战士悉解甲投兵而弃之，嚣声动天地。赵人以深、冀之憾，不顾剽掠，但奋白刃追之，梁之龙骧、神捷精兵殆尽，自野河至柏乡，僵尸蔽地。王景仁、韩勍、李思安以数十骑走。晋兵夜至柏乡，梁军已去，弃粮食、资财、器械不可胜计。凡斩首二万级。李嗣源等追奔至邢州，河朔大震。保义节度使王檀严备，然后开城纳败卒，给以资粮，散遣归本道。晋王收兵屯赵州。

杜廷隐等闻梁兵败，弃深、冀而去，悉驱二州丁壮为奴婢，老弱者坑之，城中存者坏垣而已。

癸巳，复以杨师厚为北面都招讨使，将兵屯河阳，收集散兵，旬余得万人。己亥，晋王遣周德威、史建瑭将三千骑趣澶、魏，张承业、李存璋以步兵攻邢州，自以大军继之，移檄河北州县，谕以利害。帝遣别将徐仁溥将兵千人自西山夜入邢州，助王檀城守。己酉，罢王景仁招讨使，落平章事。

二月己未，晋王至魏州，攻之不克。上以罗周翰年少，且忌其旧将佐，庚申，以户部尚书李振为天雄节度副使，命杜廷隐将兵千人卫之，自杨刘济河，间道夜入魏州，助周翰城守。癸亥，晋王观河于黎阳，梁兵万余将渡河，闻晋王至，皆弃舟而去。

乙丑，周德威自临清攻贝州，拔夏津、高唐；攻博州，拔东武、朝城。攻澶州，刺史张可臻弃城走，帝斩之。德威进攻黎阳，拔临河、淇门；逼卫州，掠新乡、共城。庚午，帝帅亲军屯白司马阪以备之。

杨师厚自磁、相引兵救邢、魏，壬申，晋解围去。师厚追之，逾漳水而还，邢州围亦解。师厚留屯魏州。赵王镕自来谒晋王于赵州，大犒将士，自是遣其养子德明将三十七都常从晋王征讨。德明本姓张，名文礼，燕人也。壬午，晋王发赵州，归晋阳，留周德威等将三千人戍赵州。

夏六月，帝命杨师厚将兵三万屯邢州。秋七月，赵王镕以杨师厚在邢州，甚惧，会晋王于承天军。晋王谓镕父友也，事之甚恭。镕以梁寇为忧，晋王曰："朱温之恶极矣，天将诛之，虽有师厚辈，不能救也。脱有侵轶，仆自帅众当之，叔父勿以为忧。"镕捧卮为寿，谓晋王为四十六舅。镕幼子昭诲从行，晋王断衿为盟，许妻以女。由是晋、赵之交遂固。

九月，帝闻晋、赵谋入寇，自将拒之。戊戌，以张宗奭为西都留守。庚子，帝发洛阳。甲辰，至卫州，方食，军前奏晋军已出井陉，帝遽命辇北趣邢、洺，昼夜倍道兼行。丙午，至相州，闻晋兵不出，乃止。冬十月甲寅夜，帝发相州，乙卯，至洹水。是夜，边吏言晋、赵兵南下，帝即时进军，丙辰，至魏县。或告云"沙陀至矣"，士卒恟惧，多逃亡，严刑不能禁。既而复告云"无寇"，上下始定。戊午，贝州奏晋兵寇东武，寻引去。帝以夹寨、柏乡屡失利，故力疾北巡，思一雪其耻。意郁郁，多躁忿，功臣、宿将往往以小过被诛，众心益惧。既而晋、赵兵竟不出。十一月壬午，帝南还。

二年春二月甲子，帝发洛阳，从官以帝诛戮无常，多惮行。帝闻之，益怒。是日，至白马顿，赐从官食，多未至，遣骑趣之于路。左散骑常侍孙骘、右谏议大夫张衍、兵部郎中张儁最后至，帝命扑杀之。衍，宗奭之侄也。丙寅，帝至武陟。段明远供馈有加于前。丁卯，至获嘉，帝追思李思安去岁供馈有阙，贬柳州司户，告辞称明远之能，曰："观明远之忠勤如此，见思安之悖慢何如。"寻长流思安于崖州，赐死。明远后更名凝。乙亥，帝至魏州，命都招讨使宣义节度使杨师厚、副使前河阳节度使李周彝围枣强，招讨应接使平卢节度使贺德伦、副使天平留后袁象先围蓨县。德伦，河西胡人；象先，下邑人也。戊寅，帝至贝州。

帝昼夜兼行，三月辛巳，至下博南，登观津冢。赵将符习引数百骑出巡逻，不知是帝，遽前逼之。或告曰："晋兵大至矣！"帝弃行幄，亟引兵趣枣强，与杨师厚军合。习，赵州人也。

枣强城小而坚，赵人(取)〔聚〕精兵数千守之，师厚急攻之，数日不下，城坏复修，死伤者以万数。城中矢石将竭，谋出降，有一卒奋曰："贼自柏乡丧败以来，视我镇人裂眦，(命)今往归之，如自投虎狼之口耳。困穷如此，何用身为！我请独往试之。"夜，缒城出，诣梁军诈降。李周彝召问城中之备，对曰："非半月未易下也。"因(谋)〔请〕曰："某既归命，愿得一剑，效死先登，取守城将首。"周彝不许，使荷担从军。卒得间举担击周彝首，踣地，左右救至，得免。帝闻之，愈怒，命师厚昼夜急攻，丙戌，拔之，无问老幼尽杀之，流血盈城。

初，帝引兵渡河，声言五十万。晋忻州刺史李存审屯赵州，患兵少，裨将赵行实请入土门避之，存审不可。及贺德伦攻蓨县，存审谓史建瑭、李嗣肱曰："吾王方有事幽、蓟，无兵此来，南方之事，委吾辈数人。今蓨县方急，吾辈安得坐而视之。使贼得蓨县，必西侵深、冀，患益深矣。当与公等以奇计破之。”存审乃引兵扼下博桥，使建瑭、嗣肱分道擒生。建瑭分其麾下为五队，队各百人，一之衡水，一之南宫，一之信都，一之阜城，自将一队深入，与嗣肱遇梁军之樵刍者，皆执之，获数百人。明日，会于下博桥，皆杀之，留数人断臂纵去，曰：“为我语朱公，晋王大军至矣。”时蓨县未下，帝引杨师厚兵五万就贺德伦共攻之。丁亥，始至县西，未及置营，建瑭、嗣肱各将三百骑，效梁军旗帜、服色，与樵刍者杂行。日且暮，至德伦营门，杀门者，纵火大噪，弓矢乱发，左右驰突，既暝，各斩馘执俘而去。营中大扰，不知所为。断臂者复来曰：“晋军大至矣！”帝大骇，烧营夜遁，迷失道，委曲行百五十里，戊子旦乃至冀州。蓨之耕者皆荷锄奋梃逐之，委弃军资、器械不可胜计。既而复遣骑觇之，曰：“晋军实未来，此乃史先锋游骑耳。”帝不胜惭愤，由是病增剧，不能乘肩舆。留贝州旬余，诸军始集。

乙巳，帝发贝州，丁未，至魏州。夏四月乙卯，博王友文来朝，请帝还东都。丁巳，发魏州。己未，至黎阳，以疾淹留。乙丑，至滑州。己巳，帝至大梁。戊寅，帝发大梁。

五月甲申，帝至洛阳，疾甚。闰月壬戌，帝疾增甚，谓近臣曰：“我经营天下三十年，不意太原余孽更昌炽如此。吾观其志不小，天复夺我年，我死，诸儿非彼敌也，吾无葬地矣！”因哽咽，绝而复苏。六月戊寅，郢王友珪弑帝。

冬十一月，赵将王德明将兵三万掠武城，至于临清，攻宗城，下之。癸丑，杨师厚伏兵唐店，邀击，大破之，斩首五千余级。

均王乾化三年春二月，均王即位于大梁。三月庚戌，加杨师厚兼中书令，赐爵邺王，赐诏不名，事无巨细，必咨而后行。夏五月，杨师厚与博州刺史刘守奇将汴、滑、徐、兖、魏、博、邢、洺之兵十万，大掠赵境。师厚自柏乡入攻土门，趣赵州，守奇自贝州入趣冀州，所过焚掠。庚戌，师厚至镇州，营于南门外，燔其关城。壬子，师厚自九门退军下博，守奇引兵与师厚会攻下博，拔之。晋将李存审、史建瑭戍赵州，兵少，赵王告急于周德威，德威遣骑将李绍衡会赵将王德明同拒梁军。师厚、守奇自弓高渡御河而东，逼沧州，张万进惧，请迁于河南。师厚表徙万进镇青州，以守奇为顺化节度使。

四年。晋王既克幽州，乃谋入寇。克幽州事见晋王灭燕。秋七月，会赵王镕及周德威于赵州，南寇邢州，李嗣昭引昭义兵会之。杨师厚引兵救邢州，军于漳水之东。晋军至张公桥，裨将曹进金来奔。晋军退，诸镇兵皆引归。八月，晋王还晋阳。

贞明元年春三月，天雄节度使兼中书令邺王杨师厚卒。师厚晚年矜功恃众，擅割财赋，选军中骁勇，置银枪效节都数千人，给赐优厚，欲以复故时牙兵之盛。帝虽外加尊礼，内实忌之，及卒，私于宫中受贺。租庸使赵岩、判官邵赞言于帝曰："魏博为唐腹心之蠹，二百余年不能除去者，以其地广兵强之故也。罗绍威、杨师厚据之，朝廷皆不能制。陛下不乘此时为之计，所谓'弹疽不严，必将复聚'，安知来者不为师厚乎？宜分六州为两镇，以弱其权。"帝以为然，以平卢节度使贺德伦为天雄节度使，置昭德军于相州，割澶、卫二州隶焉，以宣徽使张筠为昭德节度使，仍分魏州将士、府库之半于相州。筠，海州人也。二人既赴镇，朝廷恐魏人不服，遣开封尹刘鄩将兵六万自白马济河，以讨镇、定为名，实张形势以胁之。

魏兵皆父子相承，数百年族姻磐结，不愿分徙。德伦屡趣之，应行者皆嗟怨，连营聚哭。己丑，刘鄩屯南乐，先遣澶州刺史王彦章将龙骧五百骑入魏州，屯金波亭。魏兵相与谋曰："朝廷忌吾军府强盛，欲设策使之残破耳。吾六州历代藩镇，兵未尝远出河门，一旦骨肉流离，生不如死。"是夕，军乱，纵火大掠，围金波亭，王彦章斩关而走。诘旦，乱兵入牙城，杀贺德伦之亲兵五百人，劫德伦置楼上。有效节军校张彦者，自帅其党，拔白刃，止剽掠。

夏四月，帝遣供奉官扈异抚谕魏军，许张彦以刺史。彦请复相、澶、卫三州如旧制。异还，言张彦易与，但遣刘鄩加兵，立当传首。帝由是不许，但以优诏答之。使者再返，彦裂诏书抵于地，戟手南向诟朝廷，谓德伦曰："天子愚暗，听人穿鼻。今我兵甲虽强，苟无外援，不能独立，宜投款于晋。"遂逼德伦以书求援于晋。

晋王得贺德伦书，命马步副总管李存审自赵州引兵进据临清。五月，存审至临清，刘鄩屯洹水。贺德伦复遣使告急于晋，晋王引大军自黄泽岭东下，与存审会于临清，犹疑魏人之诈，按兵不进。德伦遣判官司空颋犒军，密言于晋王曰："除乱当除根。"因言张彦凶狡之状，劝晋王先除之，则无虞矣。王默然。颋，贝州人也。

晋王进屯永济，张彦选银枪效节五百人，皆执兵自卫，诣永济谒见，王登驿楼语之曰："汝陵胁主帅，残虐百姓，数日中迎马诉冤者百余辈。我今举兵而来，以安百姓，非贪人土地。汝虽有功于我，不得不诛以谢魏人。"遂斩彦及其党七人，余众股栗。王召谕之曰："罪止八人，余无所问。自今当竭力为吾爪牙。"众皆拜伏，呼万岁。明日，王缓带轻裘而进，命张彦之卒擐甲执兵，翼马而从，仍以为帐前银枪都，众心由是大服。

刘鄩闻晋军至，选兵万余人，自洹水趣魏县。晋王留李存审屯临清，遣史建瑭屯魏县以拒之，王自引亲军至魏县，与鄩夹河为营。

帝闻魏博叛，大悔惧，遣天平节度使牛存节将兵屯杨刘，为鄩声援。会存节病卒，以匡国节度使王檀代之。

六月庚寅朔，贺德伦帅将吏请晋王入府城慰劳。既入，德伦上印节，请王兼领天雄军。王固辞，曰："比闻汴寇侵逼贵道，故亲董师徒，远来相救。又闻城中新罹涂炭，故暂入存抚。明公不垂鉴信，乃以印节见推，诚非素怀。"德伦再拜曰："今寇敌密迩，军城新有大变，人心未安。德伦腹心纪纲为张彦所杀殆尽，形孤势弱，安能统众！一旦生事，恐负大恩。"王乃受之。德伦帅将吏拜贺，王承制以德伦为大同节度使，遣之官。德伦至晋阳，张承业留之。时银枪效节都在魏城犹骄横，晋王下令："自今有朋党流言及暴掠百姓者，杀无赦。"以沁州刺史李存进为天雄都巡按使，有讹言摇众及强取人一钱已上者，存进皆枭首磔尸于市。旬日，城中肃然，无敢喧哗者。

张彦之以魏博归晋也，贝州刺史张源德不从，北结沧德，南连刘鄩以拒晋，数断镇、定粮道。或说晋王"请先发兵万人取源德，然后东兼沧景，则海隅之地皆为我有"。晋王曰："不然。贝州城坚兵多，未易猝攻。德州隶于沧州而无备，若得而戍之，则沧、贝不得往来，二垒既孤，然后可取。"乃遣骑兵五百，昼夜兼行，袭德州。刺史不意晋兵至，逾城走，遂克之，以辽州守捉将马通为刺史。

秋七月，晋人夜袭澶州，陷之。刺史王彦章在刘鄩营，晋人获其妻子，待之甚厚，遣间使诱彦章，彦章斩其使者，晋人尽灭其家。晋王以魏州〔将〕李岩为澶州刺史。

晋王劳军于魏县，因帅百余骑循河而上，觇刘鄩营。会天阴晦，鄩伏兵五千于河曲丛林间，鼓噪而出，围王数重。王跃马大呼，帅骑驰突，所向披靡。裨将夏鲁奇等操短兵力战，自午至申乃得出，亡其七骑。鲁奇手杀百余人，伤痍遍体，会李存审救兵至，乃得免。王顾谓从骑曰："几为虏嗤。"皆曰："适足使敌人见大王之英武耳。"鲁奇，青州人也，王以是益爱之，赐姓名曰李绍奇。

刘鄩以晋兵尽在魏州，晋阳必虚，欲以奇计袭取之，乃潜引兵自黄泽西去。晋人怪鄩军数日不出，寂无声迹，遣骑觇之，城中无烟火，但时见旗帜循堞往来。晋王曰："吾闻刘鄩用兵，一步百计，此必诈也。"更使觇之，乃缚刍为人，执旗乘驴在城上耳。得城中老弱者诘之，云军去已二日矣。晋王曰："刘鄩长于袭人，短于决战，计彼行才及山下。"亟发骑兵追之。会阴雨积旬，黄泽道险，堇泥深尺余，士卒援藤葛而进，皆腹疾足肿，或坠崖谷，死者什二三。晋将李嗣恩倍道先入晋阳，城中知之，勒兵为备。鄩至乐平，糗粮且尽。又闻晋有备，追兵在后，众惧，将溃，鄩谕之曰："今去家千里，深入敌境，腹背有兵，山谷高深，如坠井中，去将何之？惟力战庶几可免，不则以死报君亲耳。"众泣而止。周德威闻鄩西上，自幽州引千骑救晋阳，至土门，鄩已整众下山，自邢州陈宋口逾漳水而东，屯于宗城。鄩军往还，马死殆半。时晋军乏食，鄩知临清有蓄积，欲据之以绝晋粮道。德威急追鄩，再宿，至南宫，遣骑擒其斥候者数十人，断腕而纵之，使言曰："周侍中已据临清矣。”鄩军大骇。诘朝，德威略鄩营而过，入临清，鄩引军趋贝州。时晋王出师屯博州，刘鄩军堂邑，周德威攻之，不克。翌日，鄩军于莘县，晋军踵之。鄩治莘城，堑而守之，自莘及河筑甬道以通馈饷。晋王营于莘西三十里，烟火相望，一日数战。

绛州刺史尹皓攻晋之隰州，八月，又攻慈州，皆不克。王檀与(昭)〔宣〕义留后贺瓌攻澶州，拔之，执李岩，送东都。帝以杨师厚故将杨延直为澶州刺史，使将兵万人助刘鄩，且招诱魏人。

晋王遣李存审将兵五千击贝州。张源德有卒三千，每夕分出剽掠，州民苦之，请堑其城以安耕耘。存审乃发八县丁夫堑而围之。

刘鄩在莘久，馈运不给，晋人数抵其寨下挑战，鄩不出。晋人乃攻绝其甬道，以千余斧斩寨木，梁人惊扰而出，因俘获而还。

帝以诏书让鄩老师费粮，失亡多，不速战。鄩奏称：“臣比欲以奇兵捣其腹心，还取镇、定，期以旬时再清河朔。无何天未厌乱，淫雨积旬，粮竭士病。又欲据临清断其馈饷，而周杨五奄至，驰突如神。臣今退保莘县，享士训兵以俟进取。观其兵数甚多，便习骑射，诚为勍敌，未易轻也。苟有隙可乘，臣岂敢偷安养寇。”帝复问鄩决胜之策，鄩曰：“臣今无策，惟愿人给十斛粮，贼可破矣。”帝怒，责鄩曰：“将军蓄米，欲破贼邪？欲疗饥邪？”乃遣中使往督战。

鄩集诸将问曰：“主上深居禁中，不知军旅，徒与少年新进辈谋之。夫兵在临机制变，不可预度。今敌尚强，与战必不利，奈何？”诸将皆曰：“胜负须一决，旷日何待？”鄩默然不悦，退谓所亲曰：“主暗臣谀，将骄卒惰，吾未知死所矣。”他日，复集诸将于军门，人置河水一器于前，令饮之，众莫之测。鄩谕之曰："一器犹难，滔滔之河，可胜尽乎？"众失色。后数日，鄩将万余人薄镇、定营，镇、定人惊扰。晋李存审以骑兵三千横击之，李建及以银枪千人助之，鄩大败，奔还。晋人逐之，及寨下，俘斩千计。

冬十月，刘鄩遣卒诈降于晋，谋赂膳夫以毒晋王。事泄，晋王杀之，并其党五人。

二年春二月，帝屡趣刘鄩战，鄩闭壁不出。晋王乃留副总管李存审守营，自劳军于贝州，声言归晋阳。鄩闻之，奏请袭魏州，帝报曰："今扫境内以属将军，社稷存亡，系兹一举，将军勉之。"鄩令澶州刺史杨延直引兵万人会于魏州，延直夜半至城南，城中选壮士五百潜出击之，延直不为备，溃乱而走。诘旦，鄩自莘县悉众至城东，与延直余众合，李存审引营中兵踵其后，李嗣源以城中兵出战，晋王亦自贝州至，与嗣源当其前。鄩见之，惊曰："晋王邪！"引兵稍却，晋王蹑之，至故元城西，与李存审遇。晋王为方陈于西北，存审为方陈于东南；鄩为圆陈于其中间，四面受敌。合战良久，梁兵大败，鄩引数十骑突围走。梁步卒凡七万，晋兵环而击之，败卒登木，木枝为之折，追至河上，杀、溺殆尽。鄩收散卒，自黎阳渡河，保滑州。

匡国节度使王檀密疏请发关西兵袭晋阳，帝从之，发河中、陕、同、华诸镇兵合三万，出阴地关，奄至晋阳城下，昼夜急攻。城中无备，发诸司丁匠及驱市人乘城拒守，城几陷者数四，张承业大惧。代北故将安金全退居太原，往见承业曰："晋阳根本之地，若失之，则大事去矣。仆虽老病，忧兼家国，请以库甲见授，为公击之。"承业即与之。金全帅其子弟及退将之家得数百人，夜出北门，击梁兵于羊马城内。梁兵大惊，引却。昭义节度使李嗣昭闻晋阳有寇，遣牙将石君立将五百骑救之。君立朝发上党，夕至晋阳。梁兵扼汾桥，君立击破之，径至城下大呼曰："昭义侍中大军至矣！"遂入城。夜，与安金全等分出诸门击梁兵，梁兵死伤什二三。诘朝，王檀引兵大掠而还。晋王性矜伐，以策非己出，故金全等赏皆不行。

梁兵之在晋阳城下也，大同节度使贺德伦部兵多逃入梁军，张承业恐其为变，收德伦，斩之。帝闻刘鄩败，又闻王檀无功，叹曰："吾事去矣！"

三月乙卯朔，晋王攻卫州，壬戌，刺史米昭降之。又攻惠州，刺史靳绍走，擒斩之，复以惠州为磁州。晋王还魏州。

上屡召刘鄩不至，己巳，即以鄩为宣义节度使，使将兵屯黎阳。

夏四月，晋人拔洺州，以魏州都巡检使袁建丰为洺州刺史。刘鄩既败，河南大恐，鄩复不应召，由是将卒皆摇心。

六月，晋人攻邢州，保义节度使阎宝拒守，帝遣捉生都指挥使张温将兵五百救之，温以其众降晋。

秋七月甲寅朔，晋王至魏州。

八月，晋王自将攻邢州，昭德节度使张筠弃相州走。晋人复以相州隶天雄军，以李嗣源为刺史。晋王遣人告阎宝以相州已拔，又遣张温帅援兵至城下谕之，宝举城降。晋王以宝为东南面招讨使、领天平节度使、同平章事，以李存审为安国节度使，镇邢州。

九月，晋王还晋阳。晋人以兵逼沧州，顺化节度使戴思远弃城奔东都。沧州将毛璋据城降晋，晋王命李嗣源将兵镇抚之，嗣源遣璋诣晋阳。晋王徙李存审为横海节度使，镇沧州，以嗣源为安国节度使。嗣源以安重诲为中门使，委以心腹，重诲亦为嗣源尽力。重诲，应州胡人也。

晋人围贝州逾年，张源德闻河北诸州皆为晋有，欲降。谋于其众，众以穷而后降，恐不免死，不从，共杀源德，婴城固守。城中食尽，啖人为粮，乃谓晋将曰："出降惧死，请擐甲执兵而降，事定而释之。"晋将许之，其众三千人出降，既释甲，围而杀之，尽殪。晋王以毛璋为贝州刺史。于是河北皆入于晋，惟黎阳为梁守。

晋王如魏州。

冬十月，晋王遣使如吴，会兵以击梁。十一月，吴以行军副使徐知训为淮北行营都招讨使，及朱瑾等将兵趣宋、亳，与晋相应。既渡淮，移檄州县，进围颍州。

三年春正月，诏宣武节度使袁象先救颍州，既至，吴(引)军〔引〕还。

二月甲申，晋王攻黎阳，刘鄩拒之，数日，不克而去。

刘鄩自滑州入朝，朝议以河朔失守责之，九月，落鄩平章事，左迁亳州团练使。

冬十月，晋王还晋阳。王连岁出征，凡军府政事一委监军使张承业，承业劝课农桑，畜积金谷，收市兵马，征租行法不宽贵戚，由是军城肃清，馈饷不乏。

十一月，晋王闻河冰合，曰："用兵数岁，限一水不得渡，今水自合，天赞我也。"亟如魏州。

十二月戊辰，晋王畋于朝城。是日大寒，晋王视河冰已坚，引步骑稍渡。梁甲士三千戍杨刘城，缘河数十里，列栅相望，晋王急攻，皆陷之。进攻杨刘城，使步卒斩其鹿角，负葭苇塞堑，四面进攻，即日拔之，获其守将安彦之。

先是，租庸使、户部尚书赵岩言于帝曰："陛下践阼以来，尚未南郊，议者以为无异藩侯，为四方所轻。请幸西都行郊礼，遂谒宣陵。"敬翔谏曰："自刘鄩失利以来，公私困竭，人心惴恐。今展礼圜丘，必行赏赉，是募虚名而受实弊也。且勍敌近在河上，乘舆岂宜轻动。俟北方既平，报本未晚。"帝不听。己巳，如洛阳，阅车服，饰宫阙。郊祀有日，闻杨刘失守，道路讹言"晋军已入大梁，扼汜水矣"。从官皆忧其家，相顾涕泣。帝惶骇失图，遂罢郊祀，奔归大梁。

四年春正月，帝至大梁。晋兵侵掠至郓、濮而还。敬翔上疏曰："国家连年丧师，疆土日蹙。陛下居深宫之中，所与计事者皆左右近习，岂能量敌国之胜负乎？先帝之时，奄有河北，亲御豪杰之将，犹不得志。今敌至郓州，陛下不能留意。臣闻李亚子继位以来，于今十年，攻城野战，无不亲当矢石，近者攻杨刘，身负束薪为士卒先，一鼓拔之。陛下儒雅守文，宴安自若，使贺瓌辈敌之，而望攘逐寇仇，非臣所知也。陛下宜询访黎老，别求异策，不然，忧未艾也。臣虽驽怯，受国重恩，陛下必若乏才，乞于边垂自效。"疏奏，赵、张之徒言翔怨望，帝遂不用。

二月，河阳节度使、北面行营排阵使谢彦章将兵数万攻杨刘城。甲子，晋王自魏州轻骑诣河上。彦章筑垒自固，决河水，弥漫数里，以限晋兵，晋兵不得进。彦章，许州人也。安彦之散卒多聚于兖、郓山谷为群盗，以观二国成败，晋王招募之，多降于晋。

夏六月壬戌，晋王自魏州劳军于杨刘，自泛舟测河水，其深没枪。王谓诸将曰："梁军非有战意，但欲阻水以老我师，当涉水攻之。"甲子，王引亲军先涉，诸军随之，褰甲横枪，结阵而进。是日水落，深才及膝。匡国节度使、北面行营排阵使谢彦章帅众临岸拒之，晋兵不得进，乃稍引却，梁兵从之。及中流，鼓噪复进，彦章不能支，稍退登岸。晋兵因而乘之，梁兵大败，死伤不可胜纪，河水为之赤，彦章仅以身免。是日，晋人遂陷滨河四寨。

秋七月，晋王谋大举入寇，周德威将幽州步骑三万，李存审将沧景步骑万人，李嗣源将邢洺步骑万人，王处直遣将将易定步骑万人，及麟、胜、云、蔚、新、武等州诸部落奚、契丹、室韦、吐谷浑皆以兵会之。八月，并河东、魏博之兵，大阅于魏州。

晋王自魏州如杨刘，引兵略郓、濮而还，循河而上，军于麻家渡。贺瓌、谢彦章将梁兵屯濮州北行台村，相持不战。

晋王好自引轻骑迫敌营挑战，危窘者数四，赖李绍荣力战翼卫之得免。赵王镕及王处直皆遣使致书曰："元元之命系于王，本朝中兴系于王，奈何自轻如此！"王笑谓使者曰："定天下者，非百战何由得之，安可但深居帷房以自肥乎！"一旦，王将出营，都营使李存审扣马泣谏曰："大王当为天下自重。彼先登陷阵，将士之职也，存审辈宜为之，非大王之事也。"王为之揽辔而还。他日，伺存审不在，策马急出，顾左右曰："老子妨人戏。"王以数百骑抵梁营，谢彦章伏精甲五千于堤下。王引十余骑(发)〔度〕堤，伏兵发，围王数十重，王力战于中，后骑继至者攻之于外，仅得出。会李存审救至，梁兵乃退，王始以存审之言为忠。

晋王欲趣大梁，而梁军扼其前，坚壁不战百余日。十二月庚子朔，晋王进兵，距梁军十里而舍。

初，北面行营招讨使贺瓌善将步兵，排阵使谢彦章善将骑兵，瓌恶其与己齐名。一日，瓌与彦章治兵于野，瓌指一高地曰："此可以立栅。"至是，晋军适置栅于其上，瓌疑彦章与晋通谋。

瓌屡欲战，谓彦章曰："主上悉以国兵授吾二人，社稷是赖。今强寇压吾门，而逗遛不战，可乎！"彦章曰："强寇凭陵，利在速战。今深沟高垒，据其津要，彼安敢深入。若轻与之战，万一蹉跌，则大事去矣。"瓌益疑之，密谮之于帝，与行营马步都虞候曹州刺史朱珪谋，因享士，伏甲，杀彦章及濮州刺史孟审澄、别将侯温裕，以谋叛闻。审澄、温裕，亦骑将之良者也。丁未，以朱珪为匡国留后；癸丑，又以为平卢节度使兼行营马步副指挥使以赏之。

晋王闻彦章死，喜曰："彼将帅自相鱼肉，亡无日矣。贺瓌残虐，失士卒心，我若引军直指其国都，彼安得坚壁不动。幸而一与之战，蔑不胜矣。"王欲自将万骑直趣大梁，周德威曰："梁人虽屠上将，其军尚全，轻行徼利，未见其福。"不从。戊午，下令军中老弱悉归魏州，起师趋汴。庚申，毁营而进，众号十万。

贺瓌闻晋王已西，亦弃营而踵之。晋王发魏博白丁三万从军，以供营栅之役，所至营栅立成。壬戌，至胡柳陂。癸亥旦，候者言梁兵自后至矣。周德威曰："贼倍道而来，未有所舍，我营栅已固，守备有余，既深入敌境，动须万全，不可轻发。此去大梁至近，梁兵各念其家，内怀愤激，不以方略制之，恐难得志。王宜按兵勿战，德威请以骑兵扰之，使彼不得休息，至暮营垒未立，樵爨未具，乘其疲乏，可一举灭也。"王曰："前在河上，恨不见贼，今贼至不击，尚复何待，公何怯也！"顾李存审曰："敕辎重先发，吾为尔殿后，破贼而去。"即以亲军先出。德威不得已，引幽州兵从之，谓其子曰："吾无死所矣。"

贺瓌结阵而至，横亘数十里。王帅银枪都陷其阵，冲荡击斩，往返十余里。行营左厢马军都指挥使、郑州防御使王彦章军先败，西走趣濮阳。晋辎重在阵西，望见梁旗帜，惊溃，入幽州阵,幽州兵亦扰乱,自相蹈藉。周德威不能制,父子皆战死。魏博节度副使王缄与辎重俱行,亦死。晋兵无复部伍,梁兵四集,势甚盛。晋王据高丘收散兵,至日中,军复振。陂中有土山,贺瓌引兵据之。晋王谓将士曰:“今日得此山者胜,吾与汝曹夺之。”即引骑兵先登,李从珂与银枪大将(王)〔李〕建及以步卒继之,梁兵纷纷而下,遂夺其山。

日向晡,贺瓌阵于山西,晋兵望之有惧色。诸将以为诸军未尽集,不若敛兵还营,诘朝复战。天平节度使、东南面招讨使阎宝曰:“王彦章骑兵已入濮阳,山下惟步卒,向晚皆有归志,我乘高趣下击之,破之必矣。今王深入敌境,偏师不利,若复引退,必为所乘。诸军未集者闻梁再克,必不战自溃。凡决胜料敌,惟观情势,情势已得,断在不疑。王之成败,在此一战。若不决力取胜,纵收余众北归,河朔非王有也。”昭义节度使李嗣昭曰:“贼无营垒,日晚思归,但以精骑扰之,使不得夕食,俟其引退,追击可破也。我若敛兵还营,彼归整众复来,胜负未可知也。”(王)〔李〕建及擐甲横槊而进曰:“贼大将已遁,王之骑军一无所失,今击此疲乏之众,如拉朽耳。王但登山,观臣为王破贼。”王愕然曰:“非公等言,吾几误计。”嗣昭、建及以骑兵大呼陷阵,诸军继之,梁兵大败。元城令吴琼、贵乡令胡装各帅白丁万人,于山下曳柴扬尘,鼓噪以助其势。梁兵自相腾藉,弃甲山积,死亡者几三万人。装,证之曾孙也。是日,两军所丧士卒各三之二,皆不能振。

晋王归营,闻周德威父子死,哭之恸,曰:“丧吾良将,是吾罪也。”以其子幽州中军兵马使光辅为岚州刺史。

李嗣源与李从珂相失,见晋军挠败,不知王所之,或曰:“王已北渡河矣。”嗣源遂乘冰北渡,将之相州。是日从珂从王夺山,晚战皆有功。甲子,晋王进攻濮阳,拔之。李嗣源知晋军之捷,复来见王于濮阳,王不悦,曰:"公以吾为死邪?渡河安之?"嗣源顿首谢罪。〔王〕以从珂有功,但赐大钟酒以罚之;然自是待嗣源稍薄。

晋军至德胜渡,王彦章败卒有走至大梁者,曰:"晋人战胜,将至矣。"顷之,晋兵有先至大梁问次舍者,京城大恐。帝驱市人登城,又欲奔洛阳,遇夜而止。败卒至者不满千人,伤夷逃散,各归乡里,月余仅能成军。

五年春正月,晋李存审于德胜南北夹河筑两城而守之。晋王以存审代周德威为内外蕃汉马步总管。晋王还魏州,遣李嗣昭权知幽州军府事。

三月,晋王自领卢龙节度使,以中门使李绍宏提举军府事,代李嗣昭。绍宏,宦者也,本姓马,晋王赐姓名,使与知岚州事孟知祥俱为河东魏博中门使。知祥又荐教练使雁门郭崇韬能治剧,王以为中门副使。崇韬倜傥有智略,临事敢决,王宠待日隆。先是,中门使吴珪、张虔厚相继获罪,及绍宏出幽州,知祥惧祸,称疾辞位,王乃以知祥为河东马步都虞候,自是崇韬专典机密。

夏四月,贺瓌攻德胜南城,百道俱进,以竹笮联艨艟十余艘,蒙以牛革,设睥睨、战格如城状,横于河流,以断晋之救兵,使不得渡。晋王自引兵驰往救之,阵于北岸,不能进。遣善游者马破龙入南城,见守将氏延赏,延赏言矢石将尽,陷在顷刻。晋王积金帛于军门,募能破艨艟者,众莫知为计。亲将李建及曰:"贺瓌悉众而来,冀此一举。若我军不渡,则彼为得计。今日之事,建及请以死决之。"乃选效节敢死士得三百人,被铠操斧,帅之乘舟而进。将至艨艟,流矢雨集,建及使操斧者入艨艟间,斧其竹笮,又以木罂载薪，沃油然火，于上流纵之，随以巨舰实甲士，鼓噪攻之。艨艟既断，随流而下，梁兵焚溺者殆半，晋兵乃得渡。瓌解围走，晋兵追之，至濮州而还。瓌退屯行台村。

秋七月，晋王归晋阳，以巡官冯道为掌书记。中门使郭崇韬以诸将陪食者众，请省其数。王怒曰："孤为效死者设食，亦不得专，可令军中别择河北帅，孤自归太原。"即召冯道令草词以示众。道执笔逡巡不为，曰："大王方平河南，定天下，崇韬所请未至太过。大王不从可矣，何必以此惊动远近，使敌国闻之，谓大王君臣不和，非所以隆威望也。"会崇韬入谢，王乃止。

八月乙未朔，宣义节度使贺瓌卒。以开封尹王瓒为北面行营招讨使。瓒将兵五万，自黎阳渡河掩击澶、魏，至顿丘，遇晋兵而旋。瓒为治严，令行禁止，据晋人上游十八里杨村，夹河筑垒，运洛阳竹木造浮梁，自滑州馈运相继。晋蕃汉马步副总管、振武节度使李存进亦造浮梁于德胜，或曰："浮梁须竹笮、铁牛、石囷，我皆无之，何以能成？"存进不听，以苇笮维巨舰，系于土山巨木，逾月而成，人服其智。

冬十月，晋王如魏州，发徒数万，广德胜北城，日与梁人争，大小百余战，互有胜负。左射军使石敬瑭与梁人战于河壖，梁人击敬瑭，断其马甲，横冲兵马使刘知远以所乘马授之，自乘断甲者徐行为殿。梁人疑有伏，不敢迫，俱得免，敬瑭以是亲爱之。敬瑭、知远其先皆沙陀人。敬瑭，李嗣源之婿也。

十一月辛卯，王瓒引兵至戚城，与李嗣源战，不利。

梁筑垒贮粮于潘张，距杨村五十里。十二月，晋王自将骑兵自河南岸西上，邀其饷者，俘获而还。梁人伏兵于要路，晋兵大败。晋王以数骑走，梁数百骑围之，李绍荣识其旗，单骑奋击救之，仅免。戊戌，晋王复与王瓒战于河南，瓒先胜，获晋将石君立等。既而大败，乘小舟渡河，走保北城，失亡万计。帝闻石君立勇，欲将之，系于狱而厚饷之，使人诱之。君立曰："我晋之败将，而为用于梁，虽竭诚效死，谁则信之！人各有君，何忍反为仇雠用哉。"帝犹惜之，尽杀所获晋将，独置君立。晋王乘胜遂拔濮阳。帝召王瓒还，以天平节度使戴思远代为北面招讨使，屯河上以拒晋人。

六年夏四月，河中节度使冀王友谦以兵袭取同州，逐忠武节度使程全晖，全晖奔大梁。友谦以其子令德为忠武留后，表求节钺，帝怒，不许。既而惧友谦怨望，己酉，以友谦兼忠武节度使。制下，友谦已求节钺于晋王，晋王以墨制除令德忠武节度使。

六月，帝以泰宁节度使刘鄩为河东道招讨使，帅感化节度使尹皓、静胜节度使温昭图、庄宅使段凝攻同州。闰月，刘鄩等围同州，朱友谦求救于晋。秋七月，晋王遣李存审、李嗣昭、李建及、慈州刺史李存质将兵救之。九月，李存审等至河中，即日济河。梁人素轻河中兵，每战必穷追不置。存审选精甲二百，杂河中兵，直压刘鄩垒。鄩出千骑逐之。知晋人已至，大惊，自是不敢轻出。晋人军于朝邑。

河中事梁久，将士皆持两端。诸军大集，刍粟踊贵，友谦诸子说友谦且归款于梁，以退其师。友谦曰："昔晋王亲赴吾急，秉烛夜战。今方与梁相拒，又命将星行，分我资粮，岂可负邪！"

晋人分兵攻华州，坏其外城。李存审等按兵累旬，乃进逼刘鄩营，鄩等悉众出战，大败，收余众退保罗文寨。又旬余，存审谓李嗣昭曰："兽穷则搏，不如开其走路，然后击之。"乃遣人牧马于沙苑。鄩等宵遁，追击至渭水，又破之，杀获甚众。存审等移檄告谕关右，引兵略地，至下邽，谒唐帝陵，哭之而还。河中兵进攻崇州。

龙德元年春正月，蜀主、吴主屡以书劝晋王称帝，晋王以书示僚佐曰："昔王太师亦尝遗先王书，劝以唐室已亡，宜自帝一方。先王语余云：'昔天子幸石门，吾发兵诛贼臣，当是之时，威振天下，吾若挟天子据关中，自作九锡禅文，谁能禁我！顾吾家世忠孝，立功帝室，誓死不为耳。汝他日当务以复唐社稷为心，慎勿效此曹所为。'言犹在耳，此议非所敢闻也。"因泣。

既而将佐及藩镇劝进不已，乃令有司市玉造法物。黄巢之破长安也，魏州僧传真之师得传国宝，藏之四十年，至是，传真以为常玉，将鬻之。或识之，曰"传国宝也"，传真乃诣行台献之，将佐皆奉觞称贺。

张承业在晋阳闻之，亟诣魏州谏曰："吾王世世忠于唐室，救其患难，所以老奴三十余年为王捃拾财赋，召补兵马，誓灭逆贼，复本朝宗社耳。今河北甫定，朱氏尚存，而王遽即大位，殊非从来征伐之意，天下其谁不解体乎！王何不先灭朱氏，复列圣之深仇，然后求唐后而立之，南取吴，西取蜀，汛扫宇内，合为一家。当是之时，虽使高祖、太宗复生，谁敢居王上者？让之愈久，则得之愈坚矣。老奴之志无他，但以受先王大恩，欲为王立万年之基耳。"王曰："此非余所愿，奈群下意何。"承业知不可止，恸哭曰："诸侯血战，本为唐家，今王自取之，误老奴矣。"即归晋阳，邑邑成疾，不复起。

二月，赵王镕养子张文礼使亲军杀镕，尽灭王氏之族，独置其子昭祚之妻普宁公主以自托于梁。三月，文礼遣使告乱于晋王，且奉笺劝进，固求节钺。晋王欲讨之，僚佐以为"吾方与梁争，不可更立敌于肘腋，且从其请以安之”。王不得已，夏四月，承制授文礼成德留后。

初，刘鄩与朱友谦为婚。鄩之受诏讨友谦也，至陕州，先遣使移书，谕以祸福。待之月余，友谦不从，然后进兵。尹皓、段凝素忌鄩，因谮之于帝曰：“鄩逗遛养寇，俾俟援兵。”帝信之。鄩既败归，以疾请解兵柄，诏听于西都就医，密令留守张宗奭酖之，五月丁亥卒。

秋七月，晋王既许藩镇之请，求唐旧臣，欲以备百官。朱友谦遣前礼部尚书苏循诣行台。循至魏州，入牙城，望府廨即拜，谓之“拜殿”。见王呼万岁舞蹈，泣而称臣。翌日，又献大笔三十枝，谓之“画日笔”。王大喜，即命循以本官为河东节度副使，张承业深恶之。

张文礼虽受晋命，内不自安，复遣间使因卢文进求援于契丹，又遣间使来告曰：“王氏为乱兵所屠，公主无恙。今臣已北召契丹，乞朝廷发精甲万人相助，自德、棣渡河，则晋人遁逃不暇矣。”帝疑未决。敬翔曰：“陛下不乘此衅以复河北，则晋人不可复破矣。宜徇其请，不可失也。”赵、张辈皆曰：“今强寇近在河上，尽吾兵力以拒之，犹惧不支，何暇分万人以救张文礼乎！且文礼坐持两端，欲以自固，于我何利焉？”帝乃止。

晋人屡于塞上及河津获文礼蜡丸绢书，晋王皆遣使归之，文礼惭惧。文礼忌赵故将，多所诛灭。赵将符习将兵万人从晋王在德胜，文礼请召归，以他将代之，且以习子蒙为都督府参军，遣人赍钱帛劳行营将士以悦之。习见晋王，泣涕请留，晋王曰：“吾与赵王同盟讨贼，义犹骨肉，不意一旦祸生肘腋，吾诚痛之。汝苟不忘旧君，能为之复仇乎？吾以兵粮助汝。”习与部将三十余人举身投地恸哭曰:“故使授习等剑,使之攘除寇敌。自闻变故以来,冤愤无诉,欲引剑自刭,顾无益于死者。今大王念故使辅佐之勤,许之复冤,习等不敢烦霸府之兵,愿以所部径前搏取凶竖,以报王氏累世之恩,死不恨矣!”

八月庚申,晋王以习为成德留后,又命天平节度使阎宝、相州刺史史建瑭将兵助之,自邢洺而北。文礼先病腹疽。甲子,晋兵拔赵州,刺史王鋋降,晋王复以为刺史。文礼闻之,惊惧而卒。其子处瑾秘不发丧,与其党韩正时谋悉力拒晋。九月,晋兵渡滹沱,围镇州,决漕渠以灌之,获其深州刺史张友顺。壬辰,史建瑭中流矢卒。

晋王欲自分兵攻镇州,北面招讨使戴思远闻之,谋悉杨村之众袭德胜北城,晋王得梁降者,知之。冬十月己未,晋王命李嗣源伏兵于戚城,李存审屯德胜,先以骑兵诱之,伪示羸怯。梁兵竞进,晋王严中军以待之。梁兵至,晋王以铁骑三千奋击,梁兵大败,思远走趣杨村,士卒为晋兵所杀伤及自相蹈藉、坠河陷冰,失亡二万余人。晋王以李嗣源为蕃汉内外马步副总管、同平章事。

十一月,晋王使李存审、李嗣源守德胜,自将兵攻镇州。张处瑾遣其弟处琪、幕僚齐俭谢罪请服,晋王不许,尽锐攻之,旬日不克。处瑾使韩正时将千骑突围出,趣定州,欲求救于王处直,晋兵追至行唐,斩之。

二年。晋王之北攻镇州也,李存审谓李嗣源曰:“梁人闻我在南兵少,不攻德胜,必袭魏州。吾二人聚于此何为?不若分军备之。”遂分军屯澶州。戴思远果悉杨村之众趣魏州,嗣源引兵先之,军于狄公祠下,遣人告魏州,使为之备。思远至魏店,嗣源遣其将石万全将骑兵挑战。思远知有备,乃西渡洹水,拔成安,大掠而还。又将兵五万攻德胜北城,重堑复垒,断其出入,昼夜急攻之,李存审悉力拒守。晋王闻德胜势危,二月,自幽州赴之,五日至魏州。思远闻之,烧营遁还杨村。

晋天平节度使兼侍中阎宝筑垒以围镇州,决滹沱水环之。内外断绝,城中食尽,丙午,遣五百余人出求食。宝纵其出,欲伏兵取之;其人遂攻长围,宝轻之,不为备,俄数千人继至。诸军未集,镇人遂坏长围而出,纵火攻宝营;宝不能拒,退保赵州。镇人悉毁晋之营垒,取其刍粟,数日不尽。晋王闻之,以昭义节度使兼中书令李嗣昭为北面招讨使,以代宝。

夏四月甲戌,张处瑾遣兵千人迎粮于九门,李嗣昭设伏于故营,邀击之,杀获殆尽。余五人匿于墙墟间,嗣昭环马而射之,镇兵发矢中其脑,嗣昭箙中矢尽,拔矢于脑以射之,一发而殪。会日暮,还营,创流血不止,是夕卒。晋王闻之,不御酒肉者累日。嗣昭遗命,悉以泽潞兵授节度判官任圜,使督诸军攻镇州,号令如一,镇人不知嗣昭之死。圜,三原人也。晋王以天雄马步都指挥使、振武节度使李存进为北面招讨使。

阎宝惭愤,疽发于背,甲戌卒。

五月乙酉,晋李存进至镇州,营于东垣渡,夹滹沱水为垒。

晋卫州刺史李存儒本姓杨,名婆儿,以俳优得幸于晋王。颇有膂力,晋王赐姓名,以为刺史,专事掊敛,防城卒皆征月课纵归。八月,庄宅使段凝与步军都指挥使张朗引兵夜渡河袭之,诘旦,登城,执存儒,遂克卫州。戴思远又与凝攻陷淇门、共城、新乡,于是澶州之西,相州之南,皆为梁有。晋人失军储三之一,梁军复振。帝以张朗为卫州刺史。朗,徐州人也。

九月戊寅朔，张处瑾使其弟处球乘李存进无备，将兵七千人奄至东垣渡。时晋之骑兵亦向镇州城下，两不相遇。镇兵及存进营门，存进狼狈，引十余人斗于桥上，镇兵退，晋骑兵断其后，夹击之，镇兵殆尽，存进亦战没。晋王以蕃汉马步总管李存审为北面招讨使。

镇州食竭力尽，处瑾遣使诣行台请降，未报，存审兵至城下。丙午夜，城中将李再丰为内应，密投縋以纳晋兵，比明毕登，执处瑾兄弟、家人及其党高濛、李翥、齐俭送行台，赵人皆请而食之，磔张文礼尸于市。赵王故侍者得赵王遗骸于灰烬中，晋王命祭而葬之。以赵将符习为成德节度使，乌震为赵州刺史，赵仁贞为深州刺史，李再丰为冀州刺史。震，信都人也。

符习不敢当成德，辞曰："故使无后而未葬，习当斩衰以葬之，俟礼毕听命。"既葬，即诣行台。赵人请晋王兼领成德节度使，从之。晋王割相、卫二州置义宁军，以习为节度使。习辞曰："魏博霸府，不可分也，愿得河南一镇，习自取之。"乃以为天平节度使、东南面招讨使。加李存审兼侍中。

后唐庄宗同光元年春三月，晋王筑坛于魏州牙城之南，夏四月己巳，升坛祭告上帝，遂即皇帝位，国号大唐。大赦，改元。以魏州为兴唐府，建东京。又于太原府建西京，又以镇州为真定府，建北都。时唐国所有凡十三节度、五十州。

时契丹屡入寇，抄掠馈运，幽州食不支半年，卫州为梁所取，潞州内叛，人情岌岌，以为梁未可取，帝患之。会郓州将卢顺密来奔。先是，梁天平节度使戴思远屯杨村，留顺密与巡检使刘遂严、都指挥使燕颙守郓州。顺密言于帝曰："郓州守兵不满千人，遂严、颙皆失众心，可袭取也。"郭崇韬等皆以为悬军远袭，万一不利，虚弃数千人，顺密不可从。帝密召李嗣源于帐中谋之，曰："梁人志在吞泽潞，不备东方，若得东平，则溃其心腹。东平果可取乎？"嗣源自胡柳有渡河之惭，常欲立奇功以补过，对曰："今用兵岁久，生民疲弊，苟非出奇取胜，大功何由可成！臣愿独当此役，必有以报。"帝悦。壬寅，遣嗣源将所部精兵五千自德胜趣郓州。比及杨刘，日已暮，阴雨道黑，将士皆不欲进。高行周曰："此天赞我也，彼必无备。"夜，渡河至城下，郓人不知。李从珂先登，杀守卒，启关纳外兵，进攻牙城，城中大扰。癸卯旦，嗣源兵尽入，遂拔牙城，刘遂严、燕颙奔大梁。嗣源禁焚掠，抚吏民，执知州事节度副使崔笃、判官赵凤送兴唐。帝大喜，曰："总管真奇才，吾事集矣。"即以嗣源为天平节度使。

梁主闻郓州失守，大惧，斩刘遂严、燕颙于市，罢戴思远招讨使，降授宣化留后，遣使诘让北面诸将段凝、王彦章等，趣令进战。敬翔知梁室已危，以绳内靴中，入见梁主曰："先帝取天下，不以臣为不肖，所谋无不用。今敌势益强，而陛下弃忽臣言，臣身无用，不如死。"引绳将自经。梁主止之，问所欲言。翔曰："事急矣，非用王彦章为大将，不可救也。"梁主从之，以彦章代思远为北面招讨使，仍以段凝为副。帝闻之，自将亲军屯澶州，命蕃汉马步都虞候朱守殷守德胜，戒之曰："王铁枪勇决，乘愤激之气，必来唐突，宜谨备之。"

梁主召问王彦章以破敌之期，彦章对曰："三日。"左右皆失笑。彦章出，两日，驰至滑州。辛酉，置酒大会，阴遣人具舟于杨村。夜，命甲士六百皆持巨斧，载冶者，具鞴炭，乘流而下。会饮尚未散，彦章阳起更衣，引精兵数千循河南岸趋德胜。天微雨，朱守殷不为备，舟中兵举锁烧断之，因以巨斧斩浮桥，而彦章引兵急击南城。浮桥断，南城遂破，斩首数千级，时受命适三日矣。守殷以小舟载甲士济河救之，不及。彦章进攻潘张、麻家口、景店诸寨，皆拔之，声势大振。

帝遣宦者焦彦宾急趣杨刘，与镇使李周固守，命守殷弃德胜北城，撤屋材为筏，载兵械浮河东下，助杨刘守备，徙其刍粮、薪炭于澶州，所耗失殆半。王彦章亦撤南城屋材浮河而下，各行一岸，每遇湾曲，辄于中流交斗，飞矢雨集，或全舟覆没，一日百战，互有胜负。比及杨刘，殆亡士卒之半。己巳，王彦章、段凝以十万之众攻杨刘，百道俱进，昼夜不息，连巨舰九艘横亘河津，以绝援兵。城垂陷者数四，赖李周悉力拒之，与士卒同甘苦，彦章不能克，退屯城南，为连营以守之。

杨刘告急于帝，请日行百里以赴之。帝引兵救之，曰："李周在内，何忧?"日行六十里，不废畋猎。六月乙亥，至杨刘。梁兵堑垒重复，严不可入，帝患之，问计于郭崇韬。对曰："今彦章据守津要，意谓可以坐取东平。苟大军不南，则东平不守矣。臣请筑垒于博州东岸以固河津，既得以应接东平，又可以分贼兵势。但虑彦章诇知，径来薄我，城不能就。愿陛下募敢死之士，日令挑战以缀之，苟彦章旬日不东，则城成矣。"时李嗣源守郓州，河北声问不通，人心渐离，不保朝夕。会梁右先锋指挥使康延孝密请降于嗣源。延孝者，太原胡人，有罪，亡奔梁，时隶段凝麾下。嗣源遣押牙临漳范延光送延孝蜡书诣帝，延光因言于帝曰："杨刘控扼已固，梁人必不能取，请筑垒马家口以通郓州之路。"帝从之，遣崇韬将万人夜发，倍道趣博州，至马家口渡河，筑城昼夜不息。帝在杨刘，与梁人昼夜苦战。崇韬筑新城，凡六日，王彦章闻之，将兵数万人驰至，戊子，急攻新城，连巨舰十余艘于中流以绝援路。时板筑仅毕，城犹卑下，沙土疏恶，未有楼橹及守备。崇韬慰谕士卒，以身先之，四面拒战，遣间使告急于帝。帝自杨刘引大军救之，陈于新城西岸，城中望之增气，大呼叱梁军，梁人断绁敛舰。帝檥舟将渡，彦章解围，退保邹家口，郓州奏报始通。李嗣源密表请正朱守殷覆军之罪，帝不从。

秋七月丁未，帝引兵循河而南，彦章等弃邹家口，复趣杨刘。甲寅，游弈将李绍兴败梁游兵于清丘驿南。段凝以为唐兵已自上流渡，惊骇失色，面数彦章，尤其深入。戊午，帝遣骑将李绍荣直抵梁营，擒其斥候，梁人益恐，又以火筏焚其连舰。王彦章等闻帝引兵已至邹家口，己未，解杨刘围，走保杨村。唐兵追击之，复屯德胜。梁兵前后急攻诸城，士卒遭矢石、溺水、暍死者且万人，委弃资粮、铠仗、锅幕，动以千计。杨刘比至围解，城中无食已三日矣。

王彦章疾赵、张乱政，及为招讨使，谓所亲曰："待我成功还，当尽诛奸臣以谢天下。"赵、张闻之，私相谓曰："我辈宁死于沙陀，不可为彦章所杀。"相与协力倾之。段凝素疾彦章之能而谄附赵、张，在军中与彦章动相违戾，百方沮挠之，惟恐其有功，潜伺彦章过失以闻于梁主。每捷奏至，赵、张悉归功于凝，由是彦章功竟无成。及归杨村，梁主信谗，犹恐彦章旦夕成功难制，征还大梁，使将兵会董璋攻泽州。

甲子，帝至杨刘劳李周曰："微卿善守，吾事败矣。"八月甲戌，帝自杨刘还兴唐。

梁主命于滑州决河，东注曹、濮及郓以限唐兵。

初，梁主遣段凝监大军于河上，敬翔、李振屡请罢之。梁主曰："凝未有过。"振曰："俟其有过，则社稷危矣。"至是，凝厚赂赵、张求为招讨使，翔、振力争以为不可。赵、张主之，竟代王彦章为北面招讨使，于是宿将愤怒，士卒亦不服。天下兵马副元帅张元奭言于梁主曰："臣为副元帅，虽衰朽，犹足为陛下捍御北方。段凝晚进，功名未能服人，众议讻讻，恐贻国家深忧。"敬翔曰："将帅系国安危，今国势已尔，陛下岂可尚不留意邪！"梁主皆不听。戊子，凝将全军五万营于王村，自高陵津济河，剽掠澶州诸县，至于顿丘。梁主又命王彦章将保銮骑士及他兵合万人，屯兖、郓之境，谋复郓州，以张汉杰监其军。

庚寅，帝引兵屯朝城。戊戌，康延孝帅百余骑来奔，帝解所御锦袍、玉带赐之，以为南面招讨都指挥使，领博州刺史。帝屏人问延孝以梁事，对曰："梁朝地不为狭，兵不为少，然迹其行事，终必败亡。何则？主既暗懦，赵、张兄弟擅权，内结宫掖，外纳货赂，官之高下，惟视赂之多少，不择才德，不校勋劳。段凝智勇俱无，一旦居王彦章、霍彦威之右，自将兵以来，专率敛行伍以奉权贵。梁主每出一军，不能专任将帅，常以近臣监之，进止可否，动为所制。近又闻欲数道出兵，令董璋引陕虢、泽潞之兵自石会关趣太原，霍彦威以汝、洛之兵自相卫、邢洺寇镇、定，王彦章、张汉杰以禁军攻郓州，段凝、杜晏球以大军当陛下，决以十月大举。臣窃观梁兵聚则不少，分则不多，愿陛下养勇蓄力以待其分兵，帅精骑五千自郓州直抵大梁，擒其伪主，旬月之间，天下定矣。"帝大悦。

九月，帝在朝城，梁段凝进至临河之南，澶西、相南，日有寇掠。自德胜失利以来，丧刍粮数百万，租庸副使孔谦暴敛以供军，民多流亡，租税益少，仓廪之积，不支半岁。泽潞未下，卢文进、王郁引契丹屡过瀛、涿之南，传闻俟草枯冰合，深入为寇，又闻梁人欲大举数道入寇,帝深以为忧,召诸将会议。宣徽使李绍宏等皆以为:“郓州城门之外皆为寇境,孤远难守,有之不如无之,请以易卫州及黎阳于梁,与之约和,以河为境,休兵息民,俟财力稍集,更图后举。”帝不悦,曰:“如此吾无葬地矣。”乃罢诸将,独召郭崇韬问之。对曰:“陛下不栉沐,不解甲,十五余年,其志欲以雪家国之仇耻也。今已正尊号,河北士庶日望升平,始得郓州尺寸之地,不能守而弃之,安能尽有中原乎?臣恐将士解体,将来食尽众散,虽画河为境,谁为陛下守之?臣尝细询康延孝以河南之事,度己料彼,日夜思之,成败之机,决在今岁。梁今悉以精兵授段凝,据我南鄙,又决河自固,谓我猝不能渡,恃此不复为备。使王彦章侵逼郓州,其意冀有奸人动摇,变生于内耳。段凝本非将材,不能临机决策,无足可畏。降者皆言大梁无兵,陛下若留兵守魏,固保杨刘,自以精兵与郓州合势,长驱入汴,彼城中既空虚,必望风自溃。苟伪主授首,则诸将自降矣。不然,今秋谷不登,军粮将尽,若非陛下决志,大功何由可成!谚曰:‘当道筑室,三年不成。’帝王应运,必有天命,在陛下勿疑耳。”帝曰:“此正合朕志。丈夫得则为王,失则为虏,吾行决矣。”司天奏:“今岁天道不利,深入必无功。”帝不听。

王彦章引兵逾汶水,将攻郓州,李嗣源遣李从珂将骑兵逆战,败其前锋于递坊镇,获将士三百人,斩首二百级,彦章退保中都。戊辰,捷奏至朝城,帝大喜,谓郭崇韬曰:“郓州告捷,足壮吾气。”己巳,命将士悉遣其家〔属〕归兴唐。

冬十月,帝遣魏国夫人刘氏、皇子继岌归兴唐,与之诀曰:“事之成败,在此一决;若其不济,当聚吾家于魏宫而焚之。”仍命豆卢革、李绍宏、张宪、王正言同守东京。壬申,帝以大军自杨刘济河，癸酉，至郓州。中夜，进军逾汶，以李嗣源为前锋，甲戌旦，遇梁兵，一战败之，追至中都，围其城。城无守备，少顷，梁兵溃围出，追击，破之。王彦章以数十骑走，龙武大将军李绍奇单骑追之，识其声，曰："王铁枪也。"拔矟刺之，彦章重伤，马踬，遂擒之，并擒都监张汉杰、曹州刺史李知节、裨将赵廷隐、刘嗣彬等二百余人，斩首数千级。廷隐，开封人；嗣彬，知俊之族子也。

彦章尝谓人曰："李亚子斗鸡小儿，何足畏！"至是，帝谓彦章曰："尔常谓我小儿，今日服未？"又问："尔名善将，何不守兖州？中都无壁垒，何以自固？"彦章对曰："天命已去，无足言者。"帝惜彦章之材，欲用之，赐药傅其创，屡遣人诱谕之。彦章曰："余本匹夫，蒙梁恩，位至上将，与皇帝交战十五年。今兵败力穷，死自其分，纵皇帝怜而生我，我何面目见天下之人乎！岂有朝为梁将，暮为唐臣，此我所不为也。"帝复遣李嗣源自往谕之，彦章卧谓嗣源曰："汝非邈佶烈乎？"彦章素轻嗣源，故以小名呼之。于是诸将称贺，帝举酒属李嗣源曰："今日之功，公与崇韬之力也。向从绍宏辈语，大事去矣。"帝又谓诸将曰："向所患惟王彦章，今已就擒，是天意灭梁也。段凝犹在河上，进退之计，宜何向而可？"诸将以为："传者虽云大梁无备，未知虚实。今东方诸镇兵皆在段凝麾下，所余空城耳，以陛下天威临之，无不下者。若先广地，东傅于海，然后观衅而动，可以万全。"康延孝固请亟取大梁。李嗣源曰："兵贵神速。今彦章就擒，段凝必未之知。就使有人走告之，疑信之间，尚须三日。设若知吾所向，即发救兵，直路则阻决河，须自白马南渡，数万之众，舟楫亦难猝办。此去大梁至近，前无山险，方阵横行，昼夜兼程，信宿可至。段凝未离河上，友贞已为吾擒矣。延孝之言是也，请陛下以大军徐进，臣愿以千骑前驱。”帝从之。令下，诸军皆踊跃愿行。是夕，嗣源帅前军倍道趣大梁。

乙亥，帝发中都，舁王彦章自随，遣中使问彦章曰：“吾此行克乎？”对曰：“段凝有精兵六万，虽主将非材，亦未肯遽尔倒戈，殆难克也。”帝知其终不为用，遂斩之。丁丑，至曹州，梁守将降。

王彦章败卒有先至大梁，告梁主以彦章就擒，唐军长驱且至者。梁主聚族哭曰：“运祚尽矣。”召群臣问策，皆莫能对。梁主谓敬翔曰：“朕居常忽卿所言，以至于此。今事急矣，卿勿以为怼，将若之何？”翔泣曰：“臣受先帝厚恩，殆将三纪，名为宰相，其实朱氏老奴，事陛下如郎君。臣前后献言，莫匪尽忠。陛下初用段凝，臣极言不可，小人朋比，致有今日。今唐兵且至，段凝限于水北，不能赴救。臣欲请陛下出居避狄，陛下必不听从；欲请陛下出奇合战，陛下必不果决；虽使良、平更生，谁能为陛下计者？臣愿先赐死，不忍见宗庙之亡也。”因与梁主相向恸哭。

梁主遣张汉伦驰骑追段凝军。汉伦至滑州，坠马伤足，复限水，不能进。时城中尚有控鹤军数千，朱珪请帅之出战。梁主不从，命开封尹王瓒驱市人乘城为备。

初，梁陕州节度使邵王友诲，全昱之子也，性颖悟，人心多向之。或言其诱致禁军欲为乱，梁主召还，与其兄友谅、友能并幽于别第。及唐师将至，梁主疑诸兄弟乘危谋乱，并皇弟贺王友雍、建王友徽尽杀之。

梁主登建国楼，面择亲信厚赐之，使衣野服，赍蜡诏，促段凝军，既辞，皆亡匿。或请幸洛阳，收集诸军以拒唐，唐虽得都城，势不能久留。或请幸段凝军，控鹤都指挥使皇甫麟曰：“凝本非将材，官由幸进，今危窘之际，望其临机制胜，转败为功，难矣。

且凝闻彦章军败，其胆已破，安知能终为陛下尽节乎！”赵岩曰："事势如此，一下此楼，谁心可保？”梁主乃止。复召宰相谋之，郑珏请自怀传国宝诈降以纾国难，梁主曰：“今日固不敢爱宝，但如卿此策，竟可了否？”珏俯首久之，曰：“但恐未了。”左右皆缩颈而笑。梁主日夜涕泣，不知所为。置传国宝于卧内，忽失之，已为左右窃之迎唐军矣。

戊寅，或告唐军已过曹州，尘埃涨天。赵岩谓从者曰：“吾待温许州厚，必不负我。”遂奔许州。

梁主谓皇甫麟曰：“李氏吾世仇，理难降首，不可俟彼刀锯。吾不能自裁，卿可断吾首。”麟泣曰：“臣为陛下挥剑死唐军则可矣，不敢奉此诏。”梁主曰：“卿欲卖我邪！”麟欲自刭，梁主持之曰：“与卿俱死。”麟遂弑梁主，因自杀。梁主为人温恭俭约，无荒淫之失。但宠信赵、张，使擅威福，疏弃敬、李旧臣，不用其言，以至于亡。

己卯旦，李嗣源军至大梁，攻封丘门，王瓒开门出降。嗣源入城，抚安军民。是日，帝入自梁门，百官迎谒于马首，拜伏请罪。帝慰劳之，使各复其位。李嗣源迎贺，帝喜不自胜，手引嗣源衣，以头触之，曰：“吾有天下，卿父子之功也，天下与尔共之。”帝命访求梁主，顷之，或以其首献。

李振谓敬翔曰：“有诏洗涤吾辈，相与朝新君乎？”翔曰：“吾二人为梁宰相，君昏不能谏，国亡不能救，新君若问，将何辞以对？”是夕未曙，或报翔曰：“崇政李太保已入朝矣。”翔叹曰：“李振谬为丈夫！朱氏与新君世为仇雠，今国亡君死，纵新君不诛，何面目入建国门乎！”乃缢而死。庚辰，梁百官复待罪于朝堂，帝宣敕赦之。

赵岩至许州，温昭图迎谒归第，斩首来献，尽没岩所赍之货。昭图复名韬。辛巳，诏王瓒收朱友贞尸，殡于佛寺，漆其首，函之，藏于太社。

段凝自滑州济河入援，以诸军排陈使杜晏球为前锋。至封丘，遇李从珂，晏球先降。壬午，凝将其众五万至封丘，亦解甲请降。凝帅诸大将先诣阙待罪，帝劳赐之，慰谕士卒，使各复其所。凝出入公卿间，扬扬自得无愧色，梁之旧臣见者皆欲龁其面，抉其心。丙戌，诏贬梁中书侍郎、同平章事郑珏为莱州司户，萧顷为登州司户，翰林学士刘岳为均州司马，任赞为房州司马，姚顗为复州司马，封翘为唐州司马，李怿为怀州司马，窦梦征为沂州司马，崇政学士刘光素为密州司户，陆崇为安州司户，御史中丞王权为随州司户，以其世受唐恩而仕梁贵显故也。岳，宗龟之从子；顗，万年人；翘，敖之孙。怿，京兆人；权，龟之孙也。

段凝、杜晏球上言："伪梁要人赵岩、赵鹄、张希逸、张汉伦、张汉杰、张汉融、朱珪等窃弄威福，残蠹群生，不可不诛。"诏："敬翔、李振首佐朱温，共倾唐祚；契丹撒剌阿拨叛兄弃母，负恩背国，宜与岩等并族诛于市；自余文武将吏一切不问。"又诏追废朱温、朱友贞为庶人，毁其宗庙神主。

帝之与梁战于河上也，梁拱宸左厢都指挥使陆思铎善射，常于笴上自镂姓名，射帝，中马鞍，帝拔箭藏之。至是，思铎从众俱降，帝出箭示之，思铎伏地待罪，帝慰而释之，寻授龙武右厢都指挥使。

以豆卢革尚在魏，命枢密使郭崇韬权行中书事。

梁诸藩镇稍稍入朝，或上表待罪，帝皆慰释之。宋州节度使袁象先首来入朝，陕州留后霍彦威次之。象先辇珍货数十万，遍赂刘夫人及权贵、伶官、宦者，旬日，中外争誉之，恩宠隆异。己丑，诏伪庭节度、观察、防御、团练使、刺史及诸将校，并不议改更，将校官吏先奔伪庭者，一切不问。

庚寅，豆卢革至自魏。甲午，加崇韬守侍中，领成德节度使。崇韬权兼内外，谋猷规益，竭忠无隐，颇亦荐引人物，豆卢革受成而已，无所裁正。丙申，赐滑州留后段凝姓名曰李绍钦，耀州刺史杜晏球曰李绍虔。乙酉，梁西都留守河南尹张宗奭来朝，复名全义，献币马千计。帝命皇子继岌、皇弟存纪等兄事之。帝欲发梁太祖墓斫棺焚其尸，全义上言："朱温虽国之深仇，然其人已死，刑无可加，屠灭其家，足以为报，乞免焚斫，以存圣恩。"帝从之，但铲其阙室，削封树而已。

戊戌，加天平节度使李嗣源兼中书令。以北京留守继岌为东京留守、同平章事。

帝遣使宣谕谕诸道，梁所除节度使五十余人皆上表入贡。郭崇韬上言："河南节度使、刺史上表者但称姓名，未新除官，恐负忧疑。"十一月，始降制以新官命之。

癸卯，河中节度使朱友谦入朝。张全义请帝迁都洛阳，从之。乙巳，赐朱友谦姓名曰李继麟，命继岌兄事之。以康延孝为郑州防御使，赐姓名曰李绍琛。废北都，复为成德军。赐宣武节度使袁象先姓名曰李绍安。匡国节度使温韬入朝，赐姓名曰李绍冲。绍冲多赍金帛赂刘夫人及权贵、伶宦，旬日，复遣还镇。郭崇韬曰："国家为唐雪耻，温韬发唐山陵殆遍，其罪与朱温相埒耳，何得复居方镇，天下义士其谓我何！"上曰："入汴之初，已赦其罪。"竟遣之。

初，梁均王将祀南郊于洛阳，闻杨刘陷而止，其仪物具在。

张全义请上亟幸洛阳，谒庙毕即祀南郊，从之。丙辰，复以梁东京为宣(府)〔武〕军。诏文武官先诣洛阳。甲子，帝发大梁，十二月庚午，至洛阳。

二年春二月己巳朔，上祀南郊，大赦。

庄宗灭蜀

后梁均王乾化三年。蜀太子元膺豭喙龅齿，目视不正，而警敏知书，善骑射，性狷急猜忍。蜀主命杜光庭选纯静有德者使侍东宫，光庭荐儒者许寂、徐简夫。太子未尝与之交言，日与乐工群小嬉戏无度，僚属莫敢谏。秋七月，蜀主将以七夕出游。丙午，太子召诸王大臣宴饮，集王宗翰、内枢密使潘峭、翰林学士承旨高阳毛文锡不至，太子怒曰："集王不来，必峭与文锡离间也。"大昌军使徐瑶、常谦素为太子所亲信，酒行，屡目少保唐道袭，道袭惧而起。丁未旦，太子入白蜀主曰："潘峭、毛文锡离间兄弟。"蜀主怒，命贬逐峭、文锡，以前武泰节度使兼侍中潘炕为内枢密使。太子出，道袭入，蜀主以其事告之。道袭曰："太子谋作乱，欲召诸将、诸王以兵锢之，然后举事耳。"蜀主疑焉，遂不出。道袭请召屯营兵入宿卫，许之，内外戒严。

太子初不为备，闻道袭召兵，乃以天武甲士自卫，捕潘峭、毛文锡至，楇之几死，囚诸东宫。又捕成都尹潘峤，囚诸得贤门。戊申，徐瑶、常谦与怀胜军使严璘等各帅所部兵奉太子攻道袭。至清风楼，道袭引屯营兵出拒战，道袭中流矢，逐至城西，斩之。杀屯营兵甚众，中外惊扰。

潘炕言于蜀主曰："太子与唐道袭争权耳，无他志也。陛下宜面谕大臣以安社稷。”蜀主乃召兼中书令王宗侃、王宗贺、前利州团练使王宗鲁等，使发兵讨为乱者徐瑶、常谦等。宗侃等阵于西毬场门，兼侍中王宗黯自大安门梯城而入，与瑶、谦战于会同殿前，杀数十人，余众皆溃。瑶死，谦与太子奔龙跃池，匿于舰中。及暮，稍定。己酉旦，太子出就舟人丐食，舟人以告，蜀主遣集王宗翰往慰抚之。比至，太子已为卫士所杀。蜀主疑宗翰杀之，大恸不已。左右恐事变，会张格呈慰谕军民榜，读至“不行斧钺之诛，将误社稷之计”，蜀主收涕曰：“朕何敢以私害公！”于是下诏废太子元膺为庶人。宗翰奏诛手刃太子者，元膺左右坐诛死者数十人，贬窜者甚众。庚戌，赠唐道袭太师，谥忠壮，复以潘峭为枢密使。

冬十月，蜀潘炕屡请立太子，蜀主以雅王宗辂类己，信王宗杰才敏，欲择一人立之。郑王宗衍最幼，其母徐贤妃有宠，欲立其子，使飞龙使唐文扆讽张格上表请立宗衍。格夜以表示功臣王宗侃等，诈云受密旨，众皆署名。蜀主令相者视诸子，亦希旨言“郑王相最贵”。蜀主以为众人实欲立宗衍，不得已许之，曰：“宗衍幼懦，能堪其任乎？”甲午，立宗衍为太子。

四年春正月丙子，蜀主命太子判六军，开崇勋府，置僚属，(至境上而别)〔后更谓之天策府〕。

秋八月戊子，以内枢密使潘峭为武泰军节度使、同平章事，翰林学士承旨毛文锡为礼部尚书、判枢密院。

贞明三年秋七月，蜀飞龙使唐文扆居中用事，张格附之，与司徒、判枢密院事毛文锡争权。文锡将以女适左仆射兼中书侍郎、同平章事庾传素之子，会亲族于枢密院，用乐，不先表闻，蜀主闻乐声，怪之，文扆从而谮之。八月庚寅，贬文锡茂州司马，其子司封员外郎询流维州，籍没其家；贬文锡弟翰林学士文晏为荣经尉，传素罢为工部尚书。以翰林学士承旨庾凝绩权判内枢密院事。凝绩，传素之再从弟也。

四年。蜀太子衍好酒色，乐游戏。蜀主尝自夹城过，闻太子与诸王斗鸡击毬喧呼之声，叹曰："吾百战以立基业，此辈其能守之乎！"由是恶张格，而徐贤妃为之内主，竟不能去也。信王宗杰有才略，屡陈时政，蜀主贤之，有废立意。二月癸亥，宗杰暴卒，蜀主深疑之。

蜀主自永平末得疾，昏瞀，至是增剧。以北面行营招讨使兼中书令王宗弼沉静有谋，五月，召还，以为马步都指挥使。乙亥，召大臣入寝殿，告之曰："太子仁弱，朕不能违诸公之请，逾次而立之。若其不堪大业，可置诸别宫，幸勿杀之。但王氏子弟，诸公择而辅之。徐妃兄弟，止可优其禄位，慎勿使之掌兵预政，以全其宗族。"

内飞龙使唐文扆久典禁兵，参预机密，欲去诸大臣，遣人守宫门。王宗弼辈三十余人，日至朝堂，不得入见，文扆屡以蜀主之命慰抚之，伺蜀主殂，即作难。遣其党内皇城使潘在迎侦察外事，在迎以其谋告宗弼等。宗弼等排闼入，言文扆之罪，以天册府掌书记崔延昌权判六军事，召太子入侍疾。丙子，贬唐文扆为眉州刺史。翰林学士承旨王保晦坐附会文扆，削官爵，流泸州。在迎，炕之子也。

丙申，蜀主诏中外财赋、中书除授、诸司刑狱案牍专委庾凝绩，都城及行营军旅之事委宣徽南院使宋光嗣。丁酉，削唐文扆官爵，流雅州。辛丑，以宋光嗣为内枢密使，与兼中书令王宗弼、宗瑶、宗绾、宗夔并受遗诏辅政。初，蜀主虽因唐制置枢密使，专用士人，及唐文扆得罪，蜀主以诸将多许州故人，恐其不为幼主用，故以光嗣代之。自是宦者始用事。

六月壬寅朔，蜀主殂，癸卯，太子即皇帝位。尊徐贤妃为太后，徐淑妃为太妃。以宋光嗣判六军诸卫事。乙卯，杀唐文扆、王保晦。命西面招讨副使王宗昱杀天雄节度使唐文裔于秦州，免左保胜军使、领右街使唐道崇官。

蜀唐文扆既死，太傅、门下侍郎、同平章事张格内不自安。或劝格称疾俟命，礼部尚书杨玢自恐失势，谓格曰："公有援立大功，不足忧也。"庚午，贬格为茂州刺史，玢为荣经尉。吏部侍郎许寂、户部侍郎潘峤皆坐格党贬官。格寻再贬维州司户。

秋七月壬申朔，蜀主以兼中书令王宗弼为钜鹿王，宗瑶为临淄王，宗绾为临洮王，宗播为临颍王，宗裔、宗夔及兼侍中宗黯皆为琅邪郡王。甲戌，以王宗侃为乐安王。丙子，以兵部尚书庾传素为太子少保兼中书侍郎、同平章事。蜀主不亲政事，内外迁除皆出于王宗弼。宗弼纳贿多私，上下咨怨。宋光嗣通敏善希合，蜀主宠任之，蜀由是遂衰。

蜀诸王皆领军使，彭王宗鼎谓其昆弟曰："亲王典兵，祸乱之本。今主少臣强，谗间将兴，缮甲训士，非吾辈所宜为也。"因固辞军使，蜀主许之，但营书舍，植松竹自娱而已。

乙丑，蜀主以内给事王廷绍、欧阳晃、李周辂、(朱)〔宋〕光葆、宋承蕴、田鲁俦等为将军及军使，皆干预政事，骄纵贪暴，大为蜀患。周庠切谏，不听。晃患所居之隘，夜因风纵火，焚西邻军营数百间，明旦，召匠广其居。蜀主亦不之问。光葆，光嗣之从弟也。

五年。蜀主奢纵无度，日与太后、太妃游宴于贵臣之家，及游近郡名山，饮酒赋诗，所费不可胜纪。仗内教坊使严旭强取士民女子内宫中，或得厚赂而免之，以是累迁至蓬州刺史。太后、太妃各出教令卖刺史、令、录等官，每一官阙，数人争纳赂，赂多者得之。

六年秋七月乙卯，蜀主下诏北巡，以礼部尚书兼成都尹长安韩昭为文思殿大学士，位在翰林承旨上。昭无文学，以便佞得幸，出入宫禁，就蜀主乞通、渠、巴、集数州刺史卖之以营居第，蜀主许之。识者知蜀之将亡。

八月戊辰，蜀主发成都，被金甲，冠珠帽，执弓矢而行，旌旗兵甲，亘百余里。雒令段融上言："不宜远离都邑，当委大臣征讨。"不从。九月，次安远城。冬十月辛酉，蜀主如武定军，数日，复还安远。十一月庚戌，蜀主发安远城。十二月庚申，至利州。阆州团练使林思谔来朝，请幸所治，从之。癸亥，泛江而下，龙舟画舸，辉映江渚，州县供办，民始愁怨。壬申，至阆州，州民何康女色美，将嫁，蜀主取之，赐其夫家帛百匹，夫一恸而卒。癸未，至梓州。

龙德元年春正月甲午，蜀主还成都。

初，蜀主之为太子，高祖为聘兵部尚书高知言女为妃，无宠，及韦妃入宫，尤见疏薄，至是遣还家。知言惊仆，不食而卒。韦妃者，徐耕之孙也，有殊色，蜀主适徐氏，见而悦之，太后因纳于后宫。蜀主不欲娶于母族，托云韦昭度之孙。初为婕妤，累加元妃。

蜀主常列锦步障，击毬其中，往往远适而外人不知。爇诸香，昼夜不绝，久而厌之，更爇皂荚以乱其气。结缯为山及宫殿楼观于其上，或为风雨所败，则更以新者易之。或乐饮缯山，涉旬不下。山前穿渠通禁中，或乘船夜归，令宫女秉蜡炬千余居前船，却立照之，水面如昼。或酣饮禁中，鼓吹沸腾，以至达旦。以是为常。

二年春二月。蜀主好为微行，酒肆、倡家，靡所不到。恶人识之，乃下令士民皆着大裁帽。夏四月，蜀军使王承纲女将嫁，蜀主取之入宫。承纲请之，蜀主怒，流于茂州。女闻父得罪，自杀。

后唐庄宗同光元年秋八月，蜀主以文思殿大学士韩昭、内皇城使潘在迎、武勇军使顾在珣为狎客，陪侍游宴，与宫女杂坐，或为艳歌相唱和，或谈嘲谑浪，鄙俚亵慢，无所不至，蜀主乐之。在珣，彦朗之子也。时枢密使宋光嗣等专断国事，恣为威虐，务徇蜀主之欲以盗其权。宰相王锴、庾传素等各保宠禄，无敢规正。潘在迎每劝蜀主诛谏者，无使谤国。嘉州司马刘赞献陈后主三阁图并作歌以讽。贤良方正蒲禹卿对策语极切直。蜀主虽不罪，亦不能用也。九月庚戌，蜀主以重阳宴近臣于宣华苑，酒酣，嘉王宗寿乘间极言社稷将危，流涕不已。韩昭、潘在迎曰："嘉王好酒悲。"因谐笑而罢。

冬十月，彗星见舆鬼，长丈余。蜀司天监言国有大灾。蜀主诏于玉局化设道场。右补阙张云上疏，以为："百姓怨气上彻于天，故彗星见。此乃亡国之征，非祈禳可弭。"蜀主怒，流云黎州，卒于道。

二年春三月己亥朔，蜀主宴近臣于怡神亭，酒酣，君臣及宫人皆脱冠露髻，喧哗自恣。知制诰京兆李龟祯谏曰："君臣沉湎，不忧国政，臣恐启北敌之谋。"不听。夏四月，帝遣客省使李严使于蜀，严盛称帝威德，有混一天下之志。且言朱氏篡窃，诸侯曾无勤王之举。王宗俦以其语侵蜀，请斩之，蜀主不从。宣徽北院使宋光葆上言："晋王有凭陵我国家之志，宜选将练兵，屯戍边鄙，积糗粮，治战舰以待之。”蜀主乃以光葆为梓州观察使，充武德节度留后。

五月戊申，蜀主遣李严还。初，帝因严入蜀，令以马市宫中珍玩，而蜀法禁锦绮珍奇不得入中国，其粗恶者乃听入中国，谓之“入草物”。严还以闻，帝怒曰：“王衍宁免为入草之人乎！”严因言于帝曰：“衍童騃荒纵，不亲政务，斥远故老，昵比小人。其用事之臣王宗弼、宋光嗣等谄谀专恣，黩货无厌，贤愚易位，刑赏紊乱，君臣上下专以奢淫相尚。以臣观之，大兵一临，瓦解土崩，可翘足而待也。”帝深以为然。

秋八月戊辰，蜀主以右定远军使王宗锷为招讨马步使，帅二十一军屯洋州；乙亥，以长直马军使林思谔为昭武节度使，戍利州，以备唐。

帝复遣使者李彦稠入蜀，九月己亥，至成都。

蜀前山南节度使兼中书令王宗俦，以蜀主失德，与王宗弼谋废立，宗弼犹豫未决。庚戌，宗俦忧愤而卒。宗弼谓枢密使宋光嗣、景润澄等曰：“宗俦教我杀尔曹，今日无患矣。”光嗣辈俯伏泣谢。宗弼子承班闻之，谓人曰：“吾家难乎免矣。”

乙卯，蜀主以前镇江节度使张武为峡路应援招讨使。

蜀宣徽北院使王承休请择军骁勇者万二千人，置驾下左右龙武步骑四十军，兵械给赐皆优异于他军，以承休为龙武军马步都指挥使，以裨将安重霸副之，旧将无不愤耻。重霸，云州人，以狡佞贿赂事承休，故承休悦之。

冬十一月，蜀主遣其翰林学士欧阳彬来聘。彬，衡山人也。又遣李彦稠东还。

蜀以唐修好，罢威武城戍，召关宏业等二十四军还成都。戊申，又罢武定、武兴招讨刘潜等三十七军。辛酉，蜀主罢天雄军招讨，命王承骞等二十九军还成都。蜀主罢金州屯戍，命王承勋等七军还成都。

初，唐僖、昭之世，宦官虽盛，未尝有建节者。蜀安重霸劝王承休求秦州节度使，承休言于蜀主曰："秦州多美妇人，请为陛下采择以献。"蜀主许之，庚午，以承休为天雄节度使，封鲁国公，以龙武军为承休牙兵。乙亥，蜀主以前武德节度使兼中书令徐延琼为京城内外马步都指挥使。延琼以外戚代王宗弼，居旧将之右，众皆不平。

三年夏六月，帝将伐蜀，辛卯，诏天下括市战马。

秋九月，蜀主与太后、太妃游青城山，历丈人观、上清宫，遂至彭州阳平化、汉州三学山而还。

丁酉，帝与宰相议伐蜀。威胜节度使李绍钦素谄事宣徽使李绍宏，绍宏荐绍钦有盖世奇才，虽孙、吴不如，可以大任。郭崇韬曰："段凝亡国之将，奸谄绝伦，不可信也。"众举李嗣源，崇韬曰："契丹方炽，总管不可离河朔。魏王地当储副，未立殊功，请依故事，以为伐蜀都统，成其威名。"帝曰："儿幼，岂能独往，当求其副。"既而曰："无以易卿。"庚子，以魏王继岌充西川四面行营都统，崇韬充东北面行营都招讨、制置等使，军事悉以委之。又以荆南节度使高季兴充东南面行营都招讨使，凤翔节度使李继曮充都供军转运、应接等使，同州节度使李令德充行营副招讨使，陕州节度使李绍琛充蕃汉马步军都排阵斩斫使兼马步军都指挥使，西京留守张筠充西川管内安抚、应接使，华州节度使毛璋充左厢马步都虞候，邠州节度使董璋充右厢马步都虞候，客省使李严充西川管内招抚使，将兵六万伐蜀，仍诏季兴自取夔、忠、万三州为巡属。都统置中军，以供奉官李从袭充中军马步都指挥监押，高品李廷安、吕知柔充魏王牙通谒。辛丑，以工部尚书任圜、翰林学士李愚并参预都统军机。

蜀安重霸劝王承休请蜀主东游秦州。承休到官，即毁府署，作行宫，大兴力役，强取民间女子教歌舞，图形遗韩昭，使言于蜀主。又献花木图，盛称秦州山川土风之美。蜀主将如秦州，群臣谏者甚众，皆不听。王宗弼上表谏，蜀主投其表于地。太后涕泣不食，止之，亦不能得。前秦州节度判官蒲禹卿上表几二千言，其略曰："先帝艰难创业，欲传之万世。陛下少长富贵，荒色惑酒。秦州人杂羌胡，地多瘴疠，万众困于奔驰，郡县疲于供亿。凤翔久为仇雠，必生衅隙。唐国方通欢好，恐怀疑贰。先皇未尝无故盘游，陛下率意频离宫阙。秦皇东狩，銮驾不还；炀帝南巡，龙舟不返。蜀都强盛，雄视邻邦，边亭无烽火之虞，境内有腹心之疾，百姓失业，盗贼公行。昔李势屈于桓温，刘禅降于邓艾，山河险固，不足凭恃。"韩昭谓禹卿曰："吾收汝表，俟主上西归，当使狱吏字字问汝。"王承休妻严氏美，蜀主私焉，故锐意欲行。

冬十月，排阵斩斫使李绍琛与李严将骁骑三千、步兵万人为前锋。招讨判官陈乂至宝鸡，称疾乞留。李愚厉声曰："陈乂见利则进，惧难则止。今大军涉险，人心易摇，宜斩以徇。"由是军中无敢顾望者。乂，蓟州人也。

癸亥，蜀主引兵数万发成都，甲子，至汉州。武兴节度使王承捷告唐兵西上，蜀主以为群臣同谋沮己，犹不信，大言曰："吾方欲耀武。"遂东行。在道，与群臣赋诗，殊不为意。

丁丑，李绍琛攻蜀威武城，蜀指挥使唐景思将兵出降。城使周彦禋等知不能守，亦降。景思，秦州人也。得城中粮二十万斛。绍琛纵其败兵万余人逸去，因倍道趣凤州。李严飞书以谕王承捷。李继曮竭凤翔蓄积以馈军，不能充，人情忧恐。郭崇韬入散关，指其山曰："吾辈进无成功，不复得还此矣。当尽力一决。今馈运将竭，宜先取凤州，因其粮。"诸将皆言蜀地险固，未可长驱，宜按兵观衅。崇韬以问李愚，愚曰："蜀人苦其主荒淫，莫为之用。宜乘其人情崩离，风驱霆击，彼皆破胆，虽有险阻，谁与守之！兵势不可缓也。"是日，李绍琛告捷，崇韬喜，谓愚曰："公料敌如此，吾复何忧。"乃倍道而进。戊寅，王承捷以凤、兴、文、扶四州印节迎降，得兵八千，粮四十万斛。崇韬曰："平蜀必矣。"即以都统牒命承捷摄武兴节度使。

己卯，蜀主至利州，威武败卒奔还，始信唐兵之来。王宗弼、宋光嗣言于蜀主曰："东川、山南兵力尚完，陛下但以大军扼利州，唐人安敢悬兵深入。"从之。庚辰，以随驾清道指挥使王宗勋、王宗俨、兼侍中王宗昱为三招讨，将兵三万逆战。从驾兵自绵、汉至深渡，千里相属，皆怨愤，曰："龙武军粮赐倍于他军，他军安能御敌！"

李绍琛等过长举，兴州都指挥使程奉琏将所部兵五百来降，且请先治桥栈以俟唐军，由是军行无险阻之虞。辛巳，兴州刺史王承鉴弃城走，绍琛等克兴州，郭崇韬以唐景思摄兴州刺史。乙酉，成州刺史王承朴弃城走。李绍琛等与蜀三招讨战于三泉，蜀兵大败，斩首五千级，余众溃走。又得粮十五万斛于三泉，由是军食优足。

蜀主闻王宗勋等败，自利州倍道西走，断桔柏津浮梁。命中书令、判六军诸卫事王宗弼将大军守利州，且令斩王宗勋等三招讨。

李绍琛昼夜兼行趣利州。蜀武德留后宋光葆遗郭崇韬书，请唐兵不入境，当举巡属内附；苟不如约，则背城决战，以报本朝。崇韬复书抚纳之。己丑，魏王继岌至兴州，光葆以梓、绵、剑、龙、普五州，武定节度使王承肇以洋、蓬、壁三州，山南节度使兼侍中王宗威以梁、开、通、渠、麟五州，阶州刺史王承岳以阶州，皆降。承肇，宗侃之子也。自余城镇，皆望风款附。

天雄节度使王承休与副使安重霸谋掩击唐军，重霸曰："击之不胜，则大事去矣。蜀中精兵十万，天下险固，唐兵虽勇，安能直度剑门邪？然公受国恩，闻难不可不赴，愿与公俱西。"承休素亲信之，以为然。重霸请赂羌人买文、扶州路以归，承休从之，使重霸将龙武军及所募兵万二千人以从。将行，州人饯于城外。承休上道，重霸拜于马前曰："国家竭力以得秦、陇，若从开府还朝，谁当守之？开府行矣，重霸请为公留守。"承休业已上道，无如之何，遂与招讨副使王宗汭自文、扶而南。其地皆不毛，羌人抄之，且战且行，士卒冻馁，北至茂州，余众二千而已。重霸遂以秦、陇来降。

郭崇韬遗王宗弼等书，为陈利害。李绍琛未至利州，宗弼弃城引兵西归。王宗勋等三招讨追及宗弼于白芀，宗弼怀中探诏书示之曰："宋光嗣令我杀尔曹。"因相持而泣，遂合谋送款于唐。

十一月丙申，蜀主至成都，百官及后宫迎于七里亭。蜀主入妃嫔中作回鹘队入宫。丁酉，出见群臣于文明殿，泣下沾襟，君臣相视，竟无一言以救国患。

戊戌，李绍琛至利州，修桔柏浮梁。昭武节度使林思谔先弃城奔阆州，遣使请降。甲辰，魏王继岌至剑州，蜀武信节度使兼中书令王宗寿以遂、合、渝、泸、昌五州降。

王宗弼至成都，登大玄门，严兵自卫。蜀主及太后自往劳之，宗弼骄慢，无复臣礼。乙巳，劫迁蜀主及太后、后宫、诸王于西宫，收其玺绶，使亲吏于义兴门邀取内库金帛，悉归其家。其子承涓杖剑入宫，取蜀主宠姬数人以归。丙午，宗弼自称权西川兵马留后。

李绍琛进至绵州，仓库、居民已为蜀兵所燔，又断绵江浮梁，水深，无舟楫可渡。绍琛谓李严曰："吾悬军深入，利在速战。乘蜀人破胆之时，但得百骑过鹿头关，彼且迎降不暇。若俟修缮桥梁，必留数日，或教王衍坚闭近关，折吾兵势，傥延旬浃，则胜负未可知矣。"乃与严乘马浮渡江，从兵得济者仅千人，溺死者亦千余人，遂入鹿头关。丁未，进据汉州。居三日，后军始至。

王宗弼遣使以币马牛酒劳军，且以蜀主书遗李严曰："公来吾即降。"或谓严曰："公首建伐蜀之策，蜀人怨公深入骨髓，不可往。"严不从，欣然驰入成都，抚谕吏民，告以大军继至。蜀君臣后宫皆恸哭。蜀主引严见太后，以母、妻为托。宗弼犹乘城为守备，严悉命撤去楼橹。

己酉，魏王继岌至绵州，蜀主命翰林学士李昊草降表，又命中书侍郎、同平章事王锴草降书，遣兵部侍郎欧阳彬奉之以迎继岌及郭崇韬。

王宗弼称蜀君臣久欲归命，而内枢密使宋光嗣、景润澄、宣徽使李周辂、欧阳晃荧惑蜀主，皆斩之，函首送继岌。又责文思殿大学士、礼部尚书、成都尹韩昭佞谀，枭于金马坊门。内外马步都指挥使兼中书令徐延琼、果州团练使潘在迎、嘉州刺史顾在珣及诸贵戚皆惶恐，倾其家金帛妓妾以赂宗弼，仅得免死。凡素所不快者，宗弼皆杀之。

辛亥,继岌至德阳。宗弼遣使奉笺,称已迁蜀主于西第,安抚军城,以俟王师。又使其子承班以蜀主后宫及珍玩赂继岌及郭崇韬,求西川节度使。继岌曰:"此皆我家物,奚以献为。"留其物而遣之。

李绍琛留汉州八日,以俟都统。甲寅,继岌至汉州,王宗弼迎谒。乙卯,至成都。丙辰,李严引蜀主及百官仪卫出降于升迁桥,蜀主白衣、衔璧、牵羊,草绳萦首,百官衰绖、徒跣、舆榇,号哭俟命。继岌受璧,崇韬解缚、焚榇,承制释罪,君臣东北向拜谢。丁巳,大军入成都。崇韬禁军士侵掠,市不改肆。自出师至克蜀,凡七十日。得节度十,州六十四,县二百四十九,兵三万,铠仗、钱粮、金银、缯锦共以千万计。

高季兴闻蜀亡,方食,失匕箸,曰:"是老夫之过也。"梁震曰:"不足忧也。唐主得蜀益骄,亡无日矣,安知其不为吾福。"

楚王殷闻蜀亡,上表称:"臣已营衡、麓之间为菟裘之地,愿上印绶,以保余龄。"上优诏慰谕之。

十二月癸酉,王承休、王宗汭至成都,魏王继岌诘之曰:"居大镇,拥强兵,何以不拒战?"对曰:"畏大王神武。"曰:"然则何不降?"对曰:"王师不入境。"曰:"所俱入羌者几人?"对曰:"万二千人。"曰:"今归者几人?"对曰:"二千人。"曰:"可以偿万人之死矣。"皆斩之,并其子。

闰十二月丁酉,诏蜀朝所署官四品以上降授有差,五品以下才地无取者悉纵归田里;其先降及有功者,委崇韬随事奖任。又赐王衍诏,略曰:"固当裂土而封,必不薄人于险。三辰在上,一言不欺。"

明宗天成元年春正月庚申,魏王继岌遣李继曮、李严部送王衍及其宗族、百官数千人诣洛阳。(三)〔二〕月乙巳,王衍至长安,有诏止之。

三月,伶人景进等言于帝曰:"魏王未至,康延孝初平,西南犹未安。王衍族党不少,闻车驾东征,恐其为变,不若除之。"帝乃遣中使向延嗣赍敕往诛之,敕曰:"王衍一行,并从杀戮。"已印画,枢密使张居翰覆视,就殿柱揩去"行"字,改为"家"字,由是蜀百官及衍仆役获免者千余人。延嗣至长安,尽杀衍宗族于秦川驿。衍母徐氏且死,呼曰:"吾儿以一国迎降,不免族诛,信义俱弃,吾知汝行亦受祸矣!"

夏六月,蜀百官至洛阳,永平节度使兼侍中马全曰:"国亡至此,生不如死。"不食而卒。以平章事王锴等为诸州府刺史、少尹、判官、司马,亦有复归蜀者。

三年夏六月,陕州行军司马王宗寿表请葬故蜀主王衍。秋七月乙巳,赠衍顺正公,以诸侯礼葬之。

通鉴纪事本末卷第四十一

邺都之变　李绍琛之叛附

后唐庄宗同光元年冬十月，帝遣使以灭梁告吴、蜀，二国皆惧。吴扬州司马严可求笑曰："闻唐主始得中原，志气骄满，御下无法，不出数年，将有内变。吾但当卑辞厚礼，保境安民以待之耳。"

滑州留后李绍钦因伶人景进纳货于宫掖，除泰宁节度使。帝幼善音律，故伶人多有宠，常侍左右。帝或时自傅粉墨，与优人共戏于庭，以悦刘夫人，优名谓之"李天下"。尝因为优，自呼曰"李天下，李天下"，优人敬新磨遽前批其颊。帝失色，群优亦骇愕，新磨徐曰："理天下者只有一人，尚谁呼邪！"帝悦，厚赐之。诸伶出入宫掖，侮弄搢绅，群臣愤嫉，莫敢出气。亦有反相附托以希恩泽者，四方藩镇争以货赂结之。其尤蠹政害人者，景进为之首。进好采闾阎鄙细事闻于上，上亦欲知外间事，遂委进以耳目。进每奏事，常屏左右问之，由是进得施其谗慝，干豫政事。自将相大臣皆惮之。

荆南节度使高季兴在洛阳，帝左右伶宦求货无厌，季兴忿之。归谓将佐曰："新朝百战方得河南，乃对功臣举手，云'吾于十指上得天下’，矜伐如此，则他人无功矣，其谁不解体！又荒于禽色，何能长久？吾无忧矣。”

二年春正月，敕内官不应居外，应前朝内官及诸道监军并私家先所畜者，不以贵贱，并遣诣阙。时在上左右者已五百人，至是殆及千人，皆给赡优厚，委之事任，以为腹心。内诸司使，自天祐以来以士人代之，至是复用宦者，浸干政事。既而复置诸道监军，节度使出征或留阙下，军府之政，皆监军决之，陵忽主帅，怙势争权，由是藩镇皆愤怒。

二月己巳朔，上祀南郊，大赦。租庸副使孔谦欲聚敛以求媚，凡赦文所蠲者，谦复征之。自是每有诏令，人皆不信，百姓愁怨。

郭崇韬初至汴、洛，颇受藩镇馈遗，所亲或谏之，崇韬曰："吾位兼将相，禄赐巨万，岂籍外财。但以伪梁之季，贿赂成风，今河南藩镇皆梁之旧臣，主上之仇雠也，若拒其意，能无惧乎？吾特为国家藏之私室耳。"及将祀南郊，崇韬首献劳军钱十万缗。先是，宦官劝帝分天下财赋为内外府，州县上供者入外府，充经费，方镇贡献者入内府，充宴游及给赐左右。于是外府常虚竭无余而内府山积。及有司办郊祀，乏劳军钱，崇韬言于上曰："臣已倾家所有以助大礼，愿陛下亦出内府之财以赐有司。"上默然久之，曰："吾晋阳自有储积，可令租庸辇取以相助。"于是取李继韬私第金帛数十万以益之，军士皆不满望，始怨恨，有离心矣。

郭崇韬位兼将相，复领节旄，以天下为己任，权侔人主，旦夕车马填门。性刚急，遇事辄发，嬖幸侥求，多所摧抑，宦官疾之，朝夕短之于上。崇韬扼腕，欲制之不能。豆卢革、韦说尝问之曰："汾阳王本太原人徙华阴，公世家雁门，岂其枝派邪？"崇韬因曰："遭乱亡，失谱谍，尝闻先人言，上距汾阳四世耳。"革曰："然则固从祖也。"崇韬由是以膏粱自处，多甄别流品，引拔浮华，鄙弃勋旧。有求官者，崇韬曰："深知公功能，然门地寒素，不敢相用，恐为名流所嗤。"由是嬖幸疾之于内，勋旧怨之于外。崇韬屡请以枢密使让李绍宏，上不许。又请分枢密院事归内诸司以轻其权，而宦官谤之不已。崇韬郁郁不得志，与所亲谋赴本镇以避之，其人曰："不可。蛟龙失水，蝼蚁足以制之。"先是，上欲以刘夫人为皇后，而有正妃韩夫人在，太后素恶刘夫人，崇韬亦屡谏，上以是不果。于是所亲说崇韬曰："公若请立刘夫人为皇后，上必喜。内有皇后之助，则伶宦辈不能为患矣。"崇韬从之，与宰相帅百官共奏刘夫人宜正位中宫。癸未，立魏国夫人刘氏为皇后。皇后生于寒微，既贵，专务蓄财，其在魏州，至于薪苏果茹皆贩鬻之。及为后，四方贡献皆分为二，一上天子，一上中宫。以是宝货山积，惟用写佛经，施尼师而已。是时皇太后诰，皇后教，与制敕交行于藩镇，奉之如一。

勋臣畏伶宦之谗，皆不自安，蕃汉内外马步副总管李嗣源求解兵柄，帝不许。

夏四月，孔谦贷民钱，使以贱估偿丝，屡檄州县督之。翰林学士承旨、权知汴州卢质上言："梁赵岩为租庸使，举贷诛敛，结怨于人。今陛下革故鼎新，为人除害，而有司未改其所为，是赵岩复生也。今春霜害桑，茧丝甚薄，但输正税，犹惧流移，况益以称贷，人何以堪！臣惟事天子，不事租庸，敕旨未颁，省牒频下，愿早降明命。"帝不报。

初，胡柳之役，伶人周匝为梁所得，帝每思之。入汴之日，匝谒见于马前，帝甚喜。匝涕泣言曰："臣所以得生全者，皆梁教坊使陈俊、内园栽接使储德源之力也，愿就陛下乞二州以报之。”帝许之。郭崇韬谏曰：“陛下所与共取天下者，皆英豪忠勇之士。今大功始就，封赏未及一人，而先以伶人为刺史，恐失天下心。”以是不行。逾年，伶人屡以为言，帝谓崇韬曰：“吾已许周匝矣，使吾惭见此三人。公言虽正，然当为我屈意行之。”五月壬寅，以俊为景州刺史，德源为宪州刺史。时亲军有从帝百战未得刺史者，莫不愤叹。

乙巳，右谏议大夫薛昭文上疏，以为：“今诸道僭窃者尚多，征伐之谋，未可遽息。又，士卒久从征伐，赏给未丰，贫乏者多，宜以四方贡献及南郊羡余，更加颁赉。又，河南诸军皆梁之精锐，恐僭窃之国潜以厚利诱之，宜加收抚。又，户口流亡者，宜宽徭薄赋以安集之。又，土木不急之役，宜加裁省。又，请择隙地牧马，勿使践京畿民田。”皆不从。

六月壬辰，以天平节度使李嗣源为宣武节度使。

秋八月癸酉，以副使、卫尉卿孔谦为租庸使，右威卫大将军孔循为副使。循即赵殷衡也，梁亡，复其姓名。谦自是得行其志，重敛急征以充帝欲，民不聊生。癸未，赐谦号“丰财赡国功臣”。

三年。初，李嗣源北征，过兴唐，东京库有供御细铠，嗣源牒副留守张宪取五百领，宪以军兴，不暇奏而给之。帝怒曰：“宪不奉诏，擅以吾铠给嗣源，何意也？”罚宪俸一月，令自往军中取之。帝以义武节度使王都将入朝，欲辟毬场。宪曰：“比以行宫阙廷为毬场，前年陛下即位于此，其坛不可毁，请辟毬场于宫西。”数日未成，帝命毁即位坛。宪谓郭崇韬曰：“此坛，主上所以礼上帝，始受命之地也，若之何毁之！”崇韬从容言于帝，帝立命两虞候毁之。宪私于崇韬曰：“忘天背本，不祥莫大焉。”春二月庚辰，徙李嗣源为成德节度使。帝性刚好胜，不欲权在臣下，入洛之后，信伶宦之谗，颇疏忌宿将。李嗣源家在太原，三月丁酉，表卫州刺史李从珂为北京内牙马步都指挥使以便其家，帝怒曰："嗣源握兵权，居大镇，军政在手，安得为其子奏请。"乃黜从珂为突骑指挥使，帅数百人戍石门镇。嗣源忧恐，上章申理，久之方解。辛丑，嗣源乞至东京朝觐，不许。郭崇韬以嗣源功高位重，亦忌之，私谓人曰："总管令公非久为人下者，皇家子弟皆不及也。"密劝帝召之宿卫，罢其兵权，又劝帝除之，帝皆不从。

洛阳宫殿宏邃，宦者欲上增广嫔御，诈言宫中夜见鬼物，上欲使符咒者攘之。宦者曰："臣昔逮事咸通、乾符天子，当是时，六宫贵贱不减万人。今掖庭太半空虚，故鬼物游之耳。"上乃命宦者王允平、伶人景进采择民间女子，远至太原、幽、镇，以充后庭，不啻三千人，不问所从来。上还自兴唐，载以牛车，累累盈路。张宪奏："诸营妇女亡逸者千余人，虑匿从诸军挟匿以行。"其实皆入宫矣。

庚辰，帝至洛阳，辛酉，诏复以洛阳为东都，兴唐府为邺都。

夏六月，帝苦溽暑，于禁中择高凉之所，皆不称旨。宦者因言："臣见长安全盛时，大明、兴庆宫楼观以百数。今日宅家曾无避暑之所，宫殿之盛曾不及当时公卿第舍耳。"帝乃命宫苑使王允平别建一楼以清暑。宦者曰："郭崇韬常不伸眉，为孔谦论用度不足，恐陛下虽欲营缮，终不可得。"帝曰："吾自用内府钱，无关经费。"然犹虑崇韬谏，遣中使语之曰："今岁盛暑异常，朕昔在河上，与梁人相拒，行营卑湿，被甲乘马，亲当矢石，犹无此暑。今居深宫之中而暑不可度，奈何？"对曰："陛下昔在河上，勍敌未灭，深念仇耻，虽有盛暑，不介圣怀。今外患已除，海内宾服，故虽珍台闲馆，犹觉郁蒸也。陛下傥不忘艰难之时，则暑气自消矣。”帝默然。宦者曰：“崇韬之第，无异皇居，宜其不知至尊之热也。”帝卒命允平营楼，日役万人，所费巨万。崇韬谏曰：“今两河水、旱，军食不充，愿且息役，以俟丰年。”帝不听。

秋七月甲午，成德节度使李嗣源表求入朝，帝不许。

九月乙未，立皇子继岌为魏王。

丁酉，帝与宰相议伐蜀。〔庚子〕，以魏王继岌充西川四面行营都统，郭崇韬充东北面行营都招讨、制置等使，军事悉以委之。

郭崇韬以北都留守孟知祥有荐引旧恩，将行，言于上曰：“孟知祥信厚有谋，若得西川而求帅，无逾此人者。”又荐邺都副留守张宪谨重有识，可为相。戊申，大军西行。冬十一月乙卯，大军至成都，蜀主出降。事见庄宗灭蜀。

平蜀之功，李绍琛为多，位在董璋上。而璋素与郭崇韬善，崇韬数召璋与议军事。绍琛心不平，谓璋曰：“吾有平蜀之功，公等朴樕相从，反呫嗫于郭公之门，谋相倾害。吾为都将，独不能以军法斩公邪！”璋诉于崇韬。十二月，崇韬表璋为东川节度使，解其军职。绍琛愈怒曰：“吾冒白刃，陵险阻，定两川，璋乃坐有之邪！”乃见崇韬言：“东川重地，任尚书有文武才，宜表为帅。”崇韬怒曰：“绍琛反邪，何敢违吾节度！”绍琛惧而退。

初，帝遣宦者李从袭等从魏王继岌伐蜀，继岌虽为都统，军中制置补署一出郭崇韬，崇韬终日决事，将吏宾客趋走盈庭，而都统府惟大将晨谒外，牙门索然，从袭等固耻之。及破蜀，蜀之贵臣大将争以宝货、妓乐遗崇韬及其子廷诲，魏王所得，不过匹马、束帛、唾壶、麈柄而已，从袭等益不平。

王宗弼之自为西川留后也，赂崇韬求为节度使，崇韬阳许之，既而久未得，乃帅蜀人列状见继岌，请留崇韬镇蜀。从袭等因谓继岌曰："郭公父子专横，今又使蜀人请己为帅，其志难测，王不可不为之备。"继岌谓崇韬曰："主上倚侍中如山岳，不可离庙堂，岂肯弃元老于蛮夷之域乎！且此非余之所敢知也，请诸人诣阙自陈。"由是继岌与崇韬互相疑。

丙子，以知北都留守事孟知祥为西川节度使、同平章事，促召赴洛阳。帝议选北都留守，枢密承旨段徊等恶邺都留守张宪，不欲其在朝廷，皆曰："北都非张宪不可。宪虽有宰相器，今国家新得中原，宰相在天子目前，事有得失，可以改更，比之北都独系一方安危，不为重也。"乃徙宪为太原尹，知北都留守事。以户部尚书王正言为兴唐尹，知邺都留守事。正言昏耄，帝以武德使史彦琼为邺都监军。彦琼，本伶人也，有宠于帝。魏、博等六州军旅金谷之政皆决于彦琼，威福自恣，陵忽将佐，自正言以下皆谄事之。

初，帝得魏州银枪效节都近八千人，以为亲军，皆勇悍无敌。夹河之战，实赖其用，屡立殊功，常许以灭梁之日大加赏赉。既而河南平，虽赏赉非一，而士卒恃功，骄恣无厌，更成怨望。是岁大饥，民多流亡，租赋不充，道路涂潦，漕辇艰涩，东都仓廪空竭，无以给军士。租庸使孔谦日于上东门外望诸州漕运，至者随以给之。军士乏食，有雇妻、鬻子者，老弱采蔬于野，百十为群，往往馁死，流言怨嗟，而帝游畋不息。己卯，猎于白沙，皇后、皇子、后宫毕从。庚辰，宿伊阙，辛巳，宿潭泊，壬午，宿龛涧，癸未，还宫。时大雪，吏卒有僵仆于道路者。伊、汝间饥尤甚，卫兵所过，责其供饷，不得，则坏其什器，撤其室庐以为薪，甚于寇盗，县吏皆窜匿山谷。

帝以军储不足，谋于群臣，豆卢革以下皆莫知为计。吏部尚书李琪上疏，以为："古者量入以为出，计农而发兵，故虽有水、旱之灾而无匮乏之忧。近代税农以养兵，未有农富给而兵不足，农捐瘠而兵丰饱者也。今纵未能蠲省租税，苟除折纳、纽配之法，农亦可以小休矣。"帝即敕有司如琪所言，然竟不能行。

郭崇韬素疾宦者，尝密谓魏王继岌曰："大王他日得天下，騬马亦不可乘，况任宦官！宜尽去之，专用士人。"吕知柔窃听，闻之，由是宦官皆切齿。

时成都虽下，而蜀中盗贼群起，布满山林。崇韬恐大军既去，更为后患，命任圜、张筠分道招讨，以是淹留未还。帝遣宦者向延嗣促之，崇韬不出郊迎，及见，礼节又倨，延嗣怒。李从袭谓延嗣曰："魏王，太子也，主上万福，而郭公专权如是。郭廷诲拥徒出入，日与军中骁将、蜀土豪杰狎饮，指天画地，近闻白其父请表己为蜀帅。又言蜀地富饶，大人宜善自为谋。今诸军将校皆郭氏之党，王寄身于虎狼之口，一朝有变，吾属不知委骨何地矣。"因相向垂涕。延嗣归，具以语刘后，后泣诉于帝，请早救继岌之死。前此帝闻蜀人请崇韬为帅，已不平，至是闻延嗣之言，不能无疑。帝阅蜀府库之籍，曰："人言蜀中珍货无算，何如是之微也？"延嗣曰："臣闻蜀破，其珍货皆入于崇韬父子。崇韬有金万两，银四十万两，钱百万缗，名马千匹，他物称是，廷诲所取复在其外，故县官所得不多耳。"帝遂怒形于色。及孟知祥将行，帝语之曰："闻郭崇韬有异志，卿到，为朕诛之。"知祥曰："崇韬，国之勋旧，不宜有此。俟臣至蜀察之，苟无他志则遣还。"帝许之。

壬子，知祥发洛阳。帝寻复遣衣甲库使马彦珪驰诣成都观崇韬去就，如奉诏班师则已，若有迁延跋扈之状，则与继岌图之。彦珪见皇后，说之曰："臣见向延嗣言蜀中事势忧在朝夕，今主上当断不断。夫成败之机，间不容发，安能缓急禀命于三千里外乎！"皇后复言于帝，帝曰："传闻之言，未知虚实，岂可遽尔果决。"皇后不得请，退自为教与继岌，令杀崇韬。知祥行至石壕，彦珪夜叩门宣诏，促知祥赴镇。知祥窃叹曰："乱将作矣！"乃昼夜兼行。

明宗天成元年。河中节度使李继麟恃与帝故旧，且有功，帝待之厚，苦诸伶宦求丐无厌，遂拒不与。大军之征蜀也，继麟阅兵，遣其子令德将之以从。景进与宦官谮之曰："继麟闻大军起，以为讨己，故惊惧，阅兵自卫。"又曰："崇韬所以敢倔强于蜀者，与河中阴谋，内外相应故也。"继麟闻之惧，欲身入朝以自明。其所亲止之，继麟曰："郭侍中功高于我。今事势将危，吾得见主上，面陈至诚，则谗人获罪矣。"正月癸亥，继麟入朝。

魏王继岌将发成都，令任圜权知留事，以俟孟知祥。诸军部署已定，是日，马彦珪至，以皇后教示继岌。继岌曰："大军垂发，彼无衅端，安可为此负心事，公辈勿复言。且主上无敕，独以皇后教杀招讨使，可乎？"李从袭等泣曰："既有此迹，万一崇韬闻之，中途为变，益不可救矣。"相与巧陈利害，继岌不得已，从之。甲子旦，从袭以继岌之命召崇韬计事，继岌登楼避之。崇韬方升阶，继岌从者李环挝碎其首，并杀其子廷诲、廷信，外人犹未之知。都统推官饶阳李崧谓继岌曰："今行军三千里外，初无敕旨，擅杀大将，大王奈何行此危事！独不能忍之至洛阳邪？"继岌曰："公言是也，悔之无及。"崧乃召书吏数人，登楼去梯，矫为敕书，用蜡印宣之，军中粗定。崇韬左右皆窜匿，独掌书记滏阳张砺诣魏王府恸哭久之。继岌命任圜代崇韬总军政。

马彦珪还洛阳，乃下诏暴郭崇韬之罪，并杀其子廷说、廷让、廷议，于是朝野骇惋，群议纷然。帝使宦官潜察之。保大节度使睦王存乂，崇韬之婿也，宦官欲尽去崇韬之党，言存乂对诸将攘臂垂泣，为崇韬称冤，言辞怨望。庚辰，幽存乂于第，寻杀之。景进言河中人有告变，言李继麟与郭崇韬谋反，崇韬死，又与存乂连谋。宦官因共劝帝速除之，帝乃徙继麟为义成节度使，是夜，遣蕃汉马步使朱守殷以兵围其第，驱继麟出徽安门外杀之，复其姓名曰朱友谦。友谦二子，令德为武信节度使，令锡为忠武节度使。诏魏王继岌诛令德于遂州，郑州刺史王思同诛令锡于许州，河阳节度使李绍奇诛其家人于河中。绍奇至其家，友谦妻张氏帅家人二百余口见绍奇曰："朱氏宗族当死，愿无滥及平人。"乃别其婢仆百人，以其族百口就刑。张氏又取铁券以示绍奇曰："此皇帝去年所赐也，我妇人，不识书，不知其何等语也！"绍奇亦为之惭。友谦旧将史武等七人，时为刺史，皆坐族诛。

时洛中诸军饥窘，妄为谣言，伶官采之以闻于帝，故郭崇韬、朱友谦皆及于祸。成德节度使兼中书令李嗣源亦为谣言所属，帝遣朱守殷察之。守殷私谓嗣源曰："令公勋业振主，宜自图归藩以远祸。"嗣源曰："吾心不负天地，祸福之来，无所可避，皆委之于命耳。"时伶宦用事，勋旧人不自保，嗣源危殆者数四，赖宣徽使李绍宏左右营护，以是得全。

魏王继岌留马步都指挥使陈留李仁罕、马军都指挥使东光潘仁嗣、左厢都指挥使赵廷隐、右厢都指挥使浚仪张业、牙内指挥使文水武漳、骁锐指挥使平恩李延厚戍成都。甲申，继岌发成都，命李绍琛帅万二千人为后军，行止常差中军一舍。

二月，魏博指挥使杨仁晸将所部兵戍瓦桥，逾年代归，至贝州，以邺都空虚，恐兵至为变，敕留屯贝州。

时天下莫知郭崇韬之罪，民间讹言，云崇韬杀继岌，自王于蜀，故族其家。朱友谦子建徽为澶州刺史，帝密敕邺都监军史彦琼杀之。门者白留守王正言曰："史武德夜半驰马出城，不言何往。"又讹言，云皇后以继岌之死归咎于帝，已弑帝矣，故急召彦琼计事。人情愈骇。

杨仁晸部兵皇甫晖与其徒夜博不胜，因人情不安遂作乱，劫仁晸曰："主上所以有天下者，吾魏军力也。魏军甲不去体，马不解鞍者十余年，今天下已定，天子不念旧劳，更加猜忌。远戍逾年，方喜代归，去家咫尺，不使相见。今闻皇后弑逆，京师已乱，将士愿与公俱归，仍表闻朝廷。若天子万福，兴兵致讨，以吾魏博兵力足以拒之，安知不更为富贵之资乎！"仁晸不从，晖杀之。又劫小校，不从，又杀之。效节指挥使赵在礼闻乱，衣不及带，逾垣而走，晖追及，曳其足而下之，示以二首，在礼惧而从之，乱兵遂奉以为帅，焚掠贝州。晖，魏州人；在礼，涿州人也。诘旦，晖等拥在礼南趣临清、永济、馆陶，所过剽掠。

壬辰晚，有自贝州来告军乱将犯邺都者，都巡检使孙铎等亟诣史彦琼，请授甲乘城为备。彦琼疑铎等有异志，曰："告者云今日贼至临清，计程须六日晚方至，为备未晚。"孙铎曰："贼既作乱，必乘吾未备，昼夜倍道，安肯计程而行。请仆射帅众乘城，铎募劲兵千人伏于王莽河逆击之，贼既势挫，必当离散，然后可扑灭也。必俟其至城下，万一有奸人为内应，则事危矣。"彦琼曰："但严兵守城，何必逆战。"是夜，贼前锋攻北门，弓弩乱发。时彦琼将部兵宿北门楼，闻贼呼声，即时惊溃。彦琼单骑奔洛阳。

癸巳，贼入邺都，孙铎等拒战不胜，亡去。赵在礼据宫城，署皇甫晖及军校赵进为马步都指挥使，纵兵大掠。进，定州人也。

王正言方据案召吏草奏，无至者，正言怒，其家人曰："贼已入城，杀掠于市，吏皆逃散，公尚谁呼？"正言惊曰："吾初不知也。"又索马，不能得，乃帅僚佐步出府门谒在礼，再拜请罪。在礼亦拜，曰："士卒思归耳，尚书重德，勿自卑屈。"慰谕遣之。

众推在礼为魏博留后，具奏其状。北京留守张宪家在邺都，在礼厚抚之，遣使以书诱宪，宪不发封，斩其使以闻。

丙申，史彦琼至洛阳。帝问可为大将者于枢密使李绍宏，绍宏复请用李绍钦，帝许之，令条上方略。绍钦所请偏裨，皆梁旧将已所善者，帝疑之而止。皇后曰："此小事，不足烦大将，绍荣可办也。"帝乃命归德节度使李绍荣将骑三千诣邺都招抚，亦征诸道兵，备其不服。

郭崇韬之死也，李绍琛谓董璋曰："公复欲咕嗫谁门乎？"璋惧，谢罪。魏王继岌军还至武连，遇敕使，谕以朱友谦已伏诛，令董璋将兵之遂州诛朱令德。时绍琛将后军在魏城，闻之，以帝不委已杀令德而委璋，大惊。俄而璋过绍琛军，不谒。绍琛怒，乘酒谓诸将曰："国家南取大梁，西定巴、蜀，皆郭公之谋而吾之战功也，至于去逆效顺，与国家掎角以破梁，则朱公也。今朱、郭皆无罪族灭，归朝之后，行及我矣。冤哉天乎！奈何？"绍琛所将多河中兵，河中将焦武等号哭于军门曰："西平王何罪，阖门屠脍！我辈归则与史武等同诛，决不复东矣。"是日，魏王继岌至泥溪，绍琛至剑州遣人白继岌，云河中将士号哭不止，欲为乱。丁酉，绍琛自剑州拥兵西还，自称西川节度、三川制置等使，移檄成都，称奉诏代孟知祥，招谕蜀人，三日间众至五万。

己亥，魏王继岌至利州，李绍琛遣人断桔柏津。继岌闻之，以任圜为副招讨使，将步骑七千，与都指挥使梁汉颙、监军李延安追讨之。

庚子，邢州左右步直兵赵太等四百人据城，自称安国留后。诏东北面招讨副使李绍真讨之。

辛丑，任圜先令别将何建崇击剑门关，下之。

李绍荣至邺都，攻其南门，遣人以敕招谕之。赵在礼以羊酒犒师，拜于城上曰："将士思家擅归，相公诚善为敷奏，得免于死，敢不自新。"遂以敕遍谕军士。史彦琼戟手大骂曰："群死贼，城破万段！"皇甫晖谓众曰："观史武德之言，上不赦我矣。"因聚噪，掠敕书，手坏之，守陴拒战。绍荣攻之，不利，以状闻。帝怒曰："克城之日，勿遗噍类！"大发诸军讨之。壬寅，绍荣退屯澶州。

甲辰夜，从马直军士王温等五人杀军使，谋作乱，擒斩之。从马直指挥使郭从谦，本优人也，优名郭门高。帝与梁相拒于得胜，募勇士挑战，从谦应募，俘斩而还，由是益有宠。帝选诸军骁勇者为亲军，分置四指挥，号"从马直"，从谦自军使积功至指挥使。郭崇韬方用事，从谦以叔父事之，睦王存乂以从谦为假子。及崇韬、存乂得罪，从谦数以私财飨从马直诸校，对之流涕，言崇韬之冤。及王温作乱，帝戏之曰："汝既负我附崇韬、存乂，又教王温反，欲何为也？"从谦益惧。既退，阴谓诸校曰："主上以王温之故，俟邺都平定，尽坑若曹。家之所有，宜尽市酒肉，勿为久计也。"由是亲军皆不自安。

丁未，李绍荣以诸道兵再攻邺都。庚戌，裨将杨重霸帅众数百登城，后无继者，重霸等皆死。贼知不赦，坚守无降意。朝廷患之，日发中使促魏王继岌东还。继岌以中军精兵皆从任圜讨李绍琛，留利州待之，未得还。

李绍荣讨赵在礼久无功，赵太据邢州未下。沧州军乱，小校王景戡讨定之，因自为留后。河朔州县告乱者相继。帝欲自征邺都，宰相枢密使皆言京师根本，车驾不可轻动。帝曰："诸将无可使者。"皆曰："李嗣源最为勋旧。"帝心忌嗣源，曰："吾惜嗣源，欲留宿卫。"皆曰："他人无可者。"忠武节度使张全义亦言河朔多事，久则患深，宜令总管进讨，若倚绍荣辈，未见成功之期。李绍宏亦屡言之，帝以内外所荐，久乃许之。甲寅，命嗣源将亲军讨邺都。

董璋将兵二万屯绵州，会任圜讨李绍琛。帝遣中使崔延琛至成都，遇绍琛军，绐之曰："吾奉诏召孟郎，公若缓兵，自当得蜀。"既至成都，劝孟知祥为战守备。知祥浚壕树栅，遣马步都指挥使李仁罕将四万人，骁锐指挥使李延厚将二千人讨绍琛。延厚集其众询之曰："有少壮勇锐欲立功求富贵者东，衰疾畏懦厌行阵者西。"得选兵七百人以行。是日，任圜军追及绍琛于汉州，绍琛出兵逆战。招讨掌书记张砺请伏精兵于后，以羸兵诱之，圜从之，使董璋以东川羸兵先战而却。绍琛轻圜书生，又见其兵羸，极力追之，伏兵发，大破之，斩首数千级。自是绍琛入汉州，闭城不出。

三月丁巳朔，李绍真奏克邢州，擒赵太等。庚申，绍真引兵至邺都，营于城西北，以太等徇于邺都城下而杀之。

壬戌，李嗣源至邺都，营于城西南。甲子，嗣源下令军中，诘旦攻城。是夜，从马直军士张破败作乱，帅众大噪，杀都将，焚营舍。诘旦，乱兵逼中军，嗣源帅亲军拒战，不能敌，乱兵益炽。嗣源叱而问之曰："尔曹欲何为？"对曰："将士从主上十年，百战以得天下。今主上弃恩任威，贝州戍卒思归，主上不赦，云克城之后，当尽坑魏博之军。近从马直数卒喧竞，遽欲尽诛其众。我辈初无叛心，但畏死耳。今众议欲与城中合势击退诸道之军，请主上帝河南，令公帝河北，为军民之主。”嗣源泣谕之，不从。嗣源曰：“尔不用吾言，任尔所为，我自归京师。”乱兵拔白刃环之，曰：“此辈虎狼也，不识尊卑，令公去欲何之！”因拥嗣源及李绍真等入城。城中不受外兵，皇甫晖逆击张破败，斩之，外兵皆溃。赵在礼帅诸校迎拜嗣源，泣谢曰：“将士辈负令公，敢不惟命是听。”嗣源诡说在礼曰：“凡举大事，须藉兵力，今外兵流散无所归，我为公出收之。”在礼乃听嗣源、绍真俱出城，宿魏县，散兵稍有至者。

汉州无城堑，树木为栅。乙丑，任圜进攻其栅，纵火焚之。李绍琛引兵出战于金雁桥，兵败，与十余骑奔绵竹，追擒之。孟知祥自至汉州犒军，与任圜、董璋置酒高会，引李绍琛槛车至座中，知祥自酌大卮饮之，谓曰：“公已拥节旄，又有平蜀之功，何患不富贵，而求入此槛车邪！”绍琛曰：“郭侍中佐命功第一，兵不血刃取两川，一旦无罪族诛。如绍琛辈安保首领，以此不敢归朝耳。”魏王继岌既获绍琛，乃引兵倍道而东。

李嗣源之为乱兵所逼也，李绍荣有众万人，营于城南，嗣源遣牙将张虔钊、高行周等七人相继召之，欲与共诛乱者。绍荣疑嗣源之诈，留使者，闭壁不应。及嗣源入邺都，遂引兵去。嗣源在魏县，众不满百，又无兵仗。李绍真所将镇兵五千，闻嗣源得出，相帅归之，由是嗣源兵稍振。嗣源泣谓诸将曰：“吾明日当归藩，上章待罪，听主上所裁。”李绍真及中门使安重诲曰：“此策非宜。公为元帅，不幸为凶人所劫。李绍荣不战而退，归朝必以公借口。公若归藩，则为据地邀君，适足以实谗慝之言耳。不若星行诣阙，面见天子，庶可自明。”嗣源曰：“善。”丁卯，自魏县南趣相州，遇马坊使康福，得马数千匹，始能成军。福，蔚州人也。

平卢节度使符习将本军攻邺都，闻李嗣源军溃，引兵归。至淄州，监军使杨希望遣兵逆击之，习惧，复引兵而西。青州指挥使王公俨攻希望，杀之，因据其城。时近侍为诸道监军者，皆恃恩与节度使争权，及邺都军变，所在多杀之。安义监军杨继源谋杀节度使孔勍，勍先诱而杀之。武宁监军以李绍真从李嗣源，谋杀其元从，据城拒之。权知留后淳于晏帅诸将先杀之。晏，登州人也。

戊辰，以军食不足，敕河南尹豫借夏秋税，民不聊生。

忠武节度使、尚书令齐王张全义闻李嗣源入邺都，忧惧不食，辛未，卒于洛阳。

租庸使以仓储不足，颇朘刻军粮，军士流言益甚。宰相惧，帅百官上表，言今租庸已竭，内库有余，诸军室家不能相保，傥不赈救，惧有离心，俟过凶年，其财复集。上即欲从之，刘后曰：“吾夫妇君临万国，虽藉武功，亦由天命。命既在天，人如我何！”宰相又于便殿论之，后属耳于屏风后，须臾，出妆具及三银盆、皇幼子三人于外曰：“人言宫中蓄积多，四方贡献随以给赐，所余止此耳，请鬻以赡军。”宰相惶惧而退。

李绍荣自邺都退保卫州，奏李嗣源已叛，与贼合。嗣源遣使上章自理，一日数辈。嗣源长子从审为金枪指挥使，帝谓从审曰：“吾深知尔父忠厚，尔往谕朕意，勿使自疑。”从审至卫州，绍荣囚，欲杀之。从审曰：“公等既不亮吾父，吾亦不能至父所，请复还宿卫。”乃释之。帝怜从审，赐名继璟，待之如子。是后嗣源所奏，皆为绍荣所遏，不得通，嗣源由是疑惧。石敬瑭曰：“夫事成于果决而败于犹豫，安有上将与叛卒入贼城，而他日得保无恙乎？大梁，天下之要会也，愿假三百骑先往取之。若幸而得之，公宜引大军亟进，如此始可自全。”突骑都指挥使康义诚曰：“主上无道，军民怨怒，公从众则生，守节必死。”嗣源乃令安重诲移檄会兵。义诚，代北胡人也。

时齐州防御使李绍虔、泰宁节度使李绍钦、贝州刺史李绍英屯瓦桥，北京右厢马军都指挥使安审通屯奉化军，嗣源皆遣使召之。绍英，瑕丘人，本姓房，名知温；审通，金全之侄也。嗣源家在真定，虞候将王建立先杀其监军，由是获全。建立，辽州人也。李从珂自横水将所部兵由盂县趣镇州，与王建立军合，倍道从嗣源。嗣源以李绍荣在卫州，谋自白皋济河，分三百骑使石敬瑭将之前驱，李从珂为殿，于是军势大盛。嗣源从子从璋自镇州引军而南，过邢州，邢人奉为留后。

癸酉，诏怀远指挥使白从晖将骑兵扼河阳桥，帝乃出金帛给赐诸军，枢密宣徽使及供奉内使景进等皆献金帛以助给赐。军士负物而诟曰：“吾妻子已殍死，得此何为！”甲戌，李绍荣自卫州至洛阳，帝如鹞店劳之。绍荣曰：“邺都乱兵已遣其党翟建白据博州，欲济河袭郓、汴，愿陛下幸关东招抚之。”帝从之。

乙亥，帝发洛阳，丁丑，次汜水。戊寅，遣李绍荣将骑兵循河而东。李嗣源亲党从帝者多亡去。或劝李继璟宜早自脱，继璟终无行意。帝屡遣继璟诣嗣源，继璟固辞，愿死于帝前以明赤诚。帝闻嗣源在黎阳，强遣继璟渡河召之，道遇李绍荣，绍荣杀之。

庚辰，帝发汜水。辛巳，李嗣源至白皋，遇山东上供绢数船，取以赏军。安重诲从者争舟，行营马步使陶玘斩以徇，由是军中肃然。玘，许州人也。嗣源济河至滑州，遣人招符习，习与嗣源会于胙城，安审通亦引兵来会。知汴州孔循遣使奉表西迎帝，亦遣使北输密款于嗣源，曰："先至者得之。"先是，帝遣骑将满城西方邺守汴州，石敬瑭使裨将李琼以劲兵突入封丘门，敬瑭踵其后，自西门入，遂据其城，西方邺请降。敬瑭使人趣嗣源，壬午，嗣源入大梁。

是日，帝至荥泽东，命龙骧指挥使姚彦温将三千骑为前军，曰："汝曹汴人也，吾入汝境，不欲使他军前驱，恐扰汝室家。"厚赐而遣之。彦温即以其众叛归嗣源，谓嗣源曰："京师危迫，主上为元行钦所惑，事势已离，不可复事矣。"嗣源曰："汝自不忠，何言之悖也！"即夺其兵。指挥使潘环守王村寨，有刍粟数万，帝遣骑视之，环亦奔大梁。

帝至万胜镇，闻嗣源已据大梁，诸军离叛，神色沮丧，登高叹曰："吾不济矣！"即命旋师。是夜，复至汜水。帝之出关也，扈从兵二万五千，及还，已失万余人，乃留秦州都指挥使张唐以步骑三千守关。癸未，帝还过罂子谷，道狭，每遇卫士执兵仗者，辄以善言抚之曰："适报魏王又进西川金银五十万，到京当尽给尔曹。"对曰："陛下赐已晚矣，人亦不感圣恩。"帝流涕而已。又索袍带赐从官，内库使张容哥称颁给已尽，卫士叱容哥曰："致吾君失社稷，皆此阉竖辈也。"抽刀逐之，或救之，获免。容哥谓同类曰："皇后吝财致此，今乃归咎于吾辈。事若不测，吾辈万段，吾不忍待也。"因赴河死。

甲申，帝至石桥西，置酒悲涕，谓李绍荣等诸将曰："卿辈事吾以来，急难、富贵靡不同之。今致吾至此，皆无一策以相救乎？"诸将百余人，皆截发置地，誓以死报，因相与号泣。是日晚，入洛城。

李嗣源命石敬瑭将前军趣汜水，收抚散兵，嗣源继之。李绍虔、李绍英引兵来会。

丙戌，宰相、枢密使共奏：“魏王西军将至，车驾宜且控汜水，收抚散兵以俟之。”帝从之，自出上东门阅骑兵，戒以诘旦东行。

夏四月丁亥朔，严办将发，骑兵陈于宣仁门外，步兵陈于五凤门外。从马直指挥使郭从谦不知睦王存乂已死，欲奉之以作乱，帅所部兵自营中露刃大呼，与黄甲两军攻兴教门。帝方食，闻变，帅诸王及近卫骑兵击之，逐乱兵出门。时蕃汉马步使朱守殷将骑兵在外，帝遣中使急召之，欲与同击贼。守殷不至，引兵憩于北邙茂林之下。乱兵焚兴教门，缘城而入，近臣宿将皆释甲潜遁，独散员都指挥使李彦卿及宿卫军校何福进、王全斌等十余人力战。俄而帝为流矢所中，鹰坊人善友扶帝自门楼下，至绛霄殿庑下，抽矢。渴懑求水，皇后不自省视，遣宦者进酪。须臾，帝殂。李彦卿等恸哭而去，左右皆散，善友敛庑下乐器覆帝尸而焚之。彦卿，存审之子；福进、全斌，皆太原人也。刘后囊金宝系马鞍，与申王存渥及李绍荣引七百骑，焚嘉庆殿，自师子门出走。通王存确、雅王存纪奔南山。宫人多逃散，朱守殷入宫，选宫人三十余人，各令自取乐器珍玩，内于其家。于是诸军大掠都城。

是日，李嗣源至罂子谷，闻之，恸哭，谓诸将曰：“主上素得士心，正为群小蔽惑致此，今吾将安归乎！”

戊子，朱守殷遣使驰白嗣源，以京城大乱，诸军焚掠不已，愿亟来救之。己丑，嗣源入洛阳，止于私第，禁焚掠，拾庄宗骨于灰烬之中而殡之。

嗣源之入邺都也，前直指挥使平遥侯益脱身归洛阳，庄宗抚之流涕。至是,益自缚请罪。嗣源曰:“尔为臣尽节,又何罪也?”使复其职。

嗣源谓朱守殷曰:“公善巡徼,以待魏王。淑妃、德妃在宫,供给尤宜丰备。吾俟山陵毕,社稷有奉,则归藩,为国家捍御北方耳。”是日,豆卢革帅百官上笺劝进,嗣源面谕之曰:“吾奉诏讨贼,不幸部曲叛散,欲入朝自诉,又为绍荣所隔,披猖至此。吾本无他心,诸君遽尔见推,殊非相悉,愿勿言也。”革等固请,嗣源不许。

李绍荣欲奔河中就永王存霸,从兵稍散。庚寅,至平陆,止余数骑,为人所执,折足送洛阳。存霸亦帅众千人弃镇奔晋阳。

辛卯,魏王继岌至兴平,闻洛阳乱,复引兵而西,谋保据凤翔。

向延嗣至凤翔,以庄宗之命诛李绍琛。

初,庄宗命吕、郑二内养在晋阳,一监兵,一监仓库,自留守张宪以下皆承应不暇。及邺都有变,又命汾州刺史李彦超为北都巡检。彦超,彦卿之兄也。庄宗既殂,推官河间张昭远劝张宪奉表劝进,宪曰:“吾一书生,自布衣至服金紫,皆出先帝之恩,岂可偷生而不自愧乎。”昭远泣曰:“此古人所行,公能行之,忠义不朽矣。”有李存沼者,庄宗之近属,自洛阳奔晋阳,矫传庄宗之命,阴与二内养谋杀宪及彦超,据晋阳拒守。彦超知之,密告宪,欲先图之。宪曰:“仆受先帝厚恩,不忍为此。徇义而不免于祸,乃天也。”彦超谋未决,壬辰夜,军士共杀二内养及存沼于牙城,因大掠达旦。宪闻变,出奔忻州。会嗣源移书至,彦超号令士卒,城中始安,遂权知太原军府。

百官三笺请嗣源监国,嗣源乃许之。甲午,入居兴圣宫,始受百官班见,下令称教,百官称之曰殿下。庄宗后宫存者犹千余人，宣徽使选其美少者数百献于监国。监国曰：“奚用此为！”对曰：“宫中职掌不可阙也。”监国曰：“宫中职掌宜谙故事，此辈安知之。”乃悉用老旧之人补之，其少年者皆出归其亲戚，无亲戚者任其所适。蜀中所送宫人亦准此。

监国令所在访求诸王。通王存确、雅王存纪匿民间，或密告枢密使安重诲，重诲与李绍真谋曰：“今殿下既监国典丧，诸王宜早为之所，以壹人心。殿下性慈，不可以闻。”乃密遣人就田舍杀之。后月余，监国乃闻之，切责重诲，伤惜久之。

刘皇后与申王存渥奔晋阳，在道与存渥私通。存渥至晋阳，李彦超不纳，走至风谷，为其下所杀。明日，永王存霸亦至晋阳，从兵逃散俱尽，存霸削发、僧服谒李彦超：“愿为山僧，幸垂庇护。”军士争欲杀之，彦超曰：“六相公来，当奏取进止。”军士不听，杀之于府门之碑下。刘皇后为尼于晋阳，监国使人就杀之。薛王存礼及庄宗幼子继嵩、继潼、继蟾、继峣，遭乱皆不知所终。惟邕王存美以病风偏枯得免，居于晋阳。

戊戌，李绍荣至洛阳，监国责之曰：“吾何负于尔，而杀吾儿？”绍荣瞋目直视曰：“先帝何负于尔！”遂斩之，复其姓名曰元行钦。

监国恐征蜀军还为变，以石敬瑭为陕州留后。己亥，以李从珂为河中留后。

监国下教，数租庸使孔谦奸佞、侵刻、穷困军民之罪而斩之，凡谦所立苛敛之法皆罢之，因废租庸使及内勾司，依旧为盐铁、户部、度支三司，委宰相一人专判。又罢诸道监军使。以庄宗由宦官亡国，命诸道尽杀之。

魏王继岌自兴平退至武功，宦者李从袭曰：“祸福未可知，退不如进,请王亟东行以救内难。"继岌从之。还,至渭水,权西都留守张篯已断浮梁,循水浮渡,是日至渭南,腹心吕知柔等皆已窜匿。从袭谓继岌曰:"时事已去,王宜自图。"继岌徘徊流涕,乃自伏于床,命仆夫李环缢杀之。任圜代将其众而东。监国命石敬瑭慰抚之,军士皆无异言。

先是,监国命所亲李冲为华州都监,应接西师。冲擅逼华州节度使史彦镕入朝。同州节度使李存敬过华州,冲杀之,并屠其家。又杀西川行营都监李从袭。彦镕泣诉于安重诲,重诲遣彦镕还镇,召冲归朝。

自监国入洛,内外机事皆决于李绍真。绍真擅收威胜节度使李绍钦、太子少保李绍冲下狱,欲杀之。安重诲谓绍真曰:"温、段罪恶皆在梁朝,今殿下新平内难,冀安万国,岂专为公报仇邪!"绍真由是稍沮。辛丑,监国教,李绍冲、绍钦复姓名为温韬、段凝,并放归田里。

壬寅,以孔循为枢密使。

有司议即位礼,李绍真、孔循以为唐运已尽,宜自建国号。监国问左右何谓国号,对曰:"先帝赐姓于唐,为唐复仇,继昭宗后,故称唐。今梁朝之人不欲殿下称唐耳。"监国曰:"吾年十三事献祖,献祖以吾宗属,视吾犹子。又事武皇垂三十年,先帝垂二十年,经纶攻战,未尝不预。武皇之基业则吾之基业也,先帝之天下则吾之天下也,安有同家而异国乎?"令执政更议。吏部尚书李琪曰:"若改国号,则先帝遂为路人,梓宫安所托乎!不惟殿下不忘三世旧君,吾曹为人臣者能自安乎!前代以旁支入继多矣,宜用嗣子柩前即位之礼。"众从之。丙午,监国自兴圣宫赴西宫,服斩衰,于柩前即皇帝位,百官缟素。既而御衮冕受册,百官吉服称贺。

有司劾奏太原尹张宪委城之罪；庚戌，赐宪死。

任圜将征蜀兵二万六千人至洛阳，明宗慰抚之，各令还营。

甲寅，大赦，改元。量留后宫百人，宦官三十人，教坊百人，鹰坊二十人，御厨五十人，自余任从所适。诸司使务有名无实者皆废之。分遣诸军就食近畿，以省馈运。除夏、秋税省耗。节度、防御等使，正、至、端午、降诞四节听贡奉，毋得敛百姓；刺史以下不得贡奉。选人先遭涂毁文书者，令三铨止除诈伪，余复旧规。

宦官数百人窜匿山林，或落发为僧，至晋阳者七十余人。五月，诏北都指挥使李从温悉诛之。从温，帝之侄也。

丙子，听郭崇韬归葬，复朱友谦官爵，两家货财、田宅，前籍没者皆归之。

秋七月丙子，葬光圣神闵孝皇帝于雍陵，庙号庄宗。

二年春二月丙申，以从马直指挥使郭从谦为景州刺史，既至，遣使族诛之。

安重诲专权

后唐明宗天成元年夏四月乙未，以中门使安重诲为枢密使，镇州别驾张延朗为副使。延朗，开封人也，仕梁为租庸吏，性纤巧，善事权要，以女妻重诲之子，故重诲引之。

五月丙辰朔，以太子宾客郑珏、工部尚书任圜并为中书侍郎、同平章事；圜仍判三司。圜忧公如家，简拔贤俊，杜绝侥幸，期年之间，府库充实，军民皆足，朝纲粗立。圜每以天下为己任，由是安重诲忌之。

帝目不知书,四方奏事皆令安重诲读之,重诲亦不能尽通,乃奏称:“臣徒以忠实之心事陛下,得典枢机,今事粗能晓知,至于古事,非臣所及。愿仿前朝侍讲、侍读,近代直崇政、枢密院,选文学之臣与之共事,以备应对。”乃置端明殿学士,乙亥,以翰林学士冯道、赵凤为之。

戊寅,以安重诲领山南东道节度使。重诲以襄阳要地,不可乏帅,无宜兼领,固辞;许之。

六月,安重诲恃恩骄横,殿直马延误冲前导,斩之于马前,御史大夫李琪以闻。秋七月,重诲白帝下诏,称延陵突重臣,戒谕中外。

二年春二月,安重诲以孔循少侍宫禁,谓其谙练故事,知朝士行能,多听其言。朝廷议置相,循意不欲用河北人,先已荐郑珏,又荐太常卿崔协。任圜欲用御史大夫李琪。郑珏素恶琪,故循力沮之,谓重诲曰:“李琪非无文学,但不廉耳。宰相但得端重有器度者,足以仪刑多士矣。”他日,议于上前,上问:“谁可相者?”重诲以协对。圜曰:“重诲未悉朝中人物,为人所卖。协虽名家,识字甚少。臣既以不学忝相位,奈何更益以协,为天下笑乎?”上曰:“宰相重任,卿辈更审议之。吾在河东时见冯书记多才博学,与物无竞,此可相矣。”既退,孔循不揖,拂衣径去,曰:“天下事一则任圜,二则任圜,圜何者!使崔协暴死则已,不死会须相之。”因称疾不朝者数日,上使重诲谕之,方入。重诲私谓圜曰:“今方乏人,协且备员可乎?”圜曰:“明公舍李琪而相崔协,是犹弃苏合之丸,取蛣蜣之转也。”循与重诲共事,日短琪而誉协,癸亥,竟以端明殿学士冯道及崔协并为中书侍郎、同平章事。协,邠之曾孙也。

己卯，加枢密使安重诲兼侍中，孔循同平章事。

任圜性刚急，且恃与帝有旧，勇于敢为，权幸多疾之。旧制，馆券出于户部，夏五月，安重诲请从内出，与圜争于上前，往复数四，声色俱厉。上退朝，宫人问上："适与重诲论事为谁?"上曰："宰相。"宫人曰："妾在长安宫中，未尝见宰相、枢密奏事敢如是者，盖轻大家耳。"上愈不悦，卒从重诲议。圜因求罢三司，诏以枢密承旨孟鹄充三司副使权判。鹄，魏州人也。

六月丙戌，门下侍郎、同平章事任圜罢，守太子少保。

秋七月，任圜请致仕，居磁州，许之。

九月丙寅，以枢密使孔循兼东都留守。

冬十月，或谓安重诲曰："失职任外之人，乘贼未破，或能为患，不如除之。"重诲以为然，奏遣使赐任圜死。端明殿学士赵凤哭谓重诲曰："任圜义士，安肯为逆。公滥刑如此，何以赞国!"使者至磁州，圜聚其族酣饮，然后死，神情不挠。

三年。枢密使、同平章事孔循性狡佞，安重诲亲信之。帝欲为皇子娶重诲女，循谓重诲曰："公职居近密，不宜复与皇子为婚。"重诲辞之。久之，或谓重诲曰："循善离间人，不可置之密地。"循知之，阴遣人结王德妃求纳其女，德妃请娶循女为从厚妇，帝许之。重诲大怒，二月乙未，以循同平章事，充忠武节度使兼东都留守。

重诲性强愎，秦州节度使华温琪入朝，请留阙下，帝嘉之，除左骁卫上将军，月别赐钱谷。岁余，帝谓重诲曰："温琪旧人，宜择一重镇处之。"重诲对以无阙。他日，帝屡言之，重诲愠曰："臣累奏无阙，惟枢密使可代耳。"帝曰："亦可。"重诲无以对。温琪闻之，惧，数月不出。

重诲恶成德节度使、同平章事王建立，奏建立与王都交结，有异志。建立亦奏重诲专权，求入朝面言其状。帝召之，既至，言重诲与宣徽使判三司张延朗结婚，相表里，弄威福。三月辛亥，帝见重诲，气色甚怒，谓曰："今与卿一镇自休息，以王建立代卿，张延朗亦除外官。"重诲曰："臣披荆棘事陛下数十年，值陛下龙飞，承乏机密，数年间天下幸无事。今一旦弃之外镇，臣愿闻其罪。"帝不怿而起，以语宣徽使朱弘昭。弘昭曰："陛下平日待重诲如左右手，奈何以小忿弃之？愿垂三思。"帝寻召重诲慰抚之。明日，建立辞归镇，帝曰："卿比奏欲入分朕忧，今复去何之？"会门下侍郎兼刑部尚书、同平章事郑珏请致仕，己未，以珏为左仆射致仕。癸亥，以建立为右仆射兼中书侍郎、同平章事、判三司。

冬十一月庚寅，皇子从厚纳孔循女为妃，循因之得之大梁，厚结王德妃之党，乞留。安重诲具奏其事，力排之，礼毕，促令归镇。

四年。皇子、右卫将军从璨性刚，安重诲用事，从璨不为之屈。帝东巡，以从璨为皇城使。从璨与客宴于会节园，酒酣，戏登御榻，重诲奏请诛之。三月丙戌，赐从璨死。

初，朔方节度使韩洙卒，弟澄为留后。未几，定远军使李匡宾聚党据保静镇作乱，朔方不安。冬十月丁酉，韩澄遣使赍绢表乞朝廷命帅。前磁州刺史康福善胡语，上退朝，多召入便殿，访以时事，福以胡语对。安重诲恶之，常戒之曰："康福，汝但妄奏事，会当斩汝。"福惧，求外补。重诲以灵州深入胡境，为帅者多遇害，戊戌，以福为朔方、河西节度使。福见上，涕泣辞之。上命重诲为福更他镇，重诲曰："福自刺史无功建节，尚复何求？且成命已行，难以复改。”上不得已，谓福曰：“重诲不肯，非朕意也。”福辞行，上遣将军牛知柔、河中都指挥使卫审峹等将兵万人卫送之。审峹，徐州人也。

长兴元年。初，王德妃因安重诲得进，常德之。帝性俭约，及在位久，宫中用度稍侈，重诲每规谏。妃取外库锦造地衣，重诲切谏，引刘后为戒，妃由是怨之。

宣武节度使符习，自恃宿将，论议多抗安重诲，重诲求其过失，奏之。夏四月丁酉，诏习以太子太师致仕。

初，帝在真定，李从珂与安重诲饮酒争言，从珂殴重诲，重诲走免。既醒，悔谢，重诲终衔之。至是，重诲用事，自皇子从荣、从厚皆敬事不暇。时从珂为河中节度使、同平章事，重诲屡短之于帝，帝不听。重诲乃矫以帝命谕河东牙内指挥使杨彦温使逐之。是日，从珂出城阅马，彦温勒兵闭门拒之，从珂使人扣门诘之曰：“吾待汝厚，何为如是？”对曰：“彦温非敢负恩，受枢密院宣耳。请公入朝。”从珂止于虞乡，遣使以状闻。使者至，壬寅，帝问重诲曰：“彦温安得此言？”对曰：“此奸人妄言耳，宜速讨之。”帝疑之，欲诱致彦温讯其事，除彦温绛州刺史。重诲固请发兵击之，乃命西都留守索自通、步军都指挥使药彦稠将兵讨之。帝令彦稠：“必生致彦温，吾欲面讯之。”召从珂诣洛阳。从珂知为重诲所构，驰入自明。

加安重诲兼中书令。

李从珂至洛阳，上责之，使归第，绝朝请。辛亥，索自通等拔河中，斩杨彦温，癸丑，传首来献。上怒药彦稠不生致，深责之。安重诲讽冯道、赵凤奏从珂失守，宜加罪。上曰：“吾儿为奸党所倾，未明曲直，公辈何为发此言，意不欲置之人间邪？此皆非公辈意也。"二人惶恐而退。他日，赵凤又言之，上不应。明日，重诲自言之，上曰："朕昔为小校，家贫，赖此小儿拾马粪自赡，以至今日为天子，曾不能庇之邪！卿欲如何处之，于卿为便？"重诲曰："陛下父子之间，臣何敢言。惟陛下裁之。"上曰："使闲居私第亦可矣，何用复言。"丙辰，以索自通为河中节度使。自通至镇，承重诲旨，籍军府甲仗数上之，以为从珂私造，赖王德妃居中保护，从珂由是得免。士大夫不敢与从珂往来，惟礼部郎中、史馆修撰吕琦居相近，时往见之，从珂每有奏请，皆咨琦而后行。

安重诲言昭义节度使王建立过魏州有摇众之言，五月丙寅，制以太傅致仕。

秋八月乙未，捧圣军使李行德、十将张俭引告密人边彦温告"安重诲发兵，云欲自讨淮南；又引占相者问命"。帝以问侍卫都指挥使安从进、药彦稠，二人曰："此奸人欲离间陛下勋旧耳。重诲事陛下三十年，幸而富贵，何苦谋反。臣等请以宗族保之。"帝乃斩彦温，召重诲慰抚之，君臣相泣。壬寅，赵凤奏："窃闻近有奸人诬陷大臣，摇国柱石，行之未尽。"帝乃收李行德、张俭皆族之。

安重诲久专大权，中外恶之者众。王德妃及武德使孟汉琼浸用事，数短重诲于上。九月，重诲内忧惧，表解机务。上曰："朕无间于卿，诬罔者朕既诛之矣，卿何为尔？"甲戌，重诲复面奏曰："臣以寒贱，致位至此，忽为人诬以反，非陛下至明，臣无种矣。由臣才薄任重，恐终不能镇浮言，愿赐一镇，以全余生。"上不许。重诲求之不已，上怒曰："听卿去，朕不患无人！"前成德节度使范延光劝上留重诲，且曰："重诲去，谁能代之？"上曰："卿岂不可。"延光曰："臣受驱策日浅，且才不逮重诲，何敢当此。”上遣孟汉琼诣中书议重诲事，冯道曰：“诸公果爱安令，宜解其枢务为便。”赵凤曰：“公失言！”乃奏大臣不可轻动。甲申，以范延光为枢密使，安重诲如故。

十二月，天雄节度使石敬瑭征蜀，安重诲请自督战。既行，石敬瑭累表奏论蜀不可伐，上颇然之。

二年。初，凤翔节度使朱弘昭谄事安重诲，连得大镇。重诲过凤翔，弘昭迎拜马首，馆于府舍，延入寝室，妻子罗拜，奉进酒食，礼甚谨。重诲为弘昭泣言：“谗人交构，几不免，赖主上明察，得保宗族。”重诲既去，弘昭即奏：“重诲怨望，有恶言，不可令至行营，恐夺石敬瑭兵柄。”又遗敬瑭书，言“重诲举措孟浪，若至军前，恐将士疑骇，不战自溃，宜逆止之”。敬瑭大惧，即上言重诲至，恐人情有变，宜急征还。宣徽使孟汉琼自西方还，亦言重诲过恶。有诏，召重诲还。

春二月，安重诲至三泉，得诏亟归；过凤翔，朱弘昭不内，重诲惧，驰骑而东。

辛丑，以枢密使兼中书令安重诲为护国节度使。赵凤言于上曰：“重诲陛下家臣，其心终不叛主，但以不能周防，为人所谗。陛下不察其心，重诲死无日矣。”上以为朋党，不悦。

三月，帝既解安重诲枢务，乃召李从珂，泣谓曰：“如重诲意，汝安得复见吾！”丙寅，以从珂为左卫大将军。

护国节度使兼中书令安重诲内不自安，表请致仕。闰五月庚寅，制以太子太师致仕。是日，其子崇赞、崇绪逃奔河中。

壬辰，以保义节度使李从璋为护国节度使。甲午，遣步军指挥使药彦稠将兵趣河中。

安崇赞等至河中，重诲惊曰：“汝安得来！”既而曰：“吾知之矣,此非渠意,为人所使耳。吾以死徇国,夫复何言!”乃执二子,表送诣阙。

明日,有中使至,见重诲,恸哭久之。重诲问其故,中使曰:“人言令公有异志,朝廷已遣药彦稠将兵至矣。”重诲曰:“吾受国恩,死不足报,敢有异志。更烦国家发兵,贻主上之忧,罪益重矣。”崇赞等至陕,有诏系狱。皇城使翟光邺素恶重诲,帝遣诣河中察之,曰:“重诲果有异志则诛之。”光邺至河中,李从璋以甲士围其第,自入见重诲,拜于庭下。重诲惊,降阶答拜,从璋奋檛击其首,妻张氏惊救,亦挝杀之。

奏至,己亥,下诏,以重诲离间孟知祥、董璋、钱镠为重诲罪,又诬其欲自击淮南以图兵柄,遣元随窃二子归本道。并二子诛之。

六月乙丑,复以李从珂同平章事,充西都留守。

秦王之乱 两王篡弑附

后唐明宗天成元年冬十二月庚子,以皇子从荣为天雄节度使、同平章事。

二年春正月癸酉,以皇子从厚同平章事,充河南尹,判六军诸卫事。从厚,从荣之母弟也。从荣闻之不悦。

秋九月,帝谓枢密使安重诲曰:“从荣左右有矫宣朕旨,令勿接儒生,恐弱人志气者。朕以从荣年少临大藩,故择名儒使辅导之,今奸人所言乃如此。”欲斩之;重诲请严戒而已。

三年夏四月,以邺都留守从荣为河东节度使、北都留守,以客省使太原冯赟为副留守,夹马都指挥使新平杨思权为步军都指挥使以佐之。丙戌，以枢密使安重诲兼河南尹；以河南尹从厚为宣武节度使，仍判六军诸卫事。

冬十二月，河东节度使、北都留守从荣年少骄很，不亲政务，帝遣左右素与从荣善者往与之处，使从容讽导之。其人私谓从荣曰："河南相公恭谨好善，亲礼端士，有老成之风。相公齿长，宜自策励，勿令声问出河南之下。"从荣不悦，退告步军都指挥使杨思权曰："朝廷之人皆推从厚而短我，我其废乎！"思权曰："相公手握强兵，且有思权在，何忧？"因劝从荣多募部曲，缮甲兵，阴为自固之备。又谓帝左右曰："君每誉弟而抑其兄，我辈岂不能助之邪。"其人惧，以告副留守冯赟，赟密奏之。帝召思权诣阙，以从荣故，亦弗之罪也。

四年春正月，冯赟入为宣徽使，谓执政曰："从荣刚僻而轻易，宜选重德辅之。"

夏四月壬子，以皇子从荣为河南尹，判六军诸卫事，从厚为河东节度使、北都留守。

长兴元年秋八月，立皇子从荣为秦王。丙辰，立从厚为宋王。

三年。秦王从荣喜为诗，聚浮华之士高辇等于幕府，与相唱和，颇自矜伐。每置酒，辄命僚属赋诗，有不如意者，面毁裂抵弃。冬十月壬子，从荣入谒，帝语之曰："吾虽不知书，然喜闻儒生讲经义，开益人智思。吾见庄宗好为诗，将家子文非素习，徒取人窃笑，汝勿效也。"

秦王从荣为人鹰视，轻佻峻急，既判六军诸卫事，复参朝政，多骄纵不法。初，安重诲为枢密使，上专属任之，从荣及宋王从厚自襁褓与之亲狎，虽典兵，常为重诲所制，畏事之。重诲死，王淑妃与宣徽使孟汉琼宣传帝命，范延光、赵延寿为枢密使，从荣皆轻侮之。河阳节度使、同平章事石敬瑭兼六军诸卫副使，其妻永宁公主与从荣异母，素相憎疾。从荣以从厚声名出己右，尤忌之。从厚善以卑弱奉之，故嫌隙不外见。石敬瑭不欲与从荣共事，常思外补以避之。范延光、赵延寿亦虑及祸，屡辞机要，请与旧臣迭为之，上不许。会契丹欲入寇，上命择帅臣镇河东，延光、延寿皆曰："当今帅臣可往者独石敬瑭、康义诚耳。"敬瑭亦愿行，上即命除之。既受诏，不落六军副使，敬瑭复辞，上乃以宣徽使朱弘昭知山南东道，代义诚诣阙。

四年春正月戊子，加秦王从荣守尚书令兼侍中。

夏四月，言事者请为亲王置师傅，宰相畏秦王从荣，不敢除人，请令王自择。秦王府判官、太子詹事王居敏荐兵部侍郎刘瓒于从荣，从荣表请之。癸丑，以瓒为秘书监、秦王傅，前襄州支使山阳鱼崇远为记室。瓒自以左迁，泣诉，不得免。王府参佐皆新进少年，轻脱谄谀，瓒独从容规讽，从荣不悦。瓒虽为傅，从荣一概以僚属待之，瓒有难色。从荣觉之，自是戒门者勿为通，月听一至府，或竟日不召，亦不得食。

五月戊寅，立皇子从珂为潞王。

秋八月，太仆少卿致仕何泽见上寝疾，秦王从荣权势方盛，冀己复进用，表请立从荣为太子。上览表泣下，私谓左右曰："群臣请立太子，朕当归老太原旧第耳。"不得已，(丙)〔壬〕戌，诏宰相、枢密使议之。丁卯，从荣见上言曰："窃闻有奸人请立臣为太子。臣幼少，且愿学治军民，不愿当此名。"上曰："群臣所欲也。"从荣退，见范延光、赵延寿曰："执政欲以吾为太子，是欲夺我兵柄，幽之东宫耳。"延光等知上意，且惧从荣之言，即具以白上。辛未，制以从荣为天下兵马大元帅。

九月，秦王从荣请严卫、捧圣步骑两指挥为牙兵。每入朝，从数百骑，张弓挟矢，驰骋衢路。令文士试草檄淮南书，陈已将廓清海内之意。从荣不快于执政，私谓所亲曰："吾一旦南面，必族之。"范延光、赵延寿惧，屡求外补以避之。上以为见己病而求去，甚怒，曰："欲去自去，奚用表为。"齐国公主复为延寿言于禁中，云"延寿实有疾，不堪机务"。丙申，二人复言于上曰："臣等非敢惮劳，愿与勋旧迭为之。亦不敢俱去，愿听一人先出。若新人不称职，复召臣，臣即至矣。"上乃许之。戊戌，以延寿为宣武节度使，以山南东道节度使朱弘昭为枢密使、同平章事。制下，弘昭复辞，上叱之曰："汝辈皆不欲在吾侧，蓄养汝辈何为！"弘昭乃不敢言。

辛丑，诏大元帅从荣位在宰相上。

冬十月，范延光屡因孟汉琼、王淑妃以求出，庚申，以延光为成德节度使，以冯赟为枢密使。帝以亲军都指挥使、河阳节度使、同平章事康义诚为朴忠，亲任之。时要近之官多求出以避秦王之祸，义诚度不能自脱，乃令其子事秦王，务以恭顺持两端，冀得自全。

十一月甲戌，上饯范延光，酒罢，上曰："卿今远去，事宜尽言。"对曰："朝廷大事，愿陛下与内外辅臣参决，勿听群小之言。"遂相泣而别。时孟汉琼用事，附之者共为朋党以蔽惑上听，故延光言及之。

戊子，帝疾复作，己丑，大渐。秦王从荣入问疾，帝俯首不能举。王淑妃曰："从荣在此。"帝不应。从荣出，闻宫中皆哭，从荣意帝已殂，明旦，称疾不入。是夕帝实小愈，而从荣不知。

从荣自知不为时论所与，恐不得为嗣，与其党谋，欲以兵入侍，先制权臣。辛卯，从荣遣都押牙马处钧谓朱弘昭、冯赟曰："吾欲帅牙兵入宫中侍疾，且备非常，当止于何所？"二人曰："王自择之。"既而私于处钧曰："主上万福，王宜竭心忠孝，不可妄信人浮言。"从荣怒，复遣处钧谓二人曰："公辈殊不爱家族邪？何敢拒我！"二人患之，入告王淑妃及宣徽使孟汉琼，咸曰："兹事不得康义诚，不可济。"乃召义诚谋之，义诚竟无言，但曰："义诚将校耳，不敢预议，惟相公所使。"弘昭疑义诚不欲众中言之，夜邀至私第问之，其对如初。

壬辰，从荣自河南府常服将步骑千人陈于天津桥。是日黎明，从荣遣马处钧至冯赟第，语之曰："吾今日决入，且居兴圣宫。公辈各有宗族，处事亦宜详允，祸福在须臾耳。"又遣处钧诣康义诚，义诚曰："王来则奉迎。"

赟驰入右掖门，见弘昭、义诚、汉琼及三司使孙岳方聚谋于中兴殿门外，赟具道处钧之言，因让义诚曰："秦王言'祸福在须臾'，其事可知，公勿以儿在秦府，左右顾望。主上拔擢吾辈，自布衣至将相，苟使秦王兵得入此门，置主上何地？吾辈尚有遗种乎？"义诚未及对，监门白："秦王已将兵至端门外。"汉琼拂衣起曰："今日之事，危及君父，公犹顾望择利邪！吾何爱余生，当自帅兵拒之耳。"即入殿门，弘昭、赟随之，义诚不得已亦随之入。

汉琼见帝曰："从荣反，兵已攻端门，须臾入宫，则大乱矣。"宫中相顾号哭。帝曰："从荣何苦乃尔！"问弘昭等："有诸？"对曰："有之，适已令门者阖门矣。"帝指天泣下，谓义诚曰："卿自处置，勿惊百姓！"控鹤指挥使李重吉，从珂之子也，时侍侧，帝曰："吾与尔父冒矢石，定天下，数脱吾于厄。从荣辈得何力，今乃为人所教，为此悖逆！我固知此曹不足付大事，当呼尔父授以兵柄耳，汝为我部闭诸门。”重吉即帅控鹤兵守宫门。孟汉琼被甲乘马，召马军都指挥使朱洪实，使将五百骑讨从荣。

从荣方据胡床，坐桥上，遣左右召康义诚。端门已闭，叩左掖门，从门隙中窥之，见朱洪实引骑兵北来，走白从荣。从荣大惊，命取铁掩心擐之，坐调弓矢。俄而骑兵大至，从荣走归府，僚佐皆窜匿，牙兵掠嘉善坊溃去。从荣与妃刘氏匿床下，皇城使安从益就斩之，并杀其子，以其首献。初，孙岳颇得预内廷密谋，冯、朱患从荣狼伉，岳尝为之极言祸福之归。康义诚恨之，至是，乘乱，密遣骑士射杀之。帝闻从荣死，悲骇，几落御榻，绝而复苏者再，由是疾复剧。从荣一子尚幼，养宫中，诸将请除之。帝泣曰：“此何罪？”不得已，竟与之。癸巳，冯道帅群臣入见帝于雍和殿，帝雨泣呜咽，曰：“吾家事至此，惭见卿等。”时宋王从厚为天雄节度使。甲午，遣孟汉琼征从厚，且权知天雄军府事。丙申，追废从荣为庶人。执政共议从荣官属之罪，冯道曰：“从荣所亲者高辇、刘陟、王说而已。任赞到官才半月，王居敏、司徒诩在病告已半年，岂豫其谋。居敏尤为从荣所恶，昨举兵向阙之际，与辇、陟并辔而行，指日景曰：‘来日及今，已诛王詹事矣。’自非与之同谋者，岂得一切诛之乎？”朱弘昭曰：“使从荣得入光政门，赞等当如何任使，而吾辈犹有种乎？且首从差一等耳，今首已孥戮而从皆不问，主上能不以吾辈为庇奸人乎！”冯赟力争之，始议流贬。时谘议高辇已伏诛。丁酉，元帅府判官兵部侍郎任赞、秘书监兼王傅刘瓒、友苏瓒、记室鱼崇远、河南少尹刘陟、判官司徒诩、推官王说等八人并长流；河南巡官李澣、江文蔚等六人勒归田里，六军判官太子詹事王居敏、推官郭晙并贬官。澣，回之族曾孙；诩，贝州人；文蔚，建安人也。文蔚奔吴，徐知诰厚礼之。

初，从荣失道，六军判官、司谏郎中赵远谏曰："大王地居上嗣，当勤修令德，奈何所为如是。勿谓父子至亲为可恃，独不见恭世子、戾太子乎?"从荣怒，出为泾州判官。及从荣败，远以是知名。远字上交，幽州人也。

戊戌，帝殂。帝性不猜忌，与物无竞，登极之年，已逾六十。每夕于宫中焚香祝天，曰："某胡人，因乱为众所推，愿天早生圣人，为生民主。"在位年谷屡丰，兵革罕用，校于五代，粗为小康。

辛丑，宋王至洛阳。

十二月癸卯朔，始发明宗丧，宋王即皇帝位。

秦王从荣既死，朱洪实妻入宫，司衣王氏与之语及秦王。王氏曰："秦王为人子，不在左右侍疾，致人归祸，是其罪也，若云大逆，则厚诬矣。朱司徒最受王恩，当时不为之辨，惜哉!"洪实闻之大惧，与康义诚以其语白闵帝，且言"王氏私于从荣，为之诇宫中事"，辛亥，赐王氏死。事连王淑妃，淑妃素厚于从荣，帝由是疑之。

潞王清泰元年春正月戊寅，闵帝大赦，改元应顺。壬午，加河阳节度使兼侍卫都指挥使康义诚兼侍中，判六军诸卫事。

朱弘昭、冯赟忌侍卫马军都指挥使、宁国节度使安彦威、侍卫步军都指挥使忠正节度使张从宾，甲申，出彦威为护国节度使，以捧圣马军都指挥使朱洪实代之；出从宾为彰义节度使，以严卫步军都指挥使皇甫遇代之。彦威，崞人；遇，真定人也。

戊子，枢密使同平章事朱弘昭、同中书门下二品冯赟、河东节度使兼侍中石敬瑭并兼中书令。赟以超迁太过，坚辞不受，已丑，改兼侍中。

凤翔节度使兼侍中潞王从珂与石敬瑭少从明帝征伐，有功名，得众心。朱弘昭、冯赟位望素出二人下远甚，一旦执朝政，皆忌之。明宗有疾，潞王屡遣其夫人入省侍。及明宗殂，潞王辞疾不来，使臣至凤翔者，或自言伺得潞王阴事。时潞王长子重吉为控鹤都指挥使，朱、冯不欲其典禁兵，己亥，出为亳州团练使。潞王有女惠明为尼，在洛阳，亦召入禁中。潞王由是疑惧。

闰月丙午，尊皇后为皇太后。甲寅，以王淑妃为太妃。

二月，朱弘昭、冯赟不欲石敬瑭久在太原，且欲召孟汉琼，己卯，徙成德节度使范延光为天雄节度使代汉琼，徙潞王从珂为河东节度使兼北都留守，徙石敬瑭为成德节度使，皆不降制书，但各遣使臣持宣监送赴镇。

潞王既与朝廷猜阻，朝廷又命洋王从璋权知凤翔。从璋性粗率乐祸，前代安重诲镇河中，手杀之。潞王闻其来，尤恶之，欲拒命，则兵弱粮少，不知所为。谋于将佐，皆曰："主上富于春秋，政事出于朱、冯，大王功名震主，离镇必无全理，不可受也。"王问观察判官滴河马胤孙曰："今道过京师，当何向为便？"对曰："君命召，不俟驾。临丧赴镇，又何疑焉？诸人凶谋，不可从也。"众哂之。王乃移檄邻道，言"朱弘昭等乘先帝疾亟，杀长立少，专制朝权，别疏骨肉，动摇藩垣，惧倾覆社稷。今从珂将入朝以清君侧之恶，而力不能独办，愿乞灵邻藩以济之"。

潞王以西都留守王思同当东出之道，尤欲与之相结。遣推官郝诩、押牙朱廷乂等相继诣长安，说以利害，饵以美妓，不从则令就图之。思同谓将吏曰："吾受明宗大恩，今与凤翔同反，借使事成而荣，犹为一时之叛臣，况事败而辱，流千古之丑迹乎！"遂执诩等，以状闻。时潞王使者多为邻道所执，不则依阿操两端，惟陇州防御使相里金倾心附之，遣判官薛文遇往来计事。金，并州人也。

朝廷议讨凤翔。康义诚不欲出外，恐失军权，请以王思同为统帅，以羽林都指挥使侯益为行营马步都虞候。益知军情将变，辞疾不行，执政怒之，出为商州刺史。辛卯，以王思同为西面行营马步军都部署，前静难节度使药彦稠副之，前绛州刺史苌从简为马步都虞候，严卫步军左厢指挥使尹晖、羽林指挥使杨思权等皆为偏裨。晖，魏州人也。

丁酉，加王思同同平章事、知凤翔行府。以护国节度使安彦威为西面行营都监。思同虽有忠义之志，而御军无法。潞王老于行阵，将士徼幸富贵者心皆向之。诏遣殿直楚匡祚执亳州团练使李重吉，幽于宋州。洋王从璋行至关西，闻凤翔拒命而还。

三月，安彦威与山南西道张虔钊、武定孙汉韶、彰义张从宾、静难康福等五节度使奏合兵讨凤翔。汉韶，李存进之子也。乙卯，诸道兵大集于凤翔城下，攻之，克东西关城，城中死者甚众。丙辰，复进攻城，期于必取。凤翔城堑卑浅，守备俱乏，众心危急。潞王登城泣谓外军曰："吾未冠从先帝百战，出入生死，金创满身，以立今日之社稷。汝曹从我，目睹其事。今朝廷信任谗臣，猜忌骨肉，我何罪而受诛乎？"因恸哭，闻者哀之。

张虔钊性褊急，主攻城西南，以白刃驱士卒登城，士卒怒，大诟，反攻之，虔钊跃马走免。杨思权因大呼曰："大相公，吾主也。"遂帅诸军解甲投兵，请降于潞王。自西门入，以幅纸进潞王曰："愿王克京城日，以臣为节度使，勿以为防、团。"潞王即书"思权可邠宁节度使"，授之。王思同犹未之知，趣士卒登城，尹晖大呼曰："城西军已入城受赏矣。"众争弃甲投兵而降，其声震地。日中，乱兵悉入，外军亦溃，思同等六节度使皆遁去。潞王悉敛城中将吏士民之财以犒军，至于鼎釜皆估直以给之。丁巳，王思同、药彦稠等走至长安，西京副留守刘遂雍闭门不内，乃趣潼关。遂雍，鄩之子也。

潞王建大将旗鼓，整众而东，以孔目官虞城刘延朗为腹心。潞王始忧王思同等并力据长安拒守，至岐山，闻刘遂雍不内思同，甚喜，遣使慰抚之。遂雍悉出府库之财于外，军士前至者即给赏令过。比潞王至，前军赏遍，皆不入城。庚申，潞王至长安，遂雍迎谒，率民财以充赏。

是日，西面步军都监王景从等自军前奔还，中外大骇。帝不知所为，谓康义诚等曰："先帝弃万国，朕外守藩方，当是之时，为嗣者在诸公所取耳，朕实无心与人争国。既承大业，年在幼冲，国事皆委诸公。朕于兄弟间不至榛梗，诸公以社稷大计见告，朕何敢违。军兴之初，皆自夸大，以为寇不足平。今事至于此，何方可以转祸？朕欲自迎潞王，以大位让之，若不免于罪，亦所甘心。"朱弘昭、冯赟大惧，不敢对。义诚欲悉以宿卫兵迎降为己功，乃曰："西师惊溃，盖主将失策耳。今侍卫诸军尚多，臣请自往扼其冲要，招集离散，以图后效，幸陛下勿为过忧。"帝遣使召石敬瑭，欲令将兵拒之。义诚固请自行，帝乃召将士慰谕，空府库以劳之，许以平凤翔，人更赏二百缗，府库不足，当以宫中服玩继之。军士益骄，无所畏忌，负赐物扬言于路曰："至凤翔，更请一分。"

遣楚匡祚杀李重吉于宋州。匡祚榜棰重吉，责其家财。又杀尼惠明。

初，马军都指挥使朱洪实为秦王从荣所厚，及朱弘昭为枢密使，洪实以宗兄事之。从荣勒兵天津桥，洪实首为孟汉琼击从荣。康义诚由是恨之。辛酉，帝亲至左藏，给将士金帛。义诚、洪实共论用兵利害，洪实欲以禁军固守洛阳，曰："如此，彼亦未敢径前，然后徐图进取，可以万全。"义诚怒曰："洪实为此言，欲反邪！"洪实曰："公自欲反，乃谓谁反！"其声渐厉。帝闻，召而讯之，二人讼于帝前，帝不能辨其是非，遂斩洪实，军士益愤怒。

壬戌，潞王至昭应，闻前军获王思同。王曰："思同虽失计，然尽心所奉，亦可嘉也。"癸亥，至灵口，前军执思同以至，王责让之。对曰："思同起行间，先帝擢之，位至节将，常愧无功以报大恩。非不知附大王立得富贵，助朝廷自取祸殃，但恐死之日，无面目见先帝于泉下耳。败而衅鼓，固其所也。请早就死！"王为之改容曰："公且休矣。"王欲宥之，而杨思权之徒耻见其面。王之过长安，尹晖尽取思同家资及妓妾，屡言于刘延朗曰："若留思同，虑失士心。"属王醉，不待报，擅杀思同及其妻子。王醒，怒延朗，嗟惜者累日。

癸亥，制以康义诚为凤翔行营都招讨使，以王思同副之。甲子，潞王至华州，获药彦稠，囚之。乙丑，至阌乡，朝廷前后所发诸军，遇西军皆迎降，无一人战者。丙寅，康义诚引侍卫兵发洛阳。诏以侍卫马军指挥使安从进为京城巡检；从进已受潞王书，潜布腹心矣。

是日，潞王至灵宝，护国节度使安彦威、匡国节度使安重霸皆降，惟保义节度使康思立谋固守陕城以俟康义诚。先是，捧圣五百骑戍陕西，为潞王前锋，至城下，呼城上人曰："禁军十万已奉新帝，尔辈数人奚为？徒累一城人涂地耳。"于是捧圣卒争出迎，思立不能禁，不得已亦出迎。

丁卯，潞王至陕，僚佐说王曰："今大王将及京畿，传闻乘舆已播迁，大王宜少留于此，先移书慰安京城士庶。"王从之，移书谕洛阳文武士庶，惟朱弘昭、冯赟两族不赦外，自余勿有忧疑。

康义诚军至新安，所部将士自相结，百什为群，弃甲兵，争先诣陕降，累累不绝。义诚至乾壕，麾下才余数十人。遇潞王候骑十余人，义诚解所佩弓剑为信，因候骑请降于潞王。

戊辰，闵帝闻潞王至陕，义诚军溃，忧骇不知所为。急遣中使召朱弘昭谋所向，弘昭曰："急召我，欲罪之也。"赴井死。安从进闻弘昭死，杀冯赟于第，灭其族，传弘昭、赟首于潞王。帝欲奔魏州，召孟汉琼使诣魏州为先置；汉琼不应召，单骑奔陕。

初，帝在藩镇，爱信牙将慕容迁，及即位，以为控鹤指挥使。帝将北渡河，密与之谋，使帅部兵守玄武门。是夕，帝以五十骑出玄武门，谓迁曰："朕且幸魏州，徐图兴复，汝帅有马控鹤从我。"迁曰："生死从大家。"乃阳为团结。帝既出，即阖门不行。

己巳，冯道等入朝，及端门，闻朱、冯死，帝已北走。道及刘昫欲归，李愚曰："天子之出，吾辈不预谋。今太后在宫，吾辈当至中书，遣小黄门取太后进止，然后归第，人臣之义也。"道曰："主上失守社稷，人臣惟君是奉，无君而入宫城，恐非所宜。潞王已处处张榜，不若归俟教令。"乃归。至天宫寺，安从进遣人语之曰："潞王倍道而来，且至矣，相公宜帅百官至谷水奉迎。"乃止于寺中，召百官。中书舍人卢导至，冯道曰："俟舍人久矣，所急者劝进文书，宜速具草。"导曰："潞王入朝，百官班迎可也。设有废立，当俟太后教令，岂可遽议劝进乎？"道曰："事当务实。"导曰："安有天子在外，人臣遽以大位劝人者邪！若潞王守节北面，以大义见责，将何辞以对？公不如帅百官诣宫门，进名问安，取太后进止，则去就善矣。”道未及对，从进屡遣人趣之曰：“潞王至矣，太后、太妃已遣中使迎劳矣，安得百官无班。”道等即纷然而去。既而潞王未至，三相息于上阳门外，卢导过于前，道复召而语之，导对如初。李愚曰：“舍人之言是也。吾辈之罪，擢发不足数。”康义诚至陕待罪，潞王责之曰：“先帝晏驾，立嗣在诸公。今上亮阴，政事出诸公，何为不能终始，陷吾弟至此乎？”义诚大惧，叩头请死。王素恶其为人，未欲遽诛，且宥之。马步都虞候苌从简、左龙武统军王景戡皆为部下所执，降于潞王，东军尽降。潞王上笺于太后，取进止，遂自陕而东。

夏四月庚午朔，未明，闵帝至卫州东数里，遇石敬瑭。帝大喜，问以社稷大计。敬瑭曰：“闻康义诚西讨，何如？陛下何为至此？”帝曰：“义诚亦叛去矣。”敬瑭俯首长叹数四，曰：“卫州刺史王弘贽，宿将习事，请与图之。”乃往见弘贽问之，弘贽曰：“前代天子播迁多矣，然皆有将相、侍卫、府库、法物，使群下有所瞻仰。今皆无之，独以五十骑自随，虽有忠义之心，将若之何？”敬瑭还，见帝于卫州驿，以弘贽之言告。弓箭库使沙守荣、奔洪进前责敬瑭曰：“公明宗爱婿，富贵相与共之，忧患亦宜相恤。今天子播越，委计于公，冀图兴复，乃以此四者为辞，是直欲附贼卖天子耳。”守荣抽佩刀欲刺之，敬瑭亲将陈晖救之，守荣与晖斗死，洪进亦自刎。敬瑭牙内指挥使刘知远引兵入，尽杀帝左右及从骑，独置帝而去。敬瑭遂趣洛阳。

是日，太后令内诸司至乾壕迎潞王，王亟遣还洛阳。

初，潞王罢河中，归私第，王淑妃数遣孟汉琼存抚之。汉琼自谓于王有旧恩，至渑池西，见王大哭，欲有所陈。王曰：“诸事不言可知。”仍自预从臣之列，王即命斩于路隅。

壬申，潞王至蒋桥，百官班迎于路，传教以未拜梓宫，未可相见。冯道等皆上笺劝进。王入谒太后、太妃，诣西宫，伏梓宫恸哭，自陈诣阙之由。冯道帅百官班见，拜，王答拜。道等复上笺劝进，王立谓道等曰：“予之此行，事非获已。俟皇帝归阙，园寝礼终，当还守藩服。群公遽言及此，甚无谓也！”

癸酉，太后下令废少帝为鄂王，以潞王知军国事，权以书诏印施行。百官诣至德宫门待罪，王命各复其位。甲戌，太后令潞王宜即皇帝位。乙亥，即位于柩前。

帝之发凤翔也，许军士以入洛人赏钱百缗。既至，问三司使王玫以府库之实，对有数百万在。既而阅实，金、帛不过三万两、匹，而赏军之费计应用五十万缗。帝怒，玫请率京城民财以足，数日仅得数万缗。帝谓执政曰：“军不可不赏，人不可不恤，今将奈何？”执政请据屋为率，无问士庶自居及僦者，预借五月僦直；从之。

王弘贽迁闵帝于州廨，帝遣弘贽之子殿直峦往酖之。戊寅，峦至卫州谒见，闵帝问来故，不对。弘贽数进酒，闵帝知其有毒，不饮，峦缢杀之。

闵帝性仁厚，于兄弟敦睦，虽遭秦王忌疾，闵帝坦怀待之，卒免于患。及嗣位，于潞王亦无嫌，而朱弘昭、孟汉琼之徒横生猜间，闵帝不能违，以至祸败焉。

孔妃尚在宫中，王峦既还，潞王使人谓之曰：“重吉辈何在？”遂杀妃，并其四子。

闵帝之在卫州也，惟磁州刺史宋令询遣使问起居，闻其遇害，恸哭半日，自经死。

己卯，石敬瑭入朝。乙酉，改元，大赦。戊子，斩河阳节度使、判六军诸卫兼侍中康义诚，灭其族。己丑，诛药彦稠。庚寅，释王景戡、苌从简。

有司百方敛民财，仅得六万，帝怒，下军巡使狱，昼夜督责，囚系满狱，贫者至自经、赴井。而军士游市肆皆有骄色，市人聚诟之曰："汝曹为主力战，立功良苦，反使我辈鞭胸杖背，出财为赏，汝曹犹扬扬自得，不愧天地乎！"

是时，竭左藏旧物及诸道贡献，乃至太后、太妃器服簪珥皆出之，才及二十万缗，帝患之。李专美夜直，帝让之曰："卿名有才，不能为我谋此，留才安所施乎？"专美谢曰："臣驽劣，陛下擢任过分，然军赏不给，非臣之责也。窃思自长兴之季，赏赉亟行，卒以是骄。继以山陵及出师，帑藏遂涸。虽有无穷之财，终不能满骄卒之心，故陛下拱手于危困之中而得天下。夫国之存亡，不专系于厚赏，亦在修法度，立纪纲。陛下苟不改覆车之辙，臣恐徒困百姓，存亡未可知也。今财力尽于此矣，宜据所有均给之，何必践初言乎？"帝以为然。壬辰，诏禁军在凤翔归命者，自杨思权、尹晖等各赐二马、一驼、钱七十缗，下至军人钱二十缗，其在京者各十缗。军士无厌，犹怨望，为谣言曰："除去菩萨，扶立生铁。"以闵帝仁弱，帝刚严，有悔心故也。

丙申，葬圣德和武钦孝皇帝于徽陵，庙号明宗。帝衰绖护从至陵所，宿焉。

契丹入寇

后梁太祖开平元年夏五月，契丹遣其臣袍笏梅老来通好，帝遣太府少卿高颀报之。

初,契丹有八部,部各有大人,相与约,推一人为王,建旗鼓以号令诸部,每三年则以次相代。咸通末,有习尔者为王,土宇始大。其后钦德为王,乘中原多故,时入盗边。及阿保机为王,尤雄勇,五姓奚及七姓室韦、达靼咸役属之。阿保机姓邪律氏,恃其强,不肯受代。久之,阿保机击黄头室韦还,七部劫之于境上,求如约。阿保机不得已,传旗鼓,且曰:“我为王九年,得汉人多,请帅种落居古汉城,与汉人守之,别自为一部。”七部许之。汉城者,故后魏滑盐县也。地宜五谷,有盐池之利。其后阿保机稍以兵击灭七部,复并为一国。又北侵室韦、女真,西取突厥故地,击奚灭之,复立奚王而使契丹监其兵。东北诸夷皆畏服之。

是岁,阿保机帅众三十万寇云州,晋王与之连和,面会东城,约为兄弟,延之帐中,纵酒,握手尽欢,约以今冬共击梁。或劝晋王:“因其来,可擒也。”王曰:“仇敌未灭,而失信夷狄,自亡之道也。”阿保机留旬日乃去,晋王赠以金缯数万,阿保机留马三千匹、杂畜万计以酬之。阿保机既归而背盟,更附于梁,晋王由是恨之。

二年夏五月己丑,契丹王阿保机遣使随高颀入贡,且求册命。帝复遣司农卿浑特赐以手诏,约共灭沙陀,乃行封册。

均王贞明二年。初,燕人苦刘守光残虐,军士多亡归契丹。及守光被围于幽州,其北边士民多为契丹所掠,契丹日益强大。契丹王阿保机自称皇帝,国人谓之天皇王,以妻述律氏为皇后,置百官。至是改元神册。述律后勇决多权变,阿保机行兵御众,述律后常预其谋。阿保机尝度碛击党项,留述律后守其帐,黄头、臭泊二室韦乘虚合兵掠之。述律后知之,勒兵以待其至,奋击，大破之，由是名震诸夷。述律后有母有姑，皆踞榻受其拜，曰："吾惟拜天，不拜人也。"晋王方经营河北，欲结契丹为援，常以叔父事阿保机，以叔母事述律后。

刘守光末年衰困，遣参军韩延徽求援于契丹。契丹主怒其不拜，留之，使牧马于野。延徽，幽州人，有智略，颇知属文。述律后言于契丹主曰："延徽能守节不屈，此今之贤者，奈何辱以牧圉，宜礼而用之。"契丹主召延徽与语，悦之，遂以为谋主，举动访焉。延徽始教契丹建牙开府，筑城郭，立市里，以处汉人，使各有配偶，垦艺荒田。由是汉人各安生业，逃亡者益少。契丹威服诸国，延徽有助焉。

顷之，延徽逃奔晋阳。晋王欲置之幕府，掌书记王缄疾之。延徽不自安，求东归省母，过真定，止于乡人王德明家。德明问所之，延徽曰："今河北皆为晋有，当复诣契丹耳。"德明曰："叛而复往，得无取死乎？"延徽曰："彼自吾来，如丧手目，今往诣之，彼手目复完，安肯害我。"既省母，遂复入契丹。契丹主闻其至，大喜，如自天而下，拊其背曰："向者何往？"延徽曰："思母，欲告归，恐不听，故私归耳。"契丹主待之益厚。及称帝，以延徽为相，累迁至中书令。

晋王遣使至契丹，延徽寓书于晋王，叙所以北去之意，且曰："非不恋英主，非不思故乡，所以不留，正惧王缄之谗耳。"因以老母为托，且曰："延徽在此，契丹必不南牧。"故终同光之世，契丹不深入为寇，延徽之力也。

三年。晋王使其弟威塞军防御使存矩募兵，存矩得五百骑，自部送之，以(青)〔寿〕州〔刺史〕卢文进为裨将。兵叛，杀存矩，文进帅其众奔契丹。

初，幽州北七百里有渝关，下有渝水通海。自关东北循海有道，道狭处才数尺，旁皆乱山，高峻不可越。比至进牛口，旧置八防御军，募土兵守之，田租皆供军食，不入于蓟，幽州岁致缯纩以供战士衣。每岁早获，清野坚壁以待契丹，契丹至则闭壁不战，俟其去，选骁勇据隘邀之，契丹常失利走。土兵皆自为田园，力战有功则赐勋加赏，由是契丹不敢轻入寇。及周德威为卢龙节度使，恃勇不修边备，遂失渝关之险，契丹每刍牧于营、平之间。德威又忌幽州旧将，有名者往往杀之。

吴王遣使遗契丹主以猛火油，曰："攻城，以此油然火，焚楼橹，敌以水沃之，火愈炽。"契丹主大喜，即选骑三万欲攻幽州。述律后哂之曰："岂有试油而攻一国乎?"因指帐前树谓契丹主曰："此树无皮，可以生乎?"契丹主曰："不可。"述律后曰："幽州城亦犹是矣。吾但以三千骑伏其旁，掠其四野，使城中无食，不过数年，城自困矣，何必如此躁动轻举？万一不胜，为中国笑，吾部落亦解体矣。"契丹主乃止。

三月，卢文进引契丹兵急攻新州，刺史安金全不能守，弃城走。文进以其部将刘殷为刺史，使守之。晋王使周德威合河东、镇、定之兵攻之，旬日不克。契丹主帅众三十万救之，德威众寡不敌，大为契丹所败，奔归。

契丹乘胜进围幽州，声言有众百万，毡车毳幕弥漫山泽。卢文进教之攻城，为地道，昼夜四面俱进，城中穴地然膏以邀之。又为土山以临城，城中镕铜以洒之。日杀千计，而攻之不止。周德威遣间使诣晋王告急，王方与梁相持河上，欲分兵则兵少，欲勿救恐失之，忧形于色。谋于诸将，独李嗣源、李存审、阎宝劝王救之。王喜曰："昔太宗得一李靖犹擒颉利，今吾有猛将三人，复何忧哉！"存审、宝以为虏无辎重，势不能久，俟其野无所掠，食尽自还，然后踵以击之。李嗣源曰："周德威社稷之臣，今幽州朝夕不保，恐变生于中，何暇待虏之衰？臣请身为前锋以赴之。"王曰："公言是也。"即日，命治兵。夏四月，晋王命嗣源将兵先进，军于涞水，阎宝以镇、定之兵继之。秋七月，晋王以李嗣源、阎宝兵少，未足以敌契丹，辛未，更命李存审将兵益之。八月，契丹围幽州且二百日，城中危困。李嗣源、阎宝、李存审步骑七万会于易州，存审曰："虏众吾寡，虏多骑，吾多步，若平原相遇，虏以万骑蹂吾阵，吾无遗类矣。"嗣源曰："虏无辎重，吾行必载粮食自随，若平原相遇，虏抄吾粮，吾不战自溃矣。不若自山中潜行趣幽州，与城中合势，若中道遇虏，则据险拒之。"甲午，自易州北行，庚子，逾大房岭，循涧而东。嗣源与养子从珂将三千骑为前锋，距幽州六十里，与契丹遇，契丹惊却，晋兵翼而随之。契丹行山上，晋兵行涧下，每至谷口，契丹辄邀之，嗣源父子力战，乃得进。至山口，契丹以万余骑遮其前，将士失色。嗣源以百余骑先进，免胄扬鞭，胡语谓契丹曰："汝无故犯我疆埸，晋王命我将百万众直抵西楼，灭汝种族！"因跃马奋檛，三入其阵，斩契丹酋长一人。后军齐进，契丹兵却，晋兵始得出。李存审命步兵伐木为鹿角，人持一枝，止则成寨。契丹骑环寨而过，寨中发万弩射之，流矢蔽日，契丹人马死伤塞路。将至幽州，契丹列阵待之。存审命步兵阵于其后，戒勿动，先令羸兵曳柴然草而进，烟尘蔽天，契丹莫测其多少。因鼓噪合战，存审乃趣后阵起乘之，契丹大败，席卷其众自北山去，委弃车帐、铠仗、羊马满野，晋兵追之，俘斩万计。辛丑，嗣源等入幽州，周德威见之，握手流涕。

契丹以卢文进为幽州留后，其后又以为卢龙节度使。文进常居平州，帅奚骑岁入北边，杀掠吏民。晋人自瓦桥运粮输蓟城，虽以兵援之，不免抄掠。契丹每入寇，则文进帅汉卒为向导，卢龙巡属诸州为之残弊。

四年。初，契丹主之弟撒剌阿拨号北大王，谋作乱于其国。事觉，契丹主数之曰："汝与吾如手足，而汝兴此心，我若杀汝，则与汝何异！"乃囚之期年而释之。撒剌阿拨帅其众奔晋，晋王厚遇之，养为假子，任为刺史。胡柳之战，以其妻子来奔。

龙德元年。赵王镕养子张文礼既杀赵王，遣间使因卢文进求援于契丹。事见后唐灭梁。

契丹主既许卢文进出兵，王郁又说之曰："镇州美女如云，金帛如山，天皇王速往，则皆己物也，不然，为晋王所有矣。"契丹主以为然，悉发所有之众而南。述律后谏曰："吾有西楼羊马之富，其乐不可胜穷也，何必劳师远出以乘危徼利乎！吾闻晋王用兵，天下莫敌，脱有危败，悔之何及。"契丹主不听。十二月辛未，攻幽州，李绍宏婴城自守。契丹长驱而南，围涿州，旬日拔之，擒刺史李嗣弼，进寇定州。王都告急于晋，晋王自镇州将亲军五千救之，遣神武都指挥使王思同将兵戍狼山之南以拒之。

二年春正月甲午，晋王至新城南，候骑白"契丹前锋宿新乐，涉沙河而南"，将士皆失色，士卒有亡去者，主将斩之不能止。诸将皆曰："虏倾国而来，吾众寡不敌。又闻梁寇内侵，宜且还师魏州，以救根本。"或请释镇州之围，西入井陉避之。晋王犹豫未决。中门使郭崇韬曰："契丹为王郁所诱，本利货财而来，非能救镇州之急难也。王新破梁兵，威振夷夏，契丹闻王至，心沮气索，苟挫其前锋，遁走必矣。"李嗣昭自潞州至，亦曰："今强敌在前，吾有进无退，不可轻动，以摇人心。"晋王曰："帝王之兴，自有天命，契丹其如我何！吾以数万之众平定山东，今遇此小虏而避之，何面目以临四海？”乃自帅铁骑五千先进。至新城北，半出桑林，契丹万余骑见之，惊走。晋王分军为二逐之，行数十里，获契丹主之子。时沙河桥狭冰薄，契丹陷溺死者甚众。是夕，晋王宿新乐。契丹主车帐在定州城下，败兵至，契丹举众退保望都。晋王至定州，王都迎谒于马前，宴于府第，请以爱女妻王子继岌。

戊戌，晋王引兵趣望都，契丹逆战，晋王以亲军千骑先进，遇奚酋秃馁五千骑，为其所围。晋王力战，出入数四，自午至申不解。李嗣昭闻之，引三百骑横击之，虏退，王乃得出。因纵兵奋击，契丹大败，逐北至易州。会大雪弥旬，平地数尺，契丹人马无食，死者相属于道。契丹主举手指天，谓卢文进曰："天未令我至此。"乃北归。晋王引兵蹑之，随其行止，见其野宿之所，布藁于地，回环方正，皆如编翦，虽去，无一枝乱者，叹曰："虏用法严，乃能如是，中国所不及也。"晋王至幽州，使二百骑蹑契丹之后，曰："虏出境即还。"骑恃勇追击之，悉为所擒，惟两骑自他道走免。

契丹主责王郁，絷之以归，自是不听其谋。

晋代州刺史李嗣肱将兵定妫、儒、武等州，授山北都团练使。

是岁，契丹改元天赞。

后唐庄宗同光元年春三月，契丹寇幽州，晋王问帅于郭崇韬，崇韬荐横海节度使李存审。时存审卧病，己卯，徙存审为卢龙节度使，舆疾赴镇。以蕃汉马步副总管李嗣源领横海节度使。

夏闰四月甲午，契丹寇幽州，至易定而还。

二年春正月甲辰，幽州奏契丹入寇，至瓦桥。以天平军节度使李嗣源为北面行营都招讨使，陕州留后霍彦威副之，宣徽使李绍宏为监军，将兵救幽州。契丹出塞，召李嗣源旋师，命泰宁节度使李绍钦、泽州刺史董璋戍瓦桥。李存审奏契丹去，复得新州。

三月乙巳，镇州言契丹将犯塞，诏横海节度使李绍斌、北京左厢马军指挥使李从珂帅骑兵分道备之，天平节度使李嗣源屯邢州。绍斌本姓赵，名行实，幽州人也。庚戌，幽州奏契丹寇新城。

夏五月，幽州言契丹将入寇，甲寅，以横海节度使李绍斌充东北面行营招讨使，将大军渡河而北。契丹屯幽州东南城门之外，虏骑充斥，馈运多为所掠。

秋七月，契丹恃其强盛，遣使就帝求幽州以处卢文进。时东北诸夷皆役属契丹，惟勃海未服。契丹主谋入寇，恐勃海掎其后，乃先举兵击勃海之辽东，遣其将秃馁及卢文进据营、平等州以扰燕地。九月，契丹攻勃海，无功而还。丁巳，幽州言契丹入寇。冬十月，易定言契丹入寇。十二月己巳，命宣武节度使李嗣源将宿卫兵三万七千人赴汴州，遂如幽州御契丹。

三年春正月，契丹寇幽州。

二月，上以契丹为忧，与郭崇韬谋，以威名宿将零落殆尽，李绍斌位望素轻，欲徙李嗣源镇真定为绍斌声援，崇韬深以为便。

明宗天成元年春正月，契丹主击女真及勃海，恐唐乘虚袭之，戊寅，遣梅老鞋里来修好。秋七月，契丹主攻勃海，拔其夫余城，更命曰东丹国。命其长子突欲镇东丹，号人皇王；以次子德光守西楼，号元帅太子。

帝遣供奉官姚坤告哀于契丹。契丹主闻庄宗为乱兵所害，恸哭曰："我朝定儿也。吾方欲救之，以勃海未下，不果往，致吾儿及此。"哭不已。虏言朝定，犹华言朋友也。又谓坤曰："今天子闻洛阳有急，何不救？”对曰：“地远不能及。”曰：“何故自立？”坤为言帝所以即位之由，契丹主曰：“汉儿喜饰说，毋多谈。”突欲侍侧曰：“牵牛以蹊人之田，而夺之牛，可乎？”坤曰：“中国无主，唐天子不得已而立，亦犹天皇王初有国，岂强取之乎？”契丹主曰：“理当然。又闻吾儿专好声色游畋，不恤军民，宜其及此。我自闻之，举家不饮酒，散遣伶人，解纵鹰犬。若亦效吾儿所为，行自亡矣。”又曰：“吾儿与我虽世旧，然屡与我战争。于今天子则无怨，足以修好。若与我大河之北，吾不复南侵矣。”坤曰：“此非使臣之所得专也。”契丹主怒，囚之。旬余，复召之曰：“河北恐难得，得镇、定、幽州亦可也。”给纸笔，趣令为状，坤不可，欲杀之，韩延徽谏，乃复囚之。

辛巳，契丹主阿保机卒于夫余城，述律后召诸将及酋长难制者之妻，谓曰：“我今寡居，汝不可不效我。”又集其夫泣问曰：“汝思先帝乎？”对曰：“受先帝恩，岂得不思。”曰：“果思之，宜往见之。”遂杀之。

八月丁亥，契丹述律后使少子安端少君守东丹，与长子突欲奉契丹主之丧，将其众发夫余城。

庚子，幽州言契丹寇边，命齐州防御使安审通将兵御之。

九月，契丹述律后爱中子德光，欲立之，至西楼，命与突欲俱乘马立帐前，谓诸酋长曰：“二子吾皆爱之，莫知所立，汝曹择可立者执其辔。”酋长知其意，争执德光辔，欢跃曰：“愿事元帅太子。”后曰：“众之所欲，吾安敢违。”遂立之为天皇王。突欲愠，帅数百骑欲奔唐，为逻者所遏；述律后不罪，遣归东丹。天皇王尊述律后为太后，国事皆决焉。太后复纳其侄为天皇王后。天皇王性孝谨，母病不食亦不食，侍于母前应对或不称旨，母扬眉视之，辄惧而趋避，非复召不敢见也。以韩延徽为政事令。听姚坤归复命，遣其臣阿思没骨馁来告哀。

冬十月庚子，幽州奏契丹卢龙节度使卢文进来奔。初，文进为契丹守平州，帝即位，遣间使说之，以易代之后，无复嫌怨。文进所部皆华人，思归，乃杀契丹戍平州者，帅其众十余万，车帐八千乘来奔。十二月癸巳，以卢文进为义成节度使、同平章事。

二年秋九月壬申，契丹来请修好，遣使报之。

三年春正月，契丹陷平州。

初，义武节度使兼中书令王都镇易定十余年，自除刺史以下官，租赋皆赡本军。及安重诲用事，稍以法制裁之。帝亦以都篡父位，恶之。时契丹数犯塞，朝廷多屯兵于幽、易间，大将往来，都阴为之备，浸成猜阻。都恐朝廷移之他镇，腹心和昭训劝都为自全之计，都乃求婚于卢龙节度使赵德钧。又知成德节度使王建立与安重诲有隙，遣使结为兄弟，阴与之谋复河北故事，建立阳许而密奏之。都又以蜡书遗青、徐、潞、益、梓五帅，离间之。又遣人说北面副招讨使、归德节度使王晏球，晏球不从。乃以金遗晏球帐下使图之，不克。四月癸巳，晏球以都反状闻，诏宣徽使张延朗与北面诸将议讨之。庚子，诏削夺王都官爵。壬寅，以王晏球为北面招讨使，权知定州行州事，以横海节度使安审通为副招讨使，以郑州防御使张虔钊为都监，发诸道兵会讨定州。是日，晏球攻定州，拔其北关城。都以重赂求救于奚酋秃馁，五月，秃馁以万骑突入定州。晏球退保曲阳，都与秃馁就攻之。晏球与战于嘉山下，大破之，秃馁以二千骑奔还定州。晏球追至城门，因进攻之，得其西关城。定州城坚，不可攻，晏球增修西关城以为行府，使三州民输税供军食而守之。

王晏球闻契丹发兵救定州，将大军趣望都，遣张延朗分兵退保新乐。延朗遂之真定，留赵州刺史朱建丰将兵修新乐城。契丹已自他道入定州，与王都夜袭新乐，破之，杀建丰。乙丑，王晏球、张延朗会于行唐，丙寅，至曲阳。王都乘胜，悉其众与契丹五千骑合万余人，邀晏球等于曲阳，丁卯，战于城南。晏球集诸将校令之曰："王都轻而骄，可一战擒也。今日，诸君报国之时也，悉去弓矢，以短兵击之，回顾者斩。"于是骑兵先进，奋檛挥剑，直冲其阵，大破之，僵尸蔽野。契丹死者过半，余众北走，都与秃馁得数骑，仅免。卢龙节度使赵德钧邀击契丹，北走者殆无孑遗。

秋七月壬戌，契丹复遣其酋长惕隐将七千骑救定州，王晏球逆战于唐河北，大破之。甲子，追至易州。时久雨水涨，契丹为唐所俘、斩及陷溺死者不可胜数。

契丹北走，道路泥泞，人马饥疲，入幽州境。八月甲戌，赵德钧遣牙将武从谏将精骑邀击之，分兵扼险要，生擒惕隐等数百人，余众散投村落，村民以白梃击之，其得脱归国者不过数十人。自是契丹沮气，不敢轻犯塞。

初，庄宗徇地河北，获小儿，畜之宫中，及长，赐姓名曰李继陶。帝即位，纵遣之。王都得之，使衣黄袍坐堞间，谓王晏球曰："此庄宗皇子也，已即帝位。公受先朝厚恩，曾不念乎？"晏球曰："公作此小数竟何益？吾今教公二策，不悉众决战，则束手出降耳，自余无以求生也。"

闰月戊申，赵德钧献契丹俘惕隐等，诸将皆请诛之，帝曰："此曹皆虏中骁将，杀之则虏绝望，不若存之以纾边患。"乃赦惕隐等酋长五十人，置之亲卫，余六百人悉斩之。

契丹遣梅老季素等入贡。

初，卢文进来降，契丹以蕃汉都提举使张希崇代之为卢龙节度使，守平州，遣亲将以三百骑监之。希崇本书生，为幽州牙将，没于契丹，性和易，契丹将稍亲信之，因与其部曲谋南归。部曲泣曰："归固寝食所不忘也，然虏众我寡，奈何？"希崇曰："吾诱其将杀之，兵必溃去。此去虏帐千余里，比其知而征兵，吾属去远矣。"众曰："善！"乃先为阱，实以石灰。明日，召虏将饮，醉，并从者杀之，投诸阱中。其营在城北，亟发兵攻之，契丹众皆溃去。希崇悉举其所部二万余口来奔，诏以为汝州刺史。

冬十月，王都据定州，守备固，伺察严，诸将屡有谋翻城应官军者，皆不果。帝遣使者促王晏球攻城，晏球与使者联骑巡城，指之曰："城高峻如此，借使主人听外兵登城，亦非梯冲所及，徒多杀精兵，无损于贼，如此何为！不若食三州之租，爱民养兵以俟之，彼必内溃。"帝从之。

四年春正月，王都、秃馁欲突围走，不得出。二月癸丑，定州都指挥使马让能开门纳官军，都举族自焚，擒秃馁及契丹二千人。辛亥，以王晏球为天平节度使，与赵德钧并加兼待中。秃馁至大梁，斩于市。夏四月，契丹寇云州。五月，契丹寇云州。

长兴元年冬十一月，契丹东丹王突欲自以失职，帅部曲四十人越海自登州来奔。

二年春三月辛酉，赐契丹东丹王突欲姓东丹，名慕华，以为怀化节度使、瑞慎等州观察使。其部曲及先所俘契丹将惕隐等皆赐姓名，惕隐姓狄，名怀惠。秋九月己亥，更赐东丹慕华姓名曰李赞华。

三年。初，契丹舍利萴剌与惕隐皆为赵德钧所擒，契丹屡遣使请之。上谋于群臣，德钧等皆曰："契丹所以数年不犯边，数求和者，以此辈在南故也。纵之，则边患复生。”上以问冀州刺史杨檀，对曰：“荝剌，契丹之骁将，向助王都谋危社稷，幸而擒之，陛下免其死，为赐已多。契丹失之，如丧手足。彼在朝廷数年，知中国虚实，若得归，为患必深，彼才出塞，则南向发矢矣，恐悔之无及。”上乃止。檀，沙陀人也。

上欲授李赞华以河南藩镇，群臣皆以为不可。上曰：“吾与其父约为昆弟，故赞华归我。吾老矣，后世继体之君，虽欲招之，其可致乎？”夏四月癸亥，以赞华为义成节度使，为选朝士为僚属辅之。赞华但优游自奉，不豫政事。上嘉之，虽时有不法，亦不问。以庄宗后宫夏氏妻之。赞华好饮人血，姬妾多刺臂以吮之；婢仆小过，或抉目，或刀刲、火灼，夏氏不忍其残，奏离婚为尼。

五月，契丹使者迭罗卿辞归国，上曰：“朕志在安边，不可不少副其求。”乃遣荝骨舍利与之俱归。契丹以不得荝剌，自是数寇云州及振武。

初，契丹既强，寇抄卢龙诸州皆遍，幽州城门之外，虏骑充斥。每自涿州运粮入幽州，虏多伏兵于阎沟，掠取之。及赵德钧为节度使，城阎沟而戍之，为良乡县，粮道稍通。幽州东十里之外，人不敢樵牧，德钧于州东五十里城潞县而戍之，近州之民始得稼穑。至是，又于州东北百余里城三河县以通蓟州运路，虏骑来争，德钧击却之。九月庚辰朔，奏城三河毕。边人赖之。

孟知祥据蜀

后唐明宗天成元年秋七月，孟知祥阴有据蜀之志，阅库中，得铠甲二十万，置左右牙等兵十六营，凡万六千人，营于牙城内外。

初,郭崇韬以蜀骑兵分左右骁锐等六营,凡三千人;步兵分左右宁远等二十营,凡二万四千人。八月,孟知祥增置左右冲山等六营,凡六千人,营于罗城内外;又置义宁等二十营,凡万六千人,分戍管内州县就食;又置左右牢城四营,凡四千人,分戍成都境内。

秋九月壬戌,孟知祥置左右飞棹兵六营,凡六千人,分戍滨江诸州,习水战以备夔、峡。

初,魏王继岌、郭崇韬率蜀中富民输犒赏钱五百万缗,听以金银缯帛充,昼夜督责,有自杀者,给军之余,犹二百万缗。至是,任圜判三司,知成都富饶,遣盐铁判官、太仆卿赵季良为孟知祥官告国信兼三川都制置转运使。冬十月,季良至成都。蜀人欲皆不与,知祥曰:"府库他人所聚,输之可也。州县租税,以赡镇兵十万,决不可得。"季良但发库物,不敢复言制置、转运职事矣。安重诲以知祥及东川节度使董璋皆据险要,拥强兵,恐久而难制;又知祥乃庄宗近姻,阴欲图之。客省使、泗州防御使李严自请为西川监军,必能制知祥。己酉,以严为西川都监,文思使太原朱弘昭为东川副使。李严母贤明,谓严曰:"汝前启灭蜀之谋,今日再往,必以死报蜀人矣。"

二年春正月,孟知祥闻李严来监其军,恶之。或请奏止之,知祥曰:"何必然,吾有以待之。"遣吏至绵、剑迎候。会武信节度使李绍文卒,知祥自言尝〔受〕密诏许便宜从事,壬戌,以西川节度副使、内外马步都指挥使李敬周为遂州留后,促之上道,然后表闻。严先遣使至成都,知祥自以于严有旧恩,冀其惧而自回,乃盛陈甲兵以示之,严不以为意。

孟知祥礼遇李严甚厚，一日谒知祥，知祥谓曰："公前奉使王衍，归而请兵伐蜀，庄宗用公言，遂致两国俱亡。今公复来，蜀人惧矣。且天下皆废监军，公独来监吾军，何也？"严惶怖求哀，知祥曰："众怒不可遏也。"遂揖下，斩之。又召左厢马步都虞候丁知俊，知俊大惧。知祥指严尸谓曰："昔严奉使，汝为之副，然则故人也，为我瘗之。"因诬奏"严诈宣口敕，云代臣赴阙，又擅许将士优赏，臣辄已诛之"。内八作使杨令芝以事入蜀，至鹿头关，闻严死，奔还。朱弘昭在东川，闻之亦惧，谋归洛，会有军事，董璋使之入奏，弘昭伪辞然后行，由是得免。

三月，帝遣客省使李仁矩如西川，传诏安谕孟知祥及吏民，甲戌，至成都。

先是，孟知祥遣牙内指挥使文水武漳迎其妻琼华长公主及子仁赞于晋阳，及凤翔，李从曮闻知祥杀李严，止之，以闻，帝听其归蜀，丙申，至成都。

盐铁判官赵季良与孟知祥有旧，知祥奏留季良为副使。朝廷不得已，四月，以季良为西川节度副使。李昊归蜀，知祥以为观察推官。

三年春三月，孟知祥屡与董璋争盐利，璋诱商旅贩东川盐入西川，知祥患之，乃于汉州置三场，重征之，岁得钱七万缗，商旅不复之东川。

先是，诏发西川兵戍夔州，孟知祥遣左肃边指挥使毛重威将三千人往。顷之，知祥奏夔、忠、万三州已平，请召戍兵还，以省馈运，帝不许。知祥阴使人诱之。〔夏六月〕，重威帅其众鼓噪逃归。帝命按其罪，知祥请而免之。

四年夏五月，帝将祀南郊，遣客省使李仁矩以诏谕两川，令西川献钱一百万缗，〔东川五十万缗〕。皆辞以军用不足，西川献五十万缗，东川献十万缗。仁矩，帝在藩镇时客将也，为安重诲所厚，恃恩骄慢。至梓州，董璋置宴召之，日中不往，方拥妓酣饮。璋怒，从卒徒执兵入驿，立仁矩于阶下而诟之曰："公但闻西川斩李客省，谓我独不能邪？"仁矩流涕拜请，仅而得免。既而厚赂仁矩以谢之。仁矩还，言璋不法。未几，帝复遣通事舍人李彦珣诣东川，入境，失小礼，璋拘其从者，彦珣奔还。

秋九月，鄜州兵戍东川者归本道，董璋擅留其壮者，选羸老归之，仍收其甲兵。

冬十月辛亥，割阆、果二州置保宁军，壬子，以内客省使李仁矩为节度使。先是，西川常发刍粮馈峡路，孟知祥辞以本道兵自多，难以奉他镇，诏不许，屡督之。甲寅，知祥奏称财力乏，不奉诏。

十二月，安重诲既以李仁矩镇阆州，使与绵州刺史武虔裕皆将兵赴治。虔裕，帝之故吏，重诲之外兄也。重诲使仁矩诇董璋反状，仁矩增饰而奏之。朝廷又使武信节度使夏鲁奇治遂州城隍，缮甲兵，益兵戍之。璋大惧。时道路传言，又将割绵、龙为节镇，孟知祥亦惧。璋素与知祥有隙，未尝通问，至是，璋遣使诣成都，请为其子娶知祥女；知祥许之，谋并力以拒朝廷。

长兴元年春正月，董璋遣兵筑七寨于剑门。辛巳，孟知祥遣赵季良如梓州修好。二月乙未朔，赵季良还成都，谓孟知祥曰："董公贪残好胜，志大谋短，终为西川之患。"都指挥使李仁罕、张业欲置宴召知祥，先二日，有尼告二将谋以宴日害知祥，知祥诘之，无状，丁酉，推始言者军校都延昌、王行本，腰斩之。戊戌，就宴，尽去左右，独诣仁罕第。仁罕叩头流涕曰："老兵惟尽死以报德。"由是诸将皆亲附而服之。壬子，孟知祥、董璋同上表，言两川闻朝廷于阆中建节，绵、遂益兵，无不忧恐，上以诏书慰谕之。

董璋恐绵州刺史武虔裕窥其所为，夏四月甲午朔，表兼行军司马，囚之府廷。戊戌，加孟知祥兼中书令。五月，董璋阅集民兵，皆翦发黥面，复于剑门北置永定关，布列烽火。

孟知祥累表请割云安等十三盐监隶西川，以盐直赡宁江屯兵，辛卯，许之。

董璋遣兵掠遂、阆镇戍。秋七月戊辰，两川以朝廷继遣兵屯遂、阆，复有论奏，自是东北商旅少敢入蜀。

董璋之子光业为宫苑使，在洛阳，璋与书曰："朝廷割吾支郡为节镇，屯兵三千，是杀我必矣。汝见枢要，为吾言，如朝廷更发一骑入斜谷，吾必反，与汝诀矣。"光业以书示枢密承旨李虔徽。未几，朝廷又遣别将荀咸乂将兵戍阆州，光业谓虔徽曰："此兵未至，吾父必反。吾不敢自爱，恐烦朝廷调发，愿止此兵，吾父保无他。"虔徽以告安重诲，重诲不从。璋闻之，遂反。利、阆、遂三镇以闻，且言已聚兵将攻三镇。重诲曰："臣久知其如此，陛下含容不讨耳。"帝曰："我不负人，人负我则讨之。"

九月癸亥，西川进奏官苏愿白孟知祥，云朝廷欲大发兵讨西川。知祥谋于副使赵季良，季良请以东川先取遂、阆，然后并兵守剑门，则大军虽来，吾无内顾之忧矣。知祥从之，遣使约董璋同举兵。璋移檄利、阆、遂三镇，数其离间朝廷，引兵击阆州。庚午，知祥以都指挥使李仁罕为行营都部署，汉州刺史赵廷隐副之，简州刺史张业为先锋指挥使，将兵三万攻遂州；别将牙内都指挥使侯弘实、先登指挥使孟思恭将兵四千会璋攻阆州。

东川兵至阆州，诸将皆曰："董璋久蓄反谋，以金帛啖其士卒，锐气不可当，宜深沟高垒以挫之，不过旬日，大军至，贼自走矣。”李仁矩曰：“蜀兵懦弱，安能当我精卒！”遂出战，兵未交而溃归。董璋昼夜攻之，庚辰，城陷，杀仁矩，灭其族。初，璋为梁将，指挥使姚洪尝隶麾下，至是，将兵千人戍阆州。璋密以书诱之，洪投诸厕。城陷，璋执洪而让之曰：“吾自行间奖拔汝，今日何相负？”洪曰：“老贼，汝昔为李氏奴，扫马粪，得脔炙，感恩无穷。今天子用汝为节度使，何负于汝而反邪？汝犹负天子，吾受汝何恩，而云相负哉！汝奴材，固无耻，吾义士，岂忍为汝所为乎！吾宁为天子死，不能与人奴并生。”璋怒，然镬于前，令壮士十人刲其肉自啖之，洪至死骂不绝声。帝置洪二子于近卫，厚给其家。

丙戌，下制削董璋官爵，兴兵讨之。丁亥，以孟知祥兼西南面供馈使。以天雄节度使石敬瑭为东川行营都招讨使，以夏鲁奇为之副。璋使孟思恭分兵攻集州，思恭轻进，败归。璋怒，遣还成都，知祥免其官。戊子，以石敬瑭权知东川事。庚寅，以右武卫上将军王思同为西都留守兼行营马步都虞候，为伐蜀前锋。

冬十月癸巳，李仁罕围遂州，夏鲁奇婴城固守，孟知祥命都押牙高敬柔帅资州义军二万人筑长城环之。鲁奇遣马军都指挥使康文通出战，文通闻阆州陷，遂以其众降于仁罕。戊戌，董璋引兵趣利州，遇雨，粮运不继，还阆州。知祥闻之，惊曰：“比破阆中，正欲径取利州，其帅不武，必望风遁去。吾获其仓廪，据漫天之险，北军终不能西救武信。今董公僻处阆州，远弃剑阁，非计也。”欲遣兵三千助守剑门。璋固辞曰：“此已有备。”丁未，族诛董光业。

孟知祥以故蜀镇江节度使张武为峡路行营招收讨伐使，将水军趣夔州，以左飞棹指挥使袁彦超副之。癸丑，东川兵陷征、合、巴、蓬、果五州。十一月戊辰，张武至渝州，刺史张环降之，遂取泸州，遣先锋将朱偓分兵趣黔、涪。

石敬瑭入散关，阶州刺史王弘贽、泸州刺史冯晖与前锋马步都虞候王思同、步军都指挥使赵在礼引兵出人头山后，过剑门之南，还袭剑门，壬申，克之，杀东川兵三千人，获都指挥使齐彦温，据而守之。晖，魏州人也。甲戌，弘贽等破剑州，而大军不继，乃焚其庐舍，取其资粮，还保剑门。

乙亥，诏削孟知祥官爵。

己卯，董璋遣使至成都告急，知祥闻剑门失守，大惧，曰："董公果误我！"庚辰，遣牙内都指挥使李肇将兵五千赴之，戒之曰："尔倍道兼行，先据剑州，北军无能为也。"又遣使诣遂州，令赵廷隐将万人会屯剑州。又遣故蜀永平节度使李筠将兵四千趣龙州，守要害。时天寒，士卒恐惧，观望不进，廷隐流涕谕之曰："今北军势盛，汝曹不力战却敌，则妻子皆为人有矣。"众心乃奋。董璋自阆州将两川兵屯木马寨。

先是，西川牙内指挥使太谷庞福诚、昭信指挥使谢锽屯来苏村，闻剑门失守，相谓曰："使北军更得剑州，则二蜀势危矣。"遽引部兵千余人间道趣剑州。始至，官军万余人自北山大下，会日暮，二人谋曰："众寡不敌，逮明，则吾属无遗矣。"福诚夜引兵数百升北山，大噪于官军营后，锽帅余众操短兵自其前急击之，官军大惊，空营遁去，复保剑门，十余日不出。孟知祥闻之，喜曰："吾始谓弘贽等克剑门，径据剑州，坚守其城，或引兵直趣梓州，董公必弃阆州奔还。我军失援，亦须解遂州之围。如此，则内外受敌，两川震动，势可忧危。今乃焚毁剑州，运粮东归剑门，顿兵不进，吾事济矣。”

官军分道趣文州，将袭龙州，为西川定远指挥使潘福超、义胜都头太原沙延祚所败。甲申，张武卒于渝州，知祥命袁彦超代将其兵。朱偓将至涪州，武泰节度使杨汉宾弃黔南，奔忠州，偓追至丰都，还取涪州。知祥以成都支使崔善权武泰留后。董璋遣前陵州刺史王晖将兵三千会李肇等分屯剑州南山。

十二月壬辰，石敬瑭至剑门，乙未，进屯剑州北山。赵廷隐陈于牙城后山，李肇、王晖陈于河桥。敬瑭引步兵进击廷隐，廷隐择善射者五百人伏敬瑭归路，按甲待之，矛矟欲相及，乃扬旗鼓噪击之，北军退走，颠坠下山，俘斩百余人。敬瑭又使骑兵冲河桥，李肇以强弩射之，骑兵不能进。薄暮，敬瑭引去，廷隐引兵蹑之，与伏兵合击，败之。敬瑭还屯剑门。

石敬瑭征蜀未有功，使者自军前来，多言道险狭，进兵甚难。关右之人疲于转饷，往往窜匿山谷，聚为盗贼。上忧之，壬子，谓近臣曰："谁能办吾事者！吾当自行耳。"安重诲曰："臣职忝机密，军威不振，臣之罪也。臣请自往督战。"上许之。重诲即拜辞，癸丑，遂行，日驰数百里。西方藩镇闻之，无不惶骇。钱帛、刍粮昼夜辇运赴利州，人畜毙踣于山谷者不可胜纪。时上已疏重诲，石敬瑭本不欲西征，及重诲离上侧，乃敢累表奏论，以为蜀不可伐，上颇然之。

西川兵先戍夔州者千五百人，上悉纵归。

二年春正月壬戌，孟知祥奉表谢。

庚午，李仁罕陷遂州，夏鲁奇自杀。癸酉，石敬瑭复引兵至剑州，屯于北山。孟知祥枭夏鲁奇首以示之，鲁奇二子从敬瑭在军中，泣请往取其首葬之。敬瑭曰："知祥长者，必葬而父，岂不愈于身首异处乎。”既而知祥果收葬之。敬瑭与赵廷隐战，不利，复还剑门。

凤翔节度使朱弘昭奏安重诲怨望，不可令至行营。又遗石敬瑭书，使逆止之。敬瑭上言：“重诲至，恐人情有变。”宣徽使孟汉琼亦言重诲过恶，有诏召还。事见安重诲专权。

二月己丑朔，石敬瑭以遂、阆既陷，粮运不继，烧营北归。军前以告孟知祥，知祥匿其书，谓赵季良曰：“北军渐进，奈何？”季良曰：“不过绵州，必遁。”知祥问其故，曰：“我逸彼劳，彼悬军千里，粮尽，能无遁乎？”知祥大笑，以书示之。

两川兵追石敬瑭至利州，壬辰，昭武节度使李彦琦弃城走，甲午，两川兵入利州。孟知祥以赵廷隐为昭武留后，廷隐遣使密言于知祥曰：“董璋多诈，可与同忧，不可与同乐，他日必为公患。因其至剑州劳军，请图之。并两川之众，可以得志于天下。”知祥不许。璋入廷隐营，留宿而去。廷隐叹曰：“不从吾谋，祸难未已。”

庚子，孟知祥以武信留后李仁罕为峡路行营招讨使，使将水军东略地。乙巳，赵廷隐、李肇自剑州引还，留兵五千戍利州。丙午，董璋亦还东川，留兵三千戍果、阆。丁巳，李仁罕陷忠州。三月己未朔，李仁罕陷万州。庚申，陷云安监。李仁罕至夔州，宁江节度使安崇阮弃镇，与杨汉宾自均、房逃归。壬戌，仁罕陷夔州。

夏四月己酉，以天雄节度使、同平章事石敬瑭兼六军诸卫副使。五月己亥，下诏以重诲离间孟知祥、董璋、钱镠为重诲罪。

丙午，帝遣西川进奏官苏愿、东川军将刘澄各还本道，谕以安重诲专命，兴兵致讨，今已伏辜。

冬十一月癸巳，苏愿至成都，孟知祥闻甥侄在朝廷者皆无恙，遣使告董璋，欲与之俱上表谢罪。璋怒曰："孟公亲戚皆完，固宜归附。璋已族灭，尚何谢为！诏书皆在苏愿腹中，刘澄安得豫闻，璋岂不知邪！"由是复为怨敌。

乙未，李仁罕自夔州引兵还成都。

十二月，昭武留后赵廷隐白孟知祥，以利州城堑已完，顷在剑州与牙内都指挥使李肇同功，愿以昭武让肇。知祥褒谕，不许。廷隐三让，癸酉，知祥召廷隐还成都，以肇代之。

三年春正月，孟知祥以朝廷恩意优厚，而董璋塞绵州路，不听遣使入谢，与节度副使赵季良等谋，欲发使自峡江上表。掌书记李昊曰："公不与东川谋而独遣使，则异日负约之责在我矣。"乃复遣使语之，璋不从。二月，赵季良与诸将议，遣昭武都监太原高彦俦将兵攻取壁州，以绝山南兵转入山后诸州者。孟知祥谋于僚佐，李昊曰："朝廷遣苏愿等西归，未尝报谢，今遣兵侵轶，公若不顾坟墓甥侄，则不若传檄举兵，直取梁、洋，安用壁州乎？"知祥乃止，季良由是恶昊。

孟知祥三遣使说董璋，以主上加礼于两川，苟不奉表谢罪，恐复致讨。璋不从。三月辛丑，遣李昊诣梓州极论利害，璋见昊，诟怒，不许。昊还，言于知祥曰："璋不通谋议，且有窥西川之志，公宜备之。"

夏四月，东川节度使董璋会诸将谋袭成都，皆曰："必克。"前陵州刺史王晖曰："剑南万里，成都为大。时方盛夏，师出无名，必无成功。"璋不从。孟知祥闻之，遣马军都指挥使潘仁嗣将三千人诣汉州诇之。璋入境，破白杨林镇，执戍将武弘礼，声势甚盛。知祥忧之，赵季良曰："璋为人勇而无恩，士卒不附，城守则难克，野战则成擒矣。今不守巢穴，公之利也。璋用兵精锐皆在前锋,公宜以羸兵诱之,以劲兵待之,始虽小衄,后必大捷。璋素有威名,今举兵暴至,人心危惧,公当自出御之,以强众心。”赵廷隐以季良言为然,曰:“璋轻而无谋,举兵必败,当为公擒之。”辛巳,以廷隐为行营马步军都部署,将三万人拒之。

五月壬午朔,廷隐入辞。董璋檄书至,又有遗季良、廷隐及李肇书,诬之云季良、廷隐与已通谋,召已令来。知祥以书授廷隐,廷隐不视,投之于地曰:“不过为反间,欲令公杀副使与廷隐耳。”再拜而行。知祥曰:“事必济矣。”肇素不知书,视之,曰:“璋教我反耳。”囚其使者,然亦拥众为自全计。

璋兵至汉州,潘仁嗣与战于赤水,大败,为璋所擒,璋遂克汉州。癸未,知祥留赵季良、高敬柔守成都,自将兵八千趣汉州,至弥牟镇,赵廷隐陈于镇北。甲申迟明,廷隐陈于鸡踪桥,义胜定远都知兵马使张公铎陈于其后。俄而璋望西川兵盛,退陈于武侯庙下。璋帐下骁卒大噪曰:“日中曝我辈何为?何不速战!”璋乃上马。前锋始交,东川右厢马步都指挥使张守进降于知祥,言“璋兵尽此,无复后继,当急击之”。知祥登高冢督战,左明义指挥使毛重威、左冲山指挥使李瑭守鸡踪桥,皆为东川兵所杀。赵廷隐三战不利,牙内都指挥副使侯弘实兵亦却。知祥惧,以马棰指后阵,张公铎帅众大呼而进,东川兵大败,死者数千人,擒东川中都指挥使元瓌、牙内副指挥使董光演等八十余人。璋拊膺曰:“亲兵皆尽,吾何依乎!”与数骑遁去,余众七千人降,复得潘仁嗣。知祥引兵追璋,至五侯津,东川马步都指挥使元瓌降。西川兵入汉州府第,求璋不得,士卒争璋军资,故璋走得免。赵廷隐追至赤水,又降其卒三千人。是夕,知祥宿雒县,命李昊草榜谕东川吏民,及草书劳问璋,且言“将如梓州,询负约之由,请见伐之罪”。乙酉，知祥会廷隐于赤水，遂西还，命廷隐将兵攻梓州。

璋至梓州，肩舆而入，王晖迎问曰：“太尉全军出征，今还者无十人，何也？”璋涕泣，不能对。至府第，方食，晖与璋从子牙内都虞候延浩帅兵三百大噪而入。璋引妻子登城，子光嗣自杀。璋至北门楼，呼指挥使潘稠使讨乱兵，稠引十卒登城，斩璋首及取光嗣首以授王晖，晖举城迎降。赵廷隐入梓州，封府库以待知祥。李肇闻璋败，始斩其使以闻。

丙戌，知祥入成都。丁亥，复将兵八千如梓州。至新都，赵廷隐献董璋首。己丑，发玄武，赵廷隐帅东川将吏来迎。

壬辰，孟知祥有疾。癸巳，疾甚。中门副使王处回侍左右，庖人进食，必空器而出，以安众心。李仁罕自遂州来，赵廷隐迎于板桥。仁罕不称东川之功，侵侮廷隐，廷隐大怒。乙未，知祥疾瘳，丁酉，入梓州。戊戌，犒赏将士，既罢，知祥谓李仁罕、赵廷隐曰：“二将谁当镇此？”仁罕曰：“令公再与蜀州，亦行耳。”廷隐不对。知祥愕然，退，命李昊草牒，俟二将有所推，则命一人为留后。昊曰：“昔梁祖庄宗皆兼领四镇，今二将不让，惟公自领之为便耳。公宜亟还府，更与赵仆射议之。”

孟知祥命李仁罕归遂州，留赵廷隐东川巡检，以李昊行梓州军府事。昊曰：“二虎方争，仆不敢受命，愿从公还。”乃以都押牙王彦铢为东川监押。癸卯，知祥至成都，赵廷隐寻亦引兵西还。

知祥谓李昊曰：“吾得东川，为患益深。”昊请其故，知祥曰：“自吾发梓州，得仁罕七状，皆云公宜自领东川，不然诸将不服。廷隐言本不敢当东川，因仁罕不让，遂有争心耳。君为我晓廷隐，复以阆州为保宁军，益以果、蓬、渠、开四州，往镇之。吾自领东川，以绝仁罕之望。”廷隐犹不平，请与仁罕斗，胜者为东川。昊深解之，乃受命。六月，以廷隐为保宁留后。戊午，赵季良帅将吏请知祥兼镇东川，许之。季良等又请知祥称王，权行制书，赏功臣，不许。

董璋之起兵攻知祥也，山南西道节度使王思同以闻。范延光言于上曰：“若两川并于一贼，抚众守险，则取之益难，宜及其交争，早图之。”上命思同以兴元之兵密规进取。未几，闻璋败死，延光曰：“知祥虽据全蜀，然士卒皆东方人，知祥恐其思归为变，亦欲倚朝廷之重以威其众，陛下不屈意抚之，彼则无从自新。”上曰：“知祥吾故人，为人离间至此，何屈意之有。”乃遣供奉官李存瓌赐知祥诏曰：“董璋狐狼，自贻族灭。卿丘园亲戚皆保安全，所宜成家世之美名，守君臣之大节。”存瓌，克宁之子，知祥之甥也。

秋七月庚寅，李存瓌至成都，孟知祥拜泣受诏。乙未，孟知祥遣李存瓌还，上表谢罪，且告福庆公主之丧。自是复称藩，然益骄倨矣。

八月甲子，孟知祥令李昊为武泰赵季良等五留后草表，请以知祥为蜀王，行墨制，仍自求旌节。昊曰：“比者诸将攻取方镇，即有其地，今又自求朝廷节钺及明公封爵，然则轻重之权皆在群下矣。借使明公自请，岂不可邪？”知祥大悟，更令昊为己草表，请行墨制，补两川刺史已下，又表请以季良等五留后为节度使。

初，安重诲欲图两川，自知祥杀李严，每除刺史，皆以东兵卫送之，小州不减五百人，夏鲁奇、李仁矩、武虔裕各数千人，皆以牙队为名。及知祥克遂、阆、利、夔、黔、梓六镇，得东兵无虑三万人，恐朝廷征还，表请其妻子。

九月，孟知祥命其子仁赞摄行军司马，兼都总辖两川牙内马步都军事。

冬十月己酉朔，帝复遣李存瓌如成都，凡剑南自节度使、刺史以下官，听知祥差署讫奏闻，朝廷更不除人；唯不遣戍兵妻子，然其兵亦不复征也。

四年春二月，孟知祥墨制以赵季良等为五镇节度使。癸亥，以孟知祥为东、西川节度使、蜀王。秋七月，以卢文纪、吕琦为蜀王册礼使，并赐蜀王一品朝服。知祥自作九旒冕、九章衣，车服旌旗皆拟王者。八月乙巳朔，文纪等至成都。戊申，知祥服衮冕，备仪卫诣驿，降阶北面受册，升玉辂，至府门，乘步辇而归。文纪，简求之孙也。

冬十二月，孟知祥闻明宗殂，谓僚佐曰："宋王幼弱，为政者皆胥史小人，其乱可坐俟也。"

潞王清泰元年闰正月，蜀将吏劝蜀王知祥称帝，己巳，知祥即皇帝位于成都。二月癸酉，蜀主以武泰节度使赵季良为司空兼门下侍郎、同平章事，领节度使如故。蜀主以中门使王处回为枢密使。

秋七月，蜀主得风疾逾年，至是增剧。甲子，立子东川节度使、同平章事、亲卫马步都指挥使仁赞为太子，仍监国。召司空同平章事赵季良、武信节度使李仁罕、保宁节度使赵廷隐、枢密使王处回、捧圣控鹤都指挥使张公铎、奉銮肃卫指挥副使侯弘实受遗诏辅政。是夕殂，秘不发丧。

王处回夜启义兴门告赵季良，处回泣不已，季良正色曰："今强将握兵，专伺时变，宜速立嗣君，以绝觊觎，岂可但相泣邪！"处回收泪谢之。季良教处回见李仁罕，审其词旨然后告之。处回至仁罕第，仁罕设备而出，遂不以实告。

丙寅，宣遗制，命太子仁赞更名昶，丁卯，即皇帝位。

冬十二月甲申，蜀葬文武圣德英烈明孝皇帝于和陵，庙号高祖。

二年春二月戊寅，蜀主尊母李氏为皇太后。太后，太原人，本庄宗后宫也，以赐蜀高祖。

石晋篡唐

后唐潞王清泰元年。帝与石敬瑭皆以勇力善斗，事明宗为左右，然心竞，素不相悦。帝即位，敬瑭不得已入朝，山陵既毕，不敢言归。时敬瑭久疾羸瘠，太后及魏国公主屡为之言；而凤翔旧将佐多劝帝留之，惟韩昭胤、李专美以为"赵延寿在汴，不宜猜忌敬瑭"。帝亦见其骨立，不以为虞，乃曰："石郎不惟密亲，兼自少与吾同艰难。今我为天子，非石郎尚谁托哉?"乃复以为河东节度使。

二年夏六月，河东节度使、北面总管石敬瑭既还镇，阴为自全之计。帝好咨访外事，常命端明殿学士李专美、翰林学士李崧、知制诰吕琦、薛文遇、翰林天文赵延义等更直于中兴殿庭，与语或至夜分。时敬瑭二子为内使，曹太后则晋国长公主之母也，敬瑭赂太后左右，令伺帝之密谋，事无巨细皆知之。敬瑭多于宾客前自称羸瘠不堪为帅，冀朝廷不之忌。

时契丹屡寇北边，禁军多在幽、并，敬瑭与赵德钧求益兵运粮，朝夕相继。甲申，诏借河东人有蓄积者菽粟。乙酉，诏镇州输绢五万匹于总管府，籴军粮，率镇冀人车千五百乘运粮于代州。又诏魏博市籴。时水旱民饥，敬瑭遣使督趣严急，山东之民流散，乱始兆矣。敬瑭将大军屯忻州，朝廷遣使赐军士夏衣，传诏抚谕，军士呼万岁者数四。敬瑭惧，幕僚河内段希尧请诛其唱首者，敬瑭命都押衙刘知远斩挟马都将李晖等三十六人以徇。希尧，怀州人也。帝闻之，益疑敬瑭。秋七月乙巳，以武宁节度使张敬达为北面行营副总管，将兵屯代州，以分石敬瑭之权。

后晋高祖天福元年春正月癸丑，唐主以千春节置酒，晋国长公主上寿毕，辞归晋阳。帝醉，曰："何不且留，遽归，欲与石郎反邪？"石敬瑭闻之，益惧。

三月，石敬瑭尽收其货之在洛阳及诸道者归晋阳，托言以助军费，人皆知其有异志。唐主夜与近臣从容语曰："石郎于朕至亲，无可疑者，但流言不息，万一失欢，何以解之？"皆不对。端明殿学士、给事中李崧退谓同僚吕琦曰："吾辈受恩深厚，岂得自同众人，一概观望邪。计将安出？"琦曰："河东若有异谋，必结契丹为援。契丹母以赞华在中国，屡求和亲，但求莂剌等未获，故和未成耳。今诚归莂剌等与之和，岁以礼币约直十余万缗遗之，彼必欢然承命。如此，则河东虽欲陆梁，无能为矣。"崧曰："此吾志也，然钱谷皆出三司，宜更与张相谋之。"遂告张延朗，延朗曰："如学士计，不惟可以制河东，亦省边费之什九，计无便于此者。若主上听从，但责办于老夫，请于库财之外捃拾以供之。"他夕，二人密言于帝，帝大喜，称其忠，二人私草遗契丹书以俟命。久之，帝以其谋告枢密直学士薛文遇，文遇对曰："以天子之尊，屈身奉夷狄，不亦辱乎？又，虏若循故事求尚公主，何以拒之？"因诵戎昱昭君诗曰："安危托妇人。"帝意遂变。一日，急召崧、琦至后楼，盛怒，责之曰："卿辈皆知古今，欲佐人主致太平，今乃为谋如是。朕一女尚乳臭，卿欲弃之沙漠邪！且欲以养士之财输之虏庭，其意安在？"二人惧，汗流浃背，曰："臣等志在竭愚以报国，非为虏计也，愿陛下察之。"拜谢无数，帝诟责不已。吕琦气竭，拜少止，帝曰："吕琦强项，肯视朕为人主耶！"琦曰："臣等为谋不臧，愿陛下治其罪，多拜何为！"帝怒稍解，止其拜，各赐卮酒罢之，自是群臣不敢复言和亲之策。丁巳，以琦为御史中丞，盖疏之也。

初，石敬瑭欲尝唐主之意，累表自陈羸疾，乞解兵柄，移他镇。帝与执政议从其请，移镇郓州。房暠、李崧、吕琦等皆力谏，以为不可，帝犹豫久之。五月庚寅夜，李崧请急在外，薛文遇独直，帝与之议河东事。文遇曰："谚有之，当道筑室，三年不成。兹事断自圣志，群臣各为身谋，安肯尽言。以臣观之，河东移亦反，不移亦反，在旦暮耳，不若先事图之。"先是，术者言国家今年应得贤佐，出奇谋，定天下，帝意文遇当之。闻其言，大喜，曰："卿言殊豁吾意，成败吾决行之。"即为除目，付学士院使草制。辛卯，以敬瑭为天平节度使，以马军都指挥使、河阳节度使宋审虔为河东节度使。制出，两班闻呼敬瑭名，相顾失色。

甲午，以建雄节度使张敬达为西北蕃汉马步都部署，趣敬瑭之郓州。敬瑭疑惧，谋于将佐曰："吾之再来河东也，主上面许终身不除代，今忽有是命，得非如今年千春节与公主所言乎？我不兴乱，朝廷发之，安能束手死于道路乎！今且发表称疾，以观其意，若其宽我，我当事之；若加兵于我，我则改图耳。"幕僚段希尧极言拒之，敬瑭以其朴直，不责也。节度判官华阴赵莹劝敬瑭赴郓州，观察判官平遥薛融曰："融书生，不习军旅。"都押牙刘知远曰:“明公久将兵,得士卒心。今据形胜之地,士马精强,若称兵传檄,帝业可成,奈何以一纸制书自投虎口乎!”掌书记洛阳桑维翰曰:“主上初即位,明公入朝,主上岂不知蛟龙不可纵之深渊邪?然卒以河东复授公,此乃天意,假公以利器也。明宗遗爱在人,主上以庶孽代之,群情不附。公明宗之爱婿,今主上以反逆见待,此非首谢可免,但力为自全之计。契丹主素与明宗约为兄弟,今部落近在云、应,公诚能推心屈节事之,万一有急,朝呼夕至,何患无成?”敬瑭意遂决。

先是,朝廷疑敬瑭,以羽林将军宝鼎杨彦询为北京副留守,敬瑭将举事,亦以情告之。彦询曰:“不知河东兵粮几何?能敌朝廷乎?”左右请杀彦询,敬瑭曰:“惟副使一人我自保之,汝辈勿言也。”

戊戌,昭义节度使皇甫立奏敬瑭反。敬瑭表,帝养子,不应承祀,请传位许王。帝手裂其表抵地,以诏答之曰:“卿于鄂王固非疏远,卫州之事,天下皆知,许王之言,何人肯信!”壬寅,制削夺敬瑭官爵。乙巳,以张敬达兼太原四面排阵使,河阳节度使张彦琪为马步军都指挥使,以安国节度使安审琦为马军都指挥使,以保义节度使相里金为步军都指挥使,以右监门上将军武廷翰为壕寨使。丙午,以张敬达为太原四面兵马都部署,以义武节度使杨光远为副部署。丁未,又以张敬达知太原行府事,以前彰武节度使高行周为太原四面招抚、排阵等使。光远既行,定州军乱,牙将千乘方太讨平之。

张敬达将兵三万营于晋安乡,戊申,敬达奏西北先锋马军都指挥使安审信叛奔晋阳。审信,金全之弟子也,敬瑭与之有旧。先是,雄义都指挥使马邑安元信将所部六百余人戍代州,代州刺史张朗善遇之。元信密说朗曰："吾观石令公长者，举事必成。公何不潜遣人通意，可以自全。"朗不从，由是互相猜忌。元信谋杀朗，不克，帅其众奔审信，审信遂帅麾下数百骑与元信掠百井奔晋阳。敬瑭谓元信曰："汝见何利害，舍强而归弱？"对曰："元信非知星识气，顾以人事决之耳。夫帝王所以御天下，莫重于信。今主上失大信于令公，亲而贵者且不自保，况疏贱乎！其亡可翘足而待，何强之有？"敬瑭悦，委以军事。振武西北巡检使安重荣戍代北，帅步骑五百奔晋阳。重荣，朔州人也。以宋审虔为宁国军节度使，充侍卫马军都指挥使。

六月，石敬瑭之子右卫上将军重殷、皇城副使重裔闻敬瑭举兵，匿于民间井中。弟沂州都指挥使敬德杀其妻女而逃，寻捕得，死狱中。从弟彰圣都指挥使敬威自杀。秋七月戊子，获重殷、重裔，诛之，并族所匿之家。

张敬达发怀州彰圣军戍虎北口，其指挥使张万迪将五百骑奔河东，丙辰，诏尽诛其家。

石敬瑭遣间使求救于契丹，令桑维翰草表称臣于契丹主，且请以父礼事之，约事捷之日，割卢龙一道及雁门关以北诸州与之。刘知远谏曰："称臣可矣，以父事之太过。厚以金帛赂之，自足致其兵，不必许以土田，恐异日大为中国之患，悔之无及。"敬瑭不从。表至契丹，契丹主大喜，白其母曰："儿比梦石郎遣使来，今果然，此天意也。"乃为复书，许(候)〔俟〕仲秋倾国赴援。

八月己未，以范延光为天雄节度使，李周为宣武节度使、同平章事。

癸亥，应州言契丹三千骑攻城。

张敬达筑长围以攻晋阳。石敬瑭以刘知远为马步都指挥使，安重荣、张万迪降兵皆隶焉。知远用法无私，抚之如一，由是人无贰心。敬瑭亲乘城，坐卧矢石下。知远曰："观敬达辈高垒深堑，欲为持久之计，无他奇策，不足虑也。愿明公四出间使，经略外事，守城至易，知远独能办之。"敬瑭执知远手，抚其背而赏之。

唐主使端明殿学士吕琦至河东行营犒军，杨光远谓琦曰："愿附奏陛下，幸宽宵旰。贼若无援，旦夕当平；若引契丹，当纵之令入，可一战破也。"帝甚悦。帝闻契丹许石敬瑭以仲秋赴援，屡督张敬达急攻晋阳，不能下。每有营构，多值风雨，长围复为水潦所坏，竟不能合。晋阳城中日窘，粮储浸乏。

九月，契丹主将五万骑，号三十万，自扬武谷而南，旌旗不绝五十余里。代州刺史张朗、忻州刺史丁审琦婴城自守，虏骑过城下，亦不诱胁。审琦，洺州人也。辛丑，契丹主至晋阳，陈于汾北之虎北口。先遣人谓敬瑭曰："吾欲今日即破贼，可乎？"敬瑭遣人驰告："南军甚厚，不可轻，请俟明日议战未晚也。"使者未至，契丹已与唐骑将高行周、符彦卿合战，敬瑭乃遣刘知远出兵助之。张敬达、杨光远、安审琦以步兵陈于城西北山下，契丹遣轻骑三千，不被甲，直犯其阵。唐兵见其羸，争逐之，至汾曲，契丹涉水而去。唐兵循岸而进，契丹伏兵自东北起，冲唐兵，断而为二，步兵在北者多为契丹所杀，骑兵在南者引归晋安寨。契丹纵兵乘之，唐兵大败，步兵死者近万人，骑兵独全。敬达等收余众保晋安，契丹亦引兵归虎北口。敬瑭得唐降兵千余人，刘知远劝敬瑭尽杀之。

是夕，敬塘出北门，见契丹主。契丹主执敬瑭手，恨相见之晚。敬瑭问曰："皇帝远来，士马疲倦，遽与唐战而大胜，何也？"

契丹主曰："始吾自北来，谓唐必断雁门诸路，伏兵险要，则吾不可得进矣。使人侦视，皆无之，吾是以长驱深入，知大事必济也。兵既相接，我气方锐，彼气方沮，若不乘此急击之，旷日持久，则胜负未可知矣。此吾所以亟战而胜，不可以劳逸常理论也。"敬瑭甚叹伏。

壬寅，敬瑭引兵会契丹围晋安寨，置营于晋安之南，长百余里，厚五十里，多设铃索吠犬，人跬步不能过。敬达等士卒犹五万人，马万匹，四顾无所之。甲辰，敬达遣使告败于唐，自是声问不复通。唐主大惧，遣彰圣都指挥使符彦饶将洛阳步骑兵屯河阳，诏天雄节度使兼中书令范延光将魏州兵二万由青山趣榆次，卢龙节度使、东北面招讨使兼中书令北平王赵德钧将幽州兵由飞狐出契丹军后，耀州防御使潘环纠合西路戍兵由晋、绛两乳岭出慈隰，共救晋安寨。契丹主移帐于柳林，游骑过石会关，不见唐兵。

丁未，唐主下诏亲征。雍王重美曰："陛下目疾未平，不可远涉风沙。臣虽童稚，愿代陛下北行。"帝意本不欲行，闻之，颇悦。张延朗、刘延皓及宣徽南院使刘延朗皆劝帝行，帝不得已，戊申，发洛阳。谓卢文纪曰："朕雅闻卿有相业，故排众议首用卿，今祸难如此，卿嘉谋皆安在乎？"文纪但拜谢，不能对。己酉，遣刘延朗监侍卫步军都指挥使符彦饶军赴潞州，为大军后援。诸军自凤翔推戴以来，骄悍不为用，彦饶恐其为乱，不敢束之以法。

帝至河阳，心惮北行，召宰相、枢密使议进取方略。卢文纪希帝旨，言国家根本，太半在河南。胡兵倏来忽至，不能久留。晋安大寨甚固，况已发三道兵救之。河阳天下津要，车驾宜留此镇抚南北，且遣近臣往督战，苟不能解围，进亦未晚。张延朗欲因事令赵延寿得解枢务,因曰:"文纪言是也。"帝访于余人,无敢异言者。泽州刺史刘遂凝,鄩之子也,潜自通于石敬瑭,表称车驾不可逾太行。帝议近臣可使北行者,张延朗与翰林学士须昌和凝等皆曰:"赵延寿父德钧以卢龙兵来赴难,宜遣延寿会之。"庚戌,遣枢密使、忠武节度使、随驾诸军都部署兼侍中赵延寿将兵二万如潞州。辛亥,帝如怀州。以右神武统军康思立为北面行营马军都指挥使,帅扈从骑兵赴团柏谷。思立,〔晋〕阳胡人也。

帝以晋安为忧,问策于群臣,吏部侍郎永清龙敏请立李赞华为契丹主,令天雄、卢龙二镇分兵送之,自幽州趣西楼,朝廷露檄言之,契丹主必有内顾之忧,然后选募军中精锐以击之,此亦解围之一策也。帝深以为然,而执政恐其无成,议竟不决。帝忧沮形于神色,但日夕酣饮悲歌。群臣或劝其北行,则曰:"卿勿言,石郎使我心胆堕地!"

冬十月壬戌,诏大括天下将吏及民间马,又发民为兵,每七户出征夫一人,自备铠杖,谓之"义军",期以十一月俱集,命陈州刺史郎万金教以战阵,用张延朗之谋也。凡得马二千余匹,征夫五千人,实无益于用,而民间大扰。

初,赵德钧阴蓄异志,欲因乱取中原,自请救晋安寨。唐主命自飞狐踵契丹后,钞其部落,德钧请将银鞍契丹直三千骑,由土门路西入,帝许之。赵州刺史、北面行营都指挥使刘在明先将兵戍易州,德钧过易州,命在明以其众自随。在明,幽州人也。德钧至镇州,以成德节度使董温琪领招讨副使,邀与偕行。又表称兵少,须合泽潞兵,乃自吴儿谷趣潞州,癸酉,至乱柳。时范延光受诏将部兵二万屯辽州,德钧又请与魏博军合。延光知德钧合诸军，志趣难测，表称魏博兵已入贼境，无容南行数百里与德钧合，乃止。

（冬）十一月戊子，以赵德钧为诸道行营都统，依前东北面行营招讨使。以赵延寿为河东道南面行营招讨使，以翰林学士张砺为判官。庚寅，以范延光为河东道东南面行营招讨使，以宣武节度使、同平章事李周副之。辛卯，以刘延朗为河东道南面行营招讨副使。赵延寿遇赵德钧于西汤，悉以兵属德钧。唐主遣吕琦赐德钧敕告，且犒军。德钧志在并范延光军，逗留不进，诏书屡趣之，德钧乃引兵北屯团柏谷口。

契丹主谓石敬瑭曰："吾三千里来赴难，必有成功。观汝气貌识量，真中原之主也。吾欲立汝为天子。"敬瑭辞让数四，将吏复劝进，乃许之。契丹主作册书，命敬瑭为大晋皇帝，自解衣冠授之，筑坛于柳林，是日即皇帝位。割幽、蓟、瀛、莫、涿、檀、顺、新、妫、儒、武、云、应、寰、朔、蔚十六州以与契丹，仍许岁输帛三十万匹。己亥，制改长兴七年为天福元年，大赦。敕命法制，皆遵明宗之旧。以节度判官赵莹为翰林学士承旨、户部侍郎、知河东〔军〕府事，掌书记桑维翰为翰林学士、礼部侍郎、权知枢密使事，观察判官薛融为侍御史、知杂事，节度推官白水窦贞固为翰林学士，军城都巡检使刘知远为侍卫马军都指挥使，客将景延广为步军都指挥使。延广，陕州人也。立晋国长公主为皇后。

契丹主虽军柳林，其辎重老弱皆在虎北口，每日暝辄结束，以备仓猝遁逃。而赵德钧欲倚契丹取中国，至团柏逾月，按兵不战，去晋安才百里，声问不能相通。德钧累表为延寿求成德节度使，曰："臣今远征，幽州势孤，欲使延寿在镇州，左右便于应接。"唐主曰："延寿方击贼，何暇往镇州？俟贼平，当如所请。"

德钧求之不已，唐主怒曰："赵氏父子坚欲得镇州，何意也？苟能却胡寇，虽欲代吾位，吾亦甘心。若玩寇邀君，但恐犬兔俱毙耳。"德钧闻之不悦。

闰月，赵延寿献契丹主所赐诏及甲马、弓剑，诈云德钧遣使致书于契丹主，为唐结好，说令引兵归国。其实别为密书，厚以金帛赂契丹主，云若立己为帝，请即以见兵南平洛阳，与契丹为兄弟之国，仍许石氏常镇河东。契丹主自以深入敌境，晋安未下，德钧兵尚强，范延光在其东，又恐山北诸州邀其归路，欲许德钧之请。

帝闻之，大惧，亟使桑维翰见契丹主，说之曰："大国举义兵以救孤危，一战而唐兵瓦解，退守一栅，食尽力穷。赵北平父子不忠不信，畏大国之强，且素蓄异志，按兵观变，非以死徇国之人，何足可畏，而信其诞妄之辞，贪豪末之利，弃垂成之功乎！且使晋得天下，将竭中国之财以奉大国，岂此小利之比乎？"契丹主曰："尔见捕鼠者乎，不备之，犹或啮伤其手，况大敌乎？"对曰："今大国已扼其喉，安能啮人乎！"契丹主曰："吾非有渝前约也，但兵家权谋，不得不尔。"对曰："皇帝以信义救人之急，四海之人俱属耳目，奈何一旦二三其命，使大义不终！臣窃为皇帝不取也。"跪于帐前，自旦至暮，涕泣争之。契丹主乃从之，指帐前石谓德钧使者曰："我已许石郎，此石烂，可改矣。"

龙敏谓前郑州防御使李懿曰："君，国之近亲，今社稷之危，翘足可待，君独无忧乎？"懿为言赵德钧必能破敌之状。敏曰："我燕人也，知德钧之为人，怯而无谋，但于守城差长耳。况今内蓄奸谋，岂可恃乎！仆有狂策，但恐朝廷不肯为耳。今从驾兵尚万余人，马近五千匹，若选精骑一千，使仆与郎万金将之，自介休山路,夜冒虏骑入晋安寨,但使其半得入,则事济矣。张敬达陷于重围,不知朝廷声问,若知大军近在团柏,虽有铁障可冲陷,况虏骑乎?"懿以白唐主,唐主曰:"龙敏之志极壮,用之晚矣。"

晋安寨被围数月,高行周、符彦卿数引骑兵出战,众寡不敌,皆无功。刍粮俱竭,削柹淘粪以饲马,马相啖,尾鬣皆秃,死则将士分食之,援兵竟不至。张敬达性刚,时谓之"张生铁"。杨光远、安审琦劝敬达降于契丹,敬达曰:"吾受明宗及今上厚恩,为元帅而败军,其罪已大,况降敌乎!今援兵旦暮至,且当俟之。必若力尽势穷,则诸军斩我首,携之出降,自求多福,未为晚也。"光远目审琦,欲杀敬达,审琦未忍。高行周知光远欲图敬达,常引壮骑尾而卫之。敬达不知其故,谓人曰:"行周每踵余后,何意也?"行周乃不敢随之。诸将每旦集于招讨使营,甲子,高行周、符彦卿未至,光远乘其无备,斩敬达首,帅诸将上表降于契丹。契丹主素闻诸将名,皆慰劳,赐以裘帽,因戏之曰:"汝辈亦大恶汉,不用盐酪啖战马万匹。"光远等大惭。契丹主嘉张敬达之忠,命收葬而祭之,谓其下及晋诸将曰:"汝曹为人臣,当效敬达也。"时晋安寨马犹近五千,铠仗五万,契丹悉取以归其国,悉以唐之将卒授帝,语之曰:"勉事而主。"马军都指挥使康思立愤惋而死。

帝以晋安已降,遣使谕诸州,代州刺史张朗斩其使。吕琦奉唐主诏劳北军,至忻州,遇晋使,亦斩之。谓刺史丁审琦曰:"虏过城下而不顾,其心可见,还日必无全理,不若早帅兵民自五台奔镇州。"将行,审琦悔之,闭牙城不从。州兵欲攻之,琦曰:"家国如此,何为复相屠灭!"乃帅州兵趣镇州,审琦遂降契丹。契丹主谓帝曰:"桑维翰尽忠于汝,宜以为相。"丙寅,以赵莹为门下侍郎，桑维翰为中书侍郎，并同平章事。维翰仍权知枢密使事。以杨光远为侍卫马步军都指挥使，以刘知远为保义节度使、侍卫马步军都虞候。

帝与契丹主将引兵而南，欲留一子守河东，咨于契丹主，契丹主令帝尽出诸子自择之。帝兄子重贵，父敬儒，早卒，帝养以为子，貌类帝而短小，契丹主指之曰："此大目者可也。"乃以重贵为北京留守、太原尹、河东节度使。契丹以其将高谟翰为前锋，与降卒偕进。丁卯，至团柏，与唐兵战，赵德钧、赵延寿先遁，符彦饶、张彦琦、刘延朗、刘在明继之，士卒大溃，相腾践死者万计。

己巳，延朗、在明至怀州，唐主始知帝即位，杨光远降。众议以天雄军府尚完，契丹必惮山东，未敢南下，车驾宜幸魏州。唐主以李崧素与范延光善，召崧谋之。薛文遇不知而继至，唐主怒，变色。崧蹑文遇足，文遇乃去。唐主曰："我见此物肉颤，适几欲抽佩刀刺之。"崧曰："文遇小人，浅谋误国，刺之益丑。"崧因劝唐主南还，唐主从之。

洛阳闻北军败，众心大震，居人四出，逃窜山谷。门者请禁之，河南尹雍王重美曰："国家多难，未能为百姓主，又禁其求生，徒增恶名耳。不若听其自便，事宁自还。"乃出令任从所适，众心差安。

壬申，唐主还至河阳，命诸将分守南北城。张延朗请幸滑州，庶与魏博声势相接，唐主不能决。

赵德钧、赵延寿南奔潞州，唐败兵稍稍从之，其将时赛帅卢龙轻骑东还渔阳。帝先遣昭义节度使高行周还具食，至城下，见德钧父子在城上。行周曰："仆与大王乡曲，敢不忠告。城中无斗粟可守，不若速迎车驾。”甲戌，帝与契丹主至潞州，德钧父子迎谒于高河，契丹主慰谕之，父子拜帝于马首，进曰：“别后安否？”帝不顾，亦不与之言。契丹主问德钧曰：“汝在幽州所置银鞍契丹直何在？”德钧指示之，契丹主命尽杀之于西郊，凡三千人。遂锁德钧、延寿送归其国。

德钧见述律太后，悉以所赍宝货并籍其田宅献之。太后问曰：“汝近者何为往太原？”德钧曰：“奉唐主之命。”太后指天曰：“汝从吾儿求为天子，何妄语邪？”又自指其心曰：“此不可欺也。”又曰：“吾儿将行，吾戒之云，赵大王若引兵北向渝关，亟须引归，太原不可救也。汝欲为天子，何不先击退吾儿，徐图亦未晚。汝为人臣，负其主，不能击敌，又欲乘乱邀利，所为如此，何面目复求生乎！”德钧俯首不能对。又问：“器玩在此，田宅何在？”德钧曰：“在幽州。”太后曰：“幽州今属谁？”德钧曰：“属太后。”太后曰：“然则又何献焉？”德钧益惭。自是郁郁不多食，逾年而卒。张砺与延寿俱入契丹，契丹主复以为翰林学士。

帝将发上党，契丹主举酒属帝曰：“余远来徇义，今大事已成，我若南向，河南之人必大惊骇。汝宜自引汉兵南下，人必不甚惧。我令太相温将五千骑卫送汝至河梁，欲与之渡河者多少随意。余且留此，俟汝音闻，有急则下山救汝。若洛阳既定，吾即北返矣。”与帝执手相泣，久之不能别，解白貂裘以衣帝，赠帝良马二十匹，战马千二百匹，曰：“世世子孙勿相忘。”又曰：“刘知远、赵莹、桑维翰皆创业功臣，无大故，勿弃也。”

初，张敬达既出师，唐主遣左金吾大将军历山高汉筠守晋州。敬达死，建雄节度副使田承肇帅众攻汉筠于府署。汉筠开门延承肇入，从容谓曰：“仆与公俱受朝寄，何相迫如此？”承肇曰："欲举公为节度使。"汉筠曰："仆老矣，义不为乱首，死生惟公所处。"承肇目左右，欲杀之。军士投刃于地曰："高金吾累朝宿德，奈何害之！"承肇乃谢曰："与公戏耳。"听汉筠归洛阳。帝遇诸途，曰："朕忧卿为乱兵所伤，今见卿甚喜。"

符彦饶、张彦琪至河阳，密言于唐主曰："今胡兵大下，河水复浅，人心已离，此不可守。"丁丑，唐主命河阳节度使苌从简与赵州刺史刘在明守河阳南城，遂断浮梁，归洛阳。遣宦者秦继旻、皇城使李彦绅杀昭信节度使李赞华于其第。

己卯，帝至河阳，苌从简迎降，舟楫已具。彰圣军执刘在明以降，帝释之，使复其所。

唐主命马军都指挥使宋审虔、步军都指挥使符彦饶、河阳节度使张彦琪、宣徽南院使刘延朗将千余骑至白马阪行战地，有五十余骑渡河，奔于北军。诸将谓审虔曰："何地不可战，谁肯立于此。"乃还。庚辰，唐主又与四将议复向河阳，而将校皆已飞状迎帝。帝虑唐主西奔，遣契丹千骑扼渑池。

辛巳，唐主与曹太后、刘皇后、雍王重美及宋审虔等携传国宝登玄武楼自焚。皇后积薪欲烧宫室，重美谏曰："新天子至，必不露居，他日重劳民力，死而遗怨，将安用之！"乃止。王淑妃谓太后曰："事急矣，宜且避匿，以俟姑夫。"太后曰："吾子孙妇女一朝至此，何忍独生，妹自勉之！"淑妃乃与许王从益匿于毬场，获免。

是日晚，帝入洛阳，止于旧第。唐兵皆解甲待罪，帝慰而释之。帝命刘知远部署京城，知远分汉军使还营，馆契丹于天宫寺，城中肃然，无敢犯令。士民避乱窜匿者，数日皆还复业。

初，帝在河东，为唐朝所忌，中书侍郎、同平章事、判三司张延朗不欲河东多蓄积，凡财赋应留使之外尽收取之，帝以是恨之。壬午，百官入见，独收延朗付御史台，余皆谢恩。

甲申，车驾入宫，大赦："应中外官吏一切不问，惟贼臣张延朗、刘延皓、刘延朗奸邪贪猥，罪难容贷。中书侍郎、平章事马胤孙、枢密使房暠、宣徽使李专美、河中节度使韩昭胤等，虽居重位，不务诡随，并释罪除名。中外臣僚先归顺者，委中书门下别加任使。"刘延皓匿于龙门，数日，自经死。刘延朗将奔南山，捕得，杀之。斩张延朗，既而选三司使，难其人，帝甚悔之。

十二月乙酉朔，帝如河阳，饯太相温及契丹兵归国。追废唐主为庶人。丁亥，以冯道兼门下侍郎、同平章事。诏赠李赞华燕王，遣使送其丧归国。

庚子，以唐中书侍郎、同平章事卢文纪为吏部尚书。以皇城使晋阳周瓌为大将军，充三司使。瓌辞曰："臣自知才不称职，宁以避事见弃，犹胜冒宠获辜。"帝许之。改兴唐府曰广晋府。

二年春正月，李崧、吕琦逃匿于伊阙民间。帝以始镇河东，崧有力焉，德之，亦不责琦。乙丑，以琦为秘书监。(三月)〔丙寅〕，以崧为兵部侍郎，判户部。

或得唐潞王膂及髀骨献之，三月庚申，诏以王礼葬于徽陵南。

六月，左拾遗张谊上言："北狄有援立之功，宜外敦信好，内谨边备，不可自逸，以启戎心。"帝深然之。

三年秋八月，帝上尊号于契丹主及太后。戊寅，以冯道为太后册礼使，左仆射刘昫为契丹主册礼使，备卤簿、仪仗、车辂，诣契丹行礼，契丹主大悦。帝事契丹甚谨，奉表称臣，谓契丹主为"父皇帝"。每契丹使至，帝于别殿拜受诏敕。岁输金帛三十万之外，吉凶庆吊，岁时赠遗，玩好珍异，相继于道。乃至应天太后、元帅太子伟王、南、北二王、韩延徽、赵延寿等诸大臣，皆有赂遗，小不如意，辄来责让，帝常卑辞谢之。晋使者至契丹，契丹骄倨，多不逊语。使者还，以闻，朝野咸以为耻，而帝事之曾无倦意，以是终帝之世，与契丹无隙。然所输金帛不过数县租赋，往往托以民困，不能满数。其后契丹主屡止帝上表称臣，但令为书称"儿皇帝"，如家人礼。

契丹遣使如洛阳，取赵延寿妻唐燕国长公主以归。

冬十月戊寅，契丹遣使奉宝册，加帝号曰英武明义皇帝。

帝以大梁舟车所会，便于漕运，丙辰，建东京于汴州，为开封府，以东都为西京，以西都为晋昌军节度。

帝遣兵部尚书王权使契丹谢尊号，权自以累世将相，耻之，谓人曰："吾老矣，安能向穹庐屈膝！"乃辞以老疾，帝怒，戊子，权坐停官。

范杨之叛　范延光　杨光远

后晋高祖天福元年。初，成德节度使董温琪贪暴，积货巨万，以牙内都虞候平山祕琼为腹心。温琪与赵德钧俱没于契丹，琼尽杀其家人，瘗于一坎，而取其货，自称留后，表称军乱。

二年春正月，诏以祕琼为齐州防御使。

初，天雄节度使兼中书令范延光微时，有术士张生语之云："必为将相。"延光既贵，信重之。延光尝梦蛇自脐入腹，以问张生，张生曰："蛇者龙也，帝王之兆。"延光由是有非望之志。唐潞王素与延光厚，及赵德钧败，延光自辽州引兵还魏州，虽奉表请降，内不自安，以书潜结祕琼，欲与之为乱。琼受其书不报，延光恨之。琼将之齐，过魏境，延光欲灭口，且利其货，遣兵邀之于夏津，杀之。丁卯，延光奏称夏津捕盗兵误杀琼；帝不问。

三月，范延光聚卒缮兵，悉召巡内刺史集魏州，将作乱。会帝谋徙都大梁，兼枢密使桑维翰曰："大梁北控燕、赵，南通江、淮，水陆都会，资用富饶。今延光反形已露，大梁距魏不过十驿，彼若有变，大军寻至，所谓疾雷不及掩耳也。"丙寅，下诏，托以洛阳漕运有阙，东巡汴州。庚辰，帝发洛阳，留前朔方节度使张从宾为东都巡检使。

夏四月丙戌，帝至汴州。丁亥，大赦。

五月壬申，进范延光爵临清郡王，以安其意。

范延光素以军府之政委元随左都押牙孙锐，锐恃恩专横，符奏有不如意者，对延光手裂之。会延光病经旬，锐密召澶州刺史冯晖，与之合谋逼延光反；延光亦思张生之言，遂从之。六月，六宅使张言奉使魏州还，言延光反状。义成节度使符彦饶奏延光遣兵渡河，焚草市。诏侍卫马军都指挥使、昭信节度使白奉进将千五百骑屯白马津以备之。奉进，云州人也。

丁酉，以东都巡检使张从宾为魏府西南〔面〕都部署。戊戌，遣侍卫都军使杨光远将步骑一万屯滑州。己亥，遣护圣都指挥使杜重威将兵屯卫州。重威，朔州人也，尚帝妹乐平长公主。范延光以冯晖为都部署，孙锐为兵马都监，将步骑二万循河西抵黎阳口。辛丑，杨光远奏引兵逾胡梁渡。丁未，以侍卫使杨光远为魏府四面都部署，张从宾为副部署兼诸军都虞候，昭义节度使高行周将本军屯相州，为魏府西面都部署。

军士郭威旧隶刘知远，当从杨光远北征，白知远乞留。人问其故，威曰："杨公有奸诈之才，无英雄之气，得我何用？能用我者其刘公乎！"

诏张从宾发河南兵数千人击范延光。延光使人诱从宾，从宾遂与之同反，杀皇子河阳节度使重信，使上将军张继祚知河阳留后。继祚，全义之子也。从宾又引兵入洛阳，杀皇子权东都留守重乂，以东都副留守、都巡检使张延播知河南府事。从宾取内库钱帛以赏部兵，留守判官李遐不与，兵众杀之。从宾引兵东扼汜水关，将逼汴州。诏奉国都指挥使侯益帅禁兵五千会杜重威讨张从宾，又诏宣徽使刘处让自黎阳分兵讨之。时羽檄纵横，从官在大梁者无不恼惧，独桑维翰从容指画军事，神色自若，接对宾客，不改常度，众心差安。

秋七月，张从宾攻汜水，杀巡检使宋廷浩。帝戎服，严轻骑，将奔晋阳以避之。桑维翰叩头苦谏曰："贼锋虽盛，势不能久，请少待之，不可轻动。"帝乃止。

范延光遣使以蜡丸招诱失职者，右武卫上将军娄继英、右卫大将军尹晖在大梁，温韬之子延濬、延沼、延衮居许州，皆应之。延光令延濬兄弟取许州，聚徒已及千人。继英、晖事泄，皆出走。壬子，敕以"延光奸谋，诬污忠良，自今获延光谍人，赏获者，杀谍人，焚蜡书，勿以闻"。晖将奔吴，为人所杀。继英奔许州，依温氏。忠武节度使苌从简盛为之备，延濬等不得发，欲杀继英以自明，延沼止之，遂同奔张从宾。继英知其谋，劝从宾执三温，皆斩之。

白奉进在滑州，军士有夜掠者，捕之，获五人，其三隶奉进，其二隶符彦饶，奉进皆斩之。彦饶以其不先白己，甚怒。明日，奉进从数骑诣彦饶谢，彦饶曰："军中各有部分，奈何取滑州军士并斩之，殊无客主之义乎！"奉进曰："军士犯法，何有彼我？仆已引咎谢公，而公怒不解，岂非欲与延光同反邪！”拂衣而起。彦饶不留，帐下甲士大噪，擒奉进，杀之。从骑走出，大呼于外，诸军争擐甲操兵，喧噪不可禁止。奉国左厢都指挥使马万惶惑不知所为，帅兵欲从乱，遇右厢都指挥使卢顺密帅部兵出营，厉声谓万曰：“符公擅杀白公，必与魏城通谋。此去行(营)〔宫〕才二百里，吾辈及军士家属皆在大梁，奈何不思报国，乃欲助乱，自求灭族乎！今日当共擒符公，送天子，立大功。军士从命者赏，违命者诛，勿复疑也。”万部兵尚有呼跃者，顺密杀数人，众莫敢动。万不得已从之，与奉国都虞候方太等共攻牙城，执彦饶，令太部送大梁。甲寅，敕斩彦饶于班荆馆，其兄弟皆不问。

杨光远自白皋引兵趣滑州，士卒闻滑州乱，欲推光远为主。光远曰：“天子岂汝辈贩弄之物。晋阳之降，出于穷迫，今若改图，真反贼也。”其下乃不敢言。时魏、孟、滑三镇继叛，人情大震。帝问计于刘知远，对曰：“帝者之兴，自有天命。陛下昔在晋阳，粮不支五日，俄成大业。今天下已定，内有劲兵，北结强虏，鼠辈何能为乎？愿陛下抚将相以恩，臣请戢士卒以威，恩威兼著，京邑自安，本根深固，则枝叶不伤矣。”知远乃严设科禁，宿卫诸军无敢犯者。有军士盗纸钱一幞，主者擒之，左右请释之。知远曰：“吾诛其情，不计其直。”竟杀之，由是众皆畏服。

乙卯，以杨光远为魏府行营都招讨使、兼知行府事，以昭义节度使高行周为河南尹、东京留守，以杜重威为昭义节度使、充侍卫马军都指挥使，以侯益为河阳节度使。帝以滑州奏事皆马万为首，擢万为义成节度使。丙辰，以卢顺密为果州团练使，方太为赵州刺史。既而知皆顺密之功也，更以顺密为昭义留后。

冯晖、孙锐引兵至六明镇，光远引之渡河，半渡而击之，晖、锐众大败，多溺死，斩首三千级，晖、锐走还魏。

杜重威、侯益引兵至汜水，遇张从宾众万余人，与战，俘、斩殆尽，遂克汜水。从宾走，乘马渡河，溺死，获其党张延播、继祚、娄继英，送大梁，斩之，灭其族。史馆修撰李涛上言："张全义有再造洛邑之功，乞免其族。"乃止诛继祚妻子。涛，回之族曾孙也。

杨光远奏知博州张晖举城降。

安州威和指挥使王晖闻范延光作乱，杀安远节度使周瓌，自领军府，欲俟延光胜则附之，败则渡江奔吴。帝遣右领军上将军李金全将千骑如安州巡检，许赦王晖，以为唐州刺史。

范延光知事不济，归罪于孙锐而族之，遣使奉表待罪。戊寅，杨光远以闻，帝不许。

山南东道节度使安从进恐王晖奔吴，遣行军司马张朏将兵会复州兵于要路邀之。晖大掠安州，将奔吴，部将胡进杀之。八月癸巳，以状闻。李金全至安州，将士之预于乱者数百人，金全说谕，悉遣诣阙，既而闻指挥使武彦和等数十人挟贿甚多，伏兵于野，执而斩之。彦和且死，呼曰："王晖首恶，天子犹赦之；我辈胁从，何罪乎？"帝虽知金全之情，掩而不问。

乙巳，赦张从宾、符彦饶、王晖之党，未伏诛者皆不问。

〔九月〕甲寅，以李金全为安远节度使。

三年夏(四)〔五〕月，杨光远自恃拥重兵，颇干预朝政，屡有抗奏，帝常曲意从之。庚申，以其子承祚为左威卫将军，尚帝女长安公主，次子承信亦拜美官，宠冠当时。

秋八月壬午，杨光远奏前澶州刺史冯晖自广晋城中出战，因来降，言范延光食尽穷困。己丑，以晖为义成节度使。杨光远攻广晋，岁余不下，帝以师老民疲，遣内职朱宪入城谕延光，许移大藩，曰："若降而杀汝，白日在上，无以享国。"延光谓节度副使李式曰："主上重信，云不死则不死矣。"乃撤守备，然犹迁延未决。宣徽南院使刘处让复入谕之，延光意乃决。九月乙巳朔，杨光远送延光二子守图、守英诣大梁。己酉，延光遣牙将奉表待罪。壬子，诏书至广晋，延光帅其众素服于牙门，使者宣诏释之。朱宪，汴州人也。

(庚午)〔己巳〕，杨光远表乞入朝，命刘处让权知天雄军府事。(己巳)〔庚午〕，制以范延光为天平节度使，仍赐铁券，应广晋城中将吏军民今日以前罪皆释不问。其张从宾、符彦饶余党及自官军逃叛入城者，亦释之。延光腹心将佐李式、孙汉威、薛霸皆除防御、团练使、刺史，牙兵皆升为侍卫亲军。

初，河阳行军司马李彦珣，邢州人也，父母在乡里，未尝供馈。后与张从宾同反，从宾败，奔广晋，范延光以为步军都监，使登城拒守。杨光远访获其母，置城下以招之，彦珣引弓射杀其母。延光既降，帝以彦珣为坊州刺史。近臣言"彦珣杀母，杀母恶逆，不可赦"。帝曰："赦令已行，不可改也。"乃遣之官。

臣光曰：治国者固不可无信，然彦珣之恶，三灵所不容。晋高祖赦其叛君之愆，治其杀母之罪，何损于信哉？

辛未，以杨光远为天雄节度使。

初，郭崇韬既死，宰相罕有兼枢密使者。帝即位，桑维翰、李崧兼之，宣徽使刘处让及宦官皆不悦。杨光远围广晋，处让数以军事衔命往来，光远奏请多逾分，帝常依违，维翰独以法裁折之。光远对处让有不平语，处让曰："是皆执政之意。"光远由是怨执政。范延光降，光远密表论执政过失。帝知其故，而不得已，加维翰兵部尚书、崧工部尚书，皆罢其枢密使；以处让为枢密使。

十一月，范延光自郓州入朝。帝患天雄节度使杨光远跋扈难制，桑维翰请分天雄之众，加光远太尉、西京留守兼河阳节度使。光远由是怨望，密以赂自诉于契丹，养部曲千余人，常蓄异志。范延光屡请致仕，甲寅，诏以太子太师致仕，居于大梁，每遇宴会，与群臣无异。延光之反也，相州刺史掖人王景拒境不从，戊午，以景为耀州团练使。

四年秋七月，西京留守杨光远疏中书侍郎、同平章事桑维翰迁除不公，及营邸肆于两都，与民争利。帝不得已，闰月壬申，出维翰彰德节度使兼侍中。

五年秋八月，太子太师致仕范延光请归河阳私第，帝许之。延光重载而行。西京留守杨光远兼领河阳，利其货，且虑为子孙之患，奏"延光叛臣，不家洛、汴而就外藩，恐其逃逸入敌国，宜早除之"。帝不许。光远请敕延光居西京，从之。光远使其子承贵以甲士围其第，逼令自杀。延光曰："天子在上，赐我铁券，许以不死，尔父子何得如此！"己未，承贵以白刃驱延光上马，至浮梁，挤于河。光远奏云自赴水死，帝知其故，惮光远之强，不敢诘，为延光辍朝，赠太师。

九月，杨光远入朝，帝欲徙之他镇，谓光远曰："围魏之役，卿左右皆有功，尚未之赏，今当各除一州以荣之。"因以其将校数人为刺史。甲申，徙光远为平卢节度使，进爵东平王。

齐王天福八年。初，高祖以马三百借平卢节度使杨光远，同平章事景延广以诏命取之。光远怒曰："是疑我也。"密召其子单州刺史承祚，十一月戊戌，承祚称母病，夜开门奔青州。庚子，以左飞龙使金城何超权知单州。遣内班赐光远玉带、御马、金帛以安其意。

壬寅，遣侍卫步军都指挥使郭谨将兵戍郓州。十二月乙巳朔，遣左领军卫将军蔡行遇将兵戍郓州。杨光远遣骑兵入淄州，劫刺史翟进宗归于青州。甲寅，徙杨承祚为登州刺史，以从其便。光远益骄，密告契丹取晋。

开运元年春正月，成德节度使杜威遣幕僚曹光裔诣杨光远，为陈祸福。光远遣光裔入奏，称承祚逃归，母病故尔，既蒙恩宥，阖族荷恩。朝廷信其言，遣使与光裔复往慰谕之。

博州刺史周儒以城降契丹，又与杨光远通使往还。二月甲辰，周儒引契丹将麻答攻郓州以应杨光远。辛亥，杨光远将青州兵〔欲〕西会契丹。戊午，诏前保义节度使石赟分兵屯郓州以备之。三事并见契丹灭晋。

壬戌，杨光远围棣州，刺史李琼出兵击败之，光远烧营走还青州。癸亥，以前威胜节度使何重建为东面马步都部署，将兵屯郓州。

夏四月戊寅，命侍卫马步都虞候、泰宁节度使李守贞将步骑二万讨杨光远于青州。契丹救之，齐州防御使堂阳薛可言邀击，败之。

冬十二月。李守贞围青州经时，城中食尽，饿死者大半。契丹援兵不至，杨光远遥稽首于契丹曰："皇帝，皇帝，误光远矣！"其子承勋、承祚、承信劝光远降，冀全其族。光远不许，曰："吾昔在代北，尝以纸钱祭天池而沉，人皆言当为天子，姑待之。"丁巳，承勋斩劝光远反者节度判官丘涛等，送其首于守贞，纵火大噪，劫其父出居私第，上表待罪，开城纳官军。朝廷以杨光远罪大而诸子归命，难于显诛，命李守贞以便宜从事。闰月癸酉，守贞入青州，遣人拉杀光远于别第，以病死闻。丙戌，起复杨承勋，除汝州防御使。

通鉴纪事本末卷第四十二

契丹灭晋　刘知远复汴京附

后晋高祖天福四年。成德节度使安重荣出于行伍，性粗率，恃勇骄暴，每谓人曰："今世天子，兵强马壮则为之耳。"府廨有幡竿，高数十尺。尝挟弓矢谓左右曰："我能中竿上龙首者，必有天命。"一发中之，以是益自负。帝之遣重荣代祕琼也，戒之〔曰〕："琼不受代，当别除汝一镇，勿以力取，恐为患滋深。"重荣由是以帝为怯，谓人曰："祕琼匹夫耳，天子尚畏之，况我以将相之重，士马之众乎？"每所奏请多逾分，为执政所可否，意愤愤不快，乃聚亡命，市战马，有飞扬之志。帝知之，义武节度使皇甫遇与重荣姻家，七月，徙遇为昭义节度使。

五年。初，帝割雁门之北以赂契丹，由是吐谷浑皆属契丹，苦其贪虐，思归中国。成德节度使安重荣复诱之，于是吐谷浑帅部落千余帐自五台来奔。契丹大怒，遣使让帝以招纳叛人。

六年春正月丙寅，帝遣供奉官张澄将兵二千索吐谷浑在并、镇、忻、代四州山谷者，逐之，使还故土。

成德节度使安重荣耻臣契丹，见契丹使者，必箕踞慢骂，使过其境，或潜遣人杀之。契丹以让帝，帝为之逊谢。六月戊午，重荣执契丹使拽剌，遣轻骑掠幽州南境，军于博野。上表称："吐谷浑、两突厥、浑、契苾、沙陀各帅部众归附，党项等亦遣使纳契丹告身职牒，言为虏所陵暴，又言自二月以来，令各具精甲壮马，将以上秋南寇，恐天命不佑，与之俱灭，愿自备十万众与晋共击契丹。又朔州节度副使赵崇已逐契丹节度使刘山，求归命朝廷。臣相继以闻，陛下屡敕臣承奉契丹，勿自起衅端。其如天道人心，难以违拒，机不可失，时不再来。诸节度使没于虏庭者，皆延颈企踵以待王师，良可哀闵。愿早决计。"表数千言，大抵斥帝父事契丹，竭中国以媚无厌之虏。又以此意为书遗朝贵及移藩镇，云已勒兵，必与契丹决战。帝以重荣方握强兵，不能制，甚患之。

时邺都留守、侍卫马步都指挥使刘知远在大梁。泰宁节度使桑维翰知重荣已蓄奸谋，又虑朝廷重违其意，密上疏曰："陛下免于晋阳之难而有天下，皆契丹之功也，不可负之。今重荣恃勇轻敌，吐浑假手报仇，皆非国家之利，不可听也。臣窃观契丹数年以来，士马精强，吞噬四邻，战必胜，攻必取，割中国之土地，收中国之器械，其君智勇过人，其臣上下辑睦，牛马蕃息，国无天灾，此未可与为敌也。且中国新败，士气凋沮，以当契丹乘胜之威，其势相去甚远。又和亲既绝，则当发兵守塞，兵少则不足以待寇，兵多则馈运无以继之。我出则彼归，我归则彼至，臣恐禁卫之士疲于奔命，镇、定之地无复遗民。今天下粗安，疮痍未复，府库虚竭，蒸民困弊，静而守之，犹惧不济，其可妄动乎？契丹与国家恩义非轻，信誓甚著，彼无间隙而自启衅端，就使克之，后患愈重，万一不克，大事去矣。议者以岁输缯帛谓之耗蠹，有所卑逊谓之屈辱。殊不知兵连而不休，祸结而不解，财力将匮，耗蠹孰甚焉？用兵则武吏功臣过求姑息，边藩远郡得以骄矜，下陵上替，屈辱孰大焉？臣愿陛下训农习战，养兵息民，俟国无内忧，民有余力，然后观衅而动，则动必有成矣。又邺都富盛，国家藩屏，今主帅赴阙，军府无人，臣窃思慢藏诲盗之言，勇夫重闭之义，乞陛下略加巡幸，以杜奸谋。”帝谓使者曰：“朕比日以来，烦懑不决，今见卿奏，如醉醒矣，卿勿以为忧。”

秋七月，帝忧安重荣跋扈，己巳，以刘知远为北京留守、河东节度使。

八月，帝以诏谕安重荣曰：“尔身为大臣，家有老母，忿不思难，弃君与亲。吾因契丹得天下，尔因吾致富贵，吾不敢忘德，尔乃忘之，何邪？今吾以天下臣之，尔欲以一镇抗之，不亦难乎！宜审思之，无取后悔。”重荣得诏愈骄，闻山南东道节度使安从进有异志，阴遣使与之通谋。

九月，帝以安重荣杀契丹使者，恐其犯塞，乙亥，遣安国节度使杨彦询使于契丹。彦询至其帐，契丹主责以使者死状，彦询曰：“譬如人家有恶子，父母所不能制，将如之何？”契丹主怒乃解。

刘知远遣亲将郭威以诏旨说吐谷浑酋长白承福，令去安重荣归朝廷，许以节钺。威还，谓知远曰：“虏惟利是嗜，安铁胡止以袍袴赂之。今欲其来，莫若重赂乃可致耳。”知远从之，且使谓承福曰：“朝廷已割尔曹隶契丹，尔曹当自安部落。今乃南来助安重荣为逆，重荣已为天下所弃，朝夕败亡，尔曹宜早从化，勿俟临之以兵，南北无归，悔无及矣。”承福惧，冬十月，帅其众归于知远。知远处之太原东山及岚、石之间，表承福领大同节度使，收其精骑以隶麾下。始，安重荣移檄诸道，云与吐谷浑、鞑靼、契苾同起兵，既而承福降知远，鞑靼、契苾亦莫之赴，重荣势大沮。

冬十二月，安重荣闻安从进举兵反，谋遂决，大集境内饥民，众至数万，南向邺都，声言入朝。初，重荣与深州人赵彦之俱为散指挥使，相得欢甚。重荣镇成德，彦之自关西归之，重荣待遇甚厚，使彦之招募党众，然心实忌之，及举兵，止用为排阵使，彦之恨之。

帝闻重荣反，壬辰，遣护圣等马步三十九指挥击之。以天平节度使杜重威为招讨使，安国节度使马全节副之，前永清节度使王周为马步都虞候。

戊戌，杜重威与安重荣遇于宗城西南，重荣为偃月阵，官军再击之，不动。重威惧，欲退。指挥使宛丘王重胤曰："兵家忌退。镇之精兵尽在中军，请公分锐士击其左右翼，重胤为公以契丹直冲其中军，彼必狼狈。"重威从之。镇人阵稍却，赵彦之卷旗策马来降。彦之以银饰铠胄及鞍勒，官军杀而分之。重荣闻彦之叛，大惧，退匿于辎重中。官军从而乘之，镇人大溃，斩首万五千级。重荣收余众走保宗城，官军进攻，夜分，拔之。重荣以十余骑走还镇州，婴城自守。会天寒，镇人战及冻死者二万余人。

契丹闻重荣反，乃听杨彦询还。

七年春正月丁巳，镇州牙将自西郭水碾门导官军入城，杀守陴民二万人，执安重荣，斩之。杜重威杀导者，自以为功。庚申，重荣首至邺都，帝命漆之，函送契丹。

夏四月，契丹以晋招纳吐谷浑，遣使来让。帝忧悒，不知为计，五月己亥，始有疾。帝寝疾，一旦，冯道独对。帝命幼子重睿出拜之，又令宦者抱重睿置道怀中，其意盖欲道辅立之。

六月乙丑，帝殂。道与天平节度使、侍卫马步都虞候景延广议，以国家多难，宜立长君，乃奏广晋尹齐王重贵为嗣。是日，齐王即皇帝位。延广以为己功，始用事，禁都下人毋得偶语。

初，高祖疾亟，有旨召河东节度使刘知远入辅政，齐王寝之，知远由是怨齐王。

秋七月癸卯，加景延广同平章事，兼侍卫马步都指挥使。

冬十一月庚寅，葬圣文章武明德孝皇帝于显陵，庙号高祖。

帝之初即位也，大臣议奉表称臣告哀于契丹，景延广请致书称孙而不称臣。李崧曰："屈身以为社稷，何耻之有？陛下如此，他日必躬擐甲胄与契丹战，于时悔无益矣。"延广固争，冯道依违其间，帝卒从延广议。契丹大怒，遣使来责让，且言："何得不先承禀，遽即帝位？"延广复以不逊语答之。

契丹卢龙节度使赵延寿欲代晋帝中国，屡说契丹击晋，契丹主颇然之。

齐王天福八年。帝闻契丹将入寇，二月己未，发邺都；乙丑，至东京。然犹与契丹问遗相往来，无虚月。

初，河阳牙将乔荣从赵延寿入契丹，契丹以为回图使，往来贩易于晋，置邸大梁。及契丹与晋有隙，景延广说帝囚荣于狱，悉取邸中之货。凡契丹之人贩易在晋境者，皆杀之，夺其货。大臣皆言契丹有大功于晋，不可负。戊子，释荣，慰赐而归之。荣辞延广，延广大言曰："归语而主，先帝为北朝所立，故称臣奉表。今上乃中国所立，所以降志于北朝者，正以不敢忘先帝盟约故耳。为邻称孙，足矣，无称臣之理。北朝皇帝勿信赵延寿诳诱，轻侮中国。中国士马，尔所目睹。翁怒则来战，孙有十万横磨剑，足以相待。他日为孙所败，取笑天下，毋悔也。"荣自以亡失货财，恐归获罪，且欲为异时据验，乃曰："公所言颇多，惧有遗忘，愿记之纸墨。”延广命吏书其语以授之，荣具以白契丹主。契丹主大怒，入寇之志始决。晋使如契丹者，皆絷之幽州，不得见。

桑维翰屡请逊辞以谢契丹，每为延广所沮。帝以延广为有定策功，故宠冠群臣，又总宿卫兵，故大臣莫能与之争。河东节度使刘知远知延广必致寇，而畏其方用事，不敢言，但益募兵，奏置兴捷、武节等十余军以备契丹。

杨光远之叛也，密告契丹以晋主负德违盟，境内大饥，公私困竭，乘此际攻之，一举可取。赵延寿亦劝之。契丹主乃集山后及卢龙兵合五万人，使延寿将之，委延寿经略中国，曰："若得之，当立汝为帝。"又常指延寿谓晋人曰："此汝主也。"延寿信之，由是为契丹尽力画取中国之策。朝廷颇闻其谋，丙辰，遣使城南乐及德清军，征近道兵以备之。

开运元年春正月乙亥，边藩驰告契丹前锋将赵延寿、赵延照将兵五万入寇，逼贝州。延照，思温之子也。先是，朝廷以贝州水陆要冲，多聚刍粟，为大军数年之储，以备契丹。军校邵珂性凶悖，永清节度使王令温黜之，珂怨望，密遣人亡入契丹，言"贝州粟多而兵弱，易取也"。会令温入朝，执政以前复州防御使吴峦权知州事。峦既至，推诚抚士。会契丹入寇，峦书生，无爪牙，珂自请愿效死，峦使将兵守南门，峦自守东门。契丹主自攻贝州，峦悉力拒之，烧其攻具殆尽。己卯，契丹复攻城，珂引契丹自南门入，峦赴井死，契丹遂陷贝州，所杀且万人。

庚辰，以归德节度使高行周为北面行营都部署，以河阳节度使符彦卿为马军左厢排阵使，以右神武统军皇甫遇为马军右厢排阵使，以陕府节度使王周为步军左厢排陈使，以左羽林将军潘环为步军右厢排阵使。

太原奏契丹入雁门关，恒、邢、沧皆奏契丹入寇。

成德节度使杜威遣幕僚曹光裔往说杨光远，光远遣光裔入奏，朝廷遣使与光裔(往)复〔往〕慰谕之。事见范杨之叛。

帝遣使持书遗契丹，契丹已屯邺都，不得通而返。壬午，以侍卫马步都指挥使景延广为御营使，前静难节度使李周为东京留守。是日，高行周以前军先发。时用兵方略号令皆出延广，宰相以下皆无所预。延广乘势使气，陵侮诸将，虽天子亦不能制。

乙酉，帝发东京。丁亥，滑州奏契丹至黎阳。戊子，帝至澶州。

契丹主屯元城，赵延寿屯南乐，以延寿为魏博节度使，封魏王。

契丹寇太原，刘知远与白承福合兵二万击之。甲午，以知远为幽州道行营招讨使，杜威为副使，马全节为都虞候。丙申，遣右武卫上将军张彦泽等将兵拒契丹于黎阳。

帝复遣译者孟守忠致书于契丹，求修旧好。契丹主复书曰："已成之势，不可改也。"

辛丑，太原奏破契丹伟王于秀容，斩首三千级。契丹自鸦鸣谷遁去。

天平节度副使、知郓州颜衎遣观察判官窦仪奏："博州刺史周儒以城降契丹，又与杨光远通使往还，引契丹自马家口济河，擒左武卫将军蔡行遇。"仪谓景延广曰："虏若济河与光远合，则河南危矣。"延广然之。仪，蓟州人也。

二月甲辰朔，命前保义节度使石赟守麻家口，前威胜节度使何重建守杨刘镇，护圣都指挥使白再荣守马家口，西京留守安彦威守河阳。未几，周儒引契丹将麻答自马家口济河，营于东岸，攻郓州北津以应杨光远。麻答，契丹主之从弟也。

乙巳，遣侍卫马军都指挥使义成节度使李守贞、神武统军皇甫遇、陈州防御使梁汉璋、怀州刺史薛怀让将兵万人，缘河水陆俱进。守贞，河阳；汉璋，应州；怀让，太原人也。

丙午，契丹围高行周、符彦卿及先锋指挥使石公霸于戚城。先是，景延广令诸将分地而守，无得相救。行周等告急，延广徐白帝，帝自将救之，契丹解去，三将泣诉救兵之缓，几不免。

戊申，李守贞等至马家口。契丹遣步卒万人筑垒，散骑兵于其外，余兵数万屯河西，船数千艘渡兵，未已，晋兵薄之，契丹骑兵退走，晋兵进攻其垒，拔之。契丹大败，乘马赴河溺死者数千人，俘斩亦数千人，河西之兵恸哭而去，由是不敢复东。

辛亥，定难节度使李彝殷奏将兵四万自麟州济河，侵契丹之境。壬子，以彝殷为契丹西南面招讨使。

初，契丹主得贝州、博州，皆抚慰其人，或拜官赐服章。及败于戚城及马家口，忿恚，所得民皆杀之，得军士燔炙之。由是晋人愤怒，戮力争奋。

杨光远将青州兵欲西会契丹，戊午，诏石赟分兵屯郓州以备之。

诏刘知远将部兵自土门出恒州击契丹，又诏会杜威、马全节于邢州。知远引兵屯乐平不进。

契丹伪弃元城去，伏精骑于古顿丘城，以俟晋军与恒、定之兵合而击之。邺都留守张从恩屡奏虏已遁亡，大军欲进追之，会霖雨而止。契丹设伏旬日，人马饥疲。赵延寿曰："晋军悉在河上，畏我锋锐，必不敢前。不如即其城下，四合攻之，夺其浮梁，则天下定矣。"契丹主从之，三月癸酉朔，自将兵十余万陈于澶州城北，东西横掩城之两隅，登城望之，不见其际。高行周前军在戚城之南，与契丹战，自午至晡，互有胜负。契丹主以精兵当中军而来，帝亦出阵以待之。契丹主望见晋军之盛，谓左右曰："杨光远言晋兵半已馁死，今何多也？"以精骑左右略阵，晋军不动，万弩齐发，飞矢蔽地，契丹稍却。又攻晋阵之东偏，不克。苦战至暮，两军死者不可胜数。昏后，契丹引去，营于三十里之外。

乙亥，契丹主帐中小校窃其马亡来，云契丹主已传木书，收军北去。景延广疑其诈，闭壁不敢追。

契丹主自澶州北分为两军，一出沧、德，一出深、冀而归。所过焚掠，方广千里，民物殆尽。留赵延照为贝州留后。麻荅陷德州，擒刺史尹居璠。

丁亥，诏太原、恒、定兵各还本镇。

辛卯，马全节攻契丹泰州，拔之。敕天下籍乡兵，每七户共出兵械资一卒。

夏四月丁未，缘河巡检使梁进以乡社兵复取德州。己酉，命归德节度使高行周、保义节度使王周留镇澶州。庚戌，帝发澶州，甲寅，至大梁。

侍卫马步都指挥使、天平节度使、同平章事景延广既为上下所恶，帝亦惮其不逊难制；桑维翰引其不救戚城之罪，辛酉，加延广兼侍中，出为西京留守。以归德节度使兼侍中高行周为侍卫马步都指挥使。延广郁郁不得志，见契丹强盛，始忧国破身危，遂日夜纵酒。

朝廷因契丹入寇，国用愈竭，复遣使者三十六人分道括率民财，各封剑以授之。使者多从吏卒，携锁械、刀杖入民家，小大惊惧，求死无地。州县吏复因缘为奸。

河南府出缗钱二十万，景延广率三十七万。留守判官河南卢亿言于延广曰："公位兼将相，富贵极矣。今国家不幸，府库空竭，不得已取于民，公何忍复因而求利，为子孙之累乎！"延广惭而止。

先是，诏以杨光远叛，命兖州修守备。泰宁节度使安审信以治楼堞为名，率民财以实私藏。大理卿张仁愿为括率使，至兖州，赋缗钱十万。值审信不在，拘其守藏吏，指取钱一囷，已满其数。

丙戌，诏诸州所籍乡兵号武定军，凡得七万余人。时兵荒之余，复有此扰，民不聊生。

丁亥，邺都留守张从恩上言："赵延照虽据贝州，麾下兵皆久客思归，宜速进军攻之。"诏以从恩为贝州行营都部署，督诸将击之。辛卯，从恩奏赵延照纵火大掠，弃城而遁屯于瀛、莫，阻水自固。

六月，或谓帝曰："陛下欲御北狄，安天下，非桑维翰不可。"丙午，复置枢密院，以维翰为中书令兼枢密使，事无大小，悉以委之。数月之间，朝廷差治。

初，高祖割北边之地以赂契丹，由是府州刺史折从远亦北属。契丹欲尽徙河西之民以实辽东，州人大恐，从远因保险拒之。及帝与契丹绝，遣使谕从远，使攻契丹。从远引兵深入，拔十余寨。戊午，以从远为府州团练使。从远，云州人也。

秋八月辛丑朔，以河东节度使刘知远为北面行营都统，顺国节度使杜威为都招讨使，督十三节度以备契丹。桑维翰两秉朝政，出杨光远、景延广于外，至是一制指挥，节度使十五人无敢违者，时人服其胆略。契丹之入寇也，帝再命刘知远会兵山东，皆后期不至。帝疑之，谓所亲曰："太原殊不助朕，必有异图。果有分，何不速为之！”至是，虽为都统，而实无临制之权，密谋大计，皆不得预。知远亦知见疏，但慎事自守而已。郭威见知远有忧色，谓知远曰：“河东山河险固，风俗尚武，土多战马，静则勤稼穑，动则习军旅，此霸王之资也，何忧乎？”

十二月，契丹复大举入寇，卢龙节度使赵延寿引兵先进。契丹前锋至邢州，顺国节度使杜威遣使间道告急。帝欲自将拒之，会有疾，命天平节度使张从恩、邺都留守马全节、护国节度使安审琦会诸道兵屯邢州，武宁节度使赵在礼屯邺都。

契丹主以大兵继至，建牙于元氏。朝廷惮契丹之威，诏从恩等引兵稍却，于是诸军恟惧，无复部伍，委弃器甲，所过焚掠，比至相州，不复能整。

二年春正月，诏赵在礼还屯澶州，马全节还邺都。又遣右神武统军张彦泽屯黎阳，西京留守景延广自滑州引兵守胡梁渡。庚子，张从恩奏契丹逼邢州，诏滑州、邺都复进军拒之。义成节度使皇甫遇将兵趣邢州。契丹寇邢、洺、磁三州，杀掠殆尽，入邺都境。

壬子，张从恩、马全节、安审琦悉以行营兵数万陈于相州安阳水之南。皇甫遇与濮州刺史慕容彦超将数千骑前觇契丹，至邺县，将渡漳水，遇契丹数万，遇等且战且却。至榆林店，契丹大至，二将谋曰：“吾属今走，死无遗矣。”乃止，布阵，自午至未，力战百余合，相杀伤甚众。遇马毙，因步战；其仆杜知敏以所乘马授之，遇乘马复战。久之，稍解，顾知敏已为契丹所擒。遇曰：“知敏义士，不可弃也。”与彦超跃马入契丹阵，取知敏而还。俄而契丹继出新兵来战，二将曰：“吾属势不可走，以死报国耳。”

日且暮，安阳诸将怪觇兵不还，安审琦曰：“皇甫太师寂无声问，必为虏所困。”语未卒，有一骑白遇等为虏数万所围。审琦即引骑兵出，将救之，张从恩曰：“此言未足信。必若虏众猥至，尽吾军，恐未足以当之，公往何益？”审琦曰：“成败，天也，万一不济，当共受之。借使虏不南来，坐失皇甫太师，吾属何颜以见天子！”遂逾水而进。契丹望见尘起，即解去。遇等乃得还，与诸将俱归相州，军中皆服二将之勇。彦超本吐谷浑也，与刘知远同母。契丹亦引军退，其众自相惊曰：“晋军悉至矣。”时契丹主在邯郸，闻之，即时北遁，不再宿，至鼓城。

是夕，张从恩等议曰：“契丹倾国而来，吾兵不多，城中粮不支一旬，万一有奸人往告吾虚实，虏悉众围我，死无日矣。不若引军就黎阳仓，南倚大河以拒之，可以万全。”议未决，从恩引兵先发，诸军继之，扰乱失亡，复如发邢州城时。

从恩等留步兵五百守安阳桥，夜四鼓，知相州事符彦伦谓将佐曰：“此夕纷纭，人无固志，五百弊卒，安能守桥。”即召入，乘城为备。至曙，望之，契丹数万骑已陈于安阳水北，彦伦命城上扬旌鼓噪约束，契丹不测。日加辰，赵延寿与契丹惕隐帅众逾水，环相州而南。诏右神武统军张彦泽将兵趣相州。延寿等至汤阴，闻之，甲寅，引还。马全节等拥大军在黎阳，不敢追。延寿悉陈甲骑于相州城下，若将攻城状，符彦伦曰：“此虏将走耳。”出甲卒五百，陈于城北以待之，契丹果引去。

以天平节度使张从恩权东京留守。

庚申，振武节度使折从远击契丹，围胜州，遂攻朔州。

帝疾小愈，河北相继告急。帝曰：“此非安寝之时。”乃部分诸将为行计。

北面副招讨使马全节等奏：“据降者言，虏众不多，宜乘其散归种落，大举径袭幽州。”帝以为然，征兵诸道。壬戌，下诏亲征。乙丑，帝发大梁。

二月（壬）〔戊〕辰朔，帝至滑州。壬申，命安审琦屯邺都。甲戌，帝发滑州，乙亥，至澶州。己卯，马全节等诸军以次北上。刘知远闻之曰：“中国疲弊，自守恐不足；乃横挑强胡，胜之犹有后患，况不胜乎！”

契丹自恒州还，以羸兵驱牛羊过祁州城下，刺史下邳沈斌出兵击之，契丹以精骑夺其门，州兵不得还。赵延寿知城中无余兵，引契丹急攻之。斌在〔城〕上，延寿语〔之〕曰：“沈使君，吾之故人。择祸莫若轻，何不早降?”斌曰：“侍中父子失计陷身虏庭，忍帅犬羊以残父母之邦，不自愧耻，更有骄色，何哉！沈斌弓折矢尽，宁为国家死耳，终不效公所为。”明日，城陷，斌自杀。

丙戌，诏北面行营都招讨使杜威以本道兵会马全节等进军。

端明殿学士、户部侍郎冯玉，宣徽北院使、权侍卫马步都虞候太原李彦韬皆挟恩用事，恶中书令桑维翰，数毁之。帝欲罢维翰政事，李崧、刘昫固谏而止。维翰请以玉为枢密副使，玉殊不平。丙申，中旨以玉为户部尚书、枢密使，以分维翰之权。彦韬少事阎宝为仆夫，后隶高祖帐下。高祖自太原南下，留彦韬侍帝，为腹心，由是有宠。性纤巧，与嬖幸相结，以蔽帝耳目，帝委信之，至于升黜将相，亦得预议。尝谓人曰：“吾不知朝廷设文官何所用，且欲澄汰，徐当尽去之。”

初，高祖置德清军于故澶州城，及契丹入寇，澶州、邺都之间城戍俱陷。议者以澶州、邺都相去百五十里，宜于中途筑城以应接南北，从之。三月戊戌，更筑德清军城，合德清、南乐之民以实之。

乙巳，杜威等诸军会于定州，以供奉官萧处钧权知祁州事。庚戌，诸军攻契丹，泰州刺史晋廷谦举州降。甲寅，取满城，获契丹酋长没刺及其兵二千人。乙卯，取遂城。赵延寿部曲有降者，言契丹主还至虎北口，闻晋取泰州，复拥众南向，约八万余骑，计来夕当至，宜速为备。杜威等惧，丙辰，退保泰州。

戊午，契丹至泰州。己未，晋军南行，契丹踵之。晋军至阳城，庚申，契丹大至。晋军与战，逐北十余里，契丹逾白沟而去。壬戌，晋军结阵而南，胡骑四合如山，诸军力战拒之。是日才行十余里，人马饥乏。癸亥，晋军至白团卫村，埋鹿角为行寨。契丹围之数重，奇兵出寨后断粮道。是日，东北风大起，破屋折树。营中掘井，方及水辄崩，士卒取其泥，帛绞而饮之，人马俱渴。至曙，风尤甚。契丹主坐奚车中，令其众曰："晋军止此耳，当尽擒之，然后南取大梁。"命铁鹞四面下马，拔鹿角而入，奋短兵以击晋军，又顺风纵火扬尘以助其势。

军士皆愤怒，大呼曰："都招讨使何不用兵？令士卒徒死！"诸将请出战，杜威曰："俟风稍缓，徐观可否。"马步都监李守贞曰："彼众我寡，风沙之内，莫测多少，惟力斗者胜，此风乃助我也。若俟风止，吾属无类矣。"即呼曰："诸军齐击贼！"又谓威曰："令公善守御，守贞以中军决死矣。"马军左厢都排阵使张彦泽召诸将问计，皆曰："虏得风势，宜俟风回与战。"彦泽亦以为然。诸将退，马军右厢副排阵使太原药元福独留，谓彦泽曰："今军中饥渴已甚，若俟风回，吾属已为虏矣。敌(为)〔谓〕我不能逆风以战，(而)〔宜〕出其不意争击之，此兵之诡道也。"马步左右厢都排阵使符彦卿曰："与其束手就擒，曷若以身徇国。"乃与彦泽、元福及左厢都排阵使皇甫遇引精骑出西门击之，诸将继至，契丹却数百步。彦卿等谓守贞曰:“且曳队往来乎?直前奋击,以胜为度乎?”守贞曰:“事势如此,安可回鞚,宜长驱取胜耳。”彦卿等跃马而去,风势益甚,昏晦如夜。彦卿等拥万余骑横击契丹,呼声动天地,契丹大败而走,势如崩山。李守贞亦令步兵尽拔鹿角出斗,步骑俱进,逐北二十余里。铁鹞既下马,苍黄不能复上,皆委弃马及铠仗蔽地。

契丹散卒至阳城东南水上,稍复布列。杜威曰:“贼已破胆,不宜更令成列。”遣精骑击之,皆渡水去。契丹主乘奚车走十余里,追兵急,获一橐驼,乘之而走。诸将请急追之,杜威扬言曰:“逢贼幸不死,更索衣囊邪?”李守贞曰:“两日人马渴甚,今得水饮皆足重,难以追寇,不若全军而还。”乃退保定州。

契丹主至幽州,散兵稍集。以军失利,杖其酋长各数百,唯赵延寿得免。乙丑,诸军自定州引归。诏以泰州隶定州。夏四月辛巳,帝发澶州;甲申,还大梁。

顺国节度使杜威久镇恒州,性贪残,自恃贵戚,多不法。每以备边为名,敛吏民钱帛以充私藏。富室有珍货或名姝骏马,皆夺取之。或诬以罪杀之,籍没其家。又畏懦过甚,每契丹数十骑入境,威已闭门登陴,或数骑驱所掠华人千百过城下,威但瞋目延颈望之,无意邀取。由是虏无所忌惮,属城多为所屠,威竟不出一卒救之。千里之间,暴骨如莽,村落殆尽。威见所部残弊,为众所怨,又畏契丹之强,累表请入朝,帝不许。威不俟报,遽委镇入朝,朝廷闻之,惊骇。桑维翰言于帝曰:“威固违朝命,擅离边镇。居常凭恃勋亲,邀求姑息,及疆埸多事,曾无守御之意。宜因此时废之,庶无后患。”帝不悦。维翰曰:“陛下不忍废之,宜授以近京小镇,勿复委以雄藩。”帝曰:“威朕之密亲,必无异志。但宋国长公主切欲相见耳，公勿以为疑。”维翰自是不敢复言国事，以足疾辞位。五月丙辰，威至大梁。

己未，杜威献部曲步骑合四千人，并铠仗。庚申，又献粟十万斛，刍二十万束，云皆在本道。帝以其所献骑兵隶扈圣，步兵隶护国。威复请以为牙队，而禀赐皆仰县官。威又令公主白帝，求天雄节钺，帝许之。六月癸酉，以杜威为天雄节度使。

契丹连岁入寇，中国疲于奔命，边民涂地。契丹人畜亦多死，国人厌苦之。述律太后谓契丹主曰：“使汉人为胡主，可乎？”曰：“不可。”太后曰：“然则汝何故欲为汉主？”曰：“石氏负恩，不可容。”太后曰：“汝今虽得汉地，不能居也。万一蹉跌，悔何所及。”又谓其群下曰：“汉儿何得一向眠！自古但闻汉和蕃，不闻蕃和汉。汉儿果能回意，我亦何惜与和。”

桑维翰屡劝帝复请和于契丹，以纾国患。帝假开封军将张晖供奉官，使奉表称臣诣契丹，卑辞谢过。契丹主曰：“使景延广、桑维翰自来，仍割镇、定两道隶我则可和。”朝廷以契丹语忿，谓其无和意，乃止。及契丹主入大梁，谓李崧等曰：“向使晋使再来，则南北不战矣。”

秋八月丙寅，右仆射兼中书侍郎、同平章事和凝罢守本官，加枢密使、户部尚书冯玉中书侍郎、同平章事，事无大小，悉以委之。帝自阳城之捷，谓天下无虞，骄侈益甚。四方贡献珍奇，皆归内府。多造器玩，广宫室，崇饰后庭，近朝莫之及。作织锦楼以织地衣，用织工数百，期年乃成。又赏赐优伶无度。桑维翰谏曰：“向者陛下亲御胡寇，战士重伤者，赏不过帛数端。今优人一谈一笑称旨，往往赐束帛、万钱、锦袍、银带，彼战士见之，能不觖望，曰：‘我曹冒白刃，绝筋折骨，曾不如一谈一笑之功乎！’如此，则士卒解体，陛下谁与卫社稷乎？”帝不听。冯玉每善承迎帝意，由是益有宠。尝有疾在家，帝谓诸宰相曰：“自刺史以上，俟冯玉出乃得除。”其倚任如此。玉乘势弄权，四方赂遗辐凑其门，由是朝政益坏。

九月戊申，置威信军于曹州。遣侍卫马步都指挥使李守贞戍澶州。乙卯，遣彰德节度使张彦泽戍恒州。

初，帝疾未平，会正旦，枢密使、中书令桑维翰遣女仆入宫起居太后，因问：“皇弟睿近读书否？”帝闻之，以告冯玉。玉因谮维翰有废立之志，帝疑之。李守贞素恶维翰，冯玉、李彦韬与守贞合谋排之，以中书令、行开封尹赵莹柔而易制，共荐以代维翰。十二月，罢维翰政事，为开封尹，以莹为中书令，李崧为枢密使、守侍中。维翰遂称足疾，希复朝谒，杜绝宾客。或谓冯玉曰：“桑公元老，今既解其枢务，纵不留之相位，犹当优以大藩，奈何使之尹京，亲猥细之务乎？”玉曰：“恐其反耳。”曰：“儒生安能反？”玉曰：“纵不自反，恐其教人耳。”

三年。定州西北二百里有狼山，土人筑堡于山上以避胡寇。堡中有佛舍，尼孙深意居之，以妖术惑众，言事颇验，远近信奉之。中山人孙方简及弟行友，自言深意之侄，不饮酒食肉，事深意甚谨。深意卒，方简嗣行其术，称深意坐化，严饰，事之如生，其徒日滋。会晋与契丹绝好，北边赋役繁重，寇盗充斥，民不安其业。方简、行友因帅乡里豪健者，据寺为寨以自保。契丹入寇，方简帅众邀击，颇获其甲兵、牛马、军资，人挈家往依之者益众。久之，至千余家，遂为群盗。惧为吏所讨，乃归款朝廷。朝廷亦资其御寇，署东北招收指挥使。方简时入契丹境钞掠，多所杀获。既而邀求不已，朝廷小不副其意，则举寨降于契丹，请为向导以入寇。时河北大饥，民饿死者所在以万数，兖、郓、沧、贝之间盗贼蜂起，吏不能禁。天雄节度使杜威遣元随军将刘延翰市马于边，方简执之，献于契丹。延翰逃归，六月壬戌，至大梁，言："方简欲乘中国凶饥，引契丹入寇，宜为之备。"

乙丑，定州言契丹勒兵压境。诏以天平节度使、侍卫马步都指挥使李守贞为北面行营都部署，义成节度使皇甫遇副之；彰德节度使张彦泽充马军都指挥使兼都虞候，义武节度使蓟人李殷充步军都指挥使兼都排阵使；遣护圣指挥使临清王彦超、太原白延遇以部兵十营诣邢州。时马军都指挥使、镇安节度使李彦韬方用事，视守贞蔑如也。守贞在外所为，事无大小，彦韬必知之，守贞外虽敬奉而内恨之。

秋七月，有自幽州来者，言赵延寿有意归国。枢密使李崧、冯玉信之，命天雄节度使杜威致书于延寿，具述朝旨，啖以厚利。洺州军将赵行实尝事延寿，遣赍书潜往遗之。延寿复书，言久处异域，思归中国。乞发大军应接，拔身南去，辞旨恳密。朝廷欣然，复遣行实诣延寿，与为期约。

八月，李守贞言："与契丹千余骑遇于长城北，转斗四十里，斩其酋帅解里，拥余众入水溺死者甚众。"丁卯，诏李守贞还屯澶州。

帝既与契丹绝好，数召吐谷浑酋长白承福入朝，宴赐甚厚。承福从帝与契丹战澶州，又与张从恩戍滑州。属岁大热，遣其部落还太原，畜牧于岚、石之境。部落多犯法，刘知远无所纵舍。部落知朝廷微弱，且畏知远之严，谋相与遁归故地。有白可久者，位亚承福，帅所部先亡归契丹，契丹用为云州观察使以诱承福。知远与郭威谋曰："今天下多事，置此属于太原，乃腹心之疾也，不如去之。”承福家甚富，饲马用银槽。威劝知远诛之，收其货以赡军。知远密表“吐谷浑反覆难保，请迁于内地”。帝遣使发其部落千九百人，分置河阳及诸州。知远遣威诱承福等入居太原城中，因诬承福等五族谋叛，以兵围而杀之，合四百口，籍没其家赀。诏褒赏之，吐谷浑由是遂微。

九月，契丹三万寇河东，壬辰，刘知远败之于杨武谷，斩首七千级。张彦泽奏败契丹于定州北，又败之于泰州，斩首二千级。

契丹使瀛州刺史刘延祚遗乐寿监军王峦书，请举城内附。且云：“城中契丹兵不满千人，乞朝廷发轻兵袭之，己为内应。又今秋多雨，自瓦桥以北积水无际，契丹主已归牙帐，虽闻关南有变，地远阻水，不能救也。”峦与天雄节度使兼中书令杜威屡奏瀛、莫乘此可取，深州刺史慕容迁献瀛莫图；冯玉、李崧信以为然，欲发大兵迎赵延寿及延祚。

先是，侍卫马步都指挥使、天平节度使李守贞数将兵过广晋，杜威厚待之，赠金帛、甲兵动以万计，守贞由是与威亲善。守贞入朝，帝劳之曰：“闻卿为将，常费私财以赏战士。”对曰：“此皆杜威尽忠于国，以金帛资臣，臣安敢掠有其美。”因言：“陛下若他日用兵，臣愿与威戮力以清沙漠。”帝由是亦贤之。及将北征，帝与冯玉、李崧议以威为元帅，守贞副之。赵莹私谓冯、李曰：“杜令国戚，贵为将相，而所欲未厌，心常慊慊，岂可复假以兵权。必若有事北方，不若止任守贞为愈也。”不从。冬十月辛未，以威为北面行营都招讨使，以守贞为兵马都监，泰宁节度使安审琦为左右厢都指挥使，武宁节度使符彦卿为马军左厢都指挥使，义成节度使皇甫遇为马军右厢都指挥使，永清节度使梁汉璋为马军都排阵使，前威胜节度使宋彦筠为步军左厢都指挥使，奉国左厢都指挥使王饶为步军右厢都指挥使，洺州团练使薛怀让为先锋都指挥使。仍下敕榜曰："专发大军，往平黠虏。先收瀛、莫，安定关南，次复幽、燕，荡平塞北。"又曰："有能擒获虏主者，除上镇节度使，赏钱万缗，绢万匹，银万两。"时自六月积雨，至是未止，军行及馈运者甚艰苦。

杜威、李守贞会兵于广晋而北行。威屡使公主入奏，请益兵，曰："今深入虏境，必资众力。"由是禁军皆在其麾下，而宿卫空虚。十一月丁酉，以李守贞权知幽州行府事。己亥，杜威等至瀛州，城门洞启，寂若无人，威等不敢进。闻契丹将高谟(斡)〔翰〕先已引兵潜出，威遣梁汉璋将二千骑追之，汉璋遇契丹于南阳务，败死。威等闻之，引兵而南。时束城等数县请降，威等焚其庐舍，掠其妇女而还。

契丹主大举入寇，自易、定趣恒州。杜威等至武强，闻之，将自冀、贝而南。彰德节度使张彦泽时在恒州，引兵会之，言契丹可破之状，威等乃复趣恒州，以彦泽为前锋。甲寅，威等至中度桥，契丹已据桥。彦泽帅骑争之，契丹焚桥而退，晋兵与契丹夹滹沱而军。始，契丹见晋军大至，又争桥不胜，恐晋军急渡滹沱，与恒州合势击之，议引兵还。及闻晋军筑垒为持久之计，遂不去。

杜威虽以贵戚为上将，性懦怯。偏裨皆节度使，但日相承迎，置酒作乐，罕议军事。磁州刺史兼北面转运使李榖说威及李守贞曰："今大军去恒州咫尺，烟火相望，若多以三股木置水中，积薪布土其上，桥可立成。密约城中举火相应，夜募壮士斫虏营而入，表里合势，虏必遁逃。"诸将皆以为然，独杜威不可，遣榖南至怀、孟督军粮。

契丹以大兵当晋军之前，潜遣其将萧翰、通事刘重进将百骑及羸卒，并西山出晋军之后，断晋粮道及归路。樵采者遇之，尽为所掠，有逸归者，皆称虏众之盛，军中恼惧。翰等至栾城，城中戍兵千余人，不觉其至，狼狈降之。契丹获晋民，黥其面曰“奉敕不杀”，纵之南走。运夫在道遇之，皆弃车惊溃。翰，契丹主之舅也。

十二月丁巳朔，李縠自书密奏，具言大军危急之势，请车驾幸滑州，遣高行周、符彦卿扈从，及发兵守澶州、河阳以备虏之奔冲，遣军将关勋走马上之。己未，帝始闻大军屯中度。是夕，关勋至。庚申，杜威奏请益兵，诏悉发守宫禁者得数百人赴之，又诏发河北及滑、孟、泽、潞刍粮五十万诣军前。督迫严急，所在鼎沸。辛酉，威又遣从者张祚等来告急。祚等还，为契丹所获。自是朝廷与军前声问两不相通。

时宿卫兵皆在行营，人心懔懔，莫知为计。开封尹桑维翰以国家危在旦夕，求见帝言事。帝方在苑中调鹰，辞不见。又诣执政言之，执政不以为然。退谓所亲曰：“晋氏不血食矣！”

帝欲自将北征，李彦韬谏而止。时符彦卿虽任行营职事，帝留之，使戍荆州口。壬戌，诏以归德节度使高行周为北面都部署，以彦卿副之，共戍澶州。以西京留守景延广戍河阳，且张形势。奉国都指挥使王清言于杜威曰：“今大军去恒州五里，守此何为？营孤食尽，势将自溃。请以步卒二千为前锋，夺桥开道，公帅诸军继之，得入恒州，则无忧矣。”威许诺，遣清与宋彦筠俱进。清战甚锐，契丹不能支，势小却。诸将请以大军继之，威不许。彦筠为契丹所败，浮水抵岸，得免，因退走。清独帅麾下陈于水北力战，互有杀伤，屡请救于威，威竟不遣一骑助之。清谓其众曰：“上将握兵，坐观吾辈困急而不救，此有异志。吾辈当以死报国耳！”众感其言，莫有退者，至暮，战不息。契丹以新兵继之，清及士众尽死。由是诸军皆夺气。清，洺州人也。

甲子，契丹遥以兵环晋营，内外断绝，军中食且尽。杜威与李守贞、宋彦筠谋降契丹，威潜遣腹心诣契丹牙帐，邀求重赏。契丹主绐之曰："赵延寿威望素浅，恐不能帝中国；汝果降者，当以汝为之。"威喜，遂定降计。丙寅，伏甲召诸将，出降表示之，使署名。诸将骇愕，莫敢言者，但唯唯听命。威遣閤门使高勋赍诣契丹，契丹主赐诏慰纳之。是日，威悉命军士出陈于外，军士皆踊跃，以为且战。威亲谕之曰："今食尽途穷，当与汝曹共求生计。"因命释甲，军士皆恸哭，声振原野。威、守贞仍于众中扬言："主上失德，信任奸邪，猜忌于己。"闻者无不切齿。契丹主遣赵延寿衣赭袍至晋营慰抚士卒，曰："彼皆汝物也。"杜威已下皆迎谒于马前，亦以赭袍衣威以示晋军，其实皆戏之耳。以威为太傅，李守贞为司徒。

威引契丹主至恒州城下，谕顺国节度使王周以已降之状，周亦出降。戊辰，契丹主入恒州。遣兵袭代州，刺史王晖以城降之。先是，契丹屡攻易州，刺史郭璘固守拒之。契丹主每过城下，指而叹曰："吾能吞并天下，而为此人所扼！"及杜威既降，契丹主遣通事耿崇美至易州诱谕其众，众皆降。璘不能制，遂为崇美所杀。璘，邢州人也。

义武节度使李殷、安国留后方太皆降于契丹，契丹主以孙方简为义武节度使，麻答为安国节度使，以客省副使马崇祚权知恒州事。

契丹翰林承旨、吏部尚书张砺言于契丹主曰："今大辽已得天下，中国将相宜用中国人为之，不宜用北人及左右近习。苟政令乖失，则人心不服，虽得之犹将失之。"契丹主不从。引兵自邢、相而南，杜威将降兵以从。遣张彦泽将二千骑先取大梁，且抚安吏民，以通事傅住儿为都监。

杜威之降也，皇甫遇初不预谋。契丹主欲遣遇先将兵入大梁，遇辞，退谓所亲曰："吾位为将相，败不能死，忍复图其主乎！"至平棘，谓从者曰："吾不食累日矣，何面目复南行。"遂扼吭而死。

张彦泽倍道疾驱，夜渡白马津。壬申，帝始闻杜威等降。是夕，又闻彦泽至滑州，召李崧、冯玉、李彦韬入禁中计事，欲诏刘知远发兵入援。癸酉，未明，彦泽自封丘门斩关而入，李彦韬帅禁兵五百赴之，不能遏。彦泽顿兵明德门外，城中大扰。帝于宫中起火，自携剑驱后宫十余人将赴火，为亲军将薛超所持。俄而彦泽自宽仁门传契丹主与太后书慰抚之，且召桑维翰、景延广，帝乃命灭火，悉开宫城门。帝坐苑中，与后妃相聚而泣，召翰林学士范质草降表，自称孙男臣重贵，祸至神惑，运尽天亡，今与太后及妻冯氏，举族于郊野面缚待罪。次遣男镇宁节度使延煦、威信节度使延宝奉国宝一、金印三出迎。太后亦上表称新妇李氏妾。

傅住儿入宣契丹主命，帝脱黄袍，服素衫，再拜受宣，左右皆掩泣。帝使召张彦泽欲与计事，彦泽曰："臣无面目见陛下。"帝复召之，彦泽微笑不应。

或劝桑维翰逃去，维翰曰："吾大臣，逃将安之？"坐而俟命。彦泽以帝命召维翰，维翰至天街，遇李崧，驻马语未毕，有军吏于马前揖维翰赴侍卫司。维翰知不免，顾谓崧曰："侍中当国，今日国亡，反令维翰死之，何也？"崧有愧色。彦泽倨坐见维翰，维翰责之曰："去年拔公于罪人之中，复领大镇，授以兵权，何乃负恩至此！"彦泽无以应，遣兵守之。

宣徽使孟承诲素以佞巧有宠于帝，至是，帝召承诲欲与之谋，承诲伏匿不至，张彦泽捕而杀之。

彦泽纵兵大掠，贫民乘之，亦争入富室，杀人取其货，二日方止，都城为之一空。彦泽所居，宝货山积，自谓有功于契丹，昼夜以酒乐自娱，出入骑从常数百人，其旗帜皆题"赤心为主"，见者笑之。军士擒罪人至前，彦泽不问所犯，但瞋目竖三指，即驱出断其腰领。彦泽素与閤门使高勋不协，乘醉至其家，杀其叔父及弟，尸诸门首，士民不寒而栗。

中书舍人李涛谓人曰："吾与其逃于沟渎而不免，不若往见之。"乃投刺谒彦泽曰："上疏请杀太尉人李涛，谨来请死。"彦泽欣然接之，谓涛曰："舍人今日惧乎？"涛曰："涛今日之惧，亦犹足下昔年之惧也。向使高祖用涛言，事安至此！"彦泽大笑，命酒饮之。涛引满而去，旁若无人。天福七年，张彦泽获亡将杨洪，断其手足斩之，彰义节度使王周奏之，帝释而不问，李涛伏閤极论其罪。

甲戌，张彦泽迁帝于开封府，顷刻不得留，宫中恸哭。帝与太后、皇后乘肩舆，宫人宦者十余人步从，见者流涕。帝悉以内库金珠自随，彦泽使人讽之曰："契丹主至，此物不可匿也。"帝悉归之，亦分以遗彦泽，彦泽择取其奇货，而封其余以待契丹。彦泽遣控鹤指挥使李筠以兵守帝，内外不通。帝姑乌氏公主赂守门者，入与帝诀，相持而泣，归第自经死。帝与太后所上契丹主表章，皆先示彦泽，然后敢发。

帝使取内库帛数段，主者不与，曰："此非帝物也。"又求酒于李崧，崧亦辞以他故不进。又欲见李彦韬，彦韬亦辞不往。帝惆怅久之。

冯玉佞张彦泽，求自送传国宝，冀契丹复任用。

楚国夫人丁氏，延煦之母也，有美色。彦泽使人取之，太后迟回未与。彦泽诟詈，立载之去。

是夕，彦泽杀桑维翰。以带加颈，白契丹主，云其自经。契丹主曰："吾无意杀维翰，何为如是？"命厚抚其家。

高行周、符彦卿皆诣契丹牙帐降，契丹主以阳城之战为彦卿所败，诘之。彦卿曰："臣当时惟知为晋主竭力，今日死生惟命。"契丹主笑而释之。

己卯，延煦、延宝自牙帐还，契丹主赐帝手诏，且遣解里谓帝曰："孙勿忧，必使汝有啖饭之所。"帝心稍安，上表谢恩。

契丹以所献传国宝追琢非工，又不与前史相应，疑其非真，以诏书诘帝，使献真者。帝奏："顷王从珂自焚，旧传国宝不知所在，必与之俱烬。此宝先帝所为，群臣备知。臣今日焉敢匿宝。"乃止。

帝闻契丹主将渡河，欲与太后于前途奉迎；张彦泽先奏之，契丹主不许。有司又欲使帝衔璧、牵羊，大臣舆榇，迎于郊外，先具仪注白契丹主。契丹主曰："吾遣奇兵直取大梁，非受降也。"亦不许。又诏晋文武群官一切如故；朝廷制度，并用汉礼。有司欲备法驾迎契丹主，报曰："吾方擐甲总戎，太常仪卫，未暇施也。"皆却之。

先是，契丹主至相州，即遣兵趣河阳捕景延广。延广苍猝无所逃伏，往见契丹主于封丘。契丹主诘之曰："致两主失欢，皆汝所为也。十万横磨剑安在？"召乔荣使相辨证事凡十条。延广初不服，荣以纸所记语示之，乃服。每服一事，辄授一筹。至八筹，延广但以面伏地请死，乃锁之。

丙戌晦，百官宿于封禅寺。

后汉高祖天福十二年春正月丁亥朔，百官遥辞晋主于城北，乃易素服纱帽，迎契丹主，伏路侧请罪。契丹主貂帽、貂裘，衷甲，驻马高阜，命起改服，抚慰之。左卫上将军安叔千独出班胡语，契丹主曰："汝安没字邪？汝昔镇邢州，已累表输诚，我不忘也。"叔千拜谢呼跃而退。晋主与太后已下迎于封丘门外，契丹主辞不见。

契丹主入门，民皆惊呼而走。契丹主登城楼，遣通事谕之曰："我亦人也，汝曹勿惧。会当使汝曹苏息。我无心南来，汉兵引我至此耳。"至明德门，下马拜而后入宫。以其枢密副使刘密权开封尹事。日暮，契丹主复出屯于赤冈。

高勋诉张彦泽杀其家人于契丹主，契丹主亦怒彦泽剽掠京城，并傅住儿锁之。以彦泽之罪宣示百官，问："应死否？"皆言"应死"。百姓亦投牒争疏彦泽罪。己丑，斩彦泽、住儿于北市，仍命高勋监刑。彦泽前所杀士大夫子孙，皆绖杖号哭，随而诟詈，以杖扑之。勋命断腕出锁，剖其心以祭死者。市人争破其脑取髓，脔其肉而食之。

契丹送景廷广归其国。庚寅，宿陈桥，夜，伺守者稍怠，扼吭而死。

辛卯，契丹以晋主为负义侯，置于黄龙府。黄龙府，即慕容氏和龙城也。契丹主使谓李太后曰："闻重贵不用母命，以至于此，可求自便，勿与俱行。"太后曰："重贵事妾甚谨。所(以)失者，违先君之志，绝两国之欢耳。今幸蒙大恩，全生保家，母不随子，欲何所归？"

癸巳，契丹迁晋主及其家人于封禅寺，遣大同节度使兼侍中河内崔廷勋以兵守之。契丹主数遣使存问，晋主每闻使至，举家忧恐。时雨雪连旬，外无供亿，上下冻馁。太后使人谓寺僧曰："吾尝于此饭僧数万，今日独无一人相念邪？"僧辞以虏意难测，不敢献食。晋主阴祈守者，乃稍得食。

是日，契丹主自赤冈引兵入宫，都城诸门及宫禁门皆以契丹守卫，昼夜不释兵仗。磔犬于门，以竿悬羊皮于庭为厌胜。契丹主谓晋群臣曰："自今不修甲兵，不市战马，轻赋省役，天下太平矣。"废东京，降开封府为汴州，尹为防御使。乙未，契丹主改服中国衣冠，百官起居皆如旧制。

赵延寿、张砺共荐李崧之才，会威胜节度使冯道自邓州入朝，契丹主素闻二人名，皆礼重之。未几，以崧为太子太师，充枢密使；道守太傅，于枢密院祗候，以备顾问。

契丹主分遣使者，以诏书赐晋之藩镇。晋之藩镇争上表称臣，被召者无不奔驰而至。惟彰义节度使史匡威据泾州不受命。匡威，建瑭之子也。雄武节度使何重建斩契丹使者，以秦、成、阶三州降蜀。

初，杜重威既以晋军降契丹，契丹主悉收其铠仗数百万贮恒州，驱马数万归其国，遣重威将其众从己而南。及河，契丹主以晋兵之众，恐其为变，欲悉以胡骑拥而纳之河流。或谏曰："晋兵在他所者尚多，彼闻降者尽死，必皆拒命为患，不若且抚之，徐思其策。"契丹主乃使重威以其众屯陈桥。会久雪，官无所给，士卒冻馁，咸怨重威，相聚而泣。重威每出，道旁人皆骂之。

契丹主犹欲诛晋兵。赵延寿言于契丹主曰："皇帝亲冒矢石以取晋国，欲自有之乎？将为他人取之乎？"契丹主变色曰："朕举国南征，五年不解甲，仅能得之，岂为他人乎？"延寿曰："晋国南有唐，西有蜀，常为仇敌，皇帝亦知之乎？"曰："知之。"延寿曰："晋国东自沂、密，西及秦、凤，延袤数千里，边于吴、蜀，常以兵戍之。南方暑湿，上国之人不能居也。他日车驾北归，以晋国如此之大，无兵守之，吴、蜀必相与乘虚入寇，如此，岂非为他人取之乎？"契丹主曰："我不知也。然则奈何？"延寿曰："陈桥降卒，可分以戍南边，则吴、蜀不能为患矣。"契丹主曰："吾昔在上党，失于断割，悉以唐兵授晋。既而返为仇雠，北向与吾战，辛勤累年，仅能胜之。今幸入吾手，不因此时悉除之，岂可复留以为后患乎！"延寿曰："向留晋兵于河南，不质其妻子，故有此忧。今若悉徙其家于恒、定、云、朔之间，每岁分番使戍南边，何忧其为变哉？此上策也。"契丹主悦，曰："善，惟大王所以处之。"由是陈桥兵始得免，分遣还营。

癸卯，晋主与李太后、安太妃、冯后及弟睿、子延煦、延宝俱北迁，后宫左右从者百余人。契丹遣三百骑援送之，又遣晋中书令赵莹、枢密使冯玉、马军都指挥使李彦韬与之俱。晋主在途，供馈不继，或时与太后俱绝食，旧臣无敢进谒者。独磁州刺史李穀迎谒于路，相对泣下。穀曰："臣无状，负陛下。"因倾赀以献。

晋主至中度桥，见杜重威寨，叹曰："天乎，我家何负，为此贼所破！"恸哭而去。

契丹主以前燕京留守刘晞为西京留守，永康王兀欲之弟留珪为义成节度使，族人郎伍为镇宁节度使，兀欲姊婿潘聿撚为横海节度使，赵延寿之子匡赞为护国节度使，汉将张彦超为雄武节度使，史佺为彰义节度使，客省副使刘晏僧为忠武节度使，前护国节度使侯益为凤翔节度使，权知凤翔府事焦继勋为保大节度使。晞，涿州人也。既而何重建附蜀，史匡威不受代，契丹势稍沮。

晋主之绝契丹也，匡国节度使刘继勋为宣徽北院使，颇预其谋。契丹主入汴，继勋入朝，契丹主责之。时冯道在殿上，继勋急指道曰："冯道为首相，与景延广实为此谋。臣位卑，何敢发言。"契丹主曰："此叟非多事者，勿妄引之。"命锁继勋，将送黄龙府。赵在礼至洛阳，谓人曰："契丹主尝言庄宗之乱由我所致，我此行良可忧。"契丹遣契丹将述轧、奚王拽剌、勃海将高谟翰戍洛阳，在礼入谒，拜于庭下，拽剌等皆踞坐受之。乙卯，在礼至郑州，闻继勋被锁，大惊，夜自经于马枥间。契丹主闻在礼死，乃释继勋，继勋忧愤而卒。刘晞在契丹尝为枢密使、同平章事，至洛阳，诟奚王曰："赵在礼汉家大臣，尔北方一酋长耳，安得慢之如此！"立于庭下以挫之，由是洛人稍安。

契丹主广受四方贡献，大纵酒作乐。每谓晋臣曰："中国事，我皆知之，吾国事，汝曹弗知也。"

赵延寿请给上国兵廪食，契丹主曰："吾国无此法。"乃纵胡骑四出，以收马为名，分番剽掠，谓之"打草谷"。丁壮毙于锋刃，老弱委于沟壑，自东西两畿及郑、滑、曹、濮数百里间，财畜殆尽。契丹主谓判三司刘昫曰："契丹兵三十万，既平晋国，应有优赐，速宜营办。"时府库空竭，昫不知所出，请括借都城士民钱帛，自将相以下皆不免。又分遣使者数十人诣诸州括借，皆迫以严诛，人不聊生。其实无所颁给，皆蓄之内库，欲辇归其国。于是内外怨愤，始患苦契丹，皆思逐之矣。

初，晋主与河东节度使、中书令北平王刘知远相猜忌，虽以为北面行营都统，徒尊以虚名，而诸军进止，实不得预闻。知远因之广募士卒，阳城之战诸军散卒归之者数千人，又得吐谷浑财畜，由是河东富强冠诸镇，步骑至五万人。晋主与契丹结怨，知远知其必危，而未尝论谏。契丹屡深入，知远初无邀遮、入援之志。及闻契丹入汴，知远分兵守四境以防侵轶。遣客将安阳王峻奉三表诣契丹主：一，贺入汴；二，以太原夷夏杂居，戍兵所聚，未敢离镇；三，以应有贡物，值契丹将刘九一军自土门西入屯于南川，城中忧惧，俟召还此军，道路始通，可以入贡。契丹主赐诏褒美，及进画，亲加"儿"字于知远姓名之上，仍赐以木拐。胡法，优礼大臣则赐之，如汉赐几杖之比，惟伟王以叔父之尊得之。知远又遣北都副留守太原白文珂入献奇缯、名马。契丹主知知远观望不至，及文珂还，使谓知远曰："汝不事南朝，又不事北朝，意欲何所俟邪？"蕃汉孔目官郭威言于知远曰："虏恨我深矣。王峻言契丹贪残失人心，必不能久有中国。"或劝知远举兵进取。知远曰："用兵有缓有急，当随时制宜。今契丹新降晋军十万，虎据京邑，未有他变，岂可轻动哉。且观其所利止于货财，货财既足，必将北去。况冰雪已消，势难久留，宜待其去，然后取之，可以万全。"

昭义节度使张从恩，以地迫怀、洛，欲入朝于契丹，遣使谋于知远。知远曰："我以一隅之地，安敢抗天下之大！君宜先行，我当继往。"从恩以为然。判官高防谏曰："公晋室懿亲，不可轻变臣节。"从恩不从。左骁卫大将军王守恩，与从恩姻家，时在上党，从恩以副使赵行迁知留后，牒守恩权巡检使，与高防佐之，遂行。守恩，建立之子也。

契丹主召晋百官悉集于庭，问曰："吾国广大，方数万里，有君长二十七人。今中国之俗异于吾国，吾欲择一人君之，如何？"皆曰："天无二日，夷、夏之心皆愿推戴皇帝。"如是者再。契丹主乃曰："汝曹既欲君我，今兹所行，何事为先？"对曰："王者初有天下，应大赦。”二月丁巳朔，契丹主服通天冠、绛纱袍，登正殿，设乐悬、仪卫于庭。百官朝贺，华人皆法服，胡人仍胡服，立于文武班中间。下制称大辽会同十年，大赦。仍云：“自今节度使、刺史，毋得置牙兵，市战马。”

赵延寿以契丹主负约，心怏怏，令李崧言于契丹主曰：“汉天子所不敢望，乞为皇太子。”崧不得已为言之。契丹主曰：“我于燕王，虽割吾肉，有用于燕王，吾无所爱。然吾闻皇太子当以天子儿为之，岂燕王所可为也！”因令为燕王迁官。时契丹以恒州为中京，翰林承旨张砺奏拟燕王中京留守、大丞相、录尚书事、都督中外诸军事，枢密使如故。契丹主取笔涂去“录尚书事都督中外诸军事”而行之。

刘知远闻何重建降蜀，叹曰：“戎狄凭陵，中原无主，令藩镇外附，吾为方伯，良可愧也！”于是将佐劝知远称尊号，以号令四方，观诸侯去就。知远不许。闻晋主北迁，声言欲出兵井陉，迎归晋阳。丁卯，命武节都指挥使荥泽史弘肇集诸军于毬场，告以出师之期。军士皆曰：“今契丹陷京城，执天子，天下无主。主天下者，非我王而谁？宜先正位号，然后出师。”争呼万岁不已。知远曰：“虏势尚强，吾军威未振，当且建功业。士卒何知！”命左右遏止之。

己巳，行军司马潞城张彦威等三上笺劝进，知远疑未决。郭威与都押牙冠氏杨邠入说知远曰：“今远近之心不谋而同，此天意也。王不乘此际取之，谦让不居，恐人心且移，移则反受其咎。”知远从之。

契丹以其将刘愿为保义节度副使，陕人苦其暴虐。奉国都头王晏与指挥使赵晖、都头侯章谋曰：“今胡虏乱华，乃吾属奋发之秋。河东刘公，威德远著，吾辈若杀愿举陕城归之，为天下唱，取富贵如反掌耳。"晖等然之。晏与壮士数人夜逾牙城入府，出库兵以给众。庚午旦，斩愿首，悬诸府门，又杀契丹监军，奉晖为留后。晏，徐州；晖，澶州；章，太原人也。

辛未，刘知远即皇帝位，自言未忍改晋国，又恶开运之名，乃更称天福十二年。壬申，诏："诸道为契丹括率钱帛者皆罢之。其晋臣被迫胁为使者勿问，令诣行在。自余契丹，所在诛之。"

甲戌，帝自将东迎晋主及太后。至寿阳，闻已过恒州数日，乃留兵戍承天军而还。

晋主既出塞，契丹无复供给，从官、宫女，皆自采木实、草叶而食之。至锦州，契丹令晋主及后妃拜契丹主阿保机墓。晋主不胜屈辱，泣曰："薛超误我！"冯后阴令左右求毒药，欲与晋主俱自杀，不果。

契丹主闻帝即位，以通事耿崇美为昭义节度使，高唐英为彰德节度使，崔廷勋为河阳节度使，以控扼要害。

初，晋置乡兵，号"天威军"。教习岁余，村民不闲军旅，竟不可用，悉罢之；但令七户输钱十千，其铠仗悉输官。而无赖子弟不复肯复农业，山林之盗自是而繁。及契丹入汴，纵胡骑打草谷，又多以其子弟及亲信左右为节度使、刺史，不通政事，华人之狡狯者，多往依其麾下，教之妄作威福，掊敛货财，民不堪命。于是所在相聚为盗，多者数万人，少者不减千百，攻陷州县，杀掠吏民。滏阳贼帅梁晖有众数百，送款晋阳求效用，帝许之。磁州刺史李穀密通表于帝，令晖袭相州。晖侦知高唐英未至，相州积兵器，无守备，丁丑夜，遣壮士逾城入，启关纳其众，杀契丹数百，其守将突围走。晖据州自称留后，表言其状。

戊寅，帝还至晋阳，议率民财以赏将士。夫人李氏谏曰："陛下因河东创大业，未有以惠泽其民而先夺其生生之资，殆非新天子所以救民之意也。今宫中所有，请悉出之以劳军，虽复不厚，人无怨言。"帝曰："善。"即罢率民，倾内府蓄积以赐将士，中外闻之，大悦。李氏，晋阳人也。

建雄留后刘在明朝于契丹，以节度副使骆从朗知州事。帝遣使者张晏洪等如晋州，谕以已即帝位，从朗皆囚之。大将药可俦杀从朗，推晏洪权留后，庚辰，遣使以闻。契丹主遣右谏议大夫赵熙使晋州，括率钱帛，征督甚急。从朗既死，民相帅共杀熙。

契丹主赐赵晖诏，即以为保义留后。晖斩契丹使者，焚其诏，遣支使河间赵矩奉表诣晋阳。契丹遣其将高(模)〔谟〕翰攻晖，不克。帝见矩，甚喜，曰："子挈咽喉之地以归我，天下不足定也。"矩因劝帝早引兵南向，以副天下之望，帝善之。辛巳，以晖为保义节度使，侯章为镇国节度使，保义军马步都指挥使王晏为绛州防御使、保义军马步副都指挥使。

镇宁节度使邪律郎伍性残虐，澶州人苦之。贼帅王琼帅其徒千余人，夜袭据南城，北度浮航，纵兵大掠，围郎伍于牙城。契丹主闻之，甚惧，始遣天平节度使李守贞、天雄节度使杜重威还镇，由是无久留河南之意。遣兵救澶州，琼退屯近郊，遣其弟超奉表来求救。癸未，帝厚赐超，遣还。琼兵败，为契丹所杀。

契丹述律太后遣使以其国中酒馔、脯果赐契丹主贺平晋国，契丹主与群臣宴于永福殿。

东方群盗大起，陷宋、亳、密三州。契丹主谓左右曰："我不知中国之人难制如此。"亟遣泰宁节度使安审琦、武宁节度使符彦卿等归镇，仍以契丹兵送之。彦卿至埇桥，贼帅李仁恕帅众数万急攻徐州。彦卿与数十骑至城下，扬鞭欲招谕之，仁恕控彦卿马，请从相公入城。彦卿子昭序自城中遣军校陈守习缒而出，呼于贼中曰："相公已陷虎口，听相公助贼攻城，城不可得也。"贼知不可劫，乃相帅罗拜于彦卿马前，乞赦其罪。彦卿与之誓，乃解去。

三月丙戌朔，契丹主服赭袍，坐崇元殿，百官行入閤礼。

戊子，帝遣使以诏书安集农民，保聚山谷避契丹之患者。

契丹主复召晋百官谕之曰："天时向暑，吾难久留，欲暂至上国省太后。当留亲信一人于此为节度使。"百官请迎太后，契丹主曰："太后族大，如古柏根，不可移也。"契丹主欲尽以晋之百官自随，或曰："举国北迁，恐摇人心，不如稍稍迁之。"乃诏有职事者从行，余留大梁。复以汴州为宣武军，以萧翰为节度使。翰，述律太后之兄子，其妹复为契丹主后。翰始以萧为姓，自是契丹后族皆称萧氏。

壬寅，契丹主发大梁，晋文武诸司从者数千人，诸军吏卒又数千人，宫女宦官数百人，尽载府库之宝以行，所留乐器、仪仗而已。夕宿赤冈，契丹主见村落皆空，命有司发榜数百通，所在招抚百姓，然竟不禁胡骑剽掠。丙午，契丹自白马渡河，谓宣徽使高勋曰："吾在上国，以射猎为乐，至此令人悒悒。今得归，死无恨矣。"

庚戌，以皇弟北京马步都指挥使崇行太原尹。

辛亥，契丹主将攻相州，梁晖请降，契丹主赦之，许以为防御使。晖疑其诈，复乘城拒守。夏四月己未，未明，契丹主命蕃汉诸军急攻相州，食时克之，悉杀城中男子，驱其妇女而北。胡人掷婴孩于空中，举刃接之以为乐。留高唐英守相州。唐英阅城中，遗民男女得七百余人。其后节度使王继弘敛城中髑髅瘗之，凡得十余万。

或告磁州刺史李穀谋举州应汉，契丹主执而诘之，穀不服。契丹主引手于车中，若取所获文书者。穀知其诈，因请曰："必有其验，乞显示之。"凡六诘，穀辞气不屈，乃释之。

帝以从弟北京马军都指挥使信领义成节度使，充侍卫马军都指挥使；武节都指挥使史弘肇领忠武节度使，充步军都指挥使；右都押牙杨邠权枢密使；蕃汉兵马都孔目官郭威权副枢密使；两使都孔目官南乐王章权三司使。

契丹主见所过城邑丘墟，谓蕃汉群臣曰："致中国如此，皆燕王之罪也。"顾张砺曰："尔亦有力焉。"

契丹昭义节度使耿崇美屯泽州，将攻潞州，乙丑，诏史弘肇将步骑万人救之。

帝闻契丹北归，欲经略河南，故以弘肇为前驱，又遣谦万进出北方，以分契丹兵势。万进，并州人也。

契丹主以船数十艘载晋铠仗，将自汴溯河归其国，命宁国都虞候榆次武行德将士卒千余人部送之。至河阴，行德与将士谋曰："今为虏所制，将远去乡里。人生会有死，安能为异域之鬼乎！虏势不能久留中国，不若共逐其党，坚守河阳，以俟天命之所归者而臣之，岂非长策乎？"众以为然。行德即以铠仗授之，相与杀契丹监军使。会契丹河阳节度使崔廷勋以兵送耿崇美之潞州，行德遂乘虚入据河阳，众推行德为河阳都部署。行德遣弟行友奉蜡表间道诣晋阳。

契丹遣武定节度使方太诣洛阳巡检，至郑州，州有戍兵，共迫太为郑王。梁嗣密王朱乙逃祸为僧，嵩山贼帅张遇得之，立以为天子，取嵩岳神衮冕以衣之，帅众万余袭郑州，太击走之。太以契丹尚强，恐事不济，说谕戍兵，欲与之俱西。众不从，太自西门逃奔洛阳。戍兵既失太，反谮太于契丹，云“胁我为乱”。太遣子师朗自诉于契丹，契丹将麻答杀之，太无以自明。会群盗攻洛阳，契丹留守刘晞弃城奔许州，太乃入府行留守事，与巡检使潘环击群盗却之，张遇杀朱乙请降。伊阙贼帅自称天子，誓众于南郊坛，将入洛阳，太逆击走之。太欲自归于晋阳，武行德使人诱太曰：“我裨校也，公旧镇此地，今虚位相待。”太信之，至河阳，为行德所杀。

萧翰遣高谟翰援送刘晞自许还洛阳，晞疑潘环构其众逐己，使谟翰杀之。

戊辰，武行友至晋阳。

庚午，史弘肇奏遣先锋将马海击契丹，斩首千余级。时耿崇美、崔廷勋至泽州，闻弘肇兵已入潞州，不敢进，引众而南。弘肇遣诲追击，破之，崇美、廷勋与奚王拽剌退保怀州。

辛未，以武行德为河阳节度使。

契丹主闻河阳乱，叹曰：“我有三失，宜天下之叛我也。诸道括钱，一失也；令上国人打草谷，二失也；不早遣诸节度使还镇，三失也。”

契丹主至临城，得疾，及栾城，病甚，苦热，聚冰于胸腹手足，且啖之。丙子，至杀胡林而卒。国人剖其腹，实盐数斗，载之北去，晋人谓之“帝羓”。

赵延寿恨契丹主负约，谓人曰：“我不复入龙沙矣。”即日，先引兵入恒州，契丹永康王兀欲及南北二王各以所部兵相继而入。延寿欲拒之，恐失大援，乃纳之。时契丹诸将已密议奉兀欲为主，兀欲登鼓角楼受叔兄拜，而延寿不之知，自称受契丹皇帝遗诏，权知南朝军国事。仍下教布告诸道，所以供给兀欲与诸将同，兀欲衔之。恒州诸门管钥及仓库出纳，兀欲皆自主之。延寿使人请之，不与。

契丹主丧至国，述律太后不哭，曰："待诸部宁壹如故，则葬汝矣。"

帝之自寿阳还也，留兵千人戍承天军。戍兵闻契丹北还，不为备，契丹袭击之，戍兵惊溃。契丹焚其市邑，一日狼烟百余举。帝曰："此虏将遁，张虚势也。"遣亲将叶仁鲁将步骑三千赴之。会契丹出剽掠，仁鲁乘虚大破之，丁丑，复取承天军。

或说赵延寿曰："契丹诸大人数日聚谋，此必有变。今汉兵不减万人，不若先事图之。"延寿犹豫不决。壬午，延寿下令，以来月朔日于待贤馆上事，受文武官贺。其仪宰相、枢密使拜于阶上，节度使以下拜于阶下。李崧以虏意不同，事理难测，固请赵延寿未行此礼，乃止。

五月乙酉朔，永康王兀欲召延寿及张砺、和凝、李崧、冯道于所馆饮酒。兀欲妻素以兄事延寿，兀欲从容谓延寿曰："妹自上国来，宁欲见之乎？"延寿欣然与之俱入。良久，兀欲出，谓砺等曰："燕王谋反，适已锁之矣。"又曰："先帝在汴时，遗我一筹，许我知南朝军国。近者临崩，别无遗诏，而燕王擅自知南朝军国，岂理邪？"下令延寿亲党皆释不问。间一日，兀欲至待贤馆，受蕃汉官谒贺，笑谓张砺等曰："燕王果于此礼上，吾以铁骑围之，诸公亦不免矣。"后数日，集蕃汉之臣于府署，宣契丹主遗制。其略曰："永康王，大圣皇帝之嫡孙，人皇王之长子，太后钟爱，群情允归，可于中京即皇帝位。"于是始举哀成服。

帝集群臣庭议进取，诸将咸请出师井陉，次取镇、魏，先定河北，则河南拱手自服。帝欲自石会趋上党，郭威曰："虏主虽死，党众犹盛，各据坚城。我出河北，兵少路迂，傍无应援，若群虏合势，共击我军，进则遮前，退则邀后，粮饷路绝，此危道也。上党山路险涩，粟少民残，无以供亿，亦不可由。近者陕、晋二镇，相继款附，引兵从之，万无一失，不出两旬，洛、汴定矣。"帝曰："卿言是也。"苏逢吉等曰："史弘肇大军已屯上党，群虏继遁，不若出天井抵孟津为便。"司天奏："太岁在午，不利南行，宜由晋、绛抵陕。"帝从之。辛卯，诏以十二日发北京，告谕诸道。

甲午，以太原尹崇为北京留守，以赵州刺史李存瓌为副留守，河东幕僚真定李骧为少尹，牙将太原蔚进为马步指挥使以佐之。存瓌，唐庄宗之从弟也。

丙申，帝发太原，自阴地关出晋、绛。丁酉，史弘肇奏克泽州。始，弘肇攻泽州，刺史翟令奇固守不下。帝以弘肇兵少，欲召还。苏逢吉、杨邠曰："今陕、晋、河阳皆已向化，崔廷勋、耿崇美朝夕遁去，若召弘肇还，则河南人心动摇，虏势复壮矣。"帝未决，使人谕指于弘肇。〔弘肇〕曰："兵已及此，势如破竹，可进不可退。"与逢吉等议合，帝乃从之。弘肇遣部将李万超说令奇，令奇乃降。弘肇以万超权知泽州。

崔廷勋、耿崇美、奚王拽剌合兵逼河阳，张遇帅众数千救之，战于南阪，败死。武行德出战，亦败，闭城自守。拽剌欲攻之，廷勋曰："今北军已去，得此何用？且杀一夫犹可惜，况一城乎！"闻弘肇已得泽州，乃释河阳，还保怀州。弘肇将至，廷勋等拥众北遁，过卫州，大掠而去。契丹在河南者相继北去，弘肇引兵与武行德合。

弘肇为人沉毅寡言，御众严整，将校小不从命，立挝杀之。士卒所过，犯民田及系马于树者，皆斩之。军中惕息，莫敢犯令，故所向必克。帝自晋阳安行入洛及汴，兵不血刃，皆弘肇之力也。帝由是倚爱之。辛丑，帝至霍邑。甲辰，帝至晋州。

帝之即位也，绛州刺史李从朗与契丹将成霸卿等拒命，帝遣西南面招讨使、护国节度使白文珂攻之，未下。帝至城下，命诸军四布而勿攻，以利害谕之。戊申，从朗举城降，帝命亲将分护诸门，士卒一人毋得入，以偏将薛琼为防御使。

辛亥，帝至陕州，赵晖自御帝马而入。壬子，至石壕，汴人有来迎者。六月乙卯，帝至新安，西京留司官悉来迎。丙辰，帝至洛阳，入居宫中。汴州百官奉表来迎。诏谕以受契丹补署者皆勿自疑，聚其告牒而焚之。赵远更名上交。命郑州防御使郭从义先入大梁清宫，密令杀李从益及王淑妃。淑妃且死，曰："吾儿为契丹所立，何罪而死？何不留之，使每岁寒食，以一盂麦饭洒明宗陵乎！"闻者泣下。

戊午，帝发洛阳。辛酉，汴州百官窦贞固等迎于荥阳。甲子，帝至大梁，晋之藩镇相继来降。戊辰，帝下诏大赦。凡契丹所除节度使，下至将吏，各安职任，不复变更。复以汴州为东京。改国号曰汉，仍称天福年，曰："余未忍忘晋也。"复青、襄、汝三节度。秋闰七月庚辰，制建宗庙。太祖高皇帝、世祖光武皇帝皆百世不迁。又立四亲庙，追尊谥号，凡六庙。

三叛连兵

后汉高祖天福十二年夏五月乙酉朔，契丹永康王兀欲囚赵延寿于恒州，辛丑，帝遣使谕河中节度使赵匡赞，仍以契丹囚其父延寿告之。

秋七月，或传赵延寿已死，郭威言于帝曰："赵匡赞契丹所署，今犹在河中，宜遣使吊祭，因起复移镇。彼既家国无归，必感恩承命。"从之。会邺都留守天雄节度使兼中书令杜重威、天平节度使兼侍中李守贞皆奉表归命，重威仍请移他镇。归德节度使兼中书令高行周入朝，丙申，徙重威为归德节度使，以行周代之；守贞为护国节度使，加兼中书令；徙护国节度使赵匡赞为晋昌节度使。后二年，延寿始卒于契丹。

杜重威自以附契丹，负中国，内常疑惧。及移镇制下，复拒而不受，遣其子弘璲质于麻答以求援。赵延寿有幽州亲兵二千在恒州，指挥使张琏将之，重威请以守魏；麻答遣其将杨衮将契丹千五百人及幽州兵赴之。闰月庚午，诏削夺重威官爵，以高行周为招讨使，镇宁节度使慕容彦超副之，以讨重威。

慕容彦超欲急攻城，行周欲缓之，由是二将不协。帝恐生他变，欲自将击重威，九月戊寅，诏幸澶、魏劳军。庚辰，帝发大梁。

晋昌节度使赵匡赞恐终不为朝廷所容，冬十月，遣使降蜀，请自终南路出兵应援。

帝至邺都，遣给事中陈观往谕指，重威复闭门拒之。城中食浸竭，将士多出降者。慕容彦超固请攻城，帝从之。丙午，亲督诸将攻城，自寅至辰，士卒伤者万余人，死者千余人，不克而止。彦超乃不敢复言。

初，契丹留幽州兵千五百人戍大梁。帝入大梁，或告幽州兵将为变，帝尽杀之于繁台之下。及围邺都，张琏将幽州兵二千助重威拒守，帝屡遣人招谕，许以不死。琏曰："繁台之卒，何罪而戮？今守此，以死为期耳。”由是城久不下。十一月丙辰，内殿直韩训献攻城之具。帝曰：“城之所恃者众心耳。众心苟离，城无所保，用此何为？”

杜重威之叛也，观察判官金乡王敏屡泣谏，不听。及食竭力尽，甲戌，遣敏奉表出降。乙亥，重威子弘琏来见。丙子，妻石氏来见。石氏，即晋之宋国长公主也，帝复遣入城。丁丑，重威开门出降，城中馁死者什七八，存者皆尪瘠无人状。张琏先邀朝廷信誓，诏许以归乡里，及出降，杀琏等将校数十人；纵其士卒北归，将出境，大掠而去。

郭威请杀重威牙将百余人，并重威家赀籍之以赏战士，从之。以重威为太傅兼中书令、楚国公。重威每出入，路人往往掷瓦砾诟之。

臣光曰：汉高祖杀幽州无辜千五百人，非仁也。诱张琏而诛之，非信也。杜重威罪大而赦之，非刑也。仁以合众，信以行令，刑以惩奸，失此三者，何以守国？其祚运之不延也，宜哉！

十二月丙戌，帝发邺都。

蜀主遣雄武都押牙吴崇恽以枢密使王处回书招凤翔节度使侯益。庚寅，以山南西道节度使兼中书令张虔钊为北面行营招讨、安抚使，雄武节度使何重建副之，宣徽使韩保贞为都虞候，共将兵五万，虔钊出散关，重建出陇州，以击凤翔。奉銮肃卫都虞候李廷珪将兵二万出子午谷，以援长安。诸军发成都，旌旗数十里。癸巳，帝至大梁。侯益请降于蜀，使吴崇恽持兵籍、粮帐西还，与赵匡赞同上表请出兵平定关中。

乾祐元年春正月，帝以赵匡赞、侯益与蜀兵共为寇，患之。

会回鹘入贡，诉称为党项所阻，乞兵应接。诏右卫大将军王景崇、将军齐藏珍将禁军数千赴之，因使之经略关西。

晋昌节度判官李恕，久在赵延寿幕下，延寿使之佐匡赞。匡赞将入蜀，恕谏曰："燕王入胡，岂所愿哉？今汉家新得天下，方务招怀，若谢罪归朝，必保富贵。入蜀非全计也，'蹄涔不容尺鲤'，公必悔之。"匡赞乃遣恕奉表请入朝。景崇等未行而恕至，帝问恕："匡赞何为附蜀？"对曰："匡赞自以身受虏官，父在虏廷，恐陛下未之察，故附蜀求苟免耳。臣以为国家必应存抚，故遣臣来祈哀。"帝曰："匡赞父子，本吾人也，不幸陷虏。今延寿方坠槛阱，吾何忍更害匡赞乎！"即听其入朝。侯益亦请赴二月四日圣寿节上寿。景崇等将行，帝召入卧内，敕之曰："匡赞、益之心皆未可知，汝至彼，彼已入朝则勿问，若尚迁延顾望，当以便宜从事。"

赵匡赞不俟李恕返命，已离长安，丙子，入见。王景崇等至长安，闻蜀兵已入秦川，以兵少，发本道及赵匡赞牙兵千余人同拒之。景崇恐匡赞牙兵亡逸，欲文其面。微露风旨，军校赵思绾首请自文其面以帅下，景崇悦。齐藏珍窃言曰："思绾凶暴难制，不如杀之。"景崇不听。思绾，魏州人也。

蜀李廷珪将至长安，闻赵匡赞已入朝，欲引归。王景崇邀之，败廷珪于子午谷。张虔钊至宝鸡，诸将议不协，按兵未进。侯益闻廷珪西还，因闭壁拒蜀兵。虔钊势孤，引兵夜遁。景崇帅凤翔、陇、邠、泾、鄜、坊之兵追败蜀兵于散关，俘将卒四百人。

丁丑，帝殂，秘不发丧。庚辰，下诏，称："重威父子，因朕小疾，谤议摇众，并其子弘璋、弘琏、弘璨皆斩之。"

二月辛巳，发丧，宣遗制，皇子承祐即皇帝位。

诏以王景崇兼凤翔巡检使。景崇引兵至凤翔，侯益尚未行，景崇以禁兵分守诸门。或劝景崇杀益，景崇以受先朝密旨，嗣主未之知，或疑于专杀，犹豫未决。益闻之，不告景崇而去。景崇悔，自诟。戊戌，益入朝，隐帝问："何故召蜀军？"对曰："臣欲诱致而杀之。"帝哂之。

三月，侯益家富于财，厚赂执政，由是大臣争誉之。丙寅，以益兼中书令，行开封尹。

侯益盛毁王景崇于朝，言其恣横。景崇闻益尹开封，知事已变，内不自安，且怨朝廷。会诏遣供奉官王益如凤翔，征赵匡赞牙兵诣阙。赵思绾等甚惧，景崇因以言激之。思绾途中谓其党常彦卿曰："小太尉已落其手，吾属至京师并死矣，奈何？"彦卿曰："临机制变，子勿复言。"癸酉，至长安，永兴节度副使安友规、巡检乔守温出迎王益，置酒于客亭。思绾前白曰："壕寨使已定舍馆于城东，今将士家属皆在城中，欲各入城挈家诣城东宿。"友规等然之。时思绾等皆无铠仗，既入西门，有州校坐门侧，思绾遽夺其剑斩之；其徒因大噪，持白梃，杀守门者十余人，分遣其党守诸门。思绾入府，开库取铠仗给之。友规等皆逃去。思绾遂据城，集城中少年，得四千余人，缮城隍，葺楼堞，旬日间，战守之具皆备。

王景崇讽凤翔吏民表景崇知军府事，朝廷患之。甲戌，徙静难节度使王守恩为永兴节度使，徙保义节度使赵晖为凤翔节度使，并同平章事。以景崇为邠州留后，令便道之官。

虢州伶人靖边庭杀团练使田令方，驱掠州民，奔赵思绾。至潼关，潼关守将出击之，其众皆溃。

丁丑，邠、泾、同、华四镇俱上言护国节度使兼中书令李守贞与永兴、凤翔同反。始，守贞闻杜重威死而惧，阴有异志。自以晋世尝为上将，有战功，素好施，得士卒心。汉室新造，天子年少初立，执政皆后进，有轻朝廷之志。乃招纳亡命，养死士，治城堑，缮甲兵，昼夜不息。遣人间道赍蜡丸结契丹，屡为边吏所获。

浚仪人赵修己素善术数，自守贞镇滑州，署司户参军，累从移镇，为守贞言"时命不可，勿妄动"。前后切谏非一，守贞不听，乃称疾归乡里。僧总伦以术媚守贞，言其必为天子，守贞信之。又尝会将佐置酒，引弓指舐掌虎图曰："吾有非常之福，当中其舌。"一发中之，左右皆贺。守贞益自负。

会赵思绾据长安，奉表献御衣于守贞，守贞自谓天人协契，乃自称秦王。遣其骁将平陆王继勋将兵据潼关，以思绾为晋昌节度使。同州距河中最近，匡国节度使张彦威常诇守贞所为，奏请先为之备，诏滑州马军都指挥使罗金山将部兵戍同州。故守贞起兵，同州不为所并。金山，云州人也。

夏四月，以镇宁节度使郭从义充永兴行营都部署，将侍卫兵讨赵思绾。戊子，以保义节度使白文珂为河中行营都部署，内客省使王(浚)〔峻〕为都监。辛卯，削夺李守贞官爵，命文珂等会兵讨之。乙未，以宁江节度使、侍卫步军都指挥使尚洪迁为西面行营都虞候。

王景崇迁延不之邠州，阅集凤翔丁壮，诈言讨赵思绾，仍牒邠州会兵。

王景崇遗蜀凤州刺史徐彦书，求通互市，壬戌，蜀主使彦复书招之。

六月乙西，王景崇遣使请降于蜀，亦受李守贞官爵。

西面行营都虞候尚洪迁攻长安，(重)伤〔重〕而卒。

秋七月，凤翔节度使赵晖至长安；乙亥，表王景崇反状益明，请进兵击之。

自河中、永兴、凤翔三镇拒命以来，朝廷继遣诸将讨之。昭义节度使常思屯潼关，白(从)〔文〕珂屯同州，赵晖屯咸阳，惟郭从义、王峻置栅近长安，而二人相恶如水火，自春徂秋皆相仗莫肯攻战。帝患之，欲遣重臣临督。八月壬午，以郭威为西面军前招慰安抚使，诸军皆受威节度。威将行，问策于太师冯道。道曰："守贞自谓旧将，为士卒所附，愿公勿爱官物，以赐士卒，则夺其所恃矣。"威从之，由是众心始附于威。诏白文珂趣河中，赵晖趣凤翔。

戊子，蜀改凤翔曰岐阳军，己丑，以王景崇为岐阳节度使、同平章事。

郭威与诸将议攻讨，诸将欲先取长安、凤翔。镇国节度使扈彦珂曰："今三叛连衡，推守贞为主，守贞亡，则两镇自破矣。若舍近而攻远，万一王、赵拒吾前，守贞掎吾后，此危道也。"威善之。于是威自陕州，白文珂及宁江节度使、侍卫步军都指挥使刘词自同州，常思自潼关，三道攻河中。威抚养士卒，与同苦乐，小有功辄厚赏之，微有伤常亲视之。士无贤不肖，有所陈启，皆温辞色而受之。违忤不怒，小过不责。由是将卒咸归心于威。

始，李守贞以禁军皆尝在麾下，受其恩施，又士卒素骄，苦汉法之严，谓其至则叩城奉迎，可坐而待之。既而士卒新受赐于郭威，皆忘守贞旧恩，己亥，至城下，扬旗伐鼓，踊跃诟噪，守贞视之失色。

白文珂克西关城，栅于河西，常思栅于城南，威栅于城西。未几，威以常思无将领才，先遣归镇。诸将欲急攻城，威曰："守贞前朝宿将，健斗好施，屡立战功。况城临大河，楼堞完固，未易轻也。且彼凭城而斗，吾仰而攻之，何异帅士卒投汤火乎！夫勇有盛衰，攻有缓急，时有可否，事有后先，不若且设长围而守之，使飞走路绝。吾洗兵牧马，坐食转输，温饱有余，俟城中无食，公帑家财皆竭，然后进梯冲以逼之，飞书檄以招之。彼之将士，脱身逃死，父子且不相保，况乌合之众乎？思绾、景崇，但分兵縻之，不足虑也。"乃发诸州民夫二万余人，使白文珂等帅之，刳长壕，筑连城，列队伍而围之。威又谓诸将曰："守贞向畏高祖，不敢鸱张。以我辈崛起太原，事功未著，有轻我心，故敢反耳。正宜静以制之。"乃偃旗卧鼓，但循河设火铺，连延数十里，番步卒以守之。遣水军舣舟于岸，寇有潜往来者，无不擒之。于是守贞如坐网中矣。

九月，蜀兵援王景崇军于散关，赵晖遣都监李彦从袭击，破之，蜀兵遁去。

王景崇尽杀侯益家属七十余人，益子前天平行军司马仁矩先在外，得免。庚申，以仁矩为隰州刺史。仁矩子延广，尚在襁褓，乳母刘氏以己子易之，抱延广而逃，乞食至于大梁，归于益家。

李守贞屡出兵欲突长围，皆败而返。遣人赍蜡丸求救于唐、蜀、契丹，皆为逻者所获。城中食且尽，殍死者日众。守贞忧形于色，召总伦诘之，总伦曰："大王当为天子，人不能夺。但此分野有灾，待磨灭将尽，只余一人一骑，乃大王鹊起之时也。"守贞犹以为然。

冬十月，王景崇遣其子德让，赵思绾遣其子怀义，见蜀主于成都。

戊寅，景崇遣兵出西门，赵晖击破之，遂取西关城。景崇退守大城。晖堑而围之，数挑战，不出。晖潜遣千余人擐甲执兵，效蜀旗帜，循南山而下，令诸军声言："蜀兵至矣。"景崇果遣兵数千出迎之，晖设伏掩击，尽殪之。自是景崇不复敢出。

蜀主遣山南西道节度使安思谦将兵救凤翔，左仆射兼门下侍郎、同平章事毋昭裔上疏谏曰："臣窃见庄宗皇帝志贪西顾，前蜀主意欲北行，凡在庭臣，皆贡谏疏，殊无听纳，有何所成？只此两朝，可为鉴诫。"不听。又遣雄武节度使韩保贞引兵出汧阳，以分汉兵之势。

王景崇遣前义成节度使酸枣李彦舜等逆蜀兵。丙申，安思谦屯右界，汉兵屯宝鸡。思谦遣眉州刺史申贵将兵二千趣模壁，设伏于竹林。丁酉旦，贵以兵数百压宝鸡而陈，汉兵逐之，遇伏而败，蜀兵逐北，破宝鸡寨。蜀兵去，汉兵复入宝鸡。己亥，思谦进屯渭水，汉益兵五千戍宝鸡。思谦畏之，谓众曰："粮少敌强，宜更为后图。"辛丑，退屯凤州，寻归兴元。贵，潞州人也。

彰武节度使高允权与定难节度使李彝殷有隙，李守贞密求援于彝殷，发兵屯延、丹境上，闻官军围河中，乃退。甲辰，允权以其状闻，彝殷亦自诉，朝廷和解之。

初，沈丘人舒元，嵩山道士杨讷，俱以游客干李守贞。守贞为汉所攻，遣元更姓朱，讷更姓李名平，间道奉表求救于唐，唐谏议大夫查文徽、兵部侍郎魏岑请出兵应之。唐主命北面行营招讨使李金全将兵救河中，以清淮节度使刘彦贞副之，文徽为监军使，岑为沿淮巡检使，军于沂州之境。金全与诸将方会食，候骑白有汉兵数百在涧北，皆羸弱，请掩之。金全令曰："敢言过涧者斩。"及暮，伏兵四起，金鼓闻十余里。金全曰："向可与之战乎?”时唐士卒厌兵,莫有斗志,又河中道远,势不相及,十一月丙寅,唐兵退保海州。唐主遗帝书谢,请复通商旅,且请赦守贞,朝廷不报。

王景崇累表告急于蜀,蜀主命安思谦再出兵救之。十二月壬午,思谦自兴元引兵屯凤州,请先运粮四十万斛,乃可出境。蜀主曰:“观思谦之意,安肯为朕进取。”然亦发兴州、兴元米数万斛以馈之。戊子,思谦进屯散关,遣马步使高彦俦、眉州刺史申贵击汉箭筈安都寨,破之。庚寅,思谦败汉兵于玉女潭,汉兵退屯宝鸡,思谦进屯模壁。韩保贞出新关,壬辰,军于陇州神前,汉兵不出,保贞亦不敢进。

赵晖告急于郭威,威自往赴之。时李守贞遣副使周光逊、裨将王继勋、聂知遇守城西,威戒白文珂、刘词曰:“贼苟不能突围,终为我擒。万一得出,则吾不得复留于此。成败之机,于是乎在。贼之骁锐尽在城西,我去必来突围,尔曹谨备之。”威至华州,闻蜀兵食尽引去,威乃还。韩保贞闻安思谦去,亦退保弓川寨。

隐帝乾祐二年春正月,郭威将至河中,白文珂出迎之。

戊申夜,李守贞遣王继勋等引精兵千余人循河而南,袭汉栅,坎岸而登,遂入之,纵火大噪,军中狼狈不知所为。刘词神色自若,下令曰:“小盗不足惊也。”帅众击之。客省使阎晋卿曰:“贼甲皆黄纸,为火所照,易辨耳,奈众无斗志何?”裨将李韬曰:“安有无事食君禄,有急不死斗者邪!”援槊先进,众从之。河中兵退走,死者七百人,继勋重伤,仅以身免。己酉,郭威至,刘词迎马首请罪。威厚赏之,曰:“吾所忧正在于此。微兄健斗,几为虏嗤。然虏伎殚于此矣。”晋卿,忻州人也。

守贞之欲攻河西栅也,先遣人出酤酒于村墅,或贳与,不责其直，逻骑多醉，由是河中兵得潜行入寨，几至不守。郭威乃下令："将士非犒宴，毋得私饮。"爱将李审晨饮少酒，威怒曰："汝为吾帐下，首违军令，何以齐众！"立斩以徇。

诏以静州隶定难军，二月辛未，李彝殷上表谢。彝殷以中原多故，有轻傲之志，每藩镇有叛者常阴助之，邀其重赂。朝廷知其事，亦以恩泽羁縻之。

夏四月，河中城中食且尽，民饿死者什五六。癸卯，李守贞出兵五千余人，赍梯桥，分五道以攻长围之西北隅。郭威遣都监吴虔裕引兵横击之，河中兵败走，杀伤大半，夺其攻具。五月丙午，守贞复出兵，又败之，擒其将魏延朗、郑宾。壬子，周光逊、王继勋、聂知遇帅其众千余人来降。守贞将士降者相继，威乘其离散，庚申，督诸军百道攻之。

赵思绾好食人肝，尝面剖而脍之，脍尽，人犹未死。又好以酒吞人胆，谓人曰："吞此千枚，则胆无敌矣。"及长安城中食尽，取妇女、幼稚为军粮，日计数而给之，每犒军，辄屠数百人如羊豕法。思绾计穷，不知所出。郭从义使人诱之。

初，思绾少时求为左骁卫上将军致仕李肃仆，肃不纳，曰："是人目乱而语诞，他日必为叛臣。"肃妻张氏，全义之女也，曰："君今拒之，后且为患。"乃厚以金帛遗之。及思绾据长安，肃闲居在城中，思绾数就见之，拜伏如故礼。肃曰："是子亟来，且污我。"欲自杀。妻曰："曷若劝之归国。"会思绾问自全之计，肃乃与判官程让能说思绾曰："公本与国家无嫌，但惧罪耳。今国家三道用兵，俱未有功，若以此时翻然改图，朝廷必喜，自可不失富贵，孰与坐而待毙乎！"思绾从之，遣使诣阙请降。乙丑，以思绾为华州留后，都指挥使常彦卿为虢州刺史，令便道之官。

秋七月甲辰，赵思绾释甲出城受诏，郭从义以兵守其南门，复遣还城。思绾求其牙兵及铠仗，从义亦给之。思绾迁延，收敛财贿，三改行期。从义等疑之，密白郭威，请图之，威许之。壬子，从义与都监南院宣徽使王峻按辔入城，处于府舍，召思绾酌别，因执之，并常彦卿及其父兄、部曲三百人，皆斩于市。

甲寅，郭威攻河中，克其外郭。李守贞收余众退保子城。诸将请急攻之，威曰："夫鸟穷则啄，况一军乎？涸水取鱼，安用急为。"

壬戌，李守贞与妻及子崇勋等自焚。威入城，获其子崇玉等及所署宰相靖馀、孙愿、枢密使刘芮、国师总伦等，送大梁，磔于市。征赵修己为翰林天文。

威阅守贞文书，得朝廷权臣及藩镇与守贞交通书，词意悖逆，欲奏之。秘书郎榆次王溥谏曰："魑魅乘夜争出，见日自消。愿一切焚之，以安反侧。"威从之。

戊辰，加永兴节度使郭从义同平章事，徙镇国节度使扈彦珂为护国节度使，以河中行营马步都虞候刘词为镇国节度使。

八月戊戌，郭威至大梁，入见，帝劳之。赐金帛、衣服、玉带、鞍马，辞曰："臣受命期年，仅克一城，何功之有？且臣将兵在外，凡镇安京师，供亿所须，使兵食不乏，皆诸大臣居中者之力也，臣安敢独膺此赐，请遍赏之。"又议加领方镇，辞曰："杨邠位在臣上，未有茅土。且帷幄之臣，不可以弘肇为比。"九月壬寅，遍赐宰相、枢密、宣徽、三司、侍卫使九人，与威如一。帝欲特赏威，辞曰："运筹建画，出于庙堂，发兵馈粮，资于藩镇，暴露战斗，在于将士，而功独归臣，臣何以堪之！"乙巳，加威兼侍中，史弘肇兼中书令。辛亥，加窦贞固司徒，苏逢吉司空，苏禹珪左仆射，杨邠右仆射。诸大臣议，以朝廷执政溥加恩，恐藩镇觖望。乙卯，加天雄节度使高行周守太师，山南东道节度使安审琦守太傅，泰宁节度使符彦卿守太保，河东节度使刘崇兼中书令；己未，加忠武节度使刘信、天平节度使慕容彦超、平卢节度使刘铢并兼侍中；辛酉，加朔方节度使冯晖、定难节度使李彝殷兼中书令；冬十月壬申，加义武节度使孙方简、武宁节度使刘赟同平章事；壬午，加吴越王弘俶尚书令，楚王希广太尉；丙戌，加荆南节度使高保融兼侍中。议者以："郭威不专有其功，推以分人，信为美矣。而国家爵位，以一人立功而覃及天下，不亦滥乎？"

初，邢州人周璨为诸卫将军，罢秩无依，从王景崇西征，景崇叛，遂为谋主。赵晖急攻凤翔，周璨谓王景崇曰："公向与蒲、雍相表里。今二镇已平，蜀儿不足恃，不如降也。"景崇曰："善，吾更思之。"后数日，外攻转急，景崇谓其党曰："事穷矣，吾欲为急计。"乃谓其将公孙辇、张思练曰："赵晖精兵多在城北，来日五鼓前，尔二人烧城东门诈降，勿令寇入，吾与周璨以牙兵出北门突晖军，纵无成而死，犹胜束手。"皆曰："善。"癸巳，未明，辇、思练烧东门请降，府牙火亦发。二将遣人诇之，景崇已与家人自焚矣。璨亦降。

郭威篡汉　刘旻据河东附

后汉高祖乾祐元年。帝自魏王承训卒，悲痛过甚，春正月甲子，始不豫。丁丑，帝大渐。召苏逢吉、杨邠、史弘肇、郭威入受顾命，曰："承祐幼弱，后事托在卿辈。"是日，帝殂。

二月辛巳朔，立皇子左卫大将军、大内都点检承祐为周王、同平章事。（丁亥尊皇后曰皇太后）宣遗制，令周王即皇帝位。〔丁

亥,尊皇后曰皇太后。〕

苏逢吉等为相,多迁补官吏,杨邠以为虚费国用,所奏多抑之,逢吉等不悦。三月,中书侍郎兼户部尚书、同平章事李涛上疏言:“今关西纷扰,外御为急。二枢密皆佐命功臣,官虽贵而家未富,宜授以要害大镇。枢机之务在陛下目前,易以裁决,逢吉、禹珪自先帝时任事,皆可委也。”杨邠、郭威闻之,见太后泣诉,称:“臣等从先帝起艰难中,今天子取人言,欲弃之于外。况关西方有事,臣等何忍自取安逸,不顾社稷。若臣等必不任职,乞留过山陵。”太后怒,以让帝,曰:“国家(勤)〔勋〕旧之臣,奈何听人言而逐之!”帝曰:“此宰相所言也。”因诘责宰相。涛曰:“此疏臣独为之,他人无预。”丁丑,罢涛政事,勒归私第。

夏四月,帝与左右谋,以太后怒李涛离间,欲更进用二枢密,以明非帝意。左右亦疾二苏之专,欲夺其权,共劝之。壬午,制以枢密使杨邠为中书侍郎兼吏部尚书、同平章事,枢密使如故;以副枢密使郭威为枢密使;又加三司使王章同平章事。凡中书除官,诸司奏事,帝皆委邠斟酌。自是三相拱手,政事尽决于邠。事有未更邠所可否者,莫敢施行,遂成凝滞。三相每进拟用人,苟不出邠意,虽簿、尉亦不之与。邠素不喜书生,常言:“国家府廪实,甲兵强,乃为急务。至于文章礼乐,何足介意。”既恨二苏排己,〔又〕以其除官太滥,为众所非,欲矫其弊,由是艰于除拜,士大夫往往有自汉兴至亡,不沾一命者。凡门荫及百司入仕悉罢之。虽由邠之愚蔽,时人亦咎二苏之不公所致云。

秋七月庚申,加枢密使郭威同平章事。

隐帝乾祐二年。三叛既平,帝浸骄纵,与左右狎昵。飞龙使瑕丘后匡赞、茶酒使太原郭允明,以谄媚得幸,帝好与之为廋辞、丑语，太后屡戒之，帝不以为意。七月，太常卿张昭上言："宜亲近儒臣，讲习经训。"不听。昭即昭远，避高祖讳改之。

三年夏四月，杨邠求解枢密使，帝遣中使谕止之。宣徽北院使吴虔裕在旁曰："枢密重地，难以久居，当使后来者迭为之，相公辞之是也。"帝闻之，不悦，辛巳，以虔裕为郑州防御使。

朝廷以契丹近入寇，横行河北，诸藩镇各自守，无捍御之者，议以郭威镇邺都，使督诸将以备契丹。史弘肇欲威仍领枢密使，苏逢吉以为故事无之。弘肇曰："领枢密使则可以便宜从事，诸军畏服，号令行矣。"帝卒从弘肇议。弘肇怨逢吉异议，逢吉曰："以内制外，顺也；今反以外制内，其可乎？"壬午，制以威为邺都留守、天雄节度使，枢密使如故。仍诏河北兵甲、钱谷但见郭威文书，立皆禀应。明日，朝贵会饮于窦贞固之第，弘肇举大觞属威，厉声曰："昨日廷议，一何同异！今日为弟饮之。"逢吉与杨邠亦举觞曰："是国家之事，何足介意。"弘肇又厉声曰："安定国家，在长枪大剑，安用毛锥！"王章曰："无毛锥，则财赋何从可出？"自是将、相始有隙。

壬辰，以左监门卫将军郭荣为贵州刺史、天雄牙内都指挥使。荣本姓柴，父守礼，郭威之妻兄也，威未有子，时养以为子。

五月庚子，郭威辞行，言于帝曰："太后从先帝久，多历天下事，陛下富于春秋，有事宜禀其教而行之。亲近忠直，放远谗邪，善恶之间，所宜明审。苏逢吉、杨邠、史弘肇皆先帝旧臣，尽忠徇国，愿陛下推心任之，必无败失。至于疆埸之事，臣愿竭其愚驽，庶不负驱策。"帝敛容谢之。

癸丑，王章置酒会诸朝贵，酒酣，为手势令，史弘肇不闲其事，客省使阎晋卿坐次弘肇，屡教之。苏逢吉戏之曰："旁有姓阎人，何忧罚爵。”弘肇妻阎氏本酒家倡也，意逢吉讥之，大怒，以丑语诟逢吉，逢吉不应。弘肇欲殴之，逢吉起去。弘肇索剑欲追之，杨邠泣止之，曰：“苏公宰相，公若杀之，置天子何地？愿熟思之。”弘肇即上马去，邠与之联镳，送至其第而还。于是将、相如水火矣。帝使宣徽使王峻置酒和解之，不能得。逢吉欲求出镇以避之，既而中止，曰：“吾去朝廷，止烦史公一处分，吾齑粉矣。”王章亦忽忽不乐，欲求外官，杨、史固止之。

帝自即位以来，枢密使、右仆射、同平章事杨邠总机政，枢密使兼侍中郭威主征伐，归德节度使、侍卫亲军都指挥使兼中书令史弘肇典宿卫，三司使、同平章事王章掌财赋。邠颇公忠，退朝，门无私谒，虽不却四方馈遗，有余辄献之。弘肇督察京城，道不拾遗。是时承契丹荡覆之余，公私困竭，章捃摭遗利，吝于出纳，以实府库。属三叛连衡，宿兵累年而供馈不乏。及事平，赐予之外，尚有余积，以是国家粗安。

章聚敛刻急。旧制，田税每斛更输二升，谓之“雀鼠耗”，章始令更输二升，谓之“省耗”。旧钱出入皆以八十为陌，章始令入者八十，出者七十七，谓之“省陌”。有犯盐、矾、酒麹之禁者，锱铢涓滴罪皆死。由是百姓愁怨。章尤不喜文臣，尝曰：“此辈授之握算，不知纵横，何益于用！”俸禄皆以不堪资军者给之，吏已高其估，章更增之。

帝左右嬖幸浸用事，太后亲戚亦干预朝政，邠等屡裁抑之。太后有故人子求补军职，弘肇怒而斩之。武德使李业，太后之弟也，高祖使掌内帑，帝即位，尤蒙宠任。会宣徽使阙，业意欲之，帝及太后亦讽执政。邠、弘肇以为内使迁补有次，不可以外戚超居，乃止。内客省使阎晋卿次当为宣徽使，久而不补。枢密承旨聂文进、飞龙使后匡赞、翰林茶酒使郭允明皆有宠于帝，久不迁官，共怨执政。文进，并州人也。平卢节度使刘铢罢青州归，久奉朝请，未除官，常戟手于执政。

帝初除三年丧，听乐，赐伶人锦袍、玉带。伶人诣弘肇谢。弘肇怒曰："士卒守边苦战，犹未有以赐之，汝曹何功而得此！"皆夺以还官。帝欲立所幸耿夫人为后，邠以为太速。夫人卒，常欲以后礼葬之，邠复以为不可。帝年益壮，厌为大臣所制。邠、弘肇尝议事于帝前，帝曰："审图之，勿令人有言。"邠曰："陛下但禁声，有臣等在。"帝积不能平，左右因乘间谮之于帝，云"邠等专恣，终当为乱"。帝信之。尝夜闻作坊锻声，疑有急兵，达旦不寐。

司空、同平章事苏逢吉既与弘肇有隙，知李业等怨弘肇，屡以言激之。帝遂与业、文进、匡赞、允明谋诛邠等，议既定，入白太后。太后曰："兹事何可轻发？更宜与宰相议之。"业时在旁，曰："先帝尝言，朝廷大事不可谋及书生，懦怯误人。"太后复以为言，帝忿曰："国家之事，非闺门所知。"拂衣而出。十一月乙亥，业等以其谋告阎晋卿，晋卿恐事不成，诣弘肇第欲告之，弘肇以他故辞不见。

丙子旦，邠等入朝，有甲士数十自广政殿出，杀邠、弘肇、章于东庑下。文进亟召宰相朝臣班于崇元殿，宣云："邠等谋反，已伏诛，与卿等同庆。"又召诸军将校至万岁殿庭，帝亲谕之，且曰："邠等以稚子视朕，朕今始得为汝主，汝等免横忧矣。"皆拜谢而退。又召前节度使、刺史等升殿谕之，分遣使者帅骑收捕邠等亲戚、党与、傔从，尽杀之。

弘肇待侍卫步军都指挥使王殷尤厚，邠等死，帝遣供奉官孟业赍密诏诣澶州及邺都，令镇宁节度使李洪义杀殷，又令邺都行营马军都指挥使郭崇威、步军都指挥使真定曹威杀郭威及监军、宣徽使王峻。洪义，太后之弟也。又急诏征天平军节度使高行周、平卢节度使符彦卿、永兴节度使郭从义、泰宁节度使慕容彦超、匡国节度使薛怀让、郑州防御使吴虔裕、陈州刺史李穀入朝。以苏逢吉权知枢密院事，前平卢节度使刘铢权知开封府，侍卫马军都指挥使李洪建权判侍卫司事，内侍省使阎晋卿权侍卫马军都指挥使。洪建，业之兄也。

时中外人情忧骇，苏逢吉虽恶弘肇，而不预李业等谋，闻变惊愕。私谓人曰："事太匆匆，主上傥以一言见问，不至于此。"业等命刘铢诛郭威、王峻之家，铢极其惨毒，婴孺无免者。命李洪建诛王殷之家，洪建但使人守视，仍饮食之。

丁丑，使者至澶州，李洪义畏懦，虑王殷已知其事，不敢发，乃引孟业见殷。殷囚业，遣副使陈光穗以密诏示郭威。威召枢密吏魏仁浦，示以诏书，曰："奈何？"仁浦曰："公，国之大臣，功名素著，加之握强兵，据重镇，一旦为群小所构，祸出非意，此非辞说所能解。时事如此，不可坐而待死。"威乃召郭崇威、曹威及诸将，告以杨邠等冤死及有密诏之状。且曰："吾与诸公，拔荆棘，从先帝取天下，受托孤之任，竭力以卫国家。今诸公已死，吾何心独生！君辈当奉行诏书，取吾首以报天子，庶不相累。"郭崇威等皆泣曰："天子幼冲，此必左右群小所为，若使此辈得志，国家其得安乎！崇威愿从公入朝自诉，荡涤鼠辈，以清朝廷，不可为单使所杀，受千载恶名。"翰林天文赵修己谓郭威曰："公徒死何益？不若顺众心，拥兵而南，此天启也。"郭威乃留其养子荣镇邺都，命郭崇威将骑兵前驱。戊寅，自将大兵继之。

慕容彦超方食，得诏，舍匕箸入朝，帝悉以军事委之。己卯，吴虔裕入朝。

帝闻郭威举兵南向，议发兵拒之。前开封尹侯益曰："邺都戍兵家属皆在京师，官军不可轻出，不若闭城以挫其锋，使其母妻登城招之，可不战而下也。"慕容彦超曰："侯益衰老，为懦夫计耳。"帝乃遣益及阎晋卿、吴虔裕、前保大节度使张彦超将禁军趣澶州。

是日，郭威已至澶州，李洪义纳之。王殷迎谒，恸哭，以所部兵从郭威涉河。帝遣内养鸗脱觇郭威，威获之，以表置鸗脱衣领中，使归白帝曰："臣昨得诏书，延颈俟死。郭崇威等不忍杀臣，云此皆陛下左右贪权无厌者谮臣耳，逼臣南行，诣(关)〔阙〕请罪。臣求死不获，力不能制。臣数日当至阙廷，陛下若以臣为有罪，安敢逃刑。若实有谮臣者，愿执付军前，以快众心。臣敢不抚谕诸军，退归邺都。"

庚辰，郭威趣滑州。辛巳，义成节度使宋延渥迎降。延渥，洛阳人，其妻高祖女永宁公主也。郭威取滑州库物以劳将士，且谕之曰："闻侯令公已督诸军自南来，今遇之，交战则非入朝之义，不战则为其所屠。吾欲全汝曹功名，不若奉行前诏，吾死不恨。"皆曰："国家负公，公不负国。所以万人争奋，如报私仇，侯益辈何能为乎！"王峻徇于众曰："我得公处分，俟克京城，听旬日剽掠。"众皆踊跃。

辛巳，鸗脱至大梁。前此，帝议自往澶州，闻郭威已至河上而止。帝甚有悔惧之色，私谓窦贞固曰："属者亦太草草。"李业等请倾府库以赐诸军，苏禹珪以为未可，业拜禹珪于帝前曰："相公且为天子勿惜府库。"乃赐禁军人二十缗，下军半之，将士在北者给其家，仍使通家信以诱之。

壬午，郭威军至封丘，人情恟惧。太后泣曰："不用李涛之言，宜其亡也。"慕容彦超恃其(骄)〔骁〕勇，言于帝曰："臣视北军犹蠛蠓耳，当为陛下生致其魁。"退，见聂文进，问北来兵数及将校姓名，颇惧，曰："是亦剧贼，未易轻也。"帝复遣左神武统军袁䶮、前威胜节度使刘重进等帅禁军与侯益等会屯赤冈。䶮，象先之子也。彦超以大军屯七里店。

癸未，南、北军遇于刘子陂。帝欲自出劳军，太后曰："郭威吾家勋旧，非死亡切身，何至此。但按兵守城，飞诏谕之，观其志趣，必有辞理，则君臣之礼尚全，慎勿轻出。"帝不从。时扈从军甚盛，太后遣使戒聂文进曰："大须在意。"对曰："有臣在，虽郭威百人可擒也。"至暮，两军不战，帝还宫。慕容彦超大言曰："陛下来日宫中无事，幸再出观臣破贼。臣不必与之战，但叱散使归营耳。"

甲申，帝欲再出，太后力止之，不可。既阵，郭威戒其众曰："吾来诛群小，非敢敌天子也，慎勿先动。"久之，慕容彦超引轻骑直前奋击，郭崇威与前博州刺史李荣帅骑兵拒之。彦超马倒，几获之。彦超引兵退，麾下死者百余人，于是诸军夺气，稍稍降于北军。侯益、吴虔裕、张彦超、袁䶮、刘重进皆潜往见郭威，威各遣还营。又谓宋延渥曰："天子方危，公近亲，宜以牙兵往卫乘舆，且附奏陛下，愿乘间早幸臣营。"延渥未至御营，乱兵云扰，不敢进而还。比暮，南军多归于北。慕容彦超与麾下十余骑奔还兖州。

是夕，帝独与三相及从官数十人宿于七里寨，余皆逃溃。乙酉旦，郭威望见天子旌旗在高阪上，下马免胄往从之，至则帝已去矣。帝策马将还宫,至玄化门,刘铢在门上,问帝左右:“兵马何在?”因射左右。帝回辔,西北至赵村,追兵已至。帝下马入民家,为乱兵所弑。苏逢吉、阎晋卿、郭允明皆自杀。聂文进挺身走,军士追斩之。李业奔陕州,后匡赞奔兖州。郭威闻帝遇弑,号恸曰:“老夫之罪也。”

威至玄化门,刘铢雨射城外。威自迎春门入,归私第,遣前曹州防御史何福进将兵守明德门。诸军大掠,通夕烟火四发。

军士入前义成节度使白再荣之第,执再荣,尽掠其财,既而进曰:“某等昔尝趋走麾下,一旦无礼至此,何面目复见公。”遂刎其首而去。吏部侍郎张允家赀以万计,而性吝,虽妻亦不之委,常自系众钥于衣下,行如环珮。是夕,匿于佛殿藻井之上,登者浸多,板坏而坠,军士掠其衣,遂以冻卒。

初,作坊使贾延徽有宠于帝,与魏仁浦为邻,欲并仁浦所居以自广,屡谮仁浦于帝,几至不测。至是,有擒延徽以授仁浦者,仁浦谢曰:“因乱而报怨,吾所不为也。”郭威闻之,待仁浦益厚。

右千牛卫大将军枣强赵凤曰:“郭侍中举兵,欲诛君侧之恶以安国家耳。而鼠辈敢尔,乃贼也,岂侍中意邪?”执弓矢,踞胡床,坐于巷首,掠者至,辄射杀之,里中皆赖以全。

丙戌,获刘铢、李洪建,囚之。铢谓其妻曰:“我死,汝且为人婢乎?”妻曰:“以公所为,雅当然耳。”

王殷、郭崇威言于郭威曰:“不止剽掠,今夕止有空城耳。”威乃命诸将分部禁止掠者,不从则斩之,至晡,乃定。

窦贞固、苏禹珪自七里寨逃归,郭威使人访求得之,寻复其位。贞固为相,值杨、史弄权,李业等作乱,但以凝重处其间,自全而已。

郭威命有司迁隐帝梓宫于西宫。或请如魏高贵乡公故事，葬以公礼，威不许，曰："仓猝之际，吾不能保卫乘舆，罪已大矣，况敢贬君乎！"

太师冯道帅百官谒见郭威，威见，犹拜之。道受拜如平时，徐曰："侍中此行不易！"

丁亥，郭威帅百官诣明德门起居太后，且奏称："军国事殷，请早立嗣君。"太后诰称："郭允明弑逆，神器不可无主。河东节度使崇、忠武节度使信皆高祖之弟，武宁节度使赟、开封尹勋高祖之子，其令百官议择所宜。"赟，崇之子也，高祖爱之，养视如子。郭威、王峻入见太后于万岁宫，请以勋为嗣。太后曰："勋久羸疾，不能起。"威出谕诸将，诸将请见之，太后令左右以卧榻举之示诸将，诸将乃信之。于是郭威与峻议立赟。己丑，郭威帅百官表请以赟承大统。太后诰所司，择日，备法驾，迎赟即皇帝位。郭威奏遣太师冯道及枢密直学士王度、秘书监赵上交诣徐州奉迎。

郭威之讨三叛也，每见朝廷诏书，处分军事皆合机宜，问使者："谁为此诏？"使者以翰林学士范质对。威曰："宰相器也。"入城，访求得之，甚喜。时大雪，威解所服紫袍衣之，令草太后诰令迎新君仪注，苍黄之中，讨论撰定，皆得其宜。

初，隐帝遣供奉官押班阳曲张永德赐昭义节度使常思生辰物。永德，郭威之婿也。会杨邠等诛，密诏思杀永德。思素闻郭威多奇异，囚永德以观变。及威克大梁，思乃释永德而谢之。

庚寅，郭威帅群臣上言："比皇帝到阙，动涉浃旬，请太后临朝听政。"

壬辰，太后始临朝，以王峻为枢密使，袁羲为宣徽南院使，王殷为侍卫马步军都指挥使，郭崇威为侍卫马军都指挥使，曹威为侍卫步军都指挥使，陈州刺史李穀权判三司。

刘铢、李洪建及其党皆枭首于市，而赦其家。郭威谓公卿曰："刘铢屠吾家，吾复屠其家，怨仇反覆，庸有极乎！"由是数家获免。王殷屡为洪建请免死，郭威不许。后匡赞至兖州，慕容彦超执而献之。李业至陕州，其兄保义节度使洪信不敢匿于家；业怀金将奔晋阳，至绛州，盗杀之而取其金。

镇州、邢州奏："契丹主将数万骑入寇，攻内丘，五日不克，死伤甚众。有戍兵五百叛应契丹，引契丹入城，屠之，又陷饶阳。"太后敕郭威将大军击之，国事权委窦贞固、苏禹珪、王峻，军事委王殷。十二月甲午朔，郭威发大梁。

丁酉，以翰林学士、户部侍郎范质为枢密副使。

武宁节度使赟留右都押牙巩廷美、元从教练使杨温守徐州，与冯道等西来，在道仗卫皆如王者，左右呼万岁。郭威至滑州，留数日，赟遣使慰劳。诸将受命之际，相顾不拜，私相谓曰："我辈屠陷京师，其罪大矣，若刘氏复立，我辈尚有种乎！"己酉，威闻之，即引兵趣澶州。

辛亥，遣苏禹珪如宋州迎嗣君。

壬子，郭威渡河，馆于澶州。癸丑旦，将发，将士数千人忽大噪。威命闭门，将士逾垣登屋而入曰："天子须侍中自为之，将士已与刘氏为仇，不可立也。"或裂黄旗以被威体，共扶抱之，呼万岁震地，因拥威南行。威乃上太后笺，请奉汉宗庙，事太后为母。丙辰，至韦城，下书抚谕大梁士民，以昨离河上，在道秋毫不犯，勿有忧疑。戊午，威至七里店，窦贞固帅百官出迎拜谒，因劝进。威营于皋门村。

武宁节度使赟已至宋州，王峻、王殷闻澶州军变，遣侍卫马军都指挥使郭崇威将七百骑往拒之，又遣前申州刺史马铎将兵诣许州巡检。崇威忽至宋州，陈于府门外。赟大惊，阖门，登楼诘之。对曰："澶州军变，郭公虑陛下未察，故遣崇威来宿卫，无他也。"赟召崇威，崇威不敢进。冯道出与崇威语，崇威乃登楼。赟执崇威手而泣，崇威以郭威意安谕之。少顷，崇威出。时护圣指挥使张令超帅部兵为赟宿卫。徐州判官董裔说赟曰："观崇威视瞻举措，必有异谋。道路皆言郭威已为帝，陛下深入不止，祸其至哉。请急召张令超，谕以祸福，使夜以兵劫崇威，夺其兵。明日，掠睢阳金帛，募士卒，北走晋阳。彼新定京邑，未暇追我，此策之上也。"赟犹豫未决。是夕，崇威密诱令超，令超帅众归之。赟大惧。

郭威遗赟书，云为诸军所迫，召冯道先归，留赵上交、王度奉侍。道辞行，赟曰："寡人此来所恃者，以公三十年旧相，故无疑耳。今崇威夺吾卫兵，事危矣，公何以为计？"道默然。客将贾贞数目道，欲杀之。赟曰："汝辈勿草草，此无预冯公事。"崇威迁赟于外馆，杀其腹心董裔、贾贞等数人。己未，太后诰，废赟为湘阴公。马铎引兵入许州，刘信惶惑自杀。庚申，太后诰，以侍中监国。百官、藩镇相继上表劝进。壬戌夜，监国营有步军将校醉，扬言"向者澶州骑兵扶立，今步兵亦欲扶立"，监国斩之。

后周太祖广顺元年春正月丁卯，汉太后下诰，授监国符宝，即皇帝位。监国自皋门入宫，即位于崇元殿。制曰："朕周室之裔，虢叔之后，国号宜曰周。"改元，大赦。杨邠、史弘肇、王章等皆赠官，官为敛葬，仍访其子孙叙用之。凡仓场、库务掌纳官吏，无得收斗余、称耗。旧所进羡余物，悉罢之。犯窃盗及奸者，并依晋天福元年以前刑名，罪人非反逆，无得诛及亲族，籍没家赀。唐庄宗、明宗、晋高祖各置守陵十户，汉高祖陵职员、宫人，时月荐享及守陵户并如故。初，唐衰，多盗，不用律文，更定峻法，窃盗赃三匹者死；晋天福中加至五匹。奸有夫妇人，无问强、和，男女并死。汉法，窃盗一钱以上皆死，又罪非反逆，往往族诛、籍没。故帝即位，首革其弊。

初，杨邠以功臣、国戚为方镇者多不闲吏事，乃以三司军将补都押牙、孔目官、内知客，其人自恃敕补，多专横，节度使不能制。至是，悉罢之。

戊辰，以前复州防御使王彦超权武宁节度使。汉李太后迁居西宫，己巳，上尊号曰昭圣皇太后。癸酉，加王峻同平章事。以卫尉卿刘皞主汉隐帝之丧。

初，河东节度使兼中书令刘崇闻隐帝遇害，欲起兵南向，闻迎立湘阴公，乃止，曰："吾儿为帝，吾又何求。"太原少尹李骧阴说崇曰："观郭公之心，终欲自取。公不如疾引兵逾太行，据孟津，俟徐州相公即位，然后还镇，则郭公不敢动矣。不然，且为所卖。"崇怒曰："腐儒，欲离间吾父子！"命左右曳出斩之。骧呼曰："吾负经济之才，而为愚人谋事，死固甘心。家有老妻，愿与之同死。"崇并其妻杀之，且奏于朝廷，示无二心。及赟废，崇乃遣使请赟归晋阳。诏报以"湘阴公比在宋州，今方取归京师，必令得所，公勿以为忧。公能同力相辅，当加王爵，永镇河东"。

巩廷美、杨温闻湘阴公赟失位，奉赟妃董氏据徐州拒守，以俟河东援兵。帝使赟以书谕之，廷美、温欲降而惧死。帝复遗赟书曰："爰念斯人尽心于主，足以赏其忠义，何由责以悔尤。俟新节度使入城，当各除刺史，公可更以委曲示之。"

丙子，帝帅百官诣西宫，为汉隐帝举哀成服，皆如天子礼。

慕容彦超遣使入贡，帝虑其疑惧，赐诏慰安之曰："(今)〔令〕兄事已至此，言不欲繁，望弟扶持，同安亿兆。"

戊寅，杀湘阴公于宋州。是日，刘崇即皇帝位于晋阳，仍用乾祐年号，所有者并、汾、忻、代、岚、宪、隆、蔚、沁、辽、麟、石十二州之地。以节度判官郑珙为中书侍郎，观察判官荥阳赵华为户部侍郎并同平章事。以次子承钧为侍卫亲军都指挥使、太原尹，以节度副使李存(环)〔瓌〕为代州防御使，裨将武安张元徽为马步军都指挥使，陈光裕为宣徽使。

北汉主谓李存瓌、张元徽曰："朕以高祖之业一朝坠地，今日位号，不得已而称之。顾我(何)是〔何〕天子，汝曹是何节度使邪！"由是不建宗庙，祭祀如家人，宰相俸钱月止百缗，节度使止三十缗，自余薄有资给而已，故其国中少廉吏。客省使河南李光美尝为直省，颇谙故事，北汉朝廷制度皆出于光美。

北汉主闻湘阴公死，哭曰："吾不用忠臣之言，以至于此。"为李骧立祠，岁时祭之。

己卯，以太师冯道为中书令，加窦贞固侍中，苏禹珪司空。

初，北汉主立，契丹主使聿撚遗刘承钧书。北汉主使承钧复书称："本朝沦亡，绍袭帝位，欲循晋室故事，求援北朝。"契丹主大喜。北汉主发兵屯阴地、黄泽、团柏。丁亥，以承钧为招讨使，与副招讨使白从晖、都监李存瓌将步骑万人寇晋州。从晖，吐谷浑人也。

郭崇威更名崇，曹威更名英。

二月丁酉，以皇子天雄牙内都指挥使荣为镇宁节度使，选朝士为之僚佐，以侍御史王敏为节度判官，右补阙崔颂为观察判官，校书郎王朴为掌书记。颂，协之子；朴，东平人也。

戊戌，北汉兵五道攻晋州，节度使王晏闭城不出。刘承钧以为怯，蚁附登城。晏伏兵奋击，北汉兵死伤者千余人。承钧遣副兵马使安元宝焚晋州西城，元宝来降。承钧乃移军攻隰州。癸卯，隰州刺史许迁遣步军都指挥使孙继业迎击北汉兵于长寿村，执其将程筠等，杀之。未几，北汉兵攻州城，数日不克，死伤甚众，乃引兵去。迁，郓州人也。

丁未，契丹主遣其臣袅骨支与朱宪偕来，贺即位。丁巳，遣尚书右丞田敏使契丹。北汉主遣通事舍人李謩使于契丹，乞兵为援。

诏加奉宁节度使慕容彦超中书令，遣翰林学士鱼崇谅诣兖州谕指。崇谅，即崇远也。彦超上表谢。三月壬戌，诏报之曰："向以前朝失德，少主用谗，仓猝之间，召卿赴阙。卿即奔驰应命，信宿至京，救国难而不顾身，闻君召而不俟驾。以至天亡汉祚，兵散梁郊，降将败军，相继而至，卿即便回马首，径返龟阴，为主为时，有终有始。所谓危乱见忠臣之节，疾风知劲草之心，若使为臣者皆能如兹，则有国者谁不欲用！所言朕潜龙河朔之际，平难浚郊之时，缘不奉示谕之言，亦不得差人至行阙。且事主之道，何必如斯？若或二三于汉朝，又安肯忠信于周室，以此为惧，不亦过乎！卿但悉力推心，安民体国，事朕之节，如事故君，不惟黎庶获安，抑亦社稷是赖。但坚表率，未议替移。由衷之诚，言尽于此。"

王彦超奏克徐州杀巩廷美。

北汉李謩至契丹，契丹主使拽剌梅里报之。夏四月，契丹主遣使如北汉，告以周使田敏来，约岁输钱十万缗。北汉主使郑珙以厚赂谢契丹，自称“侄皇帝致书于叔天授皇帝”，请行册礼。五月己巳，遣左金吾将军姚汉英等使于契丹，契丹留之。辛未，北汉礼部侍郎、同平章事郑珙卒于契丹。

六月辛亥，以枢密使、同平章事王峻为左仆射兼门下侍郎，枢密副使、兵部侍郎范质、户部侍郎判三司李榖为中书侍郎，并同平章事，榖仍判三司。司徒兼侍中窦贞固，司空兼中书侍郎同平章事苏禹珪，并罢守本官。癸丑，范质参知枢密院事。丁巳，以宣徽北院使翟光邺兼枢密副使。

初，帝讨河中，已为人望所属。李榖时为转运使，帝数以微言讽之，榖但以人臣尽节为对，帝以是贤之，即位，首用为相。时国家新造，四方多故，王峻夙夜尽心，知无不为，军旅之谋，多所裨益。范质明敏强记，谨守法度。李榖沉毅有器略，在帝前论议，辞气忼慨，善譬谕以开主意。

契丹遣燕王述轧等册命北汉主为大汉神武皇帝，妃为皇后。北汉主更名旻。秋七月，北汉主遣翰林学士博兴卫融等诣契丹谢册礼，且请兵。

八月壬戌，葬汉隐帝于颖陵。

九月，北汉主遣招讨使李存瓌将兵自团柏入寇。契丹欲引兵会之，与酋长议于九十九泉。诸部皆不欲南寇，契丹主强之，癸亥，行至新州之西火神淀，燕王述轧及伟王之子太宁王沤僧作乱，弑契丹主而立述轧。契丹主德光之子齐王述律逃入南山，诸部奉述律以攻述轧、沤僧杀之，并其族党。立述律为帝，改元应历。自火神淀入幽州，遣使告于北汉。北汉主遣枢密直学士上党王得中如契丹，贺即位，复以叔父事之，请兵以击晋州。契丹主年少，好游戏，不亲国事；每夜酣饮，达旦乃寐，日中方起，国人谓之“睡王”。后更名明。

冬十月辛卯，潞州巡检陈思让败北汉兵于虒亭。

契丹遣彰国节度使萧禹厥将奚、契丹五万会北汉兵入寇。北汉主自将兵二万自阴地关寇晋州，丁未，军于城北，三面置寨，昼夜攻之，游兵至绛州。时王晏已离镇，王彦超未至，巡检使王万敢权知晋州，与龙捷都指挥使史彦超、虎捷指挥使何徽共拒之。史彦超，云州人也。

十一月，帝以北汉、契丹之兵犹在晋州，甲子，以王峻为行营都部署，将兵救之，诏诸军皆受峻节度，听以便宜从事，得自选择将吏。乙丑，峻行，帝自至城西饯之。

王峻留陕州旬日，帝以北汉攻晋州急，忧其不守，议自将由泽州路与峻会兵救之，且遣使谕峻。十二月戊子朔，下诏以三日西征。使者至陕，峻因使者言于帝曰：“晋州城坚，未易可拔，刘崇兵锋方锐，不可力争。所以驻兵，待其气衰耳，非臣怯也。陛下新即位，不宜轻动。若车(马)〔驾〕出汜水，则慕容彦超引兵入汴，大事去矣！”帝闻之，自以手提耳曰：“几败吾事！”庚寅，敕罢亲征。

初，泰宁节度使兼中书令慕容彦超闻徐州平，疑惧愈甚，乃招纳亡命，畜聚薪粮，潜以书结北汉，吏获其书以闻。又遣人诈为商人，求援于唐。帝遣通事舍人郑好谦就申慰谕，与之为誓。彦超益不自安，屡遣都押牙郑麟诣阙，伪输诚款，实觇机事。又献天平节度使高行周书，其言皆谤毁朝廷与彦超相结之意。帝笑曰：“此彦超之诈也。”以书示行周，行周上表谢恩。既而彦超反迹益露，丙申，遣閤门使张凝将兵赴郓州巡检以备之。

庚子，王峻至绛州。乙巳，引兵趣晋州。晋州南有蒙坑，最为险要，峻忧北汉兵据之，是日，闻前锋已度蒙坑，喜曰："吾事济矣。"

慕容彦超奏请入朝，帝知其诈，即许之。既而复称境内多盗，未敢离镇。

北汉主攻晋州，久不克。会大雪，民相聚保山寨，野无所掠，军乏食。契丹思归，闻王峻至蒙坑，烧营夜遁。峻入晋州，诸将请亟追之，峻犹豫未决。明日，乃遣行营马军都指挥使仇弘超、都排阵使药元福、左厢排阵使陈思让、康延沼将骑兵追之，及于霍邑，纵兵奋击，北汉兵坠崖谷死者甚众。霍邑道隘，延沼畏懦不急追，由是北汉兵得度。药元福曰："刘崇悉发其众挟胡骑而来，志吞晋、绛，今气衰力惫，狼狈而遁，不乘此翦扑，必为后患。"诸将不欲进，王峻复遣使止之，遂还。契丹比至晋阳，士马什丧三四，萧禹厥耻无功，钉大酋长一人于市，旬余而斩之。北汉主始息意于进取。北汉土瘠民贫，内供军国，外奉契丹，赋繁役重，民不聊生，逃入周境者甚众。

二年〔春〕正月，慕容彦超发乡兵入城，引泗水注壕中，为战守之备。又多以旗帜授诸镇将，令募群盗，剽掠邻境，所在奏其反状。甲子，敕沂、密二州不复隶泰宁军。以侍卫步军都指挥使、昭武节度使曹英为都部署，讨彦超，齐州防御使史延超为副部署，皇城使河内向训为都监，陈州防御使药元福为行营马步都虞候。帝以元福宿将，命英、训无得以军礼见之，二人皆父事之。

唐主发兵五千，军于下邳，以援彦超，闻周兵将至，退屯沭阳。徐州巡检使张令彬击之，大破唐兵，杀溺死者千余人，获其将燕敬权。

初，彦超以周室新造，谓其易摇，故北召北汉及契丹，南诱唐人，使侵边鄙，冀朝廷奔命不暇，然后乘间而动。及北汉、契丹自晋州北走，唐兵败于沭阳，彦超之势遂沮。

壬申，王峻自晋州还，入见。

曹英等至兖州，设长围。慕容彦超屡出战，药元福皆击败之，彦超不敢出。十余日，长围合，遂进攻之。

初，彦超将反，判官崔周度谏曰："鲁，诗书之国，自伯禽以来不能霸诸侯，然以礼义守之，可以长世。公于国家非有私憾，胡为自疑？况主上开谕勤至，苟撤备归诚，则坐享泰山之安矣。独不见杜中令、安襄阳、李河中，竟何所成乎？"彦超怒，以周度阿庇司马阎弘〔鲁〕等，斩于市。

夏四月，帝以曹英等攻兖州久未克，乙卯，下诏亲征，以李穀权东京留守兼判开封府，郑仁诲权大内都点检，又以侍卫马军都指挥使郭崇充在京都巡检。

五月庚申，帝发大梁；戊辰，至兖州。己巳，帝使人招谕慕容彦超，城上人语不逊。庚午，命诸军进攻。先是，术者绐彦超，云"镇星行至角、亢，角、亢兖州之分，其下有福"。彦超乃立祠而祷之，令民家皆立黄幡。彦超性贪吝，官军攻城急，犹瘗藏珍宝，由是人无斗志，将卒相继有出降者。乙亥，官军克城，彦超方祷镇星祠，帅众力战，不胜，乃焚镇星祠，与妻赴井死。子继勋出走，追获，杀之。官军大掠，城中死者近万人。

丁丑，以端明殿学士颜衎权知兖州事。癸未，降泰宁军为防御州。

显德元年春正月壬辰，帝殂，〔丙申〕，晋王荣即帝位。

北汉主闻太祖晏驾，甚喜，谋大举入寇，遣使请兵于契丹。二月，契丹遣其武定节度使、政事令杨衮将万余骑如晋阳。北汉主自将兵三万，以义成节度使白从晖为行军都部署，武宁节度使张元徽为前锋都指挥使，与契丹自团柏南趣潞州。

北汉兵屯梁侯驿，昭义节度使李筠遣其将穆令均将步骑二千逆战，筠自将大军壁于太平驿。张元徽与令均战，阳不胜而北，令均逐之，伏发，杀令均，俘斩士卒千余人。筠遁归上党，婴城自守。筠即李荣也，避上名改焉。

世宗闻北汉主入寇，欲自将兵御之。群臣皆曰："刘崇自平阳遁走以来，势蹙气沮，必不敢自来。陛下新即位，山陵有日，人心易摇，不宜轻动，宜命将御之。"帝曰："崇幸我大丧，轻朕年少新立，有吞天下之心，此必自来，朕不可不往。"冯道固争之，帝曰："昔唐太宗定天下，未尝不自行，朕何敢偷安。"道曰："未审陛下能为唐太宗否?"帝曰："以吾兵力之强，破刘崇如山压卵耳。"道曰："未审陛下能为山否?"帝不悦。惟王溥劝行，帝从之。

三月，北汉乘胜进逼潞州。丁丑，诏天雄节度使符彦卿引兵自磁州固镇出北汉军后，以镇宁节度使郭崇副之；又诏河中节度使王彦超引兵自晋州东出邀北汉军，以保义节度使韩通副之；又命马军都指挥使宁江节度使樊爱能、步军都指挥使清淮节度使何徽、义成节度使白重赞、郑州防御使史彦超、前耀州团练使符彦能将兵先趣泽州，宣徽使向训监之。重赞，宪州人也。

癸未，帝命冯道奉梓宫赴山陵，以郑仁海为东京留守。乙酉，帝发大梁，庚寅，至怀州。帝欲兼行速进，控鹤都指挥使真定赵晁私谓通事舍人郑好谦曰："贼势方盛，宜持重以挫之。"好谦言于帝，帝怒曰："汝安得此言，必为人所使。言其人则生，不然必死!"好谦以实对，帝命并晁械于州狱。壬辰，帝过泽州，宿于州东北。

北汉主不知帝至，过潞州不攻，引兵而南，是夕，军于高平之南。癸巳，前锋与北汉兵遇，击之，北汉兵却。帝虑其遁去，趣诸军亟进。北汉主以中军陈于巴公原，张元徽军其东，杨衮军其西，众颇严整。时河阳节度使刘词将后军未至，众心危惧，而帝志气益锐，命白重赞与侍卫马步都虞候李重进将左军居西，樊爱能、何徽将右军居东，向训、史彦超将精骑居中央，殿前都指挥使张永德将禁兵卫帝。帝介马，自临阵督战。

北汉主见周军少，悔召契丹，谓诸将曰："吾自用汉军可破也，何必契丹。今日不惟克周，亦可使契丹心服。"诸将皆以为然。杨衮策马前望周军，退谓北汉主曰："勍敌也，未可轻进。"北汉主奋髯曰："时不可失，请公勿言，试观我战。"衮默然不悦。时东北风方盛，俄而忽转南风，北汉副枢密使王延嗣使司天监李义白北汉主，云"时可战矣"，北汉主从之。枢密直学士王得中扣马谏曰："义可斩也。风势如此，岂助我者邪？"北汉主曰："吾计已决，老书生勿妄言，且斩汝！"麾东军先进，张元徽将千骑击周右军。

合战未几，樊爱能、何徽引骑兵先遁，右军溃，步兵千余人解甲呼万岁，降于北汉。帝见军势危，自引亲兵犯矢石督战，太祖皇帝时为宿卫将，谓同列曰："主危如此，吾属何得不致死！"又谓张永德曰："贼气骄，力战可破也。公麾下多能左射者，请引兵乘高西出为左翼，我引兵为右翼以击之。国家安危，在此一举。"永德从之，各将二千人进战。太祖皇帝身先士卒，驰犯其锋，士卒死战，无不一当百，北汉兵披靡。内殿直夏津马仁瑀谓众曰："使乘舆受敌，安用我辈！"跃马引弓大呼，连毙数十人，士气益振。殿前右番行首马全义言于帝曰："贼势极矣，将为我擒。愿陛下按辔勿动，徐观诸将破之。”即引数百骑进陷阵。

北汉主知帝自临阵，褒赏张元徽，趣使乘胜进兵。元徽前略阵，马倒，为周兵所杀。元徽，北汉之骁将也，北军由是夺气。时南风益盛，周兵争奋，北汉兵大败。北汉主自举赤帜收兵，不能止。杨衮畏周兵之强，不敢救，且恨北汉主之语，全军而退。

樊爱能、何徽引数千骑南走，控弦露刃，剽掠辎重，役徒惊走，失亡甚多。帝遣近臣及亲军校追谕止之，莫肯奉诏，使者或为军士所杀，扬言：“契丹大至，官军败绩，余众已降虏矣。”刘词遇爱能等于途，爱能等止之，词不从，引兵而北。时北汉主尚有余众万余人，阻涧而陈，薄暮，词至，复与诸军击之，北汉兵又败，杀王延嗣，追至高平，僵尸满山谷，委弃御物及辎重、器械、杂畜不可胜纪。

是夕，帝宿于野次，得步兵之降敌者皆杀之。樊爱能等闻周兵大捷，与士卒稍稍复还，有达曙不至者。甲午，休兵于高平，选北汉降卒数千人为效顺指挥，命前武胜行军司马唐景思将之，使戍淮上，余二千余人赐赀装纵遣之。李谷为乱兵所迫，潜窜山谷，数日乃出。丁酉，帝至潞州。

北汉主自高平被褐戴笠，乘契丹所赠黄骝，帅百余骑由雕窠岭遁归。宵迷，倩村民为导，误之晋州，行百余里乃觉之，杀导者。昼夜北走，所至，得食未举箸，或传周兵至，辄苍黄而去。北汉主衰老力惫，伏于马上，昼夜驰骤，殆不能支，仅得入晋阳。

帝欲诛樊爱能等以肃军政，犹豫未决。己亥，昼卧行宫帐中，张永德侍侧，帝以其事访之。对曰：“爱能等素无大功，忝冒节钺，望敌先逃，死未塞责。且陛下方欲削平四海，苟军法不立，虽有熊罴之士，百万之众，安得而用之！”帝掷枕于地，大呼称善。

即收爱能、徽及所部军使以上七十余人，责之曰："汝辈皆累朝宿将，非不能战；今望风奔遁者，无他，正欲以朕为奇货，卖与刘崇耳。"悉斩之。帝以何徽先守晋州有功，欲免之，既而以法不可废，遂并诛之，而给槥车归葬。自是骄将惰卒，始知所惧，不行姑息之政矣。庚子，赏高平之功，以李重进兼忠武节度使，向训兼义成节度使，张永德兼武信节度使，史彦超为镇国节度使。张永德盛称太祖皇帝之智勇，帝擢太祖皇帝为殿前都虞候，领严州刺史。以马仁瑀为控鹤弓箭直指挥使，马全乂为散员指挥使。自余将校迁拜者凡数十人，士卒有自行间擢主军厢者。释赵晁之囚。

北汉主收散卒，缮甲兵，完城堑以备周。杨衮将其众北屯代州，北汉主遣王得中送衮，因求救于契丹。契丹主遣得中还报，许发兵救晋阳。

壬寅，以符彦卿为河东行营都部署兼知太原行府事，以郭崇副之，向训为都监，李重进为马步都虞候，史彦超为先锋都指挥使，将步骑二万发潞州。仍诏王彦超、韩通自阴地关入，与彦卿合军而进。又以刘词为随驾部署，保大节度使白重赞副之。

夏四月，北汉盂县降。符彦卿军晋阳城下。王彦超攻汾州，北汉防御使董希颜降。帝遣莱州防御使康延沼攻辽州，密州防御使田琼攻沁州，皆不下。供备库副使太原李谦溥单骑说辽州刺史张汉超，汉超即降。

乙卯，葬圣神恭肃文武孝皇帝于嵩陵，庙号太祖。

初，帝遣符彦卿等北征，但欲耀兵于晋阳城下，未议攻取。既入北汉境，其民争以食物迎周师，泣诉刘氏赋役之重，愿供军须，助攻晋阳，北汉州县继有降者。帝闻之，始有兼并之意，遣使往与诸将议之。诸将皆言“刍粮不足，请且班师，以俟再举”，帝不听。既而诸军数十万聚于太原城下，军士不免剽掠，北汉民失望，稍稍保山谷自固。帝闻之，驰诏禁止剽掠，安抚农民，止征今岁租税，及募民入粟拜官有差，仍发泽、潞、晋、绛、慈、隰及山东近便诸州民运粮以馈军。己未，遣李穀诣太原计度刍粮。

庚申，太师、中书令瀛文懿王冯道卒。道少以孝谨知名，唐庄宗世始贵显，自是累朝不离将相、三公、三师之位。为人清俭宽弘，人莫测其喜愠，滑稽多智，浮沉取容，尝著长乐老叙，自述累朝荣遇之状，时人往往以德量推之。

欧阳修论曰："礼义廉耻，国之四维，四维不张，国乃灭亡。"礼义，治人之大法；廉耻，立人之大节。况为大臣而无廉耻，天下其有不乱，国家其有不亡者乎！予读冯道长乐老叙，见其自述以为荣，其可谓无廉耻者矣，则天下国家可从而知也。

予于五代得全节之士三，死事之臣十有五，皆武夫战卒，岂于儒者果无其人哉？得非高节之士，恶时之乱，薄其世而不肯出欤？抑君天下者不足顾，而莫能致之欤？

予尝闻五代时有王凝者，家青、齐之间，为虢州司户参军，以疾卒于官。凝家素贫，一子尚幼，妻李氏，携其子，负其遗骸以归，东过开封府止于旅舍，主人不纳。李氏顾天已暮，不肯去，主人牵其臂而出之。李氏仰天恸哭曰："我为妇人，不能守节，而此手为人所执邪！"即引斧自断其臂，见者为之嗟泣。开封尹闻之，白其事于朝，厚恤李氏而笞其主人。呜呼，士不自爱其身而忍耻以偷生者，闻李氏之风，宜少知愧哉。

臣光曰:天地设位,圣人则之,以制礼立法,内有夫妇,外有君臣。妇之从夫,终身不改,臣之事君,有死无贰,此人道之大伦也。苟或废之,乱莫大焉。范质称冯道厚德稽古,宏才伟量,虽朝代迁贸,人无间言,屹若巨山,不可转也。臣愚以为正女不从二夫,忠臣不事二君。为女不正,虽复华色之美,织纴之巧,不足贤矣。为臣不忠,虽复材智之多,治行之优,不足贵矣。何则?大节已亏故也。道之为相,历五朝八姓,若逆旅之视过客,朝为仇敌,暮为君臣,易面变辞,曾无愧怍,大节如此,虽有小善,庸足称乎?

或以为自唐室之亡,群雄力争,帝王兴废,远者十余年,近者三四年,虽有忠智,将若之何。当是之时,失臣节者非道一人,岂得独罪道哉!臣愚以为忠臣忧公如家,见危致命,君有过则强谏力争,国败亡则竭节致死。智士邦有道则见,邦无道则隐,或灭迹山林,或优游下僚。今道尊宠则冠三师,权任则首诸相,国存则依违拱嘿,窃位素餐,国亡则图全苟免,迎谒劝进。君则兴亡接踵,道则富贵自如,兹乃奸臣之尤,安得与他人为比哉!或谓道能全身远害于乱世,斯亦贤已。臣谓君子有杀身成仁,无求生害仁,岂专以全身远害为贤哉?然则盗跖病终而子路醢,果谁贤乎?

抑此非特道之愆也,时君亦有责焉。何则?不正之女,中士羞以为家,不忠之人,中君羞以为臣。彼相前朝,语其忠则反君事仇,语其智则社稷为墟。后来之君,不诛不弃,乃复用以为相,彼又安肯忠于我而能获其用乎!故曰非特道之愆,亦时君之责也。

辛酉,符彦卿奏北汉宪州刺史太原韩光愿、岚州刺史郭言皆举城降。王彦超、韩通攻石州，克之，执刺史安彦进。癸亥，沁州刺史李廷诲降。庚午，帝发潞州，趣晋阳。癸酉，北汉忻州监军李勍杀刺史赵皋及契丹通事杨耨姑举城降，以勍为忻州刺史。

五月丙子，帝至晋阳城下，旗帜环城四十里。杨衮疑北汉代州防御使郑处谦贰于周，召与计事，欲图之。处谦知之，不往。衮使胡骑数十守其城门，处谦杀之，因闭门拒衮。衮奔归契丹，契丹主怒其无功，囚之。处谦举城来降，丁丑，置静塞军于代州，以郑处谦为节度使。契丹数千骑屯忻、代之间，为北汉之援。庚辰，遣符彦卿等将步骑万余击之。彦卿入忻州，契丹退保忻口。丁亥，置宁化军于汾州，以石、沁二州隶之。代州将桑珪、解文遇杀郑处谦，诬奏云“潜通契丹”。

符彦卿奏请益兵，癸巳，遣李筠、张永德将兵三千赴之。契丹游骑时至忻州城下，丙申，彦卿与诸将阵以待之。史彦超将二十骑为前锋，遇契丹，与战，李筠引兵继之，杀契丹二千人。彦超恃勇轻进，去大军浸远，众寡不敌，为契丹所杀，筠仅以身免，周兵死伤甚众。彦卿退保忻州，寻引兵还晋阳。府州防御使折德扆将州兵来朝。辛丑，复置永安军于府州，以德扆为节度使。时大发兵夫，东自怀、孟，西及蒲、陕，以攻晋阳，不克。会久雨，士卒疲病，及史彦超死，乃议引还。

初，王得中返自契丹，值周兵围晋阳，留止代州。及桑珪杀郑处谦，囚得中，送于周军。帝释之，赐以带、马，问：“虏兵何时当至？”得中曰：“臣受命送杨衮，他无所求。”或谓得中曰：“契丹许公发兵，公不以实告，契丹兵即至，公得无危乎？”得中太息曰：“吾食刘氏禄，有老母在围中，若以实告，周人必发兵据险而拒之，如此家国两亡，吾独生何益！不若杀身以全家国，所得多矣。”甲辰，帝以得中欺罔，缢杀之。

乙巳，帝发晋阳。匡国节度使药元福言于帝曰：“进军易，退军难。”帝曰：“朕一以委卿。”元福乃勒兵成列而殿。北汉果出兵追蹑，元福击走之。然军还匆遽，刍粮数十万在城下者悉焚弃之。军中讹言相惊，或相剽掠，军须失亡不可胜计。所得北汉州县，周所置刺史等皆弃城走，惟代州桑珪既叛北汉，又不敢归周，婴城自守，北汉遣兵攻拔之。乙酉，帝至潞州。甲子，至郑州。丙寅，谒嵩陵。庚午，至大梁。

帝违众议破北汉，自是政事无大小皆亲决，百官受成于上而已。河南府推官高锡上书谏，以为：“四海之广，万机之众，虽尧、舜不能独治，必择人而任之。今陛下一以身亲之，天下不谓陛下聪明睿智足以兼百官之任，皆言陛下褊迫疑忌举不信群臣也。不若选能知人公正者以为宰相，能爱民听讼者以为守令，能丰财足食者使掌金谷，能原情守法者使掌刑狱，陛下但垂拱明堂，视其功过而赏罚之，天下何忧不治？何必降君尊而代臣职，屈贵位而亲贱事，无乃失为政之本乎。”帝不从。锡，河中人也。

北汉主忧愤成疾，悉以国事委其子侍卫都指挥使承钧。

初，帝与北汉主相拒于高平，命前泽州刺史李彦崇将兵守江猪岭，遏北汉主归路。彦崇闻樊爱能等南遁，引兵退，北汉主果自其路遁去。八月己酉，贬彦崇率府副率。

冬十一月，北汉主疾病，命其子承钧监国，寻殂。遣使告哀于契丹，契丹遣骠骑大将军、知内侍省事刘承训册命承钧为帝，更名钧。北汉孝和帝性孝谨，既嗣位，勤于为政，爱民礼士，境内粗安。每上表于契丹主称“男”，契丹主赐之诏，谓之“儿皇帝”。

三年夏四月，北汉葬神武帝于交城北山，庙号世祖。

世宗征淮南

后周世宗显德二年春三月，上谓宰相曰："朕每思致治之方，未得其要，寝食不忘。又自唐、晋以来，吴、蜀、幽、并皆阻声教，未能混一。宜命近臣著为君难为臣不易论及开边策一篇，朕将览焉。"

比部郎中王朴献策，以为："中国之失吴、蜀、幽、并，皆由失道。今必先观所以失之之原，然后知所以取之之术。其始失之也，莫不以君暗臣邪，兵骄民困，奸党内炽，武夫外横，因小致大，积微成著。今欲取之，莫若返其所为而已。夫进贤退不肖，所以收其才也；恩隐诚信，所以结其心也；赏功罚罪，所以尽其力也；去奢节用，所以丰其财也；时使薄敛，所以阜其民也。俟群才既集，政事既治，财用既充，士民既附，然后举而用之，功无不成矣。彼之人观我有必取之势，则知其情状者愿为间谍，知其山川者愿为向导，民心既归，天意必从矣。凡攻取之道，必先其易者。唐与吾接境几二千里，其势易扰也。扰之当以无备之处为始，备东则扰西，备西则扰东，彼必奔走而救之。奔走之间，可以知其虚实强弱，然后避实击虚，避强击弱。未须大举，且以轻兵扰之。南人懦怯，闻小有警，必悉师以救之。师数动则民疲而财竭，不悉师则我可以乘虚取之。如此，江北诸州将悉为我有。既得江北，则用彼之民，行我之法，江南亦易取也。得江南则岭南、巴蜀可传檄而定。南方既定，则燕地必望风内附。若其不至，移兵攻之，席卷可平矣。惟河东必死之寇，不可以恩信诱，必当以强兵制之。然彼自高平之败，力竭气沮，必未能为边患，宜且以为后图，俟天下既平，然后伺间，一举可擒也。今士卒精练，甲兵有备，群下畏法，诸将效力，期年之后，可以出师，宜自夏秋蓄积实边矣。”上欣然纳之。时群臣多守常偷安，所对少有可取者。惟朴神峻气劲，有谋能断，凡所规画，皆称上意，上由是重其器识。未几迁左谏议大夫，知开封府事。

唐主性和柔，好文华，而喜人顺己，由是谄谀之臣多进用，政事日乱。既克建州，破湖南，益骄，有吞天下之志。李守贞、慕容彦超之叛，皆为之出师，遥为声援。又遣使自海道通契丹及北汉，约共图中国。值中国多事，未暇与之校。先是，每冬淮水浅涸，唐人常发兵戍守，谓之“把浅”。寿州监军吴廷绍以为疆埸无事，坐费资粮，悉罢之。清淮节度使刘仁赡上表固争，不能得。十一月乙未朔，帝以李穀为淮南道前军行营都部署兼知庐、寿等行府事，以忠武节度使王彦超副之，督侍卫马军都指挥使韩令坤等十二将以伐唐。令坤，磁州武安人也。

汴水自唐末溃决，自埇桥东南悉为污泽。上谋击唐，先命武宁节度使武行德发民夫，因故堤疏导之，东至泗上。议者皆以为难成，上曰：“数年之后，必获其利。”

唐人闻周兵将至而惧。刘仁赡神气自若，部分守御，无异平日，众情稍安。唐主以神武统军刘彦贞为北面行营都部署，将兵二万趣寿州，奉化节度使、同平章事皇甫晖为应援使，常州团练使姚凤为应援都监，将兵三万屯定远。召镇南节度使宋齐丘还金陵，谋国难。以翰林承旨、户部尚书殷崇义为吏部尚书、知枢密院事。

李穀等为浮梁，自正阳济淮。十二月甲戌，穀奏王彦超败唐兵二千余人于寿州城下，己卯，又奏先锋都指挥使白延遇败唐兵千余人于山口镇。帝诏吴越王弘俶使出兵击唐。

三年春正月丁酉，李縠奏败唐兵千余人于上窑。戊戌，发开封府、曹、滑、郑州之民十余万筑大梁外城。庚子，帝下诏亲征淮南，以宣徽南院使、镇安节度使向训权东京留守，端明殿学士王朴副之，彰信节度使韩通权点检侍卫司及在京内外都巡检。命侍卫都指挥使、归德节度使李重进将兵先赴正阳，河阳节度使白重赞将亲兵三千屯颍上。壬寅，帝发大梁。

李縠攻寿州，久不克。唐刘彦贞引兵救之，至来远镇，距寿州二百里，又以战舰数百艘趣正阳，为攻浮梁之势。李縠畏之，召将佐谋曰："我军不能水战，若贼断浮梁，则腹背受敌，皆不归矣。不如退守浮梁，以待车驾。"上至圉镇，闻其谋，亟遣中使乘驿止之。比至，已焚刍粮，退保正阳。丁未，帝至陈州，亟遣李重进引兵趣淮上。

辛亥，李縠奏："贼舰中淮而进，弩炮所不能及，若浮梁不守，则众心动摇，须至退军。今贼舰日进，淮水日涨，若车驾亲临，万一粮道阻绝，其危不测。愿陛下且驻跸陈、颍，俟李重进至，臣与之共度，贼舰可御，浮梁可完，立具奏闻。但若厉兵秣马，春去冬来，足使贼中疲弊，取之未晚。"帝览奏，不悦。

刘彦贞素骄贵，无才略，不习兵，所历藩镇，专为贪暴，积财巨亿，以赂权要，由是魏岑等争誉之，以为治民如龚、黄，用兵如韩、彭，故周师至，唐主首用之。其裨将咸师朗等皆勇而无谋，闻李縠退，喜，引兵直抵正阳，旌旗辎重数百里，刘仁赡及池州刺史张全约固止之。仁赡曰："公军未至而敌人先遁，是畏公之威声也，安用速战。万一失利，则大事去矣。"彦贞不从。既行，仁赡曰："果遇，必败。"乃益兵乘城为备。李重进渡淮，逆战于正阳东，大破之，斩彦贞，生擒咸师朗等，斩首万余级，伏尸三十里，收军资器械三十余万。是时江、淮久安，民不习战，彦贞既败，唐人大恐。张全约收余众奔寿州，刘仁赡表全约为马步左厢都指挥使。皇甫晖、姚凤退保清流关，滁州刺史王绍颜委城走。

壬子，帝至永宁镇，谓侍臣曰："闻寿州围解，农民多归村落，今闻大军至，必复入城。怜其聚为饿殍，宜先遣使存抚，各令安业。"甲寅，帝至正阳，以李重进代李穀为淮南道行营都招讨使，以穀判寿州行府事。丙辰，帝至寿州城下，营于淝水之阳，命诸军围寿州，徙正阳浮梁于下蔡镇。丁巳，征宋、亳、陈、颍、徐、宿、许、蔡等州丁夫数十万以攻城，昼夜不息。唐兵万余人，维舟于淮，营于涂山之下。庚申，帝命太祖皇帝击之，太祖皇帝遣百余骑薄其营而伪遁，伏兵邀之，大败唐兵于涡口，斩其都监何延锡等，夺战舰五十余艘。

诏以武平节度使兼中书令王逵为南面行营都统，使攻唐之鄂州。

唐主闻湖南兵将至，命武昌节度使何敬洙徙民入城，为固守之计。敬洙不从，使除地为战场，曰："敌至，则与兵民俱死于此耳。"唐主善之。

二月丙寅，下蔡浮梁成，上自往视之。戊辰，庐、寿、光、黄巡检使元城司超奏败唐兵三千余人于盛唐，擒都监高弼等，获战舰四十余艘。

上命太祖皇帝倍道袭清流关。皇甫晖等阵于山下，方与前锋战，太祖皇帝引兵出山后。晖等大惊，走入滁州，欲断桥自守，太祖皇帝跃马麾兵涉水，直抵城下。晖曰："人各为其主，愿容成列而战。"太祖皇帝笑而许之。晖整众而出，太祖皇帝拥马颈突阵而入，大呼曰："吾止取皇甫晖，他人非吾敌也。"手剑击晖，中脑，生擒之，并擒姚凤，遂克滁州。后数日，宣祖皇帝为马军副都指挥使，引兵夜半至滁州城下，传呼开门。太祖皇帝曰："父子虽至亲，城门王事也，不敢奉命。"明旦乃得入。上遣翰林学士窦仪籍滁州帑藏，太祖皇帝遣亲吏取藏中绢。仪曰："公初克城时，虽倾藏取之，无伤也。今既籍为官物，非有诏书，不可得也。"太祖皇帝由是重仪。

诏左金吾卫将军马崇祚知滁州。初，永兴节度使刘词遗表荐其幕僚蓟人赵普有才可用。会滁州平，范质荐普为滁州军事判官。太祖皇帝与语，悦之。时获盗百余人，皆应死，普请先讯鞫然后决，所活什七八。太祖皇帝益奇之。

太祖皇帝威名日盛，每临阵，必以繁缨饰马，铠仗鲜明。或曰："如此，为敌所识。"太祖皇帝曰："吾固欲其识之耳。"

唐主遣泗州牙将王知朗赍书抵徐州，称："唐皇帝奉书大周皇帝，请息兵修好，愿以兄事帝，岁输货财以助军费。"甲戌，徐州以闻。帝不答。戊寅，命前武胜节度使侯章等攻寿州水寨，决其壕之西北隅，导壕水入于淝。

太祖皇帝遣使献皇甫晖等，晖伤甚，见上，卧而言曰："臣非不忠于所事，但士卒勇怯不同耳。臣向日屡与契丹战，未尝见兵精如此。"因盛称太祖皇帝之勇。上释之，后数日卒。

帝诇知扬州无备，己卯，命韩令坤等将兵袭之，戒以"毋得残民。其李氏陵寝，遣人与李氏人共守护之"。

唐主兵屡败，惧亡，乃遣翰林学士户部侍郎钟谟、工部侍郎文理院学士李德明奉表称臣，来请平，献御服、茶药及金器千两、银器五千两、缯锦二千匹，犒军牛五百头、酒二千斛。壬午，至寿州城下。谟、德明素辩口，上知其欲游说，盛陈甲兵而见之，曰："尔主自谓唐室苗裔，宜知礼义，异于他国。与朕止隔一水，未尝遣一介修好，惟泛海通契丹，舍华事夷，礼义安在？且汝欲说我令罢兵邪？我非六国愚主，岂汝口舌所能移邪。可归语汝主，亟来见朕，再拜谢过，则无事矣；不然，朕欲往观金陵城，借府库以劳军，汝君臣得无悔乎！"谟、德明战栗不敢言。

吴越王弘俶遣兵屯境上，以俟周命。

乙酉，韩令坤奄至扬州，平旦，先遣白延遇以数百骑驰入城，城中不之觉。令坤继至，唐东都营屯使贾崇焚官府、民舍，弃城南走。副留守工部侍郎冯延鲁髡发被僧服，匿于佛寺，军士执之。令坤慰抚其民，使皆安堵。

庚寅，王逵奏拔鄂州长山寨，执其将陈泽等，献之。

辛卯，太祖皇帝奏唐天长制置使耿谦降，获刍粮二十余万。

韩令坤攻唐泰州，拔之，刺史方讷奔金陵。

唐主遣人以蜡丸求救于契丹。壬辰，静安军使何继筠获而献之。

以给事中高防权知泰州。

三月甲午朔，上行视水寨，至淝桥，自取一石，马上持之，至寨以供炮，从官过桥者人赍一石。太祖皇帝乘皮船入寿春壕中，城上发连弩射之，矢大如屋椽。牙将馆陶张琼遽以身蔽之，矢中琼髀，死而复苏。镞着骨，不可出，琼饮酒一大卮，令人破骨出之，流血数(斗)〔升〕，神色自若。

唐主复以右仆射孙晟为司空，遣与礼部尚书王崇质奉表入见，称："自天祐以来，海内分崩，或跨据一方，或迁革异代。臣绍袭先业，奄有江表，顾以瞻乌未定，附凤何从。今天命有归，声教远被，愿比两浙、湖南，仰奉正朔，谨守土疆。乞收薄伐之威，赦其后服之罪，首于下国，俾作外臣，则柔远之德，云谁不服。”又献金千两、银十万两、罗绮二千匹。晟谓冯延已曰：“此行当在左相，晟若辞之，则负先帝。”既行，知不免，中夜，叹息谓崇质曰：“君家百口，宜自为谋。吾思之熟矣，终不负永陵一抔土，余无所知。”

光舒黄招安巡检使、行光州刺史何超以安、随、申、蔡四州兵数万攻光州。丙申，超奏唐光州刺史张绍弃城走，都监张承翰以城降。丁酉，行舒州刺史郭令图拔舒州。

唐蕲州将李福杀其知州王承巂举州来降。遣六宅使齐藏珍攻黄州。

秦、凤之平也，上赦所俘蜀兵以隶军籍，从征淮南，复亡降于唐。癸卯，唐主表献百五十人，上悉命斩之。

丙午，孙晟等至上所。庚戌，上遣中使以孙晟诣寿春城下示刘仁赡，且招谕之。仁赡见晟，戎服拜于城上。晟谓仁赡曰：“君受国厚恩，不可开门纳寇。”上闻之，甚怒。晟曰：“臣为唐宰相，岂可教节度使外叛邪！”上乃释之。

唐主使李德明、孙晟言于上，请去帝号，割寿、濠、泗、楚、光、海六州之地，仍岁输金帛百万，以求罢兵。上以淮南之地已半为周有，诸将捷奏日至，欲尽得江北之地，不许。德明见周兵日进，奏称：“唐主不知陛下兵力如此之盛，愿宽臣五日之诛，得归白唐主，尽献江北之地。”上乃许之。晟因奏遣王崇质与德明俱归。上遣供奉官安弘道送德明等归金陵，赐唐主诏书。其略曰：“但存帝号，何爽岁寒。傥坚事大之心，终不迫人于险。”又曰：“俟诸郡之悉来，即大军之立罢。言尽于此，更不烦云；苟曰未然，请从兹绝。”又赐其将相书，使熟议而来。唐主复上表谢。

李德明盛称上威德及甲兵之强，劝唐主割江北之地，唐主不悦。宋齐丘以割地为无益。德明轻佻，言多过实，国人亦不之信。枢密使陈觉、副使李征古素恶德明及孙晟，使王崇质异其言，因谮德明于唐主曰：“德明卖国求利。”唐主大怒，斩德明于市。

唐主命诸道兵马元帅齐王景达将兵拒周，以陈觉为监军使，前武安节度使边镐为应援都军使。中书舍人韩熙载上书曰：“信莫信于亲王，重莫重于元帅，安用监军使为！”唐主不从。

遣鸿胪卿潘承祐诣泉、建召募骁勇，承祐荐前永安节度使许文稹、静江指挥使陈德诚、建州人郑彦华、林仁肇。唐主以文稹为西面行营应援使，彦华、仁肇皆为将。仁肇，仁翰之弟也。

夏四月甲子，以侍卫亲军都指挥使归德节度使李重进为庐寿等州招讨使，以武德节度使武行德为濠州城下都部署。

唐右卫将军陆孟俊自常州将兵万余人趣泰州，周兵遁去，孟俊复取之，遣陈德诚戍泰州。孟俊进攻扬州，屯于蜀冈，韩令坤弃扬州走。帝遣张永德将兵救之，令坤复入扬州。帝又遣太祖皇帝将兵屯六合。太祖皇帝令曰：“扬州兵有过六合者，折其足。”令坤始有固守之志。

帝自至寿春以来，命诸军昼夜攻城，久不克。会大雨，营中水深数尺，攻具及士卒失亡颇多，粮运不继，李德明失期不至，乃议旋师。或劝帝东幸濠州，声言寿州已破，从之。己巳，帝自寿春循淮而东，乙亥，至濠州。韩令坤败唐兵于城东，擒陆孟俊。

唐齐王景达将兵二万自瓜步济江，距六合二十余里，设栅不进。诸将欲击之，太祖皇帝曰：“彼设栅自固，惧我也。今吾众不满二千，若往击之，则彼见吾众寡矣。不如俟其来而击之，破之必矣。”居数日，唐出兵趣六合，太祖皇帝奋击，大破之，杀获近五千人，余众尚万余，走渡江，争舟溺死者甚众。于是唐之精卒尽矣。是战也，士卒有不致力者，太祖皇帝阳为督战，以剑斫其皮笠。明日，遍阅其笠，有剑迹者数十人，皆斩之，由是部兵莫敢不尽死。

先是，唐主闻扬州失守，命四旁发兵取之。己卯，韩令坤奏败楚州兵万余人于湾头堰，获涟州刺史秦进崇。张永德奏败泗州兵万余人于曲溪堰。

丙戌，以宣徽南院使向训为淮南节度使兼沿江招讨使。涡口奏新作浮梁成。丁亥，帝自濠州如涡口。

帝锐于进取，欲自至扬州，范质等以兵疲食少，泣谏而止。帝尝怒翰林学士窦仪，欲杀之。范质入救之，帝望见，知其意，即起避之；质趋前伏地叩头，谏曰：“仪罪不至死。臣为宰相，致陛下枉杀近臣，罪皆在臣。”继之以泣，帝意解，乃释之。

五月壬辰朔，以涡口为镇淮军。

戊戌，帝留侍卫亲军都指挥使李重进等围寿州，自涡口北归。乙卯，至大梁。

六月壬申，赦淮南诸州系囚，除李氏非理赋役，事有不便于民者，委长吏以闻。

侍卫步军都指挥使、彰信节度使李继勋营于寿州城南，唐刘仁赡伺继勋无备，出兵击之，杀士卒数百人，焚其攻具。

唐驾部员外郎朱元因奏事论用兵方略，唐主以为能，命将兵复江北诸州。

秋七月，唐将朱元取舒州，刺史郭令图弃城走。李平取蕲州。唐主以元为舒州团练使，平为蕲州刺史。元又取和州。初，唐人以茶盐强民而征其粟帛，谓之“博征”，又兴营田于淮南，民甚苦之。及周师至，争奉牛酒迎劳。而将帅不之恤，专事俘掠，视民如土芥。民皆失望，相聚山泽，立堡壁自固，操农器为兵，积纸为甲，时人谓之“白甲军”。周兵讨之，屡为所败，先所得唐诸州，多复为唐有。

唐之援兵营于紫金山，与寿州城中烽火相应。淮南节度使向训奏请以广陵之兵并力攻寿春，俟克城，更图进取，诏许之。训封府库以授扬州主者，命扬州牙将分部按行城中，秋毫不犯，扬州民感悦，军还，或负糗糒以送之。滁州守将亦弃城去，皆引兵趣寿春。

唐诸将请据险以邀周师，宋齐丘曰：“如此，则怨益深，不如纵之，以德于敌，则兵易解也。”乃命诸将各自守，毋得擅出击周兵。由是寿春之围益急。齐王景达军于濠州，遥为寿州声援，军政皆出于陈觉，景达署纸尾而已，拥兵五万，无决战意，将吏畏觉，无敢言者。

八月，殿前都指挥使、义成节度使张永德屯下蔡，唐将林仁肇等以水陆军援寿春。永德与之战，仁肇以船实薪刍，因风纵火，欲焚下蔡浮梁，俄而风回，唐兵败退。永德为铁绠千余尺，距浮梁十余步，横绝淮流，系以巨木，由是唐兵不能近。

冬十月癸酉，李重进奏唐人寇盛唐，铁骑都指挥使王彦昇等击之，斩首三千余级。彦昇，蜀人也。

壬午，张永德奏败唐兵于下蔡。是时唐复以水军攻永德，永德夜令善游者没其船下，縻以铁锁，纵兵击之，船不得进退，溺死者甚众。永德解金带以赏善游者。

甲申，以太祖皇帝为定国节度使兼殿前都指挥使。

张永德与李重进不相悦，永德密表重进有二心，帝不之信。时二将各拥重兵，众心忧恐。重进一日单骑诣永德营，从容宴饮，谓永德曰："吾与公幸以肺腑俱为将帅，奚相疑若此之深邪！"永德意乃解，众心亦安。唐主闻之，以蜡书遗重进，诱以厚利，其书皆谤毁及反间之语，重进奏之。

初，唐使者孙晟、钟谟从帝至大梁，帝待之甚厚，每朝会，班之于中书省官之后，时召见，饮以醇酒，问以唐事。晟但言"唐主畏陛下神武，事陛下无二心"。及得唐蜡书，帝大怒，召晟，责以所对不实。晟正色抗辞，请死而已。问以唐虚实，默然不对。十一月乙巳，帝命都承旨曹翰送晟于右军巡院，更以帝意问之。翰与之饮酒数行，从容问之，晟终不言。翰乃谓曰："有敕赐相公死。"晟神色怡然，索靴笏，整衣冠，南向拜曰："臣谨以死报国。"乃就刑。并从者百余人皆杀之。贬钟谟耀州司马。既而帝怜晟忠节，悔杀之，召谟拜卫尉少卿。

十二月壬申，以张永德为殿前都点检。

分命中使发陈、蔡、宋、亳、颍、兖、曹、单等州丁夫数万城下蔡。

是岁，唐主诏淮南营田害民尤甚者罢之，遣兵部郎中陈处尧持重币浮海如契丹乞兵。契丹不能为之出兵，而留处尧不遣。处尧刚直，有口辩，久之，忿怼，数面责契丹主，契丹主亦不之罪也。

四年春正月，周兵围寿春，连年未下，城中食尽。齐王景达自濠州遣应援使永安节度使许文稹、都军使边镐、北面招讨使朱元将兵数万，溯淮救之，军于紫金山，列十余寨如连珠，与城中烽火晨夕相应。又筑甬道抵寿春，欲运粮以馈之，绵亘数十里。将及寿春，李重进邀击，大破之，死者五千人，夺其二寨。丁未，重进以闻。戊申，诏以来月幸淮上。

刘仁赡请以边镐守城，自帅众决战，齐王景达不许，仁赡愤邑成疾。其幼子崇谏夜泛舟渡淮北，为小校所执，仁赡命腰斩之，左右莫敢救。监军使周廷构哭于中门以救之；仁赡不许。廷构复使求救于夫人，夫人曰："妾于崇谏非不爱也，然军法不可私，名节不可亏，若贷之，则刘氏为不忠之门，妾与公何面目见将士乎？"趣命斩之，然后成丧。将士皆感泣。

议者以唐援兵尚强，多请罢兵，帝疑之。李穀寝疾在第，二月丙寅，帝使范质、王溥就与之谋，穀上疏，以为："寿春危困，破在旦夕，若銮驾亲征，则将士争奋，援兵震恐，城中知亡，必可下矣。"上悦。

甲戌，以王朴权东京留守兼判开封府事，以三司使张美为大内都巡检，以侍卫都虞候韩通为京城内外都巡检。乙亥，帝发大梁。

先是，周与唐战，唐水军锐敏，周人无以敌之，帝每以为恨。返自寿春，于大梁城西汴水侧造战舰数百艘，命唐降卒教北人水战，数月之后，纵横出没，殆胜唐兵。至是，命右骁卫大将军王环将水军数千自闵河沿颍入淮，唐人见之大惊。

乙酉，帝至下蔡。三月己丑夜，帝渡淮，抵寿春城下。庚寅旦，躬擐甲胄，军于紫金山南。命太祖皇帝击唐先锋寨及山北一寨，皆破之，斩获三千余级，断其甬道，由是唐兵首尾不能相救。至暮，帝分兵守诸寨，还下蔡。

唐朱元恃功颇违元帅节度。陈觉与元有隙，屡表元反覆，不可将兵，唐主以武昌节度使杨守忠代之。守忠至濠州，觉以齐王景达之命，召元诣濠州计事，将夺其兵。元闻之，愤怒，欲自杀。门下客宋垍说元曰："大丈夫何往不富贵，何必为妻子死乎？"辛卯夜，元与先锋壕寨使朱仁裕等举寨万余人降。裨将时厚卿不从，元杀之。帝虑其余众沿流东溃，遽命虎捷左厢都指挥使赵晁将水军数千沿淮而下。壬辰旦，帝军于赵步，诸将击唐紫金山寨，大破之，杀获万余人，擒许文稹、边镐、杨守忠。余众果沿淮东走，帝自赵步将骑数百循北岸追之，诸将以步骑循南岸追之，水军自中流而下，唐兵战、溺死及降者殆四万人，获船舰、粮仗以十万数。晡时，帝驰至荆山洪，距赵步二百余里。是夜，宿镇淮军，癸酉，从官始至。刘仁赡闻援兵败，扼吭叹息。

甲午，发近县丁夫数千城镇淮军为二城，夹淮水，徙下蔡浮梁于其间，扼濠、寿应援之路。会淮水涨，唐濠州都监彭城郭廷谓以水军溯淮，欲掩不备，焚浮梁。右龙武统军赵匡赞觇知之，伏兵邀击，破之。

唐齐王景达及陈觉皆自濠州奔归金陵，惟静江指挥使陈德诚全军而还。

戊戌，以淮南节度使向训为武宁节度使、淮南道行营都监，将兵戍镇淮军。己亥，上自镇淮军复如下蔡。庚子，赐刘仁赡诏，使自择祸福。

唐主议自督诸将拒周，中书舍人乔匡舜上疏切谏，唐主以为沮众，流抚州。唐主问神卫统军朱匡业、刘存忠以守御方略，匡业诵罗隐诗曰："时来天地皆同力，运去英雄不自由。"存忠以匡业言为然。唐主怒，贬匡业抚州副使，流存忠于饶州，既而竟不敢自出。

甲辰，帝耀兵于寿春城北。唐清淮节度使兼侍中刘仁赡病甚，不知人，丙午，监军使周廷构、营田副使孙羽等作仁赡表，遣使奉之来降。丁未，帝赐仁赡诏，遣閤门使万年张保续入城宣谕，仁赡子崇让复出谢罪。戊申，帝大陈甲兵，受降于寿春城北，廷构等舁仁赡出城，仁赡卧不能起，帝慰劳赐赉，复令入城养疾。

庚戌，徙寿州治下蔡，赦州境死罪以下。州民受唐文书聚山林者，并召令复业，勿问罪；有尝为其杀伤者，毋得雠讼。向日政令有不便于民者，令本州条奏。辛亥，〔以〕刘仁赡为天平节度使兼中书令，制辞略曰："尽忠所事，抗节无亏，前代名臣，几人堪比！朕之伐叛，得尔为多。"是日卒，追赐爵彭城郡王。唐主闻之，亦赠太师。帝复以清淮军为忠正军，以旌仁赡之节，以右羽林统军杨信为忠正节度使、同平章事。诏开寿州仓赈饥民。丙辰，帝北还。夏四月己巳，至大梁。甲申，分江南降卒为六军、三十指挥，号"怀德军"。五月丁酉，以太祖皇帝领义成节度使。

唐郭廷谓将水军断涡口浮梁，又袭败武宁节度使武行德于定远，行德仅以身免。唐主以廷谓为滁州团练使，充上淮水陆应援使。

秋七月丁亥，上治定远(军)及寿春城南之败，以武宁节度使兼中书令武行德为左卫上将军，河阳节度使李继勋为右卫大将军。

冬十月壬申，帝发大梁。十一月丙戌，至镇淮军。是夜五鼓，济淮；丁亥，至濠州城西。濠州东北十八里有滩，唐人栅其上，环水自固，谓周兵必不能涉。戊子，帝自攻之，命内殿直康保裔帅甲士数百，乘橐驼涉水，太祖皇帝帅骑兵继之，遂拔之。李重进破濠州南关城。癸巳，帝自攻濠州，王审琦拔其水寨。唐人屯战船数百于城北，植巨木于淮水以限周兵。帝命水军攻〔之〕，拔其木，焚战船七十余艘，斩首二千余级。又攻拔其羊马城，城中震恐。丙申夜，唐濠州团练使郭廷谓上表言："臣家在江南，今若遽降，恐为唐所种族，请先遣使诣金陵禀命，然后出降。"帝许之。辛丑，帝闻唐有战船数百艘在涣水东，欲救濠州，自将兵夜发水陆击之。癸卯，大破唐兵于洞口，斩首五千余级，降卒二千余人，因鼓行而东，所至皆下。乙巳，至泗州城下，太祖皇帝先攻其南，因焚城门，破水寨及月城。帝居于月城楼，督将士攻城。

十二月乙卯，唐泗州守将范再遇举城降，以再遇为宿州团练使。上自至泗州城下，禁军中刍荛者毋得犯民田，民皆感悦，争献刍粟。既克泗州，无一卒敢擅入城者。帝闻唐战船数百艘泊洞口，遣骑诇之，唐兵退保清口。戊午旦，上自将亲军自淮北进，命太祖皇帝将步骑自淮南进，诸将以水军自中流进，共追唐兵。时淮滨久无行人，葭苇如织，多泥淖沟堑，士卒乘胜气茇涉争进，皆忘其劳。庚申，追及唐兵，且战且行，金鼓声闻数十里。辛酉，至楚州西北，大破之。唐兵有沿淮东下者，帝自追之，太祖皇帝为前锋，行六十里，擒其保义节度使、濠泗楚海都应援使陈承昭以归。所获战船烧沉之余得三百余艘，士卒杀、溺之余得七千余人。唐之战船在淮上者，于是尽矣。

郭廷谓使者自金陵还，知唐不能救，命录事参军鄱阳李延邹草降表。延邹责以忠义，廷谓以兵临之，延邹掷笔曰："大丈夫终不负国，为叛臣作降表！"廷谓斩之，举濠州降，得兵万人，粮数万斛。唐主赏李延邹之子以官。

壬戌，帝济淮，至楚州，营于城西北。乙丑，唐雄武军使、知涟水县事崔万迪降。丙寅，以郭廷谓为亳州防御使。戊辰，帝攻楚州，克其月城。庚午，郭廷谓见于行宫，帝曰："朕南征以来，江南诸将败亡相继，独卿能断涡口浮梁，破定远寨，所以报国足矣。濠州小城，使李璟自守，能守之乎？"使将濠州兵攻天长。帝遣铁骑左厢都指挥使武守琦将骑数百趣扬州，至高邮。唐人悉焚扬州官府、民居，驱其人南渡江，后数日，周兵至，城中余癃病十余人而已。癸酉，守琦以闻。帝闻泰州无备，遣兵袭之，丁丑，拔泰州。

五年春正月丁亥，右龙武将军王汉璋奏克海州。己丑，以侍卫马军都指挥使韩令坤权扬州军府事。

上欲引战舰自淮入江，阻北神堰，不得渡。欲凿楚州西北鹳水以通其道，遣使行视，还言地形不便，计功甚多。上自往视之，授以规画，发楚州民夫浚之，旬日而成，用功甚省，巨舰数百艘皆达于江，唐人大惊，以为神。壬辰，拔静海军，始通吴越之路。先是，帝遣左谏议大夫长安尹日就等使吴越，语之曰："卿今去虽泛海，比还，淮南已平，当陆归耳。"已而果然。

周兵攻楚州，逾四旬，唐楚州防御使张彦卿固守不下。乙巳，帝自督诸将攻之，宿于城下，丁未，克之。彦卿与都监郑昭业犹帅众拒战，矢刃皆尽，彦卿举绳床以斗而死，所部千余人，至死无一人降者。

荆南节度使高保融遣指挥使魏璘将战船百艘东下，会伐唐，至于鄂州。

唐以天长为雄州，以建武军使易文赟为刺史。三月甲寅，文赟举城降。

戊午，帝发楚州，丁卯，至扬州。命韩令坤发丁夫万余，筑故城之东南隅为小城以治之。乙亥，黄州刺史司超奏与控鹤右厢都指挥使王审琦攻唐舒州，擒其刺史施仁望。三月壬午朔，帝如泰州。

唐太弟景遂前后凡十表辞位，且言："今国危不能扶，请出就藩镇。燕王弘冀嫡长，有军功，宜为嗣，谨奉上太弟宝册。"齐王景达亦以败军辞元帅。唐主立景遂为晋王，加天策上将军、江南西道兵马元帅、洪州大都督、太尉、尚书令，以景达为浙西道元帅、润州大都督。景达以浙西方用兵，固辞，改抚州大都督。立弘冀为皇太子，参决庶政。

辛卯，上如迎銮镇，屡至江口，遣水军击唐兵，破之。上闻唐战舰数百艘泊东汭州，将趣海口，扼苏、杭路，遣殿前都虞候慕容延钊将步骑，右神武统军宋延渥将水军，循江而下。甲午，延钊奏大破唐兵于东汭州。上遣李重进将兵趣庐州。

唐主闻上在江上，恐遂南渡，又耻降号称藩，乃遣兵部侍郎陈觉奉表，请传位于太子弘冀，使听命于中国。时淮南惟庐（州）、舒、蕲、黄未下，丙申，觉至迎銮，见周兵之盛，白上，请遣人渡江取表，献四州之地，画江为境，以求息兵，辞指甚哀。上曰："朕本兴师止取江北，今尔主能举国内附，朕复何求。"觉拜谢而退。丁酉，觉请遣其属閤门承旨刘承遇如金陵，上赐唐主书，称"皇帝恭问江南国主"，慰纳之。

戊戌，吴越奏遣上直都指挥使处州刺史邵可迁、秀州刺史路彦铢以战舰四百艘、士卒万七千人屯通州南岸。唐主复遣刘承遇奉表，称"唐国主"，请献江北四州，岁输贡物数十万。于是江北悉平，得州十四，县六十。

庚子，上赐唐主书，谕以："缘江诸军及两浙、湖南、荆南兵并当罢归，其庐、蕲、黄三道亦令敛兵近外。俟彼将士及家属皆就道,可遣人召将校以城邑付之。江中舟舰有须往来者,并令就北岸引之。”辛丑,陈觉辞行,又赐唐主书,谕以不必传位于子。壬寅,上自迎銮复如扬州。癸卯,诏吴越、荆南军各归本道。赐钱弘俶犒军帛三万匹,高保融一万匹。甲辰,置保信军于庐州,以右龙武统军赵匡赞为节度使。丙午,唐主遣冯延已献银、钱、绢、茶、谷共百万以犒军。己酉,命宋延渥将水军三千溯江巡警。

庚戌,敕故淮南节度使杨行密、故昇府节度使徐温等墓并量给守户。其江南群臣墓在江北者,亦委长吏以时检校。辛亥,唐主遣其临汝公徐辽代已来上寿。五月,诏赏劳南征士卒及淮南新附之民。辛卯,以太祖皇帝领忠武节度使。

唐主避周讳,更名景。下令去帝号,称国主,凡天子仪制皆有降损,去年号,用周正朔,仍告于太庙。左仆射、同平章事冯延已罢为太子太傅,门下侍郎、同平章事严续罢为少傅,枢密使兵部侍郎陈觉罢守本官。初,冯延已以取中原之策说唐主,由是有宠。延已常笑烈祖戢兵为龌龊,曰:“安陆所丧才数千兵,为之辍食咨嗟者旬日,此田舍翁识量耳,安足与成大事!岂如今上暴师数万于外,而击毬宴乐无异平日,真英主也。”延已与其党谈论,常以天下为己任,更相唱和。翰林学士常梦锡屡言延已等浮诞不可信,唐主不听。梦锡曰:“奸言似忠,陛下不悟,国必亡矣。”及臣服于周,延已之党相与言,有谓周为大朝者,梦锡大笑曰:“诸公常欲致君尧、舜,何意今日自为小朝邪!”众默然。

自唐主内附,帝止因使者赐书,未尝遣使至其国。己酉,始命太府卿冯延鲁、卫尉少卿钟谟使于唐,赐以御衣、玉带等及犒军帛十万,并今年钦天历。

刘承遇之还金陵也,唐主使陈觉白帝,以江南无卤田,愿得海陵盐监南属以赡军。帝曰："海陵在江北，难以交居，当别有处分。"至是，诏岁支盐三十万斛以给江南，所俘获江南士卒稍稍归之。

秋八月辛丑，冯延鲁、钟谟来自唐，唐主手表谢恩。其略曰："天地之恩厚矣，父母之恩深矣，子不谢父，人何报天，惟有赤心，可酬大造。"又乞比藩方，赐诏书。又称："有情事令钟谟上奏，乞令早还。"唐主复令谟白帝，欲传位太子。九月丁巳，以延鲁为刑部侍郎，谟为给事中。己未，先遣谟还，赐书谕以未可传位之意。唐主复遣吏部尚书、知枢密院殷崇义来贺天清节。冬十一月乙丑，唐主复遣礼部侍郎钟谟入见。

初，唐太傅兼中书令楚国公宋齐丘多树朋党，欲以专固朝权，躁进之士争附之，推奖以为国之元老。枢密使陈觉、副使李征古恃齐丘之势，尤骄慢。及许文稹等败于紫金山，觉与齐丘、景达自濠州遁归，国人恟惧。唐主尝叹曰："吾国家一朝至此！"因泣下。征古曰："陛下当治兵以捍敌，涕泣何为！岂饮酒过量邪？将乳母不至邪？"唐主色变，而征古举止自若。会司天奏天文有变，人主宜避位禳灾。唐主乃曰："祸难方殷，吾欲释去万机，栖心冲寂，谁可以托国者？"征古曰："宋公造国手也，陛下如厌万机，何不举国授之？"觉曰："陛下深居禁中，国事皆委宋公，先行后闻，臣等时入侍，谈释、老而已。"唐主心愠，即命中书舍人豫章陈乔草诏行之。乔惶恐请见，曰："陛下一署此诏，臣不复得见矣！"因极言其不可。唐主笑曰："尔亦知其非邪？"乃止。由是，因晋王出镇，以征古为之副。觉自周还，亦罢近职。

钟谟素与李德明善，以德明之死，怨齐丘。及奉使归唐，言于唐主曰："齐丘乘国之危，遽谋篡窃，陈觉、李征古为之羽翼，理不可容。"陈觉之自周还,矫以帝命谓唐主曰:"闻江南连岁拒命,皆宰相严续之谋,当为我斩之。"唐主知觉素与续有隙,固未之信。钟谟请覆之于周,唐主乃因谟复命,上言:"久拒王师,皆臣愚迷,非续之罪。"帝闻之,大惊曰:"审如此,则续乃忠臣。朕为天下主,岂教人杀忠臣乎!"谟还,以白唐主。

唐主欲诛齐丘等,复遣谟入禀于帝。帝以异国之臣,无所可否。十二月己亥,唐主命知枢密院殷崇义草诏暴齐丘、觉、征古罪恶,听齐丘归九华山旧隐,官爵悉如故;觉责授国子博士,宣州安置;征古削夺官爵,赐自尽;党与皆不问。遣使告于周。

六年春正月,唐宋齐丘至九华山,唐主命锁其第,穴墙给饮食。齐丘叹曰:"吾昔献谋幽让皇帝族于泰州,宜其及此。"乃缢而死,谥曰丑缪。

夏六月,唐清源节度使留从效遣使入贡,请置进奏院于京师,直隶中朝。戊寅,诏报以:"江南近服,方务绥怀,卿久奉金陵,未可改图。若置邸上都,与彼抗衡,受而有之,罪在于朕。卿远修职贡,足表忠勤,勉事旧君,且宜如故。如此,则于卿笃始终之义,于朕尽柔远之宜,惟乃通方,谅达予意。"唐主遣其子纪公从善与钟谟俱入贡,上问谟曰:"江南亦治兵,修守备乎?"对曰:"既臣事大国,不敢复尔。"上曰:"不然。向时则为仇敌,今日则为一家。吾与汝国大义已定,保无他虞。然人生难期,至于后世,则事不可知。归语汝主,可及吾时完城郭,缮甲兵,据守要害,为子孙计。"谟归,以告唐主。唐主乃城金陵,凡诸州城之不完者葺之,戍兵少者益之。

臣光曰:或问臣:五代帝王唐庄宗、周世宗皆称英武,二主孰贤?臣应之曰:夫天子所以统治万国,讨其不服,抚其微弱，行其号令，一其法度，敦明信义，以兼爱兆民者也。庄宗既灭梁，海内震动，湖南马氏遣子希范入贡，庄宗曰："比闻马氏之业，终为高郁所夺。今有儿如此，郁岂能得之哉？"郁，马氏之良佐也。希范兄希声闻庄宗言，卒矫其父命而杀之。此乃市道商贾之所为，岂帝王之体哉！盖庄宗善战者也，故能以弱晋胜强梁，既得之，曾不数年，外内离叛，置身无所；诚由知用兵之术，不知为天下之道故也。世宗以信令御群臣，以正义责诸国，王环以不降受赏，刘仁赡以坚守蒙褒，严续以尽忠获存，蜀兵以反覆就诛，冯道以失节被弃，张美以私恩见疏。江南未服，则亲犯矢石，期于必克；既服，则爱之如子，推诚尽言，为之远虑。其宏规大度，岂得与庄宗同日语哉。书曰："无偏无党，王道荡荡。"又曰："大邦畏其力，小邦怀其惠。"世宗近之矣。